原州年鉴

2023

固原市原州区委党史和地方志研究室 编

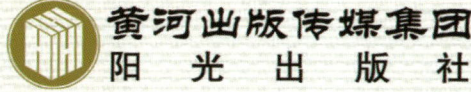

图书在版编目(CIP)数据

原州年鉴.2023:固原市原州区委党史和地方志研究室编.－－银川：阳光出版社，2023.11
ISBN 978-7-5525-7209-4

Ⅰ.①原… Ⅱ.①固… Ⅲ.①原州区－2023－年鉴 Ⅳ.①Z524.34

中国国家版本馆CIP数据核字(2024)第025718号

| 原州年鉴 2023 | 固原市原州区委党史和地方志研究室　编 |

责任编辑　赵维娟
封面设计　赵小琴
责任印制　岳建宁

黄河出版传媒集团
阳光出版社　出版发行

出 版 人	薛文斌
地　　址	宁夏银川市北京东路139号出版大厦(750001)
网　　址	http://www.ygchbs.com
网上书店	http://shop129132959.taobao.com
电子信箱	yangguangchubanshe@163.com
邮购电话	0951-5047283
经　　销	全国新华书店
印刷装订	固原博奥彩色印刷有限公司
印刷委托书号	（宁）0028365

开　本	880 mm × 1230 mm　1/16
印　张	21.75
字　数	600千字
版　次	2023年11月第1版
印　次	2023年11月第1次印刷
书　号	ISBN 978-7-5525-7209-4
定　价	298.00元

版权所有　翻印必究

《原州年鉴2023》编委会

主　　任　马小路
副 主 任　吴铁军　陈　启　丁　洁　金占海
委　　员　王小军　陈　璋　白卫华　李成祺　王　霆　何生虎　杨建军
　　　　　张　福　张启源　周晓凤　李雪宁　张久园　刘万恩　张鹏君
　　　　　王　钊　王晓杰　杨春荣　马福贵　张宏羽　张晨雯　黄丽萍
　　　　　李果仁　周丽莉　武　铎　王　旭　穆晓成　马　宏　薛翠红
　　　　　连廷仓　邓彦峰　贾旭林　金创明　马彦东　郭志贵　戴培义
　　　　　罗小宁　薛国虎　马文军　李宗虎　郭　辉　冯晓明　祁应亨
　　　　　黄会堂　马少龙　马建国　毛巧玲　何忠孝　白雪梅　马志清
　　　　　张旭明　王　刚　王国权　陈锡龙　白卫明　柳志勇　刘静书
　　　　　马治强　于金红　李永安　张进茂　顾正军　范亚宁　刘会宁
　　　　　马玉富　武继柏　马俊仁　刘　娜　马生权　张万金　王天文

《原州年鉴2023》编辑部

主　　编　刘万恩
副 主 编　邢学富　杜晓晖
编　　辑　钟　军　吴　琪　李嘉瑞　蔺永晓
特邀编辑　杨平梅

编辑说明

一、《原州年鉴2023》(以下简称"年鉴")是由固原市原州区委党史和地方志研究室编纂的正式出版物,是具有公报性质的大型资料性工具书。

二、年鉴以习近平新时代中国特色社会主义思想为指导,主要反映原州区2022年各项事业发展状况、重大事件和主要成就。所刊载的资料由各乡镇、各部门(单位)和部分中央、自治区、固原市直属单位提供,真实、全面,具有资政、教化、存史价值,为宣传、建设美丽新原州提供信息服务。

三、年鉴采取分类编辑法,以类目、分目、条目组成框架结构的主体部分。少数分目中增设子分目。全书条目标题统一用黑体字加【】表示,目录层次清晰,便于检索。

四、年鉴设特载、大事记、原州区概览、中共固原市原州区委员会、原州区人民代表大会、原州区人民政府、政协原州区委员会、原州区纪委监委、民主党派工商联、群众团体、经济管理、市场监管与公共服务、社会管理、应急管理、军事、法治、金融保险、农业农村建设、自然资源管理与生态建设、工业、商贸服务业、交通邮政通信、城乡建设与住房保障、教育体育文化旅游、科技创新服务、医疗卫生、乡镇街道概览、荣誉、附录等29个部类。

五、年鉴对各分目、条目之间的交叉重复内容,采取详略互见等不同记述方法。

六、年鉴不录入涉密内容。

七、年鉴表述形式有专文、条目、大事记、表格、图片等多种,其中条目为最基本的表述形式。

八、年鉴所收录数据由各单位审核提供,重要数据以统计部门公布的数据为准。

九、年鉴严格执行《出版物汉字使用管理规定》《出版物上数字用法》《标点符号用法》等国家标准及规定,力求规范、统一。

十、除专载、表彰奖励、重要文献外,市指"固原市"。

十一、年鉴的编写得到了各乡镇、各部门(单位)和自治区、固原市直属单位以及有关方面、有关人士的大力支持,在此深表感谢!

"原州数字"（2022年度）

总面积:2739平方千米

耕地面积:158万亩

常住人口:47.67万人

城镇人口:27.75万人

乡村人口:19.92万人

城镇化率:58.21%

地方一般公共预算收入:1.69亿元

一般公共预算支出:51.79亿元

金融机构存款余额:280.18亿元

金融机构贷款余额:294.42亿元

保险保费收入:7.42亿元

城镇居民人均可支配收入:36591元

乡村居民人均可支配收入:14826元

城镇居民人均消费支出:25304元

乡村居民人均消费支出:10892元

居民恩格尔系数:30.5%

地区生产总值:171.50亿元

第一产业增加值:23.96亿元

第二产业增加值:30.48亿元

第三产业增加值:117.06亿元

社会消费品零售总额:71.28亿元

城镇消费品零售额:60.88亿元

乡村消费品零售额:10.4亿元

粮食播种面积:76.02万亩

粮食总产量:21.23万吨

牛存栏:15.22万头

肉类总产量:2.55万吨

工业增加值:17.98亿元

规模以上工业增加值:-8.5%

建筑业总产值:24.81亿元

中等职业教育学校:1所

高中:5所

初中:12所

小学:162所

特殊教育学校:1所

幼儿园:103所

医疗卫生机构(含村卫生室):302个

实有床位:3338张

卫生技术人员:4617人

（原州区统计局提供）

2022年6月11日,由文化和旅游部统筹指导,自治区文化和旅游厅、固原市人民政府共同主办的2022年文化和自然遗产日宁夏主会场系列活动在原州区启动 (祁学斌 摄)

2022年5月8日,举行固原市第二批重大项目集中开工现场推进会 (原州区融媒体中心 供图)

2002年8月9日,福州市鼓楼区委书记黄建新带领考察组来原州区考察,并签订2022年闽宁协作结对帮扶合作框架协议 (原州区融媒体中心 供图)

2022年7月29日,原州区"翰墨倡清廉 丹青扬正气"廉政教育书画展在固原博物馆举行 (祁学斌 摄)

新修后的固(原)寨(科)公路 (祁学斌 摄)

原州区美丽乡村建设 (原州区农业农村局 供图)

清水河湿地公园 (祁学斌 摄)

杨郎瓜菜基地 (祁学斌 摄)

2022年7月29日,福建省福州市马尾区党政考察团来原州区考察并签订2022年协作协议 (原州区融媒体中心 供图)

2022年6月17日,宁夏飞毛腿技工学校学生在做早操 (祁学斌 摄)

原州区"产教融合"让孩子学技能又稳就业 （原州区融媒体中心 供图）

安和帮扶车间 （原州区融媒体中心 供图）

2022年5月13日,原州区第32次全国助残日系列活动在康复中心启动 (祁学斌 摄)

2022年12月13日,开城镇彭庄村村民拿着分红现金 (原州区融媒体中心 供图)

2022年8月1日,原州区黄铎堡镇63名务工人员乘坐由原州区就创中心包租的大巴前往青海省都兰县采摘枸杞 (原州区融媒体中心 供图)

2022年8月10日，宋洼村藜麦（原州区融媒体中心供图）

玉米丰收（原州区融媒体中心 供图）

张易镇田堡村红树莓（原州区融媒体中心 供图）

彭堡镇别庄村辣椒 （原州区融媒体中心 供图）

官厅镇乔洼村黄瓜 （原州区融媒体中心 供图）

三营孙家河村胡萝卜 （原州区融媒体中心 供图）

2022年9月，原州区杨郎香瓜丰收，当地群众分拣外运 （祁学斌 摄）

2022年10月24日,原州区冯庄村特色产业绘出乡村多彩风景 (原州区融媒体中心 供图)

中河乡丰堡村马铃薯种植基地 (原州区融媒体中心 供图)

三营镇安和村蜂蜜 （原州区融媒体中心 供图）

黄铎堡镇何家沟村枸杞 （原州区融媒体中心 供图）

2022年9月,原州区广场文化活动在人民广场启动 (祁学斌 摄)

2022年7月13—14日,举办原州区2022年第五届"体教融合杯"中小学田径运动会 (原州区融媒体中心 供图)

2022年12月31日,原州区举办首届"雁岭杯"千名职工万步走健身活动 (原州区融媒体中心 供图)

2022年8月8日,由原州区残疾人联合会主办的原州区第12届残疾人健身周活动暨2022年残疾人趣味运动会隆重开幕 (原州区融媒体中心 供图)

2022年8月23日,全国2022年"全民健身日"主题示范活动暨固原市第六届六盘山登山节系列活动(原州区分站赛)在古雁岭广场拉开序幕 (原州区融媒体中心 供图)

目 录

特 载

固原市原州区移风易俗赋能乡村振兴 ………… 1
原州区乡村特色产业发展概况 ………… 2
原州区安和村肉牛养殖"出户入园"探索 ………… 3
固原市原州区"双轮"驱动探出脱贫劳动力帮扶
　新路径 ………… 5

大事记

1月 ………… 6
2月 ………… 8
3月 ………… 10
4月 ………… 12
5月 ………… 13
6月 ………… 15
7月 ………… 17
8月 ………… 19
9月 ………… 22
10月 ………… 24
11月 ………… 24
12月 ………… 26

原州区概览

自然概貌 ………… 29
　地理位置 ………… 29
　地势地貌 ………… 29
　地质土壤 ………… 29
　气候概况 ………… 29
　主要河流 ………… 30
　水资源 ………… 30
　植被类型 ………… 30
　动物资源 ………… 30
　土地资源 ………… 30
　矿产资源 ………… 30
　旅游资源 ………… 30
　重大天气气候事件及主要气象灾害 ………… 31
区划人口 ………… 31
　行政区划 ………… 31
　人口概况 ………… 31
历史人文 ………… 31
　建置沿革 ………… 31
　革命英烈 ………… 32
　革命遗址 ………… 32
城市地标 ………… 32
　须弥山石窟 ………… 32
　固原古雁岭城市森林公园 ………… 33
　固原清水河国家湿地公园 ………… 33
　赫光纪念馆 ………… 33
　宁夏云雾山国家级自然保护区 ………… 33
　固原博物馆 ………… 33

中共固原市原州区委员会

综　述 ………… 34
　概　况 ………… 34
　政治建设 ………… 34

脱贫攻坚成果巩固 …………………… 34
　　先行区建设任务落实 ………………… 35
　　平安原州建设 ………………………… 36
　　全面从严治党 ………………………… 36
重要会议 ……………………………………… 36
　　原州区委四届二次全会 ……………… 36
　　原州区委四届三次全会 ……………… 37
　　四届区委2022年第1次常委会会议 ……… 37
　　四届区委2022年第2次常委会会议 ……… 37
　　四届区委2022年第3次常委会会议 ……… 38
　　四届区委2022年第4次常委会会议 ……… 38
　　四届区委2022年第5次常委会会议 ……… 39
　　四届区委2022年第7次常委会会议 ……… 39
　　四届区委2022年第9次常委会会议 ……… 39
　　四届区委2022年第10次常委会会议 …… 40
　　四届区委2022年第11次常委会会议 …… 40
　　四届区委2022年第12次常委会会议 …… 40
　　四届区委2022年第13次常委会会议 …… 41
　　四届区委2022年第14次常委会会议 …… 41
　　四届区委2022年第15次常委会会议 …… 41
　　四届区委2022年第16次常委会会议 …… 42
　　四届区委2022年第17次常委会会议 …… 42
　　四届区委2022年第18次常委会会议 …… 42
　　四届区委2022年第19次常委会会议 …… 42
　　四届区委2022年第20次常委会会议 …… 43
　　四届区委2022年第21次常委会会议 …… 43
　　四届区委2022年第22次常委会会议 …… 44
　　四届区委2022年第23次常委会会议 …… 44
　　四届区委2022年第24次常委会会议 …… 44
　　四届区委2022年第25次常委会会议 …… 44
　　四届区委2022年第26次常委会会议 …… 45
　　四届区委2022年第27次常委会会议 …… 45
　　四届区委2022年第28次常委会会议 …… 45
　　四届区委2022年第29次常委会会议 …… 45
　　四届区委2022年第30次常委会会议 …… 45
　　四届区委2022年第31次常委会会议 …… 46
　　四届区委2022年第32次常委会会议 …… 46
　　四届区委2022年第33次常委会会议 …… 46
　　四届区委2022年第34次常委会会议 …… 46
　　四届区委2022年第35次常委会会议 …… 46
　　四届区委2022年第36次常委会会议 …… 47
　　四届区委2022年第37次常委会会议 …… 47
　　四届区委2022年第38次常委会会议 …… 47
　　四届区委2022年第39次常委会会议 …… 47
　　四届区委2022年第40次常委会会议 …… 48
　　四届区委2022年第41次常委会会议 …… 48
综合工作 ……………………………………… 48
　　党内法规 ……………………………… 48
　　档案工作 ……………………………… 48
　　督查督办 ……………………………… 49
　　统筹协调 ……………………………… 49
　　调查研究 ……………………………… 49
　　依规治党 ……………………………… 49
　　重大事项 ……………………………… 50
　　新时代"三服务" ……………………… 50
组织建设 ……………………………………… 50
　　概　况 ………………………………… 50
　　干部工作 ……………………………… 50
　　基层党建 ……………………………… 51
　　人才工作 ……………………………… 52
　　老干部工作 …………………………… 52
　　创新亮点工作 ………………………… 53
宣传工作 ……………………………………… 53
　　理论武装 ……………………………… 53
　　党的二十大精神宣传 ………………… 54
　　主流思想舆论巩固壮大 ……………… 54
　　社会主义核心价值观培育践行 ……… 54
　　文化服务保障 ………………………… 55
　　创新亮点工作 ………………………… 55
统一战线 ……………………………………… 56
　　政治建设 ……………………………… 56
　　民族团结 ……………………………… 56

政策研究 …… 56	经济运行监督 …… 63
改革任务落实 …… 56	乡村振兴战略实施监督 …… 63
调研成果 …… 57	民生保障监督 …… 63
网络信息 …… 57	法治原州建设监督 …… 63
网络宣传 …… 57	**重要会议** …… 64
网络综合治理 …… 57	原州区四届人大常委会第三次会议 …… 64
网络安全 …… 57	原州区四届人大常委会第四次会议 …… 64
互联网+党建 …… 58	原州区四届人大常委会第五次会议 …… 64
区直机关党建 …… 58	原州区四届人大常委会第六次会议 …… 64
概　况 …… 58	原州区四届人大常委会第七次会议 …… 64
政治建设 …… 58	原州区四届人大常委会第八次会议 …… 65
党建工作 …… 58	原州区四届人大常委会第九次会议 …… 65
作用发挥 …… 58	原州区四届人大常委会第十次会议 …… 65
作风建设 …… 58	**综合工作** …… 65
老干部工作 …… 59	"三服务"工作 …… 65
理论武装 …… 59	统筹协调 …… 65
组织建设 …… 59	**代表工作** …… 66
服务管理 …… 59	代表履职服务保障 …… 66
作用发挥 …… 59	代表履职平台建设 …… 66
机构编制 …… 59	代表议案建议办理 …… 66
综合执法改革 …… 59	**自身建设** …… 66
事业单位登记管理 …… 60	思想政治建设 …… 66
日常管理 …… 60	作风效能建设 …… 66
巡察工作 …… 61	工作指导联系 …… 66
三届区委巡察工作概况 …… 61	**专门委员会工作** …… 67
2022年巡察工作概况 …… 61	财政经济工作委员会 …… 67
巡察政治责任履行 …… 61	法制工作委员会 …… 67
巡察监督重点工作 …… 61	教科文卫工作委员会 …… 67
巡察监督效能提升 …… 61	代表选举与联络工作委员会 …… 67
巡察成果运用 …… 62	
巡察机构政治能力提升 …… 62	**原州区人民政府**

原州区人民代表大会

综　述 …… 63	**综　述** …… 68
概　况 …… 63	概　况 …… 68
	产业发展 …… 68
	乡村全面振兴样板区建设 …… 69

生态环境 …… 69
民生保障 …… 70
改革创新 …… 70
社会治理 …… 71
自身建设 …… 71
重要会议 …… 71
第1次常务会议 …… 71
第2次常务会议 …… 72
第3次常务会议 …… 73
第4次常务会议 …… 73
第5次常务会议 …… 73
第6次常务会议 …… 73
第7次常务会议 …… 74
第8次常务会议 …… 75
第9次常务会议 …… 75
第10次常务会议 …… 75
第11次常务会议 …… 76
第12次常务会议 …… 76
第13次常务会议 …… 76
第14次常务会议 …… 77
第15次常务会议 …… 77
第16次常务会议 …… 78
第17次常务会议 …… 78
第18次常务会议 …… 78
综合工作 …… 79
以文辅政 …… 79
信息服务 …… 79
办文办会 …… 79
调查研究 …… 79
督查推动 …… 79
后勤保障 …… 79
信访工作 …… 79
信访积案化解 …… 79
重要节会保障 …… 80
《信访工作条例》宣传 …… 80
政府信息公开 …… 80

重点领域信息公开 …… 80
依申请公开件办理 …… 80
政府信息管理 …… 80
政府网站平台栏目建设 …… 80
业务监督保障 …… 80
政务公开要点落实 …… 81
重要政策解读 …… 81

政协原州区委员会

综　述 …… 82
建言资政 …… 82
民主监督 …… 82
"双向发力"机制落实 …… 82
委员履职 …… 83
重要会议 …… 83
四届常委会第一次会议 …… 83
四届常委会第二次会议 …… 83
四届常委会第三次会议 …… 83
四届常委会第四次会议 …… 84
专门委员会工作 …… 84
提案委员会 …… 84
经济委员会 …… 85
科教文卫体委员会 …… 85
社会治理委员会 …… 85
重要活动 …… 85
政协党组召开2022年度第一次会议 …… 85
组织开展"文化进万家,迎新春送春联"活动 …… 85
政协党组召开党史学习教育专题民主生活会 …… 85
举办全市政协委员履职能力提升(原州区)专题培训班 …… 86
固原市政协一行到原州区政协机关调研 …… 86

政协党组召开2022年度第三次(扩大)会议 ………………………………………… 86
自治区政协一行深入原州区调研生态保护领域人才队伍建设工作 …………… 86
广西政协一行深入原州区考察 ………… 86
彭阳县政协一行到原州区观摩考察 …… 86
原州区政协一行到彭阳县考察学习生态建设工作 ……………………………… 86
提案和委员联络委组织相关委员深入基层调研 ………………………………… 86
开展"坚决守好'三条生命线',提升基层治理水平和能力建设"专题调研协商 … 86
自治区政协一行到原州区访谈调研 …… 87
开展"加快发展优质现代服务业"专题调研协商 ………………………………… 87
政协党组召开2022年度第五次(扩大)会议 ………………………………………… 87
开展农村人居环境整治工作调研 ……… 87
原州区政协一行赴石嘴山市开展专题考察学习 ………………………………… 87
固原市政协一行到原州区调研人才队伍建设工作 ……………………………… 87
自治区政协一行到原州区围绕"绿能开发"情况开展调研 ……………………… 87
海原县政协一行到原州区考察学习交流 … 87
固原市政协一行到原州区调研工作 …… 87
开展铸牢中华民族共同体意识,政协委员在行动暨"书香政协,同心同行"读书活动 ……………………………………… 87
原州区政协第一期"委员大讲堂"在马振仁非遗传承基地开讲 ………………… 88
原州区政协召开2022年度民主监督工作会 ……………………………………… 88
原州区政协举办委员履职能力提升培训班 ……………………………………… 88
利通区政协一行到原州区考察学习 …… 88

科教文卫体委组织相关界别委员深入河川乡基层联系点调研 ………………… 88
政协党组召开理论学习中心组2022年度第八次(扩大)学习会议 ……………… 88
自治区政协一行到原州区开展铸牢中华民族共同体意识专题协商调研 ……… 88
红寺堡区政协一行到原州区调研现代设施农业 ………………………………… 88
原州区政协"书香政协"建设暨委员读书系列活动在彭堡镇姚磨村冷凉蔬菜产业园正式启动 …………………………… 88
原州区政协组织百名政协委员开展"看原州知原州爱原州"主题观摩活动 …… 88
原州区政协举办学习贯彻自治区第十三次党代会精神专题宣讲会 …………… 89
原州区政协党组召开从严整改自治区党委第一巡视组专项巡视工程建设政府采购领域反馈问题专题民主生活会 ………… 89
原州区政协一行赴吴忠市、中卫市考察学习 … 89
开展"推进城乡健康知识普及,提升全民健康水平"专题调研协商 …………… 89
固原市政协到原州区开展扶持壮大村集体经济和肉牛养殖出户入园专题调研 … 89
原州区政协党组召开违规收送红包礼金和不当收益及违规借转贷或高额放贷专项整治工作动员部署会 ……………………… 89
盐池县政协一行到原州区考察 ………… 89
银川市政协一行到原州区考察 ………… 89
开展提升巩固拓展脱贫攻坚成果同乡村振兴有效衔接专题调研协商 …………… 89
原州区政协对四届一次会议提案开展中期督办 ………………………………… 90
固原市政协到原州区开展城乡居民收入提升行动专题调研 …………………… 90
固原市政协到原州区开展全民健康水平提升行动专题调研 …………………… 90

科教文卫体委员会围绕乡村文化旅游发展开展
　　委员基层联系点调研活动 …………… 90
原州区政协周德科委员会客室专题学习贯彻
　　自治区第十三次党代会精神 ………… 90
原州区政协"委员大讲堂"在周德科委员
　　会客室开讲 …………………………… 90
政协党组召开 2022 年度第八次（扩大）会议
　　………………………………………… 90
召开"进一步解放思想、吃透区情、找准定位、
　　创新发展大讨论"活动启动会 ……… 90
开展"远程协商、网络议政"活动 ………… 90
固原市政协常委观摩全市重大项目活动在
　　原州区举行 …………………………… 91
开展"提升生态建设和环境保护、推进黄河流域
　　生态保护和高质量发展先行区建设"专题调
　　研协商 ………………………………… 91
隆德县政协主席李国英一行到原州区考察
　　产业发展工作 ………………………… 91
贺兰县政协一行到原州区考察铸牢中华民族
　　共同体意识工作 ……………………… 91
马永刚委员会客室成员开展中秋节爱心助残
　　活动 …………………………………… 91
李鸿委员会客室开展"铸牢中华民族共同体
　　意识"系列活动 ……………………… 91
开展"加强城市精细化管理，提升城市品位
　　品质"专题调研协商 ………………… 91
召开"进一步解放思想、吃透区情、找准定位、
　　创新发展"大讨论研讨活动 ………… 91
政协党组召开学习贯彻党的二十大精神专题
　　会议 …………………………………… 91
组织开展四届一次会议提案终期验收性督办
　　………………………………………… 91
政协主席马仲尧赴中河乡丰堡村宣讲党的
　　二十大精神 …………………………… 92
政协固原市原州区第四届委员会召开第八次
　　主席会议 ……………………………… 92

原州区纪委监委

综　述 …………………………………………… 93
　　政治建设 …………………………………… 93
　　政治监督 …………………………………… 93
　　惩治腐败 …………………………………… 93
　　作风建设 …………………………………… 93
　　专项监督 …………………………………… 94
　　巡察监督 …………………………………… 94
　　监督首责 …………………………………… 94
　　自身建设 …………………………………… 94
重要会议 ………………………………………… 95
　　原州区纪委四届二次全会 ………………… 95

民主党派　工商联

民盟原州区总支委员会 ………………………… 96
　　建言资政 …………………………………… 96
　　自身建设 …………………………………… 96
民进原州区支部 ………………………………… 96
　　履职尽责 …………………………………… 96
　　自身建设 …………………………………… 96

群众团体

原州区总工会 …………………………………… 97
　　思想引领 …………………………………… 97
　　组织建设 …………………………………… 97
　　权益保障 …………………………………… 97
　　经济技术 …………………………………… 98
　　劳动安全卫生 ……………………………… 98
　　女工工作 …………………………………… 98
　　财务经审 …………………………………… 98
　　工会改革 …………………………………… 98
共青团原州区委员会 …………………………… 99

思想引领 …… 99	上门代办服务 …… 107
服务大局 …… 99	**原州区红十字会** …… 107
青年发展 …… 99	基层组织建设 …… 107
基层组织建设 …… 100	社会救灾救助 …… 108
原州区妇女联合会 …… 100	救护技能普及 …… 108
概　况 …… 100	大病救助 …… 108
思想引领 …… 100	志愿服务 …… 108
服务发展 …… 100	项目带动 …… 108
维权关爱 …… 101	宣传发动 …… 109

经济管理

固原市原州区科学技术协会 …… 101	**宏观经济调控** …… 110
全域科普落实 …… 101	经济运行态势 …… 110
全域科普开展 …… 101	产业发展质效 …… 110
科学素质提升 …… 102	乡村振兴实施 …… 110
科普服务发展 …… 103	政策环境优化 …… 111
科技志愿服务 …… 103	有效投资扩大 …… 111
科普机制创新 …… 103	生态环境发展 …… 112
固原市原州区工商业联合会 …… 103	民生福祉增进 …… 112
社会责任履行 …… 103	**财　政** …… 112
政企沟通协商 …… 104	概　况 …… 112
参政议政 …… 104	减税降费 …… 112
组织建设 …… 104	促消费活动开展 …… 112
固原市原州区文学艺术界联合会 …… 104	重大风险隐患防范化解 …… 113
文化队伍建设 …… 104	民生资金保障 …… 113
优秀传统文化传承 …… 105	重点领域资金保障 …… 113
文化惠民服务 …… 105	全面推进乡村振兴 …… 113
文学阵地建设 …… 105	财政管理 …… 113
文艺作品创作 …… 105	**国有资产管理** …… 114
文艺宣传创新 …… 105	概　况 …… 114
固原市原州区残疾人联合会 …… 105	资产配置 …… 114
概　况 …… 105	资产使用 …… 114
政治建设 …… 106	财政管理 …… 114
基本民生保障 …… 106	资产收益 …… 114
公共服务供给 …… 106	土地资产 …… 115
康复机构建设 …… 107	
体育工作开展 …… 107	
扶残助残宣传 …… 107	

· 7 ·

房屋资产 ………………………… 115
车辆资产 ………………………… 115
在建工程 ………………………… 115
资产绩效 ………………………… 115
交通基础设施 …………………… 115
水利基础设施 …………………… 115
市政基础设施 …………………… 115
政府物资储备 …………………… 116
文物文化资产 …………………… 116
资产管理工作 …………………… 116
信息化管理 ……………………… 116

税　务 ……………………………… 116
税收收入 ………………………… 116
减税降费 ………………………… 116
税费管理 ………………………… 117
纳税服务 ………………………… 117
政治建设 ………………………… 117
队伍建设 ………………………… 118
服务发展大局 …………………… 118

审计工作 …………………………… 118
审计监督概况 …………………… 118
审计监督职责履行 ……………… 118
审计问题整改 …………………… 119
专项审计 ………………………… 119

统计工作 …………………………… 119
常规报表上报 …………………… 119
基层基础建设 …………………… 119
统计服务 ………………………… 120
统计法治建设 …………………… 120

市场监管与公共服务

市场监督管理 ……………………… 121
食药安全防控 …………………… 121
食品安全监管 …………………… 121
"清洁厨房"建设 ………………… 121

食品抽样检验 …………………… 121
药品安全监管 …………………… 121
消费环境建设 …………………… 121
质量标准体系建设 ……………… 122
安全隐患排查 …………………… 122
市场主体服务 …………………… 122
执法办案 ………………………… 122
市场监管业务宣传 ……………… 122

审批服务管理 ……………………… 122
实体政务大厅建设 ……………… 122
网上服务体系建设 ……………… 123
政务服务改革 …………………… 123
网上监管体系建设 ……………… 123
基层审批服务体系建设 ………… 124
突出问题专项治理 ……………… 124

机关事务管理服务 ………………… 124
概　况 …………………………… 124
会议保障 ………………………… 124
机关食堂服务 …………………… 124
公务车辆管理 …………………… 125
节约型机关创建 ………………… 125
办公用房监管 …………………… 125

社会管理

人才服务与管理 …………………… 126
劳动用工备案 …………………… 126
案件处理 ………………………… 126
信访投诉受理 …………………… 126
人事管理 ………………………… 126

就业创业 …………………………… 126
城镇就业 ………………………… 126
创业担保贷款发放 ……………… 126
城乡公益性岗位 ………………… 127
转移就业 ………………………… 127
职业技能培训 …………………… 127

就业服务提升 …………………… 127
　　就业渠道拓宽 …………………… 127
　　政策补贴保障 …………………… 128
　　技能就业 ………………………… 128
　　就业援助 ………………………… 128
　　创业环境优化 …………………… 128
　　技工教育 ………………………… 128
　　创新亮点工作 …………………… 129
社会保障 …………………………… 129
　　城乡居民养老保险参保 ………… 129
　　养老待遇提高 …………………… 129
　　待遇领取资格认证及发放 ……… 129
　　被征地农民参加养老保险 ……… 129
　　社会保障卡综合应用 …………… 129
　　社保基金监管 …………………… 129
医疗保障 …………………………… 129
　　参保扩面工作 …………………… 129
　　动态参保 ………………………… 130
　　保障政策落实 …………………… 130
　　监测帮扶机制落实 ……………… 130
　　异地就医结算 …………………… 131
　　医保政策宣传 …………………… 131
　　专项治理开展 …………………… 131
　　医保改革 ………………………… 131
　　疫情防控 ………………………… 132
　　医保信息化建设 ………………… 132
　　行风建设 ………………………… 132
民政工作 …………………………… 132
　　社会救助 ………………………… 132
　　社区治理 ………………………… 133
　　社会组织管理 …………………… 133
　　养老服务设施建设 ……………… 133
　　社会福利事业 …………………… 134
　　审计反馈问题整改 ……………… 134
退役军人事务 ……………………… 134

　　概　况 …………………………… 134
　　服务保障能力提升 ……………… 134
　　退役军人作用发挥 ……………… 134
　　就业创业服务提升 ……………… 135
　　烈士纪念设施建设 ……………… 135
　　双拥创建 ………………………… 135
　　权益维护 ………………………… 135

应急管理

综　述 ……………………………… 136
　　概　况 …………………………… 136
　　安全生产责任落实 ……………… 136
　　除患排险 ………………………… 136
　　自然灾害防范 …………………… 137
　　应急准备 ………………………… 137
　　安全生产督导检查 ……………… 137
消防救援 …………………………… 138
　　综合救援能力提升 ……………… 138
　　火灾隐患排查治理 ……………… 138
　　消防救援队伍建设 ……………… 138
　　后勤保障 ………………………… 138
　　消防宣传 ………………………… 138

军　事

人民武装 …………………………… 139
　　政治建设 ………………………… 139
　　民兵调整改革 …………………… 139
　　文化强军 ………………………… 139
　　基层建设 ………………………… 139
　　安全稳定 ………………………… 139
　　服务地方建设 …………………… 139
　　军地协作 ………………………… 140

法　治

政法综治 …………………………… 141
　政治建设 ………………………… 141
　维稳安保 ………………………… 141
　重大风险隐患防范化解 ………… 141
　基层社会治理 …………………… 141
　矛盾纠纷排查化解 ……………… 142
　政法领域改革 …………………… 142
　扫黑除恶斗争 …………………… 142
　政法队伍建设 …………………… 142
　司法公信力提升 ………………… 143
　依法治区 ………………………… 143
法治政府建设 ……………………… 143
　政治建设 ………………………… 143
　思想引领 ………………………… 144
　督察反馈问题整改 ……………… 144
　依法行政 ………………………… 144
　行政应诉 ………………………… 145
　基层治理 ………………………… 145
　"八五"普法宣传 ………………… 146
　公共法律服务 …………………… 146
公　安 ……………………………… 147
　概　况 …………………………… 147
　社会治安维护 …………………… 147
　公共安全维稳 …………………… 147
　基层基础建设 …………………… 148
　"百日行动"开展 ………………… 148
　队伍建设 ………………………… 148
检　察 ……………………………… 149
　概　况 …………………………… 149
　政治建设 ………………………… 149
　社会安稳维护 …………………… 149
　助力乡村振兴 …………………… 149
　生态环境守护 …………………… 149

　市场经济秩序维护 ……………… 149
　综合司法保护 …………………… 149
　司法惠民 ………………………… 150
　法律监督 ………………………… 150
　自身建设 ………………………… 150
法　院 ……………………………… 150
　概　况 …………………………… 150
　重大决策实施保障 ……………… 150
　法治政府建设 …………………… 151
　刑事犯罪惩治 …………………… 151
　民商纠纷化解 …………………… 151
　执行难题攻坚 …………………… 151
　诉讼服务 ………………………… 151
　纠纷化解 ………………………… 152
　权益保障 ………………………… 152
　政法领域改革 …………………… 152
　司法权运行 ……………………… 152
　司法公开 ………………………… 152
综合执法 …………………………… 153
　市容秩序管理 …………………… 153
　环境卫生质量提升 ……………… 153
　老旧小区改造 …………………… 154
　服务市场主体 …………………… 154
　住房保障 ………………………… 154
　物业服务管理 …………………… 154

金融保险

中国人民银行固原市中心支行 …… 155
　金融支持实体经济 ……………… 155
　金融风险防控 …………………… 155
　金融管理与服务 ………………… 155
中国工商银行固原支行 …………… 156
　概　况 …………………………… 156
　客户存增量 ……………………… 156
　客户服务 ………………………… 156

信贷管理 …………………………… 157
中国建设银行固原分行 ……………… 157
　　个人客户规模 ……………………… 157
　　不良贷款额率 ……………………… 157
　　金融产品 …………………………… 157
　　个人住房贷款 ……………………… 157
　　普惠金融 …………………………… 157
　　个人涉农贷款 ……………………… 157
　　银联商户云贷 ……………………… 158
　　政银合作 …………………………… 158
　　减费让利 …………………………… 158
　　数字化经营成效 …………………… 158
中国农业发展银行固原分行 ………… 158
　　金融支农 …………………………… 158
　　资金筹集 …………………………… 158
　　风险防控 …………………………… 158
　　助力国家粮食储备 ………………… 159
　　助力先行区建设 …………………… 159
　　支持特色产业 ……………………… 159
　　农发基础设施基金申报 …………… 159
　　金融信贷支持 ……………………… 159
　　支持实体经济 ……………………… 159
　　存贷款营销 ………………………… 160
　　风险管理 …………………………… 160
　　不良贷款清收 ……………………… 160
　　信用风险防控 ……………………… 160
中国农业银行固原分行 ……………… 160
　　概　况 ……………………………… 160
　　核心存款 …………………………… 160
　　服务实体经济 ……………………… 161
　　客户基础 …………………………… 161
　　数字化经营 ………………………… 161
　　增收创效 …………………………… 161
　　服务乡村振兴 ……………………… 161
　　普惠金融 …………………………… 162
　　案防风控 …………………………… 162

　　基础运营 …………………………… 162
固原农村商业银行 …………………… 162
　　信贷支持春耕备耕 ………………… 162
　　信贷支持企业纾困 ………………… 162
　　支持地方特色产业发展 …………… 162
　　减费利民惠企 ……………………… 162
　　服务"三农" ……………………… 163
　　拓展新市民服务 …………………… 163
　　普惠服务 …………………………… 163
中国邮政储蓄银行固原市分行 ……… 163
　　经营指标完成 ……………………… 163
　　金融服务社会 ……………………… 163
宁夏银行固原分行 …………………… 164
　　主要经营指标情况 ………………… 164
　　存贷营销 …………………………… 164
　　金融服务站建设 …………………… 164
石嘴山银行固原分行 ………………… 164
　　概　况 ……………………………… 164
　　服务实体经济 ……………………… 165
　　金融产品服务 ……………………… 165
　　公益服务 …………………………… 165
宁夏原州津汇村镇银行 ……………… 165
　　概　况 ……………………………… 165
　　经营情况 …………………………… 165
中国人民财产保险股份有限公司固原市
原州支公司 …………………………… 165
　　经营效益 …………………………… 165
　　风险管理 …………………………… 166
　　助力地方经济社会发展 …………… 166
　　客户服务 …………………………… 166
　　驻村帮扶 …………………………… 166
中国人寿保险股份有限公司固原分公司 …… 166
　　经营指标完成 ……………………… 166
　　政保业务 …………………………… 167
中国太平洋财产保险股份有限公司固原
中心支公司 …………………………… 167

概　况 ……………………………………… 167
保障服务 …………………………………… 167

农业农村建设

综　述 ……………………………………… 168
　　概　况 …………………………………… 168
　　农业科技创新推广 ……………………… 168
　　冷凉蔬菜产业 …………………………… 168
　　肉牛产业 ………………………………… 168
　　马铃薯产业 ……………………………… 168
　　中药材产业 ……………………………… 168
　　生态经济产业 …………………………… 169
　　稳产保供 ………………………………… 169
　　农村人居环境整治 ……………………… 169
　　农村改革试点 …………………………… 169
　　示范农业建设 …………………………… 170
　　园区及农产品品牌建设 ………………… 170
　　新型经营主体培育 ……………………… 170
　　农业农村发展基础 ……………………… 170
　　产业扶持与技术帮扶 …………………… 171
　　荣　誉 …………………………………… 171
乡村振兴 …………………………………… 172
　　防返贫监测帮扶 ………………………… 172
　　产业就业帮扶 …………………………… 172
　　移民致富提升行动 ……………………… 173
　　编制实施方案 …………………………… 173
　　项目资金资产管理 ……………………… 173
　　社会帮扶 ………………………………… 174
　　帮扶政策落实 …………………………… 174
　　乡村振兴干部队伍建设 ………………… 174
水　务 ……………………………………… 175
　　工程建设项目 …………………………… 175
　　用水权改革 ……………………………… 175
　　农饮维修养护 …………………………… 175
　　河湖综合管理 …………………………… 175

　　水利监管能力 …………………………… 175
　　自身能力建设 …………………………… 176
水土保持 …………………………………… 176
　　方案编制 ………………………………… 176
　　河川乡上黄生态经济小流域综合治理项目
　　　…………………………………………… 176
　　官厅镇吴家沟小流域(高坊坪片区)综合
　　　治理项目 ……………………………… 176
　　黄铎堡镇何家沟清洁型小流域综合治理
　　　项目 …………………………………… 176
　　开城镇黑刺沟清洁型小流域综合治理项目 …… 176
　　新建坡耕地水土流失综合治理项目 …… 177
　　病险淤地坝工程建设 …………………… 177
　　北洼中型淤地坝工程 …………………… 177
　　信息化录入 ……………………………… 177
扬黄灌溉管理 ……………………………… 177
　　农业灌溉 ………………………………… 177
　　高效节水灌溉工程 ……………………… 178
　　维修工程 ………………………………… 178

自然资源管理与生态建设

自然资源 …………………………………… 179
　　国土空间规划 …………………………… 179
　　生态保护与修复 ………………………… 179
　　国土用途管制 …………………………… 179
　　自然资源执法 …………………………… 179
　　地质灾害防治 …………………………… 179
　　矿山管理 ………………………………… 180
　　森林草原防火 …………………………… 180
　　土地权山林权改革 ……………………… 180
　　林长制度建立 …………………………… 180
生态环境治理 ……………………………… 180
　　环境保护共治 …………………………… 180
　　生态环境质量 …………………………… 181
　　督察反馈问题整改 ……………………… 181

· 12 ·

污染防治 ………………………… 181
　　土壤污染管控 …………………… 181
　　农村人居环境整治 ……………… 182
　　生态环境监管执法 ……………… 182

工　业

综　述 ……………………………… 183
　　概　况 …………………………… 183
　　项目建设 ………………………… 183
　　工业经济 ………………………… 183
　　规上企业管理培育 ……………… 183
　　企业转型升级发展 ……………… 183
　　安全生产 ………………………… 183
电力供应 …………………………… 183
　　概　况 …………………………… 183
　　安全管理 ………………………… 184
　　网架结构 ………………………… 184
　　隐患治理 ………………………… 184
　　营配基础长线治理 ……………… 184
　　营商环境优化 …………………… 184

商贸服务业

综　述 ……………………………… 185
　　概　况 …………………………… 185
　　商贸流通 ………………………… 185
　　惠企政策 ………………………… 185
　　电子商务 ………………………… 185
　　电商运营 ………………………… 185
　　招商引资 ………………………… 185
商业总公司 ………………………… 186
　　企业维稳 ………………………… 186
　　安全生产管理 …………………… 186
　　国企改制 ………………………… 186
供销合作 …………………………… 186

　　概　况 …………………………… 186
　　"数字供销"示范区建设 ………… 186
　　综合合作试点 …………………… 186
　　农资保障 ………………………… 186
　　农业社会化服务 ………………… 186
　　农副产品网络销售 ……………… 187
粮食流通和物资储备 ……………… 187
　　粮食安全保障 …………………… 187
　　粮食储备 ………………………… 187
　　粮食监管 ………………………… 187
　　物资储备 ………………………… 187
　　"六藏"任务完成 ………………… 188

交通　邮政　通信

交通运输 …………………………… 189
　　农村道路建设 …………………… 189
　　农村公路养护保畅 ……………… 189
邮　政 ……………………………… 189
　　金融类 …………………………… 189
　　寄递类 …………………………… 189
　　邮务类 …………………………… 189
电信通信 …………………………… 189
　　概　况 …………………………… 189
　　基础网络建设 …………………… 190
　　网络与信息安全 ………………… 190
　　信息化建设 ……………………… 190
　　服务能力 ………………………… 190
　　社会责任 ………………………… 190
　　获奖情况 ………………………… 191
移动通信 …………………………… 191
　　概　况 …………………………… 191
　　保障服务 ………………………… 191
　　"新基建"发展 …………………… 191
　　"互联网+"模式创新 …………… 192
　　驻村帮扶 ………………………… 192

联通通信 ……………………………………… 192
    概　况 ………………………………………… 192
    业务拓展 ……………………………………… 192
    保障服务 ……………………………………… 193
    市场拓展 ……………………………………… 193
    交付支撑 ……………………………………… 193
    划小改革 ……………………………………… 193
    创新亮点工作 ………………………………… 194

城乡建设与住房保障

城乡建设 ……………………………………… 195
    概　况 ………………………………………… 195
    移民村基础设施改造 ………………………… 195
    村镇项目建设 ………………………………… 195
    市区改造工程建设 …………………………… 195
    营商环境优化 ………………………………… 195
    安全生产 ……………………………………… 195
住房保障与管理 ……………………………… 196
    概　况 ………………………………………… 196
    危窑危房改造及自建房排查整改 …………… 196

教　育　体　育　文　化　旅　游

教　育 ………………………………………… 197
    概　况 ………………………………………… 197
    教育经费投入 ………………………………… 197
    教育经费保障 ………………………………… 197
    教学仪器设施配备 …………………………… 197
    校舍建设 ……………………………………… 197
    学校运动场改造 ……………………………… 198
    附属设施建设 ………………………………… 198
    教师队伍 ……………………………………… 198
    特岗、学前教育、"三支一扶"招录 ……… 198
    交流轮岗 ……………………………………… 198
    教师资格认定和职称评审 …………………… 198
    教研交流 ……………………………………… 198
    教学研究 ……………………………………… 198
    教学监测 ……………………………………… 199
    教师培训 ……………………………………… 199
    教育体制改革 ………………………………… 199
    中小学德育工作 ……………………………… 199
    民办教育 ……………………………………… 199
    大学生资助 …………………………………… 199
    生源地信用助学贷款 ………………………… 199
    普通高中学生资助 …………………………… 199
    义务教育阶段"一补"政策 ………………… 199
    学前教育资助 ………………………………… 199
    校园安全 ……………………………………… 199
    营养改善计划 ………………………………… 200
    教育督导 ……………………………………… 200
    党的建设 ……………………………………… 200
体　育 ………………………………………… 200
    群众体育赛事 ………………………………… 200
    竞技体育训练 ………………………………… 200
    体教融合 ……………………………………… 201
    全民健身服务 ………………………………… 201
    国民体质监测 ………………………………… 201
文化旅游综述 ………………………………… 201
    全域旅游示范区创建 ………………………… 201
    文化活动 ……………………………………… 202
    文物保护 ……………………………………… 202
    公共文化旅游项目建设 ……………………… 202
    安全生产 ……………………………………… 202
文化活动 ……………………………………… 202
    春节文化活动 ………………………………… 202
    文化民生活动 ………………………………… 203
    非遗项目申报 ………………………………… 203
文物管理 ……………………………………… 203
    概　况 ………………………………………… 203
    文物保护 ……………………………………… 203
    文化项目实施 ………………………………… 203

西北农耕博物馆 ………………… 204
须弥山文物管理 ……………………… 204
　　石窟文物安全 …………………… 204
　　项目实施 ………………………… 204
图书管理服务 ………………………… 204
　　图书征订及读者服务 …………… 204
　　图书宣传流动服务 ……………… 204
档案管理服务 ………………………… 205
　　档案管理 ………………………… 205
　　档案服务 ………………………… 205
　　档案信息化进程 ………………… 205
　　档案宣传 ………………………… 205
　　档案安全建设 …………………… 205
新闻媒体工作 ………………………… 206
　　主题宣传报道 …………………… 206
　　农村数字电影 …………………… 206
党史和地方志工作 …………………… 206
　　党史研究 ………………………… 206
　　地方志研究 ……………………… 207

科技创新服务

综　述 ………………………………… 208
　　概　况 …………………………… 208
　　科技创新主体 …………………… 208
　　创新条件建设 …………………… 208
　　科技创新产出 …………………… 208
　　科技助力乡村振兴 ……………… 208
　　东西部科技合作 ………………… 209
　　科学技术普及 …………………… 209
　　科技创新管理 …………………… 209

医疗卫生

综　述 ………………………………… 210
　　疫情防控 ………………………… 210

　　医疗改革服务 …………………… 210
　　"互联网+医疗健康" ……………… 210
　　民生项目实施 …………………… 211
　　计划生育工作 …………………… 211
　　妇幼保健生育服务 ……………… 211
　　监督服务 ………………………… 211
　　中医药服务 ……………………… 212
　　老龄工作 ………………………… 212
卫生监督 ……………………………… 212
　　医疗机构监督 …………………… 212
　　饮用水卫生监督 ………………… 213
　　学校及托幼机构卫生监督 ……… 213
　　公共场所卫生监督 ……………… 213
　　职业卫生监督 …………………… 214
　　行政处罚 ………………………… 214
　　监督信息报告 …………………… 214
　　卫生行政许可 …………………… 214
　　执法行为规范 …………………… 214
疾病预防控制 ………………………… 215
　　基本公共卫生服务项目 ………… 215
　　慢性病患者管理 ………………… 215
　　传染病报告管理监测 …………… 215
　　结核病项目防治 ………………… 215
　　艾滋病综合防治 ………………… 216
　　免疫规划 ………………………… 216
　　地方病防治 ……………………… 216
　　公共卫生监测 …………………… 216
　　实验室检测 ……………………… 217
　　健康教育 ………………………… 217
人民医院 ……………………………… 217
　　公共服务 ………………………… 217
　　医疗质量控制管理 ……………… 217
　　"五大中心"建设 ………………… 217
　　用药监管 ………………………… 218
　　医疗人才支撑 …………………… 218
　　学科建设 ………………………… 218

临床科室支持 …………………… 218

乡镇街道概览

头营镇 …………………………… 219
　　概　况 …………………………… 219
　　脱贫攻坚成果巩固 ……………… 219
　　示范村创建 ……………………… 219
　　村容村貌 ………………………… 220
　　产业发展 ………………………… 220
　　畜牧兽医 ………………………… 220
　　自然资源 ………………………… 221
　　水利水保 ………………………… 221
　　村集体经济 ……………………… 221
　　民生保障 ………………………… 221
　　执法检查 ………………………… 222
　　无诈乡镇无诈村居创建 ………… 222
　　矛盾纠纷排查化解 ……………… 222
　　铁路护路 ………………………… 222
　　基层治理 ………………………… 223
官厅镇 …………………………… 223
　　脱贫成果巩固 …………………… 223
　　产业发展 ………………………… 223
　　环境保护 ………………………… 223
　　民生保障 ………………………… 224
　　基层治理 ………………………… 224
　　法治政府建设 …………………… 225
　　党的建设 ………………………… 225
开城镇 …………………………… 225
　　防返贫监测 ……………………… 225
　　民生保障 ………………………… 225
　　反馈问题整改 …………………… 226
　　脱贫攻坚成果巩固 ……………… 226
　　产业结构优化 …………………… 226
　　生态宜居乡村建设 ……………… 226
　　公共安全排查整治 ……………… 227
　　基层治理 ………………………… 227
张易镇 …………………………… 227
　　脱贫攻坚成果巩固 ……………… 227
　　产业融合发展 …………………… 227
　　美丽乡村建设 …………………… 228
　　民生保障 ………………………… 228
　　基层治理 ………………………… 228
　　党的建设 ………………………… 228
三营镇 …………………………… 229
　　脱贫攻坚成果巩固 ……………… 229
　　集体经济发展 …………………… 229
　　民生保障 ………………………… 229
　　人居环境整治 …………………… 230
　　基层治理 ………………………… 230
　　党的建设 ………………………… 230
彭堡镇 …………………………… 231
　　脱贫攻坚成果巩固 ……………… 231
　　产业发展 ………………………… 231
　　人居环境整治 …………………… 232
　　民生保障 ………………………… 232
　　平安彭堡建设 …………………… 232
　　党的建设 ………………………… 233
黄铎堡镇 ………………………… 233
　　防返贫监测 ……………………… 233
　　产业发展 ………………………… 233
　　人居环境整治 …………………… 234
　　民生保障 ………………………… 234
　　综合执法 ………………………… 235
　　生态环境保护 …………………… 235
　　基层社会治理 …………………… 235
　　文化宣传工作 …………………… 236
　　党建引领 ………………………… 236
中河乡 …………………………… 236
　　概　况 …………………………… 236
　　产业发展 ………………………… 237
　　脱贫攻坚成果巩固 ……………… 237

生态环境保护 ………………… 237
粮食种植及耕地保护 …………… 237
民生保障 ……………………… 238
平安中河建设 ………………… 238
党的建设 ……………………… 238
寨科乡 ………………………… 238
概　况 ………………………… 238
脱贫攻坚成果巩固 …………… 239
示范村建设 …………………… 239
民生保障 ……………………… 239
基层社会治理 ………………… 240
人居环境整治 ………………… 240
安全生产 ……………………… 240
党的建设 ……………………… 241
炭山乡 ………………………… 241
概　况 ………………………… 241
脱贫攻坚成果巩固 …………… 241
产业发展 ……………………… 241
生态建设保护 ………………… 242
基层社会治理 ………………… 242
河川乡 ………………………… 242
概　况 ………………………… 242
脱贫攻坚成果巩固 …………… 242
产业发展 ……………………… 243
民生保障 ……………………… 243
基层社会治理 ………………… 243
北塬街道办事处 ……………… 243
示范区创建 …………………… 243
脱贫攻坚成果巩固拓展 ……… 244
民生保障 ……………………… 244
人居环境整治 ………………… 244
自然资源管理 ………………… 244
社区服务提升 ………………… 245
基层社会治理 ………………… 245
文明及体育建设 ……………… 245
共建共治 ……………………… 245

南关街道办事处 ……………… 246
综合治理 ……………………… 246
民生保障 ……………………… 246
法治政府建设 ………………… 246
平安建设 ……………………… 247
安全生产管理 ………………… 247
禁毒工作 ……………………… 247
人民武装工作 ………………… 247
生态环境保护 ………………… 248
全民健康水平提升 …………… 248
文化建设 ……………………… 248
古雁街道办事处 ……………… 248
代表联络工作 ………………… 248
民生保障 ……………………… 249
脱贫攻坚成果巩固拓展 ……… 249
法治政府建设 ………………… 250
平安建设 ……………………… 250
安全生产 ……………………… 250
生态文明建设 ………………… 251
社会事务管理 ………………… 251

荣　誉

先进人物 ………………………… 252
　全国"人民满意的公务员" …… 252
　全国农村集体产权制度改革工作先进个人
　……………………………… 252
　2022年度全国水土保持工作先进个人 …… 252
　全国优秀城乡社区工作者 …… 253
　第六届全国119消防先进个人 … 253
　"少年法庭"工作先进个人 …… 254
　好警嫂 ………………………… 254
　第十三届全国"五好家庭" …… 254
　全国"最美农机推广员" ……… 254
　2019—2021年度全国森林草原防火工作
　先进个人 ……………………… 255

全区人力资源和社会保障工作先进个人
　…………………………………………… 255
城乡建设绿色发展成绩突出个人 ………… 255
个人二等功 ………………………………… 255
全区公安工作先进个人 …………………… 256
自治区机关事务工作先进个人 …………… 256
先进个人 …………………………………… 256
2022年度全区优秀新闻工作者 …………… 256
第一届宁夏动物防疫和动物卫生风险评估
　专家委员会专家 ………………………… 257
"平安宁夏"建设先进个人 ………………… 257
全区"最美乡镇（街道）政法委员" ……… 258
自治区国家贫困地区重大专项普查先进个人
　…………………………………………… 258
全区人力资源和社会保障工作先进个人
　…………………………………………… 259
2022年度原州区获得市级以上表彰的
　先进个人 ………………………………… 260
2022年度原州区获得市级以上表彰的
　先进集体 ………………………………… 267

附　　录

**牢记嘱托　勇毅前行　奋力在建设先行区中
　走在前作表率** ……………………………… 273
　——在中共固原市原州区委四届二次全会上的讲话
　固原市委常委、原州区委书记　何永吉
**感恩奋进　真抓实干　深入贯彻落实自治区第十
　三次党代会精神　奋力谱写全面建设社会主义
　现代化美丽新宁夏原州新篇章** ………… 283
　——在中共固原市原州区委四届三次全会第一
　次全体会议上的讲话
　固原市委常委、原州区委书记　何永吉

**真抓实干　团结奋斗　深入学习宣传贯彻落实
　党的二十大精神　奋力开创现代化原州建设
　新局面** …………………………………… 293
　——在中共固原市原州区委四届四次全会第一
　次全体会议上的讲话
　固原市委常委、原州区委书记　何永吉
政府工作报告 …………………………… 298
　——在固原市原州区第四届人民代表大会第二
　次会议上
　原州区政府区长　马　波
组织机构及负责人名单 ………………… 310
中国共产党固原市原州区第四届委员会
　…………………………………………… 310
固原市原州区第四届人民代表大会常务委员会
　…………………………………………… 310
固原市原州区第四届人民政府 …………… 310
中国人民政治协商会议固原市原州区第四届
　委员会 …………………………………… 311
中国共产党固原市原州区第四届纪律检查
　委员会 …………………………………… 311
原州区委工作部门 ………………………… 313
原州区委直属事业单位 …………………… 314
原州区人大常委会工作部门 ……………… 315
原州区人民政府工作部门 ………………… 315
原州区政府直属事业单位 ………………… 320
原州区政协工作部门 ……………………… 320
原州区民主党派　工商联 ………………… 320
原州区群众团体 …………………………… 321
固原市直属机构 …………………………… 321
乡、镇、街道办事处 ……………………… 322
**固原市原州区2022年国民经济和社会发展
　统计公报** ………………………………… 326

特 载

固原市原州区移风易俗赋能乡村振兴

固原市原州区在巩固拓展脱贫攻坚成果同乡村振兴有效衔接的工作过程中，高额彩礼、大操大办等陈规陋习逐步成为脱贫群众致富路上的"绊脚石"和"拦路虎"，也是影响家庭和谐、引发社会矛盾的重要因素。针对这一情况，原州区在宣传引导上出实招、在典型选树上下力气、在机制保障上动真格，移风易俗工作赢得广大群众认可，乡风文明悄然形成，为乡村振兴注入文明力量。

以宣传教育为"牵引"，让文明新风进万家。出现高额彩礼、大操大办等陈规陋习的原因是多方面的，但主要还是群众思想观念落后、盲目攀比造成的。为解决这个问题，原州区从改变群众观念入手，开展移风易俗宣传教育，让文明新风吹拂千家万户，把文明理念播进百姓心田。线上发力，发挥原州新闻网、"原州发布"等微信公众号、微信群作用，及时制作发布典型人物事迹、移风易俗好处、盲目跟风危害等内容的小视频、小图片、小广告，教育引导农民群众破除陈规陋习，树立文明新风。2022年以来，累计发布孝老爱亲、邻里和谐、婚事简办、厚养薄葬等公益广告、宣传视频10万余条，点击阅读量超过200万次，真正做到户户知晓、人人关注。及时总结推广移风易俗典型人物、示范案例，加强示范引领。线下给力，发挥县(区)、乡、村三级204个新时代文明实践中心、所、站主阵地作用，搭建村(社区)宣传栏、田间地头小讲堂、文化广场等平台，把移风易俗内容制作成群众喜闻乐见的相声、小品、快板、戏曲等文艺节目，在田间地头、大型商超、集贸市场等场所巡演。在主干道路、村级活动场所等醒目位置张贴悬挂公益广告、宣传横幅3000多条，发放公益活动倡议书和宣传彩页2万多份。通过朴实的语言、鲜活的案例、接地气的方式，让老百姓从内心深处接受移风易俗、支持移风易俗。活动助力，把移风易俗宣传与志愿服务活动深度融合，组织1065支志愿服务队、5.58万名志愿者，创新开展"扶智扶志促脱贫·文明乡风助振兴""送戏下乡"等五大志愿服务活动2万多场次，线上线下互动群众超过110万人次，直接受益群众30万人，在寓教于乐中增强群众移风易俗思想自觉和行动自觉。

以典型示范为"样本"，让文明新风沁人心。为用身边事感化身边人，原州区通过选树移风易俗典型，为广大群众复制一个个可感知、可学习的鲜活榜样，把文明新风带到群众身边，让文明理念生根发芽。党员带头，领导干部发挥模范带头作用，带头抵制大操大办等陈规陋习，从严教育管理亲人家属；普通党员以身作则，落实婚丧嫁娶报备制度，倡导科学、健康、文明的生活方式，以党风政风带民风、树新风，党员干部带头"零彩礼"的典型案例越来越多。2022年5月20日，炭山乡政府大院一场"简办"不"减爱"的婚礼如期举行，乡干部姚宗荣和马虎梅不要彩礼、婚礼简办的做法被十里八乡的百姓传为佳话。为推动移风易俗，彭堡镇闫堡村红白理事会引导村民不大操大办、不要高额彩礼，全村现在彩礼不超过5万元，人情礼不超过100元；黄铎堡镇和润村党组织书记苗永俊在宣传推进移风易俗中以身作则,"零彩礼"出嫁女儿,让村民心服口服。先进带动,发挥39个文明单位、64个文明村镇、19个文明校园、7个文明家庭的示范引领作用,以文明"小气象"温暖和谐社会"大气候"。开展"百孝之星"、道德模范、"身边好人"等先进人物选树活动,以模范人物的"百余名"带动文明新风"上万人"。选树各级各类移风易俗示范村、示范户124个,持续掀起不要彩礼、厚养薄葬、勤劳节俭的文明之风,以示范"星星之火"点亮原州文明新风。

以制度建设为保障,让文明新风润原州。文明新风的种子不但要种下去,还要精心呵护、落地生根,真正在原州大地枝繁叶茂、开花结果。三级网格常态管,原州区组建县、乡、村三级工作网络,建立以宣传部门为龙头,团区委、妇联、民政等部门为成员的县级大网格,各单位各司其职、协同作战,凝聚起强大的工作合力。11个乡镇、3个街道成立以党委、党工委书记为组长的二级工作网,履行主体责任,强化措施落实,确保工作有特色、有亮点、有成效。189个行政村(社区)党组织书记担任三级网格长,从修订村规民约和社区居民公约抓起,完善"四会"组织,规范"一约四会"制度台账和红白事宜办事流程。三级网格化管理模式,既使各级党组织紧密联系又分工负责,形成人人心中有责任、个个肩上有任务的工作格局。暂行办法规范管,针对高额彩礼、大操大办等陈规陋习,原州区委多次组织召开多层面、多领域群众代表座谈会,面对面听取社会各界对移风易俗的看法。组成调研组,制作包括6个方面13个具体问题的调查问卷,进村入户发放回收10.2万份,广泛征求群众意见建议。制定《原州区推动移风易俗、遏制高额彩礼,助力乡村振兴暂行办法(试行)》,详细规定彩礼金额、人情礼金、酒席桌数等,让移风易俗具体可操作。督查考核重点管,把移风易俗作为乡村振兴一项重点督查内容,原州区委、区政府成立督查指导组,及时纠偏纠错,严防矫枉过正,确保移风易俗工作始终沿着正确的方向开展。对个别工作落实不力的单位按照管理办法相关规定进行问责,并在效能目标管理考核和各级文明单位、文明村镇考评中扣减相应分值,以真督实导推动移风易俗取得实质性进展。经过原州区上下不懈努力,喜事新办、丧事简办、勤俭节约的文明新风在原州大地上处处涌动。

(来源:《乡村治理动态》2022年第51期)

原州区乡村特色产业发展概况

原州区是宁夏回族自治区(以下简称"自治区")固原市辖区,位于黄土高原中西部,属暖温带半干旱气候,海拔1450~2500米,干燥度较高,四季气候分明,灾害性天气多,年平均气温6.8℃,年平均降水量300~550毫米,年平均蒸发量1200~1800毫米,年平均日照时间2250~2700小时。现辖7镇4乡3个街道办事处150个行政村41个社区,常住人口47.13万人,农村人口占43%。原州区总面积2739平方千米,耕地面积130.2万亩,其中水浇地占17%,高效节水灌溉耕地占23%。

乡村产业的前世今生:原州的农耕文化与游牧文化历史悠久,在距今约5000年前,境内居民已使用磨制石器进行原始农耕生产,到东汉时期已是"沃野千里,谷稼殷积","牛马衔尾,群羊塞道",到唐朝更是成为全国最大的养马中心之一。但随着接连战祸、人口增多、环境破坏,极度干旱缺水成为原州人民生产生活的最大难题。曾有"一碗水,客先洗,洗后主人还要洗"的艰难处境。从1982年国务院决定对"三西"地区进行较大规模开发建设,到2012年12月习近平总书记在河北省阜平县向全党全国发出脱贫攻坚的动员令，再到2021年与全国一同打赢脱贫攻坚战，不到40年的时间，原州区在党中央的亲切关怀和帮助下，不仅生态环境实现从"风吹沙石走"向"山清水秀"转变，而且乡村产业也取得长足发展。原州区确定区域化布局、标准化生产、品牌化经营、融合化发展的路子，形成肉牛、绿色食品、文化旅游、纺织服装4个重点产业和新材料、新能源、中药材、电子信息4个培育产业的"4+4"产业格局，明晰北部清水河谷川道区冷凉蔬菜产业带、南部阴湿区马铃薯产业带、东部丘陵区肉牛产业带产业布局。

特色产业发展：冷凉蔬菜产业上，产品远销广州、深圳、西安等20多个大中城市，六盘山冷凉蔬菜品牌逐渐形成影响力，建成26个设施农业园区和5个万亩、14个千亩标准化露地蔬菜基地，形成育苗、种植、分拣、预冷、运输、销售一体化的产业链条和一、二、三产融合发展态势，2021年总产值14.7亿元，成为全国重要的绿色农产品生产基地。马铃薯形成育种、种植、加工产业链条，总产值超过9亿元，被称为"马铃薯种薯之乡"。肉牛产业改变"卖活牛"局面，建成融侨丰霖（宁夏）生态肉牛产业园、3个千亩以上高产优质苜蓿示范基地、6个万头肉牛养殖示范乡镇、30个千头肉牛养殖示范村，形成饲草种植、肉牛养殖、屠宰加工、冷链物流、市场销售一体化肉牛全产业链，吸引23家规模养殖场、183家合作社、2.15万户养殖户参与，2021年总产值7.5亿元，成为西北地区重要的牛肉生产基地。劳务产业让农民有更多选择和更高收入，培育14个劳务派遣公司，建设3个劳务工作站，2021年实现农村劳动力转移就业7.32万人、工资性收入17.83亿元。乡村旅游逐渐成为乡村产业的重要部分，现有4A级旅游景区2个，3A级旅游景区1个，2A级旅游景区2个，全国旅游乡村重点村1个，自治区级特色旅游村3个，三星级以上乡村旅游示范点（农家乐）39家，2021年实现旅游综合总收入8.8亿元。除此之外，生态鸡、小杂粮等产业发展势头良好，未来可期。

宝贵经验总结：为解决乡村产业发展中遇到的困难和阻碍，经探索实践，形成政策支持、信用评价、政府增信、金融服务、产业支撑、风险防控"六位一体"金融帮扶"蔡川模式"（金融扶贫"蔡川模式"入选中国普惠金融助力脱贫攻坚典型案例，联合国对发展中国家扶贫开发课程），解决农户"困"于资金难题；形成跨镇跨村"五统一"（统一规划布局、统一育苗种植、统一田间管理、统一区域品牌、统一市场销售）的姚磨冷凉蔬菜"跨镇（村）联营"模式，奠定蔬菜产业标准化生产、品牌化经营基础；形成"风险共担、利益共享"的蒋河肉牛养殖"小村联盟"模式，解决部分村集体经济发展能力弱、单个村抵御风险能力低的问题；形成"零费用上学、零距离就业"的"飞毛腿"办学模式（"飞毛腿"办学模式被国务院列为"产教融合、校企合作"的扶智扶志扶贫模式典型案例），解决原州初高中毕业生就业问题。

（来源：原州区政研室）

原州区安和村肉牛养殖"出户入园"探索

肉牛产业是原州区特色优势主导产业之一，也是群众脱贫致富的重点产业。原州区肉牛养殖多数为养殖户在庭院周边建棚散养模式。随着肉牛产业发展壮大，这种"家家有棚，户户养牛"模式暴露出诸多问题，如棚圈面积不足、规格杂乱多样、饲养管理粗放、质量效益不高，小农户与大市场衔接不紧密，人居环境污染矛盾突出等。为有效破解肉牛产业发展"瓶颈"，2021年以来，原州区引导生态移民村肉牛养殖户从庭院养殖向园（场）集中养殖转变，推广"出户入园"模式，有效解决肉牛产业小而散、疾病防控管理难、人居环境污染重等问题。下面以安和村为范例说明"出户入园"模式成效。

原州区三营镇安和村是"十二五"生态移民安置村,辖4个自然村,总面积1.06平方千米,耕地面积901.8亩,搬迁安置的村民来自三营镇唐湾、海淌、西台、代堡4个偏远山村。全村现有总人口534户2412人,增收支柱产业主要为肉牛养殖和劳务输出。有肉牛养殖户132户,牛存栏920头,养殖肉牛15头以上大户3家。每户院落0.9亩,配套牛棚面积36平方米。2021年底村民可支配收入13752元。

"出户入园"推广以来,结合百万移民致富提升行动,整合中央定点帮扶资金、生态移民村后续产业发展资金、涉农资金近3000万元,在安和村选址新建肉牛养殖"出户入园"标准园区。园区项目占地106亩,基础设施包括双列式标准化肉牛养殖圈棚6座、6000立方米青贮池4座、500平方米饲草料棚1间,以及防疫消毒室、堆粪处理场、活动场等。项目于2021年9月底竣工投入使用,可养殖肉牛1600头。鼓励安和村和邻村金轮村的肉牛散养户响应政府号召,自愿放弃庭院养殖,进入园区进行集中养殖。按照养殖园圈棚内设计,每栏最多养殖18头。结合移民村养殖现状,经镇、村两级研究,提出养殖10头牛以上的养殖户可申请"出户入园"。为鼓励养殖户"出户入园",入园养殖户可以享受饲草料补贴每头肉牛1000元。至2021年底,已入园农户96户,入园牛616头,其中,安和村59户383头,金轮村37户233头。园区每天上午、下午各开放一小时,养殖户在开放时间里进入园区进行饲喂作业。为提高"出户入园"质量效益,镇、村两级认真思考提出,"出户入园"必须坚持以党支部为引领,依托安和村合作社发展村集体集中规模养殖,带动散养户将自家肉牛或资金入股合作社。村干部和小组长带头入股,村干部入股10万元,小组长入股5万元,村集体依托合作社在园区内发展肉牛养殖,由村集体统一管理经营。通过规模集约化养殖实现降低成本和提高效益,逐步带动养殖户将牛入股到合作社,最终实现全部入园。

通过推进"出户入园",制约产业发展的瓶颈问题正在逐步解决。解决空间紧张问题。移民村统建院落,总面积0.9亩,牛棚和房屋仅4~5米距离,未开展"出户入园"以前,牛棚的异味屋里都能闻到。牛棚空间狭小,10多头牛挤在一起,空气污浊。养殖户反映"原本院子就不大,加上建牛棚,修草料棚,让居住空间变得很拥挤,想多养几头牛都没有地方。现在,有养殖场提供场地,想养多少头就养多少头。"促进环境质量提升。人畜混居一直以来是农村环境脏乱差的主要原因之一,"出户入园"有效实现人畜分离。"出户入园"实施后,养殖户家里的卫生环境好了,村里的环境也跟着改善了,昔日笼罩在村里的异味消失了。结合移民村(点)村容村貌改造提升工程,集中开展移民村(点)绿化、破损墙面改造维修、垃圾清运设施配备、路灯安装等环境改善提升工程,移民村(点)环境治理设备设施齐全了,村容村貌、人居环境得到全面提升。实现绿色低碳发展。"出户入园"为推动肉牛养殖业绿色健康发展带来新的机遇。"出户入园"后,在养殖园内集中开展肉牛废弃物资源化利用和养殖环境综合治理,不管是对粪污进行集中发酵、腐熟还田,还是制作功能性固体有机肥出售,对于促进生态种养循环系统的良性发展和提高农民生活收入都具有深远意义,实现绿色养殖和农民增收两不误两促进。提高群众生产收入。"出户入园"后,只要养殖户资金宽裕,想多养几头牛也有场地。标准化的养殖圈棚,牛既有室内的休息棚,也有室外露天的活动场地。在这样的生长环境下,牛长得更健壮,更好育肥。园区对入园的养殖户不收取任何费用,而且免水电费。因此,"出户入园"后养殖户收入也随之提高。

(来源:原州区政研室)

固原市原州区"双轮"驱动
探出脱贫劳动力帮扶新路径

宁夏固原市原州区将推动"雨露计划+"就业促进行动作为巩固脱贫攻坚成果和全面推进乡村振兴的关键之举,坚持职业教育培育人才、组合政策帮扶就业"双轮"驱动工作思路,高质量巩固脱贫成果,帮助"雨露计划"毕业生实现更充分、更高质量的就业。

原州区对辖区内符合"雨露计划"政策补助的学生补贴政策落实情况进行全面排查,并与教育、人社部门积极对接,全面掌握"雨露计划"在读学生及毕业生就业情况,摸清底数,建立台账。

抓住闽宁协作契机,引进福建飞毛腿集团,建立宁夏飞毛腿技工学校,以校企合作为重点,实行"零学费、零生活费、零杂费"就学。自2021年以来,"雨露计划"为1500名飞毛腿技工学校学生发放助学补贴约225万元,学生毕业后在飞毛腿集团等上下游企业实现100%就业,产业教育实现深度融合。

紧盯"雨露计划+"就业促进行动工作重点,通过"六个一批"推进就业帮扶。优化就业服务促进一批,创办"原州就业创业直播间",每年举办专场招聘会不少于20次;实施重点项目吸纳一批,每年吸纳就业均在300人以上;发展重点产业使用一批,建设就业帮扶车间32个,带动就业1171人;"点对点"有组织输出一批,累计向福建等地"点对点、一站式"有组织转移就业1782人;鼓励自主创业带动一批,年均发放创业担保贷款3800万元,创业带动就业2000余人;深化产教融合培养一批,谋划建成原州区公共实训基地,注册成立宁夏飞毛腿电子科技有限责任公司,吸纳飞毛腿技工学校毕业生就地就近就业。

育人就业同步走,人才产业双驱动,政府支持与市场需求相衔接,是原州区因地制宜实施"雨露计划+"就业的独到经验。

(来源:宁夏乡村振兴局)

大事记

1月

1日　原州区召开新任职干部集体谈话会。固原市委常委、原州区委书记何永吉出席会议。原州区委常委、组织部部长陈启主持会议，原州区委常委、纪委书记、监委主任牛治忠作廉政谈话。会上，新任职干部代表作表态发言。

是日　自治区公安厅党委委员、副厅长陈加先来原州区调研，对派出所基础设施建设、功能区设置、接处警、派出所改革等工作进行调研和检查指导。

4日　原州区召开应急值班和信息工作培训会，通报原州区2021年信息工作情况，学习原州区《关于进一步加强应急值班和信息报送工作的通知》，安排部署相关工作。原州区委副书记马小路主持会议并讲话。各乡镇（街道）、各部门（单位）主要负责同志和办公室主任参加会议。

6日　原州区政协党组书记、主席马仲尧带领政协班子成员、四委一室负责同志，集体调研政协委员会客室建设情况并走访看望部分委员。调研组一行先后来到金城花园社区、原州区返乡产业孵化园、固原爱心园康复中心、大原古建非遗工坊、进元驾校、宋家巷社区和陈昊书法工作室，围绕各位委员的履职、工作和生活情况进行调研。

12日　自治区人大常委会副主任、总工会主席沈左权带领自治区总工会调研组来原州区开展调研。固原市人大常委会副主任，市总工会党组书记、主席张立君，原州区委常委、组织部部长陈启陪同调研。调研组一行先后来到固原福苑实业有限公司、新业态企业饿了么固原分公司等地进行调研。

15日　原州区召开党史学习教育总结会议。固原市委常委、原州区委书记、党史学习教育领导小组组长何永吉出席会议。固原市委党史学习教育第一巡回指导组副组长沙广学及指导组成员到会指导，原州区委党史学习教育领导小组副组长、原州区委党史学习教育巡回指导组各组长参加会议。

16日　原州区委常委会召开党史学习教育专题民主生活会，围绕"大力弘扬伟大建党精神，坚持和发展党的百年奋斗历史经验，坚定历史自信，践行时代使命，厚植为民情怀，勇于担当作为，团结带领人民群众走好新的赶考之路"这一主题，联系思想和工作实际，全面检视问题，深刻剖析原因，认真开展批评和自我批评。固原市委常委、原州区委书记何永吉主持会议，固原市纪委、固原市委党史学习教育第一巡回指导组派人到会指导，原州区人大常委会、政协主要领导及相关负责人列席会议。会议传达学习了习近平总书记在中央政治局专题民主生活会上的重要讲话精神，自治区、固原市党委专题民主生活会精神。通报了原州区委常委会2020年度民主生活会查摆问题整改落实情况、2021年区委常委会贯彻执行中央八项规定及其实施细则精神情况、整治形式主义为基层减负情况以及党史学习教育专题民主生活会会前准备情况。何永吉同志代表原州区委常委会做对照检查,各常委围绕民主生活会主题逐一做对照检查,相互开展批评和自我批评。

是日 原州区政府党组召开党史学习教育专题民主生活会。原州区委副书记、区长马波主持会议,原州区党史学习教育第三巡回指导组组长、副组长到会指导。会上,书面通报了2020年度民主生活会查摆问题整改落实情况和党史学习教育专题民主生活会会前准备情况、2021年政府党组贯彻执行中央八项规定及其实施细则精神情况和整治形式主义为基层减负工作情况。马波同志代表原州区政府党组班子做了对照检查,并带头做个人对照检查。原州区政府党组班子成员逐一进行对照检查,相互开展批评和自我批评。

17日 原州区召开2022年度安全生产和消防工作暨原州区安委会第一次全体(扩大)会议,传达学习全国安全生产电视电话会议精神和自治区、固原市安全生产会议精神等,全面总结2021年安全生产和消防工作,安排部署2022年工作。原州区委副书记、区长、原州区安委会主任马波出席会议。原州区委常委、副区长、原州区安委会副主任王统一主持会议。会上,部分乡镇、部门负责人就做好2022年安全生产和消防等工作作表态发言。原州区安委会和消委会成员单位、各乡镇(街道)、重点企业负责人参加会议。

20日 固原市委常委、秘书长、政法委书记一行对原州区基层治理工作进行了调研。原州区委副书记马小路,原州区委常委、政法委书记张守忠等陪同调研。位西北一行先后深入原州区南关街道西湖路社区、北塬街道文化巷社区和社区警务室,了解社区党建、矛盾纠纷排查化解、网格化服务管理、新时代文明实践、社区警务等工作开展情况。随后召开了座谈会。

24日 原州区委召开2021年度乡镇(街道)、区直部门党(工)委书记抓基层党建工作述职评议考核会,乡镇(街道)、部门(单位)党(工)委(党组)"一把手"述责述廉评议会和议军会暨党管武装工作述职会议。固原市委常委、原州区委书记何永吉主持会议。会上,7名乡镇(街道)党(工)委和区直部门党(工)委书记进行了抓基层党建工作述职;7名乡镇(街道)、部门(单位)党(工)委(党组)"一把手"进行了述责述廉;5名乡镇(街道)党(工)委书记就党管武装工作进行了述职,其他乡镇(街道)、部门(单位)提交了书面材料。何永吉和原州区委各常委、人武部长进行了点评或讲评,肯定了成绩,指出了不足,并就下一步重点任务提出了具体要求。

是日 原州区红十字会成立暨第一次会员代表大会召开。会议通过了关于聘请何永吉、马波担任原州区红十字会名誉会长的决议。王统一当选为原州区红十字会会长。会议回顾并总结了原州区红十字会2021年成立以来的工作情况。会议选举产生了原州区红十字会第一届理事会、监事会,选举产生原州区红十字会第一届红十字会会长、常务副会长、副会长、常务理事等。

25日 固原市委常委、宣传部部长褚一阳在原州区看望慰问了退役军人、困难家庭、残疾人优抚对象、困难道德模范等。原州区委常委、宣传部部长薛霞陪同慰问。

27日 中国共产党固原市原州区第四届纪律检查委员会第二次全体会议召开,出席这次全会的有原州区纪委委员17人,列席156人。固原市委常委、原州区委书记何永吉出席全会并讲话。原州区委、人大、政府、政协领导班子成员及在家的副县级领导出席了会议。全会由原州区纪委常委会主持。全会以习近平新时代中国特色社会主义思想为指导,深入贯彻党的十九大和十九届历次全会精神,全面落实十九届中央纪委六次全会、自治区党委十二届十四次全会、自治区纪委十二届六次全会、固原市第五次党代会、固原市纪委五届二次全会及原州区第四次党代会精神,回顾总结2021年纪检监察工作,安排部署2022年工作任务。审议通过了牛治忠同志代表原州区纪委常委会所作的《弘扬伟大建党精神、持续推动高质量发展,以优异成绩迎接党的二十大和自治区第十三次党代会胜利召开》的工作报告。

28日 固原市委常委、原州区委书记何永吉,原州区委副书记、区长马波,原州区人大常委会主任李佐田,原州区政协主席马仲尧分别带队看望慰问原州区部分困难党员、群众、离退休老干部代表和养老机构,为他们送去亲切关怀和新春祝福。

29日 原州区委副书记、区长马波带领原州区应急管理局、卫健局、消防救援大队、交通运输局等有关部门主要负责人,督查春节前安全生产工作。在固原市贸易中心、固原市人民医院家属院、金马客运公司进行了督查。

30日 原州区应对新冠肺炎疫情工作指挥部召开2022年第1次会议,传达学习自治区党委应对新冠肺炎疫情工作领导小组第22次会议精神,安排部署春节期间疫情防控工作。原州区委副书记、区长、原州区应对新冠肺炎疫情工作指挥部指挥长马波主持会议。

是日 原州区委常委、宣传部部长薛霞看望慰问了工作一线的原州区融媒体中心新闻工作者。

31日 固原市委常委、原州区委书记何永吉来到原州区叠叠沟林场,看望慰问森林防火一线值守工作人员,向他们及家人致以新春祝福。何永吉实地查看了林场备勤值班、物资储备情况,详细了解了森林防火人员工作、生活情况,听取了林场关于冬季森林防火人员布控、重点区域监管、应急方案等情况的介绍。原州区副区长马文东,原州区自然资源局、民政局等相关部门负责人陪同慰问。

2月

5日 农历正月初五,固原市委常委、原州区委书记何永吉看望慰问春节期间坚守岗位的一线疫情防控、应急管理工作人员,调研疫情防控、应急储备、社会稳定等工作,向节日期间奋战在一线的工作人员致以新春祝福和节日问候,对大家的坚守付出和无私奉献表示感谢。原州区委常委王统一、张守忠参加慰问调研。

是日 原州区召开春节期间安全生产视频调度会,就春节期间安全防范工作进行再强调、再部署,推动责任措施落实落细。原州区委常委、副区长王统一出席会议。会议听取了部分乡镇(街道)春节期间安全生产及值班值守情况汇报;通报了春节期间安全生产及值班值守督查检查情况;对近期降雪气候应对防范工作和安全生产工作进行安排部署。

7日 原州区举办为期两天的领导干部专题学习班。原州区委副书记、区长马波,原州区人大常委会主任李佐田,原州区政协主席马仲尧等在家县级领导参加学习,原州区委副书记马小路主持开班式并作动员讲话。学习班邀请自治区党校教授刘文长进行专题辅导。原州区委各部委、区直各部门(单位)、各人民团体、各乡镇(街道)党政主要负责同志参加专题学习。

8日 原州区举办学习贯彻党的十九届六中全会精神专题学习班。原州区委副书记、区长马波,原州区人大常委会主任李佐田、原州区政协主席马仲尧等在职副县级以上领导参加研讨并出席结班式。原州区委副书记马小路主持结班式。原州区委各部委、区直各部门(单位)、各人民团体、各乡镇(街道)党政主要负责同志参加专题学习。

9日 原州区委副书记、区长马波深入部分重点项目建设现场和移民致富提升行动项目点,实地督导项目建设和乡村"三产融合""出户入园"等项目实施情况。

14—15日 原州区委副书记、区长马波带领原州区考察组,赴福建省福州市马尾区、长乐区、鼓楼区开展对口协作考察对接,并与三区政府主要领导座谈交流。其间,考察了福建飞毛腿、星云电子、融侨集团、金纶高纤、东龙针织、船政街区、红鲟公社、军门社区、三坊七巷等企业、社区和街区。

17日 原州区委副书记、区长马波调研原州区彭堡镇、头营镇2022年规划实施的美丽宜居村庄、产业园区道路硬化等项目规划筹备情况。马波先后深入彭堡镇彭堡村、河东村、惠德村、硝沟村,头营镇马庄村、陶庄村等地,就乡村环境综合整治和美丽宜居村庄项目规划中的农村水厕改造、入户道路、产业园区道路硬化、街道外立面改造等具体事宜进行现场问询督导,详细了解了项目前期设计及筹备工作情况。

19日 原州区政府召开全体(扩大)会议暨廉政工作会议。原州区委副书记、区长马波出席并讲话,强调要贯彻落实中央纪委六次全会精神和自治区、固原市两会、纪委全会、政府全体会议精神。会议传达学习了十九届中央纪委六次全会、国务院第六次全体会议精神,自治区纪委十二届六次全会、自治区政府全体(扩大)会议精神,固原市纪委五届二次全会、固原市政府全体(扩大)暨廉政工作会议精神,听取了乡镇(街道)、部门(单位)当前主要指标完成情况、重点任务推进情况汇报和如何实现一季度"开门红"发言,原州区各副区长对分管工作再安排部署、再推进落实。

19日 原州区委副书记、区长马波调研原州区2022年规划实施的高效节水灌溉、水库维修、大型淤地坝除险加固等水利工程前期规划及筹备情况。

23日 固原市政协委员履职能力提升(原州区)专题培训班开班。原州区领导马仲尧等出席培训。此次专题培训为期3天,培训主要以视频授课的方式进行。驻原州区的自治区、固原市政协委员,原州区政协委员及原州区政协各参加单位负责人、各民主党派负责人、政协机关全体干部180余人参加培训。

25日 原州区四届人大常委会召开第三次会议。原州区人大常委会主任李佐田主持会议。会议传达学习了自治区十二届人大五次会议和区委四届二次全会精神,听取和审议了原州区人民政府关于用水权改革、城乡居民医疗保障、安全生产三个专项工作报告,表决通过了有关人事任免议案及有关委员、代表辞职的决定,通过了《原州区人大常委会2022年工作要点(草案)》《原州区人大常委会听取和审议专项工作报告及满意度测评办法(草案)》,新任命的国家机关工作人员向宪法进行了宣誓。

26日 原州区召开区委农村工作会议,深入学习贯彻习近平总书记关于"三农"工作的重要论述,《中共中央 国务院关于做好2022年全面推进乡村振兴重点工作的意见》,中央和自治区、固原市党委农村工作会议精神,总结原州区2021年"三农"工作,安排部署2022年原州区农业农村重点工作。原州区委副书记、区长马波出席会议并讲话,原州区委副书记马小路主持会议并作安排部署,原州区领导陈启、李树荣、罗永耀、慕夙、张世林出席会议。会上农业农村局、乡村振兴局、彭堡镇、头营镇、炭山乡有关负责同志作了发言。会议以视频形式召开,各乡镇设分会场。原州区委农村工作领导小组成员单位、区直有关部门(单位)党政负责人和重点企业负责人在主会场参加。

27日 四届原州区委第一轮巡察工作动员部署会召开。按照原州区委统一部署,四届原州区委首轮巡察将派出4个巡察组,以"常规+延伸+专项"的巡察方式对开城、官厅、张易3个乡镇党委开展常规巡察,并延伸巡察所属44个村级党组织,对妇联、文联、残联、科协、伊协5个人民团体党组织开展专项巡察。

3月

1日 固原市委常委、原州区委书记何永吉调研原州区部分重点项目开工建设情况。何永吉一行先后到2022年老旧小区改造项目、固原市第五中学、古雁岭森林公园、原州区长城国家文化公园、彭堡镇、清水河(原州段)二营湿地、三营镇安和村等地,了解项目规划、施工进度、工期安排,并对加快项目建设工作进行安排部署。

是日 固原市区2022年"学雷锋志愿服务月"活动在固原博物馆广场启动。启动仪式上,为首批固原市新时代文明实践基地授牌,为新成立的志愿服务队授旗,并开展"鲜花朵朵送雷锋——爱的传递"活动。

3日 原州区财政局举办2022年度政府采购业务培训班,对原州区各预算单位从事政府采购的工作人员进行集中培训。培训班邀请自治区采购中心吴娟、宁夏计算机软件与技术服务有限公司运维工程师哈丹,针对政府采购制度改革等法规政策及政府采购全流程信息公开、原州区网上商城、政府采购信用评价等系统的操作流程进行了培训。

4日 宁夏用水权改革中南部现场观摩研讨在原州区举行。来自自治区有关厅局、固原市、中卫市和宁夏中南部11县(区)的有关负责人等参加观摩研讨。

4—5日 原州区举办为期两天的"三农"干部"大学习大轮训"专题培训班。固原市委讲师团、宁夏师范学院教授及自治区厅局相关负责人分别解读了党的十九届六中全会精神、2022年自治区1号文件、《中华人民共和国行政处罚法》、原州区种植业政策;围绕深入学习贯彻落实习近平总书记关于"三农"工作的重要论述进行专题辅导,讲解了原州区畜牧业高质量发展面临的形势与任务。

5日 原州区委宣传部、文明办、团委、工商联、红十字会、爱卫办等部门、单位和闽宁协作对口帮扶企业福建闽宁情商贸有限公司在河川乡寨洼村开展"传承雷锋精神 引领原州文明新风尚"新时代文明实践志愿服务活动。

7日　原州区2022年第一次国安办会议暨全区国家安全宣传教育工作会议召开。原州区委国安办、宣传部负责同志分别就做好国家安全宣传教育工作进行了安排部署。

8日　自治区党委常委、宣传部部长李金科来原州区调研宣传思想文化工作。何永吉、褚一阳、薛霞参加调研。在中河乡庙湾村梁云文化大院，参观了文化遗产陈列馆、演艺大厅、艺术品陈列室，并了解了梁云文化大院建设发展情况。在原州区彭堡镇姚磨村生态种植园，听取了园区负责人就冷凉蔬菜产业及"鱼菜共生"特色种养殖模式介绍。

是日　固原市委常委、原州区委书记何永吉以普通党员身份参加原州区委办公室党支部组织生活会，深入学习习近平总书记在庆祝中国共产党成立100周年大会上的重要讲话精神和党的十九届六中全会通过的《中共中央关于党的百年奋斗重大成就和历史经验的决议》等，并从重大意义、重点内容、如何贯彻三个方面为全体党员上了一堂专题党课。会上，支部党员围绕党的十九届六中全会精神，聚焦个人思想、学习和工作实际，认真查找不足，剖析问题根源，进行了批评和自我批评。原州区委副书记马小路以普通党员身份参加会议。会议还对原州区委办公室党支部2021年工作和全体党员进行了民主评议。

9日　固原市政协党组书记、主席余剑雄带领调研组来原州区政协机关，通过实地查看、召开座谈会、听取汇报等方式对原州区政协工作谋划推进情况进行调研。原州区政协党组书记、主席马仲尧就相关情况进行汇报。

是日　原州区召开新任职干部集体谈话会。固原市委常委、原州区委书记何永吉出席会议并讲话。会议由原州区委副书记马小路主持，原州区委常委、纪委书记牛治忠作廉政谈话，新任职干部代表作了表态发言。

10日　原州区召开2022年复工复产安全防范暨迎接国务院考核工作会议，通报原州区近期安全生产情况，安排部署相关工作。头营镇、自然资源局、水务局等乡镇和单位负责人作了表态发言。各乡镇（街道）、部门（单位）和部分企业主要负责人参加会议。

13日　原州区委召开应对新冠肺炎疫情工作领导小组暨区应对新冠肺炎疫情工作指挥部会议，深入学习贯彻习近平总书记关于疫情防控工作的重要指示要求，全面贯彻落实全国、自治区、固原市疫情防控工作会议精神，对疫情防控各项工作再部署、再督促、再落实，坚决打赢疫情防控阻击战，牢牢守住不发生规模性疫情反弹的底线。固原市委常委、原州区委书记、原州区委应对新冠肺炎疫情工作领导小组组长何永吉主持会议。

19日　原州区召开2022年森林草原防火工作推进会，强调要坚定三级林长制度不动摇、乡镇林场联防联控不动摇、火源火险隐患排查不动摇、多维宣传不动摇4个重要措施，做到动员部署到位、责任落实到位、监督检查到位，确保不发生重特大森林火灾和人员伤亡事故。

23日　原州区召开组织宣传统战政法工作会议，深入学习习近平新时代中国特色社会主义思想，贯彻落实党中央和自治区、固原市党委工作部署，总结去年工作，安排部署2022年工作任务。原州区委副书记马小路主持会议。

24日　原州区召开新时代文明实践工作推进会，强调各乡镇（街道）、各成员单位要围绕原州区委、区政府中心工作，组建志愿队伍，汇聚工作力量，开展形式多样的志愿服务活动，持续深入开展移风易俗等工作。

30日　国家乡村振兴重点帮扶县原州区科技特派团工作会议召开。原州区委副书记马小路主持会议并讲话。宁夏农林科学院固原分院助理研究员、原州区科技特派团团长杨崇庆出席会议并讲话,其他专家以视频会议形式参会。会上,原州区农业农村局汇报了原州区产业发展情况;签订了《国家乡村振兴重点帮扶县科技特派团服务承诺书》。科技特派团成员和原州区委组织部、原州区科技局等部门(单位)分管同志参加会议。

4月

4—5日　自治区党委书记梁言顺在固原市沿着习近平总书记2016年7月考察时的足迹,看望脱贫群众,调研脱贫攻坚成果巩固、乡村全面振兴、生态环境保护等工作,感悟习近平总书记对固原人民的深情大爱,强调要牢记总书记的殷切嘱托,在历届班子带领干部群众打下的良好工作基础上,以走好新的长征路的昂扬斗志,进一步发展固原、振兴固原,答好建设现代化美丽新固原的时代考题。调研结束后,梁言顺主持召开座谈会,听取固原市工作情况汇报,对固原市经济社会发展成就给予肯定。自治区领导雷东生、王和山参加调研座谈。

8—9日　固原市委常委、原州区委书记何永吉调研原州区冷凉蔬菜产业发展、农村人居环境整治等工作。强调要贯彻落实好自治区党委书记梁言顺在固原调研时的讲话精神,持续培育壮大特色产业,扎实开展村庄清洁行动,不断增强发展内生动力、提升发展质量水平,努力描绘好乡村振兴的壮美画卷。何永吉一行先后来到官厅镇、头营镇、三营镇、黄铎堡镇等地,详细了解乡村重点产业发展、人居环境整治、移民示范村建设等情况,听取有关工作汇报,提出工作要求。调研期间,何永吉走访了三营镇安和村和黄铎堡镇和润村移民农户,实地查看移民生产生活情况。

14日　原州区召开2022年度安全生产工作推进会议,传达学习自治区党委书记梁言顺调研安全生产工作时的讲话精神和有关批示精神,通报原州区安全生产工作情况,安排部署下一步工作。会议还对做好国务院省级政府安全生产和消防考核巡查工作做了要求。

18日　固原市委常委、原州区委书记何永吉先后深入新华百货商场、原州区人民医院、森林草原消防大队、中国石油天然气股份有限公司宁夏固原销售分公司油库督导调研安全生产工作。

22日　原州区四届人大常委会召开第四次会议,传达学习全国两会精神,听取和审议原州区人民政府关于2021年环境状况和环境保护目标任务完成情况及排污权改革、落实基础教育提升行动、债务管理三个专项工作报告,通过了有关人事任免议案等。原州区人大常委会主任李佐田主持会议。会上,新任命的国家机关工作人员进行了宪法宣誓。

24—25日　原州区召开2022年重点工作观摩推进会议。固原市委常委、原州区委书记何永吉出席会议并讲话。与会人员先后深入原州区29个村、社区,实地查看产业发展、重大项目、环境整治、党的建设、宣传思想、基层治理等工作,听取各乡镇党委书记介绍,全面了解全区重点工作开展情况。

28日　原州区团委联合原州区教体局举行"喜迎二十大、永远跟党走、奋进新征程"入团仪式集中示范活动。

5月

4日　原州区召开2021年度巩固拓展脱贫攻坚成果同乡村振兴有效衔接考核评估发现问题整改工作部署会议。固原市委常委、原州区委书记何永吉出席会议并讲话,强调要深入贯彻习近平总书记关于巩固拓展脱贫攻坚成果同乡村振兴有效衔接考核评估重要讲话精神,全面贯彻国家考核评估发现问题整改工作电视电话会议和自治区考核评估发现问题整改工作部署视频会精神,强化政治担当,扛起主体责任,保持攻坚劲头,拿出实招硬招,较真碰硬抓好问题整改,扎实推动巩固拓展脱贫攻坚成果,夯实乡村全面振兴的坚实基础。原州区委副书记马小路主持会议。

8日　自治区第二批重大项目集中开工现场推进会后,原州区在市区主会场同步举行第二批重大项目集中开工现场推进会,推进会现场在原州区中河乡小沟村的国家石油天然气管网集团有限公司西气东输三线(固原段)项目工地。该项目列入国家石油天然气基础设施重点工程,自治区"六个一百"重大项目,总投资17亿元。固原市委常委、原州区委书记何永吉,原州区人大常委会主任李佐田,原州区政协主席马仲尧等出席。2023年原州区第二批重大项目集中开工17个,总投资26.28亿元,年度投资13.48亿元。目前,已开工建设11个,开工率65%,完成前期手续正在挂网招标的2项,剩余4项正在办理前期手续。

10日　由原州区委宣传部、原州区文明办主办,原州区农业农村局、乡村振兴局、文化旅游广电局等13个部门、单位联合承办的原州区2022年"听党话　感党恩　跟党走"群众性系列主题活动在三营镇安和村启动。

13日　原州区召开"万企兴万村"行动推进会,进一步明确工作职责,细化工作措施,推动村企共建共联共为。会上,各民营企业与结对村签订了合作协议。

14日　原州区召开巩固拓展脱贫攻坚成果同乡村振兴有效衔接专题培训会,固原市委常委、原州区委书记何永吉出席会议,各有关部门(单位)、乡镇(街道)主要负责人在主会场参加培训,各乡镇班子成员、村两委班子、驻村工作队及帮扶责任人在分会场参加视频培训。培训班邀请自治区乡村振兴局副局长林栋讲解。

是日　原州区召开2022年度防汛抗旱工作会议,传达学习全国、自治区、固原市2022年防汛抗旱工作会议精神,回顾总结2021年防汛抗旱工作,分析通报2022年汛期天气形势,安排部署原州区防汛抗旱工作。

是日　原州区召开2022年河长制工作第一次联席会议。学习传达《自治区总河长3号令》和《2022年自治区河湖长制工作第一次联席会议精神》,听取2022年1至5月河长制工作开展情况及清水河岸线利用专项整治情况、水质监测开展情况汇报,安排部署下一步工作。

16日　自治区党委宣传部副部长周庆华带领自治区党委宣传部相关负责人来原州区调研宣传思想文化工作。固原市委常委、原州区委书记何永吉，固原市委常委、宣传部部长褚一阳，原州区委常委、宣传部部长薛霞等陪同调研。调研组一行在三营镇安和村肉牛养殖场、彭堡镇姚磨村生态种植园、南关街道西湖路社区新时代文明实践站进行调研。

19日　原州区在黄铎堡镇老庄村开展"汇聚银发力量　助力乡村振兴"离退休干部志愿服务系列活动。活动中，原州区离退休干部志愿服务队成员、关工委副主任魏国营和离退休高级畜牧师汤效忠现场作了交流。

20日　福州市副市长林治良带领福州市考察团来原州区考察闽宁对口帮扶协作工作。固原市、原州区领导陈论生、胡斌、喜晓林、单亮、潘振强等陪同考察。在头营镇陶庄村融侨丰霖（宁夏）肉牛生态产业园、黄铎堡镇和润村、宁夏飞毛腿技工学校、河川乡油牡丹产业园区等地开展考察。

是日　由原州区委组织部、原州区民政局主办，厦门市湖里区社会工作促进会、原州区雨露社会工作服务中心承办的原州区2022年社会工作者职业水平考试考前培训班在原州区社会组织孵化基地开班。本次培训班设初级班和中级班，原州区各乡镇街道、机关单位、社会组织及热爱社会工作的社会人士等280余人参加培训，培训班为期5天，分批次进行。

22日　原州区未成年人保护工作委员会召开第一次全体会议，传达学习国务院、自治区、固原市未成年人保护工作领导小组（委员会）第一次全体会议精神，讨论审议原州区未成年人保护工作委员会有关文件，研究部署当前和今后一段时期原州区未成年人保护工作。

23日　由原州区委宣传部、原州区科技局、科协联合举办的2022年科技活动周在博物馆广场举行。

是日　原州区市场监管分局围绕"数字时代的计量"主题，组织开展"世界计量日"宣传周系列宣传活动。开展线上线下宣传以及免费检定，并联合行业主管部门和市场开办方检查辖区加油站21家。

28日　原州区启动古树名木普查工作，对30年以上树木进行普查，重点摸清原州区古树名木资源总量、种类、分布状况，系统建立全区古树名木档案。

是日　原州区召开2021年度巩固拓展脱贫攻坚成果同乡村振兴有效衔接考核评估发现问题整改工作调度会，贯彻落实自治区考核评估问题整改工作专班相关整改要求，安排部署原州区问题整改工作。原州区委副书记马小路主持会议。会上，原州区委组织部、农业农村局、人社局、民政局、住建交通局、水务局、乡村振兴局负责人就各自领域的问题整改工作进展情况进行了汇报，并对标《原州区2021年度巩固拓展脱贫攻坚成果同乡村振兴有效衔接考核评估问题整改方案》中的工作要求和工作时限，再压实责任。

是日　原州区召开稳经济保增长促发展会议，传达学习全国稳住经济大盘电视电话会议精神，自治区党委常委会会议精神，自治区、固原市稳经济保增长促发展会议精神，安排部署原州区稳经济保增长促发展有关工作。

31日　原州区组织开展2022年山洪灾害防御、超标准洪水调度及库坝安全度汛应急演练。原州区水务局、应急管理局、头营镇人民政府、蓝天救援队、头营镇马店村村委会及部分在建水利工程施工企业共150余人参加演练活动。

6月

1日　原州区委召开理论学习中心组(扩大)学习会暨习近平总书记视察宁夏重要讲话和重要指示批示精神宣讲会。固原市委常委、原州区委书记何永吉，原州区政协主席马仲尧等在家副县级以上领导干部参加宣讲会。原州区委副书记马小路主持。会议邀请自治区宣讲团成员、自治区党委党史研究室副主任饶彦久作专题辅导讲座。原州区委各部委、区直各部门(单位)主要负责同志，各乡镇(街道)党政主要负责同志，副科级单位主要负责同志聆听了宣讲。

是日　原州区召开移风易俗工作座谈会，研究原州区高额彩礼、高礼金等陈规陋习的具体情况，分析查找存在的问题，并就《原州区推动移风易俗、革除陈规陋习，助力乡村振兴暂行办法(试行)》征求意见建议。固原市委常委、原州区委书记何永吉主持会议。

是日　原州区政协主席马仲尧、原州区委副书记马小路等领导来到原州区四幼、十四小、十五小和张易小学，代表原州区委、区政府向广大少年儿童致以节日的祝贺。

2日　原州区召开安全生产暨信访维稳工作会议，传达学习固原市委、市政府领导在《关于"五一"期间全市安全生产督查情况通报》上的批示精神，安排部署原州区端午节期间安全生产、消防和信访维稳工作。原州区安委会成员单位、各乡镇(街道)及重点企业主要负责人参加了会议。

7日　自治区人力资源和社会保障厅副厅长肖生勤同志带领自治区第四督导组对原州区稳经济保增长促发展政策措施落实情况开展全面督导并召开座谈会。原州区委副书记马小路参加并主持座谈会。座谈会上，督导组听取了原州区落实自治区稳经济保增长促发展政策措施情况工作汇报，调研组成员与原州区相关部门负责人及企业代表就政策措施方面进行了交流。座谈会后，到原州区税务局"纳税人之家"智慧办税厅、融侨丰霖(宁夏)肉牛生态产业园、宁夏飞毛腿技工学校、彭堡镇姚磨村冷凉蔬菜产业发展基地、宁夏固原金糜子酒业有限责任公司、原州区头营镇杨郎村万亩瓜菜基地等地，了解原州区在金融支持、保障就业、稳定工业企业和中小微企业运行、激活消费市场以及产业发展等方面情况。

8—9日　自治区文化和旅游厅副厅长蔡菊带领全域旅游示范区创建初审验收工作组一行来原州区对自治区级全域旅游示范区创建工作进行初验。8日，召开了原州区全域旅游示范区创建初验评审汇报会。评审组还先后前往固原博物馆、荣华锦汇休闲街区、西北农耕博物馆、西港酒店、游客集散中心、彭堡镇柳林庄园、六盘玩美乐园等地进行实地调研，了解景区打造、传统文化保护、智慧旅游、乡村旅游、景区服务等情况。

9—10日　原州区人大常委会组织四届人大常委会组成人员、部分人大代表对上半年原州区重点工作进行视察。视察组一行深入11个乡镇先后视察了彭堡镇姚磨村冷凉蔬菜基地、头营镇杨郎村万亩瓜菜种植基地、三营镇安和村移民致富示范村、黄铎堡镇和润村移民致富示范村、炭山乡古湾村万亩高标准梯田建设示范点、寨科乡新淌村万亩覆膜玉米示范点、河川乡骆驼河村香菇种植基地、中河村益农育肥牛养殖基地、官厅镇乔洼村设施农业种植基地；视察了开城镇冯庄村发展壮大村集体经济和张易镇大店村农村人居环境整治工作。通过听取汇报、实地查看等方式，了解重点产业发展、移民致富提升行动、农村人居环境整治等重点工作开展情况。

15日　原州区召开2021年度巩固拓展脱贫攻坚成果同乡村振兴有效衔接考核评估发现问题整改工作调度推进会议，听取各部门问题整改进展情况汇报，安排部署下一步整改工作。原州区委副书记马小路主持会议。

21日　原州区防汛抗旱指挥部办公室组织召开原州区防汛抗旱会商研判工作会议。传达学习6月20日、21日自治区应急管理厅防汛抗洪视频调度会议精神。会上，原州区水务、住建交通、综合执法、自然资源、农业农村等相关部门通报了防汛抗旱开展情况及应对措施，会议就做好本轮强降雨和今后一段时期防汛抗旱工作提出了要求。

22日　固原市委常委、原州区委书记何永吉调研原州区粮食安全工作。何永吉强调要全面贯彻落实习近平总书记关于国家粮食安全的重要论述和自治区、固原市党委、政府的决策部署，充分认识粮食安全对稳定经济社会发展大局的极端重要性，吃透精神、用好政策，守牢耕地保护红线和粮食安全底线。在中河乡丰堡村马铃薯种植基地、彭堡镇曹洼村春小麦种植区、河川乡黄河村大豆套种玉米示范基地，何永吉详细了解粮食作物种植规模、农作物生长、高效节水灌溉农田建设等情况。在宁夏储备粮固原储备库，何永吉详细了解原州区粮食仓储容量、进粮渠道、仓库管理、质量检测、粮食轮换等情况。

23日　固原市委常委、原州区委书记何永吉督导调研原州区中央环保督察曝光典型案例问题整改和群众投诉件办理工作。在固原市垃圾处理站、原州区三营生活垃圾填埋场，何永吉了解城乡生活垃圾填埋场运行建设和城市生活垃圾渗滤液处理情况，并听取中央第四生态环境保护督察组督察反馈问题整改工作汇报。在原州区东扩小区升级改造项目现场，何永吉实地查看小区改造进度和环境卫生整治情况。

25日　原州区召开新任职干部集体谈话会。固原市委常委、原州区委书记何永吉出席会议。会议由原州区委常委、组织部部长陈启主持，原州区委常委、纪委书记牛治忠作廉政谈话，新任职干部代表作表态发言。

27日　原州区召开反诈人民战争工作第三次推进会，总结2022年上半年打击治理电信网络违法犯罪工作情况，分析当前形势和存在的问题，安排部署下一阶段重点工作。原州区委常委、政法委书记张守忠出席会议并提出要求。会上，原州区教体局、卫健委，南关、北塬、古雁街道办负责同志作表态发言。50个乡镇（街道）及成员单位（部门）主要负责同志参加了会议。

28日　原州区四届人大常委会召开第六次会议，传达学习自治区第十三次党代会、自治区第十二届人大六次会议和固原市第五届人大二次会议精神，听取和审议有关工作报告和调研报告，表决通过了有关人事任免议案。原州区人大常委会主任李佐田主持会议。

29日　由自治区司法厅、自治区扶贫基金会联合发起的"点亮中国梦·牵手校园行"爱心捐助活动在三营镇第三小学举行，为该校学生捐赠价值12余万元的学习用品。

7月

1日　原州区各单位（部门）以多种形式庆祝中国共产党成立101周年，原州区委组织部开展"喜迎二十大　奋进新征程　重温入党誓词"主题党日活动；原州区委宣传部、张易镇红庄村党支部联合开展"传承红色基因　赓续红色血脉"主题党日活动；发改局组织党员在六盘山红军长征纪念馆开展"追寻革命足迹、重温入党誓词、接受长征精神再教育"七一主题党日活动；工商联组织全体党员及部分民营经济人士开展"七一"瞻仰红色革命旧址活动。

是日　原州区政协党组书记、主席马仲尧在中河乡喜迎党的二十大暨庆"七一"党员干部大会上为全体乡村干部讲党课，宣讲自治区第十三次党代会精神。

是日　原州区召开工程建设政府采购等重点领域突出问题专项治理工作推进会，传达学习自治区、固原市关于专项治理工作有关会议、文件精神，通报原州区工程建设政府采购等领域突出问题专项治理重点工作督查情况，听取专项治理工作开展情况汇报，安排部署下一阶段工作。原州区领导李树荣、牛治忠、马文东出席会议。

是日　原州区共发放政府消费券8.17万张，直接带动消费4470多万元，通过各类惠民促销活动间接带动消费1.47亿元。

2日　原州区人民医院举办了《新型冠状病毒肺炎防控方案（第九版）》政策解读工作培训班。原州区委常委、副区长李树荣主持培训会议。

4日　原州区安委办组织应急、综合执法、消防、教体、水务等部门（单位）成立两个督查组，对物业公司、学校、水库（坝）开展"防溺水"排查整治和"飞线充电"隐患排查专项督查。

5日　原州区在三营镇马路村举行乡镇管道天然气项目通气点火仪式，原州区委副书记马小路，原州区委常委、副区长李树荣出席开通仪式。

是日　原州区委常委、宣传部部长薛霞到河川乡专题宣讲自治区第十三次党代会精神。

是日　四届原州区委第二轮巡察4个巡察组，分别进驻南关街道、北塬街道、古雁街道、河川乡及所辖村（社区）开展常规巡察，巡察时间为2022年7月上旬至9月上旬。

6日　原州区民政局组成的执法检查组（6月20日至7月6日），对原州区115家社会组织全面开展专项检查整治行动结束，核查出"僵尸型"社会组织10家。

8日　原州区委副书记、区长马波先后深入彭堡镇、头营镇和须弥山景区就当前安全生产、道路交通安全等工作进行督查调研。

是日　"喜迎二十大　奋进新征程"原州区2022年乡村消费季暨清凉夏日广场演出活动在人民广场拉开帷幕。此次活动为期7天。

9日　原州区委副书记、区长马波来到福银高速固原出口、固原南出口和固原火车站疫情防控查验点，代表原州区委、区政府看望慰问值班值守在一线的工作人员。原州区领导李树荣、何冬华参加慰问活动。

是日　原州区委、区政府举办的"盛夏优品·惠购原州"2022年原州区瓜果蔬菜枸杞电商节暨红梅杏开园节活动在蔡川村拉开帷幕。原州区领导罗永耀、张小荣、赵向辉出席活动。

11—15日　原州区人社局同志赴福建马尾区、长乐区、鼓楼区开展劳务对接，并签订招商引资项目框架协议。

13—14日 原州区委宣传部组织开展新时代文明实践所(站)建设工作互观互学互评活动。原州区委常委、宣传部部长薛霞，各乡镇(街道)分管领导及宣传干事等30余人参加，实地观摩全区14个乡镇(街道)新时代文明实践所(站)建设工作，并召开工作推进会。

15日 原州区文学艺术界联合会第四次代表大会召开，选举产生新一届文联领导班子。原州区领导马小路、薛霞、罗永耀、张世林出席。自治区、固原市文联相关负责人应邀出席。会议听取了原州区第三届文联委员会所作的工作报告；审议通过了《原州区文学艺术界联合会第四次代表大会关于第三届委员会工作报告的决议(草案)》；选举产生了原州区文联第四届委员会主席、副主席，周丽莉当选原州区文学艺术界联合会第四届委员会主席，海平、祁学斌、殷同东、陈昊当选原州区文学艺术界联合会第四届委员会副主席。聘请王怀凌为原州区文联第四届委员会名誉主席。

17日 第十四届全国见义勇为英雄模范表彰大会在京召开。宁夏何伟、哈彦俊、赵成义3名同志荣膺"全国见义勇为模范群体"荣誉称号。何伟同志代表宁夏见义勇为模范赴京参会。

19日 原州区召开反诈人民战争工作第四次推进会，总结分析近期"国家反诈中心"App推广工作成效，谋划部署下一阶段"国家反诈中心"App安装及宣传防范治理电信网络新型违法犯罪工作。原州区副区长、原州公安分局局长何冬华出席会议并提出要求。

是日 市场监督管理局原州区分局开展专项检查，对辖区药品零售单位、个体诊所、口腔诊所、化妆品经营使用单位等经营主体进行全面摸底登记。对许可证持有情况、经营地址、主要负责人情况、从业人员健康体检情况等进行登记建档，建立健全药品安全监管档案。

20日 原州区召开领导干部警示教育大会，邀请自治区纪委监委第一监督检查室副主任马昌贵作专题辅导报告。固原市委常委、原州区委书记何永吉，原州区人大常委会主任李佐田出席会议。原州区委副书记马小路主持会议。原州区在家县级领导、各乡镇(街道)党政主要负责人、原州区委各部委、区直各部门(单位)主要负责人、副科级单位主要负责人等参加会议。

22日 原州区召开2022年文明城市创建工作推进会，传达学习自治区、固原市文明城市创建工作推进会精神，安排部署自治区文明城市年度测评迎检工作。原州区委副书记、区长马波出席会议并讲话，原州区委副书记马小路主持会议。原州区领导薛霞、丁洁、马文东、慕夙、何秀霞出席会议。

是日 原州区召开2022年下半年征兵工作推进会。原州区委副书记、区长、原州区征兵领导小组组长马波出席会议并讲话，原州区委常委、人武部部长张全军出席会议。原州区人武部政委王继亮主持会议。

23日 原州区委、区政府和47万原州各族群众向兰州捐赠60吨新鲜蔬菜及生活物资，帮助当地早日战胜疫情，恢复正常生产生活秩序。原州区领导曹国祥、慕夙出席发车仪式。

25日 原州区委召开理论学习中心组(扩大)学习会，宣讲自治区第十三次党代会精神。自治区宣讲团成员、自治区自然资源厅党组副书记、厅长常晋宏作专题辅导。原州区委副书记、区长马波主持。原州区各乡镇(街道)党政负责人、各部门(单位)主要负责人,副科级单位主要负责人参加宣讲会。

26日 原州区公安分局刑侦部门举行追赃挽损资金返还仪式,向受害群众返还资金34.5万元。2022年,夏季治安打击整治"百日行动"期间,共侦破各类刑事案件79起,其中诈骗案件55起,打击处理人员59人,先后追赃挽损共计60.94万元。

27日 原州区召开巩固拓展脱贫攻坚成果同乡村振兴有效衔接各级各类反馈问题整改工作推进会,通报原州区整改落实情况和上半年工作督查情况,听取有关乡镇工作情况汇报,安排部署下一步工作。原州区委副书记、区长马波主持会议并讲话。原州区领导陈启、牛治忠、白莉、马文东、张世林出席会议。

28日 福建省福州经济技术开发区党委书记、马尾区委书记张帆带领党政考察团来原州区考察,并签订2022年闽宁协作结对帮扶协作协议。固原市委常委、原州区委书记何永吉陪同考察,原州区委副书记、区长马波出席签约仪式。

是日 原州区举办学习贯彻自治区第十三次党代会精神"塞上金秋"宣讲团原州区宣讲会,原州区各部门(单位)、乡镇(街道)的离退休干部党员代表等200余人参加了会议。

29—31日 原州区人大常委会主任李佐田,原州区委常委、副区长李树荣分别带领慰问组先后走访慰问了固原军分区、武警驻固某大队、原州区消防救援大队和困难退伍军人杜生功、退役军人张铭芳等,向他们致以节日问候和衷心感谢。

29日 国家科技特派团大宗蔬菜专家组来原州区开展蔬菜产业技术培训和交流指导,结合各自研究领域进行专题培训并开展座谈交流。原州区委副书记马小路主持召开会议并陪同调研,原州区委常委、组织部部长陈启主持专题培训。

是日 原州区在固原博物馆举办以"喜迎二十大·翰墨倡清廉·丹青扬正气"为主题的廉政教育书画展。固原市文联党组书记、主席杜彦荣,原州区委常委、纪委书记、监委主任牛治忠出席开展仪式并致辞,原州区领导薛霞、丁洁、曹国祥、金占海等出席活动并集体观展。

30日 固原市委常委、原州区委书记何永吉带领慰问组来到原州区人武部,看望慰问干部和文职人员,向他们送去党的温暖与关爱,并致以诚挚的问候和节日的祝福。

是日 原州区委副书记、区长马波主持召开原州区预防中小学生溺水工作推进会,安排部署原州区下一步工作。原州区领导何冬华出席。

是日 原州区须弥山石窟艺术文化旅游节在须弥山旅游区正式启动。本次旅游节以"石窟艺术·文化旅游"为主题。原州区委常委、宣传部部长薛霞,副区长慕夙出席开幕仪式。

8月

1—2日 原州区开展"情系家乡 筑梦未来"青年学子家乡行研学活动及人才交流座谈会。原州区委副书记、区长马波主持座谈会议并讲话。来自清华大学暑假实践队、原州区2022年高考毕业生和固原市第五中学的学生代表30人参加活动。

是日 原州区巩固拓展脱贫攻坚成果同乡村振兴有效衔接暨闽宁对口帮扶协作专题培训班在福

州大学开班，各乡镇（街道）、部门（单位）领导班子成员，村党支部书记共50人参加培训。

是日　原州区黄铎堡镇63名务工人员，乘坐由原州区就创中心包租的大巴前往青海省都兰县采摘枸杞。这是原州区2022年第6次"点对点、一站式"有组织向区内外重点用工单位转移就业。

2日　由原州区乡村振兴局主办，宁夏西部创业管理培训学院承办的原州区2022年巩固拓展脱贫攻坚成果同乡村振兴有效衔接专题培训班（第1期），在河南省洛阳市栾川县顺利开班。原州区实施乡村振兴战略工作领导小组成员单位业务骨干、各乡镇分管领导、乡村振兴系统干部、驻村工作队及村干部（致富带头人）共52人参加培训。

4日　原州区应对新冠肺炎疫情工作指挥部召开2022年第14次会议，传达学习自治区党委应对新冠肺炎疫情工作领导小组会议精神，自治区、固原市、原州区指挥部关于疫情防控各项决策部署。

5日　固原市委常委、原州区委书记、原州区实施乡村振兴战略工作领导小组组长何永吉主持召开原州区实施乡村振兴战略工作领导小组第9次会议，传达学习自治区乡村建设暨巩固拓展脱贫攻坚成果同乡村振兴有效衔接考核评估问题整改工作推进会精神，安排部署原州区巩固拓展脱贫攻坚成果同乡村振兴有效衔接相关工作。

8日　原州区应对新冠肺炎疫情工作指挥部召开2022年第15次会议，安排部署近期疫情防控工作。

是日　由原州区残疾人联合会主办的原州区第12届残疾人健身周活动暨2022年残疾人趣味运动会开幕。本次残疾人运动会共有9个代表队、130名运动员参加。

9日　福州市鼓楼区委书记黄建新带领考察组来原州区考察，并签订2022年闽宁协作结对帮扶合作框架协议。固原市委常委、原州区委书记何永吉出席签约仪式并陪同考察。考察组先后来到彭堡镇蒋口村、中河乡潘家庄农场、三营镇安和村、头营镇陶庄村、彭堡镇姚磨村等地，实地考察乡村振兴、移民示范村建设、就业帮扶车间运行、融侨丰霖（宁夏）肉牛生态养殖园区建设、彭堡冷凉蔬菜产业带建设等情况，并慰问了村民代表和移民群众。签约仪式上，双方签订了2022年度鼓楼·原州闽宁协作结对帮扶合作框架协议，福建省供销云厨餐饮管理有限公司、福建新铭晟餐饮管理有限公司分别与原州区彭堡镇姚磨村签订了合作框架协议，福州定有福电子商务有限公司向原州区彭堡镇蒋口村捐赠了价值50万元的物资。

10—11日　原州区政协党组书记、主席马仲尧带领区政协班子成员、部分提案委员对四届一次会议委员提案进行中期督办。督办组一行先后来到水沟林场、大原古建筑技艺传承基地、雁岭社区、原州区返乡创业孵化园、沈家河水库、杨郎古城墙遗址、三营镇中心卫生院、三营镇全民健身活动中心、万和家园小区、原州区辅助器具服务站、官厅镇庙台村等地，对涉及的19项提案进行实地督查，了解提案办理进展情况、采取的措施、存在的困难和下一步工作安排。

12日　原州区召开工程建设政府采购等重点领域突出问题专项治理工作领导小组会议，传达学习自治区、固原市专项治理工作领导小组第四次会议精神，安排部署下一阶段重点工作。

16日　原州区召开2022年上半年重点工作观摩推进会。固原市委常委、原州区委书记何永吉主持会议并讲话，强调要深入学习贯彻习近平总书记视察宁夏重要讲话和重要指示批示精神，对标自治区第十三次党代会和市委五届五次全会确定的各项目标任务，一项一项盯落实，一件一件抓到位，以一个一个的"小好"为实现全年的"大好"打下基础，以优异的成绩迎接党的二十大胜利召开。会前，何永吉带领县级领导和各乡镇（街道）、有关部门（单位）主要负责同志，先后深入11个村、3家企业以及重点项目实施现场，实地了解产业发展、项目建设、环境整治等工作开展情况。会上，书面通报了《原州区委、区政府2022年重点工作任务推进落实清单》《原州区2022年黄河流域生态保护和高质量发展先行区重点建设项目清单》等完成情况，对各乡镇（街道）、部门（单位）上半年工作进行了测评，对观摩活动进行了点评，对下半年重点工作进行了安排部署。

是日　原州区科级领导干部学习贯彻自治区第十三次党代会精神专题培训班在固原市委党校开班。原州区委常委、组织部部长陈启出席开班式并讲话。本次培训班分两期举办，原州区338名科级领导干部分批次参加培训。

19日　中国共产党固原市原州区第四届委员会第三次全体会议召开。出席这次全会的有原州区委委员26人，候补委员8人。不是区委委员、候补委员的在职副县级领导同志，原州区纪委委员和市、区部分党代表，各乡镇（街道）、部门（单位）、各民主党派主要负责同志及有关方面负责同志列席会议。全会由原州区委常委会主持，固原市委常委、原州区委书记何永吉同志作了讲话。全会坚决学习贯彻习近平总书记视察宁夏重要讲话和重要指示批示精神，深入贯彻落实自治区第十三次党代会和市委五届五次全会精神，审议通过《原州区关于开展"进一步解放思想、吃透区情、找准定位、创新发展"大讨论活动实施方案》《原州区以产业振兴引领乡村振兴样板区建设实施方案》《原州区改革创新赋能计划实施方案》《原州区五年项目倍增计划清单》《关于创建铸牢中华民族共同体意识示范县（区）的实施方案》。

19日　原州区召开"进一步解放思想、吃透区情、找准定位、创新发展大讨论"活动动员部署会。

20日　原州区头营镇商会在杨郎村新时代文明实践站举行2022年度头营镇商会捐资助学大会。商会各非公企业筹捐助学款7万元，为头营镇2022年考取大学的35名困难学生每人发放助学金2000元。原州区头营镇商会成立于2016年8月，自成立以来，已连续5年成功开展"爱心助学、筑梦起航"捐资助学爱心活动，先后共资助贫困大学生191名，发放助学资金共38.2万元。

23日　全国2022年"全民健身日"主题示范活动暨固原市第六届六盘山登山节系列活动（原州区分站赛）在古雁岭广场拉开序幕，300多名健身爱好者参加。本次登山活动以上海路古雁岭南广场为起终点，全程约3公里。

25日　原州区委副书记、区长马波带领相关部门负责人，不打招呼，先后来到清水河沿线乡镇、村、企业，就原州区生态环境保护及清水河沿线污水治理等情况进行随机调研和突击检查。马波先后检查了中河乡固原科财牛羊肉品牧业有限公司、头营镇泉港村污水处理站和三营镇污水处理厂。

28日　原州区召开2022年金融系统巩固拓展脱贫攻坚成果同乡村振兴有效衔接工作推进会，

通报2022年1至7月份小额信贷工作进展情况,听取小额信贷发放情况、逾期小额信贷收缴情况、"富民贷"进展情况汇报,安排部署下一阶段工作。原州区委副书记、区长马波主持会议并讲话。

29日 福建省马尾区人大常委会调研组在固原市第五中学开展"闽宁协作一家亲、爱心助学圆梦想"捐资助学活动。马尾区人大常委会党组书记、主任郑是平,原州区人大常委会党组书记、主任李佐田出席捐赠仪式。福建4家慈善企业负责人及固原五中师生代表参加了捐赠活动。本次捐赠共为原州区红十字会、张易镇田堡村捐赠资金10万元,为固原五中50名困难学生和优秀毕业生发放助学金10万元。

是日 举行由原州区委宣传部、原州区文联主办的"喜迎二十大 奋进新征程——振兴乡村·展我芳华"2022年原州民间文艺创作大赛颁奖仪式,来自原州区文艺各界的42名参赛者和1个文艺团体获奖。

9月

1日 原州区召开打击治理电信网络新型违法犯罪工作推进会议,贯彻固原市打击治理电信网络新型违法犯罪工作会议精神,通报原州区打击治理和反诈工作开展情况,安排部署下一步工作。原州区委副书记、区长马波出席会议并讲话。原州区领导张守忠、何冬华,原州区法院、检察院主要负责人出席会议。

是日 原州区召开文明城市创建工作推进会,贯彻落实固原市创建文明城市2022年第一次调度会精神,观看了固原市文明城市创建2022年第一轮实地督导问题通报专题片,书面通报了原州区2022年文明城市创建第一轮实地督导问题清单,安排部署问题整改及下一步工作。原州区委副书记、区长马波出席会议并讲话。原州区领导陈启、薛霞、丁洁、赵向辉出席会议,固原市城管局、固原市交警大队相关负责人出席会议。

是日 原州区委宣传部举办2022年"学习强国"达人挑战赛,来自原州区60名基层党组织的代表参加比赛。经过现场笔试作答,15支队伍进决赛。通过必答题、抢答题和风险挑战题三个环节比拼,原州区卫健局代表队获得比赛冠军。

2日 原州区召开实施乡村振兴战略工作领导小组第10次会议,听取县级领导包抓乡镇(街道)、村(社区)巩固拓展脱贫攻坚成果同乡村振兴有效衔接推进各类问题整改工作情况汇报,安排部署下一阶段工作。原州区委副书记、区长、区实施乡村振兴战略工作领导小组第一副组长马波主持会议。原州区在家县级领导、领导小组成员单位负责人、乡镇(街道)党(工)委书记参加会议。

3日 原州区与马尾区、长乐区以及鼓楼区召开关于援宁专业技术人才交流座谈会。原州区委常委、组织部部长陈启,马尾区副区长陈雪霞出席会议。

5日 原州区供销合作社与福州市长乐区文投贸易有限公司举行消费帮扶签约仪式。原州区委常委、副区长潘振强,长乐区副区长陈爱玉出席签约仪式。

6日 原州区召开民族团结进步月活动安排部署会,会议传达学习了自治区固原市相关文件精神,安排部署了原州区民族团结进步月工作。原州区委常委、统战部部长马耀军主持会议。各乡镇(街道)统战委员和有关部门(单位)分管负责同志参加会议。

8日 原州区开展"树清廉家风·创最美家庭"家庭助廉活动,通过开展家风故事分享、家庭助廉座谈交流、签订家庭助廉承诺书、观看警示教育片等形式,构筑起反腐倡廉防线。原州区委常委、纪委书记、监委主任牛治忠出席活动并讲话。会上,表彰了原州区10户"廉洁最美家庭"。原州区委组织部、宣传部分管领导,原州区妇联主要负责人,2022年提拔的年轻领导干部及家属和10户"廉洁最美家庭"参加活动。

是日 原州区委、区政府主办,原州区工业信息化和商务局承办的"乐购原州 惠享生活"原州区2022年惠民消费暨汽车展销、家电下乡、线上消费券发放活动在帝豪商业广场正式启动,原州区副区长张小荣在启动仪式致辞。

9日 原州区召开庆祝第三十八个教师节表彰大会,原州区委副书记、区长马波出席会议并讲话。原州区人大常委会主任李佐田、原州区政协主席马仲尧等县级领导出席会议,原州区委副书记单亮主持会议。会上,表彰了教育工作先进集体、先进个人和优秀教师。

是日 原州区委、区政府主办的原州区第三届六盘山诗歌节正式开幕,全国各地28名文学嘉宾应邀出席活动。原州区委副书记马小路在开幕式上致辞,原州区委常委、宣传部部长薛霞主持开幕式。原州区48名本土作家、诗人参加。

是日 原州区卫健局联合13家成员单位、3个城市卫生社区在固原市人民广场举行"文明健康生活方式月"主题活动。

10日 原州区应对新冠肺炎疫情工作指挥部召开2022年第15次(扩大)会议,深入学习贯彻落实全国和区、市新冠肺炎疫情防控工作电视电话会议精神,安排部署相关工作。

13日 固原市人大常委会副主任师淑莲,固原市红十字会党组书记、常务副会长马秀梅,原州区委副书记单亮一行来到中河乡,看望慰问自治区第96例、固原市第12例、原州区第5例造血干细胞捐献者刘强,对她的慈善义举表示衷心感谢。

14日 自治区全域旅游示范区创建验收组来原州区对自治区级全域旅游示范区创建工作进行验收,并召开原州区创建自治区全域旅游示范区验收会议。原州区委副书记、区长马波对原州区创建全域旅游示范区工作开展情况作了汇报。原州区领导薛霞、丁洁、慕凤、何秀霞参加会议。

15日 原州区举行2022年下半年入伍新兵欢送大会。

16日 原州区食安办组织开展食品药品安全突发事件应急演练桌面推演。

是日 原州区第三届六盘山诗歌节系列活动"讴歌新时代 建设新原州"诗歌朗诵比赛在原州区第十九小学举办,本次比赛分教师组和学生组进行,共有26个参赛队。

22日 固原市委应对新冠肺炎疫情工作领导小组在原州区应对新冠肺炎疫情工作指挥部召开会议,提级管理、下沉指挥,听取原州区核酸检测阳性突发事件应急处置情况,分析研判形势,安排部署应对处置和防控工作。

27日 自治区党委书记、人大常委会主任梁言顺到固原市疫情防控一线督导检查,与相关市县负责同志研究下一步工作措施。

10月

4日 原州区官厅镇沙窝村村民李应强打开家中水龙头，一股干净清澈的自来水哗哗而流。原州区农村自来水普及率达100%，农村常住户自来水入户率达99.86%，供水保证率达到95%，水质达标率为100%。

16日 10月16日上午10时，中国共产党第二十次全国代表大会在北京人民大会堂隆重开幕。原州区广大党员干部群众通过电视、广播、网络、手机客户端等多种形式收听收看开幕会直播实况。原州区委、区政府主要领导及部分部门（单位）负责人在固原市会议中心收听收看党的二十大开幕会。

23日 原州区委副书记、区长马波深入原州区张易镇叠叠沟林场、张易镇红庄林场、开城镇中庄水库管护站实地调研森林草原防灭火工作。

26日 住房和城乡建设部村镇建设司发布《关于拟列入第六批中国传统村落名录村落名单的公示》，拟将北京市密云区大城子镇墙子路村等1352个村落列入第六批中国传统村落名录。宁夏回族自治区固原市原州区头营镇杨郎村入选。

27日 文化和旅游部官网发布了《关于第四批全国乡村旅游重点村名单和第二批全国乡村旅游重点镇（乡）名单的公示》。宁夏回族自治区固原市原州区彭堡镇姚磨村拟入选第四批全国乡村旅游重点村名单。

11月

1日 宁夏天下金盾人力资源服务有限公司新招聘的8名大学生，获得扩岗补助1.2万元。原州区已对符合政策条件的12家企业发放一次性扩岗补助资金7万多元。

3日 中华人民共和国应急管理部网站公布了《应急管理部关于表彰第六届全国119消防先进集体和先进个人的决定》，宁夏回族自治区固原市原州区古雁街道雁岭社区党支部书记丁存琴获第六届全国119消防先进个人。

6日 原州区团委与青年志愿者协会启动实施"爱心递物资·情暖学子心"原州籍在外上学学生"爱心直通车行动"，继联合中国邮政集团有限公司原州区分公司邮寄了第一批物资之后，再次联合京东快递，将第二批物资包裹装车发往各校。截至11月，已为区内19所学校配送了468件衣物包裹，后续还在紧张收集打包配送中。

10日 由固原市原州区农业农村局主办的"品质原州·品鉴生活"原州区品牌农产品推介会正式上线。云展会平台重点推介六盘山牛羊鸡肉及其制品、冷凉蔬菜、小杂粮、马铃薯、蜂蜜、锅巴、胡麻油、亚麻油、枸杞、中药材等80余种农产品。

11日 中央宣讲团成员、自治区党委书记、自治区人大常委会主任梁言顺在学习贯彻党的二十大精神中央宣讲团报告会上作专题报告。原州区在家县级领导、各乡镇（街道）党工委书记，各部门（单位）主要负责人在分会场收听收看。

14日 自治区党委书记、人大常委会主任梁言顺到固原市六盘山国家级自然保护区叠叠沟林场和原州区张易镇马场村、官厅镇东峡村，调研生态保护、森林防火和地质灾害治理工作，强调要始终把人民群众生命财产安全放在首位，加强生态安全、消防安全、地质灾害风险隐患排查和监测预警，保护好六盘山来之不易的生态建设成果，密切关注极端天气、防范偶然事件，切实做到防患于未然，把风险消除在萌芽。自治区领导雷东生、石岱、刘可为参加。

是日　由原州区文化旅游广电局主办，原州区文化馆承办的"云游学·赏非遗"线上直播活动举办。本次直播活动共邀请到6位非遗项目传承人，讲述原州区非物质文化遗产保护项目的基本情况，直播活动观看人数达到14.8万人次。

15日　固原市委常委、原州区委书记何永吉调研原州区地质灾害治理工作。何永吉先后来到开城镇小马庄村、头营镇大北山村、张易镇南湾村及贺套村等地，实地查看地质灾害隐患点周边环境、山体状况，了解险点治理情况和防范措施落实情况，就做好地质灾害治理与乡、村有关人员进行交流。原州区领导张守忠陪同调研。

16日　四届原州区委召开2022年第35次常委会(扩大)会议暨应对新冠肺炎疫情工作领导小组会议，认真学习习近平总书记在11月10日中共中央政治局常务委员会会议上的重要讲话精神，认真落实全国新冠肺炎疫情防控工作电视电话会议、自治区党委应对新冠肺炎疫情工作领导小组会议和市委应对新冠肺炎疫情工作领导小组会议精神，听取优化调整防控措施落实情况汇报，研究二十条优化措施落实工作。固原市委常委、原州区委书记、原州区委应对新冠肺炎疫情工作领导小组组长何永吉主持会议。

18日　原州区召开四届原州区委第三轮巡察动员部署会。固原市纪委常委、巡察办主任王泽稷同志到会指导，原州区委常委、纪委书记、监委主任候选人、巡察工作领导小组组长张雯萍同志出席并作了动员讲话，原州区委常委、组织部部长、巡察工作领导小组副组长陈启主持会议。原州区委巡察工作领导小组成员、各巡察组全体人员、被巡察单位领导、相关派驻纪检监察组组长、巡察办干部参加会议。本轮巡察共安排3个巡察组，从2022年11月19日至2023年1月17日，对原州区农业农村局(提级交叉巡察)、工业信息化和商务局、民政局、应急管理局和文化旅游广电局5个部门(单位)党组开展常规巡察。

是日　原州区委宣传部、文明办、乡村振兴局、南关街道办事处联合在西湖路社区举行"移风易俗志愿行·铁路帮扶助振兴"新时代文明实践志愿服务项目启动仪式。2022年，中国国家铁路集团有限公司向原州区委宣传部投入帮扶资金27万元，其中10万元用于实施"移风易俗志愿行·铁路帮扶助振兴"文明实践志愿服务项目。

是日　自治区体育局、教育厅下发了《关于命名自治区级体育传统特色校的通知》(宁体发〔2022〕58号)，固原市第五中学、固原市第七中学、固原市原州区三营中学、固原市原州区第十一小学、固原市原州区第十二小学、固原市原州区第十七小学、固原市原州区三营镇第三小学、固原市原州区第十小学8所原州区学校被命名为"自治区级体育传统特色学校"，并安排专项经费给予扶持。

23日　学习宣传贯彻党的二十大精神固原市宣讲团在原州区中河乡作党的二十大精神宣讲报告。

24日　固原市宣讲团成员海明贵走进原州区人民检察院宣讲党的二十大精神。

是日　原州区委宣传部、区文明办联合原州区雨露社会工作服务中心在张易镇举行移风易俗宣传宣讲活动。原州区关工委副主任魏国营对二十大报告进行了解读。

25日 原州区自然资源局工作人员在整理新一轮智慧林业平台数据时再次发现野生金钱豹影像资料。拍摄到野生金钱豹的地点位于原州区赵千户林场。

12月

3日 原州区召开专题会议，安排部署《原州区扶贫志》篇目大纲拟定和资料征集工作，对资料征集和初稿撰写人员进行培训。原州区委常委、宣传部部长樊勇出席会议并讲话。会议邀请固原市地方志研究室主任张志海进行业务培训。各乡镇（街道）、部门（单位）分管领导和扶贫志编纂工作人员参加会议。

4日 原州区人民政府与上海孙桥溢佳农业技术股份有限公司签订《原州区高效设施农业试验示范基地建设框架协议》。双方重点围绕现代农业园区建设、农产品流通、农业农村绿色发展等领域加强交流合作。原州区委常委、副区长宋兆璐，副区长张小荣，上海孙桥溢佳农业技术股份有限公司董事长卜崇兴共同出席签约仪式。

6日 上午10时，党中央、全国人大常委会、国务院、全国政协、中央军委在北京人民大会堂隆重举行江泽民同志追悼大会。原州区组织广大党员干部群众集中收听收看江泽民同志追悼大会，表达对江泽民同志的深切哀思。

是日 原州区召开工程建设政府采购等重点领域突出问题专项治理工作推进会，传达学习《关于对全市工程建设政府采购等重点领域突出问题专项治理专项抽查情况的通报》，听取原州区专项治理工作进展情况汇报，安排部署下一阶段工作。原州区委常委、副区长吴铁军出席会议并讲话，原州区委常委、纪委书记、监委代主任张雯萍主持会议。副区长马文东出席。

8日 江某某等28人诈骗、掩饰隐瞒犯罪所得、盗窃一案在固原市原州区人民法院大法庭公开开庭审理。原州区人民法院院长李全德担任审判长，原州区人民检察院检察长黄浩出庭支持公诉。被告人江某某、丁某共诈骗239万余元。其他26名被告人提供银行账户帮助电信诈骗集团转移诈骗资金25万元到3万元不等，共帮助电信诈骗集团支付结算网络犯罪资金598万余元。

11日 固原市委常委、原州区委书记何永吉到原州区三营镇宣讲党的二十大精神。

12日 宁夏原州区与北京市门头沟区签订支持和发展民宿经济框架协议。原州区委副书记、区长马波，门头沟区副区长马强出席签约仪式。原州区副区长曹国祥陪同考察。

13日 2022年12月13日是第九个国家公祭日，原州区在长城梁烈士陵园向人民英雄敬献花篮，深切缅怀革命烈士的丰功伟绩。原州区党、政、军和人民团体负责人，以及军烈属代表、立功受奖现役军人家属代表、优秀模范退役军人代表、人武部代表、消防救援人员代表、干部职工代表、学校师生代表、社会各界群众代表等200余人参加敬献仪式。在敬献仪式上，为2021年3月13日执行二林沟森林草原火灾任务中英勇牺牲的祁东升烈士、沙龙烈士的遗属代表颁授了"烈士光荣证",少先队员向烈士遗属代表献花。

14日 固原市原州区人民代表大会常务委员会公告:黄铎堡镇第二选区补选郭兆江为原州区第四届人民代表大会代表,官厅镇第四选区补选张雯萍为原州区第四届人民代表大会代表,头营镇第一选区补选何冬华为原州区第四届人民代表大会代表,河川乡第一选区补选樊勇为原州区第四届人民代表大会代表,寨科乡第二选区补选吴铁军为原州区第四届人民代表大会代表,南关街道第一选区补选宋兆璐为原州区第四届人民代表大会代表。固原市原州区第四届人民代表大会常务委员会第九次会议审议通过代表资格审查委员会的审查报告,确认吴铁军、何冬华、宋兆璐、张雯萍、郭兆江、樊勇的代表资格有效。由黄铎堡镇第二选区选出的原州区第四届人民代表大会代表张全军,调离本行政区,根据代表法的有关规定,张全军的代表资格自行终止。截至2022年12月14日,原州区第四届人民代表大会实有代表229人。

是日 原州区残疾人联合会第七次代表大会召开。原州区领导马小路、丁洁、慕夙、张世林出席会议。固原市残联相关负责人应邀出席会议。会议听取并审议了原州区残疾人联合会第六届主席团工作报告;选举产生了原州区残疾人联合会第七届主席团和执行理事会成员、原州区出席固原市残联第五次代表大会的代表。

是日 固原市市场监督管理局原州区分局联合原州区公安分局食药环大队开展医药用品等涉疫物资价格专项监督检查工作。本次共检查药械经营单位43家次,未发现价格违法行为。

16日 由首都师范大学小学教师专业发展研究中心,原州区委、区政府等单位联合主办的"学习红色经典 厚植家国情怀"全国大思政教育教学研讨培训会在原州区开幕,来自各地的受邀嘉宾、专家、领导和教师应邀出席活动。原州区委副书记单亮在开幕式上致辞。原州区语文学科、专兼职思政学科教师300余人参加。

17日 原州区人民法院特邀调解组织(固原仲裁委员会调处中心)举行揭牌仪式。固原市政府副市长、市公安局局长、固原仲裁委员会主任童东,固原市司法局局长、固原仲裁委员会副主任祁强,原州区委常委、政法委书记张守忠,原州区人民法院院长李全德,共同为原州区人民法院特邀调解组织(固原仲裁委员会调处中心)揭牌,并为特邀调解员代表颁发聘书。

23日 开城镇彭庄村村民参加村集体经济收益分红大会。此次村级集体经济集体收益分配共计4.5万元,惠及全村206户899人。

24日 原州区发布"邻里互助 共享药箱"活动倡议书。

26—29日 为期4天的"奔跑吧·少年"2022年全国象棋校级联赛总决赛结束,原州区第十二小学成功晋级参加了本次比赛。本次总决赛共有来自全国139所中小学校、幼儿园的727名小棋手参加。原州十二小1—3年级组以团体第十二名的好成绩进入十六强,获团体金奖。4—6年级组取得团体第55名,获团体铜奖。小棋手马振华、张皓程、全柏荣获个人二等奖,王楠获个人三等奖;小棋手王继荣、何佳乐、马煜获个人三等奖。

30日 召开中国共产党固原市原州区第四届委员会第四次全体会议。出席这次全会的有原州区委委员29人,候补委员1人。不是区委委员、候补委员的在职副县级领导同志,原州区纪委委员和固原市、原州区部分党代表,各乡镇(街道)、部门(单位)、各民主党派主要负责同志及有关方面负责同志列席会议。全会由原州区委常委会主持。固原市委常委、原州区委书记何永吉同志受原州区常委会委托,向全会报告了2022年工作,安排部署了2023年任务,审议通过了7个重点任务清单。全会充分肯定区委常委会2022年工作。

31日　原州区举办首届"雁岭杯"千名职工万步走健身活动。固原市委常委、原州区委书记何永吉,原州区委副书记、区长马波,原州区领导陈启、潘振强、宋兆璐、王正奇、张小荣、曹国祥、马文东等与原州区各条战线的干部职工以及广大社会健身爱好者共同参加健身活动。

原州区概览

自然概貌

【地理位置】

原州区隶属于宁夏回族自治区固原市，位于宁夏南部，六盘山东麓，地处北纬35°50′~36°20′，东经106°00′~106°30′，是固原市委、市政府所在地，是固原市政治、经济、文化中心。总面积2739平方千米，耕地面积158万亩。地处西安、兰州、银川三省会城市三角中心地带，东临彭阳县，南接泾源县，西连西吉县，北靠海原县、同心县，东北、西南分别与甘肃环县、隆德县毗壤，是国家179个公路交通枢纽之一，县乡公路纵横交错，101省道、309国道交会于此，福银高速公路、宝中电气化铁路纵贯南北，固原六盘山机场建成运营，构成四通八达的立体交通网络。

【地势地貌】

原州区地处西北黄土高原西部，地势南高北低，西南为六盘山山地，东北为黄土丘陵，中部为清水河河谷冲积平原。六盘山地分布于境内西南部，占原州区总面积的33.2%。由大关山、小关山组成。两山平行排列，呈南北向。山基由砂岩、页岩、砾岩及石灰岩构成。山体两侧有第三纪红土分布，山麓和山前丘陵有黄土堆积。黄土丘陵广布原州区东北，占原州区总面积的46.3%。除个别地方有基岩出露外，其余均系第四纪松散的黄土覆盖。因流水侵蚀，沟壑纵横，梁峁相间，地形支离破碎。清水河河谷冲积平原位于县境中北部，占原州区总面积的20.5%，为一断陷谷地，镶嵌于六盘山与古陆梁之间，全长35千米，宽15~20千米。以古生代结晶灰岩为基底，其上沉积巨厚的白垩系、第三系和第四系物质。地貌由黄土台原、山前洪积扇和冲积平原组成。境内山脉属六盘山系。六盘山，《山海经》称高山，后称陇山、关山等，主要山峰有黑鹰帽、香炉山、马东山、禅塔山、须弥山、黄峁山、东岳山、程儿山、云雾山、炭山等。最高峰为张易镇东侧的黑鹰帽，海拔2884米。

【地质土壤】

原州区在土壤的水平分布上处于黑垆土地带内，并且是黑垆土向灰钙土过渡的边缘地区。垂直分布上从上至下由山地草甸土和山地灰褐土组成。2300米以上为山地草甸土，以下为山地灰褐土。由于受地形、水文等影响，表现出地域性分布的特征，在清水河河谷平原低湿地段为草甸黑垆土，平坦阶地为淡黑垆土，冲积扇缘部分为淡黑黄土，上部和丘陵则为湘黄土；丘陵地区由于强烈的水土流失，为黄壤土占据。川、台、塬及盆塘地主要分布为黑垆土。

【气候概况】

原州区属内陆暖温带半干旱区，境内降水少、蒸发量大，干燥度较高，四季气候分明，大陆性气候特征明显。冬季寒冷漫长，春季气温多变，夏季短暂凉爽，秋季降温迅速，春季和夏初雨量偏少，灾害性天气多，区域降水差异大。年平均气温6.8℃，无霜期120~140天，年平均降水量300~550毫米，自南向北递减，降水量大多集中在7—9月，平均蒸发量1200~1800毫米。一年四季晴天多，阴天少，日照充足，年平均日照时间2250~2700小时，昼夜温差大，在10~20℃。

【主要河流】

原州区境内有清水河、茹河、张易河三大水系。清水河古称河水，为黄河一级支流，是原州区主要水系，发源于开城镇黑刺沟、张易镇西海子等地，由南向北流经全境，蜿蜒80公里，境内流域面积2057平方公里。茹河古称彭水，为泾河重要支流，发源于甘肃环县和原州区境内的寨科乡、官厅镇、河川乡、开城镇等地，经硒河、黄家河等进入彭阳，境内流经43.4公里，流域面积455平方公里。张易河即马莲川河上游段，为葫芦河重要支流，发源于张易镇东部和北部的六盘山上，流经张易镇全境，在樊西堡进入西吉马莲乡，境内流经23公里。

【水资源】

原州区是南部山区地表水资源最贫乏的地区，本地水资源总量为1.0456亿立方米，扣除矿化度大于2克/升的不可应用水资源量，清水河、葫芦河、泾河流域可应用水资源量分别为0.5948亿立方米、0.1377亿立方米和0.1186亿立方米，原州区本地可应用水资源总量为0.8511亿立方米（其中渭河流域水资源量为0.2563亿立方米，占本地水资源总量的30%），加上可应用的黄河水资源量0.8210亿立方米，原州区可应用水资源总量为1.6721亿立方米。原州区内径流深变化幅度较大，在16~50毫米，平均28.6毫米。

【植被类型】

原州区植被在水平带上属于温带草原带，具有由森林草原向干旱草原过渡的特点。六盘山主脉一带为森林草原和落叶阔叶林，向北逐渐变化为森林草原、灌丛草原和干旱草原。由于长期破坏，森林严重退化，草原成为原州区内植被主体，主要分布在黄土丘陵区，且退化严重。原州区内森林主要是人工林，占原州区森林总面积的70%。主要树草种为山杨、桦树、辽东栎、落叶松、油松、山杏、柠条、扁核木、沙棘、山桃、荀子、虎榛子、芦草、中尾蒿、铁杆蒿、苔草、针茅、早熟禾等。

【动物资源】

原州区境内有脊椎动物25目62科213种，昆虫17目123科905种。其中，国家一级保护动物有豹、金雕、玉带海雕、白尾海雕、大鸨；国家二级保护动物有猞猁、林麝、雀鹰、白尾鹞、大鵟、草原雕、燕隼、红脚隼、红隼、红角鸮、雕鸮、纵纹腹小鸮。六盘山外围区野生动物资源较丰富，共有陆栖脊椎动物207种，2个亚种，隶属于24目60科。其中，属宁夏新纪录36种，占总数的17.39%；两栖类5种，隶属于1目3科；爬行类4种，隶属于2目4科；鸟类158种，隶属于15目36科；哺乳类39种，隶属于6目17科。

【土地资源】

原州区总面积2739.01平方千米，其中，耕地面积130.2万亩（水浇地占17%、高效节水灌溉耕地占23%），森林面积120.4万亩，森林覆盖率达24.12%。至2022年底，原州区现代农业初具规模，节水高效农业和设施农业发展迅速，主打"六盘山"农产品品牌，冷凉蔬菜、马铃薯、枸杞、草畜等农业特色优势产业壮大。特色农产品畅销国内外，是宁夏首个高效节水灌溉示范县，全国重要的绿色农产品和牛羊肉生产基地，享有"中国冷凉蔬菜之乡""中国马铃薯种薯之乡"之誉。

【矿产资源】

原州区境内有多种矿藏，可分为燃料矿、金属矿、建材矿和化工原料矿四大类15种。原州区主要有煤矿、石灰岩、石英砂、石膏、芒硝等矿产，其中品位高、质地好的玻璃原料——石英砂储量达1.3亿吨。经地质勘查，境内还蕴藏着大量的石油、天然气。

【旅游资源】

原州区境内现有各个历史时代文化遗存399处。被誉为"丝路明珠"的须弥山石窟，为全国十大著名石窟之一；战国秦长城、黄铎堡古城、安西王府遗址远近闻名；固原博物馆、西北农耕博物馆馆藏丰富，鎏金银瓶为国宝级文物；清水河、东海子、西海子和禅塔山、叠叠沟山水相映，绿色清凉；特别是被誉为"胜利之山、高原绿岛"的六盘山纵贯南北，是驰名中外的红色旅游圣地。

【重大天气气候事件及主要气象灾害】

2022年，原州区降水偏少，气温偏高。年内出现干旱、冰雹、暴雨等气象灾害，对农业生产、人民生活、生态恢复等造成一定影响。

2月"湿冷"明显，原州区降水16.3毫米，较常年同期偏多62%，创1961年以来同期新高；气温为-4.8~-7.1℃，较常年同期偏低2.1~3.2℃。

3月异常"暖干"，原州区平均气温6.6℃，较常年同期偏高3.8℃，位居1961以来第三高值。

3月1日至6月20日，原州区降水80.0毫米，与常年同期相比，偏少28%。

6月20日至22日，原州区出现降水过程，降水超过10毫米，出现2022年以来首场透雨，与常年同期相比，偏晚接近2个月。

夏季（6—8月）出现十轮较强降水天气过程：6月20日至22日、6月25日至26日、7月1日至5日、7月10日至11日、7月13日至16日、7月21日至22日、7月26日至27日、8月18日、8月23日至25日、8月26日至29日。

秋季降水异常偏少，11月下旬出现强寒潮天气：秋季原州区累计降水量为67.7~111.0毫米，较常年同期偏少16%~49%。受新疆冷空气东移南下影响，29日较27日全市大多数日平均气温降幅超过14℃，出现强寒潮天气，最低气温创2010年以来历史同期最低纪录。

区划人口

【行政区划】

原州区辖7镇4乡3个街道办事处，150个行政村，41个居委会。7镇即三营镇、头营镇、官厅镇、张易镇、开城镇、彭堡镇、黄铎堡镇；4乡即寨科乡、炭山乡、中河乡、河川乡；3个街道办事处即南关街道办事处、古雁街道办事处、北塬街道办事处。

【人口概况】

2022年末，原州区常住人口47.67万人，比2021年末增加0.27万人。其中，城镇常住人口27.75万人，占常住人口比重（常住人口城镇化率）为58.21%，比2021年末提高0.4个百分点；农村人口19.92万人。分性别看，男性人口为24.5万人，女性人口为23.17万人。从人口自然变动情况看，出生人口0.56万人，出生率为11.78‰；死亡人口0.28万人，死亡率为5.89‰；人口自然增长率为5.89‰。

历史人文

【建置沿革】

茹河流域早在3万多年前就有人类活动。新石器时期，以原始农业为主的氏族部落已繁衍生息在清水河、茹河流域或支流附近的台地上。业已发现的新石器时代遗址135处，包括仰韶文化、马家窑文化、齐家文化等多种类型，盘古开天辟地，女娲抟土造人的故事在境内流传，表明原州区是中华文明重要发祥地之一。

史载，黄帝曾巡游六盘山。大禹治水，划天下为九州，原州区属雍州。西周以前，原州区属大原（今甘肃平凉、庆阳，宁夏固原、同心、中宁等地）、朝那。大原亦称太原，意指太昊伏羲的家乡。朝那，即龙，意指龙的家乡。朝那有湫渊，湫渊指境内的四个高山湖泊，即今原州区的东海子、西海子、北海子和隆德县的南海子（即白鸾池，也称北联池）。自黄帝至秦汉，湫渊一直与黄河、长江、汉水齐名，是国家祭祀重地。

先秦置朝那县。周赧王时，秦灭义渠，置陇西、北地、上郡。朝那隶北地郡。秦并六国，分天下为三十六郡，朝那仍隶北地。汉初置高平县，隶北地郡。汉武帝元鼎三年，析北地郡置安定郡，郡治即今原州古城（固原城）。东晋置平凉郡。北魏置高平镇，正光二年改置原州。隋复置平凉郡。唐复置原州。五代为吐蕃地。北宋州县废，置镇戎军。金为镇戎州。元复为原州，建安西王行都开成府，降为州，置广安县，升州。元视开成府为上都。"上都"一词源于《山海经》，意为天帝的都城。明置广安州，开城州降为县；置固原卫，置三边总制府，节制延绥、宁夏、甘肃三边，卫升为州。清驻三边总督、陕西提督，升州为直隶州。民国州废，分州地置固原县，1948年，辖4区14乡（镇）110保。

1949年8月，固原县解放，隶甘肃省平凉专区，辖区调整为1个市12个区79个乡291个村。1950年，撤附郭、杨郎、黑城3区，辖1市9区71乡。1953年，隶西海固回族自治区，辖15区125乡。

1954年，划张易区什字路、关堡、尉湾3乡归西吉县。1955年，隶西海固回族自治州，辖15区122乡。

1956年，撤七营、中河、大湾、礼拜寺4区，城关区更名城关镇，辖1镇10区72乡。1958年西海固划归宁夏回族自治区，固原县隶固原专区、固原地区。

1982年，辖2区1镇37个人民公社。

1983年，析东部15个人民公社置彭阳县。同年，人民公社改为乡。

1984年，增设程儿山、马渠、大战场（移民吊庄乡）3乡，撤销城郊、三营2区，辖26个乡镇。

2000年，大战场乡划归中宁县。2002年，撤固原地区设固原市，撤固原县设原州区。辖25个乡镇。

2003年，大湾乡、蒿店乡、什字路镇划归泾源县，辖区调整为14个乡镇，增设中山街道办事处。

2008年，黑城镇、七营镇、甘城乡划归中卫市海原县，炭山乡学梁、砖窑、武塬、三台、丘陵5村划归中卫市海原县，辖6镇5乡1个街道办事处。

2009年，撤中山街道办事处设北塬、新区、南关街道办事处，辖6镇5乡3个街道办事处。

2011年，清河镇、官厅乡合并为官厅镇，撤黄铎堡乡设黄铎堡镇，辖7镇4乡3个街道办事处。

2014年，新区街道办事处更名古雁街道办事处。

2020年，辖7镇4乡3个街道办事处、41个居民委员会、150个村民委员会、919个村民小组。

【革命英烈】

赫光（1902—1931），原名万锡绂，甘肃省海原县（今宁夏固原市原州区）杨郎镇人。1922年考入洛阳讲武堂，1925年加入中国共产党。中国工农红军第24军军长。

陈良璧（1907—1941），甘肃省固原县（今宁夏回族自治区固原市原州区）七营乡八营村人，先后参加过保卫上海、南京、九江、武汉等战役。"西安事变"后，他投身抗日前线，编入王劲哉任师长的128师。1941年夏，为国壮烈捐躯。1986年7月1日，中华人民共和国民政部批准陈良璧为革命烈士。

孙寿名（1916—1949），甘肃省固原县（今宁夏回族自治区固原市原州区）人。1917年，被选送到胡宗南在天水办的中央军官学校西北分校学习军事。1937年7月，邓宝珊部组织抗日先遣队，孙寿名被编入国民革命军二十七师任营长，与日寇鏖战于山西中条山。1944年，加入中国民主同盟会。1949年2月在兰州被捕，组织越狱未成，于8月21日被敌人枪杀于大沙坪，时年33岁。

【革命遗址】

原州区境内有张易堡红军长征毛泽东宿营地旧址、红军长征固原青石嘴战斗纪念碑、固原革命烈士纪念碑、韩练成将军故居遗址、原州区头营镇杨郎村赫光纪念馆等革命遗址。

城市地标

【须弥山石窟】

位于宁夏固原市原州区须弥山南麓100多米处，是全国重点文物保护单位。始建于北魏，以后历代均有扩建，迄今仍保留有20多个洞穴。须弥山石窟为佛教石窟寺,中国十大石窟之一,处于固原西北55千米寺口子河(古称石门水)北麓的山峰上,属六盘山脉,山基由紫色砂岩、砂砾岩及页岩组成,海拔2003米,峰峦叠嶂,怪石嶙峋,山中风景秀丽,是宁夏著名景区之一。1982年,须弥山石窟被国务院列为全国重点文物保护单位。

【固原古雁岭城市森林公园】

地处固原市新老城区中间地带,紧邻固原市行政中心。西至古雁街,南至萧关路,北至古雁岭北路,东至规划路,以景观绿化、登山步道、景观灌溉、游园广场硬化等工程为主,在古雁岭中部建设古雁塔。

【固原清水河国家湿地公园】

固原市第一个获得国家试点的湿地公园,北达沈家河水库大坝,西面以清水河水体外延200米范围为界,东接宝中铁路。2011年12月,国家林业局批准试点建设固原清水河国家湿地公园,规划总面积0.72平方千米,是干旱化区域内典型河流复合型湿地生态系统的天然"本底"和生物资源的"储源地",是濒危、稀有水禽类的"中转站",是固原市城北重要的灌溉及防洪区。

【赫光纪念馆】

位于固原市原州区头营镇杨郎村,建于2010年。纪念馆正中是赫光烈士雕像,背景为中国共产党党旗。纪念馆主要陈设赫光烈士生平事迹,分追寻真理、发动兵变、创建政权、壮烈殉难4个部分,再现赫光烈士革命历程。

【宁夏云雾山国家级自然保护区】

位于固原城东北45千米处,属典型的黄土高原半干旱区,为典型草原植被地带,是中国科学院水利部水土保持研究所80年代初期在中国西部建立最早、保护最完整的本氏针茅草原自然保护区。主峰海拔2128米,山基由白云岩、红色砂砾组成,土壤为地灰褐土和淡黑垆土,生长草甸植被。

【固原博物馆】

国家文物局1998年确定的全国70个重点博物馆之一,筹建于1983年,1988年9月25日落成开放。占地面积40000平方米,建筑面积16000平方米。馆内收藏文物2万余件,时间跨度自远古至明清,具有显著的完整性。其中,国家一级文物123件(组),国宝级文物3件。藏品以春秋战国时期北方系青铜器和北魏、北周、隋唐时期丝路文物最具特色,在国内外有一定影响力。北周鎏金银瓶、凸钉玻璃碗为国之瑰宝,为中西文化交流的实物依据。

中共固原市原州区委员会

综 述

【概　况】

2022年，原州区坚持以习近平新时代中国特色社会主义思想为指导，认真学习宣传贯彻党的二十大精神和习近平总书记视察宁夏重要讲话和重要指示批示精神，统筹疫情防控和经济社会发展，团结带领原州区干部群众，锐意进取、攻坚克难，推动经济社会健康发展和民生事业全面进步。全年实现地区生产总值171.50亿元，比2021年增长3.9%。其中，第一产业增加值23.96亿元，增长7.6%；第二产业增加值30.48亿元，下降6.1%；第三产业增加值117.06亿元，增长5.6%。全年全社会固定资产投资（不含农户）比2021年增长20.5%；实现社会消费品零售总额71.28亿元，比2021年增长0.6%；完成地方一般公共预算收入1.69亿元，同口径增长7.0%，完成一般公共预算支出51.79亿元，同比增长3.5%。全年全体居民人均可支配收入23776元，比2021年增长6.5%，按常住地分，城镇居民人均可支配收入36591元，增长5.5%；农村居民人均可支配收入14826元，增长8.1%。

【政治建设】

2022年，原州区坚持把学习宣传贯彻党的二十大精神作为首要政治任务，同学习贯彻习近平总书记视察宁夏重要讲话和重要指示批示精神贯通起来，同贯彻落实自治区第十三次党代会，自治区党委十三届二次、三次全会和市委五届五次、六次、七次全会精神统筹起来，一体推进大学习、大讨论、大宣传、大实践，党员干部在深学细悟中领会精神实质、把握精髓要义，原州区上下衷心拥护"两个确立"、忠诚践行"两个维护"的政治自觉更加坚定。原州区委班子成员带头深入基层一线宣传宣讲，用心把党的二十大精神是什么、为什么、干什么讲清楚讲明白，让广大干部群众听得懂、能领会、可落实。出台学习宣传贯彻党的二十大和自治区第十三次党代会精神实施方案，开展"进一步解放思想、吃透区情、找准定位、创新发展大讨论"活动，谋划提出"坚持大抓发展、抓大发展、抓高质量发展、实现跨越式赶超"的总体落实思路，凝聚起牢记嘱托、感恩奋进，团结奋斗、真抓实干的强大合力。

【脱贫攻坚成果巩固】

2022年，原州区认真落实习近平总书记"四个不摘""三个转向"指示精神，紧盯重点人群补短板、强弱项，真正做到巩固住再往前走。坚持把守牢底线作为重大政治任务，建立"115"包抓、督导检查、动态监测帮扶"三项机制"，用好农户自主申报、基层干部排查、部门筛查预警三种监测方式，对新纳入的105户404名监测对象落实473项具体帮扶措施，做到应纳尽纳、应帮尽帮、消除隐患、化解风险。国家乡村振兴局局长刘焕鑫同志到原州区调研时对此做法给予充分肯定。坚持以问题整改倒逼工作落实，第一时间主动认领问题、迅速整改问题，举一反三、全面摸排，真正做到清仓见底、彻底整改。2021年，主动认领国家评估后的14个方面56个问题、审计署委托自治区审计厅审计反馈的5个方面16个问题、自治区党委督查室反馈的9个问题、自治区乡村振兴局反馈的12个方面46个问题，并全部整改到位。紧盯"两不愁三保障"和安全饮水等重点，全面实施"六大提升行动"，有效巩固拓展脱贫攻坚成果。把4.5万脱贫人口镶嵌到产业链上发展种养业，新增公益性岗位464人（总数达到4450人），29个帮扶车间让1171名农村妇女就地就业，全年转移农村剩余劳动力6.8万人，实现工资性收入16.9亿元，农村居民人均可支配收入增幅预计达10%，脱贫人口收入增幅达16.3%。新建改扩建中小学校和幼儿园14个，494名城乡教师交流轮岗，13个集团校和16个城乡教育共同体建立对口帮扶机制，城乡义务教育均衡发展取得明显进步，没有1名义务教育阶段孩子因贫困辍学。原州区人民医院达到"三乙"标准，启动区域医共体改革，健康提升行动"十大工程"有效落实，监测对象、低保、城乡特困供养人员等特殊困难群体医疗保险实现"应保尽保""应缴尽缴"，全民健康水平稳步提升。围绕解决好产业、就业、社会融入三件事，在闽宁对口协作、国铁集团定点帮扶有力支持下，整合投入资金2.7亿元，实施项目167个，转移就业1.1万人，移民生产条件不断改善、收入大幅增加。完成58个村庄规划，实施以屋里屋外、院里院外、村里村外"三里三外"干净整洁为内涵的农村环境整治工程，川区村建成果园、菜园"两小园"5363个，山区村种好房前屋后10棵树5.2万株，打造30个乡村振兴示范村、建成11个美丽乡村和3个美丽宜居村庄，改厕1.1万座，宜居宜业和美农村建设迈出坚实步伐。坚决整改中央环保督察反馈问题，空气环境质量优良天数、地表水优良水体比例全面达标。坚持既富"口袋"，又富"脑袋"，持续推进文明素养提升行动，创建自治区级文明村镇3个、文明单位4个、文明校园4个。出台《原州区推动移风易俗革除陈规陋习助力乡村振兴暂行办法》，着力培育文明乡风，经验做法在全国乡村治理会议上作交流发言，被中央农办《乡村治理动态》刊发，向全国推广。

【先行区建设任务落实】

2022年，原州区坚决贯彻落实习近平总书记"疫情要防住、经济要稳住、发展要安全"的指示精神，出台"稳保促42条"和"支持扩大消费9条"，坚持月调度、季分析，以月保季、以季保年，原州区经济运行稳中有进、稳中有升。把产业振兴作为乡村全面振兴的基础和关键，对标自治区、固原市产业规划布局，理清发展思路、优化产业布局、延伸产业链条，加快发展"五特五新五优"产业。"五特"产业上，融侨10万头肉牛加工项目建成试运行、雪川农业薯条薯饼生产线建成投产，新培育合作社和家庭农场56家，建成"出户入园"标准化养殖场10个，彭堡、头营冷凉蔬菜产业带建设初见成效，彭堡镇入选2022年全国"一村一品"示范镇，高品蛋鸡成为"了不起"的国货，好水川养殖公司被评为农业产业化国家重点龙头企业，现代农业产业体系、生产体系、经营体系建设初见成效。"五新"产业上，启动实施青石峡抽水蓄能、运瓴储能等项目，推行"屋顶分布式光伏发电"三营安和模式，宁夏飞毛腿技工学校实训基地建成投用，引进半自动、全自动数据线、电源生产线6条，天楹垃圾发电、双文绒业羊绒制品等重点项目建成投产，新的经济增长点加快形成。"五优"产业上，打响"避暑胜地·锦绣原州"文旅品牌，与北京市门头沟区签订民宿经济合作协议，寻找文旅产业发展的突破口，成功创建宁夏全域旅游示范区，彭堡姚磨被评为全国乡村旅游重点村，头营杨郎成功入选全国第三批传统村落名录，"游在六盘大地，吃住娱购到原州"的综合服务基地建设迈出新步伐。制订《五年项目倍增计划》，谋划未来五年实施的232个总投资676亿元的项目盘子。在项目建设上，坚持向上争取和招商引资并举，向上争取方面，捆绑各类资金10亿元，实施重点项目157个。在城区完成26个老旧小区改造提升、古雁岭森林公园生态修复和功能提升工程，城市品质不断提高。在农村实施高效节水灌溉面积12.1万亩、旱作高标准农田面积8.8万亩，农业基础不断夯实。坚持农村危房即增即改、动态清零，新改造危房280户，推进路网连通工程，硬化农村道路长248千米，新建5G基站150座，农村基础设施日臻完善。招商引资方面，既注重政府主导招商引资，原州区委、区政府主要负责同志带队招商5次，又通过飞毛腿集团、雪川农业等企业牵线搭桥对接上下游企业，全年引进落地社会投资项目20个,到位资金37.3亿元,3个总投资25.5亿元的签约项目正在做前期准备工作。推进"六权"改革、"三统三分"改革和改革试点,建立水资源管理平台,出台《水行政综合执法管理办法》,水资源利用效率和效益持续提升。自治区"用水权"改革中南部现场观摩会在原州召开。农村土地承包经营权确权面积123.5万亩,农村宅基地"房地一体"确权6.5万宗,跨省交易复垦闲置集体建设用地确权面积2000亩;厘清集体林地和国有林地权属确权面积103万亩;对52家排污单位进行初始排污权确权,用能权改革和碳排放权改革全面启动,改革创新激活了高质量发展"一池春水"。

【平安原州建设】

2022年,原州区全面整改中央依法治国办督察反馈问题,推进法治政府建设,三营安和被评为"全国民主法治示范村"。以"5585"模式为牵引,争创铸牢中华民族共同体意识示范区,卫健局、河川乡和北环路社区被命名为"自治区民族团结进步示范单位"。落实基层治理"1+1+3"工作机制,开展矛盾纠纷排查化解"百日攻坚""攻坚月""回头看"等专项行动,原州区委政法委被评为"平安宁夏建设先进集体",人民公园被命名为"国家安全教育主题广场",平安原州建设在法治轨道上扎实推进。推进扫黑除恶常态化,严厉打击电信诈骗等违法犯罪活动,原州的社会治安形势进一步好转,老百姓的安全感、满意度进一步提升。

【全面从严治党】

2022年,原州区坚持用习近平新时代中国特色社会主义思想凝心铸魂,严格落实"第一议题"制度,深刻领悟"两个确立"的决定性意义,进一步增强"四个意识"、坚定"四个自信"、做到"两个维护",在思想上政治上行动上始终同以习近平同志为核心的党中央保持高度一致。修订《中共固原市原州区委常委会议事规则》,认真落实民主集中制等制度,原州区委常委班子的凝聚力、战斗力持续增强。推动"一抓两整"示范县乡创建,创建示范乡镇9个,三星级以上农村基层党组织120个。利用"梯次"机制培养产业带头人1583名,自治区党委副书记陈雍同志在自治区实施基层党组织建设提质增效工程工作会上对该做法给予充分肯定。创新村级集体经济发展模式,年收入100万元以上的村达到5个,50万元以上的村达到20个,10万元以上的村达到79个。制定落实《关于进一步加强和改进领导干部作风建设助推乡村振兴的若干意见》,紧盯不落实的事,严查不作为的人,持之以恒纠治"四风",想干事、能干事、干成事、不出事的干部越来越多。旗帜鲜明反腐惩恶,开展重点领域突出问题专项整治,持续整治群众身边的腐败和不正之风,不敢腐的目标初步实现,不能腐的笼子越扎越牢,不想腐的堤坝正在构筑。

重要会议

【原州区委四届二次全会】

中国共产党固原市原州区第四届委员会第二次全体会议,于2022年2月20日召开。出席这次全会的有原州区委委员30人,候补委员8人。不是原州区委委员、候补委员的在职副县级领导同志,原州区纪委委员和固原市、原州区部分党代表,各乡镇(街道)、部门(单位)和各民主党派主要负责同志及有关方面负责同志列席会议。全会由原州区委常委会主持。全会深入学习贯彻党的十九届六中全会、中央及自治区党委经济工作会议、自治区党委十二届十三次及十四次全体会议、固原市第五次党代会精神,审议通过《原州区委、区政府2022年重点工作任务推进落实清单》《原州区2022年黄河流域生态保护和高质量发展先行区重点建设项目清单》《固原市原州区委常委会2022年工作要点》,审时度势,谋篇布局,深入分析挑战机遇,准确把握发展定位,科学确定发展目标,全面部署2022年工作。

【原州区委四届三次全会】

中国共产党固原市原州区第四届委员会第三次全体会议,于2022年8月19日召开。出席这次全会的有原州区委委员30人,候补委员8人。不是原州区委委员、候补委员的在职副县级领导同志,原州纪委委员和固原市、原州区部分党代表,各乡镇(街道)、部门(单位)和各民主党派主要负责同志及有关方面负责同志列席会议。全会由原州区委常委会主持。全会坚决学习贯彻习近平总书记视察宁夏重要讲话和重要指示批示精神,深入贯彻落实自治区第十三次党代会和市委五届五次全会精神,审议通过《原州区关于开展"进一步解放思想、吃透区情、找准定位、创新发展"大讨论活动实施方案》《原州区以产业振兴引领乡村振兴样板区建设实施方案》《原州区改革创新赋能计划实施方案》《原州区五年项目倍增计划清单》《关于创建铸牢中华民族共同体意识示范县(区)的实施方案》,把自治区第十三次党代会绘就的美好画卷变成原州"答卷"。

【四届区委2022年第1次常委会会议】

2022年1月13日,固原市委常委、原州区委书记何永吉同志主持召开四届原州区委2022年第1次常委会会议。会议传达学习国家主席习近平二〇二二年新年贺词,习近平总书记在全国政协新年茶话会上、中共中央政治局民主生活会上、中共中央政治局常务委员会会议上的重要讲话精神,研究贯彻意见;传达学习习近平总书记对全国老干部工作的重要指示精神,全国老干部工作先进集体和先进个人表彰大会精神,研究贯彻意见;传达学习自治区党史学习教育总结会议精神,研究贯彻意见;传达学习《中共中央 国务院关于做好2022年全面推进乡村振兴重点工作的意见》(中发〔2022〕1号),研究贯彻意见;传达学习《中共中央办公厅印发〈关于加强和改进新时代市县政协工作的意见〉的通知》(中办发〔2021〕57号),研究贯彻意见;传达学习《中共中央办公厅 国务院办公厅印发〈关于更加有效发挥统计监督职能作用的意见〉的通知》,研究贯彻意见;传达学习《中国共产党纪律检查委员会工作条例》,听取原州区粮食领域腐败问题专项治理工作情况汇报,安排部署下一步工作;传达学习《自治区安委会办公室关于将履行安全生产责任情况列入党政领导班子和领导干部年度考核述职内容的通知》(宁安办〔2022〕4号),研究贯彻意见;听取原州区人民政府党组关于原州区食品药品安全工作情况汇报,安排部署下一步工作;传达学习自治区两会、春节、北京冬奥会期间维护社会稳定专题工作会议精神,研究贯彻意见;研究审定《关于推荐平安宁夏建设拟表彰先进集体和先进个人的请示》;研究审定《关于召开原州区红十字会成立暨第一次会员代表大会的请示》和《关于原州区红十字会第一届理事会和第一届监事会有关建议人选的请示》;召开区委实施乡村振兴战略工作领导小组2022年第1次会议;研究审定《关于原州区推荐固原市出席中国共产党第二十次全国代表大会代表候选人推荐人选建议名单和出席中国共产党宁夏回族自治区第十三次代表大会代表候选人推荐人选的请示》。

【四届区委2022年第2次常委会会议】

2022年1月25日,固原市委常委、原州区委书记何永吉同志主持召开四届原州区委2022年第2次常委会会议。会议传达学习习近平总书记在省部级主要领导干部学习贯彻党的十九届六中全会精神专题研讨班开班式上的重要讲话精神,对政法工作重要指示和中央政法工作会议精神,研究贯彻意见;传达学习习近平总书记在十九届中央纪委六次全会上的重要讲话精神,自治区纪委十二届六次全会精神,研究贯彻意见;传达学习自治区两会精神,研究贯彻意见;传达学习自治区党委农村工作会议精神,通报自治区党委农村工作领导小组《关于表彰2021年实施乡村振兴战略先进集体的决定》、自治区党委农村工作领导小组办公室《关于2021年度乡村振兴"一村一年一事"行动考评结果的通报》,研究贯彻意见;传达学习自治区老干部局长会议精神、领导干部个人有关事项报告政策汇编，研究贯彻意见；听取巩固拓展脱贫攻坚成果同乡村振兴有效衔接督查情况汇报，安排部署下一步工作；听取近期安全生产、信访维稳、森林草原防灭火工作情况汇报，安排部署下一步工作；听取工程建设政府采购等重点领域巡视反馈即知即改问题整改情况汇报；研究审定原州区纪委监委《关于召开中国共产党固原市原州区第四届纪律检查委员会第二次全体会议的请示》《原州区纪委四届二次全会上的工作报告》；研究审定《关于中共固原市原州区第四届委员会常务委员会工作规则的请示》《关于进一步加强领导干部作风建设助推乡村振兴的若干意见的请示》；研究审定原州区人民政府党组《关于原州区春节慰问方案的请示》《关于原州区 2022 年高效节水灌溉项目建设的请示》《关于进一步加强政府采购管理和规范政府采购行为的请示》《关于原州区政府投资项目管理办法的请示》；研究审定《关于原州区排查整顿农村发展党员违规违纪问题责任追究意见的请示》；研究干部处理事宜。

【四届区委 2022 年第 3 次常委会会议】

2022 年 1 月 29 日，固原市委常委、原州区委书记何永吉同志主持召开四届原州区委 2022 年第 3 次常委会会议。会议传达学习习近平总书记在中共中央政治局第三十六次集体学习会议上、在 1 月 24 日中共中央政治局会议上、在山西慰问考察时的重要讲话精神，研究贯彻意见；重温习近平总书记关于粮食安全重要指示和批示精神，传达学习《粮食流通管理条例》《关于改革完善宁夏粮食储备体制机制加强粮食储备安全管理的实施意见》，研究贯彻意见；传达学习全国宣传部长、自治区宣传部长会议，研究贯彻意见；传达学习全国统战部长、全国民委主任会议精神，自治区统战部长会议精神，研究贯彻意见；传达学习自治区维护政治安全工作部署会议精神，研究贯彻意见；听取 2022 年第一季度重点项目准备情况汇报；研究审定纪委监委《关于成立巩固拓展脱贫攻坚成果同乡村振兴有效衔接督查反馈问题整改情况督查工作组的请示》；研究原州区委宣传部《关于原州区领导干部学习贯彻党的十九届六中全会精神专题学习班建议方案的请示》；研究审议原州区委四届二次全会《关于中国共产党固原市原州区第四届委员会第二次全体会议方案的请示》《原州区委、政府 2022 年重点工作任务推进落实清单（讨论稿）》《原州区委、政府 2022 年重点建设项目推进落实清单（讨论稿）》《原州区委贯彻落实中央民族工作会议、自治区党委十二届十三次全会和固原市委四届十二次全会精神的工作方案和责任清单（讨论稿）》。

【四届区委 2022 年第 4 次常委会会议】

2022 年 2 月 18 日，固原市委常委、原州区委书记何永吉同志主持召开四届原州区委 2022 年第 4 次常委会会议。会议传达学习习近平总书记同党外人士共迎新春时、在二〇二二年春节团拜会上的重要讲话精神，习近平总书记对信访工作的重要指示精神，研究贯彻意见；传达学习中共中央、国务院印发的《国家新型城镇化规划（2021—2035 年）》；传达学习中共中央办公厅、国务院办公厅印发的《地方党委和政府领导班子及其成员粮食安全责任制规定》；传达学习中共中央办公厅、国务院办公厅印发的《中央生态环境保护督察整改工作办法》；传达学习全国组织部长会议、自治区组织部长会议精神，自治区党委人才工作会议精神，研究贯彻意见；传达学习自治区新材料产业高质量发展现场会精神，研究贯彻意见；通报自治区 2021 年推动移风易俗树立文明乡风群众满意度调查结果，安排下一步工作；听取 3 月份开工重点项目建设前期情况汇报，听取固原市五河岸线利用项目专项整治行动工作完成情况汇报，安排下一步工作；审议《固原市原州区委常委会 2022 年工作要点（送审稿）》，审定《关于〈四届区委五年巡察工作规划（2022—2026 年）〉〈原州区委 2022 年巡察工作计划〉和〈四届区委第一轮巡察工作方案〉的请示》；召开原州区委实施乡村振兴战略工作领导小组 2022 年第 2 次会议。

【四届区委 2022 年第 5 次常委会会议】

2022 年 2 月 28 日,固原市委常委、原州区委书记何永吉同志主持召开四届区委 2022 年第 5 次常委会(扩大)会议。会议传达学习 2 月 25 日中共中央政治局会议精神,研究贯彻意见;传达学习自治区领导干部学习贯彻党的十九届六中全会精神专题研讨班精神,研究贯彻意见;传达学习全国、自治区保密工作会议精神,自治区机要密码和电子政务内网工作会议精神,自治区党内法规工作会议精神,安排部署下一步工作;传达学习自治区工程建设、政府采购等重点领域突出问题专项治理领导小组第三次会议精神,研究贯彻意见;听取原州区信访维稳及信访积案化解工作进展情况汇报,安排部署下一步工作;研究审定《关于原州区维护全区政治安全工作实施方案的请示》《关于进一步加强基层治理体系和治理能力现代化建设实施方案的请示》;研究审定政府党组《关于原州区贯彻落实地方党委和政府领导班子及其成员粮食安全责任制规定分工方案的请示》《关于原州区亚行贷款宁夏六盘山扶贫农村公路项目政府债务外贷资金使用情况的请示》;研究干部事宜。

【四届区委 2022 年第 7 次常委会会议】

2022 年 3 月 19 日,固原市委常委、原州区委书记何永吉同志主持召开四届原州区委 2022 年第 7 次常委会(扩大)会议。会议传达学习习近平总书记在中央政治局常委会会议上、在中央党校(国家行政学院)中青年干部培训班开班式上、在中共中央政治局第三十七次集体学习时、在中央全面深化改革委员会第二十四次会议上,以及在审阅中央政治局委员、书记处书记、全国人大常委会、国务院、全国政协党组成员、最高人民法院、最高人民检察院党组述职报告时重要讲话精神,研究贯彻意见;传达学习习近平总书记在全国两会期间的重要讲话精神和全国两会精神,研究贯彻意见;传达学习中共中央办公厅《中央层面整治形式主义为基层减负专项工作机制 2022 年工作要点》,研究贯彻意见;传达学习自治区党委常委会暨全面深化改革委员会第 17 次会议精神、市委全面深化改革委员会第 5 次会议精神,研究贯彻意见;传达学习中共中央办公厅《关于加强巡视整改和成果运用的意见》、自治区纪委办公厅《关于进一步加强援助项目、资金以及挂职干部管理监督的通知》,研究贯彻意见;传达学习《宁夏回族自治区领导干部插手干预工程建设政府采购项目登记报告办法》,研究贯彻意见;传达学习《自治区党委办公厅 政府办公厅关于印发〈中央依法治国办法治政府建设实地督察反馈意见整改方案〉的通知》,通报《关于市县(区)法治建设议事协调机构运行情况》,安排下一步工作;听取信访积案化解情况汇报,安排部署下一步工作;听取国家脱贫攻坚后评估反馈问题整改督查情况汇报,安排部署下一步工作;审议组织、宣传、统战、政法系统 2022 年工作要点,安排部署下一步工作;研究《关于原州区 2022 年软弱涣散村党组织台账和整顿清单的请示》;研究《关于对原州区委、区政府 2022 年重点工作重点项目督导检查的请示》;研究政府党组相关议题;研究《关于召开原州区总工会第三次代表大会的请示》;研究干部处理事宜。

【四届区委 2022 年第 9 次常委会会议】

2022 年 3 月 31 日,固原市委常委、原州区委书记何永吉同志主持召开四届原州区委 2022 年第 9 次常委会(扩大)会议。会议传达学习自治区领导干部大会精神;传达学习自治区领导干部廉政警示教育大会精神及《关于银川闽宁会议中心和丝路明珠项目违纪违法问题的剖析报告》,研究贯彻意见;通报《自治区党委办公厅人民政府办公厅关于 2021 年度自治区效能目标管理考核结果》;听取市委涉粮问题专项巡察反馈问题整改情况汇报;听取原州区疫情防控突出问题整改情况汇报,研判当前疫情防控形势,安排下一步工作;传达学习习近平总书记重要指示、李克强总理批示及全国、自治区、全市安全生产电视电话会议精神,听取原州区森林草原防灭火工作汇报,安排清明节森林草原防灭火工作;研究《关于2022年原州区全面从严治党党风廉政建设和反腐败工作主要任务分工方案的请示》;研究《关于调整有关议事协调机构的请示》;召开原州区生态环境保护领导小组会议;召开原州区委农村工作领导小组第2次暨实施乡村振兴战略工作领导小组第3次会议;召开原州区委审计委员会第7次会议;研究《关于补选原州区第四届人民代表大会代表的请示》《关于增补固原市原州区第四届人民代表大会代表候选人的请示》。

【四届区委2022年第10次常委会会议】

2022年4月6日,固原市委常委、原州区委书记何永吉同志主持召开四届原州区委2022年第10次常委会(扩大)会议。会议传达学习自治区党委书记梁言顺来固调研和座谈会精神,研究贯彻意见。

【四届区委2022年第11次常委会会议】

2022年4月23日,固原市委常委、原州区委书记何永吉同志主持召开四届原州区委2022年第11次常委会(扩大)会议。会议传达学习习近平总书记3月31日在中共中央政治局常务委员会会议上、在参加首都义务植树活动时、在北京冬奥会冬残奥会总结表彰大会上、在海南考察时、在中央全面深化改革委员会第二十五次会议上重要讲话精神,全国巡视工作会议暨十九届中央第九轮巡视动员部署会会议精神;学习《中国共产党重大事项请示报告条例》,研究贯彻意见;传达学习《中共宁夏回族自治区委员会关于新时代坚持和完善人民代表大会制度加强和改进人大工作的实施意见》,研究贯彻意见;传达学习自治区扶持壮大村级集体经济暨驻村帮扶工作视频会议精神,研究贯彻意见;传达学习五届市委2022年第13次常委会会议精神,听取原州区巩固拓展脱贫攻坚成果同乡村振兴有效衔接工作督查情况汇报,安排部署下一步工作;听取县级领导包抓2022年移民示范村工作情况汇报;研究贯彻落实自治区党委书记梁言顺同志调研固原讲话精神有关事宜;通报《中共固原市委办公室、人民政府办公室关于2021年度全市效能目标管理考核结果》,研究原州区委督查检查考核领导小组《关于2021年度原州区效能目标管理考核结果的请示》;研究《关于开展原州区2022年3至4月份重点工作观摩的请示》;研究审定政府党组《关于2022年原州区旱作节水农业技术推广春覆膜等项目建设内容及投资的请示》《关于原州区实施"五大行动"任务清单的请示》《关于原州区"富民贷"工作实施方案的请示》《关于2022年开展乡村振兴健康保工作实施方案的请示》《关于原州区新能源产业发展工作方案的请示》;研究干部处理事宜。

【四届区委2022年第12次常委会会议】

2022年4月28日,固原市委常委、原州区委书记何永吉同志主持召开四届原州区委2022年第12次常委会(扩大)会议。会议传达学习习近平总书记在博鳌亚洲论坛2022年年会开幕式上发表的主旨演讲、给北京科技大学老教授的回信、致首届全民阅读大会的贺信、在中国人民大学考察时的重要讲话、在中央财经委员会第十一次会议上的重要讲话精神,研究贯彻意见;传达学习自治区党委办公厅、人民政府办公厅印发《关于进一步加强自治区安全生产工作的若干措施的通知》。自治区党委应对新冠肺炎疫情工作领导小组第25次会议精神,听取安全生产、新冠肺炎疫情防控工作汇报,安排部署安全生产、新冠肺炎疫情防控工作;传达学习自治区一季度经济形势分析会视频会议精神,听取原州区第一季度经济运行情况汇报,安排部署下一阶段经济运行工作;听取原州区工程建设政府采购等重点领域突出问题专项治理工作情况汇报,研究《关于自治区党委第一巡视组关于专项巡视原州区反馈意见整改工作分工方案的请示》;研究《关于原州区开展党的二十大安保维稳风险隐患排查整治"百日攻坚"专项行动方案的请示》;传达学习自治区党委农村工作领导小组2022年第2次会议精神,安排部署原州区工作。

【四届区委 2022 年第 13 次常委会会议】

2022 年 4 月 30 日,固原市委常委、原州区委书记何永吉同志主持召开四届原州区委 2022 年第 13 次常委会(扩大)会议暨原州区委农村工作领导小组第 3 次会议。会议传达学习习近平总书记在中央政治局常委会会议听取 2021 年度巩固拓展脱贫攻坚成果同乡村振兴有效衔接考核评估情况汇报时的重要讲话精神;传达中央农村工作领导小组办公室、国家乡村振兴局 2021 年度巩固拓展脱贫攻坚成果同乡村振兴有效衔接考核评估约谈提醒会精神,国家 2021 年度巩固拓展脱贫攻坚成果同乡村振兴有效衔接考核评估发现问题整改工作电视电话会议、自治区党委农村工作领导小组 2022 年第 2 次会议、2021 年度巩固拓展脱贫攻坚成果同乡村振兴有效衔接工作集体约谈会、2021 年度巩固拓展脱贫攻坚成果同乡村振兴有效衔接考核评估发现问题整改工作部署视频会精神;研究《关于〈原州区 2021 年度巩固拓展脱贫攻坚成果同乡村振兴有效衔接考核评估发现问题整改方案〉分工方案的请示》,安排部署整改工作;研究《关于召开原州区 2021 年度巩固拓展脱贫攻坚成果同乡村振兴有效衔接考核评估发现问题整改工作部署会会议方案的请示》;研究《关于成立原州区委农村工作领导小组巩固脱贫攻坚成果工作专班的请示》;研究《关于国家乡村振兴重点帮扶县原州区巩固拓展脱贫攻坚成果同乡村振兴有效衔接实施方案的请示》《关于原州区 2022 年巩固拓展脱贫攻坚成果同乡村振兴有效衔接任务清单的请示》;听取 4 月份新增防止返贫动态监测帮扶对象情况的报告。

【四届区委 2022 年第 14 次常委会会议】

2022 年 5 月 4 日,固原市委常委、原州区委书记何永吉同志主持召开四届原州区委 2022 年第 14 次常委会(扩大)会议。会议研究《关于原州区 2021 年度巩固拓展脱贫攻坚成果同乡村振兴有效衔接考核评估发现问题整改方案的请示》;研究《关于原州区巩固拓展脱贫攻坚成果同乡村振兴有效衔接各级干部"大学习大轮训"实施方案的请示》;研究《关于原州区巩固拓展脱贫攻坚成果同乡村振兴有效衔接领导干部包抓行政村(社区)实施方案的请示》;传达学习《关于做好乡镇党委和村"两委"班子换届"回头看"工作的通知》,安排部署"回头看"工作;研究《关于自治区党委第一巡视组专项巡视原州区工程建设政府采购领域反馈问题整改方案的请示》。

【四届区委 2022 年第 15 次常委会会议】

2022 年 5 月 17 日,固原市委常委、原州区委书记何永吉同志主持召开四届原州区委 2022 年第 15 次常委会(扩大)会议暨实施乡村振兴战略工作领导小组第 5 次会议。会议传达学习习近平总书记在中共中央政治局第三十八次集体学习时、在 4 月 29 日中共中央政治局会议上、在 5 月 5 日中共中央政治局常务委员会会议上、在庆祝中国共产主义青年团成立 100 周年大会上的重要讲话精神,对湖南长沙居民自建房倒塌事故作出的重要指示精神,致首届大国工匠创新交流大会的贺信,给中国航天科技集团空间站建造青年团队的回信精神,研究贯彻意见;传达学习《中共中央 国务院关于加快建设全国统一大市场的意见》《中共中央 国务院中央军委关于加强和改进新时代全民国防教育工作的意见》,研究贯彻意见;传达学习《深化统计管理体制改革提高统计数据真实性的意见》《统计违纪违法责任人处分处理建议办法》《防范和惩治统计造假、弄虚作假督察工作规定》,学习《信访工作条例》,研究贯彻意见;传达学习全国、自治区打击整治养老诈骗专项行动第 1 次推进会精神,自治区党委办公厅印发《关于巩固自治区政法队伍教育整顿成果推进全面从严管党治警的实施意见》,研究《关于巩固原州区政法队伍教育整顿成果推进全面从严管党治警实施方案的请示》;传达学习自治区党委应对新冠肺炎疫情工作领导小组第 27 次、第 28 次会议精神,听取原州区疫情防控工作汇报,研判防控形势,安排下一步工作;召开原州区实施乡村振兴战略工作领导小组第 5 次会议；研究《关于原州区古树名木普查及保护实施方案的请示》；研究审定政府党组《关于固原市原州区病险水库除险加固工程等重点建设项目建设内容及投资的请示》《关于固原市原州区深化应急管理综合行政执法改革实施方案》《关于推进新时代残疾人事业高质量发展实施方案的请示》《关于原州区中小学教师"县管校聘"改革实施意见的请示》；研究《关于进一步发挥职级公务员作用实施方案的请示》《关于原州区总工会第三届委员会委员、经费审查委员会委员候选人预备人选的请示》《关于召开固原市原州区妇女第三次代表大会、共青团原州区第四次代表大会的请示》；研究《关于提名杨青龙同志为固原市第五届人民代表大会代表候选人的请示》；传达自治区党委督查室《关于贯彻落实中央和自治区党委政协工作会议精神情况的督查调研通报》，研究《关于原州区落实自治区党委督查贯彻落实中央和自治区党委政协工作会议精神反馈问题整改方案的请示》。

【四届区委 2022 年第 16 次常委会会议】

2022 年 5 月 26 日，固原市委常委、原州区委书记何永吉同志主持召开四届原州区委 2022 年第 16 次常委会会议。会议研究推荐固原市委拟提拔有关干部考察事宜。

【四届区委 2022 年第 17 次常委会会议】

2022 年 5 月 30 日，固原市委常委、原州区委书记何永吉同志主持召开四届原州区委 2022 年第 17 次常委会会议。会议传达学习习近平总书记在庆祝中国国际贸易促进委员会建会 70 周年大会暨全球贸易投资促进峰会上的致辞、给南京大学留学归国青年学者的回信精神，研究贯彻意见；传达学习习近平总书记在中央政治局会议分析研究当前经济形势和经济工作时的重要讲话精神、全国稳住经济大盘电视电话会议精神、自治区党委常委会会议精神、自治区稳经济保增长促发展电视电话会议精神、张雨浦同志到固原市调研精神，听取 1 至 4 月份原州区经济运行情况汇报，分析当前经济形势，研究部署下一步工作；传达学习中共中央办公厅印发的《关于加强新时代离退休干部党的建设工作的意见》的通知，自治区党委组织部等 6 部门印发的《关于在自治区政法机关实施"3331 工程"加强优秀年轻干部培养选拔工作的意见》，研究贯彻意见；传达学习自治区党委、人民政府《关于服务和融入新发展格局的实施意见》，研究贯彻意见；传达学习自治区十二届人大六次会议、固原市第五届人民代表大会第二次会议精神，研究贯彻意见；传达学习固原市委督查室《关于对中央和自治区、固原市有关重要文件精神贯彻落实情况开展专项督查的通报》，研究贯彻意见；听取原州区反电诈及整治养老诈骗工作情况汇报，安排部署下一步工作；研究《关于落实统一领导（管理）和归口领导（管理）有关要求的意见》；研究《关于原州区青年发展型县域试点实施方案的请示》；研究《关于 2021 年度乡镇（街道）党政正职和部门（单位）主要负责人考核结果的请示》；研究有关干部事宜。

【四届区委 2022 年第 18 次常委会会议】

2022 年 6 月 16 日，固原市委常委、原州区委书记何永吉同志主持召开四届原州区委 2022 年第 18 次常委会（扩大）会议。会议传达学习中国共产党宁夏回族自治区第十三次代表大会精神，研究贯彻意见。

【四届区委 2022 年第 19 次常委会会议】

2022 年 6 月 17 日，固原市委常委、原州区委书记何永吉同志主持召开四届原州区委 2022 年第 19 次常委会会议。会议传达学习习近平总书记在中共中央政治局第三十九次集体学习时、在四川考察时的重要讲话精神，致 2022 年"六五"环境日国家主场活动的贺信精神，研究贯彻意见；重温习近平总书记视察宁夏重要讲话和重要指示批示精神、关于工程建设政府采购等重点领域专项治理工作重要指示精神；传达学习梁言顺同志在听取专项巡视情况汇报时的讲话精神，研究贯彻意见；传达学习中央机构编制委员会办公室印发的《机构编制违规违纪违法行为处理和问责规则(试行)》、中共固原市委办公室印发的《固原市县处级及以上领导干部请假报告制度》和《固原市加强退出领导岗位干部管理实施办法》,研究贯彻意见;研究审定《关于原州区监察委员会向区人大常委会报告专项工作方案的请示》;研究审定《关于固原市原州区文学艺术界联合会第四次代表大会方案的请示》;研究审定政府党组《关于原州区贯彻落实稳经济保增长促发展守底线政策措施责任清单的请示》《关于2022年设施移民园区保温被配套等项目建设内容及投资的请示》《关于2022年原州区国土综合整治生态修复等重点建设项目建设内容及投资的请示》《原州区2022年闽宁协作项目实施方案(送审稿)的请示》;研究《关于对戴铭毅等170名同志嘉奖、王钊等21名同志记三等功的请示》;研究有关干部事宜。

【四届区委2022年第20次常委会会议】

2022年6月30日,固原市委常委、原州区委书记何永吉同志主持召开四届原州区委2022年第20次常委会(扩大)会议暨原州区实施乡村振兴战略工作领导小组会议。会议传达学习习近平总书记在中共中央政治局第四十次集体学习时、在中央全面深化改革委员会第二十六次会议上重要讲话精神,6月17日中共中央政治局会议精神,研究贯彻意见;传达学习五届市委2022年第22次常委会会议精神,研究贯彻意见;传达学习自治区党委建设黄河流域生态保护和高质量发展先行区推进会精神、《自治区党委人民政府印发〈关于深入贯彻落实习近平总书记重要讲话精神推动黄河流域生态保护和高质量发展先行区建设取得新突破的意见〉的通知》(以下简称《通知》),研究贯彻意见;通报对自治区、固原市及原州区有关重要文件精神贯彻落实情况和纪律作风督查情况;传达学习固原市工程建设政府采购等重点领域突出问题专项治理工作推进会精神,听取自治区党委第一巡视组专项巡视工程建设政府采购领域反馈问题整改督查情况汇报,四届原州区委第一轮巡察情况汇报,安排部署下一步工作;听取原州区落实2021年度五县(区)党委和市委直属党(工)委书记抓基层党建工作述职评议考核反馈问题整改情况汇报,原州区组织工作、党风廉政建设工作、党管武装工作汇报,安排部署下一步工作;听取原州区新冠病毒疫苗接种工作进展情况汇报,安排部署下一步工作;听取中央环保督察曝光典型案例问题整改和群众投诉件办理情况汇报,安排部署下一步工作;研究审定政府党组《关于固原市公安局原州区分局头营派出所迁建项目建设内容及投资的请示》《关于调整原州区公安分局警务辅助人员(禁毒专干)保障标准的请示》《关于原州区会计核算中心2022年政府购买服务政府采购项目的请示》《关于原州区事业单位管理岗位职员等级晋升实施方案的请示》《关于解决原州区学前综合实践课暨生活实践美学活动原材料购置有关事宜的请示》《关于原州区第六、第十一、第十二幼儿园教玩具等设备采购项目采购内容及预算资金有关情况的请示》《关于2022年义务教育薄弱环节改善与能力提升(互联网+教育)等项目建设内容及资金预算有关情况的请示》;召开原州区实施乡村振兴战略工作领导小组会议。

【四届区委2022年第21次常委会会议】

2022年7月8日,固原市委常委、原州区委书记何永吉同志主持召开四届原州区委2022年第21次常委会(扩大)会议暨原州区委理论学习中心组学习会。会议传达学习习近平总书记在庆祝香港回归祖国二十五周年大会暨香港特别行政区第六届政府就职典礼上、在湖北武汉考察时的重要讲话精神,研究贯彻意见;召开原州区委理论学习中心组学习会,围绕开展习近平总书记视察宁夏重要讲话和重要指示批示精神"大学习、大讨论、大宣传、大实践"活动,以习近平总书记在固原视察时的重要讲话精神为重点进行研讨;重温自治区第十三次党代会精神,安排部署下一步工作;传达自治区党委第三次农村工作领导小组会议精神,研究贯彻意见。

【四届区委 2022 年第 22 次常委会会议】

2022 年 7 月 18 日，固原市委常委、原州区委书记何永吉同志主持召开四届原州区委 2022 年第 22 次常委会会议。会议研究推荐固原市委拟提拔有关干部考察事宜。

【四届区委 2022 年第 23 次常委会会议】

2022 年 7 月 24 日，固原市委常委、原州区委书记何永吉同志主持召开四届原州区委 2022 年第 23 次常委会（扩大）会议暨原州区实施乡村振兴战略工作领导小组会议。会议学习《习近平谈治国理政》第四卷，习近平总书记在新疆考察时重要讲话、就研究吸收网民对党的二十大相关工作意见建议作出的重要指示、给种粮大户的回信精神，研究贯彻意见；传达学习《中国共产党政治协商工作条例》，研究贯彻意见；传达学习中共中央办公厅、国务院办公厅《关于进一步加强革命历史类纪念设施、遗址和爱国主义教育基地建设管理的通知》，研究贯彻意见；传达学习十三届自治区党委 2022 年第 6 次常委会会议、五届市委 2022 年第 25 次常委会会议、自治区上半年经济形势分析会精神，听取上半年原州区经济运行情况汇报，安排部署下一步工作；传达学习固原市委五届五次全会精神，审议《原州区以产业振兴引领乡村振兴样板区建设实施方案》《原州区五年项目倍增计划》《原州区改革创新赋能计划实施方案》《原州区创建铸牢中华民族共同体意识示范区实施方案》《原州区关于开展进一步解放思想、吃透区情、找准定位、创新发展大讨论活动实施方案》；传达学习自治区违规收送红包礼金和不当收益及违规转贷或高额放贷专项整治工作动员会精神，研究贯彻意见；通报原州区党政代表团、政协代表团赴福建省考察学习情况，研究部署相关工作；召开原州区实施乡村振兴战略工作领导小组会议；研究干部处理事宜。

【四届区委 2022 年第 24 次常委会会议】

2022 年 8 月 8 日，固原市委常委、原州区委书记何永吉同志主持召开四届原州区委 2022 年第 24 次常委会（扩大）会议暨原州区党风廉政建设和反腐败工作领导小组会议。会议学习习近平总书记在省部级主要领导干部专题研讨班上、中共中央政治局 7 月 28 日会议上、党外人士座谈会上、中共中央政治局第四十一次集体学习时重要讲话精神，研究贯彻意见；传达学习习近平总书记在中央统战工作会议上重要讲话精神，听取原州区统战工作汇报，研究贯彻意见；传达学习固原市委人才工作会议精神，听取原州区人才工作情况汇报，安排部署下一步工作；传达学习固原市生态环境保护领导小组办公室转发《关于印发〈宁夏回族自治区贯彻落实中央生态环境保护督察整改任务验收销号办法〉的通知》，听取中央第四生态环境保护督察组群众信访投诉转办件及通报固原市典型案例整改工作进展情况汇报，研究贯彻意见；听取原州区考察组赴北京与国铁集团对接情况汇报，安排部署下一步工作；听取融侨、天槛、雪川、双文绒业、羽欣华耀、长江医药 6 家企业入规情况汇报，安排部署下一步工作；研究《关于召开中国共产党固原市原州区第四届委员会第三次全体会议的请示》；召开原州区党风廉政建设和反腐败工作领导小组会议；研究《关于递补于金红等 6 名同志为中共固原市原州区第四届委员会委员的请示》；研究干部事宜。

【四届区委 2022 年第 25 次常委会会议】

2022 年 8 月 19 日，固原市委常委、原州区委书记何永吉同志主持召开四届原州区委 2022 年第 25 次常委会（扩大）会议。会议学习习近平总书记在辽宁考察时重要讲话精神，研究贯彻意见；学习习近平总书记对档案工作的重要指示批示精神和《中华人民共和国档案法》，研究贯彻意见；传达学习国家信访局局长李文章来固调研督导信访工作讲话精神，自治区党委书记梁言顺调研信访工作讲话精神，研究贯彻意见；传达学习自治区党委常委、秘书长雷东生在《原州区 2022 年上半年乡村振兴工作情况专报》上的批示精神，研究贯彻意见；研究审定政府党组《关于原州区2022年第二批大额资金安排计划的请示》《关于清水河(原州段)二营湿地建设与生态修复工程等重点建设项目建设内容及投资有关情况的请示》。

【四届区委2022年第26次常委会会议】

2022年8月24日,原州区委副书记、区长马波主持召开四届原州区委2022年第26次常委会(扩大)会议。会议传达学习习近平总书记近期关于防汛抗旱救灾工作重要指示精神,自治区党委常委会8月19日会议精神,研究贯彻意见;传达学习自治区党委常委会8月22日会议和自治区政府第130次常务会议精神,审议《关于原州区生态环保排查整治专项行动方案的请示》;安排原州区扶贫志编纂工作。

【四届区委2022年第27次常委会会议】

2022年9月9日,固原市委常委、原州区委书记何永吉同志主持召开四届原州区委2022年第27次常委会(扩大)会议。会议传达学习习近平总书记在8月30日中共中央政治局会议、中央全面深化改革委员会第二十七次会议上重要讲话精神和对四川甘孜泸定县6.8级地震重要指示精神,研究贯彻意见;听取原州区2021年度巩固拓展脱贫攻坚成果同乡村振兴有效衔接考核评估问题整改情况汇报、自治区调研督导巩固拓展脱贫攻坚成果同乡村振兴有效衔接反馈问题整改情况汇报,安排部署下一步工作;研究《关于原州区庆祝第三十八个教师节活动方案的请示》;研究干部相关事宜。

【四届区委2022年第28次常委会会议】

2022年9月15日,固原市委常委、原州区委书记何永吉同志主持召开四届原州区委2022年第28次常委会(扩大)会议。会议传达固原市委常委、秘书长、政法委书记位西北,固原市政府副市长、市公安局党委书记、局长童东关于原州区罗彦军进京上访情况的批示;研究干部相关事宜。

【四届区委2022年第29次常委会会议】

2022年9月19日,固原市委常委、原州区委书记何永吉同志主持召开四届原州区委2022年第29次常委会(扩大)会议。会议传达学习习近平总书记在中共中央政治局9月9日会议上、在上海合作组织成员国元首理事会第二十二次会议上重要讲话精神,研究贯彻意见;传达学习《中国共产党党徽党旗条例》,研究贯彻意见;传达学习全国巡视工作会议暨十九届中央第九轮巡视动员部署会、十三届自治区党委第一轮巡视动员部署会会议精神,研究贯彻意见;听取意识形态工作开展情况汇报,安排部署下一步工作;召开原州区退役军人工作领导小组会议;研究干部相关事宜。

【四届区委2022年第30次常委会会议】

2022年10月27日,固原市委常委、原州区委书记何永吉同志主持召开四届原州区委2022年第30次常委会(扩大)会议。会议传达学习中国共产党第二十次全国代表大会、中国共产党第二十届中央委员会第一次全体会议精神,研究贯彻意见;传达学习中国共产党第十九届中央委员会第七次全体会议精神,研究贯彻意见;传达学习《十九届中央政治局贯彻执行中央八项规定情况报告》《关于党的十九大以来整治形式主义为基层减负工作情况的报告》《中共中央办公厅关于浙江省嘉兴市违规改扩建南湖宾馆问题查处情况的通报》精神,研究贯彻意见;传达学习《中国共产党处分违纪党员批准权限和程序规定》,研究贯彻意见;研究《固原市原州区残疾人联合会换届工作方案》;研究《关于原州区县域共青团基层组织改革工作实施方案的请示》;研究审定政府党组《关于原州区贯彻落实第二轮中央生态环境保护督察报告整改方案的请示》《关于原州区各级党委和政府及区直有关部门生态环境保护责任的请示》《关于原州区高质量推进紧密型县域医共体建设实施方案的请示》《关于固原市原州区医共体信息化平台建设方案的请示》《关于原州区义务教育学校课后服务经费保障办法的请示》《关于原州区2022年电子政务外网建设和运维服务等政府采购项目建设内容及投资有关情况的请示》《关于原州区2022年一二三产融合发展等项目建设内容及投资有关情况的请示》《关于北京市门头沟区宁夏固原市原州区2022年支持和发展民宿经济框架协议的请示》；召开原州区总河长第8次会议。

【四届区委2022年第31次常委会会议】

2022年10月31日，固原市委常委、原州区委书记何永吉同志主持召开四届原州区委2022年第31次常委会会议。会议研究推荐固原市委拟提拔干部考察事宜。

【四届区委2022年第32次常委会会议】

2022年11月2日，固原市委常委、原州区委书记何永吉同志主持召开四届原州区委2022年第32次常委会（扩大）会议。会议研究《关于成立中国共产党固原市原州区国有企业工作委员会的请示》；研究干部相关事宜。

【四届区委2022年第33次常委会会议】

2022年11月3日，固原市委常委、原州区委书记何永吉同志主持召开四届原州区委2022年第33次常委会会议。会议安排部署巩固拓展脱贫攻坚成果工作。

【四届区委2022年第34次常委会会议】

2022年11月7日，固原市委常委、原州区委书记何永吉同志主持召开四届原州区委2022年第34次常委会（扩大）会议。会议传达学习二十届中共中央政治局10月25日会议精神，习近平总书记在中共中央政治局第一次集体学习时、在瞻仰延安革命纪念地时、在陕西延安和河南安阳考察时重要讲话精神，《中共中央关于认真学习宣传贯彻党的二十大精神的决定》，研究贯彻意见；传达学习自治区党委十三届二次全会、市委五届六次全会精神，研究贯彻意见；传达学习《党的十九大以来中央巡视工作总结报告》，研究贯彻意见；听取未成年人思想道德建设工作开展情况汇报，安排部署下一步工作；听取原州区政府党组关于前三季度全区经济运行情况汇报，安排部署下一步工作；听取2022年招商引资情况汇报，安排部署下一步工作；研究《原州区迎接自治区巩固脱贫成果后评估服务保障工作方案（送审稿）》；研究《关于明确政协协商于党委政府决策之前和决策实施之中事项的实施方案（送审稿）》《关于加强原州区人大对原州区政府债务审查监督的实施意见(送审稿)》；研究《原州区扶贫志编纂工作实施方案(送审稿)》；研究《原州区党的二十大精神宣传工作方案（送审稿）》《原州区党的二十大精神宣讲工作方案（送审稿）》《原州区学习贯彻党的二十大精神轮训方案(送审稿)》；审议原州区委四届四次全会关于《中国共产党固原市原州区第四届委员会第四次全体会议建议方案》《中共固原市原州区委员会关于认真学习宣传贯彻党的二十大精神的实施方案(讨论稿)》，审议何永吉同志在原州区委四届四次全会上的讲话(讨论稿)；召开原州区委应对新冠肺炎疫情工作领导小组会议。

【四届区委2022年第35次常委会会议】

2022年11月16日，固原市委常委、原州区委书记何永吉同志主持召开四届原州区委2022年第35次常委会（扩大）会议。会议传达学习习近平总书记在11月10日中共中央政治局常务委员会会议上重要讲话精神，研究贯彻意见；传达学习自治区党委书记梁言顺到原州区调研精神，研究贯彻意见；听取原州区安全生产、森林草原防灭火、地质灾害防治、信访维稳工作情况汇报，安排部署下一步工作；听取2022年原州区巩固脱贫成果后评估情况汇报，安排部署下一步工作；听取原州区政府党组关于前三季度全区经济运行情况汇报，安排部署下一步工作；研究《2022年度原州区效能目标管理考核方案（送审稿）》；召开中共原州区委应对新冠肺炎疫情工作领导小组会议。

【四届区委 2022 年第 36 次常委会会议】

2022 年 11 月 21 日,固原市委常委、原州区委书记何永吉同志主持召开四届原州区委 2022 年第 36 次常委会会议。会议研究《关于补选原州区第四届人民代表大会代表的请示》《关于提名推荐吴铁军等 6 名同志为固原市原州区第四届人民代表大会代表候选人的请示》;研究干部相关事宜。

【四届区委 2022 年第 37 次常委会会议】

2022 年 11 月 24 日,固原市委常委、原州区委书记何永吉同志主持召开四届原州区委 2022 年第 37 次常委会(扩大)会议。会议研究《中共固原市原州区委员会关于学习宣传贯彻党的二十大精神的实施方案(讨论稿)》,安排部署党的二十大精神学习宣传贯彻工作;听取原州区人大常委会党组、原州区人民政府党组、原州区政协党组、原州区人民法院党组、原州区人民检察院党组 2022 年重点工作完成情况和 2023 年重点工作谋划情况汇报;听取原州区委各常委、政府各副区长 2022 年重点工作完成情况和 2023 年重点工作谋划情况汇报。

【四届区委 2022 年第 38 次常委会会议】

2022 年 12 月 10 日,固原市委常委、原州区委书记何永吉同志主持召开四届原州区委 2022 年第 38 次常委会(扩大)会议。会议传达学习习近平总书记在江泽民同志追悼大会上致的悼词,在中共中央政治局 12 月 6 日会议、党外人士座谈会、二十国集团领导人第十七次峰会、亚太经合组织第二十九次领导人非正式会议上的重要讲话和在亚太经合组织工商领导人峰会上的书面演讲精神,对河南安阳市凯信达商贸有限公司火灾事故重要指示精神,研究贯彻意见;传达学习自治区党委统战工作会议、自治区宗教工作会议精神,《中共宁夏回族自治区委员会贯彻落实〈中共中央关于加强新时代统一战线工作的意见〉的实施意见》《自治区党委 人民政府贯彻落实〈中共中央、国务院关于坚持我国宗教中国化方向做好新时代党的宗教工作的意见〉的实施意见》,研究贯彻意见;传达学习《自治区党委办公厅关于印发〈宁夏回族自治区推进领导干部能上能下实施细则〉的通知》,研究贯彻意见;传达学习自治区实施基层党组织建设提质增效工程工作会议精神,听取县级领导包抓软弱涣散村党组织整顿转化情况汇报,安排部署下一步工作;听取四届原州区委第二轮巡察工作汇报,安排部署下一步工作;听取群团和少先队工作汇报,安排部署下一步工作;听取新时代文明实践中心工作汇报,安排部署下一步工作;研究政府党组《关于原州区部分街道办事处行政区划变更暨增设长城街道办事处的请示》《关于原州区明堡新村道路及给排水改造项目建设内容及投资有关情况的请示》;研究《关于固原市原州区残疾人联合会第七次代表大会方案的请示》;研究《关于提名推荐郭兆江等 2 名同志为固原市第五届人民代表大会代表候选人的请示》《关于提名推荐政协固原市原州区第四届委员会秘书长、常务委员候选人初步人选的请示》《关于王国军等 2 名同志免职的请示》。

【四届区委 2022 年第 39 次常委会会议】

2022 年 12 月 16 日,固原市委常委、原州区委书记何永吉同志主持召开四届原州区委 2022 年第 39 次常委会(扩大)会议。会议传达学习习近平总书记对非物质文化遗产保护工作的重要指示精神,出席首届中国—阿拉伯国家峰会主旨讲话精神,研究贯彻意见;传达学习市委五届七次全会精神,研究贯彻意见;传达学习《自治区党委办公厅 人民政府办公厅印发〈关于加强科技伦理治理的实施意见〉的通知》,研究贯彻意见;传达学习中共固原市纪委办公室《关于对原州区御泉湾生态旅游度假区项目使用资金不规范问题进行整改的纪检监察建议》,研究贯彻意见;传达学习全国、自治区组团式帮扶国家乡村振兴重点帮扶县工作推进会精神,听取原州区开展组团式帮扶工作情况汇报,安排部署下一步工作;听取原州区 2022 年保密工作汇报,安排部署下一步工作;听取第二轮中央生态环境保护督察反馈问题整改进展情况汇报,安排部署下一步工作;传达自治区应对新冠肺炎疫情工作指挥部办公室《新冠病毒疫苗接种工作通报》,听取新冠病毒疫苗接种情况汇报,安排部署下一步工作;审议原州区委四届四次全会关于《中国共产党固原市原州区第四届委员会第四次全体会议建议方案(讨论稿)》,在原州区委四届四次全会上的报告及关于2023年的工作部署(讨论稿),审议《原州区2023年黄河流域生态保护和高质量发展先行区建设任务清单》《原州区2023年以产业振兴引领乡村全面振兴样板区建设任务清单》《原州区2023年重点项目建设计划任务清单》《原州区2023年改革创新赋能计划重点任务清单》《原州区2023年创建铸牢中华民族共同体意识示范区任务清单》《原州区2023年宁夏副中心城市核心区建设任务清单》《原州区2023年生态文旅特色市集聚区建设任务清单》《原州区2023年党的建设重点工作任务清单》八个任务清单。

【四届区委2022年第40次常委会会议】

2022年12月29日,固原市委常委、原州区委书记何永吉同志主持召开四届原州区委2022年第40次常委会(扩大)会议暨原州区委应对新冠肺炎疫情工作领导小组会议。会议传达学习习近平总书记在中央经济工作会议上、在中央农村工作会议上重要讲话精神,对爱国卫生运动重要指示精神,研究贯彻意见;传达学习中国共产党宁夏回族自治区第十三届委员会第三次全体会议暨党委经济工作会议精神,研究贯彻意见;传达学习固原市两会精神,研究贯彻意见;安排部署迎接2022年巩固拓展脱贫攻坚成果同乡村振兴有效衔接综合核查工作;召开原州区委应对新冠肺炎疫情工作领导小组会议;研究干部处理相关事宜。

【四届区委2022年第41次常委会会议】

2022年12月30日,固原市委常委、原州区委书记何永吉同志主持召开四届原州区委2022年第41次常委会(扩大)会议。会议研究关于召开固原市原州区第四届人民代表大会第二次会议、政协第四届固原市原州区委员会第二次会议有关事宜;研究原州区委组织部关于固原市原州区第四届人民代表大会第二次会议、政协第四届固原市原州区委员会第二次会议组织工作有关事宜。

综合工作

【党内法规】

严格落实主体责任,把党内法规纳入党委(党组)理论学习中心组学习、干部理论学习内容,坚持学用结合,自觉用党内法规推动实践、指导工作。各级党委(党组)书记认真履行第一责任人职责,带头遵规学规守规用规,把党内法规制度鲜明地"亮出来、立起来、严起来、实起来",使依靠制度和规矩作决策、办事情成为原州区各级党组织和党员干部的思想自觉和行动自觉,提升原州区广大党员干部党内法规工作意识和依规治党责任意识。把学习党内法规制度作为"三会一课"和组织生活、主题党日活动的重要内容,加强党内法规制度的学习宣传、教育培训,推动党内法规制度向基层党组织和党员延伸,把各项党内法规贯彻落实到位。

【档案工作】

强化档案归集整理,坚持应收尽收、突出重点、及时有效原则,早介入、早收集、早归档,做好疫情防控、重点工作档案收集整理,加大对未按规定完成档案移交进馆单位的催交接收力度,2022年共接收8个全宗,进馆档案2097卷(盒),电子档案199.5GB。依据《各级国家档案馆开放档案办法》对馆藏档案进行划控鉴定,已鉴定开放档案目录6000条,全文上传目录115条。加快推进数字化进程,建立联通各级综合档案馆的档案查询利用服务机制,建成"档案业务综合管理平台",于2022年6月9日正式上线运行。开通异地查档、开具证明等功能,实现线上线下档案业务融合发展。提高监督管理能力,依法对各乡镇(街道)、部门(单位)档案工作进行管理、监督指导,将档案工作纳入督查检查考核年度计划,强化局馆协同工作机制,组织开展档案工作督查检查,提高档案工作水平和质量。

【督查督办】

突出原州区委重大决策部署,抓督查促落实,2022年原州区委督查室对重点产业、重大项目建设、矛盾纠纷排查化解、巩固拓展脱贫攻坚成果同乡村振兴有效衔接等重点工作进行重点督查,下发《督查通报》21期,做到查前先督、查后再督。2022年,原州区委召开常委会会议30次,议定事项150余项,原州区委常委会通报议定事项落实情况5次。突出领导批示和交办事项,抓督查促落实,健全制度机制,规范办理程序,靠实工作责任,构筑起逐级负责、上下联动、协调推进的领导批示办理工作格局。细化完善交办、承办、督办、审核、报告等工作流程,建立领导批示办理台账,挂号督办,限时办结,销号落实,确保领导批示件件有着落,事事有回音。2022年,共登记督办原州区委主要领导批示件120余件,根据领导批示和临时交办,牵头或参与疫情防控、城乡人居环境整治、森林草原防火等工作的督查,实事求是反馈情况,为领导决策提供第一手资料,做到批则必查,查则必清,清则必果。突出上级督查部门专项查办,抓督查促落实,对自治区党委、固原市委督查室下发的各类《督查通知》迅速组织整改,及时上报整改结果。对自治区、固原市及原州区有关重要文件精神贯彻落实情况和干部纪律作风进行专项督查。加强对各类督查检查考核年度工作计划的审核把关和集中统筹,制定《原州区2022年督查检查考核工作计划》,科学设置开展时间、开展方式,严格控制频次和对象范围,对已列入年度计划的事项严格备案审查,规范方式方法;对计划外临时事项严格执行"一事一报",坚决杜绝随意督查检查考核现象。严格执行《原州区"人民网·领导留言板"网民留言办理办法(试行)》。2022年,共办理人民网留言19条(其中交通类2条、"三农"类4条、教育类2条、城建类8条、就业类2条、医疗类1条),固原市委督查室转办网民在人民网领导留言板给市委书记留言6条,办结率100%。

【统筹协调】

对照2021年度发文开会基数和中央提出的"守住精文减会的硬杠杠",自治区提出的"市、县(区)只减不增",固原市提出的"标准不降、力度不减"要求,巩固精文减会成果,严把文件和会议关口,落实会议年度计划和审批管理制度,合理确定各部门(单位)会议限额,加强动态监测,坚决做到"六不发文""八不开会",提高发文办会质量。2022年发文目标4748件,全年实际发文4502件,较2021年度下降5.2%;2022年会议目标258场次,全年实际召开会议251场次,较2021年度下降2.7%。实行会议质效评估和质量监测抽查,严格控制会议规格、参会范围、会场管理、会议时间等,随机抽查部门(单位)随意通知乡镇(街道)开会、要求陪会等情况。整合部门(单位)间报送材料交叉分工、多头重复问题,坚持"谁主管、谁负责",精准确定牵头单位,防止交叉分工、二次分工、分工不精准,甚至借分工推脱责任等问题发生。

【调查研究】

改进调研活动,建立调研活动内部统筹机制,原州区委办加强与人大办、政府办、政协办的协调联系,避免同时或频繁到同一乡镇扎堆调研。加强对调研活动的质效评估,调研结束后,及时总结经验,查找不足,提出改进措施,有效防止走过场、走形式的调研。

【依规治党】

坚决贯彻2022年党中央关于党内法规执行的决策部署和自治区党内法规工作会议精神,把党内法规执行摆在突出位置。围绕"质量"这个核心,坚持"严"字当头,紧盯关键环节,确保制定的每一件党内规范性文件都能立得住、行得通、管得了。严把起草关,起草过程中广泛征求各方意见,深入开展调查研究,把党中央和自治区、固原市党委要求及群众期盼、实践需要、基层经验结合起来,制定好党内规范性文件。坚持源头管控、关口前移、多方参与,制定印发《关于进一步加强党内规范性文件备案审查工作的通知》,规范文件起草、征求意见、审核、印发等环节。落实前置审核,各部门(单位)代为原州区委起草的以原党办或原党发名义发布的党内规范性文件,先由原州区委办公室进行前置审核,严把政治、政策、法律、内容、格式等关口,确保制定质量。严格执行相关程序规定,须经党委全会研究决定的,不以其他会议形式审议替代;须经党委常委会审议的,不直接送领导同志审签;应由党委主要负责同志审批的,不随意降低规格由分管领导同志代签,以程序的规范性、严肃性确保党内规范性文件的科学性、权威性。2022年,共向固原市委报备党内规范性文件60件,予以备案60件,报备及时率、合规率均达到100%。

【重大事项】

2022年,原州区严格按照自治区党委办公厅关于印发《贯彻落实〈中国共产党重大事项请示报告条例〉的具体措施》精神,由专人负责按时督促,主要领导严格审核把关,按照规范形式、规范程序向自治区党委报送请示报告。截至2022年年底,原州区按照《报告事项清单》时限要求,向自治区党委报送2021年度工作总结、履行党风廉政建设主体责任情况、意识形态工作情况、推进法治政府建设情况、防范化解重大风险工作情况、安全生产工作情况等共计21篇报告。

【新时代"三服务"】

发挥以文辅政作用,发挥党委信息主渠道作用,起草完成原州区委主要领导讲话、综合汇报、会议纪要、专题报告等各类文件文稿100篇,采集编报各类信息500篇,统筹制定《原州区以产业振兴引领乡村振兴样板区建设实施方案》。紧扣中心抓督查,落实常委会会议议决事项"周结账""次报告"制度,开展专项督查20余次。加强与上级党委、各部门之间的请示对接,做到上传下达、横向沟通,协调服务保障自治区、固原市领导及外省市领导到原州区调研视察30余次。严格公文办理,报备、备案审查党内规范性文件60余件,签收、印发各类公文6000余件。筹备召开原州区委全委会、原州区两会及原州区委常委会、专题会等各类会议80余场次。坚持三级带班值班、紧急信息报送制度,做到突出事件及时掌握、快速反应、妥善处理。

组织建设

【概　况】

原州区辖7镇4乡3个街道办事处,150个行政村,41个社区。共有基层党组织606个,党员15475名。

【干部工作】

举办党的十九届六中全会、自治区第十三次党代会精神专题培训班,对330余名科级领导干部开展全覆盖轮训。按照"线下筑牢思想防线、线上学习夯实业务"思路,综合运用"互联网+全员轮训"方式,围绕乡村振兴、创新驱动推动高质量发展,举办两期专题轮训班,累计培训各级各类干部7800余人次。在福建举办两期巩固拓展脱贫攻坚成果同乡村振兴有效衔接专题培训班,对100名乡镇干部开展培训。选派140名处科级领导干部参加自治区、固原市党委举办的各类专题培训班。坚持"理论培训+实践教育"相结合,实施一线培养计划,推动在乡村振兴最前沿、疫情防控第一线、信访维稳最难点等岗位中培养和锻炼干部。把63名80后90后干部充实到乡镇班子成长历练,选派261名优秀机关干部到乡镇开展驻村帮扶,抽调2393名机关干部到农村社区一线参与疫情防控。聚焦事业发展需求,提交原州区委常委会会议研究干部议题3批230人次,其中提拔使用36人,进一步使用2人,为法检两院21名干部晋升职级；向固原市委组织部推荐提拔1名正处级领导、3名副处级领导，晋升2名三级调研员；对3批44名试用期满人员考核并正式任职，调任2名专业能力强的事业干部担任政府部门副职，激发干部干事创业激情。重视年轻干部梯次化培养，使用1名85后担任乡镇党委书记，交流1名85后担任乡镇长，提拔2名85后担任正科级领导干部，4名90后担任副科级领导干部。选派1名95后优秀年轻干部到自治区科技厅挂职，加强年轻干部跟踪培养。为自治区、固原市向乡村振兴重点乡镇选派的4名85后挂职干部解决生活困难，完成5名挂职期满干部的考核工作。印发《乡镇领导班子和村"两委"班子换届"回头看"工作方案》，由原州区委常委带队，成立11个调研组，通过个别谈话、实地问效、分析研判、整顿提升4个环节，加强乡村干部队伍建设，做好换届"后半篇"文章。召开原州区"一报告两评议"会议，书面印发县级领导述职述责述廉述法报告，对原州区领导班子进行民主测评；督促29名县级领导填写2021年度个人事项报告；召开新任职干部集体谈话会，对99名新调整干部进行廉政谈话；保持"12380"举报电话24小时畅通，受理群众来访。按照"四个一批"要求，将原州区81名职级公务员分为服务乡村振兴、助力非公党建、督导重点工作、协助单位工作4个组。其中，33人担任驻村第一书记或工作队员，20人担任非公企业党建指导员，14人参与重点工作督查检查，14人在本单位协助开展工作。

【基层党建】

抓党建促乡村振兴，深入推进"一抓两整"示范县乡创建行动，全年验收党建示范村110个、示范乡镇4个。利用乡村治理专项经费和拨付党费703.75万元，维修农村党组织阵地53个、改扩建6个、新建1个。培育"两个带头人"1583名，抓实"党支部+合作社+带头人+农户"联农带农机制，支持带头人领办企业、合作社313家，2.8万户9万余人通过土地流转、入股分红、务工等形式附着在产业链上，人均年增收5855元。全年原州区村集体经济收益1770.9万元，其中，收益5万~10万元的村75个，10万~20万元的村61个，20万~50万元的村11个，50万元以上的村1个。成立11个调研组，11名原州区委常委带队对乡镇领导班子和村"两委"班子运行情况"回头看"，调整撤换9名村干部。从老乡镇、老支书和先进基层党组织中择优选聘导师201人，结对帮带年轻干部、新任职村（社区）"两委"班子成员等347人，帮助29名新任职村（社区）党组织书记迅速进入角色、打开工作局面，带动36名致富带头人扩大发展规模。为148个行政村、4个重点移民社区选派驻村工作队152支383人，集中培训6天，按季度召开推进会，组织开展"片区"交流活动2次，足额拨付保障资金，对84名一贯表现优秀的驻村干部发放党内关怀资金8.4万元。推进党建引领基层治理，在原州区11个乡镇3个街道成立基层治理功能型党支部14个，在农村网格上建立服务型党小组532个，开展党员"挂联诺"活动，为3409名党员挂牌亮身份，编入乡村治理网格联系群众、承诺践诺，在政策法规宣讲、移风易俗、为民办事服务等方面走在前做示范，联系群众3万余户。确定软弱涣散村党组织7个，发现主要问题22个，制定针对性措施31条，原州区委常委会专项研究部署推动1次，听取汇报1次，7名原州区委常委到村指导推进整顿工作10余次，为200余名党员设岗定责联系服务群众，为群众办实事300余件。年底各村问题全部整顿销号，转化到位，选优配强村"两委"班子，阵地面貌焕然一新，党员先锋模范充分发挥。推进社区力量下沉服务，提升城市基层治理水平。规范化成立社区党委6个、党总支24个、网格党支部74个、楼栋党小组190个，以社区党委（总支）为核心的四级联动组织体系全面建成。深化"联合党委"机制，落实"一书三单"，推动组织联建、治理联抓、资源联用、活动联办、党员联管，共建单位共计协调资金52.3万元，完成承诺服务事项612件。推行1名民警、2名辅警和各种社会力量参与的"1+X+N"社区警务模式，建成社区警务室23

个，共化解各类矛盾242起。创新实施"融合联动"工作法，通过统筹共享阵地资源、搭建红色平台、设立"小哥驿站"等措施，推动非公有制经济组织和社会组织"组织联建、服务联动、活动联办、社区联治"，参与文明创建、平安建设等工作，汇聚城市基层治理合力。印发《原州区创建"五型"模范机关实施方案》，开展工作督查3次，62%的机关事业单位创建为模范机关。调整原州区非公经济组织和社会组织工委兼职副书记和委员13名，建立由15个部门（单位）参与的联席会议机制，对非公经济组织和社会组织进行全面摸排，确定68家非公经济组织和109家社会组织，新批准成立非公经济组织和社会组织11个，打造"饿了么""美团""西部电商"3个新业态示范点。规范设置学校党组织，中小学校党支部书记和校（园）长"一肩挑"比例接近90%。在公立医院深化"双培双带"行动，党员担任科室主任、副主任、护士长20人，科室主任担任党支部书记7人，严格执行党内基本制度，以党建引领师德师风、医德医风建设。开展"六化六提升"工程，加强国有企业党建工作，在原州区财政局成立原州区国有企业党工委，进一步完善基层党组织设置。抓好党员教育管理，印发2022年发展党员指导性计划，对原州区直机关部门（单位）的86名入党积极分子和发展对象开展为期3天的集中培训，上好"入党第一课"。截至2022年年底，发展党员146名。结合软弱涣散村党组织整顿，通过"摸、谈、教、激、惩"五步法抓好农村党员教育管理。严格落实谈心谈话、民主评议党员和评星定格等基本制度，持续强化反向监督。

【人才工作】

实施"才聚原州13349工程"，统筹推进各类人才队伍建设。加强人才工作组织领导，调整原州区委人才工作领导小组，由原州区委书记亲自挂帅，各部门（单位）主要负责人为成员，办公室设在原州区委组织部。压实人才工作责任机制，把人才项目建设情况纳入相关部门（单位）年终效能目标考核和书记抓基层党建工作述职评议考核内容。升级产业平台，依托原州区位优势和现有产业基础，发展"4+X"特色农业产业体系、盐化工等工业体系、旅游餐饮等服务产业体系。完善事业平台，推动重点产业人才、医疗"双优"人才、"六盘文化名家"等人才工程深入实施，推动本土人才成长晋级。打造创新平台，围绕生态经济、全域旅游、互联网销售等新兴产业关键技术需求和人才需求，制定"人才+重点特色产业"行动计划，吸引各类人才到原州区创业。多渠道增加人才总量，紧盯专业人才缺口，计划招录公务员22名、事业编20名、免费师范生31名，充实原州区人才队伍。依托各类合作项目和人才政策，引进医疗、教育、农业等行业152名专业人才"候鸟式"到原州区工作。围绕特色农牧、生态环保、自然资源等领域，依托农民"田间学校"、网络平台、集中办班培训等方式，培训本土技术骨干和农村实用型人才428人次。加强对人才的关心关爱，培育人才生态体系。开展"六盘英才"等优秀人才推选活动，通过新闻报刊、互联网等媒介，宣传优秀科技特派员等6名各类人才先进事迹，营造爱才敬才、引才聚才、成才用才的浓厚氛围。

【老干部工作】

建立干部荣誉退休制度，组织举办干部荣退仪式3场，增强退休干部政治荣誉感、组织归属感和退休仪式感。围绕重大节点、重要节日为3名党龄60年以上的老干部、3名因病生活困难老党员和7名因病去世的老党员家属发放慰问金共1.3万元。通过微信、电话等形式，与27名离退休干部遗孀的子女进行沟通交流，和医保局对接落实好医疗保障政策。组织老干部宣讲团，深入机关、村（社区）、学校开展党的二十大精神宣讲活动16场次。按照就近原则，将37名老干部纳入村（社区）"1+1+3"基层治理功能型党支部中，根据工作经验，将41名老党员选派到非公企业和社会组织中担任党建指导员，参与矛盾纠纷化解和新兴领域党建等工作，打造原州老干部党建和服务品牌。按照老干部"三有原则"（有组织管理、有阵地参学、有条件发热），在离退休党员人数多的单位规范设置离退休干部党组织，规范建立"地缘型""业缘型""趣缘型"离退休干部党组织3个,推进党组织有形覆盖和有效覆盖。做实"双报到、双报告"和联合党委机制,探索"原单位+社区+老年协会社团"组织模式,推动离退休党支部与社区党组织资源共享、活动联办,使离退休干部党组织、党员作用发挥有效延伸。用活用好红军长征青石嘴战斗纪念碑、赫光纪念馆等红色资源和"老党员工作室"等平台,采取"老干局+单位(部门)+社区"模式,与雁岭、西湖路等5个五星级社区对接挂牌建立老年人活动室,推动老干部活动中心向"家门口"延伸。完善离退休干部信息数据库、"银发人才"信息库,推进信息化与日常工作深度融合。

【创新亮点工作】

建立村干部"梯次"培养机制,通过高质量发展"四步梯次法"(党员—储备后备干部—选拔村干部—培养村党组织书记接班人),锻造"双好双强"村党组织带头人。实施"育苗"工程,换届前从优秀党员、致富带头人、大中专毕业生等青年中储备435名后备干部。换届中,221名后备干部进入村"两委"班子,其中28名当选为村党组织书记,实现"选、育、用"有机结合。换届后新培养致富带头人287名,储备后备干部296名,其中年龄在35岁以下且是大专学历的占30%,实行动态管理、定期考评,将75名调整进村干部队伍。推行村党组织书记"我来讲"做法,定期讲工作、谈思路、抓评比,选树"乡村振兴担当作为好支书"10名,结对帮带2星级以下村党组织书记10名。经验做法被新华社、央广网分别刊登,被市委组织部升华为村干部培育"源泉工程",在全市推广。实施驻村干部片区交流机制,制定《2022年度驻村工作任务清单》,建立片区交流机制,加强驻村干部管理,增强驻村实效。按照产业相近、地域相邻原则,对驻村干部统一划片管理,共划定小片区20个、大片区4个。每个片区择优选定1名片长,配合乡镇党委按月组织召开驻村工作例会,汇报驻村工作,推进重点任务落实;小片区间由片长牵头组织驻村干部定期到各村观摩评比、交流经验;大片区间由原州区委组织部统一组织,采取"党建+驻村工作队+发展产业"模式,开展跨村、跨乡镇、跨县互学互鉴活动,全年组织片区交流2次。此项创新机制被《宁夏日报》刊登,被市委组织部写入《关于充分发挥驻村干部"五大员"作用助推巩固拓展脱贫攻坚成果全面推进乡村振兴的通知》,在全市推广。激活集体经济运营模式,以头营镇蒋河村"跨村联营"和中河乡中河村"小村联盟"发展集体经济模式为切入点,以"两村"集体经济组织为龙头,各联营村集体经济组织为成员,成立2个集体经济组织联合党委,选优配强联合党委班子成员,制定议事规则,明确联合党委职能、班子成员职责、成员组织权利义务、参股分红办法,实行工作联动、产业联育、发展联抓,放大"组织跨村建、产业跨村育、能人跨村带"优势,真正将组织优势转化为发展优势。蒋河村驱动新型养殖业、特色种植业和传统制醋业"三驾马车"发展集体经济,带动周边11个村入股1075万元,2021年全村收益60万元以上,为联营村分红5万~8万元不等,为639户1839名社员分红9万余元。中河村集体经济股份合作社养牛430余头,年均收益65万元,5名村干部各入股10万元,带动40余户移民各入股1万元,年底分红1000~5000元不等,吸引周边5个村入股590万元,村均分红7万元,村干部、村民和联营村三者利益共享、风险共担。工作模式被《人民日报》和《宁夏日报》刊登报道。

宣传工作

【理论武装】

坚持把学习宣传贯彻习近平新时代中国特色社会主义思想作为首要政治任务和第一议题及常设议题制度,以"关键少数"带动"绝大多数",推动干部群众在读原著、学原文、悟原理中感悟思想伟力。制定《原州区委理论学习中心组2022年专题学习计划》,制度化、规范化、常态化开展中心组学习。全年共组织原州区委理论学习中心组学习14次,举办专题学习班1期,理论大讲堂2次,交流研讨9次,学习通报3次。坚持在"大众化"的宣传宣讲中"化大众",开展对象化、分众化、差异化宣讲教育,线上线下共同发力,开展集中宣讲党的创新理论政策共2100余场次,受众达18万余人次。组织开展"奋进新征程·建功新时代""喜迎二十大·清廉伴我行""铸牢中华民族共同体意识"理论征文活动,在原州区范围内广泛征集优秀理论文章60余篇。

【党的二十大精神宣传】

紧紧抓住学习宣传贯彻党的二十大精神这一主线,一是大力营造浓厚氛围。策划推出《二十大时光》《非凡十年》等专题专栏,组织开展"喜迎党的二十大、喜看原州新变化"集中采风等活动和"喜迎党的二十大 翰墨倡清廉·丹青扬正气""喜迎二十大,盛世绘丹青"书画作品征集活动,推出一批迎接党的二十大的主题文艺作品。开展群众性主题宣传教育,以"强国复兴有我"为主题,举办"听党话、感党恩、跟党走"群众性系列教育活动启动仪式,通过"云视讯"开展"永远跟党走"线上理论宣讲活动,覆盖原州区189个村(社区),5000余名群众同步收看。做好宣传宣讲报道,印发《原州区党的二十大宣传工作方案》《原州区党的二十大宣讲工作方案》,成立三级宣传团,结合拓展深化习近平总书记视察宁夏重要讲话和重要指示批示精神"大学习、大讨论、大宣传、大实践"活动,开展全景式、立体化、高频次宣传宣讲,推动党的二十大精神进机关、进企事业单位、进城乡社区、进校园、进军营、进各类新经济组织和新社会组织、进网站,飞入寻常百姓家,传入田间地头里。

【主流思想舆论巩固壮大】

做好主题宣传,开展北京冬奥会、冬残奥会、纪念共青团成立100周年、自治区第十三次党代会等主题宣传1500余场次;挖掘并报道原州区推进重大项目建设、乡村振兴、民生实事故事,展示原州区上下经济社会发展实践中的生动场景,共推出基层故事报道230余条。做强成就宣传,围绕原州区委、区政府中心工作,全方位报道原州区在奋进新征程中取得的工作成效。截至2022年年底,中央及自治区、固原市主流媒体共刊(播)新闻稿件1827篇(条)(中央媒体348篇,区级媒体967篇,市级媒体512篇),浏览量突破"100万+"的新闻11条。其中,5月2日,中央电视台特别直播节目《走进老区看新貌》,在原州区姚磨村冷凉蔬菜基地直播时长达8分钟;9月21日,CCTV1特别节目《拎稳菜篮子》,再次聚焦原州区冷凉蔬菜,播出原州新闻特辑时长达5分钟。做大典型宣传,组织新闻工作者深入基层一线,采写一批有深度、有温度、带有泥土味的稿件,原州区属媒体的传播力、引导力、影响力和公信力得到明显提升。其中,《原州区彭堡镇4500亩冬小麦长势喜人!》《原州区千余名党员干部下沉社区筑牢基层"防疫墙"》等优秀稿件获得自治区、固原市主管部门的一致好评。

【社会主义核心价值观培育践行】

将培育和践行社会主义核心价值观作为常态工作,开展"六进"活动创新,组织开展"我们的节日""佳节尚文明、志愿关爱行""礼敬革命先烈、赓续红色血脉"等主题活动500余场次,推动社会主义核心价值观深入人心。健全完善农村德治体系,常态化落实群众精神文明创建3年行动计划,围绕乡村振兴战略部署,把推进移风易俗、遏制高额彩礼、革除陈规陋习作为文明村镇创建工作重要内容,指导189个行政村(社区)修订完善"村规民约""居民公约"。开展群众性精神文明创建活动,巩固自治区文明城市创建成果,开展"百孝之星"、道德模范、"最美家庭"等先进人物选树活动,创建各级文明单位、文明村镇、文明家庭等137个,评选各级道德模范、身边好人和"最美家庭"103个,选树各类移风易俗典型220个,推荐身边好人14人。推动新时代文明实践发展,按照阵地建设"五有"(有场所、有队伍、有活动、有项目、有机制)标准,提档升级三营镇、河川乡等14个新时代文明实践所,打造南关街道西湖路社区、三营镇安和村、黄铎堡镇和润村等示范点30个,实现新时代文明实践所(站)全覆盖。组织召开新时代文明实践中心(所、站)建设工作推进会2次,开展新时代文明实践工作互观互学互评活动1次,赴其他县区交流学习2次,举办新时代文明实践志愿服务培训班3期。招募成立原州区、乡、村三级志愿服务队伍1065支,注册志愿者5万余名,开展各类志愿活动3831场次。

【文化服务保障】

提升公共文化服务水平,培育县、乡、村三级专职人员317名,社会文艺团队兼职从业人员3120人,文化志愿者1700余人,建设文化大院55家(其中市级文化大院19家),统筹资金56万元,为文化大院、演出团队、村文化活动中心配备文化器材。组建农民自乐班及业余舞蹈队、秧歌队、腰鼓队、锣鼓队、健身队等文艺团队300余个,先后在彭堡镇惠德村、黄铎堡镇安和村、和润村,头营镇圆德村,原州区敬老院新建5个移民村流动图书点。扶持壮大文旅融合产业,围绕创建国家全域旅游示范区,依托"避暑胜地·锦绣原州"品牌定位,挖掘原州区历史文化资源,讲好原州故事,推进"旅游+生态""旅游+非遗"文旅融合发展主线,制作旅游宣传图册、折页4种30000多册(页),制作旅游宣传展板36块,擎天柱大型旅游宣传牌4块,主要街道、公交站点、景区景点宣传牌300多块,落地灯箱、路灯灯箱箱体广告4000多个。通过拍摄宣传片,在《宁夏日报》专版及网络媒体推介原州区人文、历史、美食等文化旅游亮点工作。开展文化惠民行动,拓展线上文化活动,以国家图书馆线上展览主题活动为契机,组织开展线上"畅读经典欢度春节""线上名家讲坛"等主题活动。根据疫情防控实际,邀请专业演出团体线上线下演出34场,开展"送戏下乡""戏曲进乡村"演出110场次,指导乡镇(街道)、村(社区)文艺团队演出2000多场次,荣获自治区广场舞比赛三等奖和优秀辅导奖,荣获固原市第十届广场舞比赛二等奖、三等奖及优秀组织奖。组队参加自治区总工会"劳动者之歌"文艺汇演,荣获语言类二等奖。开展全民阅读活动,新征订报纸62种106份、杂志164种180份,全年共借阅图书报刊资料1.6万余册。推进非遗传承保护工作,挖掘和梳理原州区非物质文化遗产资源,对现存的刺绣、剪纸、抟土瓦塑等民俗民间文化遗产进行普查、收集、整理,建设完善代表性项目名录体系。成功申报第六批自治区级非遗项目代表性传承人4人,第五批非物质文化遗产代表性项目5个,第四批市级非遗代表性传承人7人,第二批市级非物质文化遗产保护传承基地3个。发展文艺事业,成立《原州》文学刊物编辑部,对《原州》刊物进行改版升级,完成45—48期和诗歌专号编纂工作,共发表文学作品195篇。利用各协会场所,搭建文学艺术交流平台,精心打造沈家河文化园、六盘山艺术交流中心等交流基地17家。

【创新亮点工作】

推动移风易俗出实招、见实效,制定《原州区推动移风易俗、遏制高额彩礼,助力乡村振兴暂行办法(试行)》,探索建立"暂行办法规范管、三级网格常态管、督查考核重点管"机制,规范彩礼金额、人情礼金、酒席桌数等内容,让移风易俗易操作、能落实,树立社会文明新风尚。2022年8月25日,在全国乡村治理会议上,原州区围绕"探索党组织领导的自治法治德治相结合的路径,持续推进农村移风易俗"主题作经验交流。2022年11月11日,中央农办《乡村治理动态》刊发《宁夏回族自治区固原市原州区移风易俗赋能乡村振兴》一文。提升宣传报道影响力、聚合力,邀请人民日报、新华社、宁夏日报等中央和自治区、固原市主流媒体走进原州区开展主题采访活动,共刊(播)发原州区稿件1827篇(条),比2021年增加140篇(条),央视新闻播出原州区相关报道10条,突破历年新高。成功举办"相约中国、美丽新宁夏"国际媒体主题采访活动,原州区产业发展、乡村振兴方面的工作被《中国日报》、人民网、新浪网、宁夏新闻网等国内主流媒体及俄罗斯、阿塞拜疆等海外媒体、门户网站刊发和转载报道。树立文明实践新典型、新标杆,打造新时代文明实践中心(所、站)204个,实现14个乡镇(街道)189个村组(社区)全覆盖。健全"8+N"志愿服务机制,加强与群众团体及社会组织互动协作,成立8类志愿服务队伍共1065个,注册志愿者近5.5万人,涌现出南关街道西湖路社区"银丝线"、下东海社区"石榴花开"和古雁街道康居社区"妈妈邦"等一批叫得响、质量高的志愿服务队伍品牌14个。原州区雨露社会工作服务中心荣获自治区"学雷锋志愿服务先进组织"荣誉称号。打造文旅融合新业态、新品牌,围绕"两长一中心",打造开发富有原州特色的精品旅游线路4条,培育柳林庄园、牡丹山庄等具有发展潜力的重点乡村旅游示范点10个。彭堡镇姚磨村成功入选全国乡村旅游重点村,开城镇小马庄村、官厅镇乔洼村成功入选宁夏特色旅游村,荣华锦汇休闲街区成功入选自治区级旅游休闲街区。

统一战线

【政治建设】

2022年,原州区委统战部坚持把学习贯彻习近平新时代中国特色社会主义思想和习近平总书记关于做好新时代党的统一战线工作的重要思想作为首要政治任务,加大对原州区统战干部和统一战线成员的宣传教育工作。组织各民主党派集中学习党的二十大精神以及党中央、自治区、固原市有关重要会议精神12次,交流研讨4次。引导民营企业开展"万企兴万村"行动,已投入帮扶资金30余万元,解决就业岗位200余人。在原州区民主党派人士中开展"矢志不渝跟党走、携手奋进新时代"政治交接主题教育,增强党在统一战线的政治领导力、思想引领力、群众组织力和社会号召力。认定无党派人士26名,评定新的社会阶层人士6名,召开党外知识分子和无党派人士集体谈话会1批次30人次,打造古雁街道景园社区与东海园社区"侨胞之家"。不定期走访慰问宗教界人士、民主党派人士、无党派人士、台胞侨眷等统战成员,了解统战成员思想状况、工作生活情况,协调解决存在的困难和问题。

【民族团结】

2022年,原州区委统战部以加快建设铸牢中华民族共同体意识示范县(区)为抓手,制定《原州区关于创建铸牢中华民族共同体意识示范县(区)实施方案》。"民族团结进步月"期间在各社区(村)统一组织开展"喜迎二十大·浓情邻里一家亲"为主题的社区邻里活动,促进各族群众广泛交往全面交流深度交融,构建共建共治共享社区环境。组织开展铸牢中华民族共同体意识大宣讲,全年累计宣讲90场次,实现宣讲覆盖所有乡镇(街道)、村组(社区)。开通手机短信宣传业务,向干部群众群发民族团结宣传语100万条,提高全民知晓率和参与率。在官厅镇打造建设铸牢中华民族共同体意识主题馆教育基地1处,原州区卫健局等3家单位荣获自治区第十一批民族团结进步示范单位称号;向自治区民委争取少数民族发展任务资金1500万元,组织古雁街道雁岭社区申报自治区民委"三项目"计划,建设互嵌式社区环境。

政策研究

【改革任务落实】

全年召开原州区委深化改革委员会会议2次,研究制定《原州区委全面深化改革委员会2022年工作要点》《原州区落实2022年自治区区直部门重点改革任务责任清单》《原州区2022年"四权"改革重点任务清单》等,将全年改革任务细化、实化、清单化。原州区委常委会、原州区委深化改革委员会、政府常务会上9次传达学习中央和自治区、固原市全面深化改革会议精神,研究贯彻意见,安排部署工作。制定《原州区改革创新赋能计划实施方案》,用改革的精神和办法,促进原州大抓发展、抓大发展、抓高质量发展。原州区多项改革成果得到《人民日报》《经济日报》《光明日报》《新华每日电讯》等中央媒体的广泛宣传报道：2022年7月18日《人民日报》头版头条《以水定产核量到户，优化配置精细管理》，对原州区加快取水在线监测计量设施建设，提高水资源精细管理经验做法进行报道；2022年6月8日《经济日报》第8版文章《下大力气做好重点群体就业服务》，对原州区持续深化新发展阶段闽宁协作，完善劳务协作机制典型经验做法进行报道推广；2022年6月10日《光明日报》第14版文章《永远的酸梨沟》，对原州区统筹推进生态移民实现易地搬迁、生态保护双赢的典型经验做法进行报道推广；2022年9月6日《新华每日电讯》头版文章《山海共潮生闽宁协作升级助推乡村振兴》，对原州区深化闽宁协作，持续优化"培训技能+劳务输出+产业落地+人才回流"模式，完善劳务与人才双向协作机制典型经验做法进行报道推广。

【调研成果】

全年形成《原州区农业经营体制的现状分析与对策建议》《原州区在发展乡村特色产业中面临的问题及破解思路》《关于原州区耕地"非粮化""非农化"情况的调查报告》《对标部署要求，坚持守正创新，尽心竭力做好市域社会治理的"固原答卷"》等高质量调研报告。整理各部门（单位）调研报告43篇，收集脱贫攻坚成果同乡村振兴有效衔接典型案例13篇，供各部门（单位）、乡镇（街道）研讨交流。

网络信息

【网络宣传】

壮大网上主流思想舆论，利用"原州发布"微博、微信平台等新媒体平台，拓宽宣传阵地，创新传播方式，扩大宣传面，提高传播力。原州区各级新媒体平台以学习宣传贯彻党的二十大精神、自治区第十三次党代会精神为重点，持续推进习近平新时代中国特色社会主义思想进网络，组织原州新闻网站、"两微一端"等网络新媒体平台，通过开设专题专栏、转载和自采等方式，开展"二十大时光""乡村振兴""生态治理""民族团结""国家安全""反养老诈骗"等重大主题宣传，发布各类信息4万余条，正面引导舆论，巩固网民思想基础。做好主题网络推介活动，开展"网络名人宁夏行"主题宣传推介活动、"相约中国，美丽新宁夏"国际媒体主题采访活动，吸引中外媒体记者、国内网络媒体及网络大咖宣传推介原州区产业发展等情况，累计撰写相关文章、拍摄视频100余篇（条），分别被国内主流媒体及俄罗斯、阿塞拜疆等海外媒体、门户网站刊发和转载报道，把"美丽原州"形象推向国际。

【网络综合治理】

规范新媒体管理，督促属地党政新媒体及网站平台扛起主体责任，更新健全原州区属网络平台备案台账，对备案在册的128家政务新媒体开展不间断信息巡查，对发现的表述错误信息进行及时督促整改，对发现问题的12家部门（单位）负责人进行约谈。有序开展网络综合治理，深入开展"清朗"系列专项行动，坚持管内容、管行为、管主体相结合，聚焦问题多发高发重点平台、重点账号、重点人员，重点对网络生态造成负面消极影响的各类问题，加大整治力度。调动社会力量广泛参与互联网违法和不良信息举报工作，公布举报电话、邮箱、微博、公众号，各乡镇（街道）、部门（单位）配备1名讲政治、懂网络、敢担当的干部担任网络志愿者，传播网络正能量，共筑网络文明。

【网络安全】

开展"网络安全宣传月""网络安全宣传周"活动，组织乡镇（街道）、部门（单位）、属地企业、新媒体等社会力量，集中以校园日、电信日、法治日等为抓手，利用宣传橱窗展示、电子屏滚动宣传、张贴海报标语、组织网络安全知识线上竞赛等形式开展网络安全宣传活动。共悬挂横幅110条，发放各类宣传资料8万余份，发送手机短信40万余条次，采写推送信息报道80余篇。开展网络安全检查，联合国家计算机网络与信息安全管理中心宁夏分中心、市委网信办、市公安局、原州区公安局对2021年网络安全事件整改情况进行"回头看",开展原州区网络安全大检查工作2次,对检查中发现的病毒入侵、监管系统产生弱口令漏洞、门禁系统存在个人信息泄露风险等4起网络安全事件下发整改通知,督促涉事单位及时整改,确保行业领域重要数据及个人信息安全。针对网络安全巡查中发现的原州区属单位网络信息存在挖矿、与境外恶意通信等网络安全事件17起,及时下发整改通知,督促涉事单位进行漏洞修复、网络边界防护,坚决防范网络安全重大事件发生。

【互联网+党建】

指导成立宁夏联创网络科技有限公司联合党支部。协调市委网信办、组织部拨付互联网企业党建经费1.7万元,按照党建制度建设标准打造互联网企业党支部阵地。落实"三会一课"、组织生活会等党内组织生活制度,开展主题党日11次,交流发言3次,举办"志愿服务学雷锋,网络文明进社区"服务活动1次。联合市委网信办、原州区委组织部先后6次对互联网企业党建工作进行指导调研,加强行业部门和企业发展多级联动、高效协同,提升互联网企业党的工作覆盖质量。

区直机关党建

【概　况】

原州区直属机关工委所属党组织共有89个。其中,机关党委7个,党总支4个、党支部78个,直接管理的50个机关党组织(二级单位除外)中三星级及以上党组织45个。共有党员1874名,大专及以上学历党员1437名,占76.7%,女性党员504人,占27%。

【政治建设】

2022年,原州区直属机关工委坚持每周例会、每月中心组学习等制度,结合党史学习教育,深入学习宣传贯彻党的二十大精神和习近平视察宁夏重要讲话和重要指示批示精神,一体推进大学习、大宣传、大讨论,带领机关党员干部在深学细悟中领会精神实质、把握精髓要义,衷心拥护"两个确立"、忠诚践行"两个维护"。带头深入基层一线宣传宣讲5次,召开中心组学习会议12次,举办读书班1次,交流研讨5次。

【党建工作】

2022年,原州区直属机关工委突出抓好党组织规范化建设,指导撤销政府部门党委7个,同步设立机关党委5个、机关党总支2个,完成机关党组织选举工作。落实组织生活制度,安排开展主题党日活动400余次,讲党课100余次,谈心谈话124人,带动各基层党组织开展中心组学习400余次,组织干部理论学习200场次。制定《原州区创建"五型"模范机关实施方案》,对模范机关创建进行考核验收,82%的机关事业单位创建为模范机关。新发展党员13名,调整、补选党支部书记14名,组织200余名党务工作者参加业务工作培训。专题研究意识形态工作4次,督查检查2次。

【作用发挥】

2022年,原州区直属机关工委自"9·20"疫情发生后,动员1447名机关单位在职党员下沉街道社区开展疫情防控工作,成立临时党组织228个,在各小区紧要点位设置500余个"党员先锋岗",因地制宜召开"圆圈"会议,用最小的成本、最高的效率、最安全的办法调动各界力量筑牢"疫"线"红色堡垒"。推动落实社区联合党委运行机制,配合落实"四联四化"机制,224个机关单位党组织完成承诺事项500余件,慰问困难党员368人,开展文体活动50余次。做好一线疫情防控先锋队员和机关干部慰问工作,认真做好"光荣在党50年"纪念章发放工作,为250名老党员发放"光荣在党50年"纪念章。

【作风建设】

2022年,原州区直属机关工委贯彻落实中央八项规定及其实施细则精神，坚决整治形式主义、官僚主义。把做好巡视巡察整改同加强党的建设结合起来，围绕中央和自治区巡视、市委巡察和机关党建督查反馈问题，持续开展机关党建"灯下黑"问题专项整治，每季度对机关党建工作进行随机抽查。对自治区党委第一巡视组巡视反馈原州区机关党建方面存在的问题全部整改到位。

老干部工作

【理论武装】

抓思想政治教育，3月底举办1期原州区离退休干部学习贯彻党的二十大精神专题培训班，通过座谈交流、专题辅导、送学上门等形式，把原州区老干部的思想和行动统一到党的二十大精神确定的各项目标任务上来。坚持以正面教育为主，把纪律规矩教育融入支部"三会一课"、主题党日等日常学习中，引导老干部做到退休不褪色、离岗不离党。推广使用"离退休干部工作""塞上金秋""六盘金秋"等微信公众号，运用多种方式教育引导广大老干部自觉做习近平新时代中国特色社会主义思想的坚定信仰者和忠实实践者。

【组织建设】

坚持不懈加强离退休干部党组织建设，在制度规范、活动创新、融合发展、阵地打造上下狠功夫，增强党组织政治功能和组织功能。按照老干部"三有原则"（有组织管理、有阵地参学、有条件发热），持续在离退休党员人数多的单位规范设置离退休干部党组织，规范建立"地缘型""业缘型""趣缘型"离退休干部党组织3个，推进党组织有形覆盖和有效覆盖。做实"双报到、双报告"和联合党委机制，探索"原单位+社区+老年协会社团"组织模式，推动离退休党支部与社区党组织资源共享、活动联办。用活用好红军长征青石嘴战斗纪念碑、赫光纪念馆等红色资源和"老党员工作室"等平台，采取"老干局+单位（部门）+社区"模式，与雁岭、西湖路等5个五星级社区对接挂牌建立老年人活动室，推动老干部活动中心向"家门口"延伸，方便老同志就近学习、就近活动、就近发挥作用。

【服务管理】

强化信息化管理，完善离退休干部信息数据库、"银发人才"信息库，推进信息化与日常工作深度融合。聚焦新时代老干部工作难点、重点，深入各乡镇（街道）、原州区直各部门（单位）开展督导检查、解决问题、补足短板。强化精准服务，落实好老干部阅读文件、情况通报、参加重要会议、参观考察、走访慰问等各项政治待遇；在社区卫生院设立老干部就医"绿色通道"；做好走访慰问、过好政治生日等活动。强化制度建设，督促指导各部门通过开展退前谈心、强化党内关怀、举办荣退仪式、安排服务对接、引导发挥作用、传递组织温暖、加强教育管理等落实好干部荣誉退休制度。

【作用发挥】

发挥老同志政治优势、经验优势、威望优势，成立志愿服务队，加大向"两新领域"选派党建指导员力度，引导广大老同志在红色宣讲、基层党建、乡村振兴、基层治理等领域发挥优势作用，助力现代化原州建设。推进"红色六盘""四个一"党建品牌创建行动，发挥法院离退休干部示范党支部模范效应，创建示范党支部。筹办好原州区离退休干部考察观摩原州区重点工作和固原市延安精神研究进企业活动原州区现场会等工作，利用好联合党委阵地共用作用，引导老干部在家门口参与新时代文明实践志愿活动；联合原州区文旅局和文联等单位办好老干部文艺汇演和成果展示，激发老同志参与热情。

机构编制

【综合执法改革】

整合固原市下放原州区及原州区本级执法频次较多、执法专业难度较低、执法即时性较强、基层处置更易见效的32项行政处罚事项及与之相关的行政强制措施集中由原州区综合执法局行使。固原市下放全额预算事业编制3名、原州区划转全额预算事业编制2名，用于城市管理执法监察大队公开招聘或遴选专业执法人员。强化执法力量，2022年公开招聘3名法学专业事业人员、2名文秘专业事业人员。按照政府授权和权责清单，固原市、原州区、乡镇（街道）分别行使相应的行政处罚权及与行政处罚权相关的行政强制权等职能。确定原州区综合执法局主要承担市及市辖区跨领域跨部门行政处罚案件查处和对乡镇（街道）综合执法的监督考核、跨乡镇（街道）案件的查处，日常执法以乡镇（街道）为主；乡镇（街道）综合执法办公室侧重隐患排查、信息报告、一般执法、执法协助等。厘清固原市、原州区业务主管部门和原州区综合执法局的权责边界，行政执法事项划转后，业务主管部门落实主体责任，加强源头监管和协调指导，依法履行政策制定、审查审批、事中事后监管、业务指导等职能，提供综合执法需要的检验检测、鉴定等技术支撑，原州区综合执法局依法履行行政处罚与行政强制等职能。

【事业单位登记管理】

结合乡镇（街道）机构改革，深入基层指导事业单位依法履行法人职责和义务，讲解政策，排忧解难。对于初始登记、变更登记、注销登记的事业单位，及时进行变更、公告，完成事业单位变更事项29项，事业单位法人证到期换领事项27项。对事业单位开展业务情况、开办资金情况、编制数和从业人数进行审查，提高法人治理意识，提高年检质量。对下属事业单位比较多的部门，采取"提前预约、上门服务、现场办理"办法，避免经办人员两头跑，提高年检效率和服务水平。提升网上提交率，截至2022年年底，原州区登记事业单位应检148个，实际参加年检148个，年检合格148个，年检率和通过率都达到100%。对照事业单位法人公示信息实地核查清单，针对事业单位法人年度报告、法定代表人、举办单位、开办资金、住所、经费管理、业务活动开展等情况，随机抽取事业单位34个开展实地监督检查，抽检比例为22.9%，下发整改通知书13份，督促限期整改。

【日常管理】

严格机构编制纪律，落实机构编制"一家承办、一家审批、一家行文"的"一支笔"审批制度和中央编办规定的"五不准"。凡涉及职能调整，机构、编制和领导职数的增减，均严格按照审批程序，报经编办审核后，提交编委会或上级机构编制部门审批。抓好实名制数据库的维护，确保机构设置、编制调整、人员调动、职务职级变动等事项实时更新，实名制系统数据真实准确。加强与组织、人社、财政等部门沟通协调，完善信息共享机制。完成乡镇（街道）、党政机关及人民团体45个单位"机构编制管理证"更换、审核，做到编制管理与人员管理对应一致、实名管理。梳理原州区机构编制资源使用情况，对审批权限、职责任务缩减的部门相应精简编制资源，从严控制机构新设，加大机构清理整合，适应原州区情，依据发展需要保障重点和民生领域机构编制需求，将"原州区物资储备中心"更名为"原州区粮食和物资储备中心"，并增核全额预算事业编制1名；将"原州区安全生产执法监察大队"更名为"原州区应急管理综合行政执法大队"，并增核全额预算事业编制4名；将"原州区林政执法大队"更名为"原州区自然资源执法大队"；设立"固原市原州区文明实践指导中心"，核定全额预算事业编制3名。加强基层司法队伍建设，将政法专项编制向乡镇（街道）司法所倾斜，推动机关力量下沉，充实基层工作力量，确保乡镇（街道）司法所行政编制不低于司法行政编制总量的75%，乡镇（街道）司法所配备政法专项编制不少于3名。深化权责清单动态管理工作，调整规范发改局、民政局、教体局、医保局等8个政府部门权力清单56项。

巡察工作

【三届区委巡察工作概况】 三届原州区委坚持以习近平新时代中国特色社会主义思想为指导，坚持问题导向，强化"靶向治疗"，5年来组织开展13轮巡察，对64个乡镇（街道）、原州区直部门及国有企业党组织和187个村（社区）党支部实现巡察全覆盖，对4个乡镇和6个部门（单位）党组织进行巡察"回头看"，对涉粮领域开展专项巡察。巡察共反馈突出问题1735个，已整改完成1721个，14个问题已取得阶段性成效，需要持续整改；推动各单位新建或修订完善制度435项。

【2022年巡察工作概况】 2022年，四届原州区委巡察工作围绕原州区委中心工作，精心组织开展3轮巡察。采取常规巡察、延伸巡察、提级交叉巡察等方式，加强巡视巡察上下联动，对5个单位、4个乡镇、3个街道党组织和94个村（社区）党支部开展政治监督。

【巡察政治责任履行】 2022年，原州区委把巡察作为履行全面从严治党主体责任重要抓手，常委会先后12次研究部署巡察工作，听取巡视巡察整改情况和巡察情况综合汇报，学习习近平总书记关于巡视工作重要论述、全国巡视工作会议暨十九届中央第九轮巡视动员部署会、十三届自治区党委第一轮巡视动员部署会议精神等。2022年，原州区委书记审核巡察工作五年规划、巡察年度计划和每轮巡察工作方案，听取第一、二轮巡察情况汇报后点人点事点问题10个，旗帜鲜明、态度坚决。原州区委巡察工作领导小组对标中央要求，全年先后召开10次领导小组会议，系统研究、全面部署巡察工作任务。巡前全面动员，巡中听取进展汇报，巡后听取汇报逐个点评，并提出指导意见。

【巡察监督重点工作】 2022年，原州区委巡察工作始终坚守政治定位，准确把握以人民为中心的价值取向，坚持群众痛恨什么、反对什么，就重点巡察什么、纠正什么，围绕"三个聚焦"精准发力，深查深找影响长治久安、损害群众利益的突出症结。第一、二轮巡察把群众增产增收、城乡人居环境整治、低保、住房、饮水、村道巷道建设、小区物业管理等作为监督重点，对官厅、开城、张易、河川4个乡镇党委和北塬街道、古雁街道、南关街道3个党工委开展常规巡察，延伸巡察所辖54个村、40个社区党组织。巡察期间移交环境整治、低保、易地搬迁等立行立改问题98个，发现村（社区）主要问题508个，其中涉及脱贫攻坚政策落实、产业培育等突出民生问题51个，让村与乡镇、社区与街道问题相互支持、印证，做到点面结合，同步发现问题、共同推动解决，实现全面从严治党向基层一线、向群众身边延伸。

【巡察监督效能提升】 强化巡视巡察联动监督，加强巡视巡察信息数据共享，及时更新完善网络信息平台数据资料，坚持上下信息畅通、资源统筹合理使用。自治区、固原市党委巡察工作指导督导组以授课、现场做问题底稿、联席会议、一对一梳理研究分析等形式，全程跟踪、实地指导督导原州区委第二轮巡察工作。指导督导期间反馈的关于组织领导、政治定位等4个方面13个问题，已全部整改完成。安排第三轮县区交叉巡察农业农村局，整合优化监督力量，让监督横向扩展。市委巡察办负责人参加原州区委第二轮巡察情况书记汇报会、第三轮巡察动员部署会、交叉巡察农业农村局进驻动员会，分别就巡察发现问题、监督重点等提出9条建议。推进巡察与其他监督制度有机衔接、贯通融合，加强队伍共建，动态调整组建巡察组长库134人、人才库300人，2022年内3轮巡察共抽调纪检监察干部14人次、组织干部8人次、审计干部4人次、财政干部5人次、其他部门干部75人次，确保巡察工作力量充盈。

加强信息沟通，巡察前以征求意见函、巡前情况通报会等形式向纪委监委、组织部等相关部门收集被巡察单位领导班子及其成员近三年来的信访举报情况、经济责任审计情况、问题查处情况等已有的监督成果，全年共收集信息资料78份194条。原州区委宣传部同步对4个乡镇3个街道5个部门（单位）开展意识形态工作责任制专项检查，实现信息共享、成果共用。发挥监督联系群众的桥梁纽带作用，及时通过网络媒体发布巡察公告，公开联系邮箱、电话等信访渠道，广泛收集民意民情，调动社会参与积极性。

【巡察成果运用】

贯通融合各类监督形成监督合力，运用、转化巡察成果，使巡察成果在点上发力、线上延伸、面上拓展，为促进村（社区）完善治理、深化治理、乡村振兴、惠民富民等措施落地见效提供坚强保障。督促被巡察党组织落实整改主体责任、党委（党组）书记履行第一责任人责任、班子其他成员履行"一岗双责"，确保责任有人担、问题有人管、整改有人抓。对三届原州区委第十二、十三轮巡察的4个乡镇68个行政村、7个部门（单位）和2个国有企业巡察整改情况进行"回头看"。采取实地督导、抽查暗访、专项督查等方式，推动巡察反馈问题抓紧抓实整改，促进被巡察单位和相关部门敢于担当、善于作为。通过整改巡视巡察反馈问题，贯通监督、整改、治理，原州区加强对全局、系统性突出问题研判，出台《中共原州区委关于进一步加强领导干部作风建设助推乡村振兴的若干意见》《原州区政府投资项目管理办法（试行）的通知》等18项制度。研究标本兼治对策、意见，有针对性地开展专项整治，持续深化改革。将巡察成果运用到领导干部监督管理、纪律审查、干部选拔任用等方面，作为干部考察、调整和年度考核重要参考依据。通过观看警示教育片、廉政谈话、参观警示教育基地、通报曝光本地本部门违规违纪典型案例等，教育党员干部知敬畏、存戒惧、守底线。在原州区人民医院新建廉政警示教育基地1处，在头营镇等乡镇新建廉洁文化阵地3处，组织原州区上下分级分类开展廉政警示教育活动，以案示警、以案促改。

【巡察机构政治能力提升】

2022年，巡察工作坚持把政治建设摆在首位，加强理论武装，深刻学习领会习近平总书记关于巡视工作重要论述，党中央和自治区、固原市党委关于巡视巡察工作新精神新要求，准确把握新时代赋予的责任、使命和要求。反复学习党章党规党纪和巡视工作条例，融会贯通学习习近平总书记关于各行业各领域的重要讲话和重要指示批示精神，把握全局性和整体性特点，提升政治能力和政治担当。严格准入机制，全年新增编制2名，办、组共有编制12名，在职12人。严格管理、监督队伍建设，强化巡察权力监督制约，加强对巡察干部及巡察组组长等关键岗位监督管理。全面推广应用巡视巡察工作网络平台和巡视巡察单机版系统，全年巡察单机版信息录入1352条，使用网络资料、传送信息、下载软件321次（件、份、条）。坚持把斗争精神贯穿始终，推动解决侵害群众利益等问题，将《对村巡察让老年饭桌不再"孤单"》《原州区巡察促进政策紧密衔接群众"囧途"变通途》《巡察助推村容旧貌换新颜》《巡察纠治变味低保》等信息进行动态宣传，提高群众对巡察工作的知晓率、关注度、信任度。

原州区人民代表大会

综 述

【概　况】

2022年原州区人大常委会召开常委会会议10次，听取审议"一府一委两院"工作报告26项，开展调研、视察15次，检查2部法律法规实施情况，提出审议意见89条。

【经济运行监督】

听取审议关于2022年上半年国民经济计划执行情况的报告，督促要统筹疫情防控和经济社会发展，着力在"稳经济、保民生、促发展"上下功夫，确保经济平稳运行。听取审议关于2021年财政决算和2022年财政预算上半年执行、2021年原州区本级财政预算执行和其他财政收支审计情况的报告及审计查出问题整改情况的报告，审查批准决算和预算调整，对政府债务管理工作进行调研并听取专项工作报告，督促调整优化财政支出结构，严格预算约束，规范财务管理，防范化解债务风险，提高财政资金使用效益。听取审议关于国有资产管理综合报告和自然资源资产管理专项工作报告，督促厘清国有资产"家底"，强化国有资产管理，推进国有资产保值增值。

【乡村振兴战略实施监督】

围绕乡村全面振兴样板区建设，听取审议关于巩固拓展脱贫攻坚成果同乡村振兴有效衔接工作情况的报告及农村人居环境整治、移民致富提升、发展特色产业和增加农村居民收入等专项工作报告，督促健全防返贫监测和帮扶机制，扩大特色产业规模，有效增加农村居民收入，实施乡村建设行动，补齐短板弱项，持续巩固拓展脱贫攻坚成果，加快全面推进乡村振兴。

【民生保障监督】

听取审议关于城乡居民医疗保障、基础教育质量提升、全民健康水平提升、安全生产等专项工作报告，督促解决好人民群众普遍关心的就医、上学、安全等民生领域存在的突出问题，推动惠民利民政策落地见效。听取审议关于2021年度环境状况和环境保护目标完成情况的报告，有针对性地提出加强和改进工作的意见建议，推动原州生态环境持续好转。听取审议关于用水权、土地权、排污权、山林权改革等专项工作报告，提出聚焦改革目标，紧盯关键环节，加大改革力度，让改革成果更多更公平惠及人民群众。

【法治原州建设监督】

深入开展宪法宣传教育和"国家宪法日"活动，落实宪法宣誓制度，组织宪法宣誓仪式6次，45名常委会任命或决定任命人员进行宪法宣誓。围绕提高依法行政水平，对就业促进法实施情况进行执法检查，督促优化就业环境，落实就业政策，促进公平就业。对自治区促进民族团结进步工作条例实施情况进行执法检查，推动巩固提升民族团结进步创建成果。听取审议原州区监察委员会关于廉政教育专项工作报告，督促多措并举开展廉政教育工作，提升廉政建设和反腐败工作质效。听取审议原州区人民法院关于执行工作情况的报告并进行满意度测评，提出创新工作举措，提高执行工作水平。听取审议原州区人民检察院关于公益诉讼工作情况的报告，提出完善公益诉讼制度，发挥检察公益诉讼治理效能。听取审议关于规范性文件备案审查情况的报告,严格落实备案审查制度,备案审查规范性文件4件。办理群众来信来访4件次,推动妥善处理和解决人民群众合法诉求,维护社会和谐稳定。

重要会议

【原州区四届人大常委会第三次会议】

2022年2月25日,原州区四届人大常委会召开第三次会议,人大常委会主任李佐田主持会议。会议传达学习自治区十二届人大五次会议和原州区委四届二次全会精神;听取和审议原州区人民政府关于用水权改革、城乡居民医疗保障、安全生产3个专项工作报告;表决通过有关人事任免议案及有关委员、代表辞职的决定;通过《原州区人大常委会2022年工作要点(草案)》《原州区人大常委会听取和审议专项工作报告及满意度测评办法(草案)》。新任命的国家机关工作人员向宪法进行宣誓。

【原州区四届人大常委会第四次会议】

2022年4月22日,原州区四届人大常委会召开第四次会议,人大常委会主任李佐田主持会议。会议传达学习全国两会精神;听取和审议原州区人民政府关于2021年环境状况和环境保护目标任务完成情况及排污权改革、落实基础教育提升行动、债务管理三个专项工作报告;听取和审议原州区人大常委会执法检查组关于检查《宁夏回族自治区促进民族团结进步工作条例》贯彻实施情况的报告;表决通过原州区四届人大常委会关于批准原州区2021年第二批地方政府新增一般债券资金安排计划的决议(草案)和原州区亚行贷款宁夏六盘山扶贫农村公路项目政府债务外贷资金使用的决议(草案);通过代表资格审查委员会关于个别代表资格变动及补选代表的代表资格审查报告;通过有关人事任免议案。新任命的国家机关工作人员进行宪法宣誓。

【原州区四届人大常委会第五次会议】

2022年5月18日,原州区四届人大常委会召开第五次会议,人大常委会主任李佐田主持会议。会议审议原州区人大常委会主任会议关于补选固原市第五届人民代表大会代表的议案,采用无记名投票方式,补选杨青龙为原州区出席固原市第五届人民代表大会代表,其代表资格须经固原市人大常委会代表资格审查委员会审查后,由固原市人大常委会确认、公告。

【原州区四届人大常委会第六次会议】

2022年6月28日,原州区四届人大常委会召开第六次会议,人大常委会主任李佐田主持会议。会议传达学习自治区第十三次党代会、自治区第十二届人大六次会议和固原市第五届人大二次会议精神;听取和审议原州区人民政府关于移民致富提升行动、全民健康水平提升行动和农村人居环境整治3个专项工作报告;审议原州区人大常委会调研组关于移民致富提升行动、全民健康水平提升行动工作情况的调研报告;表决通过有关人事任免议案。新任命的国家机关工作人员进行宪法宣誓。

【原州区四届人大常委会第七次会议】

2022年8月24日,原州区四届人大常委会召开第七次会议,人大常委会主任李佐田主持会议。会议传达学习习近平总书记在省部级主要领导干部"学习习近平总书记重要讲话精神,迎接党的二十大"专题研讨班上的重要讲话精神和固原市委五届五次全会及原州区委四届三次全会精神;听取和审议原州区人民政府关于2022年国民经济和社会发展计划上半年执行情况、2021年原州区本级财政决算(草案)和2022年原州区本级财政预算上半年执行情况、2021年原州区本级财政预算执行和其他财政收支审计情况、2021年国有资产管理情况、巩固拓展脱贫攻坚成果同乡村振兴有效衔接工作情况5个专项工作报告;听取和审议原州区人大常委会执法检查组关于检查《中华人民共和国就业促进法》贯彻实施情况的报告和财政经济工作委员会关于2021年原州区本级财政决算(草案)和调整2022年原州区本级财政预算审查结果的报告；表决通过关于批准2021年原州区本级财政决算的决议和关于批准调整2022年原州区本级财政预算的决议及人事任免议案。新任命的国家机关工作人员进行宪法宣誓。

【原州区四届人大常委会第八次会议】

2022年10月29日，原州区四届人大常委会召开第八次会议，人大常委会主任李佐田主持会议。会议传达学习中国共产党第二十次全国代表大会精神；听取和审议原州区人民政府关于发展特色产业和增加农村居民收入情况、原州区监察委员会关于开展廉政教育工作情况、原州区人民法院关于执行工作情况和原州区人民检察院关于公益诉讼工作情况的报告；审议原州区人大常委会法制工作委员会关于规范性文件备案审查工作情况的报告；通过有关人事任免议案和个别代表辞职议案。新任命的国家工作人员进行宪法宣誓。

【原州区四届人大常委会第九次会议】

2022年12月14日，原州区四届人大常委会召开第九次会议，人大常委会主任李佐田主持会议。会议传达学习自治区党委人大工作会议精神；听取和审议原州区人民政府关于2021年国有自然资源资产管理及山林权、土地权改革情况，2021年原州区本级预算执行和其他收支审计发现问题整改落实情况及原州区四届人大一次会议代表议案建议办理情况的报告；听取和审议原州区人大常委会代表资格审查委员会关于个别代表资格变动及补选代表的代表资格审查情况的报告；审议原州区人大常委会检查组关于检查原州区四届人大一次会议代表议案建议办理情况的报告；补选原州区出席固原市第五届人民代表大会代表；表决通过有关人事任免议案，作出有关决定。新任命的国家工作人员进行宪法宣誓。

【原州区四届人大常委会第十次会议】

2022年12月31日，原州区四届人大常委会召开第十次会议，人大常委会主任李佐田主持会议。会议传达学习固原市第五届人民代表大会第三次会议、中共固原市原州区第四届委员会第四次会议精神；听取和审议原州区人民政府关于2022年原州区本级财政预算变动调整的议案、原州区人大常委会财政经济工作委员会关于调整2022年原州区本级财政预算审查结果的报告，批准第二次调整2022年原州区本级财政预算；听取和审议原州区第四届人民代表大会常务委员会代表资格审查委员会关于个别代表资格变动及补选代表的代表资格审查情况的报告、原州区人大常委会主任会议关于提请审议固原市原州区第四届人民代表大会第二次会议日程（草案）等相关材料的议案；表决通过《关于召开固原市原州区第四届人民代表大会第二次会议的决定》。

综合工作

【"三服务"工作】

做好人大常委会、办公室各种文件、材料的起草、印制、报送、分发工作，严格执行公文管理相关制度规定，完成文件、讲话、汇报以及调研报告、发言交流等文字材料120余份。做好会议服务，全年为原州区第四届人大常委会召开的16次主任会议、8次常委会会议和原州区第四届人民代表大会第二次会议提供优质高效的会务服务。

【统筹协调】

统筹协调有关部门、各工作委员会，组织视察、调研等活动15次，保障人大常委会视察、调研、执法检查等活动顺利进行。加强上下联系，内外联动，配合自治区、固原市人大开展调研等活动11次，开展县区人大工作交流活动4次。选派机关干部戴培勋担任小沟村第一书记，下拨驻村工作经费1万元，组织机关全体干部经常深入中河乡小沟村开展帮扶工作，助推乡村振兴。落实新冠疫情防控政策，共派出15名干部参与北塬街道文化巷社区、南关街道政府巷社区、黄铎堡陈庄村疫情防控工作。

代表工作

【代表履职服务保障】

加强代表培训工作,组织代表学习宪法和人大业务知识,举办专题培训班4期,培训代表610人次,增强代表履职意识,提升代表履职能力。加强与代表的联系,健全常委会组成人员联系代表、代表联系人民群众的"双联"工作机制,常委会组成人员联系走访基层代表268人次,开展"人大代表联系群众月"活动,代表联系人民群众2793人次。面向代表征集常委会2023年监督议题建议14条,邀请代表列席常委会会议51人次,参加常委会视察、调研、执法检查及"一府一委两院"组织的开放日、工作评议、旁听庭审、听证会等活动241人次,扩大代表履职参与,保障代表知情知政,促进代表更好履职。

【代表履职平台建设】

新建提升乡镇(街道)人大代表联络站15个、村(社区)人大代表活动室77个,为代表依法履职、开展活动、联系群众提供阵地、搭建平台。组建代表小组135个,组织代表进站进室开展活动275次。完善代表网络履职平台建设,为代表提供信息化服务保障。落实代表向选民报告履职情况制度,推进代表履职档案规范化建设。

【代表议案建议办理】

建立健全代表议案建议办理年初会议集中交办、年中重点督办、年末听取办理报告等工作机制,压实办理责任,加大督办力度,强化跟踪落实。常委会先后2次对代表议案建议办理情况进行督办,现场听取各承办单位办理工作进展情况汇报,面对面听取代表对办理工作的意见建议。原州区四届人大一次会议提出的11件议案建议全部办结,推动解决了一批代表关注、人民群众关心的热点、难点问题。

自身建设

【思想政治建设】

常委会党组严格落实全面从严治党主体责任,完善常委会党组议事规则等制度3项,定期听取机关党组党建工作汇报,支持机关党组发挥作用,巩固深化党史学习教育成果,增强依法履职的政治自觉、思想自觉、行动自觉。严格落实中央八项规定及其实施细则精神,开展违规收送红包礼金和不当收益及违规借转贷或高额放贷专项整治,坚定不移推进党风廉政建设和反腐败斗争,推动巡视巡察反馈问题整改落实到位。严格落实意识形态工作责任制,重视人大宣传工作,办好"原州人大"微信公众号,宣传宪法法律和人大工作成效。

【作风效能建设】

修订和完善常委会议事规则、常委会听取和审议专项工作报告及满意度测评办法等制度6项。制定完善机关管理制度27项,机关运行更加规范。坚持党组理论学习中心组学习、常委会法治专题讲座、机关每周定期学习等机制,邀请自治区人大常委会有关专家学者开展"法治讲堂"专题讲座4次,组织外出培训学习40人次。树立"一线"意识,深入开展调查研究,形成调研报告5篇,提出有针对性的对策建议,推动解决事关群众切身利益的热点难点问题。

【工作指导联系】

加强乡镇(街道)人大工作指导,建立工作联动机制,邀请乡镇(街道)人大主席(联络办主任)列席常委会会议24人次,召开乡镇(街道)人大工作会议3次,培训工作人员79人次,指导完善工作制度11项,确保乡镇(街道)依法规范开展工作。配合完成全国人大和自治区、固原市人大视察检查调研18次,加强与兄弟县(区)人大的工作交流,年内共有6县(区)170多人次到原州区考察学习。

专门委员会工作

【财政经济工作委员会】

对2022年上半年国民经济计划执行情况开展调研，促进"稳促保"一揽子政策落地。围绕2021年财政决算和2022年财政预算上半年执行、2021年原州区本级财政预算执行和其他财政收支审计情况的报告及审计查出问题整改情况开展调研，实现对财政资金使用绩效和政策实施效果的全过程监督，加大整改情况跟踪监督，推动有关问题整改落实到位。对债务管理、国有资产管理和国有自然资源资产情况进行调研，摸清国有资产底数，促进管理水平提升。围绕全面深化改革，对排污权、用水权、山林权、土地权改革工作进行调研，加快推进原州区"六权"改革往深里走、往实里落。围绕牢固树立安全发展理念，对安全生产工作进行调研，依法推动安全生产责任落细落实。围绕特色产业发展，对发展特色产业和增加农村居民收入工作开展调研，推动发展壮大特色产业，促进农村居民收入稳定增加。围绕巩固拓展脱贫攻坚成果成色、全面推进乡村振兴，对巩固拓展脱贫攻坚成果同乡村振兴有效衔接、农村人居环境整治工作开展调研，促进农业高质高效、乡村宜居宜业、农民富裕富足。围绕生态文明建设，对2021年度环境状况和环境保护目标任务完成情况进行调研，督促加大生态环境监管力度。全年，组织开展调研活动12次，形成调研报告12个。

【法制工作委员会】

运用"法律巡视"监督利剑作用，聚焦开展民族团结进步创建工作，铸牢中华民族共同体意识，检查《宁夏回族自治区促进民族团结进步工作条例》贯彻实施情况。聚焦更加稳定更可持续就业，检查《中华人民共和国就业促进法》贯彻实施情况，推动完善就业服务体系。首次听取原州区监察委员会关于廉政教育工作的报告，推动原州区监察委员会多措并举开展廉政教育工作。对原州区人民法院执行工作开展调研，推动原州区人民法院提升执行工作能力。对原州区人民检察院公益诉讼开展调研，推动原州区人民检察院突出诉讼重点、强化工作措施，拓宽案源渠道，加强诉讼管理，提高公益诉讼办案质效。加强规范性文件备案审查工作，推动备案审查工作规范化、制度化、程序化。

【教科文卫工作委员会】

围绕教育、科技、文化、卫生领域中心工作，深入乡镇村组、街道社区，开展调查研究。围绕服务中心大局，紧扣"六大提升行动"，对基础教育提升行动和全民健康水平提升行动落实情况工作开展调研。深入践行以人民为中心的发展思想，回应社会关切，对事关人民群众健康福祉的城乡居民医疗保障工作开展调研，提出加强部门联动，加大医疗机构监管力度，促进原州区城乡居民医保工作高质量发展。

【代表选举与联络工作委员会】

把培训学习作为全方位提高代表履职能力的重要抓手，围绕党的二十大精神、政治理论、法律法规、业务知识等内容，举办人大代表履职培训4期，培训代表610人次，夯实代表依法履职基础。健全完善代表联络站工作机制，指导各乡镇（街道）健全完善人大代表视察、代表小组活动、人大代表联系选民、人大代表履职报告等制度11项，确保代表小组学习培训有制度、组织活动有阵地、联系群众有窗口。探索发展全过程人民民主的基层实践，组织开展"人大代表联系群众月"活动，代表联系人民群众2793人次。围绕巩固拓展脱贫攻坚成果同乡村乡振兴有效衔接、重点产业发展、农村人居环境整治等重点工作，邀请代表参加视察、调研、执法检查等活动241人次。加强代表议案建议督办工作，对原州区四届人大一次会议确定的11件代表议案、建议集中进行现场督办2次，11件议案、建议如期办结，推动解决一批群众普遍关心的热点难点问题。

原州区人民政府

综述

【概况】

全年实现地区生产总值171.50亿元，比2021年增长3.9%；全年全社会固定资产投资（不含农户）比2021年增长20.5%；实现社会消费品零售总额71.28亿元，比2021年增长0.6%；完成地方一般公共预算收入1.69亿元，比2021年同口径增长7.0%；完成一般公共预算支出51.79亿元，比2021年同比增长3.5%。全年全体居民人均可支配收入23776元，比2021年增长6.5%。按常住地分，城镇居民人均可支配收入36591元，比2021年增长5.5%；农村居民人均可支配收入14826元，比2021年增长8.1%。完成原州区四届人大一次会议确定的目标任务。

【产业发展】

2022年，原州区把项目建设作为稳保促的"强引擎"和"硬支撑"，推进"扩大有效投资攻坚年"活动，全年开（复）工项目157个，完成投资94亿元，实现全社会固定资产投资75亿元。持续优化营商环境，强化服务实体企业，力促雪川农业、溢家大博、羽欣华耀等5家企业投产入规，天楹垃圾焚烧项目并网发电。挖掘消费潜力，出台支持扩大消费9条硬措施，投入资金3500余万元，开展各类促销活动20余场次，拉动消费3.2亿元以上，培育批零住餐15家企业上限入统，最大化对冲疫情不利影响，社会消费品零售总额增速领跑全自治区。"五特"产业提档升级，坚持跨村跨镇集中连片种植，冷凉蔬菜种植面积达到21万亩，产量91万吨，实现产值18亿元，主产区彭堡镇上榜全国第十二批"一村一品"示范村镇，众丰种植专业合作社被评为全国农作物病虫害绿色防控技术示范推广基地。完善"龙头企业+合作社+农户"联农带农机制，建成肉牛养殖示范片区3个，新培育寨科蔡川、中河曹河等肉牛养殖示范村24个，建成肉牛出户入园（场）10个，全区肉牛饲养量达到28万头，实现产值10.3亿元。建成马铃薯原种基地1500亩，一级种薯繁育基地8000亩，原州区马铃薯种植面积达到15万亩，实现产值3.96亿元。发展中药材和生态经济产业，种植道地中药材4万亩，发展生态经济林5000亩、林下养殖6万只，实现产值6.4亿元。宁夏好水川养殖有限公司被推荐为农业产业化国家重点龙头企业，原洲源味入围2022中国区域农业形象品牌名单。"五新"产业提速增量，以宁夏飞毛腿技工学校为依托，建成原州区公共实训基地，培训培养各类电子信息类产业工人，蓄积产业人才力量。引进宁夏飞毛腿电子科技有限公司落地，6条数据线和移动电池贴片生产线建成投产，注册"蓝梦"品牌，供货美团、三星等企业。中节能三营牧光互补项目试点成功，引领原州区分布式光伏发电稳步推进。明德中药获批自治区"专精特新"小巨人企业，鑫宇农农机具获批自治区"专精特新"中小企业，六盘珍坊获批自治区工业互联网试点示范项目。"五优"产业提质扩容，建成客货邮商融合发展线路7条，打通农产品进城、工业产品下乡最后一公里。推进长城国家文化公园等生态旅游项目建设，成功举办第二届须弥山石窟艺术文化旅游节，成功创建自治区级全域旅游示范区，"避暑胜地·锦绣原州"旅游品牌影响力扩大，全年接待游客316万人次，旅游社会总收入突破16.5亿元，同比分别增长67.32%和61.39%。彭堡姚磨被评为第四批全国乡村旅游重点村镇，头营镇杨郎村成功入选全国第六批传统村落名录,荣华锦汇街区被确定为自治区级旅游休闲街区。

【乡村全面振兴样板区建设】

坚持巩固拓展脱贫攻坚成果,加快乡村全面振兴样板区建设。持续用好"115"领导干部包抓、督导检查和动态监测帮扶"三项机制",对新纳入的105户404名监测对象落实473项具体帮扶措施。实施"六大提升行动",脱贫人口人均纯收入增长16.3%,实现"两个高于"目标,牢牢守住不发生规模性返贫底线。持续深化东西部协作和中央定点帮扶,投入帮扶资金9300万元,实施帮扶项目48个,打造三营金轮、头营泉港两个闽宁乡村振兴示范村。发放小额信贷和富民贷4.8亿元,为脱贫人口购买健康保10万余人次,完成消费扶贫2.39亿元,惠及农户7735户,助推脱贫户和监测户增收致富。中央和自治区考核评估反馈的56条问题全部整改到位。持续巩固脱贫成果,义务教育阶段辍学学生动态清零,特殊困难群体医疗保障应保尽保,农村危房即增即改,自来水入户率达98%,供水保证率达95%,水质达标率达100%。实施移民致富提升行动,投入2.74亿元实施基础设施、产业发展等6个领域167个项目,打造三营安和、黄铎堡和润等移民示范村5个,改造提升温棚735栋,兑付产业到户项目资金2235万元。原州区移民村劳务工作站实现全覆盖,为2.26万移民劳动力提供"点对点"就业服务,移民村就业、教育等公共服务水平得到提升。增强乡村动能,实施乡村赋能行动,推进"三统三分"农业经营体制改革,新培育合作社和家庭农场56家,新增流转土地3.6万亩,实施高效节水灌溉工程9.47万亩,旱作高标准农田建设8.8万亩,夯实农业现代化基础。创新"产业基地+田间学校+专家教授"农村实用人才培养模式,培育一批有文化、懂技术、会经营、善管理新型农民,发挥村党组织和村集体经济组织作用,解决土地"撂荒化"、农村"空心化"、农业"边缘化"等问题。培育文明乡风,"原州区移风易俗赋能乡村振兴"典型做法被中央农办《乡村治理动态》刊发,向全国推广。

【生态环境】

坚持生态优先,统筹协调发展,高标准划定"三区三线",加快六盘山和清水河生态功能区修复治理,投入资金7000余万元,修复废弃矿山4处,治理大营河25公里。建成原州区森林草原防火智慧平台,火情预警监测能力得到显著提升。完成营造林面积16.35万亩,绿化乡村道路253千米,原州区森林覆盖率、草原植被盖度和水土保持率分别达26%、84.6%和69.2%。持续巩固"四尘同治""五水共治""六废联治"成果,原州区空气优良天数达到334天。清水河三营国控断面水质平均达到Ⅳ类、二十里铺国控断面水质稳定达到Ⅱ类,冬至河入清水河区控断面水质平均达到Ⅳ类。化肥、农药利用率超过45%,使用量保持零增长,土壤环境保持零污染。中央、自治区环保督察反馈问题全面整改到位。持续巩固自治区文明城市成果,坚持城市环境卫生保洁"以克论净",推行市区环卫网格化管理制度,提升城市精细化管理水平。投入1.6亿元改造老旧小区26个,实施古雁岭森林公园生态修复及功能提升工程,城市绿化美化面积不断扩大,市民休闲健身有了好去处,人民群众的幸福感和获得感不断增强。完成"多规合一"实用性村庄建设规划107个,建成头营马庄、陶庄和彭堡硝沟高质量美丽宜居村庄3个,河川寨洼、开城冯庄等乡村振兴示范村30个,硬化农村道路248千米,维修水毁道路78处,群众生产生活出行更加便利通畅安全。以屋里屋外、院里院外、村里村外"三里三外"干净整洁为目标,持续开展农村人居环境整治提升五年行动,川区村建成"两小园"(果园、菜园)5363个,山区村种好房前屋后"10棵树"5.2万株,村庄绿化率达32.3%。健全生活垃圾收运处置体系,配备垃圾桶3.6万个,新建农村生活垃圾分拣中心41个,实施生活垃圾填埋场提升改造项目6个,建成农村生活污水处理厂(站)15个,完成农村改厕1.1万座,满足农民群众对建设美丽家园的期盼和愿望，原州区被评为全国村庄清洁行动先进县（区）。

【民生保障】

坚持民生改善，促进共享发展。教育资源更加均衡，持续深化"互联网+教育"，推进智能研修中心项目建设。推广"集团化""城乡共同体"办学模式，固原五中与福州连江一中、银川二中等名校缔结组团式帮扶关系，十八小与首都师范大学附属朝阳实验小学实现对口帮扶。六幼、二十小等5所学校投入使用，城市基础教育不均衡问题得到缓解。推进"县管校聘""3+1+2"新高考改革，494名城乡教师交流轮岗，城乡优质教育资源配置更加均衡。发放各类资助金2320万元，学生资助体系完善。持续优化课后服务，巩固"双减"成果，基础教育质量提升，13名原州籍学子圆梦清华北大。推动职业教育提质增效，宁夏飞毛腿技工学校累计招生突破1200人，培养产业工人206人，实现稳定就业，"产教融合、校企合作"办学模式被人社部作为典型经验向全国推广。牢固树立大思政、大教育观念，全国"大思政"教育教学研讨培训会在原州召开，区域教育中心影响力增强。公共卫生更加普惠，推进"互联网+医疗健康"和县域医共体建设，县域内分级诊疗就诊率达90%以上，村级公共卫生委员会实现全覆盖，原州区人民医院成功建成三级乙等综合医院。文化街卫生服务中心、三营中心卫生院达到"优质服务基层行"国家推荐标准，头营、开城卫生院成功创建国家基本标准卫生院。开展人均寿命提升工程，适龄妇女"两癌"、新生儿多项遗传代谢疾病筛查率分别达到100%和99.13%。原州区人民医院中医康复大楼、深沟社区日间照料中心、11个乡镇卫生院和3个社区卫生服务中心中医馆全部建成并投入运行。南关西湖路社区入选"全国示范性老年友好型社区"。文体活动更加丰富，开展"送戏下乡""戏曲进乡村"演出110场次，参与群众10万余人次。成功举办第三届六盘山诗歌节，"中国诗歌之乡""文艺原州"品牌更加响亮。举办第六届六盘山登山节等体育赛事活动8场次，参与群众2.5万余人次。原州区青少年篮球U16组获全国城市篮球联赛宁夏男女组双冠，原州十一小被评为国家级亚运足球梦想学校，三营中学被评为全国青少年校园足球特色最佳学校，三营镇被评为自治区群众体育先进集体。社会保障更加有力，完善更加全面更多层次社保体系，坚持最低生活保障动态管理，新增最低生活保障对象1766户2533人，发放临时救助资金997.5万元，发放残疾人"两项补贴"2564.57万元。基本养老、医疗保险参保率分别达到96.8%和98.7%，居民住院实际报销比例提高到75.2%。就业服务更加充分，出台稳岗位促就业政策措施20条，发放各类创业担保贷款2.8亿元，培育创业实体914个，3.06万劳动力实现了家门口就业，新增城镇就业3589人，城镇调查失业率为5.4%。公益性岗位安置就业困难人员1538人，农村劳动力转移就业6.8万人，人均工资性收入同比增长2.5%。东海园区社区被评为国家级充分就业社区，原州区就业创业和人才服务中心被评为自治区就业创业先进集体。

【改革创新】

坚持创新驱动，推进开放发展。优化营商环境，拓展"163"政务服务模式，999项政务服务事项全部纳入清单管理，失业登记、户口迁移等35项全国高频政务服务事项纳入跨省通办范围，办理跨省通办事项6000余件。新增市场主体3879户，存量市场主体达到3.7万户，同比增长9.4%。推进工程建设项目审批制度改革，审批时限大幅压缩，为企业提供更加优质、更加便利的政务服务。加大财税金融支持实体经济力度，为企业纾困解难，全年为辖区568户（次）纳税人办理全口径增值税留抵退税9840万元。常态化开展政银企对接，企业融资难问题得到解决。推进"六权"改革，完成39万亩耕地、58家工业企业和313家规模化养殖户用水量确权，颁发用水权证446本，交易节水指标1300万立方米，自治区用水权改革中南部现场观摩会在原州召开。加强用地规划管控，推进土地确权，完成农村土地承包经营权确权登记6.3万户123.43万亩,腾退闲置农村宅基地及其他集体建设用地2000亩,土地资源有效盘活。对52家排污单位初始权、36个项目政府储备排污权应确尽确,出售二氧化硫、氮氧化物排放指标22吨,实现排污权第一笔交易。完成山林资源权籍调查103万亩,颁发林权类不动产证书9本,流转山林地经营权2.1万亩,建立完善顺畅的山林经营权交易流转机制。推进节能降耗,单位GDP能耗1.15吨标准煤/万元,下降3.01%。加大科技创新投入,全社会R&D投入1.44亿元,同比增长0.22%,投入强度达0.91%。加快创新主体培育,新认定国家高新技术企业3家、自治区农业高新技术企业1家,备案自治区科技型企业15家。国企改革三年行动33项重点改革任务全面完成。

【社会治理】

坚持以人民为中心,推动社会和谐稳定。落实安全生产十五条硬措施,开展自建房、防溺水等14个领域安全专项整治,排查隐患1268条,完成整改1264条,整改率99.7%,原州区安全生产形势平稳向好。景园社区被命名为"全国综合减灾示范社区"。开展地质灾害风险普查,对157处地质灾害险点实施动态监测、工程治理、避险搬迁等措施,群众生活环境更加安全。践行新时代"枫桥经验",启动"八五"普法,深入落实"1+1+3"工作机制,开展矛盾纠纷排查化解百日攻坚行动和命案防控工作,常态化开展扫黑除恶、信访事项化解,严厉打击电信网络诈骗和黄赌毒等违法犯罪行为,刑事案件、八类案件、侵财类案件分别下降14.4%、51.2%和15.3%,提升基层治理能力,"法治原州""平安原州"建设迈向更高水平。坚决守好民族团结生命线,铸牢中华民族共同体意识示范区建设更加有力。开展食品药品安全区暨国家食品安全示范城市创建工作,守护人民群众"舌尖上的安全"。

【自身建设】

坚持政治引领,强化责任担当。深入学习贯彻习近平新时代中国特色社会主义思想和党的二十大精神,开展习近平总书记视察宁夏重要讲话和重要指示批示精神"大学习、大讨论、大宣传、大实践"活动,坚决捍卫"两个确立","四个意识"更加牢固,"四个自信"更加坚定,"两个维护"更加自觉。落实"三重一大"事项向原州区委请示报告制度,自觉接受人大、政协和社会各界监督,人大代表议案和意见建议、政协委员提案办复率均达到100%。推行政府常务会会前学法制度,坚持政务公开常态化运行,规范重大行政决策,行政机关负责人出庭应诉率提高到95%以上,提升政府依法行政水平。坚决贯彻落实中央八项规定及其实施细则精神,驰而不息改进作风、纠治"四风",减轻基层负担。开展工程建设政府采购等重点领域专项整治,完善标本兼治长效机制,政府行政效能持续增强。

重要会议

【第1次常务会议】

2021年11月9日,原州区人民政府召开第1次常务会议。会议传达学习10月18日中共中央政治局会议精神,中共中央政治局第三十四次集体学习会议精神,习近平总书记在深入推动黄河流域生态保护和高质量发展座谈会、中华人民共和国恢复联合国合法席位50周年纪念会议上的重要讲话精神,向第130届中国进出口商品贸易会、向仰韶文化发现和中国现代考古学诞生100周年致贺信精神;传达学习原州区深入实施"四大提升行动"全面促进乡村振兴工作现场会精神;传达学习10月20日自治区党委常委会会议、10月26日自治区党委常委会会议精神,以及自治区政府第103次、104次常务会议精神和自治区应对新冠肺炎疫情工作领导小组第19次会议、10月27日自治区应对新冠肺炎疫情工作领导小组扩大会议、11月4日自治区党委常委会会议暨应对新冠肺炎疫情工作领导小组第20次会议、11月5日固原市委应对新冠肺炎疫情工作领导小组暨市应对新冠肺炎疫情工作指挥部会议精神；传达学习自治区政府清查违建楼堂馆所工作专题会议及《自治区人民政府专题会议精神（第 71 期）》。会议听取 2022 年前三季度经济运行情况汇报，分析当前经济运行形势，安排部署下一步工作；听取原州区全域创建"食品药品安全区"工作进展情况汇报并安排部署下一步工作；会议研究《原州区 2022 年巩固拓展脱贫攻坚成果同乡村振兴有效衔接工作方案》《原州区全面推行林长制实施方案》《原州区关于强化知识产权保护工作方案》《原州区 2021 年度城乡建设用地增减挂钩结余指标跨省域调剂项目拆旧复垦方案》；研究《原州区防止耕地"非粮化"稳定粮食生产专项整治工作方案》《关于申请调整饲草加工调制补贴政策的请示》《原州区国企改革三年行动方案（2020—2022 年）》《关于申请解决政府购买民办幼儿园部分学位资金的请示》《关于申请解决 2021 年集中改厕项目建设缺口资金的请示》《关于申请政府购买中小学食堂从业人员、村级公办幼儿园教师服务岗位（民生实事）的请示》《关于申请解决原州区五幼等 5 所学校天然气及暖气管道安装工程等建设费用的请示》；研究原州区区长、副区长分工事宜。

【第 2 次常务会议】

2021 年 12 月 20 日，原州区人民政府召开第 2 次常务会议。会议传达学习中国共产党第十九届中央委员会第六次会议精神、《中共中央关于党的百年奋斗重大成就和历史经验的决议》、关于《中共中央关于党的百年奋斗重大成就和历史经验的决议》的说明，以及中央经济工作会议、全国宗教工作会议精神；传达学习习近平总书记关于工程建设政府采购方面重要讲话和重要指示批示精神，《中共中央办公厅　国务院办公厅印发〈关于开展工程建设领域突出问题专项治理工作的意见〉的通知》《自治区党委办公厅　人民政府办公厅印发〈关于开展工程建设政府采购等重点领域突出问题专项治理工作方案〉的通知》，陈润儿书记关于工程建设政府采购等重点领域"专"起来抓、"盯"起来抓、"严"起来抓的工作要求精神；传达学习中国共产党宁夏回族自治区第十二届委员会第十四次全体会议、自治区党委常委会会议暨应对新冠肺炎疫情工作领导小组第 21 次会议、中国共产党固原市第四届委员会第十二次全体会议和中国共产党固原市第五次代表大会精神；传达学习咸辉同志到固原调研经济运行乡村振兴民生保障工作精神；传达学习《中共固原市委员会关于加强领导班子建设推进全面从严治党的决定》；听取迎接国家后评估考核准备情况汇报，安排部署迎检工作；会议通报自治区党委第一巡视组巡视期间立行立改问题，听取整改情况汇报；会议听取原州区第四季度安全生产、信访维稳工作汇报，安排部署"两节"期间安全生产、信访维稳工作；听取原州区今冬明春森林草原防灭火工作情况汇报，安排部署近期森林草原防灭火工作；听取疫情防控工作情况汇报，安排部署"两节"期间常态化疫情防控工作；会议研究《关于在原州区开展第八个五年法治宣传教育的实施方案》；研究《关于开展 2013—2020 年扶贫项目资产确权颁证移交有关工作的请示》《原州区闽宁协作社会帮扶使用管理办法（暂行）》；研究《关于统筹原州区 2021 年可用财力全力做好年底预算平衡工作的请示》《2021 年第二批地方政府新增一般债券资金安排计划》《关于 2022—2024 年政策性农业保险公开遴选实施方案的请示》《关于申请动支 2021 年预备费用的请示》；研究《关于提请研究〈原州区彭堡镇吴磨村等两宗集体经营性建设用地使用权出让实施方案〉的请示》；研究《关于提请研究〈原州区烟草制品零售点合理布局（草案）〉的请示》；研究《关于对泉港村 19 栋日光温室进行移交的请示》；研究《关于提请研究提高城市管理执法协管员工资待遇的请示》；研究《关于提请研究〈原州区公开招聘社区工作者实施方案〉的请示》；研究《关于提请研究〈原州区光伏电站收益分配管理办法〉的请示》《关于提请研究〈原州区 2021 年光伏收益资金（第十二批）分配方案〉的请示》；研究《关于申请对原州区机关事务中心综合楼进行维修改造的请示》。

【第 3 次常务会议】

2022年1月13日，原州区人民政府召开第3次常务会议。会议传达学习中共中央政治局专题民主生活会、党史学习教育总结大会精神，习近平总书记发表二〇二二年新年贺词精神，中央农村工作会议精神；传达学习《中共中央 国务院关于做好2022年全面推进乡村振兴重点工作的意见》（中发〔2022〕1号）精神；传达学习中央全面深化改革委员会第五次、第七次会议精神；传达学习《中共中央办公厅 国务院办公厅〈关于更加有效发挥统计监督职能作用的意见〉的通知》精神；传达学习自治区党委经济工作会议精神、自治区党史学习教育总结会议精神；传达学习《自治区党委办公厅 人民政府办公厅印发〈关于深入推进"四大提升行动"的若干措施〉的通知》，雷东生常委、彭有东副主任调研原州区"四大提升行动"全面促进乡村振兴工作及座谈会精神；会议传达学习《自治区安委会办公室关于将履行安全生产责任情况列入党政领导班子和领导干部年度考核述职内容的通知》（宁安办〔2022〕4号）精神；传达学习自治区、固原市两会、春节、北京冬奥会期间维护社会稳定专题工作视频会精神；传达学习固原市两会精神；听取疫情防控工作情况汇报、防止耕地"非粮化"工作情况汇报、原州区2022年财政运行情况汇报，并安排部署相关工作；研究《关于提请研究〈原州区进一步加强政府采购管理和规范政府采购行为的通知〉的请示》《关于提请研究〈原州区设立乡村振兴基金方案〉〈乡村振兴融资担保基金管理办法〉的请示》；研究《原州区政府投资项目管理办法》；研究《关于划拨寨科粮库部分土地有关情况的请示》《关于原州区2022年高效节水灌溉项目建设的请示》；研究《关于申请采购原州区职工餐厅及公寓设备的请示》《关于申请购买中巴车辆的请示》。

【第 4 次常务会议】

2022年1月28日，原州区人民政府召开第4次常务会议。会议传达学习习近平总书记在省部级主要领导干部学习贯彻党的十九届六中全会精神专题研讨班开班式上的重要讲话精神；传达学习习近平总书记在十九届中央纪委六次全会上的重要讲话精神和赵乐际同志的讲话精神，自治区纪委十二届六次全会精神，固原市纪委五届二次全会精神；传达学习自治区两会精神、自治区党委农村工作会议精神；传达学习《自治区人民政府办公厅关于印发〈咸辉同志在自治区人民政府第六次全体（扩大）会议上的讲话〉的通知》《自治区人民政府印发〈宁夏回族自治区突发事件总体应急预案〉的通知》；研究《原州区深入推进"四大提升行动"实施方案》；研究《关于提请研究固原市原州区建设高标准市场体系责任清单的请示》；研究《关于申请购买新闻设备等有关事宜的请示》；研究《关于提请研究2022年中小学幼儿园食堂原材料政府采购项目公开招标的请示》《关于提请研究原州区第二十小学等4所新建学校设备采购计划的请示》。

【第 5 次常务会议】

2022年2月11日，原州区人民政府召开第5次常务会议。会议传达学习《自治区信访工作联席会议办公室信访局关于深入学习贯彻习近平总书记重要讲话精神的通知》精神，研究原州区贯彻意见；安排部署中央依法治国办法治政府建设实地督察反馈意见整改工作；研究《关于提请研究〈关于加强政府投资限额以下工程建设项目管理的通知〉的请示》；研究《关于提请研究〈2021年巩固脱贫成果后评估发现问题整改方案〉的请示》；研究《关于提请研究〈关于抓好玉米大豆带状复合种植的通知〉的请示》《关于提请研究〈2022年原州区扩大春小麦种植面积实施方案〉的请示》；研究《关于提请研究〈固海扩灌扬水更新改造工程西吉供水工程和清水河流域城乡供水工程建设项目用地补偿方案〉的请示》。

【第 6 次常务会议】

2022年2月22日，原州区人民政府召开第6次常务会议。会议传达学习《中共中央办公厅 国务院办公厅关于印发〈地方党委和政府领导班子及其成员粮食安全责任制规定〉的通知》精神，研究《关于提请研究〈原州区贯彻落实地方党委和政府领导班子及其成员粮食安全责任制规定的分工方案〉的请示》；传达学习自治区乡村振兴局长会议精神，自治区《关于做好2022年全面推进乡村振兴重点工作的实施意见》精神；传达学习固原市国家食品安全示范城市创建启动会暨全域创建"食品药品安全区"工作推进会议精神，研究《关于提请研究〈原州区国家食品安全示范城市创建工作方案（送审稿）〉的请示》；研究《关于提请研究〈原州区关于加强公开招标数额标准以下政府采购项目管理的通知〉的请示》；研究《关于提请研究〈原州区2022年移民致富提升行动实施方案〉的请示》《关于提请研究〈原州区健全防止返贫致贫动态监测和精准帮扶管理办法（试行）〉的请示》；研究《关于提请研究提高原州区城乡居民最低生活保障标准孤儿养育津贴和特困人员基本生活费标准的请示》；研究《关于原州区张易镇穆家庄至盐泥村农村公路等21个项目建设内容及投资有关情况的汇报》；研究《关于原州区兴百业扶贫开发投资有限公司运营情况的汇报》《固原市原州金祥融资担保有限公司运行管理情况汇报》；研究《关于提请研究提高原州区城乡居民基本养老保险基础养老金标准的请示》；研究《关于提请研究原州区亚行贷款宁夏六盘山扶贫农村公路项目政府债务外贷资金使用情况的请示》。

【第7次常务会议】

2022年3月17日，原州区人民政府召开第7次常务会议。会议传达学习习近平总书记在中央全面深化改革委员会第二十四次会议、中央党校（国家行政学院）中青年干部培训班开班式、十九届中共中央政治局第三十七次集体学习时的重要讲话精神和2月25日中共中央政治局会议精神；传达学习全国两会精神及自治区有关会议精神；传达学习全国疫情防控工作电视电话会议精神、自治区新冠肺炎疫情防控工作电视电话会议精神和冼国义同志督导调研疫情防控工作时的讲话精神，听取疫情防控工作情况汇报并安排部署有关工作；传达学习自治区工程建设政府采购等重点领域突出问题专项治理工作领导小组第三次会议精神、《关于印发〈艾俊涛、赵永清同志在自治区工程建设政府采购等重点领域突出问题专项治理工作领导小组第三次会议上的讲话〉的通知》《关于印发〈2022年自治区深化工程建设政府采购等领域专项治理开展国有产权土地矿业权交易等重点领域突出问题专项治理工作方案〉的通知》《关于印发〈自治区卫生健康领域突出问题专项治理工作方案〉的通知》《关于印发〈2022年巩固深化工程建设政府采购等领域突出问题专项治理工作要点〉〈2022年自治区卫生健康领域突出问题专项治理工作要点〉〈2022年自治区国有产权、土地矿业权交易等重点领域突出问题专项治理工作要点〉的通知》精神及自治区卫生健康领域突出问题专项治理工作动员视频会议精神，安排部署有关工作；传达学习《自治区安委会办公室关于开展自治区安全生产巡查督查工作的通知》精神，安排部署有关工作；传达学习自治区脱贫人口稳岗就业工作视频会议精神，安排部署有关工作；研究《原州区实施"五大行动"任务清单》；研究《关于原州区彭堡惠德至蒋口产业园区道路等重点建设项目建设内容及投资有关情况的汇报》《原州区新能源产业发展工作方案（送审稿）》；研究《原州区2022年财政第一批大额资金安排计划》《关于提请研究处置原州区国有房地产资产的请示》《关于提请研究2022年度两融资平台还本付息资金的请示》《关于提请研究原州区纪律检查委员会购置执法执勤用车的请示》；研究《原州区创建全域旅游示范区实施方案》；研究《自治区审计厅审计原州区巩固拓展脱贫攻坚成果同乡村振兴有效衔接相关政策和资金反馈问题整改方案》《原州区"富民贷"工作实施方案》《关于开展2022年乡村振兴健康保工作的实施方案》；研究《原州区农村人居环境整治提升五年行动实施方案（2021—2025年）(送审稿)》《原州区2022年人工影响天气工作方案》；研究

《关于2022年原州区旱作节水农业技术推广春覆膜等项目建设内容及投资有关情况的汇报》；研究《关于原州区农业供水价格执行的请示》；研究《关于原州区头营镇张崖村建筑用白云岩一矿和张易镇田堡村建筑用砂矿资源量补划的请示》；研究《关于提请研究变更原州区人民医院中医康复楼1—3层使用功能的请示》；研究《关于提请研究解决原州区"十二五"城区劳务移民和煦家园多人多代住房困难的请示》。

【第8次常务会议】

2022年4月1日，原州区人民政府召开第8次常务会议。会议传达学习习近平总书记对东航客机坠毁作出的重要指示精神、3月31日中共中央政治局常务委员会会议精神和全国安全生产电视电话会议、自治区安全生产电视电话会议暨自治区安委会2022年度第二次全体（扩大）会议、固原市安全生产电视电话会议精神，听取原州区安全生产、消防安全工作开展情况汇报，安排部署近期原州区安全生产、森林草原防灭火工作；传达学习3月17日中共中央政治局常务委员会会议、3月21日自治区党委常委会会议、自治区政府第115次常务会议、咸辉调研检查疫情防控和专题会议、《自治区应对新冠肺炎疫情工作指挥部办公室关于做好清明节假期值班工作的通知》（宁疫指办发〔2022〕191号）、固原市疫情防控工作视频会议精神，听取近期疫情防控工作汇报，安排部署近期原州区疫情防控工作；传达学习中央第四生态环境保护督察组向宁夏回族自治区反馈督察情况精神、市委常委会会议暨生态环境保护领导小组会议精神，安排部署有关工作；传达学习自治区领导干部会议、自治区党委常委会会议暨自治区党的建设领导小组会议、自治区领导干部廉政警示教育大会、自治区党委审计委员会第七次会议、自治区党委全面依法治区委员会第六次会议、自治区党委统一战线工作领导小组2022年第1次会议、2021年度领导干部经济责任审计查出问题整改推进会精神；传达学习《中华人民共和国行政诉讼法》《最高人民法院关于适用〈中华人民共和国行政诉讼法〉若干问题司法解释》《最高人民法院关于行政机关负责人出庭应诉若干问题的规定》《国务院办公厅关于加强和改进行政应诉工作的意见》等法律法规中关于行政机关负责人出庭应诉相关规定；听取原州区信访维稳工作情况汇报和禁毒工作情况汇报，并安排部署下一步工作；研究《关于提请解决原州区职工食堂后厨人员劳务费的请示》《关于提请解决原州区职工食堂就餐人员餐补的请示》。

【第9次常务会议】

2022年4月13日，原州区人民政府召开第9次常务会议。会议传达学习习近平总书记参加首都义务植树活动时和在北京冬奥会冬残奥会总结表彰大会上的重要讲话精神；传达学习3月31日中共中央政治局常务委员会精神、《自治区安委会办公室关于认真学习贯彻梁言顺书记调研讲话精神的通知》《杨青龙、任立新、陈论生同志在自治区、固原市领导在须弥山景区事故批示件上的批示》《杨青龙同志在固原公安要情专报第137期上的批示》精神；传达学习全国人大常委会执法检查组到宁夏执法检查座谈会精神；传达学习梁言顺同志在闽宁镇、宁东能源化工基地、固原市调研时的讲话精神及五届市委2022年第12次常委会会议精神；传达学习咸辉同志调研检查疫情防控并主持召开指挥部专题会议精神，安排部署有关工作；传达学习市委和政府主要领导、分管领导在固原市人民政府督查室《督查通报》第6期上的批示精神；传达学习《深化统计管理体制改革提高统计数据真实性的意见》《统计违纪违法责任人处分处理建议办法》《防范和惩治统计造假、弄虚作假督察工作规定》精神；研究《关于固原市区2022年老旧小区改造项目等重点建设项目建设内容及投资有关情况的汇报》。

【第10次常务会议】

2022年4月28日，原州区人民政府召开第10

次常务会议。会议传达学习习近平总书记在海南考察时、在中央全面深化改革委员会第二十五次会议上重要讲话精神；传达学习习近平总书记关于安全生产重要论述、《安全生产"十五条"措施》及国务院安委会第三综合检查组到宁夏开展综合督导和考核巡查精神，安排部署劳动节期间安全生产有关工作；传达学习国务院、自治区政府廉政工作会议精神；传达学习《信访工作条例》、固原市信访工作第二次联席会议精神，安排部署有关工作；传达学习自治区党委和政府一季度经济形势分析会、4月20日自治区党委常委会精神，听取一季度经济运行情况汇报，安排部署下一步工作；传达学习自治区疫情防控和节日安全专题会议精神、自治区应对疫情工作指挥部周例会（扩大）会议精神，安排部署有关工作；传达学习自治区、固原市"双拥"工作领导小组会议精神，听取"双拥"工作情况汇报，安排部署下一步工作；传达学习五届市委2022年第13次常委会会议精神及《全市巩固拓展脱贫攻坚成果同乡村振兴有效衔接督查情况报告》精神；研究《固原市原州区巩固拓展脱贫攻坚成果同乡村振兴有效衔接实施方案》《原州区2022年巩固拓展脱贫攻坚成果同乡村振兴有效衔接任务清单》；听取工程建设政府采购等领域突出问题专项治理工作开展情况汇报，安排部署下一步工作；研究《原州区"十四五"专项规划》；研究《原州区深入推进减税降费工作实施方案》；研究《原州区2022—2024年农业保险实施方案》《原州区关于进一步加强本级预算管理的通知》《关于原州区政府债务管理及风险预测情况的汇报》《关于解决福商商贸有限责任公司职工相关问题的汇报》；研究《关于固原市原州区病险水库除险加固工程等重点建设项目建设内容及投资有关情况的汇报》；研究《原州区粮食应急预案（修订稿）》；研究《固原市原州区深化应急管理综合行政执法改革实施方案》；研究《原州区消防事业"十四五"规划》；研究《关于推进新时代残疾人事业高质量发展的实施方案（送审稿）》《原州区残疾人保障和发展"十四五"规划(送审稿)》；研究《原州区医疗保障工作联席会议制度》《原州区推进医疗保障基金监管制度体系改革实施方案》；研究《原州区中小学教师"县管校聘"改革实施意见》《关于成立固原市原州区第二十三小学的请示》；研究《关于申请拨付中南部城乡饮水安全工程原州区受水区水价补贴资金的报告》。

【第11次常务会议】

2022年5月3日，原州区人民政府召开第11次常务会议。会议研究《关于原州区2021年度巩固拓展脱贫攻坚成果同乡村振兴有效衔接考核评估发现问题整改方案的请示》；研究《关于原州区巩固拓展脱贫攻坚成果同乡村振兴有效衔接各级干部"大学习大轮训"实施方案的请示》；研究《关于原州区巩固拓展脱贫攻坚成果同乡村振兴有效衔接领导干部包抓行政村（社区）实施方案的请示》。

【第12次常务会议】

2022年6月6日，原州区人民政府召开第12次常务会议。会议研究《原州区贯彻落实稳经济保增长促发展守底线政策措施责任清单》；研究《原州区2022年支持扩大消费实施方案》。

【第13次常务会议】

2022年8月12日，原州区人民政府召开第13次常务会议。会议学习《习近平谈治国理政》第四卷第一章，传达学习习近平总书记在湖北武汉考察时、庆祝香港回归祖国25周年大会暨香港特别行政区第六届政府就职典礼上、在省部级主要领导干部"学习习近平总书记重要讲话精神，迎接党的二十大专题研讨班"上的重要讲话精神，就研究吸收网民对党的二十大相关工作意见建议作出的重要指示精神，给种粮大户的回信精神和6月17日中共中央政治局会议、中央全面深化改革委员会第二十六次会议、十九届中共中央政治局第三十九次及四十次集体学习精神；传达学习李克强对全国安全生产电视电话会议作出重要批示精神及全国安全生产电视电话会议、自治区安委会2022年第三次全体(扩大)会议暨安全生产"百日专项整治行动"动员部署会、自治区安全生产电视电话会议精神及自治区领导批示精神,听取安全生产工作汇报并安排部署有关工作;传达学习《中共中央办公厅 国务院办公厅印发〈关于建立健全领导干部自然资源资产离任审计评价指标体系的意见〉的通知》精神;传达学习自治区第十三次党代会、固原市委五届五次全会精神;传达学习自治区党委建设黄河流域生态保护和高质量发展先行区推进会精神、《自治区党委人民政府印发〈关于深入贯彻落实习近平总书记重要讲话精神推动黄河流域生态保护和高质量发展先行区建设取得新突破的意见〉的通知》精神;传达学习第十三届党委2022年第6次常委会会议、五届市委2022年第25次常委会会议、自治区上半年经济形势分析会精神,听取7月份经济运行情况分析汇报,安排部署下一步工作;传达学习自治区违规收送红包礼金和不当收益及违规转贷或高额放贷专项整治工作动员会、推进会精神;研究《原州区2022年第二批大额资金安排计划》《关于提请审议2022年原州区本级财政预算调整的请示》《关于调整地方政府新增债券历年结余资金用途的汇报》;研究《关于清水河(原州段)二营湿地建设与生态修复工程等重点建设项目建设内容、投资及推进有关情况的汇报》;研究《固原市原州区防汛抗旱应急预案》;听取困难群众救助补助资金审计反馈问题专项治理推进情况汇报;会议安排近期重点工作;会前学习《中华人民共和国反有组织犯罪法》《中华人民共和国乡村振兴促进法》。

【第14次常务会议】

2022年9月7日,原州区人民政府召开第14次常务会议。会议传达学习习近平总书记在新疆考察时、在辽宁考察时、在中共中央政治局7月28日会议上、在党外人士座谈会上、在中央统战工作会议上、在中共中央政治局第四十一次集体学习时的重要讲话精神;传达学习习近平总书记对档案工作的重要指示批示精神、《中华人民共和国档案法》;传达学习国家信访局局长李文章到固原调研督导信访工作时的讲话精神,自治区党委书记梁言顺调研信访工作讲话精神;传达学习自治区党委常委、秘书长雷东生在《原州区2022年上半年乡村振兴工作情况专报》上的批示精神;传达学习自治区党委常委会8月22日会议和自治区政府第130次常务会议精神;传达学习自治区"六权"改革推进会精神;传达学习《固原市领导干部自然资源资产离任审计工作方案》;会议研究《原州区突发事件总体应急预案》《原州区应急救援队伍建设管理办法(试行)》;研究《中国国家铁路集团有限公司2022年定点帮扶原州区项目实施方案(送审稿)》;研究《原州区妇女发展规划(2021—2030)(送审稿)》《原州区儿童发展规划(2021—2030)(送审稿)》;研究《原州区教育体育工作先进集体、先进个人评选表彰及慰问活动方案》;研究《原州区黄铎堡镇和润村"十二五"光伏扶贫试点项目回购实施方案》。

【第15次常务会议】

2022年9月20日,原州区人民政府召开第15次常务会议。会议传达学习习近平总书记在8月30日中共中央政治局会议、9月9日中共中央政治局会议、中央全面深化改革委员会第二十七次会议、上海合作组织成员国元首理事会第二十二次会议上重要讲话精神和对四川甘孜泸定县6.8级地震作出重要指示精神;传达学习习近平总书记关于退役军人工作重要论述,中央退役军人事务工作领导小组第十二次、十三次全体会议和自治区党委退役军人事务工作领导小组第四次全体会议精神,听取2022年退役军人事务工作开展情况汇报,安排部署下一步工作;传达学习《知识产权强国建设纲要(2021—2035年)》;传达学习自治区党委书记梁言顺随机暗访盐池县巩固拓展脱贫攻坚成果情况时的讲话精神;传达学习自治区疫情防控工作电视电话会议、自治区深化"放管服"改革持续优化营商环境电视电话会议、自治区安委会2022年第四次全体会议精神；会议研究《原州区"十四五"退役军人服务和保障规划》；研究《原州区高质量推进紧密型县域医共体建设实施方案》《固原市原州区医共体信息化平台建设方案》；会前学习《中华人民共和国行政诉讼法》。

【第16次常务会议】

2022年10月17日，原州区人民政府召开第16次常务会议。会议传达学习习近平在中国共产党第二十次全国代表大会上代表第十九届中央委员会向大会作的报告和中国共产党第十九届中央委员会第七次全体会议精神，以及自治区疫情防控专题会议、自治区调度经济工作座谈会议、自治区政府第135和136次常务会议精神；会议研究《关于提请研究对原州区就业帮扶车间给予一次性吸纳就业补助方案的请示》；研究《关于提请研究杨郎村育苗温室配套、头营镇杨郎村瓜菜产业基础设施建设和开城镇冯庄村日光温室新建项目固定资产移交的请示》；研究《原州区各级党委和政府及原州区直有关部门生态环境保护责任》《原州区贯彻落实第二轮中央生态环境保护督察报告整改方案》；研究《固原市原州区行政事业单位国有资产使用管理实施细则》《固原市原州区行政事业单位国有资产处置管理实施细则》；研究《关于提请研究原州区义务教育学校课后服务经费保障办法的请示》；研究《北京市门头沟区 宁夏固原市原州区2022年支持和发展民宿经济框架协议》；研究《关于申请增加农村公益性岗位的请示》《关于原州区"基层服务专项计划"招募工作的汇报》；研究《关于2022年电子政务外网建设和运维服务等政府采购项目建设内容及投资有关情况的汇报》；研究《关于原州区2022年一二三产融合发展等项目建设内容及投资有关情况的汇报》。

【第17次常务会议】

2022年11月17日，原州区人民政府召开第17次常务会议。会议传达二十届中共中央政治局10月25日会议精神，习近平总书记在中共中央政治局第一次集体学习时、在瞻仰延安革命纪念地时、在陕西延安和河南安阳考察时的重要讲话精神和《中共中央关于认真学习宣传贯彻党的二十大精神的决定》；传达学习《固原市高效节水灌溉工程建设模式专题调研报告》；研究《关于提请研究原州区部分街道办事处行政区划变更暨增设长城街道办事处的请示》；研究《原州区农村集体建设用地确权登记发证有关事宜》；研究《关于提请研究2020年头营镇利民村肉牛规模养殖场改扩建项目、2021年头营镇利民村肉牛养殖场建设项目和2021年三营镇安和村肉牛养殖场建设项目固定资产移交的请示》；研究《关于原州区明堡新村道路及给排水改造等项目建设内容及投资有关情况的汇报》；召开原州区2022年拥军优属拥政爱民工作领导小组会议。

【第18次常务会议】

2022年12月28日，原州区人民政府召开第18次常务会议。会议传达学习习近平总书记在江泽民同志追悼大会上致的悼词，在中共中央政治局12月6日会议、二十国集团领导人第十七次峰会上的重要讲话和对河南安阳"11·21"火灾事故的重要指示精神；会议研究《政府工作报告（送审稿）》；研究《关于2022年国民经济和社会发展计划执行情况与2023年国民经济和社会发展计划（草案）的报告（送审稿）》；研究《原州区2022年财政第三批大额资金安排计划》《关于动支2022年预备费的请示》《关于提请审议2022年原州区本级财政预算调整方案的请示》《关于2022年原州区财政预算执行情况和2023年财政预算（草案）的报告》《关于地方政府新增专项债券项目申报有关情况的汇报》；研究《关于提请原州区2022年行政许可事项清单（送审稿）的请示》；研究《原州区森林草原防火"十四五"规划（审议稿）》《关于提请开展原州区集体土地所有权变更调查和确权登记成果更新汇交工作的请示》；研究《关于原州区人民医院创建三级乙等医院购置彩色多普勒超声诊断仪等政府采购项目建设内容及投资有关情况的汇报》；会前学习《中华人民共和国国家安全法》。

综合工作

【以文辅政】

坚持把文稿服务作为第一要务，牢固树立精品意识，重要文稿起草前深入调研、掌握实情，起草中仔细修改、斟字酌句，起草后严格审核、精益求精。全年共起草各类文稿20万余字，其中政府工作报告等重要文件和综合性文稿，受到各级领导、部门和基层肯定。

【信息服务】

坚持把信息工作摆在重要位置，着眼于落实党中央和自治区、固原市党委、政府和原州区委、政府决策部署，将信息撰写的切入点拓展到学习先进地区经验做法上，延伸到县域经济社会发展的方方面面，全年撰写信息192篇，及时有效为政府决策部署提供参考。

【办文办会】

在办文上，坚持"精简、规范、优质"标准，严把报备、收发、阅办、归档等环节，健全完善各项公文办理制度和流程，及时掌握文件去向，及时催办、督办，确保公文快速有序高效流转，全年共印发公文125件，办理领导批示380件，传阅文件6100件次。在办会上，进一步压减会议数量、精简会议议程、缩短会议时间。重要会议坚持做到提前准备、分工负责、层层把关，会前制定会务方案和工作流程，检查会务细节，确保会场布置整洁庄严、会风会纪严肃认真、会议材料齐无差错，保障政府各项工作会议质量和效率。

【调查研究】

坚持把调研作为服务决策的重要途径，充分发挥"参谋部""智囊团"作用，围绕原州区中心工作和群众关心的重点、难点、热点问题，深入一线开展调查研究，全年累计起草调研报告20余篇，为领导决策、推动发展提供科学性、超前性和可操作性的决策预案。

【督查推动】

发挥督查"利剑"作用，把抓落实作为办公室工作重心和落脚点，以上级决策部署、主要领导批示件、常委会会议和常务会议议定事项、原州区人民政府年度目标任务为督查工作重点，统筹开展决策督查、专项督查、调研督查和批件督办，强化督查实效。全年共开展督查61次（牵头督查28次，配合督查33次），现场督导20次，下发督查通报8期、督办清单5期，推动自治区、固原市党委、政府和原州区委、政府决策部署落实、重点项目建设、民生实事办理和机关作风转变等重点工作取得成效。

【后勤保障】

加强和改进后勤保障，盯住安全，严管理、重排查、常检修，落实消防安全、用电安全等工作。勤俭办事，加强办公室公务用车、耗材管理，有效降低行政成本。用心服务，做好日常人员管理、办公用品配置、职工关爱等工作，完成原州区政府大院院坪、礼堂及卫生间维修改造工程，增加干部值班室2间，配设空调、录音电话等设备，提升干部职工满意度。

信访工作

【信访积案化解】

印发《关于开展领导包案化解重复信访积案工作的通知》，对各级交办的重复信访事项和本地信访积案，按照"属地管理、分级负责""谁主管、谁负责"原则，建立工作台账，"清单式"管理、"表格化"推进，把化解稳控责任分解到单位、量化到岗位、落实到个人，确保件件有人抓、有人管，限期交账。制定出台《关于依法严厉打击信访活动中违法犯罪行为的通告》，对个别极端上访、缠访闹访、寻衅滋事、敲诈勒索、诬告陷害和非法群体聚集、扰乱社会秩序等违法行为将依法予以打击，规范信访行为。

【重要节会保障】

印发《关于做好全国、自治区两会、春节、北京冬奥会及冬残奥会期间信访维稳工作的通知》《关于成立原州区党的二十大信访维稳工作专班的通知》等。组织开展矛盾纠纷排查化解"百日攻坚""回头看"行动，对矛盾纠纷排查化解"百日攻坚"专项行动成效、风险隐患排查整治、信访积案化解进行"回头看"，推动矛盾纠纷排查化解工作常态化开展。

【《信访工作条例》宣传】

在信访工作联席会议上组织学习新的《信访工作条例》，原州区委分管领导专题对条例进行详细解读。举办条例现场宣传活动，发放条例读本 3000 多册、宣传彩页 5000 余份。组织各乡镇（街道）、部门（单位）学习新的《信访工作条例》，推进条例"五进"（进乡村、进社区、进学校、进企业、进单位）活动。

政府信息公开

【重点领域信息公开】

公布原州区人民政府常务会议 14 次、通知公告 69 次；及时更新原州区人民政府领导个人简历和履职信息，发布政务动态 3098 次；通过政府网站、政务服务窗口向社会公开行政执法职责、执法依据、执法程序、监督途径和执法结果等信息 46 条；归集展示市场监管领域"双随机、一公开"信息 66 条；依法依规做好扩大有效投资政策文件及重大建设项目信息公开，持续做好行政事业性收费目录清单常态公开，及时公开各类信息 165 条；主动在原州区政府网站公开就业创业政策，发布各类稳岗就业信息 25 条；网络征集 9 次、回应关切 9 篇；按程序主动公开规范性文件 3 件，全面集中清理 2002 年以来现行有效行政规范性文件，宣布失效和废止 25 件，修改 7 件。

【依申请公开件办理】

按照《宁夏回族自治区政府信息公开申请办理规范》，提升政府信息公开质量和效果，截至 2022 年年底，共收到自然人申请的政府信息公开申请 14 件，均已及时办理答复。累计应对因政府信息公开引发的行政复议 1 件、行政诉讼 1 件。

【政府信息管理】

拓宽网站稿源渠道，与"原州发布"、26 个政务新媒体保持稿件同源发布，累计发布信息 3890 条，提高信息原创比例，加强政务舆情风险研判和实时监测，前瞻性抓好宣传引导，营造良好政策环境和发展氛围。2022 年，组织修改完善《原州区政府信息公开申请办理流程图》《原州区政府网站和政务新媒体信息发布工作流程》，做到制度上墙、规范公开。

【政府网站平台栏目建设】

从页面设计、静态页面制作、自适应手机网站制作、网站实施、长者版制作、无障碍工具条实施等方面，优化升级原州区人民政府门户网站，开发设计"政府信息公开""网上办事""互动交流"三个主要模块，归集展示重大专题专栏。截至 2022 年年底已完成原州区人民政府网站 IP_v6 改造、无障碍阅读功能改造、适老化改造，并开发建成门户网站手机端适配，适应社会公众指尖查阅信息的阅读习惯。

【业务监督保障】

完善政府信息公开社会评议工作，在原州区人民政府网站发布 2022 年原州区政府信息公开社会评议调查问卷，向相关单位（部门）及群众代表征求，以评议结果作为考核的重要依据，按照原州区落实效能目标考核管理制度要求，将政务公开工作纳入原州区督查考核范围内，2022 年对各部门（单位）政务公开、政府信息公开工作督查 3

次，公开通报并约谈工作落实不到位单位两个。2022年未收到投诉举报，无被追究责任的行政机关及其工作人员。

【政务公开要点落实】

印发《原州区政府投资项目管理办法（试行）》，从项目决策、项目审批、招投标管理、建设管理、资金管理、竣工验收等方面，深化投资体制改革，规范政府投资行为。聚焦侵犯知识产权问题，全年共办理侵权案件5起。在原州人民政府网站首页开设减税降费专栏，制定《原州区深入推进减税降费实施方案》，组织开展宣传减税降费政策，抓好各项援企惠企政策落实。出台支持中小微企业发展措施，加大资金信贷、减轻税费支持力度，打好政策落实"速度战"、市场主体"纾困战"。坚持在发布社会关注的重大政策、内容敏感的重要信息前，加强统筹协调，强化系统内部信息整合，统一步调对外发声。

【重要政策解读】

落实政策解读同步起草、同步审批、同步发布的"三同步"要求，对政府网站已公开的文件内容与公众企业生产生活密切相关的具体条款及政策事项重点解读，图文解读占比达88%以上，全年发布政策解读9条，其中，文字解读1条、图文解读8条。利用原州区人民政府网站和26个政务新媒体，通过线上线下融合的方式，综合选用图文解析、视频动画等可视、可读、可感解读形式，特别邀请原州区政府分管领导就支持扩大消费9条硬措施进行答疑解惑。优化咨询服务，在原州区审批局设立"12345"便民服务分办中心，及时收集、按时处理、认真答复，截至2022年年底，已办理10965件，办复率100%。在原州区政务服务中心设立政策咨询窗口，截至2022年年底，回应小区物业服务、老城改造、学生入学、道路硬化、各类惠农补贴、劳动力保障、疫情防控等群众关心的问题和政策咨询共计10965条，已全部回复办理，群众满意度100%。精准推送政策，组织发改局、工信商务局、水务局等部门对《原州区关于进一步完善失信约束制度构建诚信建设长效机制的实施方案》《原州区2022年支持扩大消费实施方案》《原州区用水权确权实施方案》等9项重要政策和解读材料精准推送。

政协原州区委员会

综 述

【建言资政】

围绕巩固拓展脱贫攻坚成果同乡村振兴有效衔接，加快发展优质现代服务业，提升基础教育质量、优化城乡教育均衡发展，推进城乡健康知识普及、提升全民健康水平等8个原州区委、区政府确定的2022年协商议题，坚持"不学习就不调研，不调研就不协商"工作法，由专委会组织委员集中学习，掌握第一手资料，同时由分管副主席带队组织委员外出考察，深入调研，座谈分析研究，撰写高质量调研报告8篇，向原州区委、区政府提出意见建议40条，为原州区委、区政府高质量推动工作提供参考。紧扣建设美丽新原州，政协委员在不同层面、不同岗位参与巩固脱贫攻坚成果、乡村振兴、基层治理、疫情防控、驻村蹲点、文明创建等重点工作，开展调查研究、组织协商议政、反映意见建议。8月22日，原州区政协委员围绕原州区文化旅游定位开展的"远程协商、网络议政"活动，参与委员达126人，先后被人民网、华兴时报等转载，在社会上引起强烈反响。四届一次会议以来，共立案43件提案，分别交由16个承办单位办理。通过开展两次重点提案办理协商、两次集中督办、一次提案工作"双向评议"，实现办结率95.3%，委员满意率83.7%。以提升提案工作质量为目标，创新深化原州区"3322"提案工作法，实现原州区政协提案内容由随意向规范、来源由个人向集体、立案由数量向质量、办理由答复向办结的突破性转变。把增进民生福祉作为履职着力点和落脚点，搭建政协履职平台，延伸政协履职触角，畅通信息反映渠道。新建政协委员会客室8个，基层政协委员联系点14个，为会客室统一设计制作凸显原州特色的LOGO，各会客室和联系点结合自身优势及行业领域，宣传党的政策、联系界别群众、反映社情民意，共收集社情民意信息60余条，编发《社情民意》38期。其中"对城区不符合选址规定、存在安全隐患的加油（气）站采取搬迁措施的建议"被自治区"12345"信息平台采用；"关于规范使用国旗的建议"被自治区政协办公厅采纳。

【民主监督】

组织委员对农村生活垃圾治理、生活污水治理、"厕所革命"、村容村貌整治提升、废弃物资源化利用等问题进行视察，推动问题解决。组织百名政协委员开展"看原州知原州爱原州"主题观摩活动，通过对辖区生态建设、基础教育提升、产业发展、移民致富等重大项目观摩，让委员实地感受原州经济社会发展的新变化，增强委员主人翁意识。此项活动被新闻媒体转发报道，点击阅读量超过320万人次。围绕政协民主监督员"愿监督、能监督、敢监督"三条选拔原则，结合委员工作经历、专业特长等向原州区法院、检察院、司法局等27个重点部门（单位）派驻民主监督小组27个、民主监督员100名。年初召开原州区民主监督工作会，被派驻部门（单位）负责人向选派的民主监督员颁发聘书。各派驻监督小组按照宪法法律和政协章程有序开展工作，坚持问题导向，聚焦关键内容和环节，把协商民主贯穿于监督全过程，融协商、监督、参与、合作于一体，先后参与行政事业单位人员招聘面试、法检两院案件审理等原州区重点事项监督活动30余场次。

【"双向发力"机制落实】

健全主席会议成员分工联系、专委会对口联系原州区各民主党派和工商联制度，做到重要议题共同协商、重大活动共同组织、重点调研共同开展，畅通党派团体履行职责的渠道。全年各民主党派、工商联和无党派人士在政协平台上聚焦发展重点、改革难点、民生热点，积极议政建言，共提交大会发言5篇、提案9件，8位委员在全体会议、常委会会议及委员读书活动上作口头发言。健全委员联络制度，定期走访委员所在单位、企业。各界别委员依托界别工作室和委员会客室，双月开展委员读书活动，单月开展委员大讲堂活动，共计开展各类活动30余次，加强界别委员间互动联系交流。先后接待湖北省政协、广西壮族自治区政协、河南省政协和自治区及其他各市、县（区）政协到原州区调研视察、学习考察20批次266人（次），全市政协常委2022年重大项目观摩活动在原州区举行。原州区历史文化名城保护和利用、肉牛产业发展、生物多样性保护、冷凉蔬菜种植及重大项目建设等重点工作受到了到原州区各省（市县区）政协领导及委员的充分肯定和高度赞扬，通过政协平台宣传了原州。

【委员履职】

组织委员与市政协同频共振举办为期3天的委员履职能力提升培训班。自设专题，邀请专家教授集中举办委员履职能力培训班3期，完善委员履职考核机制，健全委员履职档案，优化设置委员履职考核量化指标，增强委员"我要履职"的主动性、积极性。强化委员们"四个一线"意识，积极履职尽责。刘志聪委员被中共中央、国务院授予全国"人民满意的公务员"称号；马振仁委员被命名为"固原传统建筑营造技艺"国家级代表性传承人；陈昊、王永晟、祁学斌、蔡全录委员书画摄影作品多次获奖；李翔宇委员散文集公开出版发行；白雪梅、杨佰兰、马永刚等15名优秀委员的履职事迹在《华兴时报》、《固原日报》、新原州等媒体集中宣传报道。优化委员履职环境，落实专委会对应联系委员制度，将215名委员按界别安排到对应4个专委会。探索委员自愿报名参与协商计划调研机制，由"要我调研"变为"我要调研"，提升调研针对性实效性。推动完善绩效考评，将支持政协履职、推进成果转化、政协提案办理等纳入乡镇（街道）、部门（单位）年终考核，增加考核分值（由原来1分增加到1.5分），让委员履职成果更受重视、履职环境更加优化。修订完善《政协固原市原州区委员会专题协商会议规则》《原州区政协协商议政质量评价办法》《政协固原市原州区委员会界别委员工作室工作办法》等20多项制度，形成完备、规范、有效的制度体系。

重要会议

【四届常委会第一次会议】

2022年3月11日，政协固原市原州区第四届常委会召开第一次会议。会议集体学习中央、自治区党委、固原市委和原州区委有关会议精神；听取原州区纪委监委关于原州区执纪监督工作的通报和原州区委政法委关于原州区平安建设工作的通报。审议并通过《原州区政协2022年度工作要点（审议稿）》和工作机构设置、有关人事任免事项等。

【四届常委会第二次会议】

2022年7月18日，政协固原市原州区第四届常委会召开第二次会议。会议书面传达《中国共产党政治协商工作条例》和自治区第十三次党代会精神；听取原州区人民政府、原州区委政法委关于加快发展优质现代服务业情况和关于坚决守好"三条生命线"提升基层治理水平和能力建设情况的通报；审议通过《加快原州区文化旅游和电子商务发展促进现代服务业提档升级专题协商报告》和《坚决守好"三条生命线"提升原州区基层治理水平和能力专题协商报告》；两名政协委员围绕协商议题作交流发言；与会人员围绕两个协商报告和2022年政协工作开展情况进行分组讨论，并提出意见建议。

【四届常委会第三次会议】

2022年11月18日，政协固原市原州区第四届常委会召开第三次会议。会议传达中国共产党第二十次全国代表大会精神,安排部署原州区政协系统学习宣传贯彻工作;听取原州区人民政府关于原州区提升生态环境建设和环境保护、推进黄河流域生态保护和高质量发展先行区建设和巩固拓展脱贫攻坚成果同乡村振兴有效衔接工作情况的通报;听取原州区总工会、妇联、科协、残联等政协参加单位2022年度工作汇报;两名委员作交流发言;审议通过《关于原州区提升生态建设和环境保护、推进黄河流域生态保护和高质量发展先行区建设情况的调研报告》《关于原州区巩固拓展脱贫攻坚成果同乡村振兴有效衔接工作情况的调研报告》和有关人事任免事项。

【四届常委会第四次会议】

2022年12月31日,政协原州区第四届常委会召开第四次会议。会议审议通过政协第四届固原市原州区委员会常务委员会第四次会议议程、日程(草案);听取原州区纪委监委关于2022年度工作进展情况的通报;听取原州区委政法委关于2022年度工作进展情况的通报;审议通过关于召开政协第四届固原市原州区委员会第二次会议的决定(草案);审议通过政协第四届固原市原州区委员会第二次会议议程、日程(草案);审议通过政协第四届固原市原州区委员会第二次会议有关人员名单、范围(草案);审议通过政协第四届固原市原州区委员会常务委员会工作报告(草案);审议通过政协第四届固原市原州区委员会常务委员会关于四届一次会议以来提案工作情况的报告(草案);审议通过政协第四届固原市原州区委员会2023年协商工作计划(草案);审议通过有关人事任免事项。

专门委员会工作

【提案委员会】

以提高提案质量、办理质量、服务质量为抓手,完善提案"3322"工作法,建立提案线索建议清单、立案转办交办清单、办理成效清单,主动与提案人、承办单位开展三方互动协商,以督办、验收、评议推进原州区政协提案工作。政协原州区四届一次会议以来,共收到提案102件,参与政协委员175人次,并案17件,实际提案85件,对不符合要求的15件提案不予立案,协商审定立案43件(确定原州区委、区政府主要领导和政协领导班子领衔督办的重点提案9件),转市政协办12件,转社情民意15件。5月7日原州区政府召开提案交办工作会议,8月、11月原州区政协领导班子率相关提案人集体督办提案2次,推进提案办理和质量提升。7月下旬,围绕原州区推进城乡健康知识普及,提升全民健康水平情况开展界别调研协商,提出5个方面工作建议;9月上旬,围绕原州区提升生态建设和环境保护、推进黄河流域生态保护和高质量发展先行区建设情况开展议政性常委会调研协商,提出6个方面工作建议,推动调研协商成果转化为实际工作成效。在春节前夕,联合工会、文联等社会团体,邀请文化艺术界委员和书法界名家,开展"文化进万家迎新春送春联"主题活动,现场书写赠送春联、福字3000余幅。4月12日,组织黄铎堡镇、寨科乡30名委员,赴丰泽村、蔡川村开展在贯彻落实巩固拓展脱贫攻坚成果与乡村振兴有效衔接工作中所面临的关键问题和应对的具体措施的基层专题调研活动,形成《关于推进原州区巩固拓展脱贫攻坚成果同乡村振兴有效衔接工作的建议》,提出4个方面建议。组织委员成立考察组赴石嘴山市大武口区、惠农区、平罗县,考察学习在建立和完善提案提交、评审、转交、督办、评议、服务等工作机制及委员联络方面的有效做法和成功经验。按照《原州区政协委员会客室实施方案》要求,负责陈昊、陆斌两个委员会客室的组建、联络、服务、协调工作。先后组织6场次学习宣传、书法交流、成果展览等主题活动,参加委员和界别群众80余人次,向原州区政协提交《社情民意信息》16期,撰写委员提案17件,以会客室协商成果转化促进取得社会实效。

【经济委员会】

围绕原州区委、区政府中心工作,对原州区提升巩固拓展脱贫攻坚成果同乡村振兴有效衔接工作进行专题议政性常委会协商。聚焦原州区一、二、三产融合发展,原州区农村人居环境整治工作开展协商调研。指导成立姚刚委员会客室,会客室由姚刚委员牵头,团队成员由农业、科技等部门的委员组成,发挥委员专业特长,使会客室成为学习交流新载体,联系群众的新纽带,协商民主的新路径,团结联谊的新平台,凝聚共识的新渠道。到联系的三营镇甘沟村7户脱贫户开展对口帮扶工作,宣传乡村振兴各项政策,了解群众生产生活需求,及时反馈解决困难问题。做好原州区内外政协调研考察接待工作,先后接待广西政协关于"推进长征文化公园建设,助推绿色产业发展"考察学习、自治区政协关于"努力延长农副产品产业链、价值链,提高农民收入水平"调研、市政协关于"农村人居环境整治工作"调研考察等11次,做好调研考察对接协调工作。

【科教文卫体委员会】

组织相关界别委员对原州区"推动传统服务业转型升级,加快发展现代服务业"和"提升基础教育质量,优化城乡教育均衡发展"两个专题进行调研。组织界别委员和基层联系点委员深入基层联系点官厅镇、开城镇就乡村文化旅游示范点建设开展调研协商活动。组织科技界别委员深入河川乡开展基层联系点农业科技示范推广工作调研协商,就玉米套种病虫害问题、菌菇种植推广销售问题、村集体经济发展瓶颈等问题与乡党委班子进行面对面交流协商,现场协商解决农村科技"土专家"报酬问题。选派17名委员分别担任教育体育局、文化旅游广电局、卫健局、医保局监督员。

【社会治理委员会】

组织委员赴吴忠市盐池县、利通区,中卫市沙坡头区就城市精细化管理工作进行专题考察学习;先后就基层治理水平和能力建设、城市精细化管理两项协商议题开展专题调研;主动联系、协调、指导各监督小组开展工作,发挥民主监督员职能作用,组织委员参加法院庭审现场旁听、"公检法"开放日活动等。通过参加监督单位工作通报会、征集意见座谈会等活动,积极建言,助推部门单位工作走深走实;指导成立李鸿、周德科委员会客室,两个会客室分别召开工作推进会两次,线上线下理论学习两次,专题活动三次。组织魏瀛东、刘伟两名委员分别围绕家庭教育和口腔健康两项主题,向周德科会客室成员、金城花园干部职工及社区群众30余人作宣讲。组织界别委员开展铸牢中华民族共同体意识,政协委员在行动暨"书香政协,同心同行"读书活动,以书香涵养委员履职能力。共编发上报自治区、固原市、原州区政协各种理论学习、培训、座谈、调研简报12期,社情民意8期。做好原州区内外政协调研接待和联谊交流工作,先后接待自治区政协调研原州区生态保护领域人才队伍建设、铸牢中华民族共同体意识工作,固原市政协调研原州区人才队伍建设工作,接待盐池县、贺兰县、彭阳县政协到原州区考察学习。

重要活动

【政协党组召开2022年度第一次会议】

2022年1月12日,原州区政协党组召开2022年度第一次会议。党组书记、主席马仲尧主持会议并讲话,党组成员、副主席张世林、赵向辉,秘书长张东亮出席会议,副主席何秀霞及各委室主任、副主任列席会议。

【组织开展"文化进万家,迎新春送春联"活动】

2022年1月12日,原州区政协联合原州区文化馆,组织部分政协委员和书法家深入开城镇大马庄村开展"文化进万家,迎新春送春联"活动。

【政协党组召开党史学习教育专题民主生活会】

2022年1月24日,原州区政协党组召开党史学习教育专题民主生活会。党组书记、主席马仲尧主持会议并讲话。原州区人大常委会副主任、原州区委党史学习教育第二巡回指导组组长王正奇,派驻第五纪检组组长、原州区综合执法局党委委员、原州区委党史学习教育第二巡回指导组副组长马斌到会指导;党组班子成员金占海、张世林、赵向辉、张东亮参加会议;原州区政协副主席何秀霞,各专委会、办公室主任、副主任列席会议。

【举办全市政协委员履职能力提升(原州区)专题培训班】

2022年2月23日至25日,原州区政协举办全市政协委员履职能力提升(原州区)专题培训班。原州区政协副主席金占海出席并讲话,原州区政协党组书记、主席马仲尧,原州区委常委、统战部部长、政协党组副书记马耀军,原州区政协副主席张世林、赵向辉、何秀霞,秘书长张东亮,自治区、市政协驻原州区委员、原州区政协委员、机关全体干部共计180余人参加培训。

【固原市政协一行到原州区政协机关调研】

2022年3月9日,固原市政协党组书记、主席余剑雄一行到原州区政协机关调研,视察原州区政协机关会议室改造情况,看望慰问原州区政协机关干部职工。市政协副主席张翔宇、秘书长(办公室主任)陈宇青、市委统战部二级调研员藏斌、市政协副秘书长(办公室副主任)虎永军、原州区政协党组成员陪同视察调研。政协机关全体干部及部分政协委员参加座谈。

【政协党组召开2022年度第三次(扩大)会议】

2022年3月9日,原州区政协党组召开2022年度第三次(扩大)会议。原州区政协党组书记、主席马仲尧主持会议并讲话。原州区政协党组、主席班子成员出席会议。各专委会负责同志、派驻纪检监察组组长、机关各委室同志参加会议。

【自治区政协一行深入原州区调研生态保护领域人才队伍建设工作】

2022年3月10日,自治区政协常委、民革宁夏区委会副主委(驻会)徐勇一行深入原州区调研生态保护领域人才队伍建设工作,全面了解当前原州区人才队伍建设情况及人才发展形势。原州区政协党组书记、主席马仲尧,原州区委常委、组织部部长陈启,政府副区长慕夙,政协副主席赵向辉陪同调研。

【广西政协一行深入原州区考察】

2022年3月14日,广西政协人口资源环境委员会副主任陈刚一行深入原州区,围绕"推进长征文化公园建设,助推绿色产业发展"开展考察。市政协副主席杨耀峰,原州区委常委、政府副区长李树荣,原州区政协副主席张世林陪同考察。

【彭阳县政协一行到原州区观摩考察】

2022年3月17日,彭阳县政协党组副书记、副主席赵坤一行到原州区观摩考察。原州区政协党组成员、副主席张世林陪同考察。

【原州区政协一行到彭阳县考察学习生态建设工作】

2022年4月1日,原州区政协党组书记、主席马仲尧带领各副主席,各委室主任、副主任及部分工作人员赴彭阳县考察学习生态建设工作。

【提案和委员联络委组织相关委员深入基层调研】

2022年4月12日,原州区政协提案和委员联络委组织相关委员深入到黄铎堡镇丰泽村、寨科乡蔡川村开展委员联系基层专题调研活动。原州区政协党组副书记、副主席金占海出席活动。

【开展"坚决守好'三条生命线',提升基层治理水平和能力建设"专题调研协商】

2022年4月13日至14日,原州区政协社会治理委员会组织部分政协委员,围绕"坚决守好'三条生命线',提升基层治理水平和能力建设"议题,赴部分乡(镇)、部门(单位)调研,并召开专题协商座谈会。原州区政协党组书记、主席马仲尧参加座谈会。

【自治区政协一行到原州区访谈调研】

2022年4月19日至20日,自治区政协常委、农业和农村委员会党组书记、副主任许兴一行到原州区围绕"努力延长农副产品产业链、价值链,提高农民收入水平"开展访谈调研。固原市政协副主席王政权,原州区政协党组书记、主席马仲尧,副区长慕夙,政协副主席张世林陪同调研。

【开展"加快发展优质现代服务业"专题调研协商】

2022年4月21日至22日,原州区政协副主席张世林带领部分政协委员,聚焦原州区优质现代服务业高质量发展工作,赴各乡(镇)、各部门(单位)调研。

【政协党组召开2022年度第五次(扩大)会议】

2022年5月6日,原州区政协党组召开2022年度第五次(扩大)会议。原州区政协党组书记、主席马仲尧主持会议并讲话。原州区政协党组成员出席会议。各专委会负责同志、机关各委室同志列席会议。

【开展农村人居环境整治工作调研】

2022年5月9日,原州区政协党组书记、主席马仲尧带领部分政协委员深入河川、开城等乡(镇)调研农村人居环境整治工作。原州区农业农村局、调研涉及乡(镇)负责人陪同调研。

【原州区政协一行赴石嘴山市开展专题考察学习】

2022年5月9日至11日,原州区政协党组副书记、副主席金占海带领原州区政协提案和委员联络委员会一行7人深入石嘴山市大武口区、惠农区、平罗县三地开展专题考察学习。

【固原市政协一行到原州区调研人才队伍建设工作】

2022年5月11日,固原市政协副主席、民进固原市委会主委虎久强一行到原州区调研人才队伍建设工作。原州区政协副主席赵向辉、原州区委组织部副部长李宗虎陪同调研。

【自治区政协一行到原州区围绕"绿能开发"情况开展调研】

2022年5月12日,自治区政协人口资源环境委员会专职副主任杨学林一行到原州区围绕"绿能开发"情况开展调研。固原市政协副主席杨耀峰,原州区政协党组书记、主席马仲尧,原州区委常委、副区长李树荣,政协副主席张世林及发改局负责同志陪同调研。

【海原县政协一行到原州区考察学习交流】

2022年5月13日,海原县政协副主席田风梅、王建平、马天科率各委室负责人一行到原州区考察学习交流。原州区政协党组副书记、副主席金占海,党组成员、副主席张世林陪同考察。

【固原市政协一行到原州区调研工作】

2022年5月25日,固原市政协副主席王政权一行到原州区黄铎堡、头营等镇调研农村人居环境整治提升工作。原州区政协党组成员、副主席张世林,调研涉及镇负责人陪同调研。

【开展铸牢中华民族共同体意识,政协委员在行动暨"书香政协,同心同行"读书活动】

2022年5月31日,原州区政协社会治理委员会组织界别委员开展铸牢中华民族共同体意识,政协委员在行动暨"书香政协,同心同行"读书活动,原州区政协党组成员、副主席赵向辉,社会治理委负责人和部分宗教、特邀界别委员参加活动。

【原州区政协第一期"委员大讲堂"在马振仁非遗传承基地开讲】

2022年6月1日,原州区政协第一期"委员大讲堂"在马振仁非遗传承基地开讲。古建筑非遗传承人、原州区政协委员马振仁现场做"中国传统古建筑传承和发展"的专题讲座。原州区部分政协委员、机关干部职工、基层群众50余人参加活动。

【原州区政协召开2022年度民主监督工作会】

2022年6月2日,原州区政协召开2022年度民主监督工作会,原州区政协各副主席、全体政协委员、政协参加单位负责人、政协机关工作人员、被派驻部门(单位)负责人等150余人参加会议。

【原州区政协举办委员履职能力提升培训班】

2022年6月2日,原州区政协举办委员履职能力提升培训班。原州区政协各副主席、全体政协委员、政协参加单位负责人、政协机关工作人员等150余人参加培训。

【利通区政协一行到原州区考察学习】

2022年6月9日,利通区政协党组成员、副主席徐建军一行到原州区考察学习。原州区政协党组副书记、副主席金占海,秘书长张东亮陪同考察。

【科教文卫体委组织相关界别委员深入河川乡基层联系点调研】

2022年6月15日,原州区政协科教文卫体委组织相关界别委员深入河川乡基层联系点,对农业科技推广工作开展情况进行专题调研协商。原州区政协副主席何秀霞参加调研。

【政协党组召开理论学习中心组2022年度第八次(扩大)学习会议】

2022年6月17日,原州区政协党组召开理论学习中心组2022年度第八次(扩大)学习会议,专题传达学习第十三次党代会精神。原州区政协党组副书记、副主席金占海主持会议并讲话。原州区政协党组班子成员参加会议,各委室负责同志、机关全体干部列席会议。

【自治区政协一行到原州区开展铸牢中华民族共同体意识专题协商调研】

2022年6月20日,自治区政协民族和宗教委员会主任罗万里一行到原州区开展铸牢中华民族共同体意识专题协商调研。固原市政协副主席张翔宇,原州区政协党组书记、主席马仲尧,政协副主席赵向辉等陪同调研。原州区政府副区长马文东,宣传部、统战部、民政局、教育体育局等部门(单位)负责人参加座谈会。

【红寺堡区政协一行到原州区调研现代设施农业】

2022年6月27日,红寺堡区政协党组书记、主席张致强一行到原州区调研现代设施农业。原州区政协党组书记、主席马仲尧,原州区委副书记马小路,原州区人大常委会副主任丁洁,原州区政府副区长慕夙,原州区政协副主席张世林陪同调研。

【原州区政协"书香政协"建设暨委员读书系列活动在彭堡镇姚磨村冷凉蔬菜产业园正式启动】

2022年6月28日,原州区政协"书香政协"建设暨委员读书系列活动在彭堡镇姚磨村冷凉蔬菜产业园正式启动。原州区政协党组书记、主席马仲尧出席启动仪式并讲话,原州区政府副区长慕夙,原州区政协副主席金占海、张世林、赵向辉、何秀霞出席启动仪式,原州区政协四届全体常委以及部分政协委员参加活动。

【原州区政协组织百名政协委员开展"看原州知原州爱原州"主题观摩活动】

2022年6月28日至29日,原州区政协组织百名政协委员开展"看原州知原州爱原州"主题观摩活动,激发全体委员看成绩、提信心、找差距、谏诤言,凝聚发展共识,提高履职能力。原州区政协党组书记、主席马仲尧,政府副区长慕凤,政协副主席及部分政协委员100余人参加活动。

【原州区政协举办学习贯彻自治区第十三次党代会精神专题宣讲会】

2022年6月29日,原州区政协举办学习贯彻自治区第十三次党代会精神专题宣讲会,邀请市委宣讲团副团长海明贵教授进行专题宣讲。全体政协常委、部分政协委员及政协机关干部100余人参加会议,会议由原州区政协党组副书记、副主席金占海同志主持。

【原州区政协党组召开从严整改自治区党委第一巡视组专项巡视工程建设政府采购领域反馈问题专题民主生活会】

2022年7月23日,原州区政协党组召开从严整改自治区党委第一巡视组专项巡视工程建设政府采购领域反馈问题专题民主生活会。党组副书记、副主席金占海主持会议并讲话。原州区委组织部副部长毛亚明、原州区派驻第二纪检监察组组长陶玉红到会指导;党组班子成员张世林、赵向辉、王晓杰参加会议;原州区政协各专委会、办公室主任、副主任列席会议。

【原州区政协一行赴吴忠市、中卫市考察学习】

2022年7月20日至22日,原州区政协党组成员、副主席赵向辉率原州区政协社会治理委员会一行8人深入吴忠市盐池县、利通区,中卫市沙坡头区三地开展专题考察学习。

【开展"推进城乡健康知识普及,提升全民健康水平"专题调研协商】

2022年7月25日,由政协提案委员会组织,原州区政协党组副书记、副主席金占海带领医药卫生界别部分政协委员,围绕"推进城乡健康知识普及,提升全民健康水平"议题,进医院、学校、社区、公园、农村开展调研,并召开专题协商座谈会。

【固原市政协到原州区开展扶持壮大村集体经济和肉牛养殖出户入园专题调研】

2022年7月26日,固原市政协副主席王政权、虎久强一行到原州区调研村集体经济和肉牛养殖出户入园情况。政府副区长慕凤、政协副主席张世林,组织部、农业农村局、调研涉及乡镇负责人陪同调研。

【原州区政协党组召开违规收送红包礼金和不当收益及违规借转贷或高额放贷专项整治工作动员部署会】

2022年7月26日,原州区政协党组召开违规收送红包礼金和不当收益及违规借转贷或高额放贷专项整治工作动员部署会。原州区政协党组副书记、副主席金占海主持会议并作动员讲话,原州区政协党组成员、各专委会负责同志、机关全体干部出席会议。

【盐池县政协一行到原州区考察】

2022年7月28日,盐池县政协副主席王振学一行到原州区观摩考察。原州区政协副主席赵向辉,住建局、考察涉及乡镇负责人陪同考察。

【银川市政协一行到原州区考察】

2022年7月29日,银川市政协副主席马元文一行到原州区观摩考察农村人居环境整治工作。固原市政协副主席王政权,原州区政府副区长马文东,原州区政协副主席张世林,农业农村局和相关乡镇负责同志陪同考察。

【开展提升巩固拓展脱贫攻坚成果同乡村振兴有效衔接专题调研协商】

2022年8月4日,原州区政协副主席张世林带领部分政协委员,以"四大提升"行动为抓手,赴各乡(镇)开展巩固拓展脱贫攻坚成果同乡村振兴有效衔接专题调研,并召开座谈会。

【原州区政协对四届一次会议提案开展中期督办】

2022年8月10日至11日,原州区政协领导班子成员会同部分提案委员对四届一次会议委员提案进行中期督办,原州区政府副区长张小荣陪同督办。

【固原市政协到原州区开展城乡居民收入提升行动专题调研】

2022年8月12日,固原市政协副主席杨耀峰一行到原州区围绕城乡居民收入提升行动开展专题调研。原州区政协副主席张世林,人力资源和社会保障局、农业农村局和相关乡镇(街道)负责同志陪同调研。

【固原市政协到原州区开展全民健康水平提升行动专题调研】

2022年8月16日,固原市政协副主席杨耀峰一行到原州区开展全民健康水平提升行动专题调研。原州区委常委、政府副区长宋兆璐,原州区政协副主席何秀霞,卫生健康局和相关乡镇(街道)负责同志陪同调研。

【科教文卫体委员会围绕乡村文化旅游发展开展委员基层联系点调研活动】

2022年8月17日,原州区政协科教文卫体委员会组织部分政协委员深入到开城镇、官厅镇等委员基层联系点,围绕乡村文化旅游发展开展调研活动,并召开专题座谈会。原州区政协副主席何秀霞参加活动。

【原州区政协周德科委员会客室专题学习贯彻自治区第十三次党代会精神】

2022年8月18日,原州区政协周德科委员会客室召开会议,专题传达学习自治区第十三次党代会精神。会客室全体成员、社区居民代表、社区及物业公司工作人员参加会议,政协党组成员、副主席赵向辉应邀出席会议。

【原州区政协"委员大讲堂"在周德科委员会客室开讲】

2022年8月18日,在原州区政协社会治理委员会的组织下,原州区政协"委员大讲堂"在周德科委员会客室开讲,原州区政协委员魏瀛东、刘伟分别围绕家庭教育和口腔健康两项主题,向会客室成员、金城花园干部职工及社区群众30余人作了一堂理论实际相结合的宣讲。原州区政协党组成员、副主席赵向辉出席活动。

【政协党组召开2022年度第8次(扩大)会议】

2022年8月22日,原州区政协党组召开2022年度第8次(扩大)会议。原州区政协党组书记、主席马仲尧主持会议并讲话。原州区政协党组成员出席会议。各委室负责人及机关其他干部职工列席会议。

【召开"进一步解放思想、吃透区情、找准定位、创新发展大讨论"活动启动会】

2022年8月22日,原州区政协召开"进一步解放思想、吃透区情、找准定位、创新发展大讨论"活动启动会。原州区政协党组书记、主席马仲尧主持会议并讲话。原州区政协主席会议成员、各委室负责人及机关其他干部职工参加会议。

【开展"远程协商、网络议政"活动】

2022年8月22日,原州区政协利用政协委员工作微信群组织委员围绕原州区文化旅游定位开展"远程协商、网络议政"活动。按照原州区委初步拟定的"避暑胜地、锦绣原州"和"避暑胜地、丝路重镇"的文旅定位,广泛征求委员意见。

【固原市政协常委观摩全市重大项目活动在原州区举行】

2022年9月6日,固原市政协党组书记、主席余剑雄带领各副主席、秘书长、常务委员、离退休老干部50多人到原州区观摩2022年重大项目建设情况,共同感受发展成果,凝聚发展共识,积极建言献策。

【开展"提升生态建设和环境保护、推进黄河流域生态保护和高质量发展先行区建设"专题调研协商】

2022年9月7日,原州区政协党组副书记、副主席金占海带领提案和委员联络委员会及农业、科技界别部分政协委员,围绕"提升生态建设和环境保护、推进黄河流域生态保护和高质量发展先行区建设"议题开展调研,并召开专题协商座谈会。

【隆德县政协主席李国英一行到原州区考察产业发展工作】

2022年9月7日,隆德县政协主席李国英带领各副主席、各委室主任、部分政协委员到原州区观摩考察产业发展工作。原州区政协党组书记、主席马仲尧,副主席张世林,农业农村局和相关乡镇负责同志陪同考察。

【贺兰县政协一行到原州区考察铸牢中华民族共同体意识工作】

2022年9月8日,贺兰县政协副主席钱瑞一行到原州区观摩考察铸牢中华民族共同体意识工作。原州区政协副主席赵向辉,统战部、人民法院和相关乡镇(街道)负责同志陪同考察。

【马永刚委员会客室成员开展中秋节爱心助残活动】

2022年9月9日,马永刚委员会客室成员马永刚、刘伟与原州区残联康复中心马越等爱心人士一行6人开展"爱心助残暖人心、民族团结手牵手"主题慰问活动。深入困难残疾群众家庭进行走访慰问。

【李鸿委员会客室开展"铸牢中华民族共同体意识"系列活动】

2022年9月10日,原州区政协李鸿委员会客室携手南关街道宋家巷社区开展"铸牢中华民族共同体意识"委员与群众互动宣讲活动,共话邻里情,共学党史感党恩,共绘民族团结同心圆。

【开展"加强城市精细化管理,提升城市品位品质"专题调研协商】

2022年9月14日,原州区政协社会治理委员会组织部分政协委员围绕"加强城市精细化管理,提升城市品位品质"议题开展专题调研。原州区政协副主席赵向辉参加调研,宣传部、卫健局、综合执法局和相关街道办负责人陪同调研。

【召开"进一步解放思想、吃透区情、找准定位、创新发展"大讨论研讨活动】

2022年9月16日,原州区政协召开"进一步解放思想、吃透区情、找准定位、创新发展"大讨论第二次研讨会议。原州区政协党组副书记、副主席金占海主持会议并讲话。原州区政协机关党员干部参加会议。

【政协党组召开学习贯彻党的二十大精神专题会议】

2022年10月27日,原州区政协党组召开2022年度第9次(扩大)会议,专题传达学习党的二十大精神。原州区政协党组书记、主席马仲尧主持会议并讲话,机关干部职工参加学习。

【组织开展四届一次会议提案终期验收性督办】

2022年11月21日,原州区政协对四届一次会议委员提案进行终期验收性督办。原州区政协党组书记、主席马仲尧,副主席金占海、张世林、赵向辉、何秀霞，秘书长张东亮，政协各委室主任、副主任，部分提案委员参加督办。政府副区长慕凤陪同督办。

【政协主席马仲尧赴中河乡丰堡村宣讲党的二十大精神】

2022年11月22日，原州区政协党组书记、主席马仲尧深入中河乡丰堡村宣讲党的二十大精神，乡、村干部、驻村第一书记和部分党员代表到会聆听宣讲。

【政协固原市原州区第四届委员会召开第八次主席会议】

2022年12月2日，政协固原市原州区第四届委员会召开第八次主席会议。原州区政协党组书记、主席马仲尧主持会议并讲话。原州区政协主席会议成员出席会议，各委室负责人及机关干部列席会议。

原州区纪委监委

综　述

【政治建设】

2022年，原州区纪委常委会带头加强党的政治建设，发挥纪委常委会龙头带动、理论学习中心组示范引领、党支部领学促学作用，始终把学习贯彻习近平新时代中国特色社会主义思想作为"第一议题"，深入开展习近平总书记视察宁夏重要讲话和重要指示批示精神"大学习、大讨论、大宣传、大实践"活动，持续跟进、深学细悟习近平总书记系列重要讲话特别是视察宁夏重要讲话和重要指示批示精神，始终在思想上政治上行动上同以习近平同志为核心的党中央保持高度一致。把学习宣传贯彻党的二十大精神作为首要政治任务，纪检监察干部坚持疫情防控一线"迅速学"、政治理论"原文学"、知识竞赛"检验学"、监督执纪"实践学"，通过集体学习、党课宣讲、研讨交流、网络推送等多种方式自觉用党的最新理论成果武装头脑、指导实践、推动工作，把学习贯彻党的二十大精神转化为推动纪检监察工作高质量发展的行动自觉。

【政治监督】

2022年，原州区纪委监委坚持和加强党对纪检监察工作的绝对领导、全面领导，全年提请原州区委常委会研究审议党风廉政建设重大事项、重要案件12次。紧盯重点领域重点环节，创新工作机制和监督方式，持续推动政治监督向深向细向实发展。聚焦学习贯彻落实党的二十大、自治区第十三次党代会、固原市第五次党代会和原州区第四次党代会精神，围绕党中央和自治区、固原市党委重大决策部署和原州区委重点工作开展监督检查26轮次，约谈41人次，问责党组织7个，推动整改问题207个。跟进监督原州区委、区政府重大项目建设，督促相关职能部门全力推进未兑付资金支付进度。举原州区纪检监察机关之力加强疫情防控监督检查、流调溯源、追责问责，督促相关职能部门落实各项防控政策，先后监督检查63次，问责12人，督促整改问题200余个。

【惩治腐败】

2022年，原州区纪委监委持续保持惩治腐败高压态势，统筹"一体"要义，推动惩治震慑、监督约束、教育引导一体发力。深化整治工程建设、医疗采购、粮食购销等权力集中、投资密集、资源集中领域腐败，原州区纪检监察机关共处置问题线索237件，处分110人，留置1人，移送检察机关审查起诉3人，挽回经济损失23.9万元，惩治震慑作用有效发挥。坚持把查办案件与堵塞制度漏洞、强化监督管理、修复政治生态结合起来，注重把以案促改、以案促治做深做实做细，推动完善制度机制35项，查处一案、警示一片、治理一域的综合效应得到充分彰显。开展"喜迎二十大·清廉伴我行"廉洁文化系列活动，召开原州区领导干部警示教育大会2次，评选"廉洁最美家庭"10户，召开年轻干部廉洁从政座谈会，举办"翰墨倡清廉·丹青扬正气"廉政教育书画展，打造警示教育中心1处、乡村廉洁文化阵地4处，党员干部和公职人员知敬畏、存戒惧、守底线思想自觉不断增强。

【作风建设】

2022年，原州区纪委监委持续巩固拓展作风建设成效。围绕贯彻落实中央八项规定精神、自治区党委"八条禁令"、固原市委"十项规定"和原州区委"若干意见"等开展监督检查4轮次，督促整改问题12个。深化违规吃喝隐形变异问题专项整治，坚持节前提醒早预防、节中监督有检查、节后执纪严问责，开展监督检查7次，查处享乐主义奢靡之风问题5起5人。深入开展违规收送红包礼金和不当收益及违规借转贷或高额放贷专项整治，113人主动上交违规收受红包礼金11万元。协助原州区委制定《关于进一步加强和改进领导干部作风建设助推乡村振兴的若干意见》，督促各级党委（党组）进一步履行为基层减负主体责任，改进督查检查考核方式方法，简化流程、注重实绩。

【专项监督】

2022年，原州区纪委监委建立"一季度一重点一督查"专项监督机制，坚持人民群众反对什么、痛恨什么，就坚决防范和纠正什么，切实让群众获得感、幸福感、安全感更加充实、更有保障、更可持续。深化巩固拓展脱贫攻坚成果同乡村振兴有效衔接专项监督，开展监督检查5轮次，查处典型问题23起33人，督促整改问题49个，推动中央和自治区考核评估反馈问题整改到位。深入开展农村集体"三资"腐败问题专项治理，查处典型问题7起8人。配合开展困难群众救助补助资金审计发现问题专项治理，督促整改问题23个，追回违规资金71.04万元，民生利益得到有效维护。开展工程建设、政府采购、卫生健康、国有产权交易、土地矿业权交易领域专项整治，处分10人，移送起诉11人，完善制度10项。开展统计领域和粮食购销领域专项治理，问责1人，督促整改问题130个。加大基层小微权力"监督一点通"服务平台推广应用，设立6类27项权力清单，上传259条公开信息，总访问量286万余次，群众监督质效进一步提升。

【巡察监督】

2022年，原州区纪委监委准确把握巡察工作定位和政治监督重点，开展巡察干部培训4期150人次，持续推动新一届原州区委巡察工作高质量开展。对标高质量全覆盖要求，科学编制印发《四届原州区委巡察工作规划（2022—2026年）》《原州区委2022年巡察工作计划》。完成三轮对民政局、工信商务局等5个部门党委（党组）和张易、开城等4个乡镇党委及南关、古雁等3个街道党工委常规巡察，对所辖94个村（社区）党组织延伸巡察，共发现具体问题858个，移交问题线索6个。发挥原州区委巡察办巡察整改统筹协调、指导督导、汇总分析作用，对三届原州区委第十二轮、十三轮巡察的4个乡镇、7个部门（单位）、2个国企反馈问题整改情况进行"回头看"，对十二届自治区党委巡视反馈的121个问题建立"回头看"台账，推动巡视巡察反馈问题真改实改彻底改。

【监督首责】

2022年，原州区纪委监委深入贯彻落实《关于进一步深化市、县（区）纪委监委派驻机构改革的意见》，制定《原州区纪委监委派驻纪检监察组考核管理办法（试行）》，调整派驻纪检监察组监督单位，各派驻纪检监察组参加或列席被监督单位"三重一大"会议143次，监督检查65次，处分11人，督促整改问题70个，派驻监督"探头"作用有效彰显。联合审计部门印发《原州区关于加强纪检监察监督巡察监督与审计监督贯通协同高效的工作办法（试行）》，推动各类监督贯通协同，形成常态长效监督合力。统筹乡镇纪委监督力量，深化对官厅镇薛庄村、开城镇冯庄村等6个村提级监督试点，探索实施"六个一"的村监会管理模式，基层监督"前哨"机制日渐完善。做实教育提醒、纪法震慑、政策感召等工作，精准运用"四种形态"帮助和处理384人次，其中一、二种形态345人次，占90%，以精准规范问责监督推动党员干部担当作为。

【自身建设】

2022年，原州区纪委监委加强纪委常委会自身建设，完善议事规则、细化工作分工，严格执行民主集中制,当好原州纪检监察系统"领头雁"。坚持党建引领,开展"六个一"警示教育周、"重温历史筑清廉"庆七一等主题党日活动,推动党建工作与业务工作深度融合、互促共进。开展"高素质专业化队伍建设年"活动,开展"执纪执法形象"专项整治活动,举办执纪执法业务培训班,开展审查调查安全应急处置模拟演练,组织干部赴盐池县、贺兰县、灵武市纪委监委学习交流,建立以案代训、全员办案、跟案学习、考核评比4项制度。坚持刀刃向内,防止"灯下黑",建立原州区纪检监察干部廉政档案,择优聘请各行业系统特约监察员10名,从严教育管理监督干部,处分纪检监察干部1人,用铁的纪律确保纪检监察队伍的纯洁性。

重要会议

【原州区纪委四届二次全会】
2022年1月27日,中国共产党固原市原州区第四届纪律检查委员会第二次全体会议召开。出席这次全会的原州区纪委委员17人,列席156人。原州区委、人大、政府、政协领导班子成员及副县级领导出席了会议。全会由原州区纪委常委会主持。全会以习近平新时代中国特色社会主义思想为指导,深入贯彻党的十九大和十九届历次全会精神,全面落实十九届中央纪委六次全会、自治区党委十二届十四次全会、自治区纪委十二届六次全会、固原市第五次党代会、市纪委五届二次全会及原州区第四次党代会精神,回顾总结2021年纪检监察工作,安排部署2022年工作任务。审议通过牛治忠同志代表原州区纪委常委会所作的《弘扬伟大建党精神、持续推动高质量发展,以优异成绩迎接党的二十大和自治区第十三次党代会胜利召开》的工作报告。

民主党派 工商联

民盟原州区总支委员会

【建言资政】

2022年，民盟原州区总支委员会组织盟员深入基层开展调研，积极撰写、提交会议发言、提案、社情民意等。在固原市政协五届二次会议上，雪翠红、王永晟联名提案《关于学校开展好学生劳动技能课程的建议》列为重点督办提案，市政协委员、盟员王永晟作了题为《推进乡村振兴，应注重文化浸润》的大会发言。在原州区政协四届二次会议上，蒲怀兴代表民盟原州区总支作了题为《关于农村老年人养老的几点思考》的大会发言。原州区总支及9名盟员委员共提交提案14件，其中，《关于加强森林资源管护，巩固生态建设成果的建议》《关于进一步继承和弘扬传统文化的建议》被列为重点提案，《关于原州区有针对性开展就业培训》等3篇提案被评为优秀提案。向民盟固原市委会、原州区政协提交社情民意12篇，其中，市政协委员、原州区政协委员王永晟的《对城区不符合选址规定、存在安全隐患的加油（气）站采取搬迁措施的建议》被自治区"12345"信息平台采用，正在转接有关部门落实；《关于规范使用国旗的建议》被自治区政协办公厅采用，转送到自治区市场监督管理厅办理。全年两名盟员被固原市政协评为2022年度优秀委员，两名盟员的提案被固原市政协评为优秀提案。

【自身建设】

2022年，民盟原州区总支委员会借助媒体、刊物、网站宣传盟务工作、盟员事迹，激发调动盟员积极性、主动性和创造性。全年向区委会、市委会、区统战部报送民盟工作简报9篇，固原民盟工作和盟员事迹先后多次被宁夏电视台、固原电视台、华兴时报、固原日报、人民政协网、宁夏民盟网站、固原市新闻网等各类媒体宣传报道。完善全委会制度，坚持民主集中制原则，加强请示汇报制度，重大问题及盟务工作开展情况向地方党委、统战部和上级盟组织请示汇报。

民进原州区支部

【履职尽责】

2022年，民进原州区支部年初制定全年重点调研计划和参政议政工作计划，开展调研活动，支部会员参加"双减"政策下课后服务调研。建言资政成果显著，支部会员全年累计提交大会发言、提案、社情民意素材13篇，参与支部政治交接主题教育动员会，坚持以中央、自治区和市委重大决策部署落实为监督重点，把民主监督贯穿于调研、协商、提案与社情民意信息工作全过程。

【自身建设】

2022年，民进原州区支部坚持把习近平新时代中国特色社会主义思想、中国共产党第二十次全国代表大会内容、中共党史等作为理论学习中心任务，在抓好集体学习的同时督促会员做好自学。抓实会员工作，对长期挂靠会员，协助做好组织关系和档案迁转，对长期不参加会内活动的会员进行组织处理。修订完善支部和会员履职考核奖励办法，加强支部和会员履职激励约束机制建设。加强会内监督，组织学习《会员处分条例》，开展警示教育。把会员入会考察、审批、会费缴纳、参加会议活动等遵守会章会纪情况纳入日常监督体系。

群众团体

原州区总工会

【思想引领】

利用公众号、微博等平台转载习近平新时代中国特色社会主义思想宣传链接30余条,及时学习宣传党的二十大精神,指导基层工会通过职工大会、小组会等方式学习和领悟精神实质。制定学习宣传习近平总书记致首届大国工匠创新交流大会贺信和自治区第十三次党代会精神实施方案,工会领导班子成员开展宣讲活动2场次,举办专题学习班4场次,组织劳模开展宣讲活动6场。结合下基层蹲点活动,工会干部职工深入包抓基层工会,开展习近平总书记视察宁夏重要讲话和重要指示批示精神"大学习、大讨论、大宣传、大实践"活动和"进一步解放思想、吃透区情、找准定位、创新发展大讨论"活动,通过调查底数、谋划举措、解决问题,把党代会精神宣传贯彻到企业、车间、班组及职工群众中,激发原州区总工会组织活力。开展职工群众喜闻乐见、寓教于乐的文化体育活动,把思想引领融入职工文化建设中,4月份开展"悦读·分享"为主题的读书分享会1次,五一期间举办工会干部职工书法、摄影比赛1次。2022年年底举办原州区首届"雁岭杯"千名职工万步走健身活动,520余名干部职工和广大社会健身爱好者参加活动。承办固原市"我要上全运"象棋选拔赛,8名职工获奖并代表固原市参加自治区运动会。组织参加自治区总工会"喜迎党代会·献礼二十大"女职工演讲比赛,参赛代表头营镇中心小学教师张乐宁获得二等奖的好成绩。

【组织建设】

2022年新建工会15家,涵盖单位20个,发展会员1479人,其中,新业态劳动者802人,农民工会员257人。原州区现有基层工会376个,涵盖单位583个,其中,企业137家,规上企业11家,会员26085人。在原州区总工会、固原嘉泰农副产品公司新建"会站家"一体化服务站点两家。在黄铎堡镇和润村工会、三营镇安和村工会、彭堡镇惠德村工会、头营镇三和村工会、泉港村工会、古雁街道西塬社区工会建设"农民工之家"6个。组织基层工会开展固原市总工会第四次代表大会代表和原州区总工会第三次代表大会代表推荐、选举等工作。推动企事业单位建立完善民主管理制度,深化"公开解难题、民主促发展"主题活动和"聚合力、促发展"优秀职工代表提案征集推荐活动,先后征集提案21个,推荐优秀提案3个。在宁夏福苑实业集团有限公司等建立"职工说事"制度,为职工提供参与民主管理、合理表达诉求的途径。截至2022年年底,已建立民主管理制度的企事业单位214家,覆盖职工13378人。

【权益保障】

2022年"两节"期间慰问困难企业107家、困难职工514人、防疫卡点15个,发放资金物资价值51万余元,送春联1000余幅。通过解困脱困核查,脱困13人,解困38人。建档困难职工31人,上报自治区总工会予以救助,发放救助金34.34万元。为151人次患病职工发放医疗互助金23.62万元,减轻职工医疗负担。为2021年"工会班"150人发放助学金39万元,有效缓解困难职工(农民工)家庭因学造成生活困难现象。投入资金34.5万元新建户外劳动者服务(法律援助)站点7家。全年原州区16个户外站点累计服务职工群众达1.8万余人次。靖朔门城墙公园户外劳动者服务（法律援助）站被全国总工会评为"全国最美工会户外劳动者服务站点"。开展"夏送清凉"活动，在城乡22个户外劳动者工作现场、防疫卡点，向奋战在高温一线的环卫工人、防疫人员、城管职工、交警、外卖人员、工程建设人员等1258名户外劳动者送去西瓜、矿泉水、绿茶等价值6.2万元的防暑用品。依托职工服务中心、"12351"网络维权平台，接待职工来电来访14件，其中劳动争议8件，涉及人数14人，帮助追回拖欠农民工工资3.42万元。签订企业工资专项集体合同40份，覆盖企业257家、职工6532人。对26家工程建设等领域欠薪易发多发的企业进行排查，及时发现隐患。开展"春送岗位"活动，通过公众号发布招聘信息25次，参与企业77家，提供就业岗位1200个，浏览信息达8688人次，为企业和职工牵线搭桥。为原州区光瑞汽修厂发放"工字号"小额借款10万元，帮助解决困难小微企业扩大经营、融资难问题。贯彻落实小微企业工会经费支持政策，为27家小微企业返还工会经费373641.52元。督促原州区各级工会开展会员节日慰问消费达1000万余元。

【经济技术】

建立与成员单位沟通协调机制和定期汇报工作机制，形成成员单位各自负责、互相配合、齐抓共管的工作格局，确保25项产业工人队伍建设改革工作有力推进。组织宁夏福苑实业集团有限公司代表队参加自治区餐饮行业技能大赛和固原市星级饭店行业从业人员服务技能大赛，在固原市技能大赛中斩获中餐服务技能大赛一、二、三等奖和优秀团体奖。新建以自治区劳动模范曹辉、杨永斌和固原市劳动模范白梅命名的劳模创新工作室3个，发挥劳模示范引领作用。原州区推荐申报的宁夏福苑实业集团有限公司后厨部荣获"全国工人先锋号"荣誉称号，宁夏时迈科技有限公司综合事业部荣获"自治区工人先锋号"荣誉称号。

【劳动安全卫生】

围绕安全生产，对企业设施设备、值班值守、"安康杯"职工安全应急能力保障及隐患排查等进行督查检查。组织原州区265家企事业单位3000余名职工参加全国职工新安全生产法知识普及竞赛答题。组织2500名企事业单位职工参加全国"安康杯"知识竞赛活动。固原中燃城市燃气发展有限公司被全国总工会授予"全国'安康杯'竞赛活动先进集体"称号。开展安全生产月活动，向职工群众发放《中华人民共和国安全生产法》《员工安全生产知识应知应会》等宣传资料2000余份，接受咨询30人次，增强职工群众法律意识和安全意识。

【女工工作】

2022年，原州区总工会组织协调原州区教体局、妇联、司法局开展女职工维权工作，开办网络维权、"四期"保护、职业病防治、"两癌"防治等相关知识线上讲座，参与人数3000余人次。举办女教职工"巾帼健康行动"培训班和法律法规知识培训班各1期，培训女教职工代表110人次。完善各学校申诉委员会，规范申诉受理程序，畅通"12351"（工会）、"12338"（妇联）和"12348"（司法局）维权咨询热线，构建多元化女教职工维权渠道。截至2022年年底，接待处理来信来访20件，满意率达到100%。

【财务经审】

严格按照中央八项规定精神，以财务制度和财经纪律对工会经费的收、管、用进行审查审计。按要求完成2021年部门决算和2022年工会经费收支预决算上报工作，并及时进行公开公示。严格规范各种津补贴的审核、公示、发放工作。经过严把财务监督、审查关口，确保工会帮扶资金、送温暖资金得以专款专用，按规运行。

【工会改革】

推进社会化工会工作者队伍改革，选派3名社会化工会工作者到街道工会挂职任副主席。坚持实行蹲点包抓基层工会制度,选派23名工会干部职工包抓14个乡镇(街道)工会、84个基层工会。2022年,在蹲点活动中,工会内部筹集服务基层和服务职工资金34.9万元,访谈基层工会干部职工200余人,指导新建工会4个(含新就业形态企业工会2个),新发展会员347人(含新就业形态会员92人),慰问帮扶困难职工104人,培训工会干部84人次,解决基层工会换届、撤销等方面实际问题9件。

共青团原州区委员会

【思想引领】

2022年,原州区共青团以深入学习贯彻习近平新时代中国特色社会主义思想为主线,组织开展"喜迎二十大、永远跟党走、奋进新征程""民族团结月"主题党团日、书画大赛等教育实践活动9次。指导各团(队)组织以主题团队课、演讲、征文、绘画、书法、手抄报等形式开展主题团队日活动。党的二十大召开后,第一时间组织广大团员青年观看开幕会,开展专题学习和主题宣讲。依托"青春原州"微信平台,开设"庆祝建团百年·100个团史故事""'青'听FM——百年团史青年讲"专题栏目两个,举办党史团史线上知识竞赛活动,线下开展主题征文活动,引领广大团员青年学习党史团史、强化理想信念。组织团员青年收看庆祝中国共产主义青年团成立100周年大会直播并开展热议。团委机关深入开展"进一步解放思想、吃透区情、找准定位、创新发展"大讨论活动,面向青少年开展专题学习与宣讲,线上依托"青春原州"微信平台集中开展宣传阐释工作,指导各团(队)组织,通过学习交流会、主题团(队)日活动、演讲比赛等形式,推动青少年反复学、刻苦学,掀起学习宣传贯彻热潮。抓好网上主题团队课学习,通过周排行、月督导形式,提升参学率。常态化开展党史学习教育,一体推动"四史"和党的青年运动史学习,推动青年政治学习常态化、制度化。开展"红领巾爱学习"网上主题队课学习宣传,中队覆盖率达到100%。抓好"青春原州"微信平台和微博网络阵地建设,健全信息三级编审机制,确保内容导向正确、形式朝气蓬勃。

【服务大局】

开展"乡村振兴健康服务项目"线上培训活动,提升基层医务人员专业技能,推动专业人才服务乡村振兴。开展"新青年·助振兴"青年年货节网络直播活动,助力原州区农产品销售。组建青年志愿服务队,开展人居环境整治、移风易俗活动6场次。成立原州区青年志愿者协会,组织广大青年志愿者,常态化开展"暖冬行动""志愿关爱行、佳节尚文明""三下乡""助力中高考"、大学生返家乡实践等系列志愿服务活动8场次,覆盖群众3000余人。在古雁街道康居社区开展"社区青春行动"试点,号召团员青年参与基层社会治理,共建共享青春社区。助力疫情防控,"9·20"疫情暴发后,全体干部职工第一时间下沉村组(社区)共克时艰,面向原州区招募疫情防控储备志愿者991人,累计上岗549人,成立青年突击队3支,为疫情防控联防联控充实工作力量、注入青年能量。开展"青·课堂抗疫'心'行动",开设心理解压直播课4期,帮助青少年缓解疫情期间心理焦虑。开展"您的孩子,我来守护"关心关爱疫情防控一线人员子女行动,征集需求34份,全部对接完成一对一线上课业辅导。开展"与抗疫相约,与健康同行"宣传慰问活动3次,向下沉干部、志愿者、社区干部、网格员等坚守在疫情防控一线人员传递党和政府的温暖及共青团组织的关爱。

【青年发展】

实施中长期规划,印发《原州区青年发展型县域试点实施方案》(原党发〔2022〕28号)》,促进"原州对青年更友好,青年在原州更有为",推动青年与原州共成长。召开原州区青年发展型县域试点建设工作推进会,筹备成立原州区青年联合会。拓展"我为青少年办实事"活动,制定原州区中长期青年发展规划联席会议成员单位为青年办一件实事清单,健全办实事长效机制。线上依托"青春原州"微信平台,开通《青年来信》专栏,线下召开新兴领域青年座谈会,倾听心声,解决困难。为2022年应届大学生和待业青年提供岗位22个,向14名创业青年提供免费创业网络课程,推荐4名创业青年申请"青农贷"80万元。开展"情系家乡,筑梦未来"青年人才家乡行和交流座谈活动,"青春有约,缘来是你"相亲交友活动,走访慰问困难团员10名,募集发放各类助学奖学金119.14万元。开展普法、禁毒、防艾、预防电信诈骗、网络安全宣传等活动10场次,护航青少年身心健康成长。

【基层组织建设】

组织11个乡镇团委进行集中换届,选配各乡镇团委班子成员104名,配优配强基层团组织班子。召开2021年度基层团组织书记述职评议会,总结工作经验,为基层团组织工作开展把脉问诊。召开2022年共青团重点工作推进会,以"智慧团建"系统为依托,推动基层团组织开展"三会两制一课"、基层组织管理、团员发展、团组织关系转接等基础团务工作。仔细核查2021年度团员发展情况,发现问题及时整改。举行五四入团仪式集中示范活动,为其他团组织发展团员提供参考。印发《原州区县域共青团基层组织改革工作实施方案》,按照任务清单和时间节点开展改革工作。

原州区妇女联合会

【概　况】

截至2022年年底,原州区实有乡镇(街道)妇联主席14名,执委354名;有村(社区)妇联主席189名,执委2835名。向福苑饭庄、暖馨家政等新领域拓展建立妇女组织27个,实现每个乡镇(街道)、村(社区)妇联组织全覆盖。其中,北塬街道文化巷社区妇联获评"全国妇联系统先进集体"称号。

【思想引领】

2022年,原州区妇联举办"巾帼心向党,奋进新征程"等宣传宣讲和各类主题实践活动340场(次),覆盖3万余人次。利用原州区、乡、村三级微信矩阵推送各类家庭教育知识、普法宣传链接等230余条。2022年推荐获评自治区级"三八红旗集体"2个、"三八红旗手"3名。2人荣获自治区"实施妇女儿童发展规划先进个人"称号,自治区妇儿工委表扬通报集体1个。推荐申报全国巾帼文明岗1个,原州区妇联继续被确认为自治区文明单位。

【服务发展】

助力城乡居民收入提升,用足用活妇女创业担保贷款政策,全年发放妇女贷款1464户1.98亿元。举办电商、养老护理员等各类技能培训班7期,培训人员380人。推荐3名妇女参加自治区高素质女农民培训班。争取自治区"双培双带"资金30万元,扶持6名村妇联主席发展生产,带动就业。扶持"巾帼直播间"4个。打造"好宁嫂"巾帼家政实训基地3个,通过培训安置就业。助力全民健康水平提升,开展"健康家庭"创建活动,创建原州区级健康家庭110户,市级健康家庭20户。救助"两癌"患病妇女60名60万元。动员妇女购买"女性健康保险",增强抗风险能力。申请母婴健康快车3辆(文化街、宋家巷社区卫生服务中心、寨科卫生院),每辆车由申请单位出资3万元,车辆(含医疗设备)归申请单位使用。助力百万移民致富提升,向移民村94名孕产期妇女发放"幸孕套餐"爱心包价值3.76万元。向移民村94名高一女学生发放"武警春蕾计划"资助资金37.6万元。联合福州市鼓楼区、马尾区妇联为两个移民村妇女捐赠衣服100套。关爱6个移民村(社区)留守、困境儿童163名。在彭堡镇惠德村、头营镇三和村开展技能培训2期,参训人员100人。助力基础教育质量提升,联合原州区教体局开展《中华人民共和国家庭教育促进法》宣传活动40余场,惠及5000余人。建立原州区未成年人心理健康辅导中心和家庭教育指导服务中心,开展心理普查进校园、心理健康讲座等活动10余场。联合原州区法院发出首份《家庭教育令》。开展"廉洁最美家庭"故事会和亲子阅读等系列主题活动30余场,评选"廉洁最美家庭"10户。原州区妇联获评"全国家庭教育工作先进集体"。助力美丽乡村建设,联合住建局、交通局、农业农村局、乡村振兴局制定《原州区"美丽庭院"建设五年行动实施方案(2021—2025年)》,评选表彰"美丽庭院"5800户,开展集中授牌、积分兑换商品活动5场次。在自治区"美丽庭院"建设视频推进会上做题为《"小积分"点"靓"幸福生活》的交流发言。争取宁夏农科院固原分院捐赠价值4万元绿化树苗近万株,分配到4个乡镇4个示范村,用于庭院美化,目前成活率100%。

【维权关爱】

实施巾帼维权行动,做好"12338"热线接听答疑及婚姻矛盾接访、调解工作,共受理婚姻矛盾纠纷52件,已全部办结。联合司法、公安、法院等开展"送法给她"集中宣传活动,受众400余人。开展"妇联在你身边"维权小程序和"国家反诈中心"App推广宣传活动300余场,发放彩页1万余份,悬挂反诈宣传横幅20余条。落实"大走访大排查+关爱帮扶"常态化工作机制,组织各级妇联干部深入妇女群众,开展问题排查、关爱帮扶等,打通服务妇女群众"最后一公里"。实施巾帼关爱行动,组织各村(社区)妇联建立困境儿童、困难妇女台账。寒暑假,通过多种形式关爱留守、困境儿童800余名。为10名困境女童发放"六个一"幸福包价值3000元。组织2名脱贫户女童参加宁夏女中学生夏令营活动。春节、妇女节等慰问、救助困难、单亲母亲33名4.4万元。连续两年关爱"两癌"患病及特殊、困难妇女85名,落实项目资金25.6万元。疫情期间,线上招募爱心妈妈40名,走访服务家庭25户,协助解决实际问题55个,惠及500人次。通过"原州女儿"微信公众号转发疫情防控政策、心理解压直播课等。开通心理咨询服务热线7条,为广大妇女和家庭提供心理疏导、纠纷化解、家庭教育指导等线上公益服务。开设网络心理直播课40余场次。

固原市原州区科学技术协会

【全域科普落实】

按照《原州区全民科学素质行动规划纲要实施方案(2021—2025年)》,协调召开全民科学素质领导小组会议,传达学习自治区党委、政府《关于推进全域科普的实施意见》精神,各成员单位对标文件要求,明晰各自任务。扩大领导小组成员单位,将统战部、环保局、退役军事务局、融媒体中心、公安分局等纳入领导小组。结合原州区实际制定审议通过《原州区全域科普实施方案》,审议印发《固原市原州区全民科学素质行动规划纲要实施方案(2021—2025年)》和《关于推进全域科普工作的实施方案工作任务台账》,增强精细化落实全域科普的行动指导。

【全域科普开展】

2022年,原州区科协在主要街区、街道、社区、市场、广场、机关悬挂70多条横幅;在自属的广场宣传栏和社区科普角张贴宣传彩页;在原州区乡镇部门工作群、原州科普公众号、原州大众科普群、科普宣传员工作群、基层科普"3+1"工作群、科协工作群等微信群叠加推送全域科普的目标任务和举措要求。组织领导小组成员单位参加全国科技活动周、全国科技工作者日、全国科普日、雷锋日、国际红十字日、世界电信日、全国助残日等活动。4月21日,原州区科协联合固原市科协在原州区张易镇农贸市场开展综合科普宣传活动;5月9日,原州区科协利用人道公益日,联合固原市科协、固原市人防办、固原市应急管理局、固原市地震局、原州区红十字会在博物馆广场开展科普宣传活动;5月23日,固原市、原州区全民科学素质纲要实施工作办公室各成员单位在博物馆广场联合开展以"创新争先,自立自强"为主题的全国科技工作者日暨全国科技活动周科普宣传活动;5月24日,原州区科协联合固原市科协和河川乡党委、乡政府开展全国科技工作者日暨全国科技活动周科普"赶集";5月26日,原州区科协联合市科协和炭山乡政府前往南坪村开展全国科技工作者日暨全国科技活动周科普"打卡";5月30日,原州区科协联合固原市科协、原州区委宣传部、妇联、农业农村局、水务局、自然资源局、科技局、卫健局、黄铎堡镇政府、卫生院等单位在黄铎堡集市开展"5·30"全国科技工作者日专场活动;6月24日,联合固原市科协、原州区疾控中心、官厅镇人民政府、官厅镇派出所、官厅镇司法所和官厅镇社区康复中心等单位在东岳山广场开展全民禁毒宣传活动;7月28日,联合固原市科协、宁夏医院管理协会、原州区三营镇镇政府在三营卫生院开展医疗科技志愿服务活动;8月1日,联合固原市科协在博物馆广场开展以"军民共建科普园,科技强军固国防"为主题的建军节科普宣传活动;8月31日,联合固原市科协、原州区农业农村局、原州区老科协在头营镇胡大堡村举办农村劳动力素质提升蔬菜种植培训班,开展科普宣传、志愿服务活动;9月8日,在博物馆广场参与食品安全宣传周科普宣传活动;9月9日,以"全民健康生活方式宣传月"为主题,在人民广场开展全国科普日系列活动。9月2日至20日,联合固原市科协,利用科普大篷车,在各乡镇赶集日开展综合性科普宣传志愿服务活动11场次,为群众全面普及科学知识,推动科技创新成果惠及于民。

【科学素质提升】2022年,原州区科协与教育部门对接,助力"双减"工作,参与两次中国流动科技馆换展巡展启动仪式。3月份,科协投入2万元,联合教育体育局、科技局、妇联、团委举办以"体验、创新、成长"为主题的青少年科技创新大赛及作品征集活动,共收到各中小学校推荐的青少年科技创新成果竞赛、科技辅导员科技教育创新成果竞赛、青少年科技实践活动、青少年科学影像节活动等198项参选作品,共评选出一等奖43项、二等奖49项、优秀奖49项。选拔优秀作品130多件参加第36届宁夏青少年科技创新大赛,获得青少年科技创新成果竞赛二等奖2项、三等奖4项,科技辅导员科技教育创新成果竞赛一等奖1项、二等奖2项、三等奖3项,青少年科学影像节活动三等奖2项,优秀组织单位1家、优秀组织工作者1人。开展科普大篷车进校园活动3次;组织小学生进科技场馆3次;组织中小学生集中线上收看了"天宫课堂";在4所小学门口开展了"小手拉大手"疫情防控宣传活动;开展心理健康辅导3场次。5月12日,在固原市科技馆为原州区第二小学学生宣传防灾减灾、科技助力"双减"等科普知识。6月初,组织60余人参加第八届全国青年科普创新实验暨作品大赛。6月9日,组织原州区教育、科协等部门干部职工、科普志愿者、科技辅导员及原州区十五小师生等社会各界群众参加中国流动科技馆宁夏固原站巡展活动启动仪式。开展宣传动员,组织城区中小学暑期到固原市科技馆参加流动科技馆科普活动,700多名中小学生参加活动。6月中旬,原州区科协、教育体育局组织参加固原市科协、固原市教育体育局在五原中学举办的第一届固原市青少年创意编程与智能设计大赛,取得各项目一等奖23名、二等奖32名、三等奖53名、优秀奖85名,优秀组织单位两个,优秀学校7所,优秀辅导教师34名。7月份,第五届宁夏青少年创意编程与智能设计大赛中,取得各项目一等奖1名、二等奖6名、三等奖26名、优秀奖21名,优秀组织单位1个。7月15日至19日,组织21名科技辅导员参加2022年宁夏农村中学科技馆骨干科技辅导员培训班学习。在农民科学提升中,重点围绕农业产业高质量发展、保护农业生态环境、节约农村能源资源、绿色高效生产、防灾减灾、卫生健康、移风易俗等,组织开展冬春农业科技大培训、文化科技卫生"三下乡",以及全国科技工作者日、全国科普日、科技宣传周等活动,发挥农业产业现代体系作用,把良种、良法、良技送下去;开展农村人居环境整治活动,提升农民群众环境卫生和健康文明意识。与老科协、农业农村部门、乡镇建设部门共同组织在田间地头、圈舍现场送技术,培训残膜收集、温棚种植、牛羊养殖、饲草调剂、病虫害防治、环境整治垃圾分类等实用技术，新型农业机械和老科协工作者技术经验得到广泛好评。推广下载"科普中国"App，推荐中央17套农业节目和《我爱发明》等栏目，引导群众相信科学、热爱科学。原州区健康科技志愿者服务队，以"科技三下乡""主题卫生日""爱国卫生月"等活动为抓手，组织健康科普志愿者参加卫生健康科普知识宣传，展示卫生科技创新成果及新技术、新业务推广应用。在城区多个社区，聚焦老年人运用智能技术、融入智慧社会的需求和困难，联合开展"智慧助老"、电信反诈、急救知识、防火防灾、健康饮食、合理锻炼等方面的讲座30余场次。3月4日，原州区科协、南关街道办事处西湖路社区、红十字会、特种设备检测研究院、驻地派出所等联合开展"学雷锋智慧助老行、反诈宣传情暖夕阳"活动。5月20日，联合自治区科协、固原市科协分别在古雁街道金城花园社区、长城社区和南关街道西湖路社区举办老年人智能手机使用培训班，这是2022年"智慧助老"科普专项行动暨第六个全国科技工作者日系列活动，600多名社区居民参加培训活动。

【科普服务发展】

在助力乡村振兴中，与老科技工作者协会、农业部门密切联系，送信息、送技术、送方法、送经验。5月份，原州区老科技工作者协会利用春种春播的时机，组织退休老科技工作人员，到原州区官厅镇石庄村、三营镇安和村、中河乡庙湾村开展科普宣传、科技志愿服务活动，通过进农村社区、养殖圈棚、田间地头，采用理论和实际相结合的方式，向农民讲解种植、养殖、文化等方面的科技知识和农牧业实用技术，解答农民在种植、养殖过程遇到的实际问题，推动科技助农，科技助推乡村振兴战略，实现农牧业增产增收、共同富裕的目标。原州区老科技工作者协会以科技志愿服务"三农"为宗旨，不定期开展种植、养殖、文化、教育、卫生等各个方面的科技培训。全年集中开展各种科技志愿服务9次，涉及11个乡镇70个行政村，参加培训3500多人次，发放各种实用技术资料近万份。在各乡镇、街道办事处、农技协、企业科协推广"科普中国"App，注册科普宣传员。截至2022年年底，共注册科普宣传员14626名，转发科普文章113.24万次，使原州区科普宣传员注册量在达到总人口比例3‰的基础上逐年增加。

【科技志愿服务】

2022年，原州区申报项目6个，获批项目3个，共计36万元。其中，社区科普馆建设项目投入资金25万元，科技志愿服务"五个一"（培育一批优秀科技服务队、培育一批优秀科技志愿者、树立一批"三长"带头人、打造一批科技志愿服务品牌活动、建立一批科技志愿服务示范点）示范引领活动项目投入资金6万元，科普教育基地示范引领项目投入资金5万元。3个项目在自治区、固原市科协的指导下，已于2022年年底基本完成，进入总结验收阶段。

【科普机制创新】

把建设基层科普队伍作为破解"缺编制、缺人员、缺经费、缺场地"的主要举措，落实《关于建立提升基层科协组织力"3+1"工作调研指导机制的意见》，完善组织体系。督促各乡镇完善乡镇科协机构，将学校校长、卫生院院长、农业中心主任等纳入乡镇科协组织，兼（挂）职科协副主席。组建"原州区科协组织力3+1工作群"、原州区大众科普群、科普信息员原州区群、原州区科协工作群。开展科技工作者摸底工作。坚持全民科学素质领导小组会议制度。原州区委、区政府分管领导主持召开专门会议部署"三长"建"三会"、在新经济组织中建立基层科协、"科普中国"App注册使用等工作。

固原市原州区工商业联合会

【社会责任履行】

2022年，固原市原州区工商业联全会聚焦乡村振兴，引导民营经济人士履行社会责任，制定"万企兴万村"行动工作方案，联合原州区农业农村局、乡村振兴局等部门召开原州区"万企兴万村"行动启动会、推进会。截至2022年年底，9家企业与结对村签订了帮扶协议，开展了"万企兴万村"行动，深入结对村，帮助群众出主意、想办法、引资金、上项目、解难题、办实事，全年共投入帮扶资金900余万元，解决当地就业岗位200余人。2022年，原州区自主参与"万企兴村"行动的企业有19家，合计投入资金463.04万元。经原州区工商联前期对接，自治区11家企业与原州区10个巩固提升村签订意向协议，进行前期的对接、协商。做好定点帮扶工作，与帮扶村彭堡镇杨忠堡村联合开展"铸牢中华民族共同体意识、推进新时代民族工作高质量发展"主题党日活动，组织全体干部职工对三类重点人群开展防止返贫监测预警工作。引导原州区民营企业履行社会责任，组织原州区民营企业为彭堡镇杨忠堡村疫情防控点捐助生活物资；六一儿童节，对炭山乡幼儿园师生开展慰问活动，为幼儿园100多名学生捐赠书包及学习用品价值2万元。

【政企沟通协商】

2022年，原州区工商联强化服务意识，定期召开座谈会，深入企业调研，搭建政企交流平台。开展企业家讲坛，搭建教育培训平台，促进企业家提升综合素质。通过讲座、研讨会等加强法治宣传教育，搭建法律维权平台，增强企业法治观念。2022年，原州区工商联、原州区司法局联合召开"万所联万会"工作座谈会，推动原州区律师事务所与原州区工商联所属商会建立联系合作机制，搭建律师服务民营企业新平台，共同深化民营企业法律服务工作。同民营经济人士联系交友，支持和服务民营经济发展，协调推动相关政策落实，为民营企业做好服务。通过开展企业调查研究，深入查找民营企业问题症结，精准提出对策建议，实实在在帮助企业解决困难和问题，建立和打造好"民营企业之家"。

【参政议政】

2022年，原州区工商联坚持把调查研究工作作为服务"两个健康"和参政议政、当好参谋助手的一项基础性工作来抓。组织开展"大走访大调研"活动，深入基层和民营企业开展集中专题调研。定期或不定期组织工商联界非公经济人大代表、政协委员开展视察和调查研究工作，反映社情民意，向原州区政协提交提案43件。

【组织建设】

2022年，原州区工商联对照全国"五好"工商联和"四好"商会创建标准，丰富"五好"和"四好"内涵，补齐创建短板，建立健全工作台账，提升基层工商联工作水平，成功创建全国"五好"标杆工商联。强化基层商会建设，通过下企业、下基层调研和在基层商（协）会走访及非公企业微信群中组织发布各种信息及举办专家讲座、论坛，帮助基层商（协）会及会员企业科学分析判断经济形势，指导商（协）会完善内部管理制度、财务制度，引导基层商（协）会与会员企业抓住机遇、找准方向，帮助基层商（协）会与会员企业做强做大。

固原市原州区文学艺术界联合会

【文化队伍建设】

2022年，原州区文联推进全面深化改革，召开原州区第四届文代会，吸纳各门类文艺人才。截至2022年年底，共有文艺协会11个、会员512人，其中，国家级会员27人，省级会员105人。加强文艺阵地建设，探索"文艺协会+社区+企业"新模式，整合社会资源打造"协会之家"等文艺阵地17家，促进各协会交往交流交融互鉴。创新文联运行机制，优化文艺协会组织体系，建立数字化文艺人才库，进行备案动态管理。加大对文艺事业发展和艺术人才培养的支持力度，加强资金保障，激发原州区文化艺术活力。

【优秀传统文化传承】

2022年，原州区文联深入挖掘原州区优秀传统文化，在培训、创作、传播、展示展演四方面同时发力。打造传统文化艺术阵地，开设传统文化建筑、制陶、泥塑、书法、国画公益微课堂，支持创作出《脱贫致富奔小康》《山海情深》等有深度影响力的艺术作品。搭建媒体宣传推介平台，以专题宣传片形式推介马振仁等6名非遗文化传承人，开设"原州艺术专栏"宣传叶秀丽等8名优秀文艺工作者。组织优秀书法家开展"中华优秀传统文化进校园"87次，授课173课时，受众师生1200名。成功举办线上"元宵云诗会""乡村振兴·展我芳华"民间文艺创作大赛，征集民间艺术作品2000余件，在市文化馆展览40余天，在传统节日开展文化惠民、送戏下乡活动，多渠道、多形式、多内容传播优秀传统文化，增强广大群众对传统文化的认同感和归属感。

【文化惠民服务】

2022年，原州区文联在博物馆开展为期15天的原州区"翰墨倡清廉·丹青扬正气"廉政教育书画作品展活动，观展人数达1.12万人次，展出活动凸显文艺魅力，涵养清风正气。组织美协绘制"乡村振兴·民族团结"手绘墙37平方米，捐赠价值2.15万元的书画作品、《原州》刊物、防疫物资等，开展"雷锋饺子心心相连""文艺下基层、书画进万家"等活动，为帮扶工作注入强大文艺力量。

【文学阵地建设】

2022年，原州区文联成立《原州》文学刊物编辑部并提档升级，高质量完成2022年《原州》四期和诗歌专号的编纂工作，开展以"喜迎党代会，奋进新征程""铸牢中华民族共同体意识"为主题的读书和文学作品征文大赛，侧重本土作家、文学新人、校园文学的推荐培养，多点发力、点面带劲，推出更具有原州特色、原州风格和原州气派的精品力作，扩大《原州》区内外发行覆盖面，首次推出《原州》电子书，擦亮"诗书原州"文化品牌。组织文艺工作者深入基层开展文化惠民、采风调研活动77场，打通宣传群众、教育群众、关心群众的"最后一公里"。

【文艺作品创作】

2022年，原州区文联深入推进"深入生活、扎根人民"主题实践活动，创作花儿21首。其中，《微光》被选送参加自治区"欢乐宁夏"文艺汇演。散文《我身体的一部分》获中国散文年会奖二等奖；在文学刊物（省级以上）刊发作品82篇，《原州》7篇文学作品被《散文》（海外版）、《诗选刊》等名刊转载；16幅绘画类作品入选国展。马振仁被命名为"固原传统建筑营造技艺"国家级代表性传承人；祁学斌等18人摄影视频作品获第五届骑士奖国际摄影大赛等奖项28个，牛发科等5人成功晋级国家级会员。原州区文联、文化巷社区被自治区文联推荐为2022年度全国学雷锋志愿服务"四个100"最美志愿服务组织、最美志愿服务社区。

【文艺宣传创新】

2022年，原州区文联全面开通"数字文联""视觉六盘"等12个公众号，宣传推介文艺工作者121名、文艺作品5000余幅（首、件），并多次被人民网、新华网、中国新闻网、学习强国、宁夏新闻等权威媒体平台转载推介，浏览量超3000万次。

固原市原州区残疾人联合会

【概　况】

2022年，原州区残联坚持稳字当头、稳中求进工作总基调，以推动残疾人事业高质量发展为主线，以促进残疾人全面发展和共同富裕为目标，统筹疫情防控和残疾人事业发展，深入实施《残疾人保障和发展"十四五"规划》和《关于推进新时代残疾人事业高质量发展的意见》，着力保障和改善残疾人民生，扎实推进残疾人共同富裕。全年自治区、固原市有关媒体报道原州区残疾人工作8次，其中《宁夏固原市原州区：为特殊困难残疾孩子家庭点燃希望》和《全民健身日，原州区这场"特殊"运动会仪式感满满》在"学习强国"学习平台、新华网上报道。原州区残联持续深化残联组织改革，按照规定程序，组织完成原州区、乡两级残联换届工作。

【政治建设】

2022年，原州区残联坚持把学习贯彻习近平新时代中国特色社会主义思想作为首要政治任务，落实好"第一议题"制度，健全贯彻落实习近平总书记关于残疾人工作重要指示批示精神督导推进机制，自觉做"两个确立"的坚决拥护者和"两个维护"的坚定践行者。巩固拓展党史学习教育成果，不断从党的百年奋斗历程中汲取智慧和力量。围绕宣传、贯彻党的二十大精神这条主线，深入推进"学听跟"活动，策划重大主题宣传教育活动，团结引领广大残疾人听党话、感党恩、跟党走。2022年6月份深入学习宣传贯彻自治区第十三次党代会精神，邀请固原市宣讲团讲师开展残联系统自治区第十三次党代会精神宣讲会1次，残联系统听取宣讲50余人。

【基本民生保障】

2022年，原州区残联实施困难残疾人家庭无障碍改造项目，全年自治区下达原州区实施残疾人家庭无障碍改造150户，户均改造标准资金5000元，总资金75万元。残联工作人员带领第三方公司重新对改造对象进行全面摸底排查，依据不同改造对象重新评估设计，严格落实"一户一案"改造制度，在有改造需求的160户困难残疾户中排查确定150户改造对象，2022年9月底完成项目实施。研究制定《原州区残联2022年度巩固拓展脱贫攻坚成果同乡村振兴有效衔接重点任务清单》《残联巩固拓展脱贫攻坚成果同乡村振兴有效衔接考核后评估反馈问题整改方案》，压实工作任务，明确责任分工，抓好工作落实。针对易返贫、致贫残疾人等重点监测人群，通过信息比对、摸底调查，配合民政、医保部门，及时掌握更新残疾人动态信息。每月通过正式文件将新办证和重度残疾人情况函告乡村振兴局，甄别纳入拟监测对象，同时抄送医保局、民政局、人社局，作为落实各项惠残民生项目的重要依据。完善残疾人社会救助制度，将符合条件的动态监测残疾人纳入农村低保和城乡医疗救助范围，完善困难残疾人生活补贴和重度残疾人护理补贴制度，配合民政部门落实《宁夏回族自治区困难残疾人生活补贴办法》《宁夏回族自治区重度残疾人护理补贴办法》，实现贫困残疾人"两项补贴"全覆盖。继续实施"圆梦护航保"工程项目，为原州区10201名就业年龄段（女16~54周岁，男16~59周岁）的持证，且不参加"扶贫保"的残疾人，统一购买意外伤害综合保险每人每年50元。实施"阳光家园计划"项目，建成自治区规范化社区康复站1个，以"日间照料+康复"的模式，开展日间照料服务，为80名智力、精神和重度肢体残疾人提供日间照料和康复服务。实施"贫困重度残疾人居家托养"服务项目，全年原州区困难残疾人家庭居家托养服务项目总资金15万元，托养100户，2022年9月底已完成服务。救助大中专学生15人。2022年对100名城镇残疾人开展针对实际需求的家政服务、刺绣、电商服务等6个职业技能培训班，对50名农村残疾人开展家畜饲养、玉米青贮等3个农村实用技术培训班，提高残疾人就业能力。对符合条件灵活就业6个月以上的100名残疾人落实每人2000元的就业补助资金；对1名符合条件的自主创业残疾人落实8000元创业补助。

【公共服务供给】

2022年，原州区残联不断提升残疾人康复服务质量，全年原州区残疾人基本康复服务7218人，其中获得辅助器具3083人，康复服务率100%，辅具适配率100%。持续实施肢体残疾人"重塑未来"、脊髓损伤残疾人"能力重建"、"国龙爱心助残"等康复服务项目的摸底、筛查。开展精神障碍患者医疗救助，精神障碍患者住院救助26人3.1万元，免费服药救助188人次8.6万元。为符合条件的残疾儿童提供康复救助服务，完成2022年0~6岁残疾儿童入库筛查289人，康复救助198人，其中，机构康复救助152人,家庭康复救助38人,儿童福利院康复8人;7~17岁残疾儿童康复救助79人,其中,机构康复救助30人,家庭康复救助49人。严格落实《宁夏回族自治区残疾人辅助器具适配补贴管理办法》,以公开政府采购的方式确定生活自助、家庭康复和助行类、助听类、假肢矫形类定点服务机构3家,建成原州区辅助器具服务站(展示厅)1所,整合原州区"爱心接力、循环使用"辅助器具服务站,引入第三方评估,使评估、适配、回收等服务形成"一条龙"。2022年投入资金29.5万元用于定点服务机构辅助器具适配。实施"爱心接力、循环使用"辅具免费借用扩面项目,投入资金11.39万元,建成共享便民轮椅点3个,全年完成免费租借11715人次;依托原州区"爱心接力、循环使用"辅助器具回收维修借用服务站建成村(社区)服务驿站9个。

【康复机构建设】

2022年,原州区残疾人康复中心围绕"专业化、标准化、数字化"下功夫,购买北大医疗脑健康教学评估系统——嗨宝快学,实现评估专业化。成立教研督导室,在教案设计、课程评估等方面统一机构标准,推行康复档案电子化。注重康复团队建设和人才培养,加大培训资金投入,千方百计吸引人才、留住人才。建立残疾儿童追踪随访制度,对疑似、在训、离园残疾儿童定期入户随访,通过入户督导推动家校融合康复服务,投入10万元对园区内环境进行提质改造升级。

【体育工作开展】

2022年,原州区残联完成自治区残疾人运动员选拔,成功入选23人。成功举办原州区第12届残疾人健身周活动暨2022年残疾人趣味田径运动会和原州区第十六次全国特奥日"牵着蜗牛去散步"健步行活动。

【扶残助残宣传】

2022年,原州区残联利用全国爱耳日、全国助残日、全国爱眼日、全国残疾预防日、国际残疾人日等残疾人节日节点,加大党的惠残政策、扶残助残典型、残疾人自强模范等宣传,营造关心残疾人、支持残疾人工作的社会氛围。2022年5月份开展第32次全国助残日系列活动,运用表彰扶残助残先进集体和个人、演出文艺节目、入户访视困难残疾人等形式,营造全社会扶残助残浓厚氛围。举办"粽香端午"趣味运动会,提升残健融合水平,引导残疾人融入社会,共享美好生活。2022年残疾人家庭"五个一"项目,服务对象为原州区范围内的100名残疾人,委托固原市身障者协会,结合庆"七一"活动完成。

【上门代办服务】

2022年,原州区残联制定印发《关于做好为特殊困难残疾人上门代办服务工作的实施方案》,建立《为特殊困难残疾人上门代办服务人员信息库》,在14个乡镇(街道)及7家相关部门(单位)建立上门代办服务人员信息库,落实困难残疾人上门代办服务工作有人抓有人管,做到部门联动,协同推进。全年完成上门代办服务受理1117件,已服务或办结3120件,正在办理433件,惠及残疾人932人。联合卫健、人社部门下发通知,由乡镇摸底登记,完成238名特殊困难残疾人上门鉴定办证工作。完成"残疾人证"到期换证4838人。

原州区红十字会

【基层组织建设】

2022年,原州区红十字会在乡镇、社区、街道、机关、企事业单位等建立红十字会组织,在大中专院校建立红十字青少年组织,用心打造群众身边的红十字会,架好党和政府与群众之间的"连心桥"。截至2022年年底,共建立基层红十字会283个,其中,乡镇(街道办)14个、村(社区)188个、机关及事业单位36个、学校44个、企业1个,分别打造4个亮点红十字基层组织,发展团体会员308个,个人会员147个。

【社会救灾救助】

2022年，原州区红十字会把救灾救助工作作为重点常抓不懈，募集救助资金，增强救助能力。全年捐款捐物共计102.18万元，其中，捐款46.08万元，捐物价值56.1万元。全程落实三个监督，主动强化内控管理，把以制度管人、以制度管事落到实处。主动发布公示公告，接受社会监督。捐赠公示及时在原州区红十字会公众号发布，公示数据翔实透明，实现零负面舆论。

【救护技能普及】

2022年，原州区红十字会找准工作切入口和着力点，为固原市政务服务中心等7个部门配备应急救护一体机（AED）各1台。扩大应急救护培训范围，向公众普及应急救护知识和技能，推进红十字救护培训进社区、进农村、进学校、进企业、进机关。发挥红十字会在群众性应急救护培训中的主体作用，将人道理念传播、灾害体验、逃生避险、理论培训、实操教学融为一体，建立长效培训机制，实现原州区救护培训工作经常化、公益化、社会化。结合"健康原州"创建活动，打造"红十字应急救护培训"品牌，巩固应急救护培训领先地位。注重发掘群众身边利用急救知识救人的典型案例，提升群众学习应急救护知识的自觉性和主动性。2022年参与自治区红十字会救护师资培训31人，已有20人在本单位或其他基层组织开展培训。截至2022年年底，举办救护员培训班11期（323人）、初级救护员培训班8期（253人）、CPR+AED培训班30期（923人）。其中，"进学校"52人、"进机关"培训941人、"进企业"培训475人、进农村11人、其他20人（志愿者）。应急救护普及性讲座25期（3428人），其中，"进学校"2947人、"进社区"160人、"进机关"100人、"进企业"60人、"进农村"161人。

【大病救助】

2022年，原州区红十字会实施"红十字天使计划"项目，将红十字会的人道救助和人道服务项目宣传精准到乡镇、社区。对白血病、先天性心脏病患儿做到应助尽助，当好困难群众的"暖心人"，全年共救助白血病2例，资助资金6万元；先天性心脏病患儿2例，资助资金3.5万元。拓展筹资渠道，探索建立稳定增长筹资机制，动员社会力量支持人道公益事业。

【志愿服务】

2022年，原州区红十字会建立造血干细胞捐献志愿服务队，持续推进无偿献血宣传，开展人体（器官）捐献宣传动员工作，截至2022年年底，成功捐献造血干细胞5例。组织志愿者开展现场无偿献血活动，共有300余人主动参与献血，营造"我献血，我健康，我快乐"理念，增强群众公益意识。加强与各级医疗机构协作，加大对信息员、协调员的培训，力争原州区遗体和人体器官（组织）捐献工作有突破。突出红十字会员、志愿者主体地位，规范志愿者组织建设，深化志愿服务活动，分领域、按专业组建红十字志愿服务组织，构建起覆盖区（县）、乡（镇、街道）、村（社区）的三级红十字志愿服务网络体系。利用"5·8"博爱宣传周、"健康原州"建设、新学年开学军训等重要时间节点，开展急救知识普及性讲座，发展青少年红十字会员。截至2022年年底，原州区红十字会注册志愿者324人，登记志愿服务时长39407小时，其中有60余名志愿者在各小区卡点、核酸检测等岗位上参与疫情防控，是疫情防控一线的一支生力军。

【项目带动】

2022年，原州区红十字会实施"博爱家园""社区（学校）为本减灾"以及"博爱卫生室""博爱校医室"援建项目。为巩固拓展脱贫攻坚成果同乡村振兴有效衔接，在开城镇柯庄村开展"博爱家园"项目，为柯庄村安装40盏路灯、投放15个垃圾箱和3辆保洁车，美化农村环境卫生。整合开城镇政府实施的高标准农田项目，为柯庄村开垦荒地500余亩，种植青贮，拓宽村集体收入。建设文化长廊、文化墙和红十字知识宣传栏,完成生态宜居建设,建立红十字救护站1所,配备AED 1台。探索兴办康复、养老等与红十字人道宗旨相符的社会公益事业,扩大人道救助受益面。

【宣传发动】

2022年,原州区红十字会把弘扬红十字会精神、传播红十字运动基本知识融入社会主义核心价值观体系,与正在开展的"健康原州"创建相结合,以特色工作、红十字文化等为宣传重点,将红十字文化贯穿于防灾减灾、应急救护、造血干细胞捐献等各项工作中,传承好人道、博爱、奉献精神。加强与政府及有关部门、群众团体,特别是新闻媒体的联系和合作,动员和利用各种宣传资源,加大对红十字志愿服务和先进典型的宣传力度,提高红十字会的知晓率、信誉度。在博物馆广场、人民广场、新时代购物广场、移动公司大屏幕及固原市公交公司的130辆公交车电子屏投放心肺复苏等应用急救知识公益宣传片,让市民更多了解和应用急救知识。

经济管理

宏观经济调控

【经济运行态势】

统筹推进疫情防控和经济社会发展，应对经济下行压力，精准落实国家、自治区和固原市稳经济一揽子政策措施，出台"稳保促"42条、扩大消费9条硬措施等系列配套政策，补短板、锻长板，经济运行稳中有进。全年实现地区生产总值171.50亿元，比2021年增长3.9%，三次产业结构由2021年的12.3:19.3:68.2调整为2022年的14.0:17.8:68.2；全年全社会固定资产投资（不含农户）比2021年增长20.5%；实现社会消费品零售总额71.28亿元，比2021年增长0.6%；完成地方一般公共预算收入1.69亿元，同口径增长7.0%；完成一般公共预算支出51.79亿元，同比增长3.5%。城镇居民人均可支配收入36591元，比上年增长5.5%；农村居民人均可支配收入14826元，比上年增长8.1%。约束性指标完成自治区下达目标任务。

【产业发展质效】

立足资源优势和产业现状，引育龙头企业，全产业链布局发展"五特五新五优"产业，推动产业向高端化、智能化、绿色化、融合化方向发展。扩规延链，推动农业高质量发展，全年实现农林牧渔业总产值51.75亿元，同比增长10.5%；农业产值完成33.14亿元，增长7.7%。原州区农作物种植面积147.9万亩，其中粮食播种面积76.02万亩。肉牛产业：建成3个肉牛养殖示范片区，新培育寨科蔡川、中河曹河等24个肉牛养殖示范村，实施"见犊补母"5.85万头，建设肉牛出户入园（场）10个，原州区肉牛饲养量达到28万头，实现产值10.3亿元。冷凉蔬菜产业：建成固胡公路—银平公路沿线和中黑公路—彭堡镇农业园区两条产业带和彭堡、头营两个蔬菜小镇，种植冷凉蔬菜21万亩，总产量达到91万吨，实现产值18亿元。马铃薯产业：建设马铃薯原种基地1500亩，一级种薯繁育基地8000亩，引进雪川农业马铃薯全产业链项目，建立"公司+订单+农户"联农带农机制，带动全区种植马铃薯15万亩，实现产值3.96亿元。转型降耗，推动工业绿色发展，全年全部工业实现产值106亿元，同比增长6.4%。雪川农业、榕沣纺织、压缩毛巾项目已正式投产运行，轻工产业园"七通一平"基础设施配套、厂房改造项目已完成。落实降本增效、减税降费、综合奖补等政策措施，减税退费2亿余元，为76家企业5567人发放稳岗补贴260.5万元。新培育年产值过亿元的雪川农业达规入库。鑫宇农机获得"自治区级专精特新中小企业"称号。提质扩容，推动服务业融合发展，坚持文旅融合发展新理念，加快推进全域旅游示范区建设，打造优化4条精品旅游线路，累计接待游客316万人次，旅游社会总收入突破16.5亿元。彭堡镇姚磨村被评为全国乡村旅游重点村，开城镇小马庄、官厅镇乔洼村被评为宁夏特色旅游村，荣华锦汇被评为自治区级旅游休闲街区。多措并举挖掘消费潜力，开展各类促销活动20余场次，拉动消费3.2亿元以上，社会消费品零售总额增速位居自治区前列。

【乡村振兴实施】

继续把巩固拓展脱贫攻坚成果摆在突出位置，落实"四个不摘"要求，保持主要帮扶政策总体稳定。聚焦乡村振兴样板区目标任务，推进乡村建设。持续推进防返贫动态监测，制定印发《原州区防止返贫动态监测和帮扶机制管理办法》，明确防止返贫动态监测和帮扶工作机制。对新纳入的108户404名监测对象落实具体帮扶措施，做到应纳尽纳、应帮尽帮、消除隐患、化解风险。中央和自治区考核评估反馈问题整改率达100%。持续做好产业就业帮扶，2022年自治区共下达原州区各类衔接资金50466万元，用于产业发展的31个项目使用财政衔接资金28304.34万元，占财政衔接资金整合总额的57.2%，重点支持帮扶产业补齐技术、设施、加工、营销等短板，促进产业提档升级、提质扩能。深入推进移民致富提升行动，制定《原州区2022年移民致富提升行动实施方案》，围绕解决好产业、就业、社会融入三件事，投入资金2.74亿元，实施项目167个。原州区公共实训基地建成运行；打造三营金轮村、头营泉港村两个闽宁乡村振兴示范村；打造三营安和村、黄铎堡和润村等5个移民示范村，建设"出户入园"养殖园区3个，惠及移民养殖户1500多户；移民产业到户项目兑付资金2235万元；改造提升温棚735栋；培育移民专业合作社25家，带动750余户移民参与合作社经营；硬化提升道路14.3千米，改造农田163亩，敷设污水管网16.57公里，改造人饮供水管道4.3千米。扎实开展乡村建设行动，完成"多规合一"实用性村庄建设规划107个，打造乡村振兴示范村30个，新建美丽宜居村庄3个，改造农村户厕1.1万座，硬化农村道路248千米，建成农村"两小园"5363个，村庄绿化率达32.3%；夯实农村生活垃圾处置基础，新建垃圾分拣中心41个，配备垃圾桶3.6万个，实施垃圾填埋场提升改造项目6个，建成农村生活污水处理厂（站）15个。

【政策环境优化】

着眼构建现代产业体系，加快科技创新、模式创新、业态创新，推动经济发展从要素驱动向创新驱动转变。激发科技创新活力，加大科技创新投入，2022年度全社会R&D投入1.44亿元，较2021年增量0.42亿元，投入强度达0.91%。本级财政R&D经费投入年度增长30%以上，投入经费364万元。加快创新主体培育，新认定国家高新技术企业3家、自治区农业高新技术企业1家，备案自治区科技型企业15家。"六权"改革压茬推进，完成39万亩农业灌溉用地、58家工业企业和313家规模化养殖户水量确权，颁发用水权证446本。划实划足划优三条控制线，进一步优化调整生态保护红线，初步划定市区开发边界，划定永久基本农田106.82万亩，确定原州区耕地保有量为125.03万亩。加强用地规划管控，扎实推进土地确权，完成农村土地承包经营权确权登记6.3万户123.43万亩，腾退闲置农村宅基地及其他集体建设用地2000亩，土地资源有效盘活；完成山林资源权籍调查103万亩，颁发林权类不动产证书9本，流转山林地经营权2.1万亩，建立完善可进可退、交易顺畅的山林经营权交易流转机制；紧紧围绕"降污增益"目标，按照应确尽确的原则，对52家排污单位开展初始排污权核算确权。持续推进"放管服"改革，开展"跨省通办""区内通办""全程网办"，分类推进"证照分离"审批制度改革，简化审批环节、精简审批材料、压缩审批时限，实现照后减证、优化服务，解决企业"准入不准营"的问题。推进"零材料""一证（照）通办"事项改革。优化营商环境，全面贯彻落实《宁夏回族自治区优化营商环境条例》和《固原市优化营商环境"十必须十不准"》，推动各项规定落实落细，提升优化原州区营商环境。探索建立营商环境投诉举报办事指南，高效、快速解决企业、群众诉求。

【有效投资扩大】

以黄河流域生态保护和高质量发展先行区建设统领全局、统揽发展，开展"扩大有效投资攻坚年"行动，深入实施扩大有效投资"晒比拼"活动。聚焦"谋划、建设、招商、融资"四个关键，谋划建设重点项目157个（续建44个，新建113个），总投资179.75亿元，年度投资104.82亿元，完成投资94亿元，投资完成率为90%。其中，列入自治区"六个一百"建设项目15个，总投资24.16亿元，年度投资21.26亿元，已全部完工，投资完成率为100%；列入固原市建设项目119个，总投资161.77亿元，年度投资94.58亿元，完成92.34亿元，投资完成率为97.63%；全年实现全社会固定资产投资比2021年增长20.5%；全年争取中央及自治区各类资金9.6亿元。

【生态环境发展】牢固树立"绿水青山就是金山银山"理念，坚持山水林田湖草一体化保护和系统治理。全面落实林长制，完成营造林16.35万亩，绿化乡村道路253千米，森林覆盖率、草原植被盖度和水土保持率分别达26%、84.6%和69.2%。空气环境质量保持平稳，持续开展扬尘污染防治，全面落实道路、拆迁工地、建筑工地、矿山"六个100%"的扬尘防控措施，在未剔除沙尘天气影响情况下，空气优良天数比例为92.1%。水环境质量明显提高，清水河三营国控断面水质平均达到Ⅳ类，二十里铺国控断面水质均达到Ⅱ类，冬至河入清水河区控断面水质平均达到Ⅳ类。土壤污染得到有效防控，加强固体废物和危险废物监管，开展医疗废物、医疗废水和疫情防控点废弃物专项检查，对农村生活垃圾填埋场进行专项检查，对发现的问题，按时完成整改。加大畜禽养殖污染防治，畜禽粪污资源化利用率达97%，规模养殖场粪污处理设施装备配套率达到100%。

【民生福祉增进】坚持在发展中保障和改善民生，落实各项惠民政策，接续增进民生福祉，增强人民群众的幸福感、获得感。全年城镇居民人均可支配收入达到36591元，增长5.5%；农村居民人均可支配收入达到14826元，同比增长8.1%。城镇新增就业3589人，城镇失业人员再就业1349人，就业困难人员实现就业194人，城镇调查失业率为5.4%。农村劳动力转移就业6.8万人，实现工资性收入16.9亿元。推进教育质量提升行动，实施立德树人、资源增量等"五大工程"，推进学前教育普及普惠、义务教育优质均衡、高中多样化特色发展。建成六幼、二十小、二十一小、二十二小、二十三小，增加学位7020个。教育集团达到13个，城乡共同体达到16个。医疗卫生事业全面发展，推进原州区区域紧密型医共体建设，落实医改各项任务；推进建立分级诊疗制度。原州区医院巩固三乙等级创建成果，完成泌尿外科、妇科、心内科3个自治区重点专科建设，呼吸与危重症医学科、普外科、神经内科3个市级重点专科建设，改进医疗质量和服务能力。完成神经内科自治区重点专科建设申报工作，推进骨科自治区重点专科建设。完成危重孕产妇、新生儿、脑卒中、胸痛、创伤"五大急救中心"建设。

财 政

【概　况】2022年，原州区完成地方一般公共预算收入总计57.41亿元，其中，地方一般公共预算收入1.69亿元（税收收入完成0.94亿元，同比下降20.16%；非税收入完成0.75亿元，同比增长33.55%），上级财政补助收入48.35亿元，债务转贷收入2.58亿元，动用预算稳定调节基金0.0027亿元，2021年结余4.79亿元。一般公共预算支出51.79亿元，同比增长3.5%。

【减税降费】2022年，原州区强化财税部门沟通协调，严格执行标准，完善保障举措，推动减税退税降费政策落地落实。全年为568户（次）纳税人办理增值税留抵退税9840万元；为316户小微企业及个体工商户等办理退税114万元；为1.57万户（次）纳税人办理"六税两费"减免1884万元；为166户制造业中小微企业办理缓缴税款688万元，缓解企业现金流压力，增强企业内生发展动能。

【促消费活动开展】2022年，原州区支持稳经济保增长促发展相关措施落地落实，全年投入财政资金745万元，通过举办"感恩6月·约惠原州"惠民消费和"原洲源味"农特产品促销、政企联汽车家电促销等活动，直接和间接带动消费1.83亿元，推动原州区消费持续稳步增长。

【重大风险隐患防范化解】

2022年，原州区建立健全地方政府全口径债务管理机制，严格按照2022年政府债务偿还计划，控增量、化存量，确保政府债务控制在自治区核定限额以内、隐性债务只减不增目标。加强金融监督管理，开展打击整治养老领域非法集资专项整治，形成非法集资风险摸排、预警监测、信息共享、线索核查、处置挽损等长效机制，辖区非法集资得到有效遏制，存量风险及时化解，增量风险逐步减少。

【民生资金保障】

2022年，原州区压减一般性支出，支持教育、医疗卫生、住房保障等民生事业发展，全年民生支出占比达94%。其中，教育支出100652万元，用于城乡义务教育补助经费、义务教育薄弱环节改善与能力提升、"互联网+教育"示范区建设项目、学前教育和普通高中生均公用经费奖补、幼儿园建设项目资金、学生资助、高考综合改革项目；社会保障和就业支出91846万元，做好困难和特殊群体的社会保障及优抚工作，完善养老服务扶持政策，提升社会保障兜底能力和水平；卫生健康支出33453万元，重点用于优化医疗资源配置，加快补齐公共卫生服务短板，提高应对突发重大公共卫生事件的能力和水平；城乡社区及住房保障支出68033万元，支持城乡公共设施及老旧小区改造等项目建设，提高城乡环境及居民住房保障水平；文化科技支出5965万元，支持开展公共图书馆和文化馆（站）免费开放、文化旅游产业发展、博物馆纪念馆免费开放、地方公共文化服务体系建设等，丰富群众文体生活，增进公共福祉。

【重点领域资金保障】

2022年，原州区持续做好常态化疫情防控，统筹资金筑牢安全底线。安排6921万元专项资金用于新冠疫情防控。安排灾害防治及应急管理支出1983万元，用于地质灾害治理、村道安全防护、应急救援指挥通信及应急物资保障等，做到"大安全促大发展，大发展促大安全"。投入生态节能环保资金17346万元，重点支持城镇污水处理、农村垃圾分类示范村建设、污水管网治理等项目建设和农村改厕、人居环境整治方面，提升污染防治和生态环境建设成效。

【全面推进乡村振兴】

2022年，原州区按照"规划先行、资金渠道不乱、用途不变、各司其职"的原则，结合乡村振兴总体规划，提前谋划推进涉农项目资金整合。全年统筹安排财政涉农资金77226万元，其中，中央财政衔接资金41826万元，自治区财政衔接资金8640万元，巩固脱贫攻坚乡村振兴地方债券4500万元，整合涉农资金22260万元。整合资金投向产业发展方面38972万元，占实际整合到位资金规模的50.5%，发挥集中财力破难题、精准发力真扶贫、形成合力见实效的"拳头"作用，为原州区巩固脱贫成果助推乡村振兴提供资金保障。

【财政管理】

2022年，原州区持续推进预算绩效管理，对卫生健康局等3个单位涉及1.4亿元的支出开展部门整体支出绩效评价，对7个重点项目涉及9.4亿元支出开展绩效评价；完成政府投资项目控制价审查242个，结算审核项目223个，审减5556万元；财务竣工决算审计项目100个，完成审计投资额52685万元，提高财政资源配置效率和使用效益。加强国有资产精准化、规范化、动态化监管，完成国企三年改革任务，推进行政事业单位国有产权交易专项整治，累计追缴违规交易金额0.98万元。强化政府采购监督管理，完成29个项目76个标段政府采购，预算资金15170万元，合同成交额14593万元，节约财政资金577万元。下发行政处理处罚书64份，对违规开展政府采购业务的部门、专家、代理机构及供应商进行行政处理处罚,推进政府采购工作健康有序发展。

国有资产管理

【概况】

截至2022年12月31日,资产总额(账面净值,下同)1039518.83万元,较2021年增长8.71%。负债总额49499.19万元,较2021年增长8.27%。净资产990019.64万元,较2021年增长8.73%。行政单位国有资产792344.56万元,占76.22%;事业单位国有资产247174.27万元,占23.78%。流动资产98917.36万元,较2021年增长-20.85%,占资产总额9.52%;固定资产222855.91万元,较2021年增长20.29%,占资产总额21.44%;在建工程361808.64万元,较2021年增长-28.14%,占资产总额34.81%;无形资产3770.00万元,较2021年增长28.35%,占资产总额0.36%;公共基础设施351494.03万元,占资产总额33.81%;政府储备物资263.67万元,占资产总额0.03%;文物文化资产409.22万元,占资产总额0.04%。固定资产构成:房屋和构筑物171801.32万元,占固定资产的77.09%(其中房屋152260.87万元,占固定资产的68.32%);设备42613.24万元,占19.12%〔其中车辆3696.35万元,占1.66%,单价100万(含)以上(不含车辆)设备14133.81万元,占6.34%〕;文物和陈列品27.38万元,占0.01%;图书档案1943.58万元,占0.87%;家具和用具6389.16万元,占2.87%;特种动植物81.22万元,占0.04%。

【资产配置】

2022年,配置固定资产61381.98万元(账面原值,下同),从资产类别分析,配置房屋和构筑物51132.92万元,占83.30%;配置设备9093.30万元,占14.81%;配置图书档案16.60万元,占0.03%;配置家具和用具1139.17万元,占1.86%。从配置方式分析,新购38224.70万元,占62.27%;调拨19454.24万元,占31.69%;接受捐赠39.64万元,占0.06%;其他方式新增3663.40万元,占5.97%。配置无形资产1625.05万元,从资产类别分析,配置非专利技术231.15万元,占14.22%;配置土地使用权69.22万元,占4.26%;配置计算机软件1324.68万元,占81.52%。从配置方式分析,新购537.01万元,占33.05%;调拨253.23万元,占15.58%;其他方式新增834.81万元,占51.37%。配置在建工程170534.14万元。

【资产使用】

资产自用情况:截至2022年12月31日,自用固定资产333032.61万元,占账面固定资产总额的100.00%。其中,在用332802.61万元,占账面固定资产总额的99.93%;闲置164.45万元,占账面固定资产总额的0.05%;待处置(待报废、毁损等)65.55万元,占账面固定资产总额的0.02%。自用无形资产5485.60万元,占账面无形资产总额的100.00%。其中在用5454.60万元,占账面无形资产总额的99.43%;待处置(待报废、毁损等)31.00万元,占账面无形资产总额的0.57%。出租出借情况:2022年,出租资产共涉及21个单位112处,已建立国有资产出租台账,严格按照规定程序公开出租。

【财政管理】

2022年,处置资产5668.89万元。从资产类别分析,固定资产5378.67万元,占94.88%;无形资产290.21万元,占5.12%;无偿划转5018.97万元,占88.54%;对外捐赠3.08万元,占0.05%;报废646.84万元,占11.41%。

【资产收益】

2022年,国有资产处置收益共计3439.22万元,其中,资产处置收益374.09万元、资产出租收益1270.37万元、非经营性资产1854.76万元。

【土地资产】

截至2022年12月31日，土地账面面积1702472.32平方米，账面原值1893.74万元，账面净值1331.12万元。从使用状况分析：在用1682203.32平方米，占比98.81%，待处置20269.00平方米，占比1.19%。2022年新增341044.67平方米，账面原值69.22万元。

【房屋资产】

截至2022年12月31日，房屋账面面积1110333.84平方米，账面价值184414.18万元。其中，办公用房面积250174.33平方米，占房屋的22.53%；业务用房面积729716.54平方米，占65.72%；其他用房面积130442.97平方米，占11.75%。从使用状况分析：在用1106151.43平方米，占99.62%，闲置4109.91平方米，占0.37%，待处置72.50平方米，占0.01%。2022年新增账面面积166271.84平方米，账面原值37414.56万元。本年度处置账面面积7929.51平方米，账面原值1836.66万元。

【车辆资产】

截至2022年12月31日，车辆账面数量484辆，账面原值8132.53万元，账面净值3696.35万元。从使用状况分析：在用476辆，占98.35%，待处置8辆，占1.65%。2022年新增车辆58辆，账面原值1140.10万元；处置车辆28辆，账面原值154.59万元。

【在建工程】

截至2022年12月31日，账面在建工程361808.64万元。其中，在建230765.73万元，占63.78%；停建33.79万元，占0.01%；建成未使用89.64万元，占0.02%；已投入使用130919.49万元，占36.18%。2022年度新增170534.14万元。

【资产绩效】

截至2022年12月31日，固定资产成新率为66.92%；公共基础设施成新率为100.00%。

【交通基础设施】

截至2022年年底，期初负责维护管理里程2130.08千米，入账102.3千米，价值1134.23万元，期末负责维护管理14926.89千米，入账10140.25千米，价值103536.95万元，比2021年新增12796.81千米、102402.72万元（入账价值10037.95万元）。按行政等级分类：省道43.5千米、县道8.16千米、乡道123.36千米、村道14751.81千米。按技术等级分类：一级公路43.5千米、二级公路6.16千米、三级公路70.06千米、四级公路1908.06千米、等外公路12899.11千米。

【水利基础设施】

期初价值123261.50万元，期末价值125862.66万元，2022年新增2601.16万元。其中，防洪工程堤防公路101.19千米，价值13796.44万元，均已入账。灌溉工程价值69265.68万元，已入账。其中，渠首枢纽1座，价值2840.87万元；渠道198千米，价值26943.77万元；泵站3座，价值1103.46万元；水闸179座，价值310.81万元；其他渠道建筑物122座，价值1100万元；调蓄水库46座，价值36966.77万元。农村供水工程价值30072.98万元，已入账。其中，渠道717千米，价值25184.04万元；泵站1座，价值1216.27万元；塘坝11座，价值2201.75万元；地下取水设施1804处，价值1470.93万元。水力发电工程常规水电站4座，价值126.39万元，已入账。水土保持工程共183处，入账9处，价值2601.16万元，其中未入账174处，为原州区扬黄灌溉管理站管理的淤地坝。

【市政基础设施】

期初数量1874.11，价值13385.73万元，期末数量1906.11，价值19175.31万元，均已入账；新增数量32，价值5789.58万元。供排水设施67.23万元；能源设施1处，价值25.59万元；环卫设施974个，价值3022.34万元；园林绿化设施498.11个，价值9750.30万元；其他市政基础设施433个，价值6309.85万元。其他公共基础设施期初价值1516.25万元，期末价值102919.10万元，比2021年增加101402.85万元。

【政府物资储备】原州区政府储备物资均属应急专用储备物资中应急抢险救灾物资，期初数5502件，价值253.17万元，期末数22142件，价值263.67万元，比2021年增加16640件，价值10.5万元。

【文物文化资产】期初数量9227件，入账数量4978件，价值61.41万元；期末数量13135件，入账数量11962件，价值409.22万元。2022年新增3908件，入账数量6984件，价值347.81万元。不可移动文物负责维护数量1425件，入账入量252件，集体折旧10.51万元，净值347.81万元。其中，全国重点文物保护负责维护178件，入账数量5件，价值347.78万元。省级文物保护负责维护数量10处，价值10元，以名义价值入账。市县级文物保护：负责维护数量12处，价值12元，以名义价值入账。尚未定级文物：负责维护数量225件，价值225元，以名义价值入账。可移动文物：负责维护数量7165件，价值60.96万元，均已入账，其中，一级文物2件，价值2元，名义价值入账；二级文物43件，名义价值43元；三级文物379件，价值379元，以名义价值入账；一般文物963件，价值963元，以名义价值入账；未定级文物5778件，价值60.82万元，全部入账。其他文物文化资产数量4545件（古籍图书），价值4545元，以名义价值入账。

【资产管理工作】印发《固原市原州区行政事业单位国有资产使用管理实施细则》《固原市原州区行政事业单位国有资产处置管理实施细则》，对国有资产从自用、出租、对外担保、对外投资、资产有偿使用管理及监督监管方面进行规范，把好资产"使用关"；从国有资产无偿调拨、有偿转让、对外捐赠、置换、报废（淘汰）、报损等方面进行行为约束，建立科学规范、标准完备的管理制度体系。推进资产市场化公开交易，加大财政统筹力度，将低效运转、长期闲置的国有资产进行分类处置，根据使用性质的不同分别调剂到其他行政事业单位。

【信息化管理】2022年，将国有资产处置审批权限下放，借助宁夏国有资产信息管理系统管理各行政事业单位资产，将配置申报通过的资产推送采购系统，实现系统之间的数据对接。实现各类资产全口径监管，在摸清底数基础上，将公共基础设施、政府储备物资、文物文化资产纳入监管范围。发挥信息化对资产变化和整改事项实行的动态化监管。

税 务

【税收收入】全年共组织各项税费收入288244万元，增长12.82%。组织入库税收收入82355万元，同比下降17.85%；入库地方级收入42216万元，同比下降22.02%；入库市级收入20114万元，同比下降26.3%；入库原州区级收入11294万元，同比下降8.6%；社会保险费及职业年金入库191332万元，同比增长28.22%。非税收入入库14660万元，同比增长140.92%，圆满完成各级收入目标。

【减税降费】坚持早谋快动、积极推进，做到辅导宣传、服务落实、风险防范、应退快退和督察检查"五个到位"，将组合式税费支持政策落实落细落准落好。开展对内对外学习宣传辅导，组织宣传培训6次、测试1次，业务人员"政策一口清，流程全掌握"宣讲，利用"纳税人云课堂"、辖区各类新媒体等，开展全域覆盖宣传。精准实行"电话做咨询、上门送政策、申报面对面、退税一条龙"服务模式,召开座谈会 4 场次,开展网格化、一对一辅导 500 余户次,使宣传辅导全覆盖,政策知晓率达 100%。推行以辅导作研判、以讲解作分析模式,聚焦"事前辅导预审、事中全程监控、事后复核抽审"三环节,打造"五个一"全链条留抵退税风险"防火墙",对 597 户企业开展事前分析,排查风险企业 252 户,阻断留抵退税 80 户 699.64 万元,对符合条件的纳税人申请即办,高效精准落实退税。全年累计为 488 户次纳税人办理留抵退税 9938.17 万元;为 316 户小微企业、个体工商户办理"六税两费"退税费 113.89 万元。18899 户次纳税人享受"六税两费"减免 2505.5 万元,165 户企业办理缓缴税款 551.74 万元。组织开展政策落实专项督查 8 次,确保退税减税降费政策在辖区落实。

【税费管理】

推进税收执法"三项制度"和"首违不罚"清单制度,完成重大执法决定审核 19 户次,落实行政执法事项公示 2085 条,实施"首违不罚"22 户次。开展执法监督和自查自纠,通过内控平台下发、核查疑点数据 17 批 334 条。开展现金税费征缴专项整治,落实税收执法责任追究问责 10 人。开展"八五"普法、"广场送税法""云课堂讲法"及纳税人权益保护等活动,提高公众对税法的知晓度和遵从度。设立专岗、开通热线、组建团队、落实"四分引导"、实施个性化服务。完成个人所得税综合所得汇算 28643 人,经营所得汇算 311 户,汇算率(面)为 100%。企业所得税汇算 3723 户,汇算面为 100%。共 687 户次享受企业所得税优惠,37 户次享受减计收入和加计扣除优惠,享受优惠金额 3605.27 万元。深入落实"信用+风险"监管机制、征管质量 5C 监管评价机制,统筹落实"一户式"管理机制,核查落实风险应对任务 10 批 223 户次,补缴税款 316 万元。推进发票电子化改革和全电发票试点改革工作,成功辅导接收全电发票 76 份,136 个征管质效指标全部达到标杆值以上。落实土地增值税"四项制度",持续开展"房土"两税税源清查和规范管理,完成 11 个项目清算审核,清算项目进度 100%。一窗办理不动产交易契税 18492 笔,规范车船税代扣代缴和印花税管理,落实整改车船税疑点数据 926 户次,补征税款 26.3 万元,核查工程项目合同单位 577 户次,征收印花税 746.18 万元。

【纳税服务】

持续深化"放管服"改革,推广"非接触式"办税模式,优化税收营商环境。推广"马丽工作室"和"六盘税桥"模式,依托"纳税人之家"优势资源,建立"统一形象,统一标准和统一流程"的标准服务团队,打造"原州税费服务"标准化模式,为缴费人提供更加便捷满意的办税缴费体验。建立意见建议与办税需求相结合征集渠道,常态化开展各类问计问需活动,提供电话咨询辅导服务 2300 余次。开展便民办税缴费春风行动、"春雨润苗"专项行动,提升纳税人满意度 10 项措施,落实 6 类 21 项 131 条便民办税缴费服务工作清单,组织开展两场 320 户重点企业座谈会、3 场问需问求畅谈会和 38 户涉税中介机构专题座谈会,解答问题 20 余条,征求意见建议 60 余条,协调解决 60 余条。落实税务证明事项告知承诺和容缺办理制度,落实不动产交易"一窗受理、集成办理"机制,注销业务即办率达 98.63%,节约办税时间 40% 以上。通过"人工+智能"创新融合,形成集"网厅+自助终端+智慧微厅+移动终端"的一体化智能服务体系,全面承接 233 项网厅事项业务办理,99% 的企业涉税业务可网上办理,实体办税厅人流量减少 40% 以上,利用"纳税人云课堂"开播政策宣讲辅导课 45 期,税收营商环境进一步优化。

【政治建设】

2022 年,原州区税务局坚持加强党对税收工作的全面领导,强化政治机关建设,凝聚坚决捍卫"两个确立"、自觉增强"四个意识"、坚定"四个自信"、做到"两个维护"的共识和决心。始终以习近平新时代中国特色社会主义思想武装头脑、指导实践、推动工作。深入学习贯彻党的二十大精神和习近平总书记对税收工作的重要指示批示精神，拓展巩固党史学习教育成果。坚持以上率下，组织党委会议"第一议题"学习32次、各支部"第一学习内容"48次，开展党委理论学习中心组集中学习研讨12次，常态化开展青年理论联学交流，确保党员干部时刻把稳思想之舵。深入落实纵合横通强党建工作机制，推进"三强九严"党建工程，落实税务系统党建工作规范和党建业务相融合机制。严格落实"三会一课"、组织生活会、主题党日和党员领导干部双重组织生活制度，集中开展党的二十大精神学习贯彻研讨5次，班子成员讲授党课4次，组织开展红色教育基地现场教学、讲授红色微党课、观看红色影片各1次。在面对重大工作和急难险重任务时组织成立临时党支部、设立党员先锋岗。做好发展党员工作，吸收3名同志为预备党员，12名预备党员按期转正。始终以严的主基调，压实全面从严治党"两个责任"，开展巡察督查问题整改，落实构建一体化综合监督体系6类责任清单。强化监督执纪问责，开展多形式廉政警示教育20次，廉政事项温馨提醒6次，廉政提醒谈话8人次，准确运用"四种形态"开展约谈提醒3人，制定下发《税务人员"八小时之外"监督管理实施办法》，开展"一案双查"3户次，保持正风肃纪的高压态势，做到廉政警示教育常态化，监督执纪问责经常化、严肃化，"不敢腐、不能腐、不想腐"制度机制一体推进。

【队伍建设】

坚持党管干部原则和好干部标准，严格执行民主集中制，贯彻落实"三重一大"事项集体决策制度。完成中层领导选拔配备和党工青妇组织配备，坚持领导干部任前廉政谈话制度，组织完成33名干部职工的职级晋升。加大干部教育培训力度，划分条线开展"小夜校、小自习"专班学习，开展12期专题培训、14次业务测试，选派90组300人次参加各类培训教育和跟班学习。全局1人入选国家税务总局"1115"工程岗位能手，1人入选自治区税务局青年才俊，1人入选自治区税务局人才库，19人入选固原市税务局人才库。在2022年的大比武中，4人进入全市前十名，1名同志代表原州区税务局参加国家税务总局比赛，4名新录用公务员全部通过执法资格考试。持续开展作风纪律整治活动，强化日常考核激励，组织开展日常作风纪律监督、文明规范服务监督检查70余次。深入开展全员述职、定岗明责活动，全局102人明责述职。

【服务发展大局】

抽调50名干部职工开展进村入户10余次，围绕原州区冷凉蔬菜、草畜、马铃薯、生态鸡等产业，深入企业问需解难，助力乡村振兴和产业发展。协同招商宣传辅导，精准推送各类税费优惠政策，为原州区委、区政府提供税收服务经济专报6次，参与招商引资洽谈7次，全程参与各类落地项目"一对一""点对点"辅导。

审计工作

【审计监督概况】

2022年完成审计项目33个，查出问题94个，完成整改86个，查出违规资金231.87万元，管理不规范资金10.56亿元，节约政府支出1371万元。提交审计及专项审计调查报告33篇，16条审计建议被各级采纳，2个审计项目获评全国、自治区优秀审计项目。

【审计监督职责履行】

完成预算执行及其他财政财务收支审计，对本级财政、官厅镇等5个项目（单位）的预算执行和其他财政收支情况开展了审计。在原州区委审计委员会审议通过《原州区2021年度预算执行及其他财政支出情况的审计报告》后向人大作了汇报。紧盯与群众利益密切相关的教育、就业、住房等民生资金和民生项目，推动巩固拓展脱贫攻坚成果同乡村振兴有效衔接，推动加强民生项目资金安全使用，推动惠民利民富民政策落地见效受益,完善共建共治共享治理体系。开展妇女创业担保贷款、和煦家园基础设施改造、基础教育质量提升、"9·20"突发新冠肺炎疫情防控资金和捐赠款物等专项审计,发现问题资金6317.71万元,督促有关责任单位进行整改。聚焦权力集中、资金密集、资源富集、资产聚集的领域、环节、岗位和"关键少数",紧扣权力运行和责任落实,深化审计内容,突出审计重点,紧盯政策措施未有效落实、经济决策事项不合规等问题,促使领导干部依法、秉公、廉洁用权。全年对残联、综合执法局、水保站、公路段等重点单位开展5个经济责任审计项目,发现问题资金40.67万元,下发督办函进行限期整改。

【审计问题整改】

健全完善审计整改工作制度机制,执行《原州区关于建立健全审计查出问题整改长效机制的实施方案》《原州区关于加强纪检监察监督巡查监督与审计监督贯通协同高效的工作办法》等制度,明确整改主体责任、审计督促整改责任、人大监督职责等,形成齐抓共管的整改合力。强化整改成效,对2021年本级预算执行和其他财政支出情况审计发现的18个问题和2018年度以来部门(单位)审计发现未整改到位的23个问题,开展督察督办。发挥审计整改监督职责,组织开展审计整改工作"回头看"3次,召开整改推进会1次,现场督办3次,下发督办函7份。采取一对一督查方式,做到分类指导、重点突出、精准施策,力促当年整改问题不遗留,往年遗留问题不放过。

【专项审计】

2022年2月18日至2月23日,2022年4月6日至4月24日,对2021年农村人居环境整治资金管理使用情况进行检查,检查资金5986.7万元,实地测量"节点亮化"项目1264.71万元。乡镇根据检查建议有效规范农村人居环境整治的合同文本签订、验收管理资金支付等程序。先后抽派8人次两个审计组完成自治区统一安排审计项目;抽派1名审计人员参与固原市审计项目;抽派3名审计人员配合人大、政协、政府等部门监督检查政府投资项目和审核工作。

统计工作

【常规报表上报】

高质量完成2021年年报,按时完成2021年农业、工业、能源、商贸、房地产、建筑业、重点服务业、劳动工资、县域社会经济基本情况、商业综合体、亿元市场调查、企业创新活动、企业研发活动、信息化建设等年报。围绕数据质量这个中心,紧盯数据生产各个节点,加大数据审核力度,对异常数据进企业、看报表、查来源,做到数据真实、准确、完整,保质保量完成农业、工业、能源、投资、建筑业、房地产、商贸、服务业、工资等专业数据收集、审核、汇总和上报工作。组织开展规模以下工业,规模以下服务业监测,按照样本轮换规定,组织开展排查现有商贸样本是否存活、是否停业、是否变更,完成限额以下商贸抽样调查样本轮换工作。推进百万移民监测样本大轮换前期准备工作,做好季度生态移民统计监测数据收集、审核、上报工作。

【基层基础建设】

围绕《原州区统计基层基础规范化建设制度落实年方案》,确定年度重点任务,按照"依法统计、注重规范、狠抓基层、夯实基础"工作思路,推进基层基础建设,加大部门、乡镇(街道)统计工作指导,保障统计数据质量能力提升。发挥"头雁"带动作用,重点打造"一部门、一乡镇、一企业"统计基层基础示范点。依据自治区统计局普查中心每季度反馈的企业、个体、行政事业单位等名录信息,通过实地走访、电话核实及工商信用平台、企查查、天眼查信息等方式辅助,完成基本单位名录库单位信息维护和更新,修改维护信息上万条。

【统计服务】

加强经济运行跟踪监测与研判,依据原州区委、区政府月度经济分析会要求,每月组织各专业岗位召开数据碰头会,深入分析经济运行中新情况、新变化和苗头性问题,突出月度间的变化,对经济走势进行预测预警,第一时间上报分析形势专报。每月在联网直报系统开网时,及时跟进数据报送情况,解决企业在联网直报中出现的新情况、新问题。对上报滞后的企业,及时利用微信群、电话等方式提醒催报和业务指导,解答、排除企业上报过程中遇到的问题,提高联网直报报送效率和准确率。编印2020年《原州统计年鉴》、2021年《原州区国民经济和社会发展统计公报》《原州统计信息汇编》《原州经济发展月报合订本》和2022年前8个月《原州经济发展月报》。撰写统计专报6篇、分析16篇、信息35篇。每月在企业服务平台发布主要经济指标数据,在原州区门户网站每季度发布统计分析。

【统计法治建设】

深入贯彻落实习近平法治思想和习近平总书记关于统计工作的重要指示批示精神,推进统计领域突出问题专项治理工作。持续加强对宪法、民法典、统计法等法律法规知识学习,通过企业服务平台向调查对象发送近万条警示宣传标语,受邀为固原烟草系统讲解统计法,以及《关于更加有效发挥统计监督职能作用的意见》和《宁夏回族自治区规范统计行政处罚裁量权实施办法》等。开展统计执法检查,根据自治区和固原市统计局数据质量核查要求,对部分"四上企业"数据进行实地核查,对存在的问题进行即查即改。

市场监管与公共服务

市场监督管理

【食药安全防控】

严格落实市场监管责任制，坚决营造安全放心的市场消费环境。构筑食品药品安全防线，在全市全域创建食品药品安全区第二次模拟验收中取得第一的好成绩，成功筹办全市"两个创建"现场会，全年未发生食品药品安全事故。推进"守查保"专项行动，通过开展"突击夜查"、农村食药领域联合整治、校园食品安全守护等行动，拉网式排查各类食品药品风险隐患171个，立案查处62起，坚决遏制"一冷一热""一老一小""一药一非"等各类食品安全事故发生。

【食品安全监管】

实行风险分级管理，完成45家食品生产企业的风险等级评定和65名食品管理人员的培训考试，覆盖率达到100%。着眼散装食品安全，通过指导、约谈等行政指导方式，规范散装食品标识标签和防护措施管理，打造人人伊家超市为原州区首个散装食品规范管理样板单位，筑牢散装食品安全防线。

【"清洁厨房"建设】

组织餐饮单位食品安全从业人员培训，通报突击检查发现的问题隐患，倒逼餐饮单位落实食品安全主体责任，规范日常操作。组织大中型餐饮负责人到福苑公司观摩学习并推广4D厨房和色标管理，按照"清洁厨房"验收标准，对餐饮服务单位证照是否齐全，食品原材料采购索证索票及台账登记制度、餐饮具清洗消毒管理制度是否落实，后厨卫生状况和从业人员健康证明等进行详细检查，并适时组织监管"回头看"，对整改落实情况进行全方位跟踪，形成"监管闭环"，有效提升辖区餐饮卫生质量。

【食品抽样检验】

全年委托检验机构完成食用油、肉制品等食用农产品630批次，快检600批次，开展月饼专项抽检11批次，蜂蜜专项抽检33批次，"你点我查"快检100批次，共计完成1374批次各类抽检任务，筑牢食品安全质量防线。

【药品安全监管】

针对药品安全监管工作新任务、新要求，印制4000本"两品一械"法律法规汇编手册，用于指导日常检查和执法办案，邀请市局业务科室人员通过"传帮带"方式在每个监管所集中带学，提升药品监管水平。严厉打击各类违法行为，承担药品监管职能以来，下发整改通知7份，查处"两品一械"涉嫌违法行为21起。

【消费环境建设】

运用"双随机、一公开"监管方式，共完成内部双随机抽查32项，部门联合抽查10项，较2021年度增加20%。用说服、教育、引导等柔性方式对监管对象进行行政指导，向企业、个体工商户发送经营提示信息4万多条，利用新媒体和各类监管群发布企业年报提示信息6000多条，如期完成企业年报，年报率达96.4%。为企业提供"保姆式"服务，强化知识产权保护，全年新申请注册商标317件，申请专利215件。2021年度"全国市场主体活跃度抽样调查"中，原州区市场监督管理分局被中国个体劳动者协会表彰为"突出贡献单位",1名同志被表彰为"突出贡献个人"。

【质量标准体系建设】

加强对关系国计民生、健康安全、节能环保、安全生产等重点产品的质量监督抽检,截至2022年年底,抽检消防安全类产品88个批次,质量等级类相关产品40个批次,民生领域类相关产品33个批次,配合第三方检测机构集中对敏感行业与群众息息相关的3700余台计量衡器予以法定检定。

【安全隐患排查】

对餐饮、小作坊、燃气灶具企业400余人进行安全生产专题培训,打破区域划分,集中人员利用营业高峰期夜查,对餐饮企业、小作坊、流动餐车、烧烤店使用的燃气泄漏报警器、液化气钢瓶、燃气灶具3C认证、软管、减压阀等质量进行隐患排查,现场处置隐患。对摸排出涉及前置的194户营业性自建房,以台账形式上报行业主管部门用于风险鉴定,确保市场监管领域安全生产形势稳定。

【市场主体服务】

全面分析影响和制约原州区市场主体发展主要因素,详细摸清原州区市场主体发展情况,探索营造市场主体发展路径,开展专题调研,形成《关于原州区市场主体统计的分析报告》《固原市原州区市场主体发展情况分析报告》,为党委、政府决策提供可靠依据。

【执法办案】

积极处置社会关切,回应消费者诉求。全年受理、处置各类消费咨询、投诉、举报计2016件,办结率达到100%。查处各类违法案件150起,同比增长56%,罚没款99.1万元,同比增长7.6倍。其中1起入选国家市场监管总局典型案例,7起入选自治区市场监督管理厅典型案例,2起入选固原市市场监督管理局典型案例,移送公安机关刑事侦查1起。

荣获固原市市场监督管理局执法办案第三季度流动红旗。借力抖音、快手等线上平台,随机探访"张虎娃烧烤店",抖音、快手浏览量达177万人次,对整改落实情况进行全方位跟踪,实现市场主体服务转变。

【市场监管业务宣传】

运用电子屏宣传标语、执法车广播、录制语音提醒等方式宣传市场监管业务工作,联合原州区融媒体中心对疫情防控、突击夜查等专项行动进行专题报道。统一安装"双创"宣传栏202个,印发宣传彩页、"双创"门帘、文明用餐桌牌等资料1.3万余份,在各经营场所、村庄、小区单元楼门口张贴《致市民朋友的一封信》3.3万份。编辑工作信息123期,通过中国食品报网、宁夏新闻网、华兴时报、今日头条、今日固原、原州发布等新闻媒体平台发布新闻信息148篇次,单篇阅读量最高达10万+,有效扩大市场监管工作的社会影响力。

审批服务管理

【实体政务大厅建设】

2022年,原州区审批服务管理局建成集"一窗综合受理、业务办理、监管运行"为主要内容的原州区"163"一体化政务服务平台,开通综合窗口,启用行政审批专用章,实行"一枚印章管审批",推广"前台综合受理、后台分类审批、统一窗口出件"模式,优化政务大厅窗口布局,配套完善设施功能。健全完善政务大厅突发公共事件应急处置预案和安全管理工作制度,配备防暴叉、抓捕器、盾牌等防恐防暴器材,组织开展防暴演练,筑牢安全防线。大厅进驻事项909项,事项进驻率达91.4%。截至2022年年底,政务大厅563项政务服务事项实现"一窗"分类受理,实现群众和企业办事"进一门、找一窗、办所有事",一窗无差别办件量达12010件。加强与固原市审批局协调对接,在原有"就近办"窗口基础上,新增不动产信息查询、医师执业注册、护士执业注册、燃气经营许可等7项高频"就近办"事项,方便群众办事。大厅各窗口共接受咨询6777次,线上线下总办件量36217件,办结率99.8%。其中,网上办结33612件(行政审批系统19796件,审批专业系统13816件),线下窗口办结2605件。

【网上服务体系建设】

2022年,原州区审批服务管理局围绕全国一体化在线政务服务平台,推进政务服务事项办理由实体政务大厅向网上办事大厅延伸,建成上下联动全原州区统一的政务服务网上办事大厅。除法律法规另有规定或涉及国家涉密外,政务服务事项全部纳入平台办理,做到标准统一、整体联动、业务协同,增强"一网通办"能力。常态化进行"四级四同"事项动态管理,新增新闻出版、民政、人社、医保四个系统共24个事项,取消水利和医保系统共8个事项,变更人社系统1个事项。截至2022年年底,共承接"四级四同"事项999项。按照流程最优、要件最少、办事最便利标准,实时调整优化编制"网上办、马上办、不见面办"政务服务事项清单,全年本级"网上办""马上办""不见面办"办理事项比例分别达91.4%、50.1%和85%。大厅进驻事项913项,事项进驻率达91.4%。配合自治区和固原市做好行政许可事项和高频政务服务事项清单管理有关工作,集中组织原州区直有关部门(单位)开展行政区域内实施行政许可事项清单梳理编制工作。梳理编印《原州区行政许可事项清单》及《原州区高频政务服务事项目录》181项,提升原州区政务服务事项标准化、规范化、便利化水平。按照固原市"12345"便民热线流程,开展受理、转办、督办、反馈工作,发挥热线办理工作贴近民生、体察民意、解决难题服务功能。截至2022年年底,共受理市民热线派单量10021件,其中,签收量9977件,按时签收量7488件,按时办结率为92.99%,市民满意率为91.55%。

【政务服务改革】

2022年,原州区审批服务管理局开展"跨省通办""区内通办""全程网办"业务,立足本级职权实际,将失业登记、户口迁移等35项全国高频政务服务事项纳入"跨省通办"范围。全年司法系统学历公证,人社系统失业登记、城乡居民基本养老保险关系转移接续、职业技能等级证书查询及核验,医保系统城乡居民基本医疗保险参保登记、医保电子凭证申领,公安系统户籍类等多个事项均已实现跨省通办。各系统共已办理跨省通办事项6000余件,其中,医保系统4259件,人社系统2164件,司法系统140件,公安系统76件,自然资源系统49件,残联系统29件。梳理编制《原州区"市域通办"事项目录清单及办事指南(45项)》《原州区"全程网上通办"政务服务事项目录清单(330项)》,借助宁夏政务服务综合平台统一申报,解决企业和群众异地办事多地跑、折返跑等历史性难题。梳理编制开宾馆、开诊所、开小店等六大主题16项"一件事一次办"事项目录清单,修改完善办事指南。分类推进"证照分离"审批制度改革,制定出台《原州区深化"证照分离"改革进一步激发市场主体发展活力实施方案》,承接认领中央层面设定的涉企经营许可事项47项,自治区层面设定的涉企经营许可事项3项,通过直接取消审批、审批改为备案、实行告知承诺、优化审批服务4种方式,简化审批环节、精简审批材料、压缩审批时限,实现照后减证、优化服务,解决企业"准入不准营"问题。推进"零材料""一证(照)通办"事项改革,梳理编制《原州区"零材料"可办事项清单》《原州区一证(照)通办事项清单》,分别为35项和57项。公安、人社、卫健及新闻出版等系统事项自《自治区人民政府办公厅关于印发〈宁夏"零材料"办理政务服务事项清单(第一批)〉〈宁夏"一证(照)通办"政务服务事项清单(第一批)〉的通知》发布之日起严格按照要求执行。

【网上监管体系建设】

2022年,原州区审批服务管理局按照国家要求和标准规范,依托自治区"互联网+监管"系统项目建设,统筹协调原州区18个执法部门(单位)对统一用户管理系统、"双随机、一公开"系统、通用执法系统、联合监管系统、监管事项动态管理系统等进行数据汇聚和功能完善工作，建成监管事项数据库，信息完善率达100%。推动原州区"互联网+监管"系统应用能力，推广使用"移动监管"App，加强监管行为信息采集。全年通过执法系统共完成行政检查2063条、行政处罚37条、行政强制2条、其他行为7条、发起检查任务958条，覆盖监管事项189项，覆盖率为69.49%。组织原州区18个部门（单位）30余名业务骨干集中进行"互联网+监管"系统操作升级培训，为维护和使用宁夏"互联网+监管"平台奠定坚实基础。

【基层审批服务体系建设】

2022年，原州区审批服务管理局将"163"一窗无差别综合受理延伸至乡镇（街道）民生服务中心，指导乡镇民生服务中心统一设置"综合受理窗口"，将乡镇（街道）民生服务中心承办的民政、社保、卫生健康、就业创业、退役军人服务、公安等8个系统120项政务服务事项和村（社区）代办的民政、残联等45项政务服务事项统一纳入"163"政务服务平台，无差别受理各类便民事项，实现群众办理民生服务事项"小事不出村、大事不出乡"。推动政务服务标准化、规范化、便利化，加速政务服务从"能办"向"好办""快办"转变。抽调业务骨干深入14个乡镇（街道）便民服务中心及各村便民服务站采取"一对一、面对面"授课形式，分批次对窗口人员进行"163"政务服务平台及网上代办操作技能提升培训。累计培训乡镇（街道）业务骨干和村代办员100余人次，印发培训资料400余份。全面检查各便民服务中心大厅综合窗口设置、评价器配备使用、休息等候区、电子显示屏、防恐防暴器材等，对不符合要求的令其整改，设备故障的予以修复，确保各类硬件设施齐全合规，窗口人员线上操作流程通畅，提高应急事件预防和处置能力。优化政务服务环境，强化乡镇（街道）服务能力建设，让群众办事更加舒心便捷。全年乡镇（街道）办理各类政务服务事项33742件，办结率达99.9%。

【突出问题专项治理】

2022年，原州区审批服务管理局落实原州区发布的政府投资项目管理办法，压减审批时限，提高审批工作质量。开展"不见面项目审批"服务，办事人员可通过宁夏政务服务网、"宁夏政务服务"微信公众号等不见面渠道办理相关审批事项。召开专题会议安排部署专项治理工作，认真传达学习习近平总书记关于工程建设政府采购等重点领域突出问题专项治理工作重要指示批示精神及自治区、固原市和原州区有关会议精神，对原州区审批服务管理局项目进行自查，制定整改方案，推进问题项目整改。全年共立项审批政府投资项目233项，计划总投资25亿元；企业投资项目备案54项，计划总投资61.87亿元。

机关事务管理服务

【概　况】

原州区机关事务服务中心于2022年5月31日提级为原州区委直属正科级事业单位，核定编制10人，中心党支部于2022年9月批复建立。

【会议保障】

全年原州区机关事务中心保障服务各类大中型会议十余次。坚持把每一次大型会议作为检验、提升服务保障水平契机，主动作为、主动保障。高质量完成自治区巩固脱贫成果后评估会议后勤保障工作，集中采购和发放会议包、文件袋、中性笔及口罩等会议物资。

【机关食堂服务】

在机关食堂管理方面，按照餐饮管理服务标准，通过建立供应预估机制、宣传教育引导机制、小份菜肴供给机制等措施，从源头加工、消费理念、就餐过程三个方面严管餐饮浪费行为。通过加大对机关食堂环境卫生、食品卫生、食材采购、食品留验等监管力度,规范机关食堂运作,提高干部对机关食堂满意程度。

【公务车辆管理】

依托公务用车管理平台,将28辆公务车纳入原州区"一张网",实现用车申请、审核、调度、派车、收车网络一体化。通过实行驾驶员岗位职责、日常考核、车辆安全维修、加油管理、请假、值班等一系列措施,使公务用车日趋标准化、信息化,实现全年无重大交通事故目标。全年累计共保障车次2507次,累计安全行驶324578千米。

【节约型机关创建】

严格贯彻中央八项规定精神,在公务接待过程中,始终坚持实事求是、勤俭节约、因地制宜、方便务实原则,做到公务接待"一函一单一餐"要求,全年稳妥有序开展各类公务接待工作,接待来客300余人。持续推动节约型机关创建长效机制建设,2022年由原州区人民政府下发《关于开展2022年度节约型机关创建工作的通知》,确定14个节约型机关建设单位,原州区党政机关建成节约型机关比例占70%以上。通过明确管理机构、建立健全管理制度、推行绿色办公、实行垃圾分类、开展宣传教育、按期报送机关总能耗等措施,提高广大群众节约资源意识。以2021年能耗总量为基数,2022年原州区单位建筑面积能耗同比下降1.03%,人均能源消耗同比下降1.21%,人均用水量同比下降1.42%。

【办公用房监管】

坚持以节约集约使用办公用房为抓手,定标准、严措施,严格执行《党政机关办公用房管理办法》等精神,通过定期实地检查、办公用房信息统计报告等方式,完成原州区各部门办公用房摸底登记和2022年度办公用房数据上报工作。

社会管理

人才服务与管理

【劳动用工备案】

2022年,原州区人力资源和社会保障局全年企业职工劳动用工招收备案8538人,解除备案5904人;农民工简易合同签订备案14158人,解除备案557人;集体劳动合同备案32份,涉及总职工人数4815人,涉及女职工数2866人。企业劳动合同签订率为92%以上。

【案件处理】

2022年,原州区人力资源和社会保障局联动发改、公安、交通等部门,加大依法惩戒、严厉打击欠薪违法行为力度,处理劳动保障监察有效线索253件,涉案1607人,涉案金额1450.9万元,结案率95%。办理全国"欠薪线索核处管理系统"反映线索337件,涉案1251人,涉案金额1363.3万元,结案率为98%。妥善处理劳动争议,强化源头治理、优化仲裁服务,处理劳动争议案件423件,涉案456人,涉案金额1024.3万元,结案率为98%。

【信访投诉受理】

2022年,原州区人力资源和社会保障局设置劳动维权热线,及时受理"12345"、信访、网络等渠道的投诉举报线索,累计接到政策咨询电话2500余次,接待来访人员3250余人次,办理固原市"12345"便民服务热线线索645件,涉案716人,涉案金额436.7万元,结案率为93%。

【人事管理】

2022年,原州区人力资源和社会保障局严把"评审职数、材料、条件、程序"四关,推行"五公开、一公示"制度。完成各系列中高级职称评审工作,其中,自治区统一评审的高级职称共148人,中级职称共190人。"双定向"高级职称共66人。印发《原州区事业单位管理岗位职员等级晋升实施方案》,实施县以下事业单位管理岗位职员等级晋升制度;公开招聘事业单位工作人员49人,其中本科学历36人,占73.46%。持续深化工资制度改革,制定公立医院薪酬制度改革实施方案;落实中小学教师工资待遇制度政策,中小学教师班主任津贴、校长津贴随工资按月发放;完成2021年津补贴清理工作,月基础绩效奖随每月工资发放。申报人才对外交流合作项目1个,评选推荐原州区6名(5名事业单位工作人员,1名企业职工)人才申报自治区青年拔尖人才。

就业创业

【城镇就业】

全年城镇新增就业3589人,完成任务数2800人的128.2%;城镇失业人员再就业1772人,完成任务数1740人的101.8%;就业困难人员实现就业305人,完成任务数240人的127.1%。

【创业担保贷款发放】

全年发放创业担保贷款228笔4320万元,完成任务数3800万元的113.7%;培育创业实体507个,完成任务数350个的144.9%;创造新岗位921个,完成任务数600个的153.5%;创业带动就业1989人,完成任务数1600人的124.3%。

【城乡公益性岗位】

全年城镇公益性岗位安置295人，完成任务数140人的210.7%；农村公益性岗位安置1243人，完成任务数360人的245.3%。

【转移就业】

全年农村劳动力转移就业67824人，完成任务数67600人的100.34%；工资性收入16.89亿元，完成任务数9.1亿元的185.6%；购买"铁杆庄稼保"意外伤害保险5.28万人，完成任务数47320人的111.7%。

【职业技能培训】

全年开展职业技能培训139期6551人次，完成任务数6015人次的108.9%。其中，企业职工培训970人，完成任务数900人的107.8%；就业重点群体培训3577人，完成任务数3300人的108.4%；帮扶家庭劳动力1679人，完成任务数1500人的111.9%；创业培训310人次，完成任务数300人次的103.3%；"两后生"培训15人，完成任务数15人的100%。

【就业服务提升】

强化组织机构，2022年配备14名"三支一扶"工作人员到乡镇劳务站所担任劳务信息联络员，为所有行政村和社区配齐劳务信息联络员，充实壮大基层服务力量。全面核查14个乡镇、街道13.32万农村劳动力特别是脱贫劳动力和移民搬迁群众就业信息等数据，建立《原州区2022年农村劳动力转移就业人员花名册》《原州区2022年脱贫劳动力（监测对象）转移就业人员花名册》和《原州区2022年脱贫劳动力（监测对象）稳定务工6个月以上人员花名册》，精准帮扶脱贫劳动力就业增收。以"春风行动""民营企业招聘周""金秋招聘月"等就业专项活动为契机，开展高校毕业生、农民工、就业困难人员等专场招聘会，利用各类媒介发布招聘信息234条，开展各类专场招聘会17场，提供就业岗位13539个，达成就业意向1372人。利用原州就业直播间直播带岗176次，参与企业1338家，提供就业岗位75742个，受理后台咨询信息10690次，达成就业意向2005人。开展"三送五进"政策宣讲活动5次，印发《就业创业政策服务指南》《稳就业促增收政策三十条》等宣传手册2000余份，解答群众咨询80人次。

【就业渠道拓宽】

落实领导干部包抓工业园区、重点企业制度，定期召开专题对接会、微型招聘会，新开发就业岗位1000余个。积极对接中宁、平罗和大武口等地电子信息、制造、纺织等行业用工需求，促进劳动力就地就近就业5.43万人。开辟福建东龙纺织、星云电子、江苏泰州LG集团等劳务基地；与区内39家规上企业、121个重点开工项目对接，吸纳就业12217人。发挥人力资源服务公司和劳务经纪人带动就业作用，累计转移就业16085人。整合就业帮扶车间29个，吸纳就业722人；就业示范基地15个，吸纳劳动力1593人；认定青年就业见习基地22家，吸纳两年内未就业高校毕业生286人。推动转移就业组织化程度，采取包车、包机等方式集中向福建转移就业377人，其中脱贫劳动力211人；为13名赴福建就业人员发放岗位工资补贴9.75万元。2018年至2022年年底，有组织向福建转移就业1283人，常年在福建稳定就业3000人以上，人均年收入突破5万元。统筹整合各类资金购买1538个公益性岗位，全部用于安置城乡就业困难人员和零就业家庭。围绕"六盘月嫂"、固原餐饮文化研究基地、飞毛腿电子信息，打造3个特色劳务品牌示范基地。利用未就业高校毕业生求职登记小程序与离校未就业高校毕业生实名登记信息系统，对未就业毕业生的个人情况、求职意向和就业服务需求及享受就业政策等信息进行实名登记，及时提供有针对性的就业帮扶和就业推荐信息，确保年底离校未就业高校毕业生就业率达90%以上。通过"三支一扶"岗位安置应届高校毕业生340人，事业单位实习安置181人，青年就业见习安置119人。

【政策补贴保障】

抓好援企稳岗补贴保障，共为 1403 名失业人员发放失业保险金 1125.14 万元，为 1169 名失业人员发放失业补助金 500.59 万元，为 1192 人代缴医疗保险 251.94 万元。为 181 人发放职业技能提升培训补贴 26.55 万元。为辖区 459 家企业兑付失业保险稳岗返还补贴 500.6 万元。抓好转移就业补贴保障，为在福建稳定就业 6 个月以上的劳动力一次性发放 7500 元的岗位工资补贴，截至 2022 年年底，为 23 名赴闽就业人员发放岗位工资补贴 17.25 万元；利用乡村振兴衔接资金 100 万元，为 2000 名原州区籍脱贫劳动力发放疫情期间稳岗补贴；利用闽宁资金 110 万元，为 2200 名原州区籍脱贫劳动力发放疫情期间稳岗补贴。抓好创业人员补贴保障，加大对返乡大学生、农民工，特别是搬迁群众创业扶持力度，累计发放一次性创业补贴 27 笔 21.95 万元，其中，为就业困难人员发放 1 笔 1 万元，为高校毕业生发放 16 笔 11.95 万元，为脱贫劳动力发放 2 笔 1.39 万元，为农村转移就业人员发放 8 笔 7.61 万元。抓好就业困难人员补贴保障，共为 1368 名就业困难人员发放灵活就业社保补贴 222 万元。

【技能就业】

针对就业市场需求，选择师资力量强、培训扎实、服务意识优的培训机构，开展农村种植养殖和城乡家政服务、养老、护理、育婴员、美容师、建筑安装、餐饮服务、服装加工、物业、保洁等实用技术培训。培训机构在培训结束后要定期对学员的就业状况进行回访，对有就业意愿而未就业的学员，上报到就业中心通过就业指导实现就业。

【就业援助】

建立失业人员"1311"帮扶机制（至少提供 1 次职业指导、3 次岗位信息、1 次免费职业培训和就业见习，每月至少进行 1 次跟踪服务）。做好失业登记，将就失业登记业务赋权至各乡镇（街道）民生服务大厅进行办理，为辖区失业人员提供便利。做好就业帮扶，原州区就创中心通过电话回访等方式主动联系登记失业人员，核查相关信息，加强动态跟踪管理，针对性拿出"点对点"有组织输出、公益性岗位兜底安置、创业担保贷款支持、技能培训扶持和稳岗补助等政策"组合拳"，确保不发生规模性失业。建立高校未就业毕业生登记制度，通过提供就业政策讲解、招聘岗位信息、职业指导、职业培训、就业见习等服务，促进高校毕业生就业；募集就业岗位 600 个多个，对未就业毕业生进行实名帮扶。加强就业困难人员兜底保障，统筹整合各类资金购买 1538 个城乡公益性岗位，用于安置城乡就业困难人员和零就业家庭，其中为 19 个移民示范村安置公益性岗位 127 个。城乡零就业家庭动态清零，公益性岗位安置人数高于 2021 年同期水平。

【创业环境优化】

2022 年，原州区强化"双创"工作，推进全民创业，继续完善提升创业孵化园孵化功能，扩大园区规模，提高服务质量。通过各种媒体宣传创业担保贷款政策，降低贷款门槛，扩大贷款范围，提高贷款额度，创新工作机制，简化办事流程，实现创业带动就业的倍增效应。2022 年支持原州区返乡创业孵化园争创自治区级示范基地，累计入园企业 40 家，发放创业担保贷款 228 笔 4320 万元，培育创业实体 507 个，创造新岗位 921 个，创业带动就业 1989 人。组织创业青年参加第五届"中国创翼"创业创新大赛，获得宁夏赛区劳务品牌专项赛三等奖。

【技工教育】

投资 513 万元，改善宁夏飞毛腿技工学校办学条件、扩大教学规模，累计招生突破 1200 人，培育产业技术工人 206 人。持续优化"产教融合、精准就业"模式，投资 9216 万元，建设原州区公共实训基地，10 月底前全面完成装修工作，11 月进行实训设备采购。福建飞毛腿集团将分期投资 7000 万元，引进 15 条数据线和移动电源生产线（已引进 4 条半自动和 2 条全自动生产线设备）。

【创新亮点工作】

打造村级劳务工作站，在黄铎堡镇和润村设立劳务工作站，建立农村劳动力资源大数据平台，精准掌握本辖区群众基本情况，收集、发布区内外劳动用工信息等，实现公共就业服务"零距离"。创新线上招聘新模式，设立"原州区就业创业"直播间，被抖音官方列为人社系统重点线上招聘平台。

社会保障

【城乡居民养老保险参保】

2022年原州区持续推进实施城乡居民基本养老保险全民参保计划，共组织参保20.1万人，参保率达96.8%，超过自治区下达目标任务7个百分点。做好普通人群参保缴费工作的同时，稳步推进低保、特困供养、残疾、易致返贫等特困人群参加养老保险动态调整工作，通过进行实时数据比对、及时核实、上传数据，实现全部或部分核定缴费。为11566名（易返贫致贫监测对象3392名、特困人员242名、重度及三四级残疾人员4442名、独生子女户3490名）特殊人群按照100元最低缴费档次进行了政府代缴，财政补贴共计212.13万元。

【养老待遇提高】

2022年，原州区坚持把提升养老保险待遇水平作为一项惠民工程来抓，争取各级财政补贴资金，在2016年和2021年基础养老金调标10元的基础上，从2022年1月起，为领取享受城乡居民养老保险待遇的3.4万名60周岁以上老年人每人每月调增基础养老金10元，达到208元。

【待遇领取资格认证及发放】

2022年，原州区采取"线上"和"线下"相结合的认证方式对60岁以上享受待遇人员开展认证，认证率达99.6%。全面推进城乡居民养老金集中统一发放，每月15日前，针对当月待遇发放情况召开专题会议进行研究审定，对符合发放条件的委托黄河银行实行社会化发放，养老金支付率及社会化发放率均为100%。2022年共为490052人次发放养老金8760.52万元，发放丧葬抚恤金1876人次341.88万元。

【被征地农民参加养老保险】

2022年，原州区落实"先保后征"的工作机制，针对每一个新增土地征收项目，严把被征地农民社会保障工作审批流程。2022年共筹集被征地农民社会保障专项资金4.1838万元，涉及征地项目4个。截至2022年年底前，共组织参保18661人，累计筹集资金9.2亿元，到龄领取养老保险待遇5586人，参保率、资金筹集率、社会化发放率均实现100%。

【社会保障卡综合应用】

2022年，原州区建立社保卡"一站式、全流程"和"立等可取"的全新服务模式，为持卡人提供快捷方便服务。全年新制(补)发社会卡4415张（其中残疾人社保卡989张），新发放社保卡社保功能激活率为100%。通过微信、支付宝、"我的宁夏"、掌上"12333"和"协议银行"App等多渠道签发电子社保卡15.5万余张，超过自治区下达60%目标任务的13个百分点。

【社保基金监管】

2022年，原州区探索建立"344"工作法，即区、乡、村三级联动，建立四项机制（建立待遇资格认证制、建立一次性告知制、建立办理丧葬补助金承诺制、建立冒领养老金追缴制），落实四项工作制度（落实定期公示制度、落实死亡人员报告制度、落实完善内控管理制度、落实定期专题会议研究制度）。以社保基金管理提升年行动为契机，持续深化专项清理工作，严格织密社保基金监管网，坚决守好人民群众的每一分养老钱。

医疗保障

【参保扩面工作】

2022年，原州区医保局全面落实全民参保计划，完善全民参保信息数据库，以公安户籍信息为依托，通过与往年参保数据进行比对，精准锁定未参保人员和中断缴费人员，建立辖区户籍人口参加基本医疗保险情况台账。抓好低保、残疾等十二类特殊身份人员及时参保、精准参保。开展医疗保险费用征缴工作，2022年上半年对新识别的纳入应保尽保范围的特困供养人员（含孤儿）、低保对象（含高龄低收入老人）、脱贫不稳定、边缘易致贫、突发严重困难人口和刑满释放人员以及新生儿，按照《宁夏回族自治区医疗保障局财政厅国家税务总局宁夏回族自治区税务局关于做好2021年度城乡居民基本医疗保障工作的通知》要求，通过部门间建立线下数据共享机制、医保部门系统比对参保缴费状态、建立工作台账、乡镇（街道）上门督促参保缴费等精准措施，全面落实新识别人员促参保缴费工作。原州区共组织城乡居民参保缴费361349人，完成自治区、固原市下达目标任务数366300人的98.65%。开展2023年医疗保险费用征缴工作，原州区人民政府印发《关于做好2023年度城乡居民基本医疗保险参保缴费工作通知》，建立工作进度通报制，定期在原州区内进行通报，督促乡镇（街道）组织参保缴费。截至2023年2月底，原州区2023年度城乡居民基本医疗保险参保缴费354786人，完成目标任务数357000的99.38%。

【动态参保】

2022年，原州区医保局精准排查摸底，紧盯信息排查、补缴核定、督促参保、规范台账等环节，"点对点"促参保，确保十二类特殊身份人员动态参保率达到100%。积极与民政、乡村振兴等部门建立新增特殊身份人员线下数据信息共享机制，每月10号前拷取上一月新识别的特困人员（含孤儿）、低保对象（含高龄低收入老年人）等人员信息，通过医保信息平台比对新识别人员参保缴费状态，并建立台账资料，将未参保缴费人员名单及时下发乡镇（街道），由乡镇（街道）逐人进行核查，对符合参保范围的及时动员参保缴费，确保其应保尽保。2022年参保缴费结束后，对民政、乡村振兴等部门新认定的低保、脱贫不稳定等特殊身份人员全部组织参保缴费，共组织参保缴费215人。

【保障政策落实】

严格落实医保待遇保障政策，强化基本医疗保险、大病保险和医疗救助三重制度保障功能，推行住院费用"一站式"结算和异地就医直接结算。按照宁夏回族自治区《关于巩固拓展医疗保障脱贫攻坚成果有效衔接乡村振兴战略的实施意见》要求，分类实施脱贫人口、边缘易致贫户、突发严重困难户等特殊人群医疗救助参保缴费政策及医疗保障扶贫倾斜政策，实现农村低收入人口应保尽保，增强基本医疗保险和居民大病保险保障能力，夯实医疗救助托底保障。加大门诊慢病排查，确保门诊大病待遇应办尽办。借助驻村第一书记、村组干部、帮扶队员和家庭医生签约团队全面进行宣传动员，引导符合患有大病目录规定30种门诊大病病种的参保居民到有门诊大病认定权限的定点医疗机构进行门诊大病认定和门诊大病处方本的办理工作，保障其门诊就医需求。2022年医疗救助资金资助参保127820人，资助金额3113万元；共为辖区协议医疗机构430948人次参保患者，报销医保基金44064.36万元。其中，门诊统筹272295人次，报销629.12万元；普通住院48764人次，报销费用22794.28万元；门诊大病58085人次，报销费用1488.7万元；大病保险报销10950人次，16696.48万元；医疗救助40854人次，2455.78万元。

【监测帮扶机制落实】

按照《原州区防止返贫动态监测和帮扶机制管理办法》要求，医保局落实行业部门协同监测职责，每季度由自治区统一提取经基本医疗合规保障后个人自费开支较大（2.7万元及以上）的农村大病、重症慢性病或突发疫情重症患者名单。2022年1—12月份经基本医疗合规保障后个人自费开支较大（2.7万元及以上）的农村大病、重症慢性病或突发疫情重症患者共计163人全部报送乡村振兴部门进行核查，其中经核查最终确定为监测对象的为11人。落实防止返贫动态监测帮扶机制，对每月乡村振兴局批复的新增防止返贫动态监测帮扶对象，按照"缺什么补什么"原则，严格按时限要求，逐户建立台账，精准开展参保、医疗救助等帮扶工作，补短补弱，及时消除因病返贫致贫风险，持续巩固脱贫成果。2022年对因病致贫返贫的140户484人，全部落实医疗费用报销、医疗救助等帮扶措施，及时消除因病返贫致贫风险。

【异地就医结算】

在力推县区级医疗机构"先住院、后付费"措施的基础上，落实网上办、指尖办等举措，让数据多跑路、群众少跑腿。截至2022年年底，原州区利用"国家医保服务平台"App及全国异地就医联网结算平台，办理转诊转院544人次、异地就医备案1398人次。

【医保政策宣传】

通过发放宣传彩折页、口袋书，制作横幅等方式方法，借助各类新闻媒体及微信、抖音等自媒体平台，以群众通俗易懂的语言对医保参保缴费及困难人群参保资助、住院医疗费用报销、门诊费用报销、门诊慢病政策，以及就医报销流程、医防融合、健康知识等进行宣传。对乡镇（街道）、医疗机构医保经办人员进行巩固拓展脱贫攻坚成果同乡村振兴有效衔接医疗保障政策的集中培训，确保原州区各项医疗保障政策群众应知尽知，落地见效。

【专项治理开展】

制定印发《关于在原州区医疗保障系统落实卫生健康领域突出问题专项治理工作的实施方案》《关于印发原州区医疗保障系统落实卫生健康领域突出问题专项治理重点工作任务分工表》《原州区医保局关于在原州区医疗保障系统落实卫生健康领域突出问题专项治理工作要点》等文件，明确具体内容、完成时限等，为落实原州区卫生健康领域突出问题专题治理画好作战图，明确周期表。会同原州区卫健委组织召开原州区卫生健康领域突出问题专题治理暨廉政警示教育工作会，筑牢拒腐"防线"，守牢纪律"底线"。对各定点医疗机构药品、耗材购销存台账资料，采购内审内控制度等开展督导检查，提出整改意见，落实立查立改要求。对医保部门和定点医疗机构自查问题进行认真梳理汇总，截至2022年6月30日，共梳理自查问题587个，其中，医保部门自查问题8个，均整改完成；定点医疗机构自查问题579个问题，均整改完成。各定点医疗机构共自查违规医保资金328946.12元，均已上缴原州区医保中心账户。

【医保改革】

深化支付方式改革，深入学习"三明医改"经验，配合市级经办机构持续做好区域点数法总额预算和按病种分值付费（DIP）国家试点，调整优化结算办法和管理系统，加强大数据方法应用，提高医保基金使用效率，正式上线开展DIP实际付费。深化"放管服"改革，持续推进"清、减、压"（清事项、减材料、压时限），与市级经办机构协同深入推动快办行动，开展网上"不见面"事项办理，推进医保经办数字化转型和服务模式升级。落实分级诊疗制度，推进双向转诊，向上转诊累计计算起付线，向下转诊时不再重复收取起付线，助推落实分级诊疗制度，让患者自愿选择就诊机构。持续优化医药采购改革，常态化实施药品耗材线上集中带量采购，及时转发解读政策文件，督促医疗机构按时完成信息维护、药品耗材网上保量采购工作。截至2022年年底，各定点医疗机构按照需求和计划完成第一、三批次和第二、四批次接续采购及第六批次245个品规国家集采药品报量及十三省联盟、十四省联盟、和第一批省际联盟带量采购215个品规药品报量。采购完成约定量80%以上。开展原州区定点医疗机构药品医用耗材集中采购专项检查工作，规范医疗机构药品、医用耗材购销行为。落实医疗服务价格管理，配合市局做好历年各医疗机构执行价格和服务例数,及时了解跟踪指导各定点医疗服务价格管理,为医疗服务价格动态调整和完善收付费政策奠定基础。

【疫情防控】

新冠肺炎疫情防控工作开展以来,医保局主动服务防控工作大局,始终把疫情防控工作作为第一重大政治任务,围绕"防、控、治、保"四项重点工作,有效助力原州区疫情防控平稳有序开展。2022年预拨付医疗机构医保基金5565万元,解决医疗机构在救治中资金周转困难问题。

【医保信息化建设】

推进定点医疗机构接口改造工作,聘请接口改造技术服务团队工程师,对15个定点医疗机构接口改造工作进行现场检查和技术指导,按期完成接口改造工作,迎接了国家、自治区验收。做好医保电子凭证推广和应用工作,利用各类宣传媒体及集中培训、现场培训、进村跟进培训等方式,加大医保电子凭证推广力度,扩大覆盖范围,提高参保人员激活率。组织辖区内定点医疗机构在参保群众就诊购药时引导其激活医保电子凭证,加强平台支撑能力,在挂号、就诊、支付、取药、取报告等就医服务全过程中使用医保电子凭证,提高电子凭证使用率。全年申领医保电子凭证30.13万人,参保人在自治区范围内所有医疗机构实现医保电子凭证就医报销。开展医保数据安全专项自查工作,建立健全医保数据网络安全保密责任制,对接中国移动和专业电脑维护公司,对中心医保数据网络安全进行全面排查,购置软件授权码对机房防火墙病毒特征库进行安全测热授权升级,对使用电子政务外网的10台计算机进行全面杀毒。加强对医保信息系统安全检查,抓好医保专网、外网、网站和应用软件管理,维护医保数据安全。

【行风建设】

完成医保经办大厅标准化、规范化建设工作,对医保经办大厅进行整体改造提升,统一规范服务标识和形象墙,实行"一站式服务、一窗口办理、一单式结算"和综合柜员式服务模式。优化窗口设置,开辟绿色通道,实现"进入一扇门、只找一个人、办成所有事"服务要求。2022年9月,迎接了国家医保局调研及自治区医保局组织的观摩学习,得到一致好评。开展医保经办"30分钟服务圈"示范点建设工作,打造三营镇民生服务中心为宁夏首批医疗保障服务示范点,并做好示范点评估、验收工作。下沉医保参保登记(医保关系转移接续)、信息查询(医保电子凭证申领)、异地就医备案及医疗救助申报经办业务,构建优质便捷、运行高效、管理有序的医疗保障经办"30分钟服务圈"示范点,打通原州区医保经办"最后一公里"。梳理政务服务事项清单,制定《城乡居民医疗保障经办政务服务事项清单》《城乡居民医疗保障经办服务办事指南》,通过优化经办流程,列明办理依据,细化办理事项,方便办事群众。落实"好差评"制度,采取线上与线下相结合的方式进行满意度测评,在各个窗口放置调查问卷、意见簿,让办事群众面对面对服务情况进行评议,开通政务服务满意度评价系统,设立意见箱和举报电话,自觉接受社会和群众的监督。

民政工作

【社会救助】

从2022年1月起,将城市低保标准由每人每月600元提高到650元,农村低保标准由每人每年4560提高到5520元,特困供养人员基本生活标准按照不低于当地城乡低保标准1.3倍同步调整。连续3个月为4万多城乡低保、特困人员每人每月增发200元一次性生活补贴,共计发放464.32万元。对脱贫人口中完全丧失劳动能力或部分丧失劳动能力,且无法通过产业就业获得稳定收入的人口,按规定纳入农村低保或特困人员救助供养范围。对低收入家庭中的重度残疾人、重病患者等特殊困难人员,落实低保"单人保"政策,做到"应保尽保""应兜尽兜"。截至2022年年底,将符合条件的1561户2265人纳入最低生活保障范围。加大贫困人口临时救助力度,发挥临时救助"托底线、救急难"作用,针对特殊贫困人口发生的突发、急难事件,简化审核审批程序,实行先行救助。截至2022年年底,为困难群众发放临时救助资金累计629.64万元,惠及4272人次(其中,疫情期间救助418人次,发放临时救助金58.49万元)。加强低保动态管理,利用"民政云"系统对原州区4万多名城乡低保对象进行全面复核,按程序退出不符合享受低保对象2917户5154人。对已享受的低保对象建立长期公开公示制度,接受群众监督,确保低保制度的严肃性。截至2022年年底,原州区现有城乡低保25931户46280人,截至2022年10月底累计发放各类社会救助资金2.6亿元。

【社区治理】

按照《2022年原州区基层政权建设和社区治理工作实施方案》和《2022年度城乡基层治理工作重点任务清单》要求,全面推进社区治理,对社区网格进行优化调整,调整后有社区网格359个,按照一网格一网格员标准,新招聘40名社区工作者已全部补充到位。制定《原州区城市社区工作者(网格员)考核办法》,加强网格员管理。自治区民政厅审核确定选入原州区6个"社区百佳品牌"和1个协商民主建设实验区,为发挥品牌推广效应,制定《原州区城市社区民主协商实验区实施方案》,并召开原州区城市社区民主协商实验区工作推进会,通过社区百佳品牌和实验区宣传推广,促进社区互学互鉴,共同提高社区服务能力和水平。着力"五治"融合,成立公共卫生委员会41个,修订完善居民自治章程、居民公约,弘扬社会文明新风,推进移风易俗改革。推进村民代表会议制度"55124"模式规范化,利用各种培训机会,加强五联表记录、"五步工作法"等内容培训,规范村民代表会议制度。积极与工商银行对接,依托"我的宁夏"政务App城市服务平台,建立原州区智慧社区综合信息服务模块,提升社区治理和小区管理现代化,促进公共服务和便民服务智能化。完成地名普查图、录、典、志省级评审工作和区域界线联检工作。原州区民政局积极与自治区民政厅区划处对接,拟设立西南新区街道办事处,申报工作正在逐步有序开展。

【社会组织管理】

优化审批流程,审批时限从60个工作日压缩到10个工作日。加强社会组织规范管理,将原州区社会组织划为30个网格,实行网格化管理。截至2022年年底,有各类社会组织117家(其中,社会团体25家,民办非企业92家),社区社会组织533个。注册各类志愿服务团体360个,志愿者45629名。开展社会组织年检,应参加年检107家,已参加年检的88家,年检合格的80家,未参加年检的19家。开展专项规范整治行动和联合执法检查,全年共核查出"僵尸"社会组织10家,实行销号管理。联合发改、市场监管部门按照40%的比例,对存在收取会费的行业协会商会,督促立行立改,全部整改到位。联合原州区财政局以及第三方人员,按照4%的抽查比例,对社会组织开展联合抽查审计工作。督促各社会组织严格按照章程规定,落实民主选举制度,履行换届程序,全年原州区115家社会组织中有55家完成理事会换届工作。建立健全党建工作机制,成立社会组织孵化基地支部委员会,推动社团党建工作与业务发展、监督管理同部署、同推动、同考核。以乡镇、街道社工站为依托,开展政府购买社会救助服务项目18个、自治区福利彩票公益金支持项目4个。组织300多名志愿者和80多家社会组织投身志愿服务活动,深入城乡社区开展"邻里守望"等志愿服务关爱活动。全年累计开展志愿服务活动30余场次,捐赠款物合计19万余元。

【养老服务设施建设】

开展特困供养人员供养服务设施(敬老院)改造提升和安全生产专项整治行动,完成3个敬老院适老化改造项目。开展养老服务机构安全生产专项整治行动，累计排查安全隐患 25 个，整改 25 个，整改率达 100%。加强留守老年人关爱服务工作，开展打击整治养老诈骗专项行动，通过强化组织领导、完善制度建设、公布举报方式、线索核查等方式，推进专项行动取得实效。

【社会福利事业】

严格落实孤儿养育津贴和困境儿童保障制度，强化社会散居孤儿和事实无人抚养儿童兜底保障责任。截至 2022 年年底，保障社会散居孤儿和事实无人抚养儿童 424 人（其中，社会散居孤儿 36 人，事实无人抚养儿童 388 人），发放孤儿养育津贴 425.42 万元。继续实施"孤儿医疗康复明天计划"项目，免费手术治疗贫困家庭先天性心脏病儿童 15 人，唇腭裂儿童 11 人，康复治疗儿童 10 人，发放"明天计划"项目困境儿童住院服务费 2.82 万元。落实残疾人"两项补贴"政策，截至 2022 年年底，保障困难残疾人 8727 人，重度残疾人 8943 人，发放资金 2149.38 万元。加强流浪乞讨人员和流浪未成年人排查救助管理工作，提升救助能力。继续深化殡葬制度改革，开展殡葬业监督大检查 4 次，规范丧葬用品市场管理，加强殡葬领域各类安全隐患源头治理。提升婚姻登记工作队伍依法登记行政能力和婚姻登记信息化、智能化水平，截至 2022 年年底，办理结婚登记 2781 对，离婚登记 631 对，补发结婚登记 924 对，补发离婚登记 87 对。

【审计反馈问题整改】

坚决贯彻落实习近平总书记关于民政工作重要指示批示精神，严格按照自治区审计厅审计报告整改要求，认真开展整改。此次审计共反馈原州区困难群众救助补助资金分配管理使用存在问题五大类 12 个问题，已全部整改到位，追回违规资金 71.04 万元，追回民政厅反馈的监测预警数据违规资金 200 万元。

退役军人事务

【概　况】

截至 2022 年 12 月底，原州区有退役军人和其他优抚对象 7537 人。其中，享受优待抚恤和生活补助待遇人员 1189 人，包括复员军人 23 人，参战军人 51 人，病退军人 45 人，伤残军人 142 人（含 32 名伤残公务员、伤残警察），"三属"18 人（烈士遗属、因公牺牲军人遗属、病故军人遗属），60 周岁以上农村籍退役军人 910 人。有退役军人服务中心（站）203 个，其中，退役军人服务中心 1 个，乡镇（街道）退役军人服务站 14 个，村（社区）退役军人服务站 188 个；管理维护烈士纪念设施 1 处，原州区籍烈士 70 名。

【服务保障能力提升】

2022 年，原州区退役军人事务局以促进"基层、基础、基本"全面过硬为目标，开展退役军人服务机构"五有""全覆盖"落实情况"回头看"工作，创建 8 家 100 名以上服务对象的社区退役军人服务站全国示范创建和 188 个村（社区）退役军人服务站百度地图录入工作。在退役军人事务系统开展优抚资金"一卡通"管理专项整治活动和优抚对象年度认证工作。召开退役军人服务中心（站）工作人员培训会 3 次，为 7537 名退役军人和其他优抚对象完成建档立卡，申请办理优待证 6553 人，发放 6043 人。每月按时足额为享受国家定期抚恤的优抚对象发放各类抚恤补助，全年共发放各类优抚资金 1135 万余元。

【退役军人作用发挥】

2022 年，原州区退役军人事务局配合实施退役军人"村官培养工程"，进入村"两委"班子退役军人 63 人，培养引导梁学文、兰文明、马小兵等 18 名"兵支书""兵主任"，在脱贫攻坚和乡村振兴有效衔接中发挥退役军人"两个带头人"作用。深入挖掘退役军人聂广进、曹辉、王小同等干事创业先进典型，引领带动更多退役军人创业就业，激励广大退役军人退役不褪色、建功新时代。加强退役军人党员日常教育管理，引导辖区 3527 名退役军人党员离军不离党、永远跟党走，发挥先锋模范作用。组建退役军人志愿服务队伍 15 支，参与志愿服务 650 余人，发挥退役军人志愿服务队作用，在爱心援助、环境整治、应急抢险、疫情防控等方面发挥示范引领作用。

【就业创业服务提升】

2022 年，原州区退役军人事务局组织辖区退役军人参加全国退役军人创业创新大赛，2 人最终进入决赛。开展技能培训 83 人次，组织退役军人、军属等 200 余人次参加现场招聘会，达成就业意向 35 人，发布招聘信息 26 次，提供用人单位 56 家和用人岗位 198 个，推荐就业 59 人。提供公益性岗位，解决下岗和生活困难退役军人再就业 5 人，办理 23 名自主就业退役士兵复学研读，推荐 36 名自主就业退役士兵参加学历提升教育。落实退役军人创业优惠政策，为 9 名退役军人协调申请创业贷款 120 万元，减免退役军人创办企业和实体税收 67.3 万元。发挥孵化平台扶持创业倍增效应，建成闽宁退役军人就业创业孵化基地，有 11 家退役军人企业入驻孵化基地。设立专门窗口，为退役士兵提供"一站式"报到服务，接收 2022 年秋季自主就业退役士兵 60 人，详细了解和登记退役军人相关信息，为推荐就业、技能培训等做好基础工作。接收 2022 年度政府安置退役士兵 15 名，2022 年年底安置到位。

【烈士纪念设施建设】

2022 年，原州区退役军人事务局联合多部门开展"2022 清明祭英烈——重走长征路"活动，利用媒体发布网络祭扫英烈专门通道，激发全社会缅怀英烈、铭记历史的爱国热情。应家属申请协调将李存智烈士墓搬迁至银川烈士陵园，方便家属祭奠。排查零散烈士墓 4 处，进行维修管护。争取国家项目资金 800 万元，对固原市长城梁烈士纪念设施进行改造提升，推进固原革命英烈布展工程，弘扬英雄烈士精神。加快推进烈士陵园烈士墓区规划建设，打造传承红色基因、弘扬英烈精神的爱国主义教育基地。

【双拥创建】

密切军地联系，加强军地协作，启动新一轮双拥模范城（县）创建工作，培育原州双拥工作新亮点，建立军地互提需求、互办实事"双清单"。走访慰问驻地部队 6 家，到原州区驻训部队 2 支，联合举办庆祝建军 95 周年文艺晚会，开展"情系边海防、爱心献功臣"、上门送喜报、悬挂光荣牌等活动，为立功受奖现役军人家庭送喜报 119 人次，走访慰问退役军人和优抚对象 1217 人次，慰问原州区籍部队官兵家庭 18 户，解决军人子女入学入托 37 人，欢送新兵 136 人。为李存吉文化大院等第一批红色站点挂牌"国防教育和双拥宣传联系点"，增强军民国防意识和双拥观念。推动原州区"崇军行动"高效开展，联合 280 家企业（门店）参加"崇军行动"，涉及公共服务、保险、餐饮、医药、母婴、家具家电、建材、建筑等行业，为原州区现役军人、退役军人和"三属"提供实实在在的优惠优待政策，在全社会掀起尊崇军人、尊重退役军人的良好氛围。

【权益维护】

2022 年，原州区退役军人事务局统筹发展和安全"两件大事"，坚持维权与维稳并重，坚决守好退役军人事务领域安全稳定底线。建立退役军人权益维护工作机制，健全退役军人三级信访服务网络和信访事项办理机制，专班推进退役军人疑难信访事项办理。深化权益维护保障，变"坐等接访"为"带案下访"，主动办理马维英、黄选月烈属享受优待政策等事宜。提交领导小组会议通过财政预算安排解决原州区 2017 年以后 159 名安置到乡镇（街道）、机关事业单位的部分退役士兵企业年金政府配套资金问题。全年共接待来信来访 39 批 86 人次，办理转办信访件 1 件，信访系统"13712"平台答复 16 件，"12345"市民热线答复 9 件，维护退役军人权益。

应急管理

综 述

【概况】

2022年，原州区共发生生产安全事故2起，死亡2人，直接经济损失225万元，事故起数、死亡人数、直接经济损失同比分别下降33%、33%和40%，未发生较大及以上生产安全事故和自然灾害事件，原州区安全生产和自然灾害防治形势总体平稳。

【安全生产责任落实】

认真贯彻落实安全生产第一责任，把安全生产纳入重要议事日程，逢会必讲安全、逢节必查安全，坚持"一竿子插到底"的随机暗访抽查制度，常态化深入一线查隐患、敲警钟、促整改。完善原州区安委会以及防汛抗旱指挥部、抗震救灾指挥部、减灾委、森林草原防灭火指挥部4个专项指挥部的工作规则和工作制度，进一步厘清安委会、消委会、减灾委各成员单位监管职责。研究制定《原州区贯彻落实〈固原市安全生产行政责任规定〉实施细则》《原州区防灾减灾责任规定》，明确各监管部门责任，建立完善横向到边、纵向到底的安全责任网络。落实企业安全生产全员责任制，以安全风险分级管控和隐患排查治理信息系统为依托，对71家工矿和危化企业实时线上监督，督促企业定期开展自查自纠、整改落实。通过政府购买服务的方式，聘请专业中介机构完成原州区20家工贸企业、38家危化企业安全生产标准化达标创建情况考评工作。

【除患排险】

对工矿、危险化学品、道路交通、建筑施工等重点行业领域持续开展隐患排查治理。工矿领域，制定工矿企业"百日清零"实施方案，对原州区粉尘涉爆企业、工贸建材企业、煤矿、非煤矿山等进行拉网式排查和执法检查，查治一般隐患206条，已整改206条，整改率达100%。危化品领域，督促企业进行自查，查改一般隐患353条，已整改353条；开展督查118家次，排查一般隐患108条，已整改108条。道路交通领域，投入资金1373.37万元，对106.4千米农村公路实施灾害防治及安全生命防护工程；加大路面管控力度，查处无证驾驶658起、饮酒驾驶121起、醉酒酒驾124起、超速行驶2675起。建筑施工领域，排查安全隐患125条，现场下达隐患整改通知书12份，局部暂停施工通知书4份，依法扣除3家施工企业诚信分各100分，扣除3名项目经理诚信分各3分。燃气领域，对11个乡镇173家燃气企业及用户进行安全运营检查，对132个老旧小区、18家市区商贸流通企业、39家燃气用具经营店使用燃气情况进行逐一排查。消防领域，检查单位743家，发现火灾隐患603处，督促整改569处，下发责令改正通知书297份，下发行政处罚决定书17份，下发临时查封决定书6份，责令三停单位4家，罚款10.26万元。校园安全领域，加强门卫安全管理，配齐防卫器材，安装"一键式"报警设备并与属地公安机关联网，做到防患于未然；对校园周边重点部位每月进行重点巡查，校园周边治安环境得到有效净化。文化旅游领域，全面排查治理旅游景（区）点、农家乐场所、KTV、娱乐场所、互联网上网服务营业场所、营业性演出的安全管理工作，公共文化娱乐场所严格按照"谁举办谁负责"和"谁承办、谁负责"的原则，对各类大型户外演出、剧院专场演出等文化演艺活动的安全隐患进行排查,确保旅游市场安全。防溺水领域,在原州区范围内深入开展防溺水专项排查整治行动,组织力量对辖区内河流、水库、淤地坝、蓄水池、工地深基坑、喷泉等有水景观和带电水系设施等进行检查排查,落实巡查巡看责任,建立健全巡管责任台账,配齐配全安全防护设施设备。

【自然灾害防范】

调整完善防汛抗旱指挥部及其成员单位,落实行政首长负责制,对原州区44座中小型水库、62座骨干坝、48座中型淤地坝、64座小型淤地坝全部落实行政、技术、岗位"三个责任人"并进行公示。投入资金560万元对12座水库、47座淤地坝、3个片区安全供水管道及配套设施实施维修。编制完成中小型水库、淤地坝防洪抢险应急预案,举办水旱灾害防御和山洪灾害知识培训会。汛期以来,共转发雨情快报信息90期,制发工作提醒30期,组织防汛会商研判8次。对157处地质灾害隐患点(其中,崩塌124处,滑坡32处,地面沉降1处)通过"人防技防"进行全面监测,建立健全地质灾害群测群防四级网络体系,聘用监测员83名,压实地质灾害防治工作责任。先后投资1380万元安装地质灾害监测设备,对18处地质灾害险点实施工程治理。落实森林防火戒严期防控措施,设置120个森林防火检查站、110个卡口,发布森林草原防火戒严通告,实行24小时值班制度,禁止一切火种和闲散人员进入林区、草原。制定落实森林草原防火四级"网格化"管理制度,设立网格员1965人,逐级压实防火责任。加强智慧林业建设,完成"天眼"管护系统建设。制作宣传小视频20个,播放量12.5万次,发送防火短信60余万条,发放告知书5万份,签订承诺书1万份。

【应急准备】

完善应急指挥机制,明确由原州区委常委、政府常务副区长分管安全生产工作,建立完善上下贯通、高效运行的应急管理工作体系。制定落实应急管理协调联动、应急管理预警信息发布、应急管理会商、防灾减灾救灾专家工作、灾害事故应急指挥通信保障等协调联动机制和研判会商、工作例会机制。每季度至少召开1次安全生产及应急管理工作例会,及时分析研判、会商解决安全生产工作中的困难和问题。加强应急救援能力建设,组建95支2154人的应急救援队伍,组织修订各类应急预案53个,开展应急救援演练400多次,桌面推演162次,参与人数2000余人次,应急处置能力有效提升。成立原州区应急物资储备中心,安排450余万元采购应急保障物资。建成应急避难场所48处,储备原粮2000吨、面粉1200吨、大米6900吨、食用清油189吨。各级负有安全生产监管和灾害防御职责的部门(单位)严格执行三级带班值班制度,重点单位带班领导、值班人员24小时值守,确保信息报送渠道畅通。加大基础设施建设,交通安全方面投入4000万元完成3条省道和90条农村公路安全生命防护工程,治理农村公路安全隐患65处、454个点段。住房安全方面投资192万元改造农村危房危窑64户,投资488万元改造抗震宜居房244户。投资95万元建成11个警保合作劝导站。

【安全生产督导检查】

针对国务院、自治区党委督查组和自治区安委会第四督查组反馈的68项问题,专题研究部署,专门制定整改方案,实地督导检查,全面开展"回头看",督促有效整改,已全部完成整改,整改率达100%。围绕原州区《进一步加强原州区安全生产工作的若干措施实施细则》《安全生产大检查大整治工作方案》《安全生产百日专项整治行动方案》等精神,组织开展暗访检查、专项督查、综合督查。围绕重要节庆和重要活动以及雨雪冰冻、暴雨冰雹等极端灾害天气,组织开展督查检查、蹲点盯守和服务保障。

消防救援

【综合救援能力提升】

落实"研训议训、抓训督训"机制，固化每天1小时训练机制，落实"周测试、月考核"训练考评制度，开展冬春练兵、执勤岗位练兵活动。开展各类专业事故救援训练20余次，夯实业务基础。优化组建高层、山岳、地震等8支专业救援队，派员外出参加各级绳索、地震、水域培训20余次，大队4人取得中、高级绳索救援证书，6人取得水域救援培训合格证书；聘请地方专业教练开展授课3次，开展专项游泳训练12次，水域、冰面救援训练8次，提升专业救援能力。针对地震、山岳等典型灾害组织进行桌面推演和实战演习10余次，累计开展实战演练89次，修订数字化预案30份，全年大队共接处警266起，出动车辆683辆次，出动人员3989人次，抢救疏散被困人员124人，抢救财产33.86万元，保护财产价值80.97万元。

【火灾隐患排查治理】

联合各行业部门开展联合检查百余次，清拖、移走各类违停车辆200余辆，依法拆除彩钢板面积3000余平方米。检查单位931家，发现并督促整改隐患1435处，行政处罚18家，罚款103600元，临时查封7家，保持社会面消防安全形势总体平稳。编制《原州区消防建设"十四五"规划》，推动14个乡镇（街道）建成"一委一办一中心"，推广安装独立式感烟探测器191个，简易喷淋系统6套，维修市政消火栓36套，实现原州区范围内基层火灾防控力量提档升级。

【消防救援队伍建设】

坚持党建引领，始终把学习摆在突出位置，组织党委理论学习中心组学习21次，党课教育11次，深入学习党的创新理论和专业知识。常态化落实党委"七议"制度，共召开党委（支部）会30余次，党员大会6次，提升党内组织生活质量。召开党风廉政建设形势分析会2次，开展廉政警示教育10次，党委书记带头讲专题廉政党课6次，营造风清气正工作生活环境。坚持铸魂育人，重点围绕学习贯彻全国两会精神、习近平总书记视察宁夏重要讲话和重要指示批示精神等，开展集中授课15次，专题研讨交流20次，思想问卷调查2次，举办读书分享会4次，激发指战员工作活力。结合五四、七一等重要节点，开展"纪念建党101周年"系列活动等20余次，推动队伍党史学习教育常态化、长效化。组织人员编排"一队一特色"精品文艺节目《红门舞狮》，利用课余时间组织各类文体兴趣小组开展文化娱乐活动。坚持严管厚爱，开展"保密宣传教育月"活动，组织签订承诺书40余份，观看保密警示教育片3次。紧盯队伍管理重点领域和关键环节，开展安全大检查6次，警示教育4次，及时堵塞管理漏洞。搭建队伍和家庭共管共育桥梁，通过电话回访、信息互通、视频抽查等方式，掌握在外人员思想动态。

【后勤保障】

规范重大经济决策和大额开支审核程序，严格贯彻预决算制度，科学规范编制预算。强化经费使用管理，专项经费使用数据清、手续全、情况明，经费使用合理、规范。执行固定资产报废及登记制度，固定资产账账、账物相符，资产家底无流失情况。深入推进战勤保障基础设施和物资装备建设，配齐配全各类医疗设施器材，主动参与地方疫情防控工作。加强后勤管理工作，提升应急处置水平，每日对车辆性能、随车器材、个人防护装备进行全面细致检查。

【消防宣传】

全年开展各类消防宣传活动57次，依托城市、乡村消防科普教育基地开展教育培训12次，举办消防安全教育培训班30余期，发放各类宣传资料1.3万余份、安全提示短信6万余条，促进消防安全理念深入人心。

军 事

人民武装

【政治建设】

以学习贯彻党的二十大精神为重点,紧抓党员"不忘初心、牢记使命"主题教育、官兵"忠诚维护核心,矢志奋斗强军"主题教育、民兵"铸牢中华民族共同体意识"专题教育,以及"思想提纯、状态预热、健康呵护"专题教育,引导全体人员把准方向、固守本色、听党指挥。

【民兵调整改革】

持续推进深化民兵调整改革成果,把着眼点放在"兵"字上,建强民兵、征好新兵、情暖老兵,深挖国防动员潜力,更新数据12031条。按规定完成所有科目的训练,基干民兵参加军分区比武竞赛在四县一区名列榜首。征兵工作发动注重从"概略"到"精准",体格检查从"应有"到"尽有",上站比率从"偏低"到"走高",全年上站率提高了21%,大学生定兵比例提高了8%,没有出现责任退兵情况。

【文化强军】

加强军营文化建设,制作推发《原州男儿去当兵》宣传片和"原州区人武部"宣传片,社会点击量突破万人次;自主设计和构建以"三廊四窗两梯"(三廊:军史文化长廊、国防教育长廊、励志长廊;两梯:自主抓建前进梯、原州男儿征战梯)为特色的萧关军营文化,让官兵直观地接受鲜活生动的国防教育。

【基层建设】

坚持全面规范抓建基层,夯实人武部建设根基。对专武干部,重点解决管理权责偏移、分管工作偏多、履职重心偏差的突出问题,结合下乡手把手帮他们练内功、强自身。督导搞好基层武装阵地建设,为每个乡镇协调3万~5万元经费保障。对工作上心不足、落实老是缓慢的2名干部提醒谈话,调整2名说不动的干部,起到了震慑作用。把"怎么当兵、让谁当兵"放在阳光下,做到信息、过程完全公开,把"快发声、微宣传"送到群众中,做到基层风气建设海晏河清。

【安全稳定】

严格落实"6个管住、47个严禁",及时传达通报事故案件,定期观看警示片,专题开展涉酒问题主题党日,把涉网涉密集中教育整治、基层风气整肃、净化涉军网络环境、"四严四整""百日安全活动"和倾向性问题整治结合起来,重点查纠酒后驾驶、网赌借贷、对外关系等隐患苗头,建立健全军地协作机制,联合开展"飓风"反间谍专项行动。军地联合对部队附近1573个地方场所进行摸排调查,确保军队的安全稳定。

【服务地方建设】

把深化双拥共建、支持乡村振兴作为加强军民团结、体现爱民形象的大事做好。部领导6次深入一线开展帮扶工作,开展"二十大精神面对面宣讲,共商帮扶对策",对绑定的养殖产业项目进行评估,及时进行再嫁接、再调整。针对群众疫情防控期间"卖菜难""买菜难"问题,协调驻军、编兵单位,开展"一菜两帮"活动。在村里进行国防教育宣传,优先安排有志青年庞仁发到西部空军部队服役。

【军地协作】

牢固树立命运"共同体"思想,加强军地协作、真情沟通,主要向第一书记、国动委主任进行请示汇报,接受领导,及时协调召开议军会,研究重大事项。突出加强一年两任部长的调整,注重班子团结,凡重大事项、敏感问题,都不在会前"个人定调"、不在讨论中"个人定音"、不在形成决议时"个人定局",集中"大家意见"成为"正确意见"。认真审视单位建设,提出并落实"提神、温阳、补短、翻身"8字抓建策略,受到军区首长的认可和好评。

法 治

政法综治

【政治建设】

原州区把贯彻落实《中国共产党政法工作条例》及其实施细则作为一项重要政治任务抓紧抓实。严格贯彻执行请示报告制度,原州区委政法委和政法各单位及时向原州区委请示报告重大事项,原州区委政法委员会定期听取政法各部门工作汇报。严格贯彻执行述职制度,制定《中共固原市原州区委政法委员会述职制度》,坚持做到每年一次述职。严格执行议事规则制度,制定印发《中共固原市原州区委政法委员会议事规则制度》,明确每季度召开一次政法委员全体会议,听取政法委员季度工作汇报,研究解决工作中存在的突出问题和下一季度具体工作,全年原州区累计召开政法委员全体会议6次。严格贯彻执行督导考核制度,将政法工作纳入原州区效能目标考核管理,联合原州区纪委监委、原州区委督查室对政法各单位贯彻落实条例及其实施细则情况专项督查3次,原州区委、区政府主要领导先后带队到基层政法单位和乡镇(街道)调研10余次,推动条例及其实施细则落实落地。制定《原州区彻底肃清周永康孟宏伟孙力军等人余毒流毒影响工作方案》,开展专项清理活动。

【维稳安保】

健全平安建设协调小组(办)运行机制,全力推动更高水平"平安原州"建设。以做好党的二十大维稳安保工作为主题主线,围绕政治安全、网络安全、经济安全、社会稳定、公共安全五大领域风险,发挥党建引领基层治理"1+1+3"工作机制优势,开展"全覆盖、无盲区、零遗漏"全面排查。针对固原市反馈的45条风险隐患问题和110名涉访重点人信访事项,建立风险研判"日报告、零报告"制度,对诉求合理的多方联动予以解决,对诉求不合理的进行思想教育。

【重大风险隐患防范化解】

制定《原州区维护政治安全工作实施方案》和《原州区维护国家政治安全任务分工方案》,明确细化责任措施,层层压实工作责任,维护国家政治安全和社会大局和谐稳定。围绕党的二十大维稳安保主题主线,深入开展风险隐患点排查整治工作,强化涉稳风险整体防控,着力防范化解经济金融、房地产、教育培训、新业态等重点领域风险,全年原州区共排查出各类重点风险隐患6条,均按照"一事一方案、一事一专班"要求制定化解稳控方案,做到各类风险隐患可查可控。

【基层社会治理】

制定印发《原州区基层社会治理"1+6"体系建设实施方案》和《关于进一步加强基层治理体系和治理能力现代化建设的实施方案》,推动基层治理"1+6"政策文件和配合做好市域社会治理现代化试点任务落实。制定《原州区关于建立党建引领基层治理"1+1+3"工作机制实施方案(试行)》,建立功能型党支部组织引领,综治中心协调推动,三张清单督促落实的"1+1+3"基层治理机制,采取先行试点的方式,在开城镇、三营镇、官厅镇布设完成,其他乡镇(街道)正在布设,打造具有原州特色的新时代"枫桥经验",提升基层治理规范化现代化水平。运用"互联网+基层治理"综合信息平台,建成官厅镇、三营镇等6个乡镇82个行政村"雪亮工程"项目,做到人、地、物、事、路、组织、网络等要素闭环管理。

【矛盾纠纷排查化解】

坚持践行和发展新时代"枫桥经验",高效运行矛盾纠纷多元化解系统和政法部门协同办公平台,督促各乡镇、政法各单位及时录入矛盾纠纷,确保数据信息互联互通。制定印发《原州区矛盾纠纷排查化解"百日攻坚"专项行动方案》,持续开展矛盾纠纷排查化解。"百日攻坚"专项行动开展以来,共排查各类矛盾纠纷1577条,成功化解1545条,化解率达98%,成功化解信访积案34件,实现矛盾纠纷一站式接收、一揽子调处、全链条解决。

【政法领域改革】

政法单位对标《原州区政法领域全面深化改革实施方案》《关于深化司法责任制综合配套改革任务清单》《关于加强政法领域执法司法制约监督制度机制建设工作任务清单》和自治区督导政法领域全面深化改革反馈问题,加强政治轮训、专题培训,教育引导广大政法干警坚持用习近平新时代中国特色社会主义思想武装头脑,坚定不移走中国特色社会主义法治道路。认真落实员额法官、员额检察官选任和退出机制,规范司法辅助人员和辅警及聘任制书记员管理,优化办案团队建设,严格落实领导干部办案责任等,提升司法效能。制定《建立和完善诉调对接工作机制实施办法》等可操作性强的制度文件,完善委托委派工作制度,完善立案咨询、诉前登记等17个功能窗口。建立刑事和解、检调对接、诉调对接机制,对轻微刑事案件、民事申诉案件,促进当事人和解。推进司法事务集约化社会化管理,法院通过签订劳动合同、缴纳保险等方式对后勤业务进行外包。加强对"四类案件"个案监督管理,加快形成"类案检索初步过滤、专业法官会议研究咨询、审判委员会讨论决定"的新型审判权力运行机制。完善线上执法司法流程规则,建立以办案节点为依托的智能化全流程监管模式,确保执法办案全程可查、可溯、可控。深化以审判为中心的刑事诉讼制度改革、辅警管理制度改革,建立警务辅助人员管理监督、层级晋升、薪酬动态调整等配套机制。推行乡镇(街道)公共法律服务工作站、法律援助、人民调解、法律咨询服务同"1+1+3"基层治理机制有效衔接、一体运行,为群众提供触手可及的法律服务,提升政法公共服务水平。

【扫黑除恶斗争】

深刻认识常态化开展扫黑除恶斗争的重要意义和必要性,制定印发《原州区扫黑除恶斗争2022年工作要点》,召开扫黑除恶斗争领导小组会议,以学习宣传贯彻《反有组织犯罪法》为重要抓手,利用5月1日法律实施时间点,组织开展《反有组织犯罪法》专题宣讲会,印制《反有组织犯罪法》读本500本,印发宣传彩页2万份,制作《反有组织犯罪法》亮点解读小视频。扩大巩固推广扫黑除恶专项斗争成果和经验做法,接续开展教育、卫生等重点行业乱象整治,加强刑满释放人员管理服务,对专项斗争期间依法打击处理的6个涉恶犯罪团伙(集团)38名罪犯建立服刑清单,开展社会评估,做好安置帮教工作。

【政法队伍建设】

调整充实原州区委政法委员会组成人员,新增政法单位主要负责同志为政法委员会副书记,原州区乡镇(街道)配备政法委员14名。政法队伍教育整顿期间,调整政法单位2名县级领导干部,交流轮岗政法单位领导班子成员4名,其他重要岗位工作人员35人次,提拔重用在疫情防控一线、处理复杂疑难案(事)件敢于担当作为、成绩突出的政法干部11名,促进原州区政法队伍领导班子结构更加优化。组织开展"岗位技能大练兵"5场次200余人,开展"最美书记员""优秀法律文书"评选活动3场次,加强法官、检察官、人民警察等业务培训。制定政法人才队伍建设规划、法治人才培养规划,实施新时代政法领军人才培养计划,加大优秀青年干警锻炼培养选拔力度。全面落实领导干部干预司法活动记录通报追责、司法机关内部人员过问案件记录追责等规定。参与配合原州区委组织部对政法干警进行考察，协助做好政法各单位干部管理，协助纪委监委对政法干警进行监督检查与审查调查。将党政主要负责人履行推进法治建设第一责任人职责情况列入年终述职内容，把述法考核、评议结果作为衡量党政主要负责人工作实绩、作用发挥的重要内容和考察使用干部的重要依据。政法队伍教育整顿开展以来，原州区委政法委配合原州区纪委监委共查办问题线索69件，办结69件，综合运用执纪监督"四种形态"，对110名干警给予相应处理。

【司法公信力提升】

加强执法司法制约监督，坚持"当下治"与"长久立"双轮驱动，总结提炼形成长期务实管用，涵盖党的领导、政治建设、执法司法监督制约等10个方面137项制度机制，受到自治区党委政法委、自治区政法队伍教育整顿第四驻点指导组充分肯定。结合政法队伍教育整顿，制定《中共原州区委政法委员会政治督查工作实施方案》和《中共原州区委政法委员会纪律作风督查巡查工作实施方案》，清查"两面人"，彻查"保护伞"，联合原州区纪委监委、组织部、原州区委巡察办对政法各部门开展队伍建设巡察和执法监督检查6场次。配合落实原州区委政治巡察工作，巡察反馈政法委及政法各单位问题共56条，已全部整改到位。健全完善执法监督制约机制，制定《原州区委政法委员会执法监督工作暂行办法》，加快推动将领导和组织开展政法工作情况纳入党内监督体系，原州区委政法委加强统筹党内执法监督、检察机关法律监督、政法部门内部监督，指导推动政法单位建立健全与执法司法运行机制相适应的监督制约体系，构建权责清晰的执法司法责任体系；落实综治督导工作机制，在原州区开展防止干预司法"三个规定"大宣讲20余场次，督促原州区政法干警签订贯彻落实"三个规定"承诺书479份。健全完善案件评查清查工作机制，制定《原州区政法队伍教育整顿重点案件交叉评查方案》《原州区政法队伍教育整顿涉黑涉恶案件（线索）倒查方案》和《原州区政法队伍教育整顿涉法涉诉信访案件清查方案》等文件，开展案件交叉评查、涉黑涉恶线索倒查及涉法涉诉信访案件清查工作，提高执法司法公信力和案卷质量。常态化开展案件交叉评查工作，对2018年以来查处的6件涉黑涉恶案件全面开展倒查，对780件容易滋生司法腐败、执法不公的9类重点案件开展评查，对发现的46条问题督促相关单位进行了整改。

【依法治区】

始终把坚持党的全面领导贯彻到依法治区全过程，原州区委常委会、政府常务会先后3次听取法治建设情况，研究解决法治建设重大问题，原州区委全面依法治区委员会及各协调小组分别召开会议，健全依法决策体制机制，强化规范性文件管理，规范公正执法，提升行政应诉水平，严格落实党政主要负责人履行法治建设第一责任人职责，组织领导干部述廉述法65场403人，提高法治建设考核分值。坚持把依法行政作为基本行为准则，推进权责清单"三级四同"工作机制，制定出台行政规范性文件2件，推行法律顾问列席政府常务会制度，推进法治原州、法治政府、法治社会建设。认真整改落实中央依法治国办实地督查反馈问题，制定整改方案及问题清单，将中央依法治国办实地督察反馈问题分解成七大类38个问题，制定65条整改措施，建立问题、责任、整改"三个清单"，确保督察反馈问题整改落地落实。

法治政府建设

【政治建设】

始终把坚持党的全面领导贯彻到法治建设的全过程，深入实施全面依法治区战略，先后召开原州区委全面依法治区委员会第五次会议、原州区委全面依法治区委员会办公室会议3次，司法、守法普法、执法协调小组会议各1次，研究推进工作。研究制定《法治原州建设实施方案（2021—2025 年）》《原州区法治社会建设实施方案（2021—2025 年）》，详细分解落实法治政府建设责任清单。严格落实党政主要负责人履行推进法治建设第一责任人职责，常态化开展党政领导干部会前学法、任前考法、年终述法工作，全年组织领导干部述廉述法 65 场 403 人。原州区委、区政府把法治建设纳入年度重点督察内容和巡察范围，定期不定期开展专项督察、综合督察和巡察，发现各类问题并推动整改，有效传导压力，压实责任。2022 年，原州区委、区政府先后 4 次开展法治建设督察，下发督察通报 4 期、工作提醒 30 期，推动原州区法治建设有序开展。

【思想引领】

2022 年，原州区把深入学习宣传贯彻习近平法治思想作为当前和今后一个时期的重大政治任务，切实把学习成果转化为推进法治政府建设的实际成效。将习近平法治思想列入各级党委（党组）理论学习中心组学习内容，作为党员干部学习的重要内容，推动习近平法治思想学习常态化。依法治区办为各乡镇（街道）及部门（单位）征订《习近平法治思想学习纲要》和《习近平法治思想概论》等权威辅导读本 300 本，推动原州区广大党员干部读原著、学原文、悟原理。运用各类融媒体手段和平台，推进习近平法治思想进农村、进社区、进机关、进企业、进学校、进网络，通过媒体报道、评论言论、理论文章、短视频等形式，加强宣传教育。深化领导干部学法制度，制定下发《原州区领导干部学法用法清单制度（试行）》，原州区各党政机关副科级以上领导干部按照"1+3+X"清单体系建立个人学法清单 200 余份，1000 余人在"法宣在线"智慧普法平台学习并参加网络考试。2022 年以来，原州区委、区政府专题学习习近平法治思想 8 次、开展会前学法 9 次、举办习近平法治思想宣讲 25 次、专题讨论 120 次、法治大讲堂 6 场，开展习近平法治思想进校园活动 107 场，受教育师生 8 万余人。

【督察反馈问题整改】

对照中央依法治国办和自治区依法治区办开展法治政府建设实地督察反馈的问题，原州区委依法治区委员会及时研究制定《原州区贯彻落实中央依法治国办法治政府建设实地督察反馈问题整改方案》《原州区贯彻落实中央依法治国办法治政府建设实地督察反馈意见的整改清单》和《原州区贯彻落实自治区依法治区办法治政府建设实地督察反馈意见整改清单》，将中央依法治国办实地督察反馈问题分解成七大类 38 个问题（其中，共性问题 35 个，个性问题 3 个），制定 65 条整改措施；将自治区依法治区办实地督察反馈问题分解成 7 个方面、25 个问题、48 条整改措施，并建立问题、责任、整改"三个清单"，明确整改措施、责任领导、牵头单位、责任单位和完成时限，加强整改工作的督促协调，压实工作责任，确保整改任务不漏一项、不留死角。

【依法行政】

依法规范履行政府职能，落实政府各部门（单位）及乡镇（街道）权责清单动态管理制度，对医保局、发改局、教体局、农业农村局、民政局、水务局、综合执法局、自然资源局等单位权责清单及时进行审核更新，推进权责清单"三级四同"工作机制。持续推进"放管服"改革，对标全国一体化政务服务平台建设规范，持续提升原州区行政审批和政务服务"一网通办"水平，梳理"四级四通"政务服务事项 997 项，实现"网上办、马上办、就近办、一次办"。健全依法决策体制机制，严格落实国务院《重大行政决策程序暂行条例》和自治区相关规定，持续推行政府法律顾问制度，制定《关于切实加强党政机关法律顾问工作充分发挥党政机关法律顾问作用的实施方案》，加强政府部门法律顾问管理，法律顾问及法治工作人员全程列席政府常务会议，发挥法律顾问在依法行政和重大行政决策中的积极作用。2022 年对发改局、工信商务局等 18 个部门（单位）"十四五"专项规划及 7 个部门权力清单调整事项等进行全面合法性审核。强化源头把控，严把规范性文件制发"入口"关，加大备案审查力度，落实规范性文件"备案"关，强化清理工作，严格落实规范性文件"出口"关。对未经合法性审查或经审查不合法的规范性文件，一律不得提交集体审议。2022年，原州区制定出台行政规范性文件4件。全面建立健全各级各部门信息公开组织机构，完善各项规章制度考核办法，细化政务公开任务，创新政务公开形式，加大政务公开力度。2022年，原州区通过政府门户网站主动公开信息2422条，通过新媒体发布信息1300条。在加大主动公开的同时，依法依规做好依申请公开工作，全年共办理依申请信息公开答复8件。持续推行行政执法"三项制度"，实现原州区行政执法机关重点执法事项执法行为全程记录、执法全过程可回溯管理、重大执法决定法制审核全覆盖。加强行政执法人员资格管理，严格落实行政执法人员持证上岗、亮证执法制度，规范原州区执法辅助人员管理，强化行政执法人员培训。2022年，对原州区重点执法单位140余名行政执法人员进行《中华人民共和国行政处罚法》专题培训，有400人通过网络培训学习报名参加行政执法考试；及时清理清退工勤执法人员21人、不在执法岗位17人，退休调离16人，原州区现有行政执法人员361人，其中持有现行有效执法证件211人（包括法制审核人员37人）；对执法部门65件行政执法案卷进行集中评查，均已完成整改落实。落实行政复议体制改革任务，2022年，共办理行政复议案件18件，其中，确认违法2件，驳回复议申请1件，申请人自动撤回复议申请2件，不予受理13件。2022年，公安机关立案涉疫刑事案件4起，已判决1件（判处有期徒刑8个月），办理涉疫治安案件41起。深入推进扫黑除恶常态化，组织开展《反有组织犯罪法》专题宣讲会，印制《中华人民共和国反有组织犯罪法》读本500本，印发宣传彩页2万份，制作《中华人民共和国反有组织犯罪法》亮点解读小视频1期。接续开展教育、卫生等重点行业乱象整治，加强刑满释放人员管理服务，对专项斗争期间依法打击处理的6个涉恶犯罪团伙（集团）38名罪犯建立服刑清单，开展社会评估，做好安置帮教工作。深入开展打击整治养老诈骗专项行动，印发公告500份，开展集中宣传45场，发放彩页12余万份，发布倡议书4000份，核查办理涉养老诈骗线索23条，立案1起，冻结挽损资金47余万元。

【行政应诉】

健全完善行政应诉制度，以开展行政应诉突出问题专项治理为抓手，及时挂牌成立原州区行政争议协调化解中心，健全完善《原州区行政机关负责人出庭应诉制度》，建立审判机关与同级司法行政机关关于行政案件立案、判决、执行信息通报机制，行政机关应诉备案、分析报告机制，行政案件败诉、不执行法院生效裁判、行政机关负责人不出庭应诉定期通报和责任追究制度，"民告官出庭"落地见效，推进原州区行政应诉进入"快车道"。2022年，固原市、原州区两级人民法院受理原州区一审行政案件83件，已审结79件（其中，撤诉5件，判决驳回起诉或诉讼请求39件，判决赔偿或补偿35件），行政机关负责人出庭应诉69件，行政机关负责人出庭应诉率由2021年的41%提升到95%，全年行政案件数量同比下降了28%。2022年，固原市、原州区两级法院下发司法建议3件，均在规定时限内予以落实和办结。

【基层治理】

健全落实乡村、社区、校园、企业、社团基层治理"1+6"政策体系，逐步健全自治、法治、德治和智治相结合的城乡社会治理体系。探索建立以政府政策为引领，社会全面参与，农民自主管理为抓手，以基层群众治理实践活动为载体，集思想引领、道德教化、行为规范于一体的新时代文明实践机制，推行"积分制"，推进基层治理平台化，建立基层治理网格化管理机制，把原州区划分成191个大网格1219个小网格，实现社会管理网格化、信访工作法治化，推动矛盾纠纷处理常态化。以功能型党支部建设为保障、乡镇（街道）综治中心实体化运行为支撑、"三张清单"为抓手,创新建立党建引领基层治理"1+1+3"工作机制。运用"互联网+基层治理"综合信息平台,建成官厅镇、三营镇等6个乡镇82个行政村"雪亮工程"项目,做到人、地、物、事、路、组织、网络等要素闭环管理。2022年三营镇安和村被自治区推荐为第九批"全国民主法治示范村(社区)"。坚持和发展新时代"枫桥经验",探索推行矛盾纠纷化解新模式,开展"为民服务·矛盾纠纷大排查大调解攻坚月"专项行动及"回头看",推动矛盾纠纷在源头预防化解。2022年,排查化解各类矛盾纠纷1802件。出台《原州区推动移风易俗、革除陈规陋习,助力乡村振兴暂行办法(试行)》,倡导婚事新办、喜事廉办、白事简办、小事不办。实行彩礼限高,最高不得超过5万元并逐年下降,倡导酒席不超过10桌,人情礼城市不高于200元,乡村不高于100元。原州区191个村(居)委会修订村规民约,规范"一约四会"制度台账和红白事宜办事流程,以制度建设为保障,让文明新风落地生根、开花结果。原州区204个新时代文明实践中心,通过线上线下宣传教育,以典型示范为样本,党员干部带头、先进带动,把文明理念播进百姓心田。

【"八五"普法宣传】

提请原州区人大常委会通过并颁布《固原市原州区第四届人民代表大会常务委员会关于深入开展第八个五年法治宣传教育的决议》,以原州区委、区政府名义印发《原州区第八个五年法治宣传教育实施方案》,结合原州区实际,细化普法责任和重点任务分工,形成任务清单。深入实施"八五"法治宣传教育,突出宣传习近平法治思想和宪法宣传教育,组织开展保健品专项治理法治宣传、"百名律师法治大宣讲"、"3·5"学雷锋纪念日、"3·8"国际妇女节法治宣传、法律志愿服务、"4·15"全民国家安全教育日专题宣传、"美好生活、民法典相伴"主题法治教育宣传月、"喜迎二十大、禁毒我参与"文艺宣传、"喜迎二十大、同心护未来"未成年人保护宣传月、"防电信诈骗、防养老诈骗"主题宣传等活动440余场,悬挂横幅700余条,发放宣传资料、宣传品10万余份,解答群众法律咨询7466人次,受教育群众16万人次。开展"法律明白人"培养工程,培养"法律明白人"骨干577名,"法律明白人"1900名。印制发放《"法律明白人"口袋书》《"法律明白人"培训手册》《"八五"普法进农村》《"八五"普法进社区》读本14000余本供"法律明白人"免费学习,组织开展"法律明白人"培训80余场,营造浓厚学法用法氛围。争取司法厅支持,投资80万元,在三营镇安和村建设法治文化广场1处。

【公共法律服务】

2022年,原州区建成区、乡(镇、街道)、村(社区)三级公共法律服务实体平台。推行"1335"工作模式,整合优化公共法律服务资源,建成集法律咨询、法律援助、法治宣传、人民调解、公证服务等法律事务为一体的一站式综合性公共法律服务中心。设置服务流程图,缩短办理时限,建立首问责任制、限时办结制等制度,开展满意度评价。以公共法律服务中心为辐射,向原州区14个乡(镇、街道)、191个村(社区)延伸,健全完善公共法律服务工作站和公共法律服务工作室,建成区、乡(镇、街道)、村(社区)三级公共法律服务实体平台,实现实体平台全覆盖。推进"人工智能+法律服务"科技化工作模式,解决广大群众公共法律服务需求。为14个乡(镇、街道)司法所和191个村(社区)配备公共法律服务查询机和可视化桌面机,视频连线律师法律咨询、"12348"热线咨询、人员机构查询、智能问答、法律文书下载,满足群众对公共法律服务的需求。2022年,为群众提供智能问答307次、智慧法律服务41次、网络电话121人次、远程视频351次。为原州区191个村(社区)聘请法律顾问,在醒目位置公示律师信息、联系电话及宁夏掌上"12348"热线和"宁夏法网手机"App,实现一村(社区)一法律顾问全覆盖。为群众提供法律咨询,解答法律问题,开展现场值班、法律宣传(讲座),参与人民调解,为村(居)民提供法律意见建议和法律援助。建立村(居)法律顾问微信群，不定期推送法律小常识，提高群众法律素养。2022年，举办法治讲座236场，现场值班累计服务7963小时，为基层组织和村（居）民提供法律服务月平均约6小时，法律咨询5666人次，引导申请法律援助案件32件，参与调处矛盾纠纷47件，代写法律文书9份，提供法律意见509条，推送法律小常识1489条。

公 安

【概 况】

治安防控情况。2022年1—12月，共接处警42637起，较2021年同期（40539起）上升5.18%；受理治安案件3350起，较2021年同期（3036起）上升10.34%；共受理涉黄案件42起，结案39起，打击处理79人；共受理涉赌案件157起，结案133起，打击处理562人；共受理涉毒案件6起，结案5起，罚款5人。刑事犯罪打击情况。2022年1—12月，共立各类刑事案件1745起，较2021年同期（2036）下降14.29%。破案绝对数1029起，抓获各类犯罪嫌疑人644名，侵财类案件1550起，破863起。立八类主要案件22起，破22起。其中，放火案件立案1起，破1起，破案率为100%；杀人案件立2起，破2起，破案率为100%；伤害案件7起，破7起，破案率为100%；强奸案件11起，破11起，破案率为100%；抢劫案件1起，破1起，破案率为100%。爆炸、劫持、绑架零发案。侦破毒品刑事案件2起，联合外省侦办部级毒品目标案件2起，抓获逃犯1名，移送起诉犯罪嫌疑人3名，缴获毒品海洛因3.76克，毒品原植物种子370.8公斤，移送起诉3人，查处吸毒人员5人。

【社会治安维护】

深入开展"净边""净网""断卡""昆仑"等专项行动，严厉打击各类违法犯罪活动，刑事案件、八类案件、侵财类案件同比分别下降14.14%、51.22%和15.29%，刑事案件和侵财类案件破案数同比分别提升18.11%和22.93%。查处西班牙籍男子非法居留案件1起，涉嫌偷越国边境案件1起，报列法定不批准出境人员4人。纵深推进"反诈人民战争"，2022年原州区电诈案件共发案645起，同比下降25.78%，占刑事案件发案总数的36.96%；造成直接经济损失5566.58万元，同比上升44.12%；共侦破电诈案件390起，同比增长129.41%；抓获电诈犯罪嫌疑人178人，同比增加3.24倍；追赃挽损共计90.8万元；连续侦破公安厅挂牌督办案件2起，实现电诈案件发案数财损数持续下降，破案数、抓获数、挽损数同比成倍上升，打击治理电信网络诈骗呈现"三升两降"的良好势头。截至2022年年底，原州区共安装"国家反诈中心"App 20.67万人，安装率为43.87%，实名认证17.60万人，实名率为85.14%。深化严打养老诈骗专项行动，成立打击整治养老诈骗专项领导小组，制定印发打击整治方案，依法打击侵害老年人财产权益的各类违法犯罪。截至2022年年底，共受理核查涉养老诈骗线索21条，现已全部查结。依托春夏季社会治安整治专项行动，常态化开展缉枪治爆、扫黄打非、"保健品"整治等专项行动，最大限度净化社会环境，促进城乡社会治安和谐稳定。

【公共安全维稳】

在公安警务机制改革框架下，以打造立体化社会治安防控体系为目标，因地制宜探索出符合辖区治安状况的基层治理体系。"新阵地、新力量、新机制、新举措、新亮点"建设一体推进，"一室两队"和"一警多能"警务模式全面运行，"枫桥经验"成果复制发展，旅馆业、网吧、典当业、涉爆、涉枪等行业，歌舞洗浴等娱乐服务场所治安秩序得到全面整治，特种行业管理进一步规范，动态社会治安管控能力明显提升。通过社会化用车服务租赁22辆社区警务用车，基层警务保障能力得到提升。投入200余名警力，在辖区中小学、幼儿园实施"一校一警"护学岗建设，并会同相关职能部门，拉网式清理整治学校周边治安复杂行业场所5家，整改治安乱点2

处，查处违法违规经营场所1家，校园周边安全得到有效维护。借助已开通的平安原州微博、平安原州微信平台，定期发布安全防范信息，推广安装使用"国家反诈中心"App，提高人民群众自我安全防范意识和能力。

【基层基础建设】推动加强和改革派出所工作，依托175个社区（村）警务室和三色预警处置机制，排查各类矛盾纠纷879起，化解819起，化解率为93.2%，跟进关注化解18起，移交主体责任部门42起，化解23起可能引发"民转刑""刑转命"案件的家庭及婚恋纠纷。2022年辖区未发生影响社会稳定的群体性事件、突发性事件和个人极端事件。建成一、二类警务室73个、三类警务室102个，覆盖率为97.8%。派出所所长和民警辅警进乡镇（街道）、社区（村组）"两委"班子达到100%。构建与城乡治理体系相适应的新型警务机制，健全"传统+科技""人脑+电脑""脚板+网络""专门工作+群众路线"工作机制，依托"雪亮工程"推进"天翼看家"立体化治安防控体系建设，重点区域、关键部位视频覆盖率持续提升，社区警务二期平台"一标三实"基础信息采集率、录入率均达95%以上。践行"365天×24小时"政务服务模式，推进"互联网+公安政务服务"平台应用，推广线上警务"宁警通"App，设置运行24小时"无人警局"，利用周末（节假日）为群众办理户籍业务1200余件，为行动不便群众上门办证50余次。

【"百日行动"开展】对标"全国公安机关夏季社会治安打击整治'百日行动'"重点任务，组织全局力量，坚持警力跟着警情走，科学布警、精准用警，采取"步巡+车巡""着装巡逻+便衣侦查"相结合方式，开展高密度巡逻和治安盘查，织密安全防护网。针对夏季社会治安形势特点，排查治安乱点、治安重点区域和突出治安问题，出动警力5900人次，开展夏夜治安巡查宣防集中统一行动3次，开展常态化集中清查行动22次，其中开展夜间巡查32次，检查行业场所3849家次，排查各类安全隐患341处，下发整改通知书206份，行政处罚60家，停业整顿3家，最大限度挤压违法犯罪空间，净化社会治安环境。紧盯黄赌毒等群众关注度高的违法犯罪活动，成立专班对辖区和平门等涉黄涉赌重点区域进行地毯式反复清查，保持零容忍严打高压态势全力铲除黄赌毒滋生土壤。"百日行动"开展以来，共查处涉黄案件9起，涉赌案件34起，涉毒案件1起，打击处理违法人员216人；侦破电信网络诈骗案件106起，养老诈骗案件2起；侦破盗窃案件21起，打掉盗窃团伙两个；抓获命案逃犯1人，侦破公安厅挂牌督办命案积案1起；侦破公安厅"云剑——2022"行动第二批挂牌督办案件1起，打掉"跑分窝点"两处，抓获犯罪嫌疑人9名，串联侦破外省电诈案件4起，有力震慑违法犯罪，有效净化治安环境。

【队伍建设】突出党建引领，对局属22个党支部开展全面督查两次，完成7个党支部补选工作。强化政治教育，严格落实每月两次党委理论学习中心组理论学习和集中政治学习等制度，组织开展党委理论学习中心组理论学习16次、局机关集体学习12次，动员组织各科、所、队持续学习宣讲党的十九届六中全会精神、党的二十大精神和自治区第十三次党代会精神及市委五届五次全会、原州区委四届二次全会精神，通过举办政治轮训班、邀请有关专家开展专题宣讲等形式，全面提升民辅警能力素质。提拔任用24名工作业绩突出、群众认可的年轻民警担任科、所、队长，对部分中层干部职务进行调整，队伍结构得到优化。严格选树在党的二十大安保维稳、疫情防控、专案侦办等工作中表现突出的集体及个人予以表彰奖励，两个集体荣获集体二等功，两名民警荣获个人二等功，20个部门、43名个人分别荣获集体或个人三等功，正向激励效果和榜样示范作用进一步凸显。新招录10名民警及37名辅警补充到各基层科、所、队，对185名划转辅警档案进行备案登记,划定层次等级。

检 察

【概　况】

2022年,原州区人民检察院坚持以习近平新时代中国特色社会主义思想为指导,深入贯彻习近平法治思想,全面贯彻落实《中共中央关于加强新时代检察机关法律监督工作的意见》,深化践行"为大局服务、为人民司法"初心使命,各项检察工作取得新成绩。全年共办理各类案件1692件,同比上升7.4%,占全市检察机关办案总数近50%。

【政治建设】

认真贯彻落实《中共中央关于加强党的政治建设的意见》《中国共产党政法工作条例》《中国共产党重大事项请示报告条例》等党内法规制度,始终在政治立场、政治方向、政治原则、政治道路上同以习近平同志为核心的党中央保持高度一致。严格执行《关于新形势下党内政治生活的若干准则》,严格落实"三会一课"、主题党日、民主生活会、组织生活会等党内工作制度,深入开展"学百年党史、育检察文化""我为群众办实事"等主题实践活动,推动党建、队建、业务同频共振、深度融合。2022年,各项检察业务工作均走在全市前列。把落实"三个规定"作为"一把手"工程持续抓实抓紧,如实报告记录29人次。强化意识形态阵地建设和管控,专题研究并定期向原州区委、原州区委政法委和固原市检察院党组汇报,加强门户网站和"原州检察"微信、微博等新媒体建设,发布检察信息1430条,其中原创190条,传递新时代检察声音、讲好检察故事。"原州检察"微博被评为固原市优秀政务微博。

【社会安稳维护】

坚定不移贯彻总体国家安全观,常态化推进扫黑除恶斗争,依法批准逮捕各类犯罪嫌疑人151人,提起公诉481人。其中,起诉涉嫌故意杀人、抢劫等严重暴力犯罪22人,黄赌毒犯罪26人,电信网络诈骗、传销等犯罪72人,办理职务犯罪案件4件5人。

【助力乡村振兴】

依法惩治各类影响农村社会稳定、侵害农民合法权益、危害农业生产及惠农政策落地落实的违法犯罪活动。加大生态环境和资源保护公益诉讼力度,推进耕地资源保护,坚决遏制耕地"非农化",防止"非粮化"。严格落实"四不摘"要求和"115"帮扶工作机制,选优派强5名检察干警驻村工作,投入帮扶资金22.35万元。参与农村"法律明白人"培育工程,开展"送法下乡"等普法宣传、宣讲活动56场。推进多元化司法救助,发放司法救助金23万元。

【生态环境守护】

牵头建立"林长+生态检察长""河长+检察长+警长"等工作机制,联合开展"携手清四乱、保护母亲河"专项行动、防火巡查及禁烧秸秆等专项整治活动,共同推进林草资源和黄河支流保护,监督相关部门对"3·13"失火案林地进行生态修复,推动关闭"自备井"35处。

【市场经济秩序维护】

落实宁夏检察机关服务保障黄河流域生态保护和高质量发展先行区建设意见,依法打击各类扰乱市场经济秩序犯罪,提起公诉2人,追赃挽损5000多万元。办理的宁夏龙鑫源建筑工程有限公司涉嫌非法吸收公众存款案得到领导批示予以充分肯定。推进涉案企业合规改革,常态化开展"挂案"清理活动,营造安商惠企良好法治环境。

【综合司法保护】

持续抓好未成年人保护"两法"落实,批准逮捕侵犯未成年人人身权益犯罪45人、提起公诉58人,对涉嫌轻微犯罪的未成年人不起诉9人、附条件不起诉33人，对有严重不良行为涉案未成年人进行特殊预防280人次。支持起诉14起涉未成年人抚养费、抚养权纠纷案。针对未成年人旅馆业入住安全、乡村蓄水池设施安全等办理公益诉讼案件10件。两件案件被自治区检察院评为未成年人保护法律监督专项行动典型案例。

【司法惠民】

依法从严打击拒不支付劳动报酬犯罪，助力农民工讨薪15万元。落实群众信访"件件有回复"制度，处理群众来信来访来电105次。硬核打击整治养老诈骗，"法检两长"同庭审理江某某等28人电信诈骗案。开展农资市场专项整治、保健品行业清理整治等专项行动，维护人民群众合法利益和消费安全。深入开展二次供水安全、全域创建"食品药品安全区"公益诉讼等专项行动，保障群众"舌尖上"的安全。

【法律监督】

以最高人民检察院安排部署的"质量建设年"为契机，高质量推动"四大检察"全面协调充分发展。刑事检察更加有力，办理立案监督案件37件、刑事抗诉案件6件、羁押必要性审查案件13件，发出纠正违法通知书84份、检察建议39份，纠正漏捕2人、漏诉21人，督促行政执法部门依法向公安机关移送涉嫌犯罪案件3件。民事检察更为精准，办理各类民事检察案件69件。其中，提请抗诉两件，发出再审检察建议10份，纠正违法检察建议46份，加大对农民工等特殊群体支持起诉力度，办理支持起诉案件22件。行政检察更加有效，发挥行政检察"一手托两家"作用，既监督公正司法，又促进依法行政。办理各类行政检察案件33件，发出检察建议32份，常态化开展行政争议化解，与固原市市场监督管理局经济开发区分局良性互动，办理行政争议实质性化解案件两件。公益诉讼稳步推进，办理公益诉讼案件89件，发出诉前检察建议29份，督促相关行政机关依法履职29件，妥善解决一批群众关切的生态环境和资源保护、食品药品安全、安全生产等领域问题，取得"办理一案、治理一片、教育一方"的良好社会效果。

【自身建设】

深入学习贯彻习近平新时代中国特色社会主义思想，开展习近平总书记视察宁夏重要讲话和重要指示批示精神"大学习、大讨论、大宣传、大实践"活动。落实一切检察工作"从政治上看"的要求，持续在学懂弄通做实上下功夫。优化司法为民质效，坚持人民至上、为人民司法，找准检察履职切入点，深化"检察为民办实事"实践活动，把习近平法治思想转化为检察生动实践。加强"12309"检察服务便民平台建设，竭力为群众提供更实、更便利服务。以提升案件质量为核心，办好群众身边每一起"小案"。开展岗位练兵活动，强化队伍素能建设，全年共有5个集体、13名个人荣获县（区）级以上表彰。强化全面从严治党治检。持之以恒正风肃纪，锲而不舍落实中央八项规定精神，持续深化纠正"四风"，经常性开展廉政警示教育，推进全面从严治党、从严治检向纵深发展。

法　院

【概　况】

2022年，原州区人民法院共受理各类案件18255件，占全市法院受案总数的41.68%，位列全自治区法院第三名；审、执结案件17470件，位列全自治区法院第三名；结案率95.70%，同比上升7.74%；法官人均结案342.5件，位居全自治区法院第三名。依法接受检察监督，办理抗诉案件9件，办理检察建议15条。健全完善参审工作机制，人民陪审员参审案件1168件。

【重大决策实施保障】

发挥司法职能作用，研究出台《服务保障"稳经济、保增长、促发展"的实施意见》，以15条硬核举措为原州区经济社会发展注入法治动力、提供法治保障。压实安保维稳责任，加强风险隐患排查，建立院领导包案化解制度，妥善化解各类信访案件，为党的二十大和自治区第十三次党代会胜利召开营造安全稳定的社会环境。在巩固拓展脱贫攻坚成果同乡村振兴有效衔接上担起法院责任，选派6名干警驻村帮扶，93名干警与481户群众结对帮扶，累计投入资金7万元用于激活帮扶村增收致富内生动力，妥善化解"三农"领域纠纷667件，服务和保障农业农村优先发展。

【法治政府建设】

发挥行政审判职能作用，妥善化解行政争议纠纷227起。坚持合法性审查标准，审查非诉行政执行案件40件，裁定准予执行28件。加强行政应诉工作，行政机关负责人出庭应诉率稳步提升，其中原州区出庭应诉率达91%，为历年来最高。发挥促进依法行政职能作用，发布《行政审判白皮书》。推动原州区、泾源县、彭阳县三地成立行政争议化解中心，让行政争议化解在诉前，增强行政机关依法执法意识。

【刑事犯罪惩治】

着眼"平安原州"建设，依法审结各类刑事案件430件，判处罪犯571人。严厉打击侵害人民群众生命财产安全犯罪，审结盗抢骗、黄赌毒类案件87件。依法打击扰乱社会市场经济秩序违法犯罪行为，审结非法吸收公众存款、集资诈骗等经济犯罪案件5件21人，为64名群众挽回经济损失939万元。坚决筑牢反诈防线，全力整治养老诈骗，守护好人民群众"钱袋子"，审结帮助信息网络犯罪活动案件两件39人，"法检两长"同庭履职审理江某某等28人电信诈骗案，对影响群众财产安全的犯罪行为严厉惩处。审结建院以来首例外国人犯罪案件，取得良好法律效果。保持惩治腐败高压态势，审结原州区人民医院陈某某受贿案等职务犯罪案件5件7人，依法严惩公权力腐败分子。抓好《中华人民共和国反有组织犯罪法》学习宣传落实工作，筑牢扫黑除恶常态化的法治后盾。举办量刑规范化法检同堂专题培训，实现量刑更加公正均衡。

【民商纠纷化解】

平等保护民事主体，审结民商事案件9647件。强化民生权益保障，审结涉教育、就业、医疗、住房等案件403件。依法维护金融市场秩序，审结民间借贷、金融借款等纠纷2014件。依法保障房地产市场平稳有序发展，审结建设工程、商品房买卖等案件185件。常态化开展根治欠薪专项行动，快速审结欠薪纠纷案件561件，帮助劳动者追回欠薪847万元，让司法为弱势群体"撑腰"。优化家事审判方式，审结婚姻、抚养、赡养、继承等案件1365件，发出全市法院首份《家庭教育令》，促进形成良好家教家风。加强产权和企业家合法权益保护，审结涉企纠纷2989件，涉案标的额274.1亿元。

【执行难题攻坚】

坚持从组织架构、分段执行、办案规范、震慑打击、考核激励等方面，全方位、深层次改革执行机制，执结案件7032件，执行到位金额5.61亿元，"3+1"核心指标位列全自治区22个基层法院第一，执结率位列第四。全年共开展"夏日风暴""冬季雷霆"等集中执行活动9次，将2113名被执行人纳入失信名单，对88名被执行人"悬赏执行"。在全市首推"自动履行证明书"，通过正向激励推动社会信用体系建设。秉持善意文明执行理念，出台8条执行举措，帮助受疫情影响较大、暂时经营困难的中小微企业纾困解难。借力司法科技发展成果，引进"易判智能执行管理系统"，实现执行事务集约化、信息化。与原州区检察院联合出台《关于进一步加强和规范民事执行与检察监督协作配合工作实施意见》，规范执行工作良性有序发展。

【诉讼服务】

按照"智能化、规范化、集约化、便民化"标准，优化诉讼服务中心结构布局,对多元解纷、登记立案、分调裁审、审判辅助、涉诉信访等诉讼服务实现"一站式"办理。以"一次办好"为目标,全面梳理和修订诉讼服务指南,让群众享受到便捷、优质、高效、精准的诉讼服务。推进信息技术与司法实践深度融合,推广应用网上查询、网上立案、网上缴费、跨域立案、电子送达等便民诉讼服务,共网上立案2866件,电子送达8627件。创新智能化举措,引入智能导诉机器人,提供新颖便捷的诉讼引导、法律咨询服务。

【纠纷化解】

融入"1+1+3"基层治理体系,与人民银行、交警队、妇联、劳动监察等17家单位建立协调联动机制,新增14个调解组织,从代表委员、律师、村干部、人民陪审员中挖掘培育调解能手,调解员人数扩充至172名,形成"家事调解""道交调委""银行金融""物业联调"等一批解纷品牌,共将3693件纠纷化解在诉讼前端。开城法庭建成办公,基层司法服务阵地进一步壮大。以4个基层法庭为主导,推动人民调解平台"三进"工作,打造诉源治理新阵地,创建原州区首批17个"无讼村组"。推动将"万人成讼率"纳入"平安建设"考核,让矛盾止于未发、消于萌芽,全年新收一审案件数同比减少6085件,为5年来首降,诉源治理成果斐然。

【权益保障】

主动对标对表群众多元司法需求,实施"为群众办实事示范法院"创建活动,设置涵盖6个方面26项举措的自选项目,相继开展"巡回法庭进乡村""邻里法官解纷争""民法典大宣讲"系列活动。帮助涉诉困难群众摆脱困境,为生活困难的当事人缓减免收诉讼费39.7万元,发放司法救助款60.6万元,避免因案致贫返贫。保护未成年人合法权益,审结涉未成年人各类案件14件。参与青少年法治教育,强化校园欺凌暴力预防,全院27名法官受聘担任37所中小学法治副校长,与原州区第十八小学110名师生联合开展"法润青苗、护航成长"主题活动,为"平安校园"建设贡献法院力量。

【政法领域改革】

始终把习近平总书记关于政法领域全面深化改革重要指示精神作为政治标杆,坚持用"政治思维"思考问题、开展审判,以改革促发展,以转型促升级。制定《原州区法院关于随机分案及院庭长办案实施办法(试行)》,让90%以上的案件实行随机分案,优化审判资源配置,最大限度促进案件科学分流,打破业务庭之间受案范围限制,促使法官公正办案、均衡结案的同时,从源头上杜绝"人情案""关系案"。贯彻落实《自治区高院关于常见犯罪量刑指导意见(试行)》,深化以审判为中心的刑事诉讼制度改革、认罪认罚从宽制度改革,以案件会商制度和统一庭审规范标准"两手抓"破解定性不准、量刑不当难题,刑事审判质效持续提升。

【司法权运行】

审判管理精细化与实质化相结合,健全与案件体量相适应的审判团队运行机制、法律统一适用机制,杜绝"同案不同判"。精细化指标管理,突出问题导向,以发现数据问题倒查办案质量,提升办案质效,制定《原州区法院发改案件评查及责任追究办法(试行)》,把审判管理、司法巡查、司法督察有机结合,发挥纪检监察、审判管理等部门的监督职能和协调协作机制,将流程监管中发现的问题及通报成果与纪检监察部门共享,实现对分案管理、排期管理、审限管理、结案管理、质量管理全程监督,达到微观问题、毫末问题的有效监管,由案及人,防微杜渐,构建司法体制改革后新形势下的廉政风险防控体系。

【司法公开】

精心打造全市首家政法单位融媒体工作室,率先迈出法治宣传助推司法公开的自主化、专业化、媒体化步伐。在原有"一网两微"新媒体平台基础上，运营抖音、快手、微信视频等短视频平台，形成更大更宽的原州区法院新媒体矩阵。以"移风易俗""防骗反诈"等党委、政府中心工作为主线，坚持"内容为王"理念，多原创、重服务，策划推出《奋进新征程、建功新时代》《王大妈"反诈攻略"》《普法微剧场》等67部短视频，其中一部打击非法集资主题短视频在自治区级评比中获三等奖。系列短视频全网点击播放量超千万。"原州法院"微信公众号年发稿583篇，第三次荣获"全市优秀政务新媒体"荣誉。

综合执法

【市容秩序管理】

督促沿街商户严格落实"门前三包"责任，逐门逐店签订"门前三包"责任书5057份，规范"门前三包"36590次，清理乱贴乱画、乱泼乱倒、乱拴乱挂、乱摆乱放等门店经营乱象28380次。规范门头牌匾管理，按照《固原市户外广告设置管理办法》，对城区内所有门店门头牌匾、大型广告牌设置进行集中整治，办理门头牌匾备案358家，拆除破损门头牌匾59处，拆除破旧大型广告牌6块。配合原州区教体局对原州区已注销的31家校外培训机构开展门牌和广告标语清理工作。开展市容秩序整治，采取"集中整治+长效治理"工作模式，推进城市精细化管理，取缔流动摊点、占道经营11433处；对共享助力单车乱停乱放、多人骑乘、管理混乱等现象进行集中整治，严格控制投放数量，规范共享助力单车乱停乱放17733辆，清拖违停非机动车辆575辆，规划机动车及非机动车停车位264处，对未按照《战略合作协议》要求投放及乱停乱放的共享助力单车进行暂扣，共计暂扣635辆，约谈相关负责人4次。联合交警二大队对两家公司未上牌照的共享助力单车进行整治并督促各上牌1000辆。开展扬尘污染防治工作，全年共备案建筑施工企业86家，督促施工企业硬化施工现场出入口路面12000余平方米，安装冲洗设备共计50余台；登记备案渣土运输车260辆、商砼车130余辆、各类施工通行车400余辆，办理车辆准运证904份，查处车辆带泥上路、沿路抛洒及违规拉运车辆105次，行政处罚违规车辆3辆，对扬尘措施不到位建筑工地下发责令改正通知书295份。加大违建管控力度，配合南关街道办、北塬街道办、古雁街道办、开城镇、中河乡、官厅镇、彭堡镇等乡镇开展违法建设集中整治行动，共拆除11户违法建筑，建筑面积875平方米。建立执法案件卷宗台账，保障执法案件卷宗归档有序。按照法定程序，对噪声扰民、私自开挖、随意张贴广告宣传品、占道经营、渣土拉运车未按规定路线行驶及未密闭拉运、沿路遗撒等违法行为进行处罚，并形成行政执法案卷。持续巩固深化"强转树"专项行动工作要求，被住房和城乡建设部评为"全国城市管理执法队伍'强基础、转作风、树形象'专项行动表现突出单位"，原局党组书记、局长陈学伟同志荣获"表现突出个人"称号。

【环境卫生质量提升】

严格按照《固原市原州区环卫一体化项目作业质量考核明细表》作业要求，提高保洁质量，利用每周一的全天保洁日，着重清理树坑、绿化带、下水井口等垃圾死角。不间断开展环境卫生集中整治工作，定期组织环卫工人对城乡接合部和卫生死角进行全面集中清理，重点对六盘金街延伸段、安康路、南城路、民族街、清河南街、南坊清真寺南边小巷、康居北面路段、家道市场、古雁岭公园、明堡新村等多处背街小巷乱泼乱倒的生活垃圾和建筑垃圾进行集中整治，全年共出动人员400余人次，铲车25余次，翻斗车22次，收转车20次，共计集中清理生活垃圾950余吨，建筑垃圾200余吨。2022年8月底生活垃圾填埋场停止运行，累计填埋生活垃圾9.4万吨；9月起所有生活垃圾转运至天楹焚烧发电处理场进行处理，实行定点定时与全封闭清运，城区内各垃圾收集点做到日产日清，全天监控，垃圾清运率达98%；截至10月20日渗滤液厂处理污水1.593万吨，填埋处理建筑垃圾120万立方米。制定冬季除雪铲冰应急预案，以"机械+人工、雪中清扫、边扫边运"为原则,制定相应除雪措施,确保冬季除雪铲冰顺利开展。提高道路洗扫频次和喷雾降尘频率,全面启动精细化"带水"作业模式,每天出动机扫车25辆,其中,清扫车17辆,喷雾车3辆,水车4辆,干扫车1辆,对城区主干道路面进行机械联合作业,并对重点路段及施工工地周边加大洗扫、洒水降尘作业频次。

【老旧小区改造】

对固原市区26个老旧小区进行改造,涉及住户3081户,楼体84栋,住宅建筑面积24.7891万平方米,项目总投资为15636.74万元,分西关北街、西关南街和南城路3个片区、28个标段实施,改造内容为楼体及室外配套基础设施改造。

【服务市场主体】

全面落实稳经济保增长促发展各项政策措施,制定《原州区综合执法局贯彻落实稳经济保增长促发展守底线政策措施实施方案》,明确创就业促增收、优化营商环境、稳投资促消费、保基本惠民生4个方面10项措施,最大限度激发商家经营和市民消费活力,促进经济发展。在原有1840个摊位的基础上增设临时全天候摊点11处244个摊点,夜市4处67个摊点,各摊位平均交易额约为200元/日,日平均总交易额为40余万元。在市区博物馆广场南侧设置杨郎香瓜销售专场,服务"三农",增加农民收入,平均交易额约为7万元/日。允许市区117家烧烤店在店外设置桌椅就餐,每家烧烤店每日交易增长额约为3000元,日平均总交易增长额为30余万元。通过简化企业促销活动审批备案流程、延长宣传促销活动时间、允许企业在有条件的大型广场举办车展及家电促销活动、放宽道路开挖审批条件、简化门头牌匾审批条件、高效审批渣土外运的方式,更好服务市场主体。

【住房保障】

全面推进住房保障工作有序开展,按照公租房腾退方案对不符合条件人员进行清理清查,全年清退不符合公租房保障条件承租户44户。向租金补贴保障家庭发放2022年第一、二、三季度公租房租金补贴共计594.47万元;现已完成各街道办事处上报的259套公租房实物配租和43户新增租赁补贴发放工作。

【物业服务管理】

推进物业服务标准化建设工作,配合各街道办事处对城区内50家物业服务企业营业执照、税务登记、合同文本、经营人员证书等资质进行合法性审查梳理。配合街道办事处、消防大队开展住宅小区电动车飞线充电安全隐患专项整治,清理小区内私拉电线4000余次,规范乱停乱放电动自行车5000余辆;发挥街道办事处、社区居委会、业主委员会、物业服务企业四方协调机制,及时排查化解小区矛盾纠纷,协助各街道办事处处理12345投诉件400余件,固原市政府门户网站投诉件30余件。

金融保险

中国人民银行固原市中心支行

【金融支持实体经济】

2022年,中国人民银行固原市中心支行协助制定出台稳保促守"43条"、接续政策"26条"、稳经济保民生"40条",坚持月调度、季分析,以月保季、以季促年,综合运用金融工作联席会议、货币信贷政策宣介会、政银企对接会、现场约谈、窗口指导、实地督导等形式,引导金融机构扩大信贷投放,支持经济在合理区间运行。激活货币政策工具潜力,在年初将再贷款总额度预授信至地方法人金融机构,提前培育信贷增长点,合理支持民营小微、乡村振兴等民生重点、薄弱领域信贷投放。加大优势产业和重点项目信贷支持力度,引导金融机构创新"组合授信""打包授信"等方式,实行"公司+基地+订单+农户""致富带头人+协会+农户"等产业链金融服务模式,支持乡村振兴赋能提质。截至2022年12月末,全市人民币各项贷款余额544.4亿元,同比增长12.2%,连续5个月居自治区第一,高出全自治区4.9个百分点,高于全国1.1个百分点。全市新增贷款59.0亿元,增量是上年的1.5倍。全市再贷款余额26.8亿元,较年初增长43.0%,全年累计投放13.9亿元,限额使用率达97.9%。西吉县支行创新"再贷款+"模式,开展金融支持乡村产业振兴引领计划,补齐传统肉牛养殖产业分散型、小规模经营的短板,推动县域优势产业的形成和发展。

【金融风险防控】

2022年,中国人民银行固原市中心支行开展央行金融机构评级,强化评级前中后期数据的分析督导,采取季度异常行为监测、月度重要指标监测、每日流动性监测等措施,引导法人银行规范经营行为,改善各项经营指标。全市9家法人银行评级等级"绿区"的有5家,"黄区"的有4家,法人银行运行稳健,总体风险可控。联合市公安局、市监委、市人民检察院等部门,成立打击洗钱犯罪工作领导小组,建立反洗钱定期会商机制,全链条打击洗钱犯罪。截至2022年12月末,全市洗钱罪立案4起,实现洗钱立案、起诉、审理案件零的突破。深入分析经常项目差额结构性变动及市场主体行为变化,强化跨境资金流动双向分析预警,及时梳理上报异常交易和异常主体的典型案例。制定印发《固原辖区电信网络诈骗"资金链"治理工作实施方案》和《电信网络诈骗"资金链"治理工作考核管理办法》,常态化组织开展"一人多卡"和长期不动户排查清理,压降存量异常账户数量。截至2022年12月末,共开展风险账户排查32万户,存量一人多卡14.2万户,长期不动户11.4万户。在全自治区率先组织召开"征信修复"乱象专项治理"百日行动"启动会议,并与市场监管、公安、网信等部门联合签订合作备忘录,构建起全市统一的"监测、引导、执法、查处"全流程工作机制,对摸排出的12家注册名称或经营范围带有"征信"字样的机构,主动出击、分类处置,完成存量机构清零任务。开展法人银行网络安全现场督导工作,提升金融网络安全能力。

【金融管理与服务】

2022年,中国人民银行固原市中心支行推进村级金融综合服务示范区创建工作,打通数字支付金融服务入村到户"最后一公里"。截至2022年12月末,固原市村级金融综合服务站已建成533个,在建130个,行政村覆盖率为67%,累计交易40.2万笔，交易额 2.2 亿元，日均交易 1115 笔 61.1 万元。开通退税"绿色通道"，做到减税降费资金直达快享。辖区各级国库共办理个人所得税汇算清缴退税 41347 笔 2345.7 万元、增值税留抵退税 1748 笔 37762.2 万元、六税两费退税 3726 笔 235.5 万元。建立汇率避险"首办户"企业梯队动态拓展名单，成功为隆德人造花叙做买入人民币外汇期权交易 65 万港币，为民乐粮油叙做买入美元外汇期权交易 15 万美元。优化信用报告代理查询网点布局，新增 2 个商业银行个人信用报告自助查询代理点和 1 台企业信用报告自助查询机。年内共查询个人信用报告 93970 笔，企业信用报告查询 1895 笔，完成司法查询 208 笔，处理征信异议 35 笔，受理跨省投诉 1 笔。整合"青年志愿者服务队""驻村金融官""金融夜校""金融知识讲习所"等金融知识宣教资源，打造村级金融知识网格化阵地。联合市司法局、原州区人民法院成立固原市银行业金融纠纷人民调解委员会，首次通过"总对总"平台线上成功调解金融纠纷案件。全年有市级调解组织 1 家，县级调解组织 5 家，调解员 43 人，化解金融矛盾纠纷 250 件。落实柜面残损人民币兑换首问责任制，发挥"绿色现金服务专柜"作用，举办残损人民币集中宣传与兑换活动 36 场。

中国工商银行固原支行

【概　况】

截至 2022 年年末，各项贷款余额 33.59 亿元，在固原市各商业银行中占比为 7.02%（不含政策性银行，下同），较年初增长 4.45 亿元，增幅 15.26%，贷款增量占全市增量的 7.53%。各项存款余额 21.29 亿元，在固原市各商业银行中占比为 3.68%，存款占比较贷款占比少 3.34 个百分点。存款余额较年初增加 2.28 亿元，增量占全市增量的 6.74%，低于贷款增量占比 8.52 个百分点。贷存比为 157.77%，较年初提升 4.45 个百分点，高于全市各商业银行平均贷存比 68.94 个百分点。不良贷款余额 2.97 亿元，其中企业贷款包括固原红宝实业有限公司 2.39 亿元、固原荣华实业有限公司 1883.39 万元、宁夏磊腾汽车销售服务有限公司 664.36 万元、宁夏大田新天地生物工程有限公司 500 万元、宁夏利农草业运营管理有限公司 379.96 万元、固原振宁新墙体建材有限公司 342.67 万元、固原市原州区圣大养殖专业合作社 265 万元、固原经济开发区博睿工艺玻璃有限公司 100 万元、固原天运运输有限公司 75 万元。

【客户存增量】

2022 年，固原支行围绕"获客、活客、黏客"三个维度持续开展客户质量提升年活动，各项存款达到历史同期最高增量。在留住存量代发单位、私人银行客户、优质有贷户及机构客户等核心客户群的前提下，精准营销教育、纪检、住建等领域重点客户，通过为固原市教育局搭建"教培云"平台，成功新拓固原市 140 家教培机构账户；通过为固原市纪委监委搭建"智慧政法"系统，成功挖转固原市纪委专用账户。加强公私联动，通过代发业务、GBC 联动、资金承接和织网补网，做好客户质量提升工作。通过在固原二中建设"智慧食堂"场景，新增全量个人客户 2620 余人，增加日均对公存款 800 余万元，沉淀个人存款 200 余万元。通过支持固原市重点招商引资企业雪川公司项目建设，成功落地 200 余人代发工资，当年实现代发额约 500 万元。

【客户服务】

2022 年，固原支行以"客户服务提升年"为契机，打通固原市政府通过"我的宁夏"App 发放政府消费券渠道，成功打造固原市 O2O 消费场景，累计发放政府消费券 5000 余张，拉动银行卡消费 1.5 亿元，上线收单商户 100 余户，实现收单交易额 3 亿元。聚焦投诉治理重点领域、重点人群、重点网点"三重"问题，制定切实可行压降措施，开展行长坐堂，对投诉量较多的网点进行督导帮扶。截至 2022 年年末，全行"客户之声"记录投诉工单 63 笔，同比降幅35%，投诉治理效果明显。开展泾源和隆德县域支行建设，完成营业房购置和设计流程。分别在西吉县、泾源县、原州区等村镇建立4家普惠金融服务点并挂牌服务。

【信贷管理】

2022年，固原支行以风险防范和业务营销相统一，调整信贷结构，支持实体经济发展。为固原市重点招商引资企业雪川公司成功发放项目贷款7794万元，为国家天然气管道公司投放基础设施贷款4亿元，抢占住房按揭贷款市场，截至2022年年末，个人贷款余额11.32亿元，较年初增加9972万元，全年累计放款3.31亿元。通过展期、续贷、调整宽限期4057.4万元21户，下调贷款利率25335万元2户，结算收费减免3778.66万元2030户，帮助企业渡过难关。运用诉讼清收手段，2022年共收回不良贷款471.35万元。

中国建设银行固原分行

【个人客户规模】

2022年，个人全量客户49.2万户，系统自治区第一；新增1.81万户，系统自治区第一。有资产客户38.8万户，系统自治区第一；新增1.46万户，系统自治区第一。个人有效客户11.1万户，系统自治区第二。全面关系客户1.92万户，系统自治区第四，新增810户。私行客户22户，新增8户，计划完成率为266.67%，系统自治区第一。

【不良贷款额率】

截至2022年12月末，不良贷款余额1.45亿元，较年初减少0.5亿元，不良率为3.27%。全年处置不良贷款7512.42万元（不包括核销后收回现金）。其中，公司类不良贷款处置6082.16万元（线下贷款5589.59万元，小微快贷492.57万元），现金回收1925.43万元，核销处置4150.73万元；个人类不良贷款处置963.76万元，现金回收169.47万元，证券化交割出表186.14万元，盘活上迁608.15万元；信用卡核销466.5万元。

【金融产品】

普惠方面：普惠金融贷款余额7.04亿元，系统第一；较年初增加4.38亿元，系统第一；计划完成率达292%；商户云贷（银联版）授信15315万元，支用9764万元，系统第二。网金业务：截至2022年12月末，手机银行用户35.3万户；新签手机银行年活跃用户1.67万户，系统第三；快捷支付年度交易用户54.2万户，计划完成率达105.5%，三方绑卡同步率、激活率均居系统第一。信用卡分期：信用卡客户新增2514户，系统第三；活跃客户新增1623户，系统第二，新客户活跃率达64.6%，系统第一；分期交易新增2.63亿元，其中专项分期6518万元，系统第一。

【个人住房贷款】

个人住房贷款余额12.18亿元，余额第二，本年发放2.4亿元，贷款新增5292万元，新增第三。

【普惠金融】

普惠金融贷款余额704亿元，较年初增加4.38亿元，首度大幅领先传统业务。其中，个人类较年初增加4.56亿元，建业贷支用1.85亿元，系统第一；塞上涉农贷款新增468户6011万元，余额突破6300万元，系统第一；商户云贷（银联版）授信1.53亿元，支用9764万元，系统第二。裕农通卡全年发卡9306张，其中在"心系三农情，惠民千万家"主题金融活动期间发卡3804张。走访行政村数量、建业贷授信完成额、裕农通发卡完成额、"裕农通"App完成额、手机银行新增完成额等各项指标均居全自治区前三。

【个人涉农贷款】

全年累计投放个人涉农贷款3420户34618万元，年末余额3146户28994万元。其中，建业贷

2909 户 27876 万元，年末余额 2657 户 22688 万元，系统第一；养殖贷 511 户 6742 万元，年末余额 489 户 6306 万元，系统第一。

【银联商户云贷】

全年累计投放银联商户云贷 441 户 14192.01 万元，年末余额 414 户 10785.68 万元，系统第二，成为拓客增存的有力抓手。

【政银合作】

2022 年，与固原市、县两级工商联签订战略合作协议，与隆德县政府签订《金融助力种植产业战略合作协议》，加大对地方优势产业的支持力度。联合固原市开发区管委会、固原市金融局、电商平台等举办 10 余场产品推介会；举办 6 场普惠金融业务培训会，农担宁夏固原分公司建立双向交流机制。建行普惠金融品牌效应在区域形成。

【减费让利】

通过下调贷款利率，主推支农信贷产品——养殖贷一年到三年利率分别由 4.25%、4.55%、5.0% 降至 3.95%、4.2%、4.5%；新推出的商户云贷（银联版）利率也低至 4.2%，较市场同期平均利率水平少收入近 1500 万元。开展"助百城万店，惠千家万户，共建美好生活"商户减费让利专项活动，对全量个人商户实行收单手续费全额减免。

【数字化经营成效】

商户经营上，通过"建行生活"平台相继开展"新人礼""助百城万店，惠千家万户，共建美好生活"及联合政府派发消费券等活动，累计向市场投入活动资金 885 万元，其中，政府投入 240 万，建行投入资金 645 万元，累计受益商户 200 余户，受益用户近 11 万户。做好商户精细化管理，全年"建行生活"注册用户 113417 户，系统第一；对公商户 514 户，系统第六；个人商户 2996 户，系统第一，人高回款商户加权知模 7604 户，系统第一，个人商户回款额 4.6 亿元，系统第二。客户经营上，截至 2022 年 12 月末，个人存款时点余额 56.2 亿元，系统第五，时点新增 6.7 亿元，计划完成率达 107.5%；日均余额 53 亿元，系统第四，日均新增 51 亿元，计划完成率达 120.3%；时点、日均新增均创历史新高，同比增长 2.2 亿元和 0.3 亿元，两项指标均超额完成分行计划。

中国农业发展银行固原分行

【金融支农】

全年累计投放各类贷款 5.10 亿元，完成全年投放计划 8.98 亿元的 56.79%。各项贷款余额 65.83 亿元，较年初增长 0.54 亿元，增速 0.83%，各项贷款日均余额 65.19 亿元，有力支持固原市基础设施建设和"五特五新五优"产业发展。

【资金筹集】

各项存款余额 2.12 亿元，较年初减少 2.18 亿元，降幅 50.70%；各项存款日均余额 4.13 亿元，较 2021 年减少 1.46 亿元，降幅 26%；完成区分行下达 0.55 亿元净增任务的 -35.96%。中标固原市社保基金 5 亿元定期存款，累计到位 1.5 亿元，全年资金归集额 4600 余万元，累计归集额排名上升至全区第八。经营效益逐步回升，实现拨备后利润（FTP）3925.89 万元，人均利润 115.47 万元，完成自治区分行下达全年拨备后利润预算（FTP）4700 万元的 85.53%。

【风险防控】

落实延期还款、减免利息政策，收回逾期农发重点建设基金本金 2051 万元，累计上划投资收益 2077.36 万元，到位上划率为 98.64%；累计清收不良贷款 759.15 万元，超额完成自治区分行下达的年度不良贷款清收任务。加强风险监测预警和分析，突出抓好信用风险防控；创新"1+3+N"联合监督工作机制，贯通风险合规、纪检监督，做好案防、反洗钱、法律事务等工作,推进依法合规经营。统筹疫情防控和业务发展,加强信贷、财会、运营基础管理,推进安防综合管理工作。

【助力国家粮食储备】

按期完成自治区、市级应急成品粮油储备计划,截至2022年年底,固原市级应急储备粮贷款余额520万元,对应市级应急储备小麦库存数量400万斤。为自治区粮食和物资储备局、财政厅、自治区分行联合下达的当地政府临时储备原粮10000吨计划提供2460万元资金支持,确保固原市西吉县、隆德县、泾源县、彭阳县临储粮收购按时完成。

【助力先行区建设】

全年累计投放乡村振兴有效衔接贷款5.10亿元,推动乡村振兴战略实施。投放普惠小微贷款0.08亿元,支持普惠小微企业6家,较年初增加1户。贷款余额0.32亿元,较年初增长0.025亿元,增速8.47%,高于各项贷款增速,确保在固原市一区四县均实现贷款投放,完成贷款零投放区域全覆盖任务。支持农业现代化,聚焦固原市五大重点产业和四大培育产业,调结构、延链条、抓提升,向宁夏固原福宁广业有限责任公司、宁夏明德中药饮片有限公司、宁夏浩迪科技有限公司等产业化龙头企业累计发放1.22亿元产业帮扶贷款,提升实体经济实力。支持农业农村建设,累计发放农村基础设施贷款2.88亿元。支持区域协调发展,累计发放黄河流域生态保护贷款2.88亿元。围绕生态文明建设,支持环境综合治理、山水林田湖草保护修复金融需求,累计向存量项目宁夏首创海绵城市建设发展有限公司发放生态环境建设与保护贷款1.68亿元。

【支持特色产业】

牵头工商银行、中国银行、兴业银行、浦发银行组建银团贷款,为固原市政府2021年"一号工程"项目提供7.5亿元银团贷款支持,截至2022年年底,发放银团贷款资金3.86亿元(农行固原分行按比例发放1.04亿元)。研究创新"库存中草药抵押+第三方监管+公证+购买保险"模式,为宁夏明德中药饮片有限公司办理流动资金贷款2000万元,主动承担贷款抵押物评估、第三方监管、动产保险等费用近30万元。支持地方肉牛特色产业发展,为宁夏向丰农牧业开发有限公司、泾源县萧关农业综合开发有限公司发放肉牛养殖流动资金贷款470万元,并为企业申请利率定价优惠政策,贷款年化利率为3.8%。

【农发基础设施基金申报】

对接发改部门及企业,协助四县一区申报农发基础设施基金,协调党政召开项目申报会8个,梳理申报基金项目28个,申请基金金额11.08亿元。通过自治区分行提级营销等措施,对接固原中燃公司固原市天然气综合利用三期工程建设项目12次,申报的0.41亿元基金入选国家发改委项目清单。

【金融信贷支持】

开展"稳经济保增长促发展"攻坚行动,全面梳理固原市及四县一区重点客户及项目清单,安排5个金融服务团队对接驻县(区)开展营销工作,强化首席营销经理营销模式,驻县(区)首席营销经理驻当地进行政策讲解和项目梳理,掌握项目信息源头。将政策导向与市场导向结合,开展业务宣介。聚焦固原市支持巩固拓展脱贫攻坚成果同乡村振兴有效衔接重点建设项目、"五特五新五优"产业,在市发改、金融局、水利局、农业农村局、商务局等行业主管部门支持帮助下,强化宣传推介,围绕政府主导的项目,挖掘、设计、整合现金流,优化融资模式,提升综合服务水平。引入中国能源建设集团等央企子公司进行承贷和建设,化解政府主导项目融资难题。

【支持实体经济】

坚持"保本微利"经营原则,持续落实"六稳""六保"和稳经济大盘政策,对普惠小微企业贷款,严格执行利率定价优惠政策，最大程度为企业节省利息费用。执行最低利率为3.8%（2021年为2.9%），加权平均利率低于固原市银行业金融机构平均利率。严格执行减免网上银行涉及扶贫客户收费和易地扶贫搬迁贷款资金支付结算手续费的优惠政策。对于采用抵押担保方式的贷款，押品评估等费用由银行全额承担，累计为企业减负4.22万元。

【存贷款营销】

以资金归集业务营销为契机，加大非贷客户营销力度，通过延长支付链条和新增开户数量提升存款额度，开立非贷存款客户资金归集账户41个，累计交易笔数64147笔，归集资金0.46亿元。协调贷款和基金客户提前存入贷款本息、基金股权回购款和投资收益约10.52亿元。营销社保基金等存款1.5亿元。

【风险管理】

降低存量贷款利率，为九龙集团子公司（固原市惠康工贸有限公司、固原市荣欣物业服务有限公司）两笔贷款进行利率调整并下浮5个BP〔是指基点Basis Point（bp）用于金融方面，债券和票据利率改变量的度量单位〕，调整期限2年，金额4.85亿元，为财政减少利息支出391.96万元。对接自治区分行为固原市本级3笔、隆德县和西吉县4笔农发重点建设基金调整2022年还款计划，金额累计4045万元。为市、县财政负偿还责任的贷款本金调整还款计划，金额累计1.79亿元。为固原市九龙集团等8家公司、9笔贷款调整未来3年到期本金还款计划。还款计划调整之前，2023—2025年偿还本金共计61500万元；调整之后，2023—2025年共计偿还本金10090万元，较调整前减少51410万元。

【不良贷款清收】

全力清收家道公司、泾河源公司不良贷款累计759.15万元，超额完成自治区分行下达现金清收总任务的105.64%。坚持"一企一策"，制定清收处置方案，其中，动员家道旅游公司回笼门票收入收回18.17万元；促销泾河源公司库存红树莓酒2827瓶，收回贷款92.90万元；扣划市创益担保公司贷款保证金等648.08万元用于收贷。牵头建立银担会商机制，6次与市创益担保公司、宁夏六盘山产业扶贫开发投融资集团有限责任公司召开座谈会，通报清收进展及成效，推进化解不良贷款。推进法律诉讼清收，依法合规开展立案、财产查封冻结、开庭、调解、强制执行、房产评估、拍卖工作。强化西吉县、隆德县、泾源县逾期基金清收专班责任制，采取"一县一策、一企一策"，紧盯项目投资与运营主体，推进基金逾期风险化解工作，累计清收逾期基金本金2051万元。

【信用风险防控】

综合运用CM2006系统、客户风险统计系统、征信系统等信贷信息系统，做好信用风险监测分析及运行管理工作。运用内外部渠道，收集掌握政府数据，完成固原市、原州区及所辖四县地方政府信用评级工作。持续跟进风险动态，加强贷款、基金、非信贷资产及表外资产质量管理。做好押品价值进行动态管理。

中国农业银行固原分行

【概　况】

截至2022年年末，各项存款日均余额43.11亿元，计划完成率达128.113%；各项贷款余额30.74亿元，计划完成率达118.70%；营业收入16078万元，计划完成率达97.80%；实现净利润3083元，计划完成率达63.83%；手续费及佣金净收入1104万元，计划完成率达57.71%；不良贷款余额15742万元，不良占比为5.12%，分别较年初增加12646万元，上升4.02个百分点。

【核心存款】

截至2022年年末，各项存款日均余额43.11亿元,较年初增加3.19亿元,份额较年初增加0.42个百分点,其中个人日均存款余额31.66亿元,较年初增长3.33亿元,增量创历年新高。时点余额44.65亿元,较年初增加5.28亿元,同比增加3.47亿元,四行增量排名第一。其中,个人存款增长4.02亿元,对公存款增长1.28亿元。

【服务实体经济】

聚焦服务实体经济,优化信贷结构,加大有效信贷投放。各项贷款余额30.74亿元,较年初增加2.73亿元。其中,法人贷款增长1.2亿元,个人贷款增长1.53亿元,余额占比为75.42%。深耕乡村市场,高质量推进整村农户信息建档,打造"信用村、信用户",扩大贷款覆盖率,推进乡村振兴金融服务。农户贷款净增1.75亿元,增速达35.9%,高于各项贷款增速26.1个百分点。

【客户基础】

强化公私联动,做大代发工资规模,实现"以公带私、以私促公"高效发展。全行新增对公结算账户427户,其中新增基本账户326户;新增代发工资对公客户182户,带动个人有效客户新增3000余户。拓展重点优质客户,成功营销10户高价值优质账户。分层分类推进个人客户营销管理,新增个人折效客户31184户、个人折效贵宾客户3151户。强化重点产品营销,提升市场份额,新增信用卡有效客户1805户,新增聚合码商户1266户,绑定日均存款0.95亿元,新增第三方存管账户1754户,发放军人优待证3882张,市场份额占比达60%。

【数字化经营】

强化掌银线上经营、指尖获客主渠道作用,新增掌银月活客户12893户,完成率达107.44%。开展互联网高频场景营销活动,成功营销智慧场景40余个,带动新增个人有效客户2万余户。全年掌银月活客户数及互联网场景高频客户数完成率排名全自治区第七。强化数字乡村服务,成功签约"三资"平台服务协议,全年累计开立村集体经济合作社账户20户。

【增收创效】

着力扩量增收、固优增收、补短增收,做大信用卡分期、代理保险、贵金属、理财、基金等中收规模,稳步提升收入份额。全年实现中间业务手续费及佣金收入2030.08万元;营业收入16078.16万元,比上年增加1.72万元;利息净收入14376.02万元,比上年增加109.64万元;实现净利润2902.81万元。

【服务乡村振兴】

保持金融扶贫专项政策连续稳定,持续深化"5+X"贷款模式应用,推广"富民贷"产品。全年发放"富民贷"贷款6415万元。坚持立足于支持当地农业特色产业发展,采取"产业引领、整村推进,重点突出、集中管理"方式,逐步形成肉牛养殖、冷凉蔬菜、马铃薯、小杂粮种植等具有固原特色的特色产业信贷模式,持续拉动已脱贫户收入稳步增长,推动农户贷款快速扩户上量。累计发放农户贷款6.35亿元,惠农"e"贷净增1.08亿元。以"一种产品、两种模式"为抓手,加大"信用村、信用户"创建,批量建档、整村推进,扩展农村优质客户数量,夯实农村客户基础。全年建成信用村16个,信用户677户,全年农户信息建档9097户,涉农贷款增量1.47亿元。通过与自治区、固原市级农业龙头企业、农村合作社、家庭农场、红色旅游地区农家乐、产业协会、新型农业主体等优质客户联系,获取上下游客户名单,逐一调查筛选,对经营稳定、流量充足的优先受理上报,加大优质经营大户贷款储备。加快推进惠农通服务工程,全年布放惠农通机具48台,覆盖原州区11个乡镇,覆盖率达100%。建立行政村联系人制度,在原州区153个行政村悬挂服务"三农"工作组联系牌并张贴建档公告,结合网点服务特色和亮点,逐步形成以彭堡镇冷凉蔬菜、张易镇肉牛养殖等当地特色农业产业为支撑的网点特色品牌。

【普惠金融】

坚持以"两增、两控"等普惠政策为导向,持续营销小微"e"贷、房抵"e"贷、烟商"e"贷和惠农"e"贷,实现周转存量、提升增量,扩大小微企业覆盖面。截至2022年年末,全行普惠小微企业贷款余额3.91亿元,增量4336万元,增速达12.46%,高于全行各项贷款平均增速2.71个百分点。有贷客户数2584户,较年初增加262户,普惠小微企业贷款不良率为3.82%,低于全行各项贷款不良率1.3的百分点,控制在监管指标值内。

【案防风控】

加大清收处置力度,全年累计清收处置不良贷款(含信用卡)5917万元,调整法人贷款形态10户1.67亿元,核销处置不良贷款4258万元。逐户清理应诉未诉不良贷款,强化与法院沟通对接,加快诉讼清收进度,申请诉前查封保全债务关联人财产,实现"以诉促收,以诉促管"目标。全年共起诉不良贷款157笔,立案执行92笔3493.96万元,通过法律手段清收本息366.98万元。

【基础运营】

优化网点内外部环境,打造"宽敞、明亮、整齐"的视觉体验。2022年停用低效自助设备7台,增加穿墙式现金一体机3台,完成三营原址装修改造和钟楼、长城路、新区、城区局部改造,持续提升网点硬件水平。开展运营业务尽职检查、"三化三铁"自查和各类专项检查16次,运营监管平台系统录入问题293条,下发整改通知书26期,经济处理责任人25人,提升运营管理工作质量。

固原农村商业银行

【信贷支持春耕备耕】

2022年,固原农村商业银行年初上报春耕备耕支农资金计划,召开春耕支农金融服务工作会议,单列春耕支农信贷资金20亿元,助力春耕生产。安排部署2022年度"赢在春天"工作任务,制定综合营销活动和营销激励机制,明确信贷支持重点和投放计划。全年累计投放各项春耕涉农贷款23亿元,超额完成黄河银行下达的计划任务。

【信贷支持企业纾困】

对受疫情影响较大的住宿餐饮、批发零售、交通运输、文化旅游等行业的中长期贷款进行全面梳理,单列规模、单列计划,调整中长期贷款还款计划,确保不抽贷不压贷,保障生产性服务业和生活型服务业企业贷款增速和增量稳步提升。对优质企业加强"白名单"管理,对名单内企业实行贷款优先发放、额度优先满足、利率优惠政策,开辟信贷业务审查审批"绿色通道"。截至2022年12月末,发放民营和小微企业贷款17.35亿元,为普惠型小微企业办理延期还本付息303笔,金额9111.13万元。

【支持地方特色产业发展】

围绕固原市特色优势产业,落实"六新六特六优"产业包抓机制,围绕重点产业主导企业及其上下游企业,打造产业集群金融支持方式,做好金融服务乡村振兴同支持现代工业、现代农业、现代服务业有效衔接。截至2022年12月末,为支持"六新六特六优"产业发放贷款24940户,21.98亿元。

【减费利民惠企】

通过精细化、动态化客户管理方式科学界定小微企业客户,对于无法准确界定的客户,按照"应降尽降"原则执行降费措施,加大对实体经济金融支持和减费让利,降低实体经济主体负担。截至2022年12月末,各项贷款加权平均利率由原来的6.58%下降至6.36%,受益户达33000余户。累计减免支付手续费45.52万元,自主降费29.79万元,惠及小微企业和个体工商户1422户,让利1472.64万元,减费让利总金额共计1547.95万元。配合固原市发放消费券金额80万元。

【服务"三农"】

加快整村授信工作进度,以"助力贷"产品为抓手,做好脱贫农户信贷支持工作,实现脱贫农户小额信贷支持全覆盖。对优质客户全部配发乡村振兴信用卡,通过线上线下相结合方式,满足信贷需求。推广"创业担保贷",将农村大学生、返乡农民工、农村创业者等纳入授信范围,拓宽客群服务半径。落实全行支持新型农业经营主体发展实施意见,以振兴贷为抓手,拓展农村新型经营主体。在产品配套上,研发产业链、供应链金融产品,择优支持国家、自治区、县(市)级重点扶持的合作社、家庭农场、农业龙头企业、产业园区、种植养殖基地等项目。对信贷需求在"三个银行"战略额度以内的,全力满足客户需求。重点支持丰霖牧业、头营利民、三营东塬等4个肉牛养殖节本增效科技示范点,彭堡镇、张易镇两个万头肉牛养殖示范乡镇,头营镇大北山、黄铎堡穆滩村等33个千头肉牛养殖示范村。截至2022年12月末,肉牛产业贷款余额21.85亿元,24927户;各类创业贷款余额5.84亿元,3838户;马铃薯产业贷款余额1.49亿元,蔬菜种植农户贷款余额900户,1.05亿元;粮食产业贷款余额286户,4382万元。借助"农经综合服务平台",丰富"驻村金融官"模式内涵,以"整村授信"为依托,做好农户信息采集和更新维护,支持好农户的同时加大支持种植养殖大户、家庭农场、农民专业合作社等新型农业经营主体,扩大农村市场"基本盘",全面拓展有效户,促进巩固拓展脱贫攻坚成果同乡村振兴有效衔接。

【拓展新市民服务】

加大对新市民中重点群体营销服务力度,聚焦创业就业、住房安居等重点领域,争取政府引导、贷款贴息、风险补偿等政策和资金支持,以城"e"贷、农"e"贷、商"e"贷、住房按揭、拥军贷等拳头产品为抓手,进行精准式网格化营销。截至2022年年底,共发放新市民贷款86笔,金额2576.52元。

【普惠服务】

发挥深入农村、根植城乡的独特优势,依托遍布城乡的金融网点资源和数字金融科技,支持固原普惠金融改革试验区建设。从完善普惠服务渠道、加大信贷投放、强化科技赋能、服务乡村振兴、加快产品创新、优化金融生态环境和强化保障机制等七个方面着手,打造星级服务网点,提升文明服务客户体验度;完善便民服务点便民服务功能,提高便民服务能力,延伸服务功能,为客户提供"一揽子"便民服务。发挥自助设备作用,引导客户服务由"临柜"向"离柜""离行"转变。加强与社保、医保、社区、乡镇等部门沟通协调,解决"两保"缴费过程中的各类问题。截至2022年12月末,收缴"两保"414577笔,金额1.24亿元。

中国邮政储蓄银行固原市分行

【经营指标完成】

截至2022年年底,固原市分行在原州区下辖两家支行(泰合路支行、原州区支行),各项贷款余额154266万元,较2022年初增加31434万元,增幅25.59%,其中小企业贷款结余4210.77万元,较年初增加244万元。个人经营性贷款结余89999万元,较2022年年初增加19434万元;个人消费贷款结余60056万元,较2022年初增加11756万元。2022年全年安全运营无事故。

【金融服务社会】

始终秉持服务"三农"、服务城乡居民、服务中小企业的定位,贯彻落实固原市"稳经济、保增长、促发展、守底线"政策。稳健执行经济政策,保障信贷投放力度;履行社会责任,持续推动减费让利;主动优化产品服务,助力地方特色产业发展;助企纾困,提高中小企业"免疫力"。通过移动展业线下评定、大数据自主评定等方式,推进"智·惠信用村"建设,推动"整村授信"落地。助推"三农"金融数字化转型,以纯信用授信为主,通过"线下授信+线上支用"，以及"线上授信+线上支用"的方式，如"极速贷"系列产品、线上信用户贷款、肉牛羊产业链贷款，为客户提供随借随还，方便快捷的金融支持。持续落实好差别化住房信贷政策，更好满足购房者合理住房需求。加大金融知识宣传，开展"金融知识普及月，金融知识进万家，争做理性投资者，争做金融好网民"系列宣传活动，聚焦"一老一少"重点人群，向金融消费者普及"新版人民币防伪知识""树立理性消费观念""远离高息诱惑""防范电信诈骗"等金融产品及服务相关知识。

宁夏银行固原分行

【主要经营指标情况】

存款方面，截至2022年11月30日，各项存款时点余额27.97亿元，较年初增加2.06亿元。其中，储蓄时点存款余额18.8亿元，较年初增加2.18万元。对公时点存款余额8.95亿元，较年初减少1025万元。各项存款滚动日均余额26.68亿元，较年初新增3412万元。其中，储蓄滚动日均余额17.7亿元，较年初增加1.2亿元，完成全年新增任务的51.28%。对公滚动日均余额8.67亿元，较年初下降0.92元，完成全年新增任务-61.33%。贷款方面，截至11月30日，分行各项贷款余额24.2亿元，较年初新增4.79亿元。其中，对公贷款10.2亿元，较年初新增2931万元，民营企业贷款余额19.88亿元，较年初新增3.03亿元；普惠小微贷款1810户，余额13.9亿元，户数较年初新增743户，余额较年初新增1.74亿元。涉农贷款余额8.98亿元，较年初新增3.17亿元，绿色贷款余额1649万元，较年初新增1349万元。小微制造业贷款余额3.26亿元，较年初减少1018万元。个人贷款余额13亿元，较年初新增3.54元，其中个人消费贷款余额6.14亿元，较年初新增3.17亿元。

【存贷营销】

狠抓对公营销，走访财政局、公积金管理中心等部门，营销四县一区财政性存款，营销企事业代发工资户。推进厅堂零售转型，利用企业微信定期下达产品宣传任务，常态化开展线上营销。对社区和农贸市场集中进行宣传营销，以"党建引领，收单推进"方式，扩大普惠小微客群，以"整村授信"方式，夯实"三农"贷款根基。加大对已核定授信额度未用信和已收回贷款未发放贷款摸排力度，强化信贷投放督导。

【金融服务站建设】

制定《关于加强乡村振兴金融服务站工作的通知》和《关于下半年乡村振兴金融给服务站提质增效工作实施方案》等，并组织辖属支行主管领导及相关人员赴宝鸡陇县长安银行进行同业交流，通过党建共建、分支联动"5+1"常态化营销、周联系会议制度等机制保障，推进乡村金融服务站建设工作。截至2022年11月30日，全行签订意向站点222个，与村部签订党建共建协议共计35份，累计开立乡村振兴卡9851张，较年初增加7625张，开卡过百张的站点有55个，较年初增加53个。结算交易余额4152万元，较年初增加了3374万元；日均余额2635万，较年初增加2633万；完成"双百"站点共13个，较年初增加12个；门头安装15个，设备安装8套。

石嘴山银行固原分行

【概 况】

截至2022年年末，石嘴山银行固原分行原州区共有员工29名，平均年龄28岁，平均金融从业4年。下辖7个部门及支行，分别为综合管理部、普惠金融部、零售金融部、风险合规部、分行营业部、文化街支行、太阳城支行。年末资产总额15.54亿元，较年初减少0.65亿元，增幅-4.01%。其中，信贷资产余额9.99亿元，较年初增长1.86亿元，增幅22.88%。负债总额15.16亿元，较年初减少0.76亿元，增幅-5.01%。累计投放信贷资金30亿元，支持固原市4000余户中小微企业和个人客户，贷款投放保持高速增长，累计缴纳税金1400余万元。

【服务实体经济】

结合特色优势产业发展实际，围绕肉牛养殖、马铃薯种植主导产业，加大涉农贷款投放，2022年新增一般农户贷款2696万元。发展普惠金融业务，主动对接固原市商务局、科技局等，通过"白名单""专精特新"企业名录逐户营销，分行班子带头下企业、下工厂宣传各项贷款政策，2022年新增普惠小微贷款5887万元。通过"企业尊信贷""个人尊信贷""订单贷"等信用贷款产品，降低小微企业获取信贷资金限制，提高小微客群资金获得率，累计发放普惠小微信用贷款7078万元。成立消费贷款营销小组，成功营销房地产项目贷款3个，做好一手房按揭配套，联动住房装修及其他消费贷款营销，新增消费贷款10848万元，超额完成经营目标。

【金融产品服务】

开展应收账款、动产等担保融资业务，2022年发放固原市首笔知识产权抵押贷款，并主动挖掘开展动产融资业务12笔，金额1.25亿元，占固原市该项业务总量的62%，位列全辖区金融机构第一。合理配置小微企业贷款期限，从一年到十年不等，持续发放企业中长期贷款，解决中小微企业转贷、倒贷的资金和成本问题。坚持不抽贷、不断贷、不压贷，帮助企业解决融资困难。完善授信尽职免责和容错纠错机制，制定《民营企业授信业务尽职免责管理规定》，明确业务操作人员尽职免责认定标准和免责条件，调动客户经理"敢贷、愿贷"的积极性，持续激发团队服务中小微客户发展的内生动力。

【公益服务】

主动承担社会责任，推进金融扶贫工作。自2015年成立以来开展"百村万户"金融扶贫工程，支持建档立卡农户脱贫致富，累计办理金融扶贫贷款4.9亿元；与原州区曹洼村进行定向帮扶，累计捐赠各类资金、实物总计60万元。发起设立石嘴山银行"爱心"基金会，围绕助残、助学、助困帮扶、疫情防控等持续向市民政局、五原中学等各类机构和乡村开展慈善救助，累计捐赠款项和实物达50余万元，资助"希望工程"大学生、孤残儿童老人等20人，给原州区捐赠价值80万元环卫清洁车辆100余辆。深入推进社区银行建设，打造"社区共建公益平台"，联合社区居委会、物业等各类社会服务机构，形成"社区百姓讲堂、社区党建联建、社区义工联盟"等社区服务共建联建机制，将暖心金融服务融入社区治理。

宁夏原州津汇村镇银行

【概况】

2022年，宁夏原州津汇村镇银行（简称"村镇银行"）坚持以习近平新时代中国特色社会主义思想为指导，认真贯彻落实党的二十大精神，围绕抓党建、防风险、调结构、增效益、促发展的经营理念，紧盯董事会年度目标任务，村镇银行各项工作发展向好。

【经营情况】

2022年，宁夏原州津汇村镇银行年末各项贷款余额较年初增加，完成董事会年度目标任务。积极应对财政销户、河南村镇银行事件影响，遏制住存款下滑势头。做优增量贷款，寻找新的利润增长点，向核销不良要效益。依托"一支部一项目"党建品牌创建活动，以1名清收经理带多名党员的形式，多渠道催收，确保"户户有人管，笔笔有人收"，全年走访催收不良贷款客户率超过95%。开展专项治理活动，围绕41条禁令，对内外部检查发现问题全面梳理，在查清事实、认定责任后，开展警示教育10次，从严从重对违规责任人严肃处理。全年实现零案件、零事故。

中国人民财产保险股份有限公司固原市原州支公司

【经营效益】

2022年，全险种实现保费收入1.9亿元，增速

13.5%。其中，车险 0.8 亿元，增速 5.7%，累计份额 41.5%，同比上升 2.7 个百分点；农险 0.4 亿元，增速 22.5%，累计份额 73.5%，同比上升 5 个百分点；商非 1903 万元，增速-3.8%，累计份额 38.8%，同比下降 3.9 个百分点。全年共支付赔款 1 亿元。

【风险管理】
将监管政策内化为合规管理能力，规范各类业务发展，严防案件风险和道德风险，开展全面风险排查工作，严格落实监管意见，强化员工合规意识、守法意识，苦练内功提升内控管理能力。对各类风险进行识别评估，做到早发现、早预警、早提示，及时发现管理中的潜在风险，对风险状况及时预警，有针对性地强化管控措施，推动公司生态不断净化。持续健全内控合规制度与培训体系，针对发现问题，从制度、系统、流程等管控措施有效性方面入手，及时整改，保障承保、理赔、服务、保全等各环节依法合规。

【助力地方经济社会发展】
助力乡村振兴，强化农业产业风险服务保障能力。优化农业保险产品目录，加大宣传力度，确保惠民政策进村入户。种植险承保 76.22 万亩，承保户数 2.4 万户，提供风险保障 3.9 亿元，主要涉及三大粮食作物、饲草、脱水蔬菜、拱棚等。养殖险承保 5 万头，承保户数 2264 户，提供风险保障 4.2 亿元，主要涉及肉牛、犊牛、肉羊、能繁母猪等。构建绿色保险服务体系，对接政府有关部门，在助力黄河流域生态保护和高质量发展先行区建设中找定位，守护绿水青山。全年累计承保森林保险 75 万亩，保费 151 万元，提供风险保障 7.6 亿元。围绕助力政府治理现代化，做实"六大战略"服务创新，针对卫健、住建、应急、水利、工信等十个政府职能部门在相关领域发展过程中面临的治理风险，开发专属保险产品，提供暖心服务。守护百姓系列方面，服务农村劳务输出和农村劳动力转移，承保"铁杆庄稼保"5.13 万人，提供风险保障 132.88 亿元。护航中小微实体企业方面，与食品生产加工企业对接办理食品安责险 21 笔，保费 2.9 万元，提供风险保障 29.2 万元。在招标领域推行保证保函等保证金措施，推进三大履约保证保险，为企业赋能。农民工工资支付履约保证保险以保险保函形式替代备案保证金，承保农民工工资支付履约保证金保险 69 笔，提供风险保障 19.6 万元。承保建设工程完工履约保证保险 69 笔，提供风险保障 2839 万元；承保投标保证保险 37 笔，提供风险保障 88 万元。

【客户服务】
加强客户服务基础管理工作，狠抓公司岗位人员素质，加强服务意识，强化服务客户标准，制定奖惩措施，加大督导力度，提升服务水平。践行做有温度的理赔，车险方面，推出快处快赔、小额人伤理赔方式，提升理赔时效；农险方面，推出"耘智保"App 更加快捷办理。疫情期间，制定紧急疫情预案，保证车险、农险出险客户能正常理赔。建立内部投诉反馈机制，强化首接责任做好投诉案件的化解工作，提高投诉处理执行力。

【驻村帮扶】
响应市委部署，对口帮扶西吉县偏城乡马湾村，指定 2 人与帮扶村 10 户形成帮扶对子，通过入户走访、开座谈会、实地考察等形式了解村情民况，落实帮扶工作。践行"我为群众办实事"实践活动，为马湾村解决村部院落及会议室维修资金 14900 元；六一儿童节，开展"童心永向党，喜迎二十大"爱心捐助活动，向该村 95 名小学生捐助书包等节日礼物，价值 3040 元；为考入大学的 7 名学生每人资助一个拉杆箱，价值 3500 元；捐赠 3 吨煤炭，价值 6000 元。

中国人寿保险股份有限公司固原分公司

【经营指标完成】
截至 2022 年 12 月末，销售队伍在册人员 224

人。其中,营销发展部在册销售人员144人,实动人力80人,月均举绩人力51人,季均有效人力84人;收展发展部在册销售人员56人,实动人力30人,月均举绩人力17人,季均有效人力28人;团险渠道在册14人,实动人力12人;银保渠道在册10人,月均举绩7人,季均有效人力6人。2022年,固原分公司实现总保费1.68亿元,2021年同期完成1.78亿元,同比下降5.4%。其中,首年期交完成2243万元,短险完成1951万元,续期保费完成1.26亿元。

【政保业务】

围绕履行公司社会责任、发挥保险职能、助推乡村振兴工作,以"涉农惠民,保险扶贫"为指引,让惠民保险发展的成果惠及广大城乡居民。承保的"乡村振兴保"已全覆盖原州区11个乡镇。2022年9月底,成功承保2022年度乡村振兴健康保,收取保费695.83万元,累计承保人数100961万人,截至2022年年底理赔金额达218万元。根据保险政策先后推出农村小额保险、爱妮保、老年人意外伤害保险、圆梦护航保等政保类惠民保险,多层次、多形式进行宣传,使老百姓最大化了解保险政策及惠民服务。

中国太平洋财产保险股份有限公司固原中心支公司

【概　况】

2022年,实现保费1351.61万元,同比增长-46.04%,市场份额为1.52%。其中,车险完成1015.72万元,同比增长-53.99%,市场份额1.85%;非车险保费完成335.89万元,同比增长13%,市场份额0.5%。

【保障服务】

2022年,从承保和理赔量大环节入手,打造优质服务品牌。通过合规经营宣导,提高全员合规意识。提倡将合规工作日常化,将监管机关各项检查作为日常工作准则。定期对公司内部各条线管理办法进行修订和补充,通过整章建制,作为完善内控合规工作的依据。自觉抵制各种不正当竞争行为,为当地保险业健康、发展做出重要贡献。

农业农村建设

综 述

【概 况】

2022年，原州区作物种植面积147.9万亩。其中，粮食播种面积76.02万亩。完成玉米大豆复合种植3.01万亩，完成自治区下达计划任务3万亩的100.3%；完成春小麦2万亩，完成自治区下达计划任务1万亩的200%。全年农林牧渔业总产值达到53.37亿元，同比增长7.7%。其中，农业产值33.59亿元，同比增长4.4%；林业产值1.24亿元，同比增长112.3%；牧业产值15.8亿元，同比增长16.9%；渔业产值0.071亿元，同比下降2.1%；农林牧渔服务业产值2.67亿元，同比增长4.4%。农村居民人均可支配收入为14826元，其中，工资性收入6540.4元，经营净收入5584.3元，财产净收入13.7元，转移净收入2687.3元。比2021年同期增加1113.6元，增长8.1%，增速居宁夏22个县区第六，固原市第四。

【农业科技创新推广】

聚焦原州区特色优势主导产业，推介农业主导品种111个，主推技术73项，制定出台《关于推介发布2022年原州区农业主导品种和主推技术的通知》，推介推广宁春4号春小麦、先玉698籽粒玉米、西门塔尔肉牛等主导品种，推广玉米全膜双垄沟侧早播、马铃薯种薯处理技术等农业主推技术；建设彭堡镇闫堡村蔬菜新品种展示园30亩、头营镇杨郎设施蔬菜新技术集成示范园50亩、彭堡镇彭堡青贮玉米新品种展示示范园110亩、张易毛庄村马铃薯绿色高质高效技术模式示范基地500亩，分别展示蔬菜新品种20类200个、西甜瓜新品种5个、秸秆生物反应堆等技术6项、青贮玉米新品种48个、黑膜覆盖覆土等技术4项。

【冷凉蔬菜产业】

坚持跨村跨镇集中连片种植，建成固胡公路—银平公路沿线和中黑公路—彭堡镇农业园区两条产业带和彭堡、头营两个蔬菜小镇，原州区种植冷凉蔬菜20.8万亩，总产量达到91万吨，产值19.4亿元，主产区彭堡镇上榜全国第十二批"一村一品"示范村镇。

【肉牛产业】

完善"龙头企业+合作社+农户"的联农带农机制，建成东部寨科、炭山、河川，北部黄铎堡、头营，南部张易、开城3个肉牛养殖示范片区，新培育寨科蔡川、中河曹河等24个肉牛养殖示范村，实施"见犊补母"5.85万头，建设肉牛出户入园（场）12个，原州全区肉牛饲养量达到28万头，产值达到7.34亿元。

【马铃薯产业】

建设马铃薯原种基地1500亩，一级种薯繁育基地8000亩，引进雪川农业建设集马铃薯种薯繁育、优质种薯种植推广、深加工、研发和销售于一体的马铃薯全产业链项目，建立"公司+订单+农户"联农带农机制，与农户签订收购订单，带动原州全区种植马铃薯15万亩，总产量28万吨，产值达到3.96亿元。

【中药材产业】

建成以三营镇、河川乡、官厅镇、张易镇为主要种植区，以黄芪、红花、紫苏、黄芩、党参为主要品种，以宁夏紫苏药业、明德中药等加工企业为依托,全区种植中药材4万亩,实现全产业链产值2.2亿元。

【生态经济产业】

小杂粮:以东部黄土丘陵区为重点,建成彭堡镇彭堡、寨科乡中川、张易镇宋洼、官厅镇官厅及庙台千亩小杂粮基地5个,带动原州全区种植小杂粮6.26万亩。生态鸡:打造高品生态鸡养殖基地,依托兴百业高品蛋鸡产业园,生态鸡养殖规模达280万羽,家禽养殖规模达330万羽,产值达1.75亿元。

【稳产保供】

加强对原州区农业生产的技术指导,种植冬小麦7.14万亩,完成自治区下达任务7万亩的102%。种植玉米45万亩,马铃薯15万亩,小杂粮6.26万亩,蔬菜20.8万亩。对产业链条长、带动能力强的六盘山雪川农业(宁夏)有限公司、融侨丰霖肉牛产业园、高品蛋鸡产业园、齐力合作社等经营主体,通过进厂进园区手把手、点对点解决生产中存在的急难问题,为雪川农业协调输入务工人员120多人次,为融侨丰霖肉牛产业园、兴百业蛋鸡产业园等协调运送饲料2000多吨。

【农村人居环境整治】

制定《原州区农村人居环境整治提升五年行动实施方案》和《原州区2022年农村户厕改造工作方案》,开展"村庄清洁"行动,持续改善农村人居环境,累计清理"六堆"3.6万处,"七边"8.4万处,"一顶"295处。加快农村厕所摸排和户厕改造,制定《原州区农村户厕问题摸排整改"回头看"工作方案》和《原州区2022年农村户厕改造实施方案》,对2019年以来建设的20133座户厕进行逐户摸排,发现问题厕所及时反馈各乡镇、相关单位整改;因地制宜创新户厕建设模式,全面加快8000座农村户厕建设任务。推进农业面源污染综合治理,实施"一控二减三基本",建设化肥减量增效示范区2万亩,完成田间试验9项,示范区化肥使用量减少3%,化肥利用率提高到41%;实施春秋覆膜60万亩,原州区20个残膜回收网点回收残膜7000吨,回收率95%以上,3家加工造粒企业加工颗粒1750吨,回收农药包装废弃物3168公斤;加强畜禽粪污资源化利用,畜禽规模养殖场废弃物资源化处理设施配套率达100%,畜禽粪污综合利用率超过97%;推广秸秆综合利用,打捆秸秆3334吨,原州区秸秆综合利用率达94.5%。

【农村改革试点】

争取中央和自治区扶持资金3500万元,在35个村扶持发展壮大村集体经济。有序推进第二轮土地延包试点,对头营镇蒋河村人口、土地等情况进行摸底,建立信息台账,指导开展第二轮土地承包到期后再延长30年试点工作。推动土地要素资本产权制度改革,新增流转土地5.3万亩,原州区累计百亩以上监测流转土地17.24万亩。推进国家级改革试点,开展农民合作社质量提升整县推进试点工作,新增合作社5家、家庭农场44家,创建国家级示范社11个、自治区级示范社21个、固原市级示范社27个、原州区级示范社58个,四星级家庭农场21家,三星级家庭农场8家,二星级家庭农场15家。培育组建固原市原州区奋博种植专业合作社联合社,开展小杂粮、蔬菜、马铃薯等种植行业联合与发展,公开遴选12家社会化服务组织,开展农业生产托管服务试点项目的实施。开展农业社会化服务创新试点县工作,在新星土地股份专业合作社入股土地68户1032亩,种植张杂谷13号,推行"农户+专业合作社"的土地经营管理及农业生产社会化服务新模式,玉全农业机械化公司在中河乡小沟村按照"服务组织+农村集体经济组织+小农户"模式,开展多环节托管服务,完成深耕、旋耕各2500亩。开展农业生产托管服务,公开遴选28家社会化组织实施农业生产托管服务,对深耕、旋耕、播种等6个环节进行补助,农户补贴机械作业费30%,规模经营主体补贴作业费25%。

【示范农业建设】

推进乡村治理示范创建，建成彭堡、中河、张易3个乡村治理中心和头营杨郎齐力种植合作社、张易泰安养殖农民专业合作社、头营动物检疫申报点3个农业农村综合服务中心。提升农业机械化水平，持续巩固全国平安农机示范县（区）和全国实现主要农作物生产全程机械化示范县（区）创建成果，强化农机购置补贴引导，补贴农机具3117台，在头营镇利民村建成肉牛养殖及饲料加工农机化示范园区1个，引进5台畜牧机械，推广应用大型农机具入驻养殖园区，完成机械化耕整地29万亩，机械深松整地2.5万亩，机械播种25万亩，机械化收获9.4万亩，耕种收综合机械化水平达67.98%。提升农业基础设施，完成高效节水灌溉11.61万亩、旱作高标准农田建设项目8.03万亩；建成出户入场肉牛养殖园11个；新建连栋拱棚1600亩，蔬菜加工车间4500平方米，冷藏保险库1300多平方米；在建日光温室40栋，维修日光温室384栋；新建公厕2座；持续推进"一村一年一事"行动，在原州区148个村实施六大类25项148件民生实事，实现所有行政村全覆盖。加快发展乡村休闲旅游，加快休闲农业提档升级改造，打造休闲农业和乡村旅游示范点19家，鼓励4家休闲农业示范点改造提升，彭堡镇姚磨村入选全国乡村旅游重点村镇名单，张易镇宋洼村成功申报"全国美丽乡村"，河川乡寨洼村成功申报"全国乡村旅游重点村"。

【园区及农产品品牌建设】

以建设现代农业示范园区为抓手，推进现代农业发展。融侨丰霖（宁夏）生态肉牛产业园年屠宰10万头的二期项目建成运营，把原州区6个肉牛养殖示范乡镇、30个示范村、23家规模养殖场、183家合作社、2.15万养殖户与企业发展捆绑在一起，形成链条完善、规模适度、效益明显的肉牛产业集群。雪川固原产业高质量综合加工项目落成投产，年可加工冷冻马铃薯制品6万吨。发挥生态鸡高品蛋鸡产业园的示范引领，原州区禽蛋产量达到3万吨，产值翻番，成为原州区新的经济增长点。持续做靓农产品品牌建设，打响六盘山牛肉、六盘山冷凉蔬菜、六盘山高品鸡蛋等品牌知名度和影响力；支持企业开展绿色有机农产品认证，申报良好农业规范（GAP）认证4个、绿色食品9个、"名优特新"农产品两个，累计申报地理标志两个，创建自治区级农业标准化生产基地15个。截至2022年年底，正在申报绿色食品认证12个、良好农业规范4个，在城区已建成两个农产品特产馆，在福州建成一个原州牛肉产品旗舰店。

【新型经营主体培育】

坚持发展与规范并举，新增合作社5家，家庭农场44家，累计备案登记农民专业合作社611家，合作社入社人数10517人，辐射带动农户4.2万户，创建国家级示范社11个、自治区级示范社21个、固原市级示范社27个、原州区级示范社58个。登记备案的家庭农场有280家。其中，四星级家庭农场21家，三星级家庭农场8家，二星级家庭农场15家。有序实施农民科技教育培训，聚焦乡村人才振兴，采取"理论+实操+观摩"及线上线下融合的培训方式，举办农村劳动力素质提升、移民致富提升培训班48期，培训学员2600人，"田秀才、土专家"培训1期，培训学员20人。

【农业农村发展基础】

推进农业综合执法建设，对辖区86家种子农药肥料经营单位、22家兽药经营店、13家乡村兽医诊所、24家饲料经营店、12家农机具经营企业进行全覆盖检查，共检查各类肥料3.6万吨、农作物种子3800吨、农药36吨、饲料兽药等2000吨，受理群众举报线索9起，受理"12345"平台群众投诉案件5起，全部进行核查回复；共办理农药、种子等普通程序案件6件，结案6件，罚款10.5万元，没收玉米种子680公斤、兽药及饲料添加剂150公斤。加大农产品质量安全监管力度，农产品抽检定量检测数量达到150批次以上，速测数量达到1000批次以上，检测合格率均达 98.7%；加强对已纳入农产品质量安全追溯体系建设的 203 家生产经营主体的监管，确保农产品质量安全。开展动（植）物疫病防控，共免疫各类畜禽 851.57 万次，强制免疫密度为 100%，抗体合格率超过 78%。加强动物卫生监督执法，做好畜禽养殖、屠宰、流通环节监督检查，规范调运秩序，检疫牛 0.49 万头、羊 1.54 万只、猪 3.23 万头、禽类 32.4 万羽、其他 0.74 万只，对大户购进畜禽实行落地监管，抓好 4 家畜禽定点屠宰场屠宰监管，确保上市肉品安全卫生。加强植物省内调运检疫和产地检疫工作，加大病虫害综合防治、防控力度，发布农作物病虫害预测预报 286 期，布设重大植物疫情监测点 11 个，建立玉米、马铃薯等作物统防统治示范区 12.8 万亩，带动农作物病虫害统防统治面积 120 万亩。完善农业生产保障体系，巩固提升 12 个防雹增雨作业点，加大重点区域、重要农事季节的抗旱、防雹作业力度，共开展防雹 46 次、增雨作业 18 次，发射人工雨弹 50 发、火箭弹 107 枚，保障农业生产。开展动物病原学监测和流行病学调查工作，以国家二级兽医实验室为支撑，抓好重大动物疫病免疫抗体检测、疫病流行病学调查等工作。非洲猪瘟监测采样 230 份，采集各类动物血清样品 3240 份，送自治区各类样品 3780 份，布病专项监测送自治区牛羊血清样品 3100 份，原州区没有发生区域性重大动物疫病。推进安全生产专项整治三年行动，压实压紧农机、渔业、农业设施、畜禽屠宰、人影作业等行业安全管理责任，消除安全隐患，共开展整治活动 10 次，受理农机事故 9 件，全部进行妥善处理。与乡镇签订农机安全责任书 11 份、安全承诺书 9000 余份，开展农机安全教育事故 36 场次，发放各类宣传资料 5000 份。

【产业扶持与技术帮扶】

加大产业扶持力度，投入资金 5.2 亿元，实施草畜、蔬菜、地方特色、农民科技教育、旱作农业、产业化经营与农村改革六大类 33 个项目；产业到户项目资金 1.35 亿元，对种植业、养殖业两类 8 项产业实施到户补贴，共涉及 11 个乡镇 148 个行政村 1.7 万户 6.5 万人。养殖业：补栏肉牛 29926 头，补栏绒山羊 1892 只，补栏基础母羊 91277 只，补栏猪 7520 头，补贴蜜蜂 5669 箱。种植业：补贴马铃薯 16415.4 亩；补贴露地蔬菜 6018.23 亩；补贴蘑菇菌棒 18000 只。加大产业技术帮扶，制定出台《原州区 2022 年"三百三千"农业科技推广服务行动实施方案》，组建 20 个技术服务组，指派 72 名农技人员深入 47 个农民专业合作社、家庭农场、农业企业和 47 个示范基地开展技术指导服务。发挥冷凉蔬菜、草畜、马铃薯、中药材 4 个产业技术帮扶团队作用，推广科技成果，发展高效种养业，延长产业链条，推动特色种养业提质增效。

【荣　誉】

2022 年，原州区农业农村各项工作得到肯定。全国人大常委会副委员长、中华全国妇女联合会主席沈跃跃，国家乡村振兴局局长刘焕鑫，自治区党委书记梁言顺，自治区主席张雨浦，自治区党委副书记陈雍，农业农村部农村合作经济指导司副司长、一级巡视员毛德智，农业农村部外来入侵物种普查专家组等各级领导先后到原州区调研、检查、指导工作。先后获得国家级奖项 16 项，自治区级奖项 5 项，代表原州区在自治区作交流发言 6 次，总结形成典型案例 4 个，被自治区农业农村厅通报表扬 2 次，媒体报道 59 次。《乡村治理动态》2022 年第 51 期（总第 111 期）"原州区移风易俗赋能乡村振兴"先进典型案例被中央农村工作领导小组办公室秘书局、农业农村部农村合作经济指导司通报表扬，固原市委书记冼国义同志批示："很有成效，市委办、政府办要牵头推动信息报送，各县区、各部门要注意总结和经验推广"。原州区被农业农村部、国家乡村振兴局评为"全国村庄清洁行动先进县"；原州区承担的全国农民合作社质量提升整县推进试点县、全国农业社会化服务创新试点县、国家级第二轮土地承包到期后再延长 30 年试点村三项国家级改革取得显著成效。彭堡镇入选"全国'一村一品'示范村镇";彭堡镇姚磨村入选"全国乡村旅游重点村镇"名单;张易镇宋洼村成功申报"全国美丽乡村";河川乡寨洼村成功申报"全国乡村旅游重点村"。原州区众丰种植专业合作社被农业农村部种植业管理司、全国农业技术推广服务中心授予"首批100个全国农作物病虫害绿色防控示范基地"称号;原州区农业综合执法大队被农业农村部法规司命名为"第四批全国农业综合行政执法示范窗口";原州区农业技术推广服务中心被全国农业技术推广服务中心认定为"2022年度全国五星基层农技推广机构";原州区农业技术推广服务中心获得"2022年度《中国农技推广》全国通联工作先进集体"称号;原州区农业广播电视学校(农村实用技术培训中心)获"100所高素质农民培育提质增效百佳校"称号;宁夏好水川养殖有限公司被自治区农业农村厅推荐为"农业产业化国家重点龙头企业";原州区获得自治区党委农村工作领导小组2021年度实施乡村振兴战略先进集体二等奖;原州区获得自治区党委农村工作领导小组办公室2021年度乡村振兴"一村一年一事"行动考评一等奖;原州区农业农村局在国家贫困地区重点专项普查中被自治区脱贫攻坚普查领导小组授予"自治区级先进集体"称号;原州区农业技术推广服务中心参与的西北地区马铃薯重大土传病害发病机理和综合治理技术研究与应用项目获得自治区科学技术进步奖二等奖;原州区农业技术推广服务中心参与的设施蔬菜土传病害生防木霉制剂研发及高效防控技术应用项目获得自治区科学技术进步奖三等奖;原州区农业综合执法大队开展的渔业整治"四查"措施和放心农资下乡进村活动被自治区农业农村厅通报表扬。先后在自治区农业农村局长会议、自治区2022年测土配方施肥与化肥减量增效及农田面源污染调查与防治技术培训班、自治区农村人居环境整治暨村庄清洁行动现场观摩培训班、自治区农村厕所建设及自治区农村人居环境整治提升专题培训班、自治区2022年全区柠条机械化收获暨饲草加工农机推广"田间日"活动上代表原州区作交流发言6次,总结形成融侨(丰霖)肉牛生态产业园示范引领肉牛产业高质量发展、杨郎瓜菜基地以产业引领乡村振兴、全国农业综合行政执法示范窗口、固原雪川马铃薯全产业链项目4个典型案例,原州区"三农"重点、亮点工作先后被新华社、人民日报、光明日报、宁夏日报等国家、自治区级新闻媒体报道。

乡村振兴

【防返贫监测帮扶】

2022年,原州区乡村振兴局持续推进防止返贫动态监测,制定印发《原州区防止返贫动态监测和帮扶机制管理办法》,从监测范围、监测方式、监测程序等11个方面明确防止返贫动态监测和帮扶机制工作。2022年共新增三类监测对象105户404人。其中,脱贫不稳定户8户32人,边缘易致贫户24户83人,突发严重困难户73户289人。开展防止返贫监测帮扶集中排查,印发《原州区2022年防止返贫监测帮扶集中排查工作方案》和《原州区2022年防止返贫监测帮扶第二轮排查实施方案》,5月份和7月份,组织乡村干部、驻村干部、乡村网格员等,对原州区所有常住户(包括外来自主迁徙户)逐村逐户逐人进行全面集中摸底排查,确保应纳尽纳。共摸排出新增监测对象40户162人(其中,脱贫不稳定户5户22人,边缘易致贫户10户41人,突发严重困难户25户99人)。根据监测对象的风险类别、发展需求等对所有监测对象因户因人开展精准帮扶。常态化开展"四查四补",2022年累计排查问题325个,已完成整改277个,正在整改48个。结合常态化动态调整工作,对原州区所有脱贫户、监测对象人口变化、收入、务工等信息,组织驻村工作队、网格员、帮扶责任人等每月入户进行采集,各乡镇、街道固定专人在宁夏防返贫动态监测信息系统录入当月收入,确保收入信息账实相符、应统尽统。

【产业就业帮扶】

突出产业带动,提高中央和自治区衔接资金用于产业的比例，2022年自治区共下达原州区各类衔接资金50466万元（其中，中央财政衔接资金41826万元，自治区财政衔接资金8460万元），用于产业发展的31个项目使用财政衔接资金28304.34万元（其中，中央衔接资金23944.34万元、自治区衔接资金4360万元），中央财政衔接资金用于产业发展占比为57.2%，自治区衔接资金用于产业展业占比为50.4%，重点支持帮扶产业补上技术、设施、加工、营销等短板，促进产业提档升级、提质扩能。抓好就业帮扶，建立就业人员信息台账，落实就业帮扶各类补助政策，加大劳务输出，促进就地就近就业，着力稳住脱贫人口就业规模。截至2022年年底，原州区脱贫劳动力（含监测帮扶对象）外出务工人数为32681人（脱贫户31260人、监测帮扶对象1421人）。其中，省外务工4218人，省内县外务工6785人、县内务工21678人，完成自治区下达原州区31065人的104%。对29家就业帮扶车间运营情况进行督查，对现有就业帮扶车间开展核查和分类处置，建立就业帮扶车间管理台账。印发《原州区就业帮扶车间一次性吸纳就业补助方案》，按照吸纳11人至20人的一次性补贴2万元，吸纳21人至30人的一次性补贴3万元，吸纳31人至100人一次性补贴6万元，吸纳100人以上一次性补贴10万元的标准，对就业帮扶车间吸纳城乡各类劳动力且吸纳脱贫劳动力（含监测对象）比例不少于30%，当年稳定就业3个月以上的，根据吸纳就业人数给予一次性吸纳就业补助，提高就业帮扶车间吸纳脱贫劳动力就业比例。2022年年底，29个就业帮扶车间带动农村劳动力1167人，其中脱贫劳动力359人。

【移民致富提升行动】
制定《原州区2022年移民致富提升行动实施方案》，围绕解决好产业、就业、社会融入三件事，投入2.74亿元，谋划项目167个。其中，产业方面投入1.09亿元，占比39.87%；就业帮扶方面投入287.7万元，占比1.05%；基础设施建设方面投入0.82亿元，占比30.25%；公共服务方面投入419万元，占比1.53%；人居环境提升方面投入0.75亿元，占比27.3%。截至9月底项目开工率达98%，完成投资2.19亿元。加大产业扶持，建设出户入园养殖园区3个，惠及移民养殖户1500多户；移民产业到户项目兑付资金2235万元；完成老旧温棚维修提升135栋、温棚供水改造602栋；培育移民专业合作社25家，带动750余户移民参与合作社经营。落实就业帮扶，实现2.26万移民劳动力"一户一档"全覆盖，转移就业10885人；落实公益性岗位271个；开展移民种植养殖、挖掘机工种培训12期600人；发挥就业帮扶车间促就业作用，移民就业帮扶车间就业149人。补齐基础设施短板，道路硬化提升14.3千米，农田改造163亩，敷设污水管网16.57千米，人饮供水管道改造4.3千米。提升公共服务水平，配齐8个移民村综治工作站、劳务信息站一体化数字信息平台，完成金轮村幼儿园基础设施维修改造。完成"十三五"易地扶贫搬迁3085户移民房产证办理，对189户居住困难的劳务移民，通过公共租赁房、给予资金补助等方式予以解决。

【编制实施方案】
聚焦中央14个方面和自治区16个方面对乡村振兴重点帮扶县的支持政策，编制《国家乡村振兴重点帮扶县原州区巩固拓展脱贫攻坚成果同乡村振兴有效衔接实施方案》，用足用活用好现有的帮扶支持政策，制定年度工作计划，细化16项工作措施，围绕巩固脱贫攻坚成果、发展壮大特色产业、基础设施建设等7个方面，谋划实施项目740个，推进政策项目化、项目清单化、清单责任化。

【项目资金资产管理】
强化资金管理，制定并上报《原州区2022年统筹整合使用财政涉农资金（年初）项目实施方案》，整合各类资金89600万元，主要投向以巩固脱贫成果促进乡村振兴为目标的农业生产发展、乡村建设行动、易地搬迁后扶、巩固"三保障"和就业方面，共涉及五大类十一小类108个项目。自治区共下达原州区各类衔接资金50466万元，其中中央衔接资金41826万元，自治区衔接资金8640万元。截至2022年年底，中央衔接资金支付进度为88.8%，自治区衔接资金支付进度为91%。加强项目资产管理，截至2022年年底，资产总个数7985个，项目实际投入45.11亿元，形成资产原值44.48亿元，已确权资产44.48亿元，确权比例为100%。制作确权证书711个。印发《原州区关于认真开展扶贫项目资产后续管理"回头看"工作的通知》，开展"回头看"，共排查出22个应登记为经营性资产的登记成了公益性资产，漏统漏计两个扶贫资产项目，错统错计需删除扶贫资产项目3个，排查发现的问题已全部整改。分年度、资产属性、资产类别建立完善《扶贫项目资产管理台账》《扶贫资金清查清单》《扶贫项目清查清单》，确保扶贫项目资产应登尽登、应管尽管、权责清晰。完善项目库建设，2022年完成项目库建设1139个项目，开工率达100%，财政专项资金安排率达100%。

【社会帮扶】

深化新阶段闽宁协作，2022年自治区共安排原州区闽宁协作帮扶资金7100万元，实施产业发展、就业帮扶、乡村建设行动、易地搬迁后扶、巩固"三保障"成果等七大类27个项目，截至2022年年底，已支付项目资金3592万元，支付率为50.6%。完成闽宁互访10批次120人，马尾区与原州区互派挂职干部各2名。在巩固提升黄铎堡镇和润村、三营镇安和村两个乡村振兴示范村的基础上，重点打造三营镇金轮村、头营镇泉港村两个闽宁乡村振兴示范村。举办劳务协作培训班37期，培训农村劳动力1850人，其中脱贫劳动力1679人。向福建有组织转移务工人员311人，其中脱贫劳动力182人。完成消费帮扶2.01亿元。做好中央单位定点帮扶工作，2022年国铁集团投入帮扶资金2200万元，实施百万移民致富提升行动中央定点帮扶示范村建设、补强"两不愁三保障"短板弱项、促进消费帮扶、完善特色产业链条等7类23个项目。截至2022年年底，已完成村集体经济、环境整治等15个项目。选派帮扶干部10名，其中挂职干部2名，驻村工作队8名。组织培训乡村振兴干部104人。完成消费帮扶850万元。

【帮扶政策落实】

金融帮扶政策，对脱贫户及"三类"监测对象给予延续性政策支持，2022年新增脱贫小额信贷6238户1.45亿元，贷款余额1.28万户7.38亿元，贷款覆盖率为50.53%。落实"富民贷"政策，将贷款对象由脱贫户监测对象拓展到一般农户，满足普通农户产业发展需求，全年发放富民贷471户5937万元。光伏收益政策，制定印发《原州区光伏电站收益分配管理办法》，对19.79MW的村级光伏电站进行规范化管理。2022年1—9月份实现发电收益234万元，已拨付11个乡镇146个行政村用于公益岗位任务和参加村级公益事业建设的劳务费用支出；11个乡镇设置公益性岗位1420个。"雨露计划"助学补助，对原州区脱贫家庭（含监测帮扶对象家庭）子女接受中等职业教育（全日制普通中专、成人中专、职业高中、技工学校）、高等职业教育（全日制普通大专、高职院校、技师学院），实施"雨露计划"助学补助。全年共补助1546人231.9万元。

【乡村振兴干部队伍建设】

举办原州区2022年巩固拓展脱贫攻坚成果同乡村振兴有效衔接专题培训班，线下集中培训148名村"两委"负责人和驻村（社区）第一书记，线上轮训1123名村"两委"班子成员和驻村工作队成员及5028名帮扶责任人。重点学习习近平新时代中国特色社会主义思想、习近平总书记关于"三农"工作的重要论述，以及关于巩固拓展脱贫攻坚成果同乡村振兴有效衔接、加强农村基层组织建设、完善乡村治理体系提高治理能力、农村产业发展、发展壮大村集体经济等方面政策。

水 务

【工程建设项目】

2022年，原州区水务局工程建设项目累计完成投资34946万元。重点完成固原市原州区"互联网+城乡供水"工程，固原市原州区2020—2022年现代化生态灌区建设项目，固原市原州区张易水库除险加固工程，原州区马庄、陶庄等村高效节水灌溉提升改造工程，原州区2022年高效节水灌溉项目，原州区坡耕地水土流失综合治理项目，原州区杨郎设施农业节水灌溉改造提升项目，原州区病险水库除险加固工程，原州区淤地坝除险加固工程，原州区灌溉水源计量设施安装项目，以及原州区小流域综合治理项目等。

【用水权改革】

加强农业用水权管控，开展年度用水计划管理，落实水资源统一调度，编制《2022年原州区水量分配计划及调度方案》，规范农业用水。开展用水权督促检查，督促农业和工业用水户超计划用水者购买用水权，对于违法违规取水行为，开展水行政联合执法，严厉打击违法违规取用水。强化用水定额管理，推进农业、工业和规模化畜禽养殖业节水增效，提高用水效率。推进高效节水灌溉，加快渠道、机井计量设施提升改造，精准计量，规范水费收缴，实行水费按方收费。规范基层水利组织建设管理，组织乡镇合作社组成人员参加培训，掌握灌区管理和水费收缴制度，农业全面实行先交费后用水的水费收缴制度，水费上缴使用专用账户，统一管理使用，以维持水利工程正常运行。

【农饮维修养护】

制定印发《原州区水务局巩固拓展脱贫攻坚成果同乡村振兴有效衔接考核评估发现问题农村饮水安全方面整改方案》，由副科级以上领导干部包抓1~2个乡镇（街道），对原州区11个乡镇148个行政村、3个街道办的所有常住户（包括外来自主迁徙户）、建档立卡脱贫户和边缘易致贫户农村饮水安全问题于5月5—11日进行全面摸排。摸排出原州区各乡镇自来水未入户294户，管道老化、容易发生爆管可能约7200米，冬季冻管隐患12163米（入户管道4688米），已全部完成整改。

【河湖综合管理】

完善河湖管理机制，健全巡河机制，配置试行巡河打卡信息化措施，细化各级河长职责任务，明确履职重点和方式，确保依法依规履行职责。完成19条规模以下河湖管理范围划定成果、管理范围线界桩埋设、界碑设置等工作。开展河道管护，各级河长累计巡河2万余人次。实施"清河行动"，排查妨碍河道行洪问题106个，已全部完成整改。完成373个岸线利用项目的整改规范任务，对46座漫水桥（过水路面）、6个取水口、110个排水口、129处缆线落实责任单位和责任人，1处宁夏尊信驾校拆除，31处缆线杆移除，7座大型桥梁、13座桥梁、15处管道、11处湿地及景观休闲工程编制防洪影响评价及整改报告，整改率达99%。4处顺河埋设的管道已向原建设单位发送整改督促函并督促整改。常态化落实"三长"机制，以"河长+检察长+警长"推进联合执法，严肃查处河道采砂、"四乱"问题、阻碍行洪、污水排放、侵占河道岸线等涉水违法行为，加大违法行为查处力度，调节水事纠纷，对清水河沿线占用河道，三营镇大红沟、寨科乡双井子沟河道采砂，占用沟道修建施工便道影响行洪问题等督促整改，下发违章建设、违规取用水等水事违法行为通知单6个。

【水利监管能力】

强化水土保持监管，开展水土保持项目全覆盖监督检查。对原州区范围内已建成未验收报备和在建项目开展全覆盖的水保方案专项清理，完成2022年度水利部图斑整改任务。完善水旱灾害防御体系，及时修订完善各类方案预案，全覆盖检查督查备汛情况，发现并整改24项问题隐患。汛期期间及时检查防汛排涝工作，严格落实带班领导负责制和值班人员岗位责任制，确保各类汛情及时处理，带班领导和值班人员执行24小时汛期值班制度，及时上传下达雨情、水情、险情、灾情信息，确保安全度汛。强化工程质量保证体系，压实安全生产责任，开展"安全生产质量月""安全生产专项整治三年行动""安全生产百日攻坚""安全生产大起底、大排查、大整改"等专项行动，对原州区水务局管辖的水库43座、淤地坝170座，设施农业蓄水池13座，16个续建在建水利工程，进行二次全方位、全覆盖的自查和安全生产监督检查。

【自身能力建设】

推进依法治理，实施水行政执法能力提升行动，全覆盖开展水行政执法专项监督，加强重大决策和规范性文件合法性审查，常态化开展水利行业扫黑除恶斗争。落实行政审批制度改革，推行告知承诺制和备案制，简化办事流程，推进水资源论证和水土保持区域评估全覆盖，减轻企业负担。狠抓信访维稳，接到"12345"热线、市长信箱等转办件投诉受理96件（次），办结率100%，满意率100%。

水土保持

【方案编制】

编制印发《原州区水土保持"十四五"生态建设规划》；完成河川乡黄家河大型淤地坝、三营镇东源小流域综合治理、河川乡康沟坡耕地水土流失综合治理项目初步设计及审查，出具咨询意见；正在编制官厅镇张洪、邱家沟和张易田堡小流域综合治理方案，完成头营镇杨河片区、张易闫关坡耕地水土流失综合治理项目的初步设计。

【河川乡上黄生态经济小流域综合治理项目】

河川乡上黄生态经济小流域综合治理项目计划新增水土流失治理面积11.12平方千米。其中，新修水平梯田面积1.0451平方千米，营造荒坡水保林面积0.3703平方千米，沟底防冲林面积0.0808平方千米，经果林面积0.1098平方千米，梯田地埂林面积0.094平方千米，道路林面积0.0214平方千米，种植经济作物面积0.0117平方千米。实施封禁治理面积9.6361平方千米。工程概算总投资449.40万元。工程于2022年3月24日开工建设，截至2022年年底，已全部完成治理任务，新增水土治理面积11.12平方千米，完成总投资449.40万元。

【官厅镇吴家沟小流域（高坊坪片区）综合治理项目】

计划新增治理水土流失面积12.22平方千米，其中建设柳谷坊75座，营造荒沟荒坡水土保持林面积3.6109平方千米，行道树造林面积0.0108平方千米，封禁治理面积8.5987平方千米。项目概算总投资429.68万元。工程于2022年3月23日开工建设，截至2022年年底，已全部完成治理任务。

【黄铎堡镇何家沟清洁型小流域综合治理项目】

计划新增水土流失治理面积10.08平方千米，其中营造水土保持林面积0.3142平方千米。疏林地补植造林面积1.1881平方千米。封禁治理面积6.4883平方千米，项目概算总投资406.02万元。工程于2022年3月23日开工建设，截至2022年年底，已全部完成治理任务。

【开城镇黑刺沟清洁型小流域综合治理项目】

计划新增治理水土流失面积11.24平方千米，其中，新修水平梯田面积0.6418平方千米，新建荒坡荒沟水土保持林面积1.7379平方千米、地埂林面积0.0769平方千米、行道树面积0.0244平方千米，封禁面积8.7633平方千米。建设工期2022年3月至2032年3月，工程概算总投资498.98万元。工程于2022年3月24日开工建设，截至2022年年底，已全面完成治理任务。

【新建坡耕地水土流失综合治理项目】

河川乡海坪片区坡耕地水土流失综合治理项目：计划新增治理水土流失面积 7.22 平方千米，其中，新修水平梯田面积 5.7335 平方千米，荒坡造林面积 0.2252 平方千米，荒沟造林面积 0.2268 平方千米，道路林面积 0.0454 平方千米，村庄林面积 0.0153 平方千米，骨干坝防护林面积 0.064 平方千米，地埂植物带面积 0.86 平方千米。项目概算总投资 1380.59 万元。项目于 2022 年 3 月 25 日开工建设，截至 2022 年年底，已全部完成治理任务，新增治理水土流失面积 7.22 平方千米，完成总投资 1380.59 万元。原州区开城镇柯庄坡耕地水土流失综合治理项目，计划新增治理水土流失面积 4.24 平方千米，其中新修水平梯田面积 2.9629 平方千米，营造水土保持林面积 1.2749 平方千米（包括荒坡荒沟造林 0.8444 平方千米，行道树 0.0244 平方千米，地埂林 0.3411 平方千米，庭院经果林 0.06 平方千米）。项目概算总投资 836.78 万元。项目于 2022 年年 3 月 25 日开工建设，截至 2022 年年底，已全部完成治理任务，新增治理水土流失面积 4.24 平方千米，完成投资 836.78 万元。

【病险淤地坝工程建设】

新建里洼 1 号中型、马泉沟中型、三湾中型、小湾中型、盐土沟大型、张洪 3 号大型 6 座淤地坝除险加固工程。其中，彭堡镇盐土沟大型淤地坝主要建设任务是：坝体前坡采用 C25 砼隔条内填干砌石结构进行防护，后坝坡设贴坡排水体，新建泄水建筑物 1 座，总长 268 米，维修卧管操作便道，对消力池两侧山体进行削坡。三湾中型淤地坝主要建设任务是：对后坝坡泉眼进行防渗处理。新建泄水建筑物 1 座，总长 109 米，封堵放水建筑物 1 处。小湾中型淤地坝主要建设任务是：维修整平局部受破坏的坝体，翻建明渠段、陡坡段及消力池，对上坝道路单侧种植防护林，弃土场进行整平后采取植物保护。里洼 1 号中型淤地坝工程主要建设任务是：维修整平局部受破坏的坝体，对卧管右侧高边坡进行削坡整修，新建上坝道路长 130 米。马泉沟中型淤地坝工程主要建设任务是：维修整平局部受破坏的坝体，对出口进行清淤，消力池高边坡按 1:1 的坡比进行削坡整修，新建上坝道路长 88 米，对取土场进行整平后采用植物措施防护。张洪 3 号大型淤地坝工程主要建设任务是：维修整平局部受破坏的坝体，翻建明渠段、陡坡段及消力池，新建上坝道路长 830 米；对上坝道路单侧种植防护林，弃土场进行整平后采取植物保护。6 座淤地坝除险加固工程总投资 452.82 万元。6 座淤地坝除险加固工程于 2022 年 4 月 1 日开工建设，截至 2022 年年底，已全部完工，完成总投资 452.82 万元。

【北洼中型淤地坝工程】

坝体工程：坝体为碾压式均质坝，坝顶高程 1854.5 米，坝高 16.5 米，坝轴线长 85 米，坝顶宽 4 米，排水沟长 190 米，坝顶路面铺设宽 3.4 米砂砾石。泄水建筑物工程总长 152.2 米。上坝道路工程：新建上坝道路 390 米，采用砂砾石路面，宽 4 米。项目工程概算总投资 255.23 万元。工程于 2022 年 8 月 28 日开工建设，截至 2022 年年底，已完成总工程量的 60%，预计 2023 年 4 月底完工。

【信息化录入】

完成 2022 国家重点工程河川乡上黄生态经济小流域、官厅镇吴家沟（高坊坪片区）小流域等 4 条小流域综合治理项目，河川乡海坪片区、开城镇柯庄两个坡耕地水土流失综合治理项目，里洼 1 号中型、盐土沟大型、张洪 3 号大型等 6 座淤地坝除险加固工程，北洼中型淤地坝工程建设及 57 个水土保持方案的基本信息录入及上报工作。在宁夏"互联网+监管"系统填报 42 项检查信息；配合黄河水土保持西峰治理监督局完成水土流失动态监测相关任务。

扬黄灌溉管理

【农业灌溉】

2022 年初，对泵站、渠道进行了检修和维修，并积极联系灌区各乡镇、种植各企业，早做计划，争取水量。2022年3月初开始春灌，5月初结束，共计调度黄河水523万立方米。夏秋灌2022年6月初开始，9月底结束，共计调度黄河水1220万立方米。

【高效节水灌溉工程】

马庄高效节水灌溉工程。平整和改良土地面积1574.1亩。灌溉与排水工程：安装离心泵2台，砂石和叠片组合式过滤器1套，施肥设备1套。田间工程：铺设PVC管15.56千米、软管13.92千米、滴灌带1208.5千米，配套建筑物46座。信息化与自动化工程：安装自动化控制设施、视频监控设备各1套，安装田间阀门自动化控制设施140套，以及通信等设施设备。

杨庄高效节水灌溉工程。水源和首部工程：维修蓄水池1座，更换砂石和叠片组合式过滤器和施肥设备各1套，电磁流量设备1套。田间工程：铺设PVC管道9.83千米，PE管7.03千米，滴灌带780.65千米，配套建筑物40座。信息化与自动化工程：控制室主要安装工作站显示屏、交换机等设备；安装蓄水池液位监测1套，自动化控制设施、视频监控设备各1套，安装田间阀门自动化控制设施73套，以及通信等设施设备。

曹堡高效节水灌溉工程。平整土地面积1385亩，新修田间道路2.5千米、泵房144平方米。灌溉与排水工程：新建144平方米泵站1座，安装潜水泵2台、砂石和叠片组合式过滤器1套、施肥设备1套。田间工程：铺设PVC管7.34千米，铺设滴灌带1050千米，配套建筑物35座。信息化与自动化工程：安装自动化控制设施、视频监控设备各1套，安装田间阀门自动化控制设施72套，以及通信等设施设备。

【维修工程】

2022年公益性水利工程维修养护，完成投资32.98万元。寺口子水费支出维修工程共完成投资35.65万元。共完成二级扬水泵站院内绿化、院坪花园整修及金轮村东侧蓄水池、金轮村西侧蓄水池、丰泽村蓄水池围栏共2063米修建工作。

自然资源管理与生态建设

自然资源

【国土空间规划】

按照国家"三区三线"划定规则和自治区"三区三线"划定工作实施方案，统筹发展和安全的关系，为高质量发展先行区建设做好空间保障，以2020年国土变更调查成果为基础，结合市局国土空间总体规划编制初步成果，完成"三条控制线"划定工作，划定永久基本农田106.82万亩、生态保护红线116.7万亩、城镇开发边界线11.5万亩。2021年编制"多规合一"实用性村庄规划58个，2022年正在编制49个。

【生态保护与修复】

全年完成营造林面积16.35万亩。其中，新造林面积4.51万亩、退化林改造及未成林抚育提升面积10.84万亩、生态经济林面积0.5万亩、村庄及庭院经济林面积0.5万亩。主要实施森林质量精准提升面积0.85万亩，重点区域草原生态修复治理面积1万亩，主干道路绿化带抚育提升253千米。古雁岭市民休闲公园提升改造面积496亩。建设"庭院小果园"1200个，在三营、彭堡镇推广种植叶用枸杞面积1000亩。实施国土综合整治生态修复大营河生态治理面积2300亩，治理历史遗留废弃矿山4处，面积790亩，改造提升道路绿化、低效经济林面积1600亩。

【国土用途管制】

2022年补充耕地面积10898.85亩。其中，园地面积354.9亩、林地(苗圃)面积6812.1亩、草地面积5.85亩、水域面积157.2亩、建设用地面积1372.35亩、其他面积2196.45亩。调整补划永久基本农田面积170.72亩。调查上报耕地后备资源面积3.94万亩。办理用地规划许可证1个、工程规划许可证5个、乡村规划许可证2个；办理使用林地许可26宗，面积1420.25亩；办理永久性占用草原许可4宗、临时占用草原许可17宗。办理项目临时用地6宗，面积2605亩；备案设施农业用地许可2658宗，面积2298.83亩。增补湿地面积857.68亩，公开一般湿地名录面积9671.24亩。原州区东至河被认定为自治区级重要湿地。

【自然资源执法】

全年查处各类案件53起，其中，林政类43起、国土及矿产类10起。2022年登记备案苗木生产企业26家；开展苗木产地检疫面积3550亩，签发合格证26份；检疫调运苗木2301万株、种子340公斤、插条6000根、木材2231.2立方米、线缆盘453盘；全年共查处携带病虫苗木4起8600余株，均按要求全部退回。抽检苗木种子14家，抽检合格率为85%，退回不合格苗木21800余株。报经国家林业和草原局批准，开展野猪泛滥问题人为干预试点，组织猎捕长期危害林区周边群众生产生活的野猪150头，并进行无害化处理，有效控制野猪数量。

【地质灾害防治】

2022年共查明地质灾害隐患点157处，其中，崩塌124处、滑坡32处、地面沉降1处。对已查明的地质灾害隐患点采取"人员+专业"监测预警、避险搬迁和工程治理等措施进行预防和消除。就近聘用监测人员106人；在官厅镇高红、张易镇陈沟、开城镇上青石等12个村庄滑坡隐患点安装地表位移、深部位移、压力计、雨量、视频等监测设备和预警广播、报警器等预警设备，建立专业监测站16处；通过改造加固闲置校舍、搬迁避险6户；采取削坡修整、危窑夯填和修建悬臂式挡土墙、桩板墙、挡土墙等措施，治理张易、开城镇境内30处滑坡和崩塌隐患点。

【矿山管理】 启动国有产权、土地矿业权交易等重点领域突出问题专项治理，对2018年至2021年期间原州区出让的5宗矿业权进行深入自查，整顿不按开发利用方案开采和落实边开采边治理措施不到位的矿山7家。建设绿色矿山5家，安装防风抑尘网2100平方米，绿化场地9.5亩，沙化、硬化道路5千米，新增环境监测仪7套，增设降尘、抑尘设备15套（洗轮机、雾炮机、洒水车）。

【森林草原防火】 以三级林长制为抓手，系统建立横向到边、纵向到底的森林草原防火网格化管理机制，深刻总结2021年"3·13"火灾教训，整修防火通道150千米，新建防火道路49千米。配套皮卡车14辆、摩托车14辆、风力灭火机14台。建设森林防火隔离带6000亩、防火围栏73千米，密植视频卡口监控43处，重点林草区域远程智能监控系统覆盖率达90%。

【土地权山林权改革】 深入推进土地权改革，完成原州区集体建设用地不动产权籍调查788宗，其中，公益事业类用地323宗、经营性146宗、宗教场所用地319宗；盘活土地资源，腾退并复垦闲置宅基地、工矿废弃地及其他集体建设用地面积2000亩。深入推进山林权改革，坚持以确权登记为主线、以林地流转为突破，深化山林权改革内容，促成林地流转2宗，面积4600余亩；发展林下种植蔬菜面积500亩；颁发林地经营权不动产证9本，面积16000亩；完成林地权籍调查面积103万亩。

【林长制度建立】 原州区设总林长2名、副总林长14名，乡级林长116名，村级林长741名，制定出台《原州区林长会议制度》《原州区级林长巡林巡草工作制度》等8项制度。全年召开林长会议两次，协调解决森林资源保护发展中的重大问题9次，督办中央、自治区、固原市生态环保督察组反馈问题两项，发布《关于做好春节期间森林草原防火的决定》和《关于做好秋冬季森林草原防火工作的决定》等两次林长令，初步探索建立"林长+监察长""林长+警长"工作制度，发挥林长、警长在资源保护中的管理作用。

生态环境治理

【环境保护共治】 落实"党政同责、一岗双责"和"管发展必须管环保，管生产必须管环保，管行业必须管环保"要求，原州区委、区政府先后22次在原州区委常委会、政府常务会上听取和研究生态环境保护工作和中央环保督察及自治区环保督察反馈问题整改情况，将生态环境保护知识纳入干部培训规划，举办专题培训班并组织开展专题研讨，推动经济发展方式向节水、节能、降耗方向转型，构建绿色、低碳、循环发展，发展与保护良性互动。原州区人大、政协围绕生态环境保护工作组织代表、委员开展专题调研视察，提交人大代表建议2件，政协委员提案1件，专题听取政府生态环境保护工作报告为打赢污染防治攻坚战建言献策。制定印发《原州区2022年生态环境保护重点工作安排》《清水河水质长期稳定达标综合管控措施》《原州区散煤治理工作方案》《原州区各级党委和政府及有关部门生态环境保护责任》《原州区2022—2023年冬春季大气污染攻坚行动方案》等，全面部署落实生态环境保护工作。将生态环境保护责任落实情况纳入干部提拔任用、评优选先考核范围，严格落实《党政领导干部生态环境损害责任追究制度》，压实部门乡镇生态环境保护责任。

【生态环境质量】

持续提高环境空气质量，全年未剔除沙尘天气，可吸入颗粒物 PM10 平均浓度 63 微克每立方米，细微颗粒物 PM2.5 平均浓度 26 微克每立方米，优良天数 334 天，优良天数比率达 91.5%；国控、区控断面水质稳定达标，清水河三营国控断面水质平均达到地表水 IV 类水质，二十里铺国控断面水质稳定达到地表水 II 类水质，冬至河入清水河区控断面达到地表水 IV 类水质；土壤环境质量总体保持稳定，继续保持土壤零污染，年度未发生土壤污染环境事件。

【督察反馈问题整改】

坚持把整改落实生态环境保护督察反馈问题作为加强生态环境保护、推动生态文明建设的重要政治任务，实行主要负责同志带头包抓环保督察反馈问题整改。制定《原州区贯彻落实第二轮中央生态环境保护督察报告整改方案》《原州区贯彻落实自治区党委生态环境保护督察反馈意见整改方案》和《原州区贯彻落实自治区党委生态环境保护专项督察反馈意见整改方案》，细化整改措施。2020 年 9 月自治区党委第三生态环境保护督察组反馈 19 项共性问题，已全部完成整改并销号，71 个转办件已全部办结。2021 年 6 月自治区党委生态环境专项督察反馈 11 项问题，已全部完成整改并销号，14 个转办件已全部办结。2021 年 12 月中央生态环境保护督察反馈问题 15 项，已完成整改销号 2 项，13 项正在按方案要求整改，53 个转办件已全部办结。

【污染防治】

严格落实河长制要求，对清水河、葫芦河、茹河、大营河等河流原州区段排污口进行常态化排查，杜绝污水直排河流。加强对治污设施及排污企业监管，对已建成的 11 家农村污水处理设施移交固原清河环境发展有限公司统一运维管理。对 9 家马铃薯加工企业"汁水还田"情况进行监督检查，防止废水外排。加强河湖岸线的保护与利用，确定 22 条河流 400.66 千米水域岸线管理保护范围。加强对饮用水源地管理，贺家湾水库、海子峡水库、中庄水库、彭堡地下水源地 4 个县级以上集中式饮用水水源水质达到或优于 III 类水质。开展扬尘污染防治，全面落实"6 个 100%"扬尘防控措施，加大巡查力度，对裸露的空地进行洒水降尘，对 10000 平方米建筑垃圾和土堆施工企业覆盖防尘网，硬化城区施工工地出入口 6500 平方米。加强道路扬尘治理，提高道路机械化清扫率（目前 85%）。持续开展秸秆、垃圾焚烧、燃放烟花爆竹整治，建立农作物秸秆综合利用台账，监测农作物秸秆综合利用水平，推广秸秆综合利用，打捆秸秆 3334 吨，原州区秸秆综合利用率达 94.5%。开展城中村、城乡接合部等区域散煤销售使用情况专项整治，加强对清洁煤配送中心及煤质的监管。开展加油站油气回收治理"回头看"专项检查，巩固油气回收治理成果。加强非道路移动源监管，完成非道路移动源普查登记工作。加强生态系统保护修复，实施区域生态修复、国土绿化、水土流失综合治理等重点工程。

【土壤污染管控】

将固体废物污染环境防治工作纳入"十四五"规划，统筹推进固体废物污染防治工作，固废利用率达 99.2%。对 18 家规模以上工业企业加强执法监管，防止固体废物非法倾倒，对农村乡镇 102 家汽车维修门店进行执法检查，防止废弃机油非法售卖转运，确保危险废物安全处置率达到 100%。开展医疗废物、医疗废水专项检查，全区 125 家医疗机构的医疗废物，均由固原市惠众废弃物处置有限公司统一处置。37 家医疗机构安装医疗废水处置设施，并聘请有资质的检测公司对产生的医疗废水定期进行检测。加大畜禽养殖污染防治，对 50 家规模养殖企业开展常态化监管，畜禽粪污资源化利用率达 97%，规模养殖场（小区）粪污处理设施装备配套率达 100%。加强农膜资源化利用，在 11 个乡镇建立 20 个残膜回收点，残膜回收率超过 94%，建成 3 个塑料颗粒加工厂，加工利用率达 100%。加强对化肥农药管理，在4个万亩冷凉蔬菜种植基地设置农药废弃包装物回收站，建立农药包装废弃物回收点12个。与经营户签订农药回收责任书，落实"谁经营、谁回收、谁处置"的主体责任，规范废弃物回收处置管理。逐步完善农药包装废弃物"统一回收、集中处置"运行体系，回收率超过70%。

【农村人居环境整治】

持续开展农村人居环境整治，巩固提升全国村庄清洁先进县成果，制定《原州区农村人居环境整治提升五年行动实施方案》和《原州区2022年农村户厕改造工作方案》，点面结合，示范带动，稳步推进人居环境整治工作，以"三里三外""六堆七边一顶"集中整治为重点，做好月督查考评、三级包抓、四级网格员管理，开展"村庄清洁"行动，累计清理"六堆"3.6万处、"七边"8.4万处、"一顶"295处；加快农村厕所摸排和户厕改造，制定《原州区农村户厕问题摸排整改"回头看"工作方案》和《原州区2022年农村户厕改造实施方案》，对2019年以来建设的12300座户厕进行逐户摸排，发现问题厕所及时反馈各乡镇整改；在开城镇下青石、黄铎堡镇黄铎堡村建设公厕2座，在中河村建设20个示范样板厕所，因地制宜创新户厕建设模式，加快实施农村户厕改造8000座建设任务。

【生态环境监管执法】

完善环保信用惩戒体系，建立生态环境保护行政执法信息共享、案情通报、案件移送、公益诉讼等有效衔接制度，提高执法监管水平。针对规模以上畜禽养殖、涉水工业企业、医疗卫生机构、环保督办件办理开展专项检查。通过专项执法、联合执法、交叉执法等形式，加大环境违法行为的查处力度，依法严厉打击企业环境违法行为，规范企业排污行为。完善生态环境污染事故处置应急预案，落实主体责任，严格防范各类环境风险。快速响应"12345"市民投诉热线、"12369"环保专线及网民投诉案件，全年查处各类投诉案件30起。

工 业

综述

【概况】

2022年，全部工业实现增加值17.98亿元，同比下降15.0%，其中，规模以上工业增加值同比下降8.5%（分门类看：采矿业增加值同比下降5.1%，制造业增加值同比下降9.0%，电力、热力、燃气及水生产和供应业增加值同比下降7.4%；分轻重工业看：轻工业增加值同比增长15.7%，重工业增加值同比下降10.6%）。

【项目建设】

2022年落地在建项目共16个，计划总投资90.03亿元。其中，续建项目6个，到位资金16.85亿元；新建项目10个，到位资金19.31亿元。开工率达100%。雪川农业、榕浲纺织、压缩毛巾项目正式投产运行，轻工产业园"七通一平"基础设施配套、厂房改造项目已完成。

【工业经济】

加强对工业运行的监测预警分析，落实县级领导包抓机制，继续实施"一企一策"，精准服务支柱、停减产企业，落实"降成本"政策，保持存量稳定运行。落实自治区"稳增长24条"、《自治区支持九大重点产业加快发展若干财政措施》等降本增效、减税降费、综合奖补等政策措施，减税退费2亿余元，为76家企业5567人稳岗返还补贴260.5万元，完成国务院减负平台投诉拖欠的225.57万元清欠任务。

【规上企业管理培育】

培育丰霖盛肉制品等5户年产值过亿元企业升规入库；制定印发《关于建立县级领导包抓重点企业工作机制》，成立工作专班，压实责任，按照"一企一策"，帮助企业解决实际困难；组织37家规模以上企业开展企业履行社会责任评价工作，引导企业履行社会责任。

【企业转型升级发展】

鼓励企业实施"四大改造"，全年技术改造投资同比增长18%；支持宁夏金昱元高新材料有限公司等17家企业实施技术改造项目并申报技术改造奖励资金；明德中药和鑫宇农机获得自治区奖励资金160万元。

【安全生产】

做好工信商务系统重要节日、节点、时段的安全生产和消防安全工作。截至2022年年底，签订安全生产责任书和消防安全生产目标责任书121份，督导检查企业200余次，督导整改问题78个，提出安全生产建议37条，下达整改通知书56份，排查出安全隐患24项，整改率达100%。

电力供应

【概况】

2022年，售电量完成3.48亿千瓦时，同比增长8.75%。综合线损率6.29%，同比下降0.44个百分点，低于指标值；有损线损率6.69%，同比下降0.23个百分点，低于指标值；电费回收、解缴率双百。供电可靠率完成99.865%，农网电压合格率完成99.702%，均完成指标值。全年累计报装5280户（其中，高压新装85户，居民照明1344户，动力3851

户),增容涨幅保持强劲。

【安全管理】

扛牢控风险、保供电责任,贯穿隐患排查大整治、安全基础管理提升等专项行动,强化违章源头整治与教育培训并重、查纠违章与严厉考核并重,全年整治所涉保供隐患1820处,动态销号"一患一档"845项,点线结合靶向治理潜在隐患1560处,隐患报备政府部门63项,治理销号闭环。举行教育培训及考试35次,更新、淘汰安全工器具(个人)1510套、仪器仪表61台、施工机械机具360套。严抓作业计划执行4560项,巡查、稽查现场3220次,纠正违章220人次,过错问责、考核兑现3.7万元,零违章目标导向绩效明显。

【网架结构】

配合政府落实乡村振兴战略,严格落实配电网建设"三融三化三落实"要求,有序推进配电网工程"四个转型"升级。完成2022年配电网工程项目8个批次,72个大项172个小项,资金1.78亿元,惠及农户7757户。低压并网光伏全量接入融合终端,实现并网台区营配就地交互。宁夏首个柔性直流配电系统示范区项目投运,和润村率先成为宁夏供电"零碳村",南屯线配出工程评为国网宁夏公司优质工程。网格化规划储备113项5.23亿元后续项目,推进"十四五"配电网高质量建设进程。

【隐患治理】

加强配电网异动治理,狠抓组织、技术、管控措施落实,提升运维水平。智能巡检线路165条次,绝缘处理裸露点115处;加装防撞设备、警示标识2600余套,更换劣质绝缘子1200只,更换及补装杆号牌1.16万面、接地环0.93万只;排查治理森林草原、通信线、人身触电等风险1300余处。清除跳闸隐患1.5万余处(鸟窝980余处、树障1.4万余棵;专用变压器隐患400余处、光伏用户隐患80例)。累计跳闸23次,运维责任跳闸同比下降17.7%。

【营配基础长线治理】

持续解决基础薄弱问题,完善补充客户档案字段3.2万条,开展高低压营业普查8.2万户。推进老旧采集设备轮换,完成4G采集全覆盖工作,综合采集成功率提升至99.99%。提升降损管理质效,强化"四分"线损智能诊断,治理日损大于50千瓦时以上异常、高损台区345次。反窃查违到案24户,追补电量7.38万千瓦时,追补电费(违约使用电费)22.25万元。线损管控水平再上新台阶(台区线损合理率为98.85%,低压线损率为3.05%)。

【营商环境优化】

持续营销服务精益管理,实施"阳光业扩",深化"三零三省"服务,拓展"一网通办"。开展业扩工单大清查4668件,为动力电接入纾困解难(装表接电1141户,增补杆塔812基,"四线"延伸43.66千米)。深化绿色国网综合能效公共服务,线上、高压办电"e"助手应用率达100%,网上国网App累计绑定34322户,月活率达123.34%,普及"刷脸办电"1772户。接受诉求工单279件,工单数大幅压降,全年零投诉,客户满意率98.6%。

商贸服务业

综 述

【概 况】 2022年，原州区实现社会消费品零售总额71.28亿元，比2021年增长0.6%。按经营地统计，城镇消费品零售额60.88亿元，增长0.7%；乡村消费品零售额10.4亿元，下降0.3%。按消费类型统计，商品零售额59.96亿元，增长0.2%；餐饮收入额11.32亿元，增长2.5%。

【商贸流通】 联合宁夏银联通过手机"云闪付"平台发放电子消费券200万元，直接带动消费571.4万元，间接带动消费7999.6万元；举办"感恩6月·约惠原州"惠民消费和"原洲源味"农特产品促销活动，发放消费券81689张329.62万元，间接带动消费1.47亿元；组织宁夏鸿源九洲商贸有限公司等12家汽车经销商以及新百电器等企业开展促销活动，销售汽车210辆、家电505台，直接带动消费3532万元；利用重大节日、店庆做好传统商贸线上线下促销活动，销售额达1.2亿元。

【惠企政策】 为符合奖补条件的29家企业落实电子商务进农村综合奖补资金133万元，为固原味园商贸有限责任公司等4家申报流通惠民项目，为新科书店等25家企业申请防疫消杀、经济运行监测补助资金25万元。

【电子商务】 组织培训电子商务从业人员257人次，带动30人就业，电商创业人员达14人。思含掇绣商贸有限公司马艳霞取得第四届宁夏网购节"移动兴农"专项奖第六名的成绩、"宁夏宝藏"第十一名，助农主播陈巧云取得"移动兴农"专项奖第六名的成绩、"宁夏宝藏"第十六名，纳静茹、王莹莹分别获得全市网红直播带货大赛第二名和第三名的好成绩，慧迪农牧科技有限公司等三家企业获得"精品网货电商企业"荣誉称号。开展"云购好物·惠享原州——2022年原州区网上年货节""彭堡村绿色采摘园豌豆采摘""梅好7月，杏福原州"等主题的线上促销活动，2022年1—9月份通过"832"平台、"进站上车"等累计销售4860多万元；打响"原洲源味"区域品牌，授权使用企业32家，累计开发"原洲源味"系列网货产品100余款，正式印刷包装设计产品67款，制定41个农作物品质等级、溯源标准以及种植生产技术、规范手册。

【电商运营】 对11个乡镇74个村级扶贫电商站点和110个电商站点的固定资产进行核查。启动"万企兴万村"行动，建立村企结对帮扶机制，提高农产品附加值，推荐名优产品进入"832""12306"等消费帮扶平台，拓展农产品销售渠道，带动农户增加收入。谋划闽宁协作项目，14家净菜入超、农特产品外销物流补贴企业，补贴资金90万元。

【招商引资】 围绕自治区"六特六新六优"产业和固原市"五特五新五优"产业，构建原州区产业发展格局，积极谋划项目，建立招商引资县级领导包抓推进落实工作责任制，成立招商引资工作领导小组，拟定《原州区2022年重点产业精准招商专项行动方案》和《关于建立县级领导包抓产业发展工作专班》，推动原州区招商引资工作高质量发展。赴北京、上海等地开展招商活动16次，共对接企业52家，签约项目11个。

商业总公司

【企业维稳】

2021年，福商商贸公司被原州区人民政府改为原州区机关事务中心职工餐厅。2022年11月，将原企业11名职工移交原州区人民医院（安置），剩余8名职工由财政安排资金发放职工生活补助和缴纳职工社会保险费。争取财政资金为所属企业职工缴纳职工社会保险费，截至2022年年底，除六盘山宾馆欠缴职工社会保险费外，其他企业均未拖欠职工社会保险费。

【安全生产管理】

规范企业安全生产、消防管理行为，督促企业完善安全生产各项规章制度，强化企业安全主体责任及行业监管责任。总公司每月召开1次安全生产学习，开展1次安全生产大检查，每季度召开1次应急和安全管理、消防安全专题会，提高企业干部职工安全生产防范责任。2022年，所属4家企业无1例安全事故。

【国企改制】

在确保国有资产安全的基础上，结合国有企业改革三年行动方案要求，在原州区人民政府、原州区财政局国资办协调下，联系固原市行政审批局，2022年7月底完成所属3家企业（六盘山宾馆、万方糖酒有限公司、民族贸易公司）公司制改制工作。

供销合作

【概　况】

全年实现商品销售收入22297万元，较2021年增加9800万元，增长78.49%；实现利润666万元，较2021年增加652.2万元，增长4726%；资产负债率为42.6%。购进各种肥料11528吨，较2021年增长了21.36%；农药11.4吨，较2021年减少了2.4%；农膜152吨，较2021年减少了26.6%；种子18吨（玉米种子），较2021年减少了53.8%；农副产品销售13369万元，较2021年增加160.8%。废旧农膜收购7650吨，837万元。

【"数字供销"示范区建设】

建立完善"数字供销"市场化运营体系，构建共建共享发展新格局。印发《原州区建设全国"数字供销"示范区实施方案（2021—2025年）》，成立以原州区人民政府分管领导为组长的领导小组，编制《原州区供销合作社"数字供销"运营中心改造提升项目实施方案》，向原州区人民政府报送《关于申请拨付原州区建设全国"数字供销"示范区实施第一阶段资金的报告》。

【综合合作试点】

2022年，原州区供销合作社社属企业与彭堡镇宏科农民养殖专业合作社、原州区新星土地股份专业合作社共同发起成立固原市原州区彭堡镇彭堡村供销合作社，2022年11月，召开彭堡村供销合作社第一届社员代表大会。

【农资保障】

原州区供销合作社坚持以市场需求为导向，发挥春耕备耕供应主渠道作用，2022年原州区各基层供销合作社购进各类化肥11500吨，销售各类化肥9600余吨；购进农膜150吨，销售120吨；购进各类种子130吨，销售120吨。完成预测储备销售任务，占原州区化肥市场销售额的32.5%。

【农业社会化服务】

2022年，原州区供销合作社实施基层组织农业社会化服务培育壮大工程，新增领办农民专业合作社1个，庄稼医院1个，各类新型农业经营主体9个。累计共创办农民专业合作社、吸纳各类新型农业经营主体26个。发挥专业合作社、各类新型农业经营主体带动力和影响力，参与土地托管、流转、加工、育苗、统防统治等系列化服务，入社社员867户。截至2022年年底，土地流转面积24559亩、托管面积7万亩、统防统治面积35万亩次、育苗20540万株，农业社会化服务面积31.8万亩，带动农户6700户，推动为农服务向村级延伸。

【农副产品网络销售】

2022年9月5日，与福州市长乐区文投贸易有限公司签约消费帮扶协议，在福州市长乐区建设原州区农产品展，线上销售原州区农产品0.31万元。社属企业农业生产资料总公司和成员社宁夏生龙肉制品有限公司、宁夏瑞丹苑油牡丹有限公司在"832"平台、铁路帮扶平台线上线下销售牛羊肉2462吨，销售额4774万元，实现利润60万元。

粮食流通和物资储备

【粮食安全保障】

落实粮食安全党政同责要求，制定《原州区贯彻落实地方党委和政府领导班子及其成员粮食安全责任制规定的分工方案》，将粮食安全纳入相关部门和乡镇党委（政府）年度考核中。坚决贯彻落实禁止耕地"非农化"、防止耕地"非粮化"政策要求，严守耕地保护红线和永久基本农田控制线。2022年原州区粮食播种面积76.02万亩（自治区下达任务76万亩），总产量65.42万吨。

【粮食储备】

完成自治区下达的2000吨临时原粮储备任务，对2000吨原粮小麦的收购、存储、管理等情况进行全面监督检查。落实不低于辖区常住人口10天供应量的成品粮油储备任务，与苟氏粮油有限公司、圆鑫商贸有限责任公司、三营富祥粮油经销部、六盘珍坊生态农业科技有限公司签订《原州区应急成品粮油储备承储合同》，存储应急成品粮1660吨、食用油166吨。

【粮食监管】

实现对原州区4家应急成品粮油承储企业、临时原粮承储企业和14家应急供应网点和物资储备点实时监控，确保原州区粮油应急储备数量真实、质量完好、储存安全。应用"双随机、一公开""互联网+监管"等方式开展跨部门联动执法，做到检查人员随机选派、随机抽取，累计开展日常监督检查和专项检查10余次，在2022年度春节、五一等重大节假日期间联合市粮食和物资储备局、市场监督管理局原州区分局开展4项内部随机抽查，发现问题7个。完成2022年政策性粮油库存检查工作，截至2022年年末纳入粮食库存检查范围的原粮为60319.55吨，重点检查粮油库存实物的数量、品种、性质。开展2022年夏季和秋季粮食收购监督检查工作，8月初和10月末分别对辖区内14家粮食收购企业、个体户开展检查工作，开展专项检查3次，出动检查人员9人次，规范粮食收购活动。完成小麦和玉米扦样工作，共采集新收获小麦质量安全监测样品55份、新收获玉米样品110份，为农户种植业品种结构调整提供数据支撑。

【物资储备】

建立专业物资储备仓库，加强原州区应急救灾物资储备，加大对应急物资的管理、分类、分配、使用。在疫情防控期间，向24个乡镇（街道）、部门（单位）累计发放救灾物资帐篷717顶、折叠床1473张、被子1588床、褥子1573床、应急灯150个、火炉49个、电热毯390条、棉大衣2668件，保障各种应急工作需要。成立物资回收工作领导小组，对发放出去的物资如数回收，做好消毒清洁和整理工作，加强对应急救灾物资的管理。

【"六藏"任务完成】

落实"藏粮于地",严格管控耕地"非粮化",保面积、保产量,耕地保有量面积不少于125.82万亩,永久基本农田保护面积不少于106.82万亩,增强原州区粮食综合生产能力。截至2022年年末共腾退"非粮化"耕地23098.53亩。落实"藏粮于技",推动原州区粮食行业发展,竭力培育宁夏六盘珍坊生态农业科技有限公司,为原州区培育"宁夏好粮油"产品企业。落实"藏粮于库",原州区粮油企业新建亚麻籽绿色智能仓储车架1座,智能仓储货架三排五组;引进物流系统1套,配套派送车辆6台;建设4A车间附属工程、亚麻籽储藏仓库。落实"藏粮于市",按照城乡人口比例及条件共设立14家粮油应急供应网点,每个网点日存量在5吨以上,存粮库容在50吨以上。对具备粮食应急加工和供应能力的企业加大监测预警,实行价格监测周报制,疫情期间启动粮油市场监测日报告制度,对辖区内的应急成品粮油承储企业和大型商超每日储备量、供应量及价格波动进行监测。落实"藏粮于企",委托宁夏储备粮固原储备库(有限公司)临时储备小麦2000吨,4家应急成品粮承储企业储备成品粮1660吨(折合原粮2371吨),食用油166吨(折合油料553吨)。落实"藏粮于民",累计开展绿色储粮及节粮爱粮宣传活动4次,参加人次300余人。

交通　邮政　通信

交通运输

【农村道路建设】

2022年，原州区住房城乡建设和交通局加快村组道路建设，续建2021年原州区曹河至小沟公路建设项目和原州区官厅镇程儿山至河川乡上坪公路建设项目2条农村公路长20.73千米，已竣工；实施2022年彭堡惠德至蒋口产业园区道路，原州区马园、泉港、和润产业园区道路，原州区张易镇穆家庄至盐泥村农村公路，官厅镇阳洼村道，原州区三营镇安和村道，原州区头营镇二营村产业园区道路等9条农村公路长33.01千米。截至2022年年底，除惠德至蒋口支线和G309至糜地湾项目路面工程未完工外，其余7条道路已全部竣工。续建亚行贷款项目2条57.56千米，已全部竣工。实施联户巷道，续建2021年联户巷道85千米，已全部完成并进行竣工验收审计；新建2022年联户巷道217千米，已完成所有建设任务。

【农村公路养护保畅】

2022年，原州区住房城乡建设和交通局加强农村公路冬季养护和春运期道路安全保畅工作，撒布防滑砂1208立方米、融雪剂210吨，确保公路安全畅通。加大道路安全隐患治理，联合交警共排查原州区境内道路交通安全隐患26大处，疏通涵洞31道、清理边沟24800米、清理塌方1730立方米、处治坑槽5629平方米、处治路基翻浆1050平方米、灌缝49300延米。实施农村公路自动化路面质量检测，对原州区1945.007千米农村公路路面技术状况实施自动化检测，准确反映路况实际，为"十四五"农村公路养护管理提供科学决策依据。实施养护工程，续建完成2021年项目1个；实施2022年项目4个，除2022年道路修复性养护工程正在施工，其余3个项目均已完工；完成44条农村公路水毁抢修任务，保障农村公路安全畅通。

邮　政

【金融类】

2022年，固原市原州区分公司全年完成金融收入3178.4万元，完成全年目标3161万元的100.5%；余额规模15.52亿元，本年新增2.38亿元；保险收入完成791.1万元，保费4634.9万元，其中，趸交2217.8万元，期交2417.1万元。

【寄递类】

2022年，原州区寄递业务收入完成751.9万元，完成业务收入799万元的94.1%，全年收入增幅11.9%。其中，特快业务发展424.9万元，完成计划收入430万元的98.8%，全年收入增幅30.9%。特快收入增幅及占比均有较大提升。

【邮务类】

2022年，原州区邮务类业务收入完成801.5万元，全年收入增幅7.7%。其中，文传类业务完成672.82万元，收入增幅9.1%；渠道类业务完成128.67万元，收入增幅1.2%。

电信通信

【概　况】

中国电信股份有限公司固原分公司（简称

"中国电信固原分公司")本部设立一级部门9个，二级中心9个，下辖6个县区分公司。共有合同制员工302人，其中男性员工228名、女性员工74名；员工中研究生学历11人，本科学历151人，专科学历112人；具有中级及以上职称64人。党委下设11个基层党支部，共有党员167名。

【基础网络建设】
聚焦客户感知，打造高质量基础网络。2022年一区五县主城区及重点乡镇5G整体覆盖率达98%，重点工业园区5G覆盖率达96%以上；实施2022年度电信普遍服务建设项目配套光缆工程、西安—庆阳—静宁干线光缆（宁夏段）建设等工程，新建杆路43千米，建成光缆线路322千米；新建FTTH光端口1.5万个，FTTH光端口达36.58万个，城区、乡、镇、行政村覆盖率达到100%。推进云网融合，构建数字信息基础设施，实现多种数据要素集成创新。加大科技创新力度，完成RDO科技创新研发体系布局；推进核心技术自主掌控，天翼云4.0、5G边缘网络、AI、量子密码等技术创新取得成效。

【网络与信息安全】
推进构建全覆盖的云网边端安全能力池，提升云网安全防护能力。拓展安全产品和服务，建成全网覆盖的"云堤"平台，为行业客户提供业界领先的定制化安全服务。加大关键信息基础设施安全自主可控力度，自主研发关键核心能力，统一安全技术标准，确保数据安全合规。加强网络安全隐患排查整治，全面杜绝系统弱口令、空口令现象，全年弱口令事件零发生，漏洞整改率达100%，干线网络零阻断，全年未发生网络安全事件。加强网站备案工作，网站备案率达100%。加强信息管理，全年未发生信息泄漏事件。加强同市网信办、公安机关反诈中心的协作联动，派驻专人进驻固原市反诈中心开展工作，共同做好风险防范。加强实名制工作，新入网用户实名率达100%。开展网信安全宣传工作，增强群众遵守网络文明的自觉性。全年群发公益短信380万余条，组织义务防诈宣传员280余人次，全年各渠道开展《中华人民共和国个人信息保护法》宣传贯彻培训42场次，参培人数600余人次。

【信息化建设】
拓展数字应用，助力经济社会转型。发挥云网融合领先优势，加快推进5G、云计算、人工智能、大数据等为代表的新一代信息通信技术与数字政府、数字经济、数字社会的深度融合，助力经济社会高质量发展。加速产业数字化发展，推出城市管理、远程教育、远程医疗等综合解决方案，推进"5G+工业互联网"融合应用，积极赋能传统产业转型升级。推广数字生活服务，推出智慧社区、数字乡村等融合产品，铺设农村信息高速公路。

【服务能力】
以客户为中心，深化大服务体系，完善内部管理机制，完善首问负责制的闭环管理流程、企业服务承诺制度、企业服务公示制度，落实检查、通报、考核制度，强化服务质量管控。开展服务提质专项活动，2022年组织开展"两深入两服务""服务随心办实事、全员服务在行动"满意百分百劳动竞赛等活动，管理层满意度测评指标月度对标考核，及时闭环解决一线及客户疑难问题，提升服务质量和客户感知。

【社会责任】
完成冬奥会、冬残奥会、春节、两会、党的二十大等重要活动、重要节日、重大会议通信保障任务13次，参与自治区、固原市公安部门组织的"HW"攻防演练活动，配合当地网信办组织第二届"网络安全"攻防演练，提升应急通信保障能力。发挥大数据、AI等方面优势，助力科技抗疫。保障基础通信，保障核酸检测点手机信号稳定、畅通，为行政中心、疫情指挥中心、方舱医院、重点医院等重点场所提供稳定、畅通的网络保障，安装重点疫情卡点便携基站2个、开通应急防疫专线电路4条、防疫电话110部。建设疫情防控视频监控管理平台，助力政府疫情防控指挥调度。提供门磁防控系统，安装疫情防控门磁3.2万余个，助力政府对隔离、居家人员精细化管理。落实乡村振兴战略，推动帮扶工作深入开展，2022年4个驻村帮扶点共计投入帮扶资金20.29万元，其中数字乡村项目建设资金9.77万元，综合帮扶项目资金10.52万元。加快推进帮扶点数字乡村平台建设和完善，实现平安监控摄像头的汇聚和实时监控。推动帮扶点信息化和网络扶贫。落实稳经济保增长促发展措施，公司补贴205万元，投放"乐购原州、惠享生活"政府数字生活消费券5万张，推出"数字生活便民补贴、数字生活换新补贴、数字生活终端补贴、数字生活线上补贴"四类消费补贴场景，支持扩大消费。持续开展农村人居环境整治提升工作，2022年完成跨路线路高度提升、线路迁改、乡镇线路入地等各类线路整治306处。

【获奖情况】

2022年4月，获中共固原市委、市政府2021年度效能目标管理考核优秀等次，授予"支持地方经济社会发展先进单位"荣誉；2022年5月，被固原市退役军人事务局、固原市双拥工作领导小组办公室、固原军分区政治工作处授予"固原'崇军行动'合作单位"称号；2022年7月，被固原市人民政府、固原市委宣传部、固原市委网信办授予"网络安全先进集体"称号；2022年8月，在固原市委网信办举办的2022年固原市网络安全实战应急演练中被评为二等奖。

移动通信

【概　况】

中国移动通信集团宁夏有限公司固原分公司（简称"固原移动"）于1999年8月挂牌成立，主要负责固原境内的移动通信业务（包括语音、数据、多媒体、IP电话、家庭宽带、互联网接入服务以及基于移动通信业务的各类增值业务）。公司下设5个职能部门和原州区、西吉、彭阳、隆德、泾源、三营6个县区分公司。现有员工262人，其中党员81名（预备党员10名）。2022年全年累计收入3.33亿元，客户数59.5万户，占全市用户份额的47.3%，其中5G客户数12.4万户，宽带用户20.9万户，宽带份额占45.8%。

【保障服务】

优化重点区域通信网络，2022年圆满完成党的二十大等专项保障以及节假日和各类重大活动等保障任务30余次。发挥通信企业优势，配合政府部门发布疫情预警、反诈宣传、交通状态及防控知识等信息300余万条，为各企事业单位开通企业视频彩铃6000余户。提升数据安全防护能力，持续开展垃圾短信、骚扰电话治理，加大对诈骗电话、短信、网络等渠道的阻断、分析和预防。开展打击伪基站专项行动，提高定位发现、信息溯源的能力，打击信息诈骗源头。开展"断卡行动"，联合公安、工商、安全等部门对借他人证件开卡、买卖实名手机卡、非正常过户等行为进行整治。助力地方经济消费，牵头联合中国石油、新百集团、中国人寿启动"塞上权益汇，消费促进季"惠民活动，依托"通信消费""能源出行""百货商超""终端家电""餐饮美食"五大行业，共同推进权益合作，有力促进线上引流、线下实体消费，助力固原区域市场经济回暖。截至2022年年底，已累计补贴102万元，累计参与活动客户1.3万户，带动消费622万元。

【"新基建"发展】

固原移动公司2022全年完成投资1.2亿元，拉动就业2000余人。移动网络方面，全年建设开通5G基站854个，联合市内龙头企业实现行业细分领域5G应用落地，面向电力、煤炭、养殖等行业开展"5G+工业互联网"示范应用，率先推广"5G+智慧矿山""5G+智慧电力巡检""5G+智慧蜂业"等一批典型5G行业应用标杆。宽带网络方面，打造"5G+极光宽带"双千兆网络，用户规模超43万，开通网络专线近5000条，实现全市乡镇级以上区域千兆光纤网络全覆盖，逐步推动千兆光纤网络向重点行政村延伸。云视讯建设方面，自2018年起，助力固原市、县、乡、村四级云视讯会议系统搭建，截至2022年年底，固原移动共发展有云视讯硬终端会场815个，已实现原州区、西吉县、隆德县、泾源县县、乡、村三级行政机构全面覆盖，有效提高政府会议决策效率。数据中心建设方面，抢抓国家"东数西算"政策机遇，投资9830万元建设"智慧固原数据中心"，其占地面积1.225万平方米，共安装计算、存储、安全设备等100多台，内存12352G、存储空间800T，满足全市未来3年的计算、存储以及容灾备份能力。建成固原市大数据服务平台，存储固原市政务信息资源目录565条，沉淀数据113万条，打通与自治区平台的连接，申请实现自治区无条件共享目录655条，有条件共享目录18条，共享数据量1400多万条。

【"互联网+"模式创新】

固原移动加强5G、物联网、大数据、云计算、人工智能等新一代信息基础设施与服务、医疗、教育、旅游等行业深度融合，推动传统行业转型升级。在物业服务领域，承建原州区民政局智慧社区门禁系统项目，建设智慧社区门禁管理平台及智能小区门禁102个；为其他县区免费投入门禁前端设备共计35套，实现防疫智能化，在防疫工作智能化方面走在全市乃至全区前列。在医疗领域，推动医疗机构上云，在隆德县医院等开展5G远程超声、5G远程手术指导、5G远程多学科会诊、远程影像会诊等"5G+"智慧医疗的试点应用。在教育领域，完成超过60所学校的宽带接入能力建设，实现全市中小学光纤网络的100%全覆盖。在旅游领域，逐步扩大农村千兆光纤网络覆盖范围，依托六盘山国家森林公园、将台堡红军会师点、须弥山石窟等旅游景点，拓展美丽小镇、特色小镇，为乡镇提供智慧党建、指挥调度、智慧养老、农技推广、便民服务等功能，提升农村治理能力和公共服务水平。

【驻村帮扶】

固原移动公司向全市5个行政村派驻专职驻村第一书记及工作队员7名，公司采取"项目扶贫、培训扶智、产业脱贫"等办法，有序推进乡村振兴工作。截至2022年年底，分公司定点帮扶的5个行政村人均收入由2018年的1500多元增长至11000元左右。2021年，分公司被评为集团公司脱贫攻坚先进集体。

联通通信

【概　况】

2022年，联通固原分公司累计完成主营收入8419.9万元，完成序时预算的102.56%。累计完成利润-1744.47万元，利润序时完成率为94.81%，同比改善2.29 PP。其中，政企收入完成3016.5万元，完成序时预算的104.3%，地市排名第二，同比增长20.2%，收入占大网35.8%，定比增长3.9 PP。主营收入市场份额12.66%，定比0.74 PP。其中，移网业务市场份额14.38%，定比0.01 PP；宽带市场份额4.44%，定比1.85 PP。移网新发展7.08万户，移网出账用户数18.28万户，净增用户8026户；宽带新发展1.12万户，宽带出账用户数1.72万户，净增用户9260户。

【业务拓展】

2022年，联通固原分公司依托"数字乡村"智慧平台，搭建应用场景，开展数村营销。接洽"村集体通信合作社"24个村委，已成功签约10家，累计建设农村宽带资源端口9756个。锁定61个名单制小区及端口占用率低于20%的56个非名单制小区,开展高频次的专项场景营销。全年千兆发展4220户,千兆渗透率为37.1%,组网发展2530户,组网渗透率为22.2%,联通看家1124户,看家渗透率为9.9%;累计建设智慧社区10家,智慧社区端口2636个,发展用户573户,端口占用率为21.7%。通过掌沃通、沙盘以及新客系统,开展精准营销,加快融合业务渗透。通过大数据赋能,锁定目标用户开展长高用户维系,合约用户续约工作,制定高危、沉默用户提前干预政策,组织专项攻坚提高客户黏性。

【保障服务】

2022年,联通固原分公司在网络建设方面,全年累计建设5G站点105个,达到512个;4G L900基站266个,达到1229个;新建宽带资源端口37672个,达到73264个。实现匠心网络优化,完成5G SA升级,5G流量占比为27.71%,增长11.91 PP;5G驻留比达61.22%,增长10.12 PP。在客户服务方面,严把入网源头,创新工作方式,有效拦截,降低申诉率。实现智家工程师全面入格,队伍由5人增长到23人,提升"装维营服"能力。申诉率持续压降,百万用户申诉率45.45人次,行业排名第一;投诉三率持续提升,响应率为86.56%,解决率为80.69%,满意率为80.94%。

【市场拓展】

2022年,联通固原分公司聚焦数字政府项目建设,实现市、县级电子政务外网全覆盖,年收入近300万元。校园市场持续发力,发展固原一中、固原八中等20所学校移网用户近4000户,预存话费50万余元。中标固原市原州区教育体育局"互联网+教育"达标县奖补给项目及标杆校培育项目397.67万元;彭阳县教育体育局五中三网建设项目195.27万元;实现固原市原州区教育体育局校园网络服务项目增补5.4万元。落实名单制管理机制,挖掘各行业商机信息,中标固原市民政局居家和社区养老服务改革试点智慧养老综合服务、泾源县公安局执法办案管理中心施工服务等项目96个,实现业务收入1245.15万元。其中,云集成403.5万元,占比32.4%;大安全14.7万元,占比1.2%。中标固原市黄土丘陵区森林火灾高风险区和草原极高火险区综合治理项目(金额390.12万元),成功实现融"联接"18万元,融"安全"13万元,融"云"11万元;打破档案馆信息孤岛局面,中标固原市本级公共就业服务能力提升(固原市人事档案室)项目96.67万元。以安全服务为切入,打破医疗行业信息化建设空白,实现收入45万元,实现安全业务收入15.6万元。

【交付支撑】

2022年,联通固原分公司精品网建设L900M基站263个。网业协同交付数字乡村34处,端口6940个;自建小区146个,端口29892个;商务楼宇13栋,端口840户。勘察大客户需求182单,开通数字电路及互联网专线127条,支撑市场一线发展。提升服务,5G网络优化质差小区568个,全网CQI率上升至99.19%。提质增效投资立项88个,投资金额5846.52万元,网络成本通过铁塔优化、网络瘦身、能耗压降、市政赔补等方式降本增效158万元,完成任务目标的112.86%。

【划小改革】

2022年,联通固原分公司加强人才队伍建设,开展科创人员"活水计划",科创人员占比达18%。截至2022年年底,有骨干人才2名,新锐人才2名。5名青苗人员进入专班学习。调整干部队伍,开展基层网格负责人选聘工作,共选聘网格负责人9名。提拔中层干部2名,35岁左右年轻中层干部占比达50%。加大优秀年轻干部的培养和使用力度,推荐3名青年骨干参加"青马"工程学习,后备人才到基层单元挂职锻炼,骨干人才主动到生产经营一线关键岗位。开展员工晋级晋档工作,晋级晋档率为52.9%。对低效能人员进行绩效辅导，对无法胜任工作的人员退岗退企，累计退出岗位8人，退出企业4人，退出率达11.2%。深化基层单元改革，激发基层单元活力，强区强县基层营服体系建设工作全面落地。积分薪酬制落地，积分薪酬同比增长35.9%，一线薪酬是后台部门的1.3倍，发放增量收益分享额13万元。

【创新亮点工作】

2022年，联通固原分公司"百团大会战"取得良好效果，发扬"大数据+铁脚板"精神，通过数据赋能、挂图作战、"线上+线下"组合、场景营销等方式，发展宽带5665户，同比提升63.9%，移网35509户，同比提升67.5%，在两个阶段的竞赛中取得地市第一。农村抢收大会战效果显著，通过"数字乡村平台+农村通信合作社"，与村部建立合作关系，开展集中录入营销活动，一阶段签约数字乡村平台23个，通信合作社9个，移网发展9001户，同比提升87%，宽带发展1673户，同比提升114%。

城乡建设与住房保障

城乡建设

【概　况】

2022年，原州区具有资质等级的总承包和专业承包建筑业企业60家，全年完成建筑业总产值24.81亿元，比2021年增长6.6%。

【移民村基础设施改造】

2022年，续建2021年移民致富提升行动村容村貌改造提升项目，对原州区头营镇利民村、三和村、圆德村等14个村庄进行村容村貌改造提升，主要实施外立面粉刷、大门及立柱维修、大门油漆、砌筑围墙、安装太阳能路灯、新建公厕等，已全部完成改造提升任务。实施头营镇圆德村、大北山村等7个移民村基础设施改造提升工程，在移民村实施道路硬化、人行道铺设、污水管道敷设，已全部施工完毕。

【村镇项目建设】

2022年，建设高质量美丽宜居村庄3个（头营镇马庄村、彭堡镇硝沟村、头营镇陶庄村），续建彭堡高标准重点镇，实施头营镇杨郎村传统村落保护项目，已全部竣工；安装原州区148个行政村村庄标识牌，完成投资281万元；完成商业总公司综合楼维修改造项目；开展农村生活垃圾填埋场整治，完成6个垃圾填埋场改造提升，集中彻底清理填埋场周边垃圾，提升农村垃圾处置能力。

【市区改造工程建设】

2022年，实施2021年城镇污水提质增效项目，5个标段全部竣工，提升市区12条道路、20千米污水管网排水系统；实施固原市明堡新村一期与二期之间道路雨污分流及新材料产业园雨污分流项目，已竣工；建设融侨产业园排水管道，完成聚乙烯排水管线敷设2848米，建设检查井75座、混凝土排水口3座、过路顶管60米；续建固原市区2021年城市公厕，主要在西关街、八一小区、行署北院门口建设固定公厕及移动公厕，已全部竣工。

【营商环境优化】

2022年，原州区住房城乡建设和交通局推进简政放权"放管服"改革制度，建立"一窗口""一站式""一网通"服务功能，方便企业、群众办事，工程建设项目审批时限达到上级要求，审批时限控制在5个工作日以内，办理工程施工许可证68件，办理线上联合验收1件。

【安全生产】

2022年，原州区住房城乡建设和交通局开展安全生产大检查、大整治及安全生产"百日攻坚"行动，集中开展建筑道路施工方面高处坠落、物体打击、起重伤害（坍塌）、触电、机械伤害、中毒和窒息、火灾和爆炸、淹溺等风险隐患排查整治。全年排查安全隐患374条，现场下达隐患整改通知书39份、局部暂停施工通知书8份，依法处罚未办理施工许可擅自开工建设、施工单位共计7.92万元，扣除2家施工企业诚信分各200分，扣除3家施工企业和4家监理企业诚信分各100分，扣除5名项目经理和4名监理总监诚信分各3分。对173家燃气企业及用户进行安全运营检查，对132个老旧小区使用燃气情况逐一排查，发现个别住宅楼安装管道出现螺丝松动、个别住户悬空私拉电线、个别燃气报警系统未安装、弱电电线缠绕燃气管道等诸多隐患，安排专人负责，第一时间排除。开展安全生产三年专项整治巩固提升年活动，对牵头道路运输、交通运输和城乡建设3个领域安全生产三年专项行动进行综合评估，评估结果均为合格。严格消防审查备案，对各乡镇房屋、市政工程进行消防图纸审查12件，消防专项验收4件。

住房保障与管理

【概　况】

2022年，原州区房地产开发投资16.13亿元，比2021年下降1.9%。其中，住宅投资13.91亿元，增长6.9%；商业营业用房投资0.96亿元，下降43.2%。商品房销售面积55.07万平方米，下降17.3%；商品房待售面积17.33万平方米，下降21.5%。

【危窑危房改造及自建房排查整改】

2022年，原州区住房城乡建设和交通局坚持危窑危房即增即改、动态清零，全年改造危房280户。排查农村自建房存在隐患71户，其中20户纳入2022年危房及抗震宜居农房改造建设，已完成改造任务；16户由农户自行加固改造完成；拆除10户；剩余25户实行封存管理。已排查市区自建房19257栋，存在安全隐患888栋，已搬离422栋，剩余466栋通过发放告知书、张贴警示标志、街道办上门劝告搬离等方式及时消除安全隐患。

教育 体育 文化 旅游

教 育

【概况】

截至2022年年底，原州区共有各级各类学校270所。其中，完全中学1所，初级中学8所，九年一贯制2所，小学159所，幼儿园100所（含民办57所）。另有教学点10所，高中教学班49个，初中教学班375个，小学教学班1167个，幼儿园教学班619个（含附设幼儿班28个）。原州区各级各类学校在校学生84886人。在校学生中：小学生45759人，其中女生22044人；初中学生18887人，其中女生9289人；高中学生2573人，其中女生1317人；幼儿园在园儿童17667人，其中女童8685人。原州区中小学共有教职工4049人，专任教师4086人。其中，小学教职工2533人，专任教师2546人；中学教职工1516人，专任教师1540人；幼儿园教职工1931人（含民办幼儿园）。原州区中小学校舍总面积605136.64平方米。其中，中学校舍面积210117.98平方米，生均9.79平方米；小学校舍面积395018.66平方米，生均8.63平方米。原州区中小学共有图书1604380册。其中，中学图书630918册，生均29册；小学图书973462册，生均21册。截至2022年年底，原州区适龄儿童入学率、小学毕业率、适龄少年入学率、初中学生毕业率均为100%，初中毕业生升学率为98.82%，残疾少年儿童入学率为87.2%，学前三年毛入园率为95.68%，小学巩固率、初中三年巩固率分别为103.54%和99.1%。

【教育经费投入】

2022年，原州区辖区中小学、幼儿园教育经费累计投入13.39亿元，比2021年增加3.19亿元。

【教育经费保障】

2022年，中央和自治区安排义务教育阶段中小学公用经费6083万元，免费教科书资金1285万元。从2020年春季学期开始，城乡义务教育学校公用经费基准定额为：普通小学每生每年650元，普通初中每生每年850元，对不足100人的学校按照100人核定公用经费；取暖费城市每生每年95元，县镇和农村每生每年100元；营养改善计划补助经费年生均60元；寄宿学校公用经费补助资金按寄宿学生数年生均200元核定；义务教育阶段随班就读残疾学生按每生每年6000元标准补助公用经费。

【教学仪器设施配备】

2022年，原州区争取义务教育薄弱环节改善与能力提升、"互联网+教育"等项目，为原州区第二十小学、第二十一小学、第二十二小学、第二十三小学、第六幼儿园等学校和幼儿园采购音体美器材、学科实验仪器、智慧黑板、课桌凳等教育教学设备，全年共投入资金2253万元。

【校舍建设】

2022年，原州区建成原州区第二十小学、第二十一小学、第二十二小学、第二十三小学、第十一幼儿园、第十二幼儿园。争取义务教育薄弱环节改善与能力提升项目、中央预算内投资项目、幼儿园建设项目等，新建原州区三营镇第四小学，黄铎堡学校学生宿舍楼、教师周转宿舍、餐厅，三营镇第四小学教师周转宿舍，张易镇中心小学教师周转宿舍，三营团结幼儿园扩建等，校舍面积2万多平方米，总投资1.2亿元。

【学校运动场改造】

2022年,原州区争取义务教育薄弱环节改善与能力提升项目,改造原州区杨郎中学、三营镇第一小学、固原市第三中学、开城镇青石小学、官厅镇沙窝小学等学校运动场近3.5万平方米,总投资1800万元。

【附属设施建设】

2022年,原州区争取自治区教育厅校舍安全保障资金与地方财政及学校自筹资金,对固原市第六中学、原州区三营镇中心小学、第一幼儿园等69所中小学幼儿园附属设施进行维修改造,总投资2200万元。

【教师队伍】

截至2022年年底,原州区共有中小学在编教职工3941人,另有特岗教师108人(2020年29人、2021年49人、2022年30人);幼儿园在编教师95名,政府购买公办幼儿园服务岗位271个,基层服务专项计划人员65名。

【特岗、学前教育、"三支一扶"招录】

2022年,原州区共招聘特岗教师50名,签约公费师范生56名,招录"基层服务专项计划"——学前教师65名,"三支一扶"支教人员50名。落实"三区人才"支持计划50人,招募"银龄讲学"计划5人,安排福建支教教师15人,指导小规模学校音体美教师走教18人次。

【交流轮岗】

2022年,原州区城区小学向乡镇对口小学选派10%的交流教师,乡镇学校选派对等数量的教师到城区学校交流学习,全年共轮岗人员494人。

【教师资格认定和职称评审】

2022年,认定初级中学教师资格248人、小学教师资格516人、幼儿园教师资格156人,教师资格信息变更22人。2022年原州区中小学(幼儿园)共评审高级教师145人(含"双定"评审25人),一级教师165人,二级教师57人。

【教研交流】

2022年,原州区聘任新一轮第一批专职教研员17名,兼职教研员95名。表彰2021年教研先进个人50名,教研先进集体10个。落实教研员"五包"责任制和教研员乡村学校、薄弱学校联系点制度,常态化开展农村学校和薄弱学校教学指导。开展第一轮线上课堂教学诊断活动,教研员在线听评课149节。教研员下校视导,推门听评课、公开课共1000余节。组织教师参加固原市中考复习研讨会和高中学科核心素养教学研讨会,开展初中毕业班中考适应性考试。

【教学研究】

2022年,原州区教体局组织开展校(园)长听评课、"四课"比赛、班主任基本功大赛评选、教研员专业引领"大练兵、大展示"等四大类9项系列活动。原州区85名校(园)长,112名专兼职教研员,196名新进教师,2000多名学科教师、骨干教师、教学名师参加初赛,896名参加县(区)级复赛,推选出127节课、15名教研员参加固原市级以上评选,5人获得自治区一等奖,49人获得自治区二等奖,12人获得自治区级展示课。组织教师参加基础教育精品课遴选活动,推荐72节原州区级精品课,入选市级精品课62节、自治区级精品课9节。组织教师参加固原市"四评一赛"活动,论文获一等奖127篇、二等奖122篇;教学课件获一等奖84个、二等奖105个;微课获一等奖60个、二等奖87个;案例获一等奖40篇、二等奖62篇。推荐48节课参加固原市优质课大赛,23人获得一等奖,25人获得二等奖。组织开展中小学教师优秀作业设计和优秀教学设计评选活动,推选186份设计作品参加市级评选,56人获得一等奖,104人获得二等奖。组织教师申报课题190个,立项82个,结题13个。

【教学监测】

2022年，原州区教体局组织开展期末学业质量监测及九年级中考适应性考试工作，对原州区37所中小学进行音乐、体育、美术、信息技术科目实测，组织中考综合素质测试理化生实验和英语人机对话测试工作。按照五项管理和"双减"政策要求，做好秋季期末质量抽测相关工作，达到以测促教、以测促学的目的。

【教师培训】

全年共培训教师3661人次，主要培训项目包括：国培计划2021（3175人次）、国培计划2022第一期中西部骨干项目（57人次）、教育部乡村振兴重点帮扶县教师国家通用语言文字能力提升在线示范培训（100人次）、全市新高考改革专题培训（32人次）、原州区中小学教师信息技术应用能力提升工程2.0学校管理团队线上学习（192人次）。

【教育体制改革】

2022年，原州区继续深化教育管理体制和人事制度改革，新建学校原州区第二十小学、第二十一小学、第二十二小学、第二十三小学分别纳入原州区第五小学、第六小学、第二小学、第十八小学教育集团。福州市连江一中与固原五中开展"组团式"帮扶。

【中小学德育工作】

印发《原州区德育工作指导意见》，以"喜迎二十大"为主线，推动习近平新时代中国特色社会主义思想进教材进课堂进师生头脑，开展"铸牢中华民族共同体意识"主题教育系列活动，5所学校（六中、十一小、十五小、十七小、十八小）荣获"自治区德育工作示范校"称号。13个集体被评为自治区"红领巾星章"四星章集体和自治区优秀少先队优秀集体，35名个人荣获自治区优秀少先队员、优秀辅导员和"红领巾星章"四星章个人等称号。

【民办教育】

截至2022年年底，原州区共有民办幼儿园57所、教育培训机构94所。其中，学科类3所（2所暂停），艺术类89所，体育类2所。按照"双减"工作要求，民办幼儿园中有3所为营利性幼儿园。在园幼儿12053人，有教职工1459人，其中专任教师754人。

【大学生资助】

2022年，共资助大学新生350名，落实资金119.3万元。其中，燕宝奖学金资助学生252名，发放资金100.8万元；茅台酒业公益助学资助建档立卡家庭经济困难大学新生27名，发放资金13.5万元；"滋蕙计划"资助学生71名，发放资金5万元。

【生源地信用助学贷款】

2022年，累计受理生源地信用助学贷款合同人数为9996人，合同总金额达7925.8977万元。

【普通高中学生资助】

2022年，普通高中学生资助资金总额为227.22万元，资助普通高中学生2953人次。其中，高中国家助学资金152.5万元，资助学生1525人次；减免学费资金52.72万元，资助学生1318人次；燕宝高中助学资金22万元，资助学生110名。

【义务教育阶段"一补"政策】

2022年，落实义务教育阶段家庭经济困难学生生活补助金1172.6375万元，资助学生35246人次。

【学前教育资助】

2022年，落实学前教育资助总资金765.5万元，受助幼儿7435人次。其中，"一免一补"675万元，资助幼儿5625人次；学前两年90.5万元，资助幼儿1810人次。

【校园安全】

开展"忠诚保平安、喜迎二十大"校园安全大排查大整治工作，对学校政治安全、校舍设施安全、消防安全、道路交通(校车)安全等21项安全进行大排查。对校园"一键报警"、监控等装置等检查更新。组织培训专职保安60名，实现校园安全"五个100%"全覆盖。举办消防知识讲座进校园活动32场次，原州区第六幼儿园、原州第十四小学、原州区第二十二小学和原州区第二十三小学通过固原市级消防安全标准化学校评估验收，市级消防安全标准化学校达到4所。

【营养改善计划】

拨付专项资金2101万元，惠及学生2.7万余人。以"双创"工作为契机，细化食堂运行管理，实施"四D""色标""互联网+明厨亮灶"等智慧管理模式，落实校园食堂食品安全主体责任，确保原州区校园食堂"双安全""零事故"。通过政府购买服务聘用615名食堂从业人员，对食堂从业人员进行岗位业务技能提升培训。

【教育督导】

2022年，原州区教体局深化教育督导体制机制改革，优化整合11个督学责任区，强化86名政府督学、责任督学教育管理，督导案例《原州区建好"两支队伍"提升教育督导工作效能—督学"诊"问题教育提质量》被中国教育报刊登。

【党的建设】

截至2022年年底，原州区教体系统现有党员1892名，其中离退休党员591名，下辖52个党支部(其中，中小学党支部40个，公办幼儿园党支部6个，其他党支部6个)。党支部书记、校(园)长"一肩挑"学校44所，书记、校长分设学校2所，设专职副书记学校7所，未设置党支部学校3所。原州区教体局党组把学习习近平新时代中国特色社会主义思想作为首要政治任务，扎实推进习近平新时代中国特色社会主义思想"三进"工作。全面推进党组织领导校长负责制，指导制定党组织会议议事规则和校长办公会议议事规则，实施书记、校长"一肩挑"。推动十八小和一幼党支部五星级党组织培育对象建设和中小学党建示范点培育对象建设。指导28个党支部完成换届选举和支委补选工作，新成立5个党支部(二小、五小2个离退休党支部和二十小、二十一小、二十二小3个新建校党支部)，撤销1个党支部(九小党支部)。严把党员入口关，发展预备党员16人，按期转正党员38人。举办庆祝中国共产党成立101周年文艺汇演及表彰活动，15个党组织、145名个人获教育工委表彰，为19名党员颁发"光荣在党50年"纪念章。

体 育

【群众体育赛事】

2022年，原州区体育活动中心成功举办2022年迎冬奥原州区新年线上健康跑活动、2022年迎冬奥原州区新年线上《国家体育锻炼标准》线上挑战赛、第九套广播体操视频展示大赛和原州区第五届中小学生田径运动会等赛事活动8次，参与2.5万余人次。参加宁夏第五届农民篮球争霸赛获得三等奖，参加宁夏第九届社会体育指导员交流展示大赛获得柔力球项目团体一等奖和健身气功项目三等奖，参加固原市第九套广播体操视频展示大赛获得机关(学校)成人组一等奖，参加宁夏首届工间操大赛获得优秀组织奖。

【竞技体育训练】

2022年，原州区业余体校开展田径、跆拳道、篮球、乒乓球、足球、羽毛球、游泳、拳击、高山滑雪、越野滑雪(滑轮)、短道速滑、象棋、武术、射箭、摔跤和铁人三项16个项目，在训运动员人数800余名，充实原州区青少年竞技人才队伍。在2022年自治区第十六届运动会(甲组比赛)中，原州区参加田径、跆拳道、篮球和足球4个项目比赛，团体获得1金、1银、1铜、1个第七名的优异成绩，个人获得2金、4银、4铜、3个第五名、1个第六名的优异成绩，其中，

4人达到国家一级运动员标准，20人达到国家二级运动员标准；在"体总杯"中国城市篮球赛宁夏选拔赛青少年U16组中，原州区男子、女子篮球均获得冠军；在2022年全国象棋校级联赛总决赛上，原州区象棋代表队获得1—3年级团体金奖、4—6年级团体铜奖，个人荣获3个二等奖和4个三等奖的可喜成绩。

【体教融合】

2022年，原州区体育活动中心强化制度引导，注重做好"体育+"文章，制定出台《原州区深化体教融合，促进青少年健康发展的实施意见》，对推广工间操、不得挤占体育课、鼓励社会力量进校园等作出明确要求，通过督查、视察和检查推动《全民健身条例》和实施意见贯彻落实。强化投入支撑，办活机制导入社会资源，加强青少年冬夏令营开展，提高青少年运动能力和竞技水平。开展国家体质健康达标监测，学生体质健康合格率达96%以上。2022年，原州区8所中小学被自治区评为体育特色传统学校。

【全民健身服务】

2022年，原州区体育活动中心派遣宁夏智图思创科技有限公司为第三方排查组，对原州区11个乡镇、149个行政村、3个街道办事处、38个社区进行定位打卡、拍照、登记造册等，梳理排查，理清底数，建立台账，提出整改要求及解决措施，共摸排体育场地数量857个。其中，全民健身路径场地340个，标准篮球场266个，三人制篮球场20个，健身活动室201个，全民健身活动中心3个，社区多功能运动场5个，体育馆1个，体育公园1个，健身步道13个，骑行道4个，登山道2个，木栈道1个。配发体育器材共3426件，其中，篮球架共276副，健身路径共340套(2718件)，室内外乒乓球桌共231副，室内外棋牌桌共201张。为原州区三营镇广和村、团结村等6个移民村篮球场建设悬浮地板6个，建设多功能运动场2个；为原州区九龙半岛公园建设健身步道6千米。加强社会体育指导员队伍建设，2022年共举办三级社会体育指导员培训班2次(毽球和围棋)，培训三级指导员61人，培育全民健身骨干，形成组织落实、结构合理、覆盖城乡、服务到位的全民健身志愿者服务队伍。以智能化体育场馆建设为载体，为原州区文体活动中心和原州区全民健身活动中心安装人流监控系统，搭建全民信息服务平台，方便人民群众预约场馆和随时关注了解原州体育赛事动态。

【国民体质监测】

2022年，采用分层随机整群抽样方法对原州区不同人群进行测试，共测试609名，达标率为91.2%。用科学方法为群众制定运动处方，增强群众参与健身意识，提高身体素质。

文化旅游综述

【全域旅游示范区创建】

2022年，原州区文化旅游广电局结合《原州区"十四五"文化旅游广电发展规划》《原州区创建宁夏全域旅游示范区实施方案》和任务清单，狠抓落实，确保第二批宁夏全域旅游示范区成功创建。与北京市门头沟区签订《支持和发展民宿经济框架协议》，为发展民宿旅游产业发展谋求新的突破口，扩大原州的知名度、美誉度。彭堡镇姚磨村成功入选"全国乡村旅游重点村镇"，开城镇小马庄、官厅镇乔洼村成功入选"宁夏特色旅游村"，原州区荣华锦汇旅游休闲街区被成功认定为自治区级旅游休闲街区；新成功培育柳林庄园、牡丹山庄等10个具有发展潜力的重点乡村旅游示范点，使"游在六盘大地，吃住娱乐购到原州"的综合服务基地建设迈出新的步伐。围绕"两长一中心"，打造开发具有原州特色的历史文化游、红色文化游、城市休闲游、乡村避暑游4条精品旅游线路。全年原州区接待游客316万人次，实现旅游总收入16.5亿元，分别同比增长67.32%和61.39%，显现"避暑胜地·锦绣原州"文旅品牌效应。

【文化活动】

2022年，原州区文化旅游广电局依托元旦、春节等传统节日，举办乡村春晚活动3场次；举办送春联活动6次、送春联4000余幅；举办线上有奖答题活动3次。开展线上展览、名家讲坛、主题展览活动3次。开展秦腔线上线下演出34场。指导乡镇（街道）、村（社区）文艺团队演出2000多场次。开展"送戏下乡""戏曲进乡村"演出110场次。参与自治区、固原市和原州区群众性文艺演出35场次。组织创排音乐快板《防诈意识是关键》、小品《村里那些事》等精品节目参加各类演出近60场次。开展送书下乡、进社区宣传31场次，受益群众达16000人次。新建惠德、和润等5个移民村流动图书点。为120个行政村配置电脑、桌椅、书柜、书籍等，为文化大院、演出团队、村文化活动中心配备文化器材。举办青少年公益性书法、绘画、合唱、舞蹈和电子琴培训班，培训学员144人。编辑出版《原州》杂志2期，成功举办第三届六盘山诗歌节、第八届须弥山石窟艺术文化旅游节、乡村音乐节等节庆活动。组队参加自治区广场舞比赛荣获三等奖和优秀辅导奖；参加固原市广场舞比赛分别荣获二等奖和三等奖、优秀组织奖，参加自治区总工会"劳动者之歌"文艺会演荣获语言类二等奖。

【文物保护】

2022年，原州区文化旅游广电局以"农耕之魂"为常设展览，落实博物馆全年免费开放政策，全年接待参观者6万人次以上。在文化遗产日、博物馆日等节日举办宣传活动5次，向广大市民免费发放文物保护宣传折页2万多份，编辑出版《原州区文物精品图录》。推进非遗传承保护，对原州区现存的刺绣、剪纸、抟土瓦塑等民俗民间文化遗产进行普查、收集、整理，挖掘和梳理原州区非物质文化遗产资源，完善代表性项目名录体系建设。成功申报自治区级非遗项目代表性传承人4人、非遗代表性项目5个，市级非遗代表性传承人7人、非遗传承基地3个。

【公共文化旅游项目建设】

2022年，原州区投资1415万元，建设图书馆、文化馆外网附属设施项目，2022年年底已完成总工程量80%以上，完成两馆内部装饰装修及设施设备购置。投资2400万元，建设宁夏原州区国家文化公园战国秦长城保护及旅游基础项目，一标段长城博物馆展陈已完成总工程量60%以上；二标段基础设施正在进行方案设计和土地调整。投资516万元，建设完成旅游环线各节点基础设施建设项目七标段。投资951万元，实施的乡村旅游示范点基础设施提升项目，已完成道路硬化、场地铺垫等基建工程。投资420万元，实施的乡村公共文化基础设施维修项目，正在进行基础开挖等。投资230万元，实施乡村旅游示范点（牡丹山庄）基础设施提升项目；完成五爪山烽火台保护修缮及围栏项目、固原古城遗址内城西墙北段保护修缮工程续建项目、东汉人物杂技四神青铜鎏金摇钱树保护修复项目；须弥山石窟规划修编项目、须弥山相国寺区域石窟水害治理前期勘察研究项目已完成招标，进入项目实施阶段。

【安全生产】

2022年，原州区文化旅游广电局认真排查文旅行业安全，推进文化旅游行业领域安全生产工作。全年共计出动检查人员2000多余人次，检查文化旅游经营场所3000余家次，签订消防安全等承诺书500多余份，制作安全警示展板25块、横幅60条，确保局属4个事业单位、监管的33家非遗传承基地（点）、55家文化大院、46家文艺团队、3家A级旅游景区、39家星级农家乐、233家文化娱乐场所、59家网吧、21家营业性演出团体运行安全，无安全事故发生。

文化活动

【春节文化活动】

2022年，原州区文化馆在春节期间，组织举办

"迎冬奥、过大年"送春联活动,为原州区社区、乡镇、机关单位送去春联4000余副。举办"畅想新生活、欢乐过大年"线上有奖答题活动,参与人数1万余人。举办"我们的中国梦,文化进万家"元宵节线上猜灯谜有奖答题活动,参与人数3000余人。

【文化民生活动】

2022年,原州区文化馆完成了各项文化服务业务工作:完成戏曲进乡村演出60场次、送戏下乡演出50场次;2022年3月1日,参加固原市学雷锋志愿月服务活动启动仪式演出1场,观看群众500余人;参加原州区"听党话、感党恩、跟党走"群众性系列主题文艺演出1场,观看群众300余人;组织赛事交流1次,选派当地"舞指山羊"乐队参加第十九届群星奖宁夏赛区初选;组织广场舞代表队参加自治区广场舞比赛荣获三等奖和优秀辅导奖;组织黎悦红袖代表队和金梦代表队参加固原市第十届广场舞比赛分别荣获二等奖和三等奖,同时获得优秀组织奖;选送舞蹈《映山红》参加固原市广场文化活动启动仪式演出;组织原州区广场文化活动启动仪式专场演出;配合原州区委宣传部组织"听党话,跟党走,感党恩"系列主题活动走进三营安和村、黄铎堡和润村、头营福马村进行专场文艺演出3场;组织节目配合宣传部参加固原市学雷锋活动启动仪式演出;组织黎悦红袖代表队参加固原市民族团结月活动启动仪式广场舞展演并创排音乐快板《民族团结一家亲》;创排音乐快板《防诈意识是关键》参加各类演出近60场;配合教体局完成校外艺术机构日常监管和校外培训机构平台全流程监管,公布原州区第一批校外艺术机构"白名单";组织原创小品《村里那些事》参加自治区总工会"劳动者之歌"文艺会演荣获语言类二等奖。开展"诗书原州"相关活动,编辑出版2022年《原州》杂志2期,推进文艺繁荣,擦亮原州"中国诗歌之乡"名片影响力。举办2022年暑期青少年公益培训(书法、绘画、合唱、舞蹈和电子琴)班,培训学员144人。

【非遗项目申报】

2022年,原州区文化馆挖掘和梳理原州区非物质文化遗产资源,完善代表性项目名录,成功申报第五批市级非物质文化遗产代表性项目1个(泥塑),第四批市级非物质文化遗产项目代表性传承人7人(刘峰、王淼、申志华、马杰、马生财、马健、王晓梅),申报第六批自治区级非物质文化遗产项目代表性传承人4人。申报固原市级非物质文化遗产项目5个,第二批市级非物质文化遗产保护传承基地3个(秀色淑工刺绣传承基地、固原市硬花活非遗传承基地、固原市六盘山花儿保护传承基地)。开展2022年"文化和自然遗产日"非遗宣传展示活动,对各乡镇文化大院进行阶段性检查,重点培育新文化大院,并对文化大院进行设备扶持。

文物管理

【概 况】

原州区文物管理所为副科级事业单位,核定编制10人。其中,行政管理岗位3人,专业技术岗位7人。实有13人。其中,副研究员2人,馆员4人,助理馆员1人。主要工作职责为规范文物流通、保护可移动文物、文物流通管理、文物鉴定管理。

【文物保护】

2022年,原州区文物管理所加大对27处文物保护单位保护力度,强化对外宣传展示手段,以防为主,查防结合,做到对文物违法行为及安全隐患"早发现、早制止、早上报"。对城区建筑工地发现的1座古墓葬进行抢救性清理工作,及时保护固原地区文物流失。

【文化项目实施】

出版《原州区文物精品图录》,完成《固原古城遗址保护规划》初稿,东汉人物杂技四神青铜鎏金摇钱树保护修复项目正在有序进行,完成固原古城遗址抢险加固二期工程、固原大营城遗址抢险加固工程、固原文澜阁墩台抢险加固工程，固原文澜阁油漆彩绘工程进行终验，完成固原古城遗址内城西墙北段保护修缮工程续建项目。

【西北农耕博物馆】

2022年，西北农耕博物馆以"农耕之魂"为常设展览，落实博物馆全年免费开放政策，全年开放时间保持在305天以上。利用"国际博物馆日""文化和自然遗产日"等重大节日活动，开展形式多样的宣传教育，全年共举办文化活动5次：2022年1月30日，举办"线上博物馆——西北农耕博物馆陪您过大年"活动；2022年5月18日，原州区文物管理所、西北农耕博物馆紧扣国际博物馆日举行"博物馆的力量"主题宣传活动；2022年5月23日，原州区文物管理所、西北农耕博物馆在博物馆广场举办以"走近科学、你我同行"为主题的宣传活动；2022年6月22日至7月7日，举办"红领巾小小讲解员"主题研学活动；2022年8月3日，参与"丝路重镇·魅力原州"活动，展示文物魅力。

须弥山文物管理

【石窟文物安全】

落实须弥山石窟文物安全工作，对石窟内不可移动文物，每天职工人工沿重点石窟巡查两次，安防监控室24小时值班，通过人防和技防确保文物安全。文物保护核心区森林防火和圆光寺木质结构古建筑及僧人上香防火安全，由须弥山文管所、禅塔山林场、须弥山旅游公司联合进行防火，须弥山圆光寺成立了消防工作站，每年五一和十一进行两次消防演练。消防员人工巡查，安防监控系统先进红外扫描设备对须弥山全景进行拉网式扫描，确保须弥山景区不发生火灾。

【项目实施】

2022年，须弥山共实施三大项目：总投资120万元的须弥山石窟规划修编项目、总投资320万元的须弥山相国寺区域石窟水害治理前期勘察研究项目、总投资550万元的须弥山大佛本体修缮前期勘察研究项目。

图书管理服务

【图书征订及读者服务】

2022年，原州区图书馆完成全年度报刊、杂志资料的征订和读者服务工作。2022年，原州区图书馆共征订报纸62种106份，杂志164种180份，本馆共有报刊资料和各类藏书31万余册。全年共接待读者38440人次，借阅图书报刊资料16400余册次。博看书苑、文旅"e"家、"战疫"书柜等线上阅读继续发挥服务读者作用。利用国家图书馆数字图书馆推广工程，举办"网络书香阅见美好"新春数字阅读推广活动，通过印制海报、图书馆公众号发布等让广大读者体验和享受互联网时代数字阅读带来的便利和快乐。同时为读者准备丰富的数字资源，博看数字化期刊全文数据库、"中文在线"等数字资源让读者享受阅读的快乐。

【图书宣传流动服务】

开展丰富多彩的春节文化活动：1月12日，在原州区头营镇二营村开展写春联、送春联活动，为群众送春联300余副，送书1000余册；以国家图书馆线上展览主题活动为内容，开展线上"畅读经典欢度春节"主题展览活动；1月19日至21日，组织全体馆员参加自治区图书馆线上"知网杯"智慧图书馆建设知识竞赛答题活动。开展形式多样的"世界读书日"系列活动：2022年4月23日，原州区2022年"全民阅读、诗书原州"暨"4·23"世界读书日系列活动启动仪式在西湖路社区正式启动，同时开展了以"奋进新征程，阅读再出发"为主题的"世界读书日"活动。图书宣传周期间，开展阅读推广活动及"行走的图书"活动，共计服务读者1000余人次，发放宣传资料10000余份、宣传礼品600多份。

2022年,分别在彭堡镇惠德村、黄铎堡镇安和村、头营镇圆德村、黄铎堡镇和润村和原州区敬老院设立5个移民村流动图书点,截至2022年年底,原州区共有流动图书点28个。开展送书进广场、进乡村、进社区、进军营、进景区、进监狱等"七进"活动及阅读推广活动,全年开展阅读推广活动31场,发放各类图书和杂志9000余册,各种宣传材料超过20000份,受益群众达16000人次。

档案管理服务

【档案管理】

2022年,原州区档案馆加快到期档案移交进程,全年共接收8个全宗,进馆档案2097卷(盒),电子档案199.5 GB。其中,编办46卷,河川乡359盒、电子档案179.7 GB,头营镇457盒,官厅镇176盒,寨科乡125盒,农业农村局367卷,自然资源局491卷,北塬街道办事处76盒、电子档案19.8 GB。依据《各级国家档案馆开放档案办法》对馆藏档案进行划控鉴定,已鉴定开放档案目录6000条,并将115条目录及全文上传自治区馆际共享平台,便于查阅利用。按照《进一步做好精准扶贫档案工作的通知》精神,指导督促各乡镇、村完成精准扶贫档案规范整理工作;配合原州区委办(档案局)指导完成党史学习教育档案资料的归集整理。征集反映原州区经济建设和社会发展历程与成就的档案,加强对原州区重要活动、重要事件和重点项目档案资料的征集工作,配合固原市档案馆开展荣誉档案征集工作,全年共征集荣誉档案260件,为固原市编印出版《固原荣誉档案名录》提供电子档案91件。

【档案服务】

围绕"喜迎二十大·档案颂辉煌"主题,档案馆对原州革命历史名人展厅进行完善补充,展示韩练成、赫光、孙寿名、陈良璧4位原州区革命名人。配合宁夏电视台、自治区档案馆拍摄《档案宁夏·初心印记——赫光与中国共产党北方第一支红军正规军》。接待固原市档案馆、原州区退役军人事务管理局、原州区人武部等单位、个人140人次,为退役军人事务管理局布展固原革命英烈展提供图片资料50余张。做好档案查阅、复印"一站式"工作服务,为各级组织、干部职工和群众提供档案资料利用服务,全年共接待查阅利用3200人次,调卷近10000卷次。其中,为彭阳县党史地方志研究室提供档案资料2300多卷,为原州区党史地方志研究室提供查阅档案资料340多卷次;为原州区人社局、纪检委等单位提供档案证明资料3000多卷,为广大市民、干部职工缴纳养老保险、工龄认定、婚姻状况、安置就业等方面提供档案证明667人次,出具证明667份,发挥了档案在为民服务等方面的凭证作用。

【档案信息化进程】

加快档案馆档案数字化工作,建成档案业务综合管理平台,档案馆馆际共享服务系统6月9日正式上线运行,已向社会提供服务,实现异地查档、开具证明。推进档案业务综合管理平台建设,建立联通各级综合档案馆的档案查询利用服务机制,促进数字档案馆(室)系统应用,实现线上线下档案业务融合发展。加快馆藏档案数字化进程,完成人社局全宗数字化扫描,共扫描22495页。

【档案宣传】

利用杂志、网站、微信等平台宣传新修订的《中华人民共和国档案法》,推进档案治理法治化。在"6·9"国际档案日开展系列宣传活动,组织原州区各立档单位70人参加由国家档案局举办的"6·9"国际档案日线上专题讲座。通过发放宣传资料、现场讲解、答疑释惑及《原州革命历史名人》等加大档案宣传力度,发放宣传资料1000多份。

【档案安全建设】

落实以制度为基础,以提高职工安全意识为重点,以安全监控和自动报警设备为辅助的档案馆"三维"安全防范体系,确保档案实体绝对安全。配合宁夏众安消防安全有限公司对消防设施设备开展专项检查维修，组织开展应急演练。确定专人负责综合档案馆安全，实行昼夜值班和巡查制度，对安全隐患做到早发现、早报告、早处置，把隐患消除在萌芽状态。抓好防火、防盗、防水、防湿、防虫、防鼠、防霉等工作，确保档案实体在收、管、存、用各个环节绝对安全。开展档案馆安全风险排查工作，对排查出的问题进行梳理汇总，制定整改台账，落实整改时限。严格落实档案数字化安全规定，对外发布的开放档案信息由专人进行严格审查，严防泄密事件发生。

新闻媒体工作

【主题宣传报道】

在新闻采编各个环节绷紧"正确舆论导向"这根弦，坚持正面宣传为主，全面、准确、系统地宣传阐释党中央和自治区、固原市的重大决策部署。围绕学习贯彻习近平新时代中国特色社会主义思想、党的二十大精神及自治区第十三次党代会精神等，组织策划一批系列报道，在全媒体平台同时推出。在自治区、固原市两会，北京冬奥会、冬残奥会等重点保障期前夕，组织开展安全播出应急预案演练。抓好电视媒体平台建设、维护保障，注重新闻策划，发挥全媒体平台优势，在舆论引导、节目创优、栏目创新上求得突破。将电视与微信等新媒体平台进行资源整合，发挥全媒体优势，提升媒体阵地意识。围绕原州区委、区政府各项工作，加大宣传力度，为经济社会发展营造良好舆论氛围。2022年，《原州新闻》电视栏目共播出149期，开设专栏20个，播发新闻稿件560余篇（条）;《原州发布》微信公众号发布新闻稿件7560篇（条），开设专栏60个;《原州融媒》视频号发布新闻视频100条，直播12场。采写了《原州区：科技促农稳增收大棚种出致富梦》《原州区大力发展高效节水灌溉助推乡村振兴》《开城镇：干部群众齐上阵，打好环境整治攻坚仗》等具有广度、深度的新闻报道。围绕重点项目、重大事件、重要活动、重要节点，开展重点宣传，打造新闻宣传上稿率。全年原州区融媒体中心在人民日报刊发（播）稿件62篇（条），在新华社刊发32篇（条），在央广网刊发10篇（条），在经济日报刊发30篇（条），在光明日报刊发22篇（条），在中国新闻网刊发15篇（条），在宁夏日报刊发320篇（条），在固原日报刊发150篇（条），在固原电视台《固原新闻联播》刊发100篇（条），向外展示原州区经济社会发展取得的辉煌成就，传递原州区高质量发展的信心和决心。春节期间，结合"过年不停工""就地过大年""春节岗位上的坚守"等热点话题，原州区融媒体中心推出"新春走基层"系列报道；自治区召开第十三次党代会期间，原州区融媒体中心策划党代会系列特别报道，制作发布的海报长图、一图读懂、干部职工热议党代会等媒体产品，将党代会信息进行生动展示；原州区融媒体中心各平台均开设专栏，深入做好新冠病毒疫苗接种宣传舆论引导工作。

【农村数字电影】

2022年，原州区农村数字电影工作以实施放映工程为抓手，组织各放映队开展进林场、进工地、进军营、进老年公寓、进社区、进移民新村的"六进"活动，扩大和延伸农村数字电影服务领域。全年累计放映数字电影2482场，其中，行政村放映1662场，移民新村放映160场，室内固定放映点放映200场，农林牧场放映30场，广场社区放映430场，放映数字电影片目70多个，观众达21多万人次。

党史和地方志工作

【党史研究】

配合自治区党史重大专题调研组和自治区党委党史研究室调研组走访调研青石嘴战斗纪念碑、杨郎赫光纪念馆等党史学习教育基地，探访张易盘龙坡、隆德小水沟等地。组织党员干部到单家集学习考察，深化对红军长征经过固原时的几个关键路径和事件的认识。深度参与革命纪念馆布展工作，配合退役军人事务局对长城梁革命烈士纪念馆布展资料进行审核和修改,到青石嘴实地考察,提供有关红军长征、西征等地方党史资料和赫光、孙寿名等革命烈士资料,深度参与布展工作。向人武部提供大量古城堡照片,发挥地方党史部门作用。

【地方志研究】
编纂《原州年鉴2022》,收集各乡镇(街道)、部门(单位)年度资料,记录原州区2021年各方面工作成就。开展地方历史研究,组织干部考察原州区及彭阳、海原县境内20多座古代城堡,组织征集西海固优秀家规家训21篇,辑录历代名人家规家训和红色家训28篇,完成廉洁教育读本《优秀家规家训选编》初稿撰写工作。编写《杨郎村志》,科学合理确定编写大纲,深入村组实地调查了解,在档案馆查阅档案,收集村志资料数万份,年内完成5万字编写工作。协助教育部门开展《原州区教育志》编修工作,提供大量有价值的历史资料和部分图片资料,审读教育志稿件,出具《原州区教育志》(送审稿)初审意见,指导编修《原州区教育志》,履行指导职责。起草《原州区扶贫志编纂工作方案》《关于做好原州区扶贫志资料征集工作的通知》等文件和会议方案,协调解决编纂人员办公场地,收集照片60多张,组织编写扶贫志大事记。

科技创新服务

综述

【概况】 2022年，原州区全社会R&D投入1.44亿元，较2021年增量0.418亿元、增幅40.6%，投入强度达0.91%，较2021年增量0.22%、增幅31.9%。本级财政R&D经费投入364万元，增长30%，居固原市第一。本级财政R&D经费投入年度增长30%，获自治区科技创新激励以奖代补单项奖补资金。2021年县域科技创新能力监测评价获自治区科技厅奖励；宁夏荟峰农副产品有限公司、原州区农业技术推广服务中心、原州区林木站参与实施宁夏苜蓿产业技术创新与信息化服务等3个项目获自治区科学技术进步奖二等奖。认定全国科普教育基地1个、自治区科普教育基地1个。

【科技创新主体】 2022年，原州区科技局按照"科技型中小企业—高新技术企业—创新型示范企业"梯次培育机制，建立科技型企业培育库，加大高新技术企业、科技"小巨人"企业、科技型中小企业培育力度。新认定国家高新技术企业2家，总数达到8家；新认定自治区农业高新技术企业1家，总数达到3家；新认定科技"小巨人"企业1家，总数达到5家；备案科技型企业15家，原州区有效期科技型企业达到44家。

【创新条件建设】 2022年，原州区科技局加强科技示范基地建设，新建雪川农业种基地1500亩，张易毛庄村马铃薯绿色高质高效技术模式示范基地500亩，彭堡镇闫堡村蔬菜新品种展示园30亩，头营镇杨郎设施蔬菜新技术集成示范园50亩，头营镇利民村肉牛养殖及饲料加工农机化示范园区1个，彭堡镇彭堡、寨科乡中川、张易镇宋洼、官厅镇官厅、庙台千亩小杂粮基地5个，加快推动农业科技创新与推广步伐。加强科技创新服务载体建设，新认定众创空间2家，达到6家。截至2022年年底，共有创新平台23家，其中，自治区技术创新中心21家，工程技术研究中心2家。备案原州区人民医院与自治区人民医院、附属医院合作建设诊疗技术实践基地2个。

【科技创新产出】 截至2022年12月底，技术交易合同成交额1700万元。科技成果登记18个。加大科技成果转化应用，组织宁夏好水川养殖有限公司等实施固原鸡规模化生态养殖技术示范推广等乡村振兴科技成果引进示范推广项目6项，组织原州区彭堡姚磨村股份经济合作社等新型农业新型经营主体实施姚磨村冷凉蔬菜种植技术示范等成果转化创业服务项目2项，总投入资金547.6万元。申报自治区重大成果转化项目7项，评审通过3项。

【科技助力乡村振兴】 深入推行科技特派员制度，选派本级科技特派员100名，组织辖区科技特派员参加自治区、固原市及原州区各类培训活动13场次650人次。实施自治区创新创业服务项目11项，争取专项支持130万元。全年科技特派员在农业农村科技服务中推广新技术74项，引进新品种114项，转化科技成果57项，服务农民3163户，带动就业1419人，培育科技示范户270户，培训农民3711人次。2022年自治区选派乡村振兴科技指导员12人分4个组,安排项目资金99.6万元,组织实施蔬菜优新栽培技术示范等项目4项。国家乡村振兴重点帮扶县(原州区)选派科技特派团成立6个帮扶产业组,开展精准技术指导、技能培训等服务69次,培训帮带本土人员1710人次,服务新型经营主体、龙头企业等44家,技术指导服务覆盖行政村91个,覆盖率达61%。引进马铃薯、牧草、燕麦、荞麦等新品种19项,示范推广马铃薯旱作覆膜覆土栽培、病虫草害绿色防控技术等新技术28项,新品种新技术示范推广面积14000亩。

【东西部科技合作】

鼓励支持宁夏明德中药饮片有限公司、宁夏好水川食品有限公司等14家科技型企业与南京中医药大学、天津大学等东部高等院校、科研院所14家签订合作协议,解决制约原州区产业发展的关键技术难题。辖区院校宁夏农林科学院(固原分院)与中国农业科学院、福建省农业科学院畜牧兽医研究所等5所院校合作,以自治区重点研发项目和课题的形式联合研发"马铃薯优异种质资源的评价与创制"等技术研究攻关,取得一定成效。加强人才引育合作,福建省跨区域为原州区选派22名科技特派员,组建肉牛养殖、果树花卉、园林绿化等服务团队4个,为宁夏晟达农林科技有限公司等4家企业长期提供技术指导服务合作,实施示范项目13项,开展技术指导服务200余次,促进企业创新发展。

【科学技术普及】

2022年,原州区科技局新培育科普基地、社区科普馆3个,其中,固原博弘农业科普体验园被认定为全国科普教育基地,固原市青少年综合实践科普基地被认定为自治区科普基地。联合宣传、科协、教育、卫生等16个部门单位及科技型企业开展"科技活动周""科技三下乡"等活动20余次,发放宣传资料15000余份,悬挂横幅33条,摆放展板52块,发放宣传物品1000余份,受益群众达千人次。

【科技创新管理】

开展企业家创新精神培育行动,组织辖区企业负责人、财务管理等业务骨干及科技干部在线收看自治区举办的各类科技政策宣传贯彻培训培育班24期1100人次。争取自治区支持资金876.4万元,实施各类科技项目26项。制定《落实2022年自治区和原州区重点改革任务责任清单》,推进贯彻落实自治区及原州区重点改革任务14项。

医疗卫生

综 述

【疫情防控】 2022年，原州区卫健局持续抓好外防输入，在交通卡点、高速服务区设立核酸采样点12个，督促低风险地区到原州区人员落实3天2次核酸检测措施。加强重点场所疫情防控，按照属地管理、行业监管原则，对大型商超、宾馆等重点场所、公共场所严格督促落实各项防控措施，严格进口冷链食品和其他进口货物"三集中"管理，严格落实快递、邮件消毒、检测措施。做好精准常态化疫情防控工作，对辖区内符合条件的199个小区安装270套智能门禁系统，前期采集录入人员信息，通过网络与后端安防管理平台数据库实时互联，具备体温检测、健康码、核酸检测等多码合一自助核验功能，实现全流程智能化精准识别通行；对辖区不符合条件的一些老旧小区、无围墙院落的楼栋等实行社区服务网格化管理，筑牢居民小区疫情防控屏障网。持续推进疫苗接种，新冠肺炎疫苗第一剂次接种率为92.05%，第二剂次接种率为91.57%，第三剂次（加强）到期应接种人群接种率为90.01%；60岁以上人群第一剂次接种率为91.23%，第二剂次接种率为84.96%，第三剂次接种率为67.20%。

【医疗改革服务】 持续深化综合医改，建立强有力的领导体制和推进机制。深入推广福建省三明市医改经验深化医药卫生体制改革，推进原州区区域紧密型医共体建设，全面落实医改各项任务。加大投入保障，推进全面预算管理，规范公立医院收支运行。推进建立分级诊疗制度，在基层设立专家门诊，将二、三级医院医疗专家、技术、服务向基层流动，推广远程诊疗模式，提升基层医疗机构服务能力。2022年1月至9月基层就诊323545人次，基层就诊占比65.56%。推进医防融合服务，强化"预防为主"理念，在原州区医院设立公共卫生服务中心，突出其功能定位和职责，以高血压、糖尿病及心血管病、脑卒中为切入点，优化对传染病、地方病、慢性非传染性疾病防治和管理，推进医防融合。提升医疗服务能力，原州区医院巩固三乙等级创建成果，完成泌尿外科、妇科、心内科3个自治区重点专科建设，呼吸与危重症医学科、普外科、神经内科3个市级重点专科建设，持续改进医疗质量和服务能力。2022年完成神经内科自治区重点专科建设申报工作，推进骨科自治区重点专科建设。完成危重孕产妇、新生儿、脑卒中、胸痛、创伤五大急救中心建设。基层医疗机构创建国家基本标准达标6个（三营、张易、寨科、彭堡、黄铎堡卫生院及文化街社区卫生服务中心），国家推荐标准达标2个（三营中心卫生院和文化街社区卫生服务中心），2022年开城和头营申报创建国家基本标准，提升基层医疗服务能力。

【"互联网+医疗健康"】 2022年，原州有区直医疗卫生单位3家、乡镇卫生院11家、社区卫生院14家、村卫生室151家，已全部接通电子政务外网，各医疗卫生单位根据业务需求对电子政务外网进行延伸、优化及升级，提高网络业务承载能力。自治区倡导的五大平台建设任务中，药品采购平台、妇幼健康平台已建成上线使用；医共体平台和远程诊断平台正在建设中，远程诊断平台目前能开展远程心电、远程影像、远程会诊，上与宁夏附属医院、西京医院、唐都医院、301

医院等多家三甲医院，下与各乡镇卫生院的互联互通，通过"基层检查+上级诊断+区共认"的服务机制，让辖区患者在基层享受优质医疗服务。完成远程会诊59例，远程心电诊断3253例，远程放射2065例，开展远程教育培训12249人。

【民生项目实施】

2022年，原州区卫健局统筹开展"健康原州"建设暨全民健康水平提升工作，建成116人的健康科普专家库，全年集中巡讲32场，举行"六进"活动300余场，受众5万余人。在电视台按时播放健康公益广告，在"三微一端"新媒体推送各类健康知识300余条，发送短信40万条，关注人数达10万余人，制作短视频20余部，用身边的事教育身边的人。制作《中国居民健康素养66条》"三减三健"折页、"三大件""三小件"等健康宣传干预物品30余种20余万份，在单位、公园、广场、行政村（居）布设固定宣传栏385个，每2月更换一次，在14个"健康细胞"建设村（社区）布设14组整套健康知识宣传牌，成为乡村振兴建设亮点。结合"健康细胞"建设，制作楼梯贴600个、花草牌90个、禁烟标识500个、健康转盘30套、膳食宝塔及健康角50个，健康小贴士600个，在每个健康单位布设，全方位、立体式营造健康氛围。发挥妇联、教体、科协、文明办等单位优势，"组团式"开展送健康活动。在新时代文明实践中心一季度开展一次大型线上巡讲，每次培训近4000人，"互联网+健康"教育效果突出。组织传染病、精神卫生、中医、口腔等教授专家，对师生培训12期，参加培训学习达2万余人次。组织营养专家，针对大型餐厅前台经理、配菜员和服务员开展合理膳食讲座。利用卫生专项日组织各级医疗卫生单位固定开展专项健康知识宣传。2022年原州区委、区政府下达开展30个市级以上"健康细胞"建设任务，超额完成，承担国家、自治区和市本级健康素养监测高质量推进，得到自治区督导组的肯定。健康区建设完成自评，创新开展爱国卫生，接受自治区爱卫办两次督导检查。"健康达人"选树活动在自治区名列前茅。

【计划生育工作】

落实计划生育"两项制度"政策，加强计划生育惠民惠农财政补贴"一卡通"管理情况监督，严格把控"两项制度"申报流程及资格确认，已完成并落实计划生育"两项制度"补助资金发放。落实生育登记服务工作，加强生育服务单网络管理。发挥计生协组织作用，开展关爱老人关爱健康、迎新春送温暖计划生育家庭座谈会、"5·29"会员活动日、"7·11"世界人口日、六一儿童节关爱留守儿童等活动，推动基层工作，为群众提供优质健康服务。

【妇幼保健生育服务】

农村适龄妇女免费"两癌"检查项目：完成宫颈癌检查14200人，完成率达100%；完成乳腺癌检查14200人，完成率达100%。免费新生儿疾病筛查项目及耳聋基因筛查项目：新生儿先天性遗传代谢性疾病免费筛查4118人，筛查率达92.62%；先天性听力障碍免费筛查4117人，筛查率达92.58%；耳聋基因筛查4116人，筛查率达92.62%，所有异常儿童均转诊至上级医院进行治疗与遗传咨询。免费产前筛查项目：完成产前筛查3518人，筛查率达111.73%。妇幼健康重点工作落实情况：增补叶酸预防神经管缺陷项目，叶酸新增应服人数4114人，新增服用人数4107人，服用率达99.96%。预防艾滋病、梅毒、乙肝母婴传播项目：辖区各助产机构分娩产妇数4411人，接受免费三项检测产妇数4411人，产妇咨询检测率达100%。贫困地区儿童营养改善项目：营养包应服人数9027人，实服8814人，服用率达97.64%。妇幼卫生监测项目：原州区产妇数3181人，住院分娩活产数3197人；无孕产妇死亡。

【监督服务】

2022年，原州区卫健局制定印发《原州区卫生健康专项监督检查工作方案》，开展专项整治和"双随机"抽检工作，开展新冠肺炎疫情防控各项督查和日常监督检查工作。加强人员培训，对工作人员从个人防护、手卫生、消毒隔离等方面进行10余次集中培训，培训人员300多人次。全年实施卫生行政处罚10起，已结案6起，4起案件正在按程序办理中，共处罚款26800元。全年对34家各级各类医疗机构的不良执业行为实施不良行为记分，不良记分81分。全年办理各类公共场所许可157家，注销卫生许可证27家，变更卫生许可证40家，不予许可10家，并对办理的卫生许可证全部在宁夏门户网站进行双公示。全年受理投诉举报22起，按照要求及时将查处结果反馈给举报人，处理率达100%。对行政处罚案件均在"宁夏互联网+监管系统"自治区政府门户网站进行公示。

【中医药服务】

2022年，原州区卫健局培训中医适宜技术人员26名，提高中医技术的服务能力。正在建设全国基层名老中医药专家传承工作室两个。利用国家项目投入资金20万元，建设中医药文化传播平台1个，建设中医药健康文化知识传播角6处，制作中医药文化短视频两部，推动中医药文化进校园。组建两支中医药传承队伍，计划每年培养中医药传承人20名。对一个卫生院和两个城市社区卫生服务中心的中医馆争取京宁项目投入共150万元，已组建中医药专家库，备选7名中医药专家进入专家库，并使各专家擅长专业与各中医馆需求技术相对应，形成精准技术指导，增加实施设备的投入，引入新技术。发展中医确有专长医师9人，均已完成医师管理注册。基层中医药服务率达到100%，中医药文化知识普及率达85%以上。

【老龄工作】

2022年，原州区卫健局持续深化医养结合服务，原州区宋家巷社区卫生服务中心、头营卫生院、寨科卫生院与原州区中心敬老院、杨郎中心敬老院、寨科中心敬老院签订医养结合协议书，签约率达到100%，为入住敬老院276位老人进行健康体检，建立电子健康档案、双向转诊机制。在健康周、敬老月和重阳节组织健康知识宣传20余次，开展义诊约2000人次，发放宣传资料30000余份。打击整治养老诈骗专项行动以来，原州区3家养老服务机构、1家日间照料中心均未设立无资质医疗机构、未发现无行医资质相关人员擅自为老年人开展诊疗等违法行为。组织开展示范性老年友好型社区创建，西湖路社区成功创建2022年全国示范性老年友好型社区。组织辖区内二级以下综合医院、社区卫生服务中心等6家医疗机构申报创建老年友善医疗机构，已通过固原市卫健委验收。

卫生监督

【医疗机构监督】

原州区共有医疗卫生机构308家，其中，公立综合医院1家，疾控中心1家，乡镇卫生院11家，城市社区卫生服务中心（站）13家，民营医院13家，门诊部9家，个体诊所103家，医务室6家，村卫生室151家。其中，放射诊疗机构16家，母婴保健、计划生育技术服务机构11家，职业健康检查机构1家。共有从事医疗卫生服务工作的卫技人员1736名，其中，执业医师（执业助理医师）722名，执业护士750名，乡村医生264名。组建两个专项督导检查组，对辖区所有医疗机构进行拉网式监督检查，对3家医院、12家诊所停业整顿，对4家医院、诊所责令限期整改。对辖区151个村卫生室、10个社区卫生服务站的监督检查进行网上审核、填报。开展2022年原州区医疗乱象专项治理工作，对5家医疗机构违法行为实施卫生行政处罚。对原州区3家公立敬老院，即原州区中心敬老院（原州区残疾人托养中心）、原州区杨郎中心敬老院、原州区寨科中心敬老院进行监督检查，未发现私人办理养老机构。加强医疗机构不良执业行为积分管理，全年共对36家各级各类医疗机构的不良执业行为实施不良行为记分，共计记不良积分84分。开展实验室生物安全监督检查，辖区有实验室的医疗机构有18家，有24个实验室，其中，一级实验室11个，二级实验室13个。有病原微生物实验室2个；开展新冠病毒检测实验室1个，从事检验工作人员58人。有23个实验室已备案登记，1个实验室正在申请备案。开展医疗废物和医疗污水处置专项检查工作，辖区共有产生医疗废物的医疗卫生机构127家，均与固原市医疗废物处置公司签订回收合同。对已纳入医疗污水处置管理的28家医疗机构的医疗污水处置按要求由第三方检测公司进行检查，结果均合格。污水处理设备正常运转，且有记录。127家医疗卫生机构医废系统已全部注册完成，且逐月上报数据。开展医疗机构自查整改工作监督检查，对1家公立医院、14家民营医院、9家门诊部、11个乡镇卫生院、3家社区卫生服务中心、96家个体诊所，共计134家医疗机构自查情况进行监督检查，对违法违规行为实施卫生行政处罚。开展打击非法医疗美容服务专项整治行动工作，辖区共有医疗美容机构5家。其中，诊所4家，门诊部1家。生活美容机构30家。检查中对1家医疗美容门诊部未按规定填写、保管病历资料实施卫生行政处罚。开展传染病防治国家随机监督抽检工作，抽检的4家医疗机构均建立了传染病疫情报告工作制度。开展医疗卫生机构国家随机监督抽查工作，抽查辖区医疗机构5家（诊所2家，村卫生室3家），未发现违法行为。辖区放射诊疗机构16家，抽查2家放射诊疗机构均取得放射诊疗许可证。

【饮用水卫生监督】

截至2022年年底，原州区现有各类供水单位40家，其中，城市集中式供水单位1家，持有卫生许可证；农村集中式供水单位（水厂）2家，均无卫生许可证（达不到卫生许可条件）；城市二次供水单位37家（67个设施），均持有卫生许可证。辖区有现制现售饮用水自动售水机经营者8家，有备案6家、无备案2家；管道直饮水经营者1家，已备案。全年共计监督检查各类供水单位89户次，监督覆盖率100%。对各二次供水单位的水质进行卫生监督快速检测，结果均合格，共计监督抽检水样28份，由原州区疾控中心检测，结果均合格。对监督检查发现的问题，当场下达卫生监督意见书，责令相关供水单位对存在的问题进行整改，全年共计处罚供水单位1家，罚款5000元。全年共计办理供水卫生许可证12个（新办6个、延续6个）；处罚1家，罚款5000元。

【学校及托幼机构卫生监督】

督促落实学校、托幼机构新冠疫情常态化防控，结合日常卫生监督检查以教学环境卫生、传染病防控、饮用水卫生为重点内容对辖区内100家学校、38所托幼机构进行监督检查，制作卫生监督意见书，提出整改要求。对监督检查的学校、托幼机构及时进行上网填报，监督频次达100%。配合原州区教体局、市场监管部门、文化部门对辖区内100余所校外培训机构新冠疫情防控复课进行评估。按照原州区监管领域部门联合"双随机、一公开"要求，对抽取的10所学校（其中，中学2家，小学8家）进行监督抽检，9项检测项目全部为合格项0家，8项检测项目为合格项2家，学校采光系数达标率为100%，窗地面积比达标率为100%，采光方向达标率为80%，防眩光措施达标率为100%，室内表面反射比达标率为30%，装设人工照明达标率为100%，课桌面照度达标率为60%，黑板照度达标率为30%，教室人均面积达标率为100%。依据《学校卫生综合评价》（GB/T18205—2012）标准对10所学校进行量化评分，3所评价为优秀学校、7所为合格学校。

【公共场所卫生监督】

截至2022年年底，原州区辖区内有各类公共场所758家，其中，住宿场所173家、沐浴场所42家、游泳场（馆）2家、美容美发场所530家、影剧院3家、商场5家、博物馆1家、候车（机）室2家。住宿场所、沐浴场所、美容美发场所、游泳馆均开展卫生监督量化分级管理工作。其中，A级19家（住宿场所17家、美容美发场所1家、游泳馆1家），B级34家（住宿场所25家、美容美发4家、沐浴场所4家、游泳馆1家），C级694家（住宿场所131家、美容美发场所525家、沐浴场所38家），不予评级11

家，卫生监督量化分级管理率（即量化率）达100%。开展公共场所日常监管和卫生技术指导，监督覆盖率达100%。对12家启用集中空调的住宿场所、电影院和商场就集中空调通风系统相关卫生指标进行日常随机采样抽检，共计抽检样品70份，全部合格。对32家提交申报的公共场所经营单位开展量化评分定级工作，最终评定3家（2家住宿场所和1家美容美发场所）为A级标准单位，评定28家（住宿场所20家、美容美发场所3家、沐浴场所4家、游泳馆1家）为B级标准单位，1家住宿场所升级评审未通过，停止升级。及时处理投诉举报，全年共处理投诉举报3起。依法查处违法行为，全年共对8家违法经营单位实施卫生行政处罚，共计缴纳罚款11100元。依法开展辖区餐饮具集中消毒服务单位监督抽查工作，共抽查3个批次，采集样品32份，经实验室检验全部合格，合格率为100%。

【职业卫生监督】

截至2022年年底，原州区辖区内共有存在职业病危害的用人单位93家，停产17家，正常生产的用人单位76家，其中，非煤矿山5家，建材10家，水泥3家，化工5家，成品油存储和零售30家，汽车维修保养12家，其他11家。共有从业人员3279人，其中接触职业危害人员2004人。存在的职业危害因素主要有各类有害化学气体、粉尘、噪声、高温、冻伤、工频电场等因素。对推送存在职业病危害因素的478家用人单位进行监督检查，最终确定职业危害专项治理单位6家，从业总人数668人，接触职业病危害因素人数329人。其中宁夏胜金水泥有限公司固原分公司、中铝宁夏能源集团有限公司六盘山热电厂两家用人单位已完成治理。完成国家职业卫生用人单位双随机抽检任务，监督抽查45家（其中建材13家、化工5家全覆盖），辖区内没有职业卫生技术服务机构。

【行政处罚】

全年共实施卫生行政处罚17件（简易程序1件、一般程序16件），共计罚款104100元，没收违法所得2268.8元（其中，公共场所8件，罚款10900元；医疗机构8件，罚款88000元，没收违法所得2268.8元；饮用水1件，罚款5000元）。全年共对36家各级各类医疗机构的不良执业行为实施不良行为记分，共计记不良积分91分。

【监督信息报告】

开展信息报告工作，全年各专业监督覆盖率平均为95.85%，其中，公共场所卫生为99.72%，生活饮用水卫生为100%，学校卫生为99.10%，餐饮具集中消毒为100%，传染病防治为93.61%，医疗卫生为93.89%，妇幼健康为100%，放射诊疗为70%，职业健康检查、诊断及放射卫生技术为100%，血液安全为100.00%，用人单位为61.36%。

【卫生行政许可】

严格执行依法许可程序，依据申请、现场审查、合格准予许可的办理流程发放卫生许可证。对新设置审批的医疗机构进行预防性监督检查，全年共受理各类公共场所许可申请252件（其中，新办145件，延续107件），受理生活饮用水卫生许可申请12件（其中，新办6件，延续6件）。办理各类公共场所卫生许可240件（其中，新办133件，延续107件），不予许可12件。办理生活饮用水卫生许可证12家（其中，新办6家，延续6家），注销卫生许可证86家（均为公共场所），变更卫生许可证53（其中，公共场所52家，生活饮用水1家），对办理的卫生许可证全部在宁夏门户网站进行双公示。

【执法行为规范】

全年共对14个层级单位开展层级稽查两次，对本单位开展风纪检查11次。全年共受理投诉举报46起（医疗机构43起、公共场所3起），均进行调查处理，处理率100%，对行政处罚案件均在"宁夏互联网+监管系统"自治区政府门户网站进行公示。组织开展行风评议活动，共对100户管理相对人进行调查，经统计群众满意度为98%。对全年实施处罚的17起案卷全部进行评查。

疾病预防控制

【基本公共卫生服务项目】

2022年12月，原州区疾控中心采用现场查看资料、核对数据及入户调查的方式对11个乡镇卫生院、3个社区卫生服务中心2022年基本公共卫生服务项目工作进行全面考核及督导，对考核中存在的问题和督导出的问题进行现场指导改正。

【慢性病患者管理】

全年高血压患者应建档26866人，实建档26867人，建档率100%；规范管理人数22830人，规范管理率84.97%；血压控制人数25725人，高血压控制率95.75%。糖尿病患者应建档6881人，实建档6993人，建档率101.6%；规范管理人数6019人，规范管理率86.07%；血糖控制人数6800人，控制率97.24%。65岁以上应建档人数28936人，实建档人数29091人，建档率100.54%。辖区居民应建档人数435610人，实建档413830人，建档率95.00%。加强严重精神障碍病和癫痫病的管理工作，累计在管严重精神障碍患者2045例，规范管理1975人，规范管理率96.58%。规范管理癫痫病患者471例，总体发作有效控制率大于60%。落实好2022年原州区国家级死因监测点死因监测项目工作，总结好辖区导致死亡疾病的趋向，辖区认真开展死因监测工作。2022年共报告死亡病例2936例，报告粗死亡率为622.9/10万，达到了600/10万的政府考核指标。做好肿瘤随访登记工作，2022年共登记肿瘤病例1960例，其中2022年报告新发病例1201例，报告发病率255.76/10万，报告死亡病例759例，报告死亡率161.63/10万，完成随访3759例。开展第七届全国"万步有约"健走激励大赛活动，原州区作为宁夏区级慢性病综合防控示范区之一，共组织14家单位、21支代表队，总计318人参加为期100天的健走大赛活动，圆满完成各项活动规程。为和平路社区卫生服务中心和中河乡卫生院等5个医疗机构配备简易肺功能仪并进行使用培训，逐步提升基层慢性呼吸系统疾病早期筛查干预能力、健康管理等水平。实施上消化道癌早诊早治项目，自治区下达筛查任务800人，全年共筛查829人，完成自治区下达筛查任务的104.29%。全年统计应随访筛查54例，实际随访筛查51例，未随访3例，1例搬迁外出、1例外出打工、1例年龄已过筛查范围，随访率94.44%。

【传染病报告管理监测】

2022年，原州区疾控中心对所有传染病做到"早发现、早诊断、早隔离、早报告"。全年无甲类传染病报告，共报告乙、丙类传染病16种1654例，其中，乙类10种1194例、丙类6种460例，报告发病率350.92/10万，比2021年同期（1497例，报告发病率317.61/10万）上升10.49%，报告发病居前5位的病种依次是布病485例、其他感染性腹泻238例、新型冠状病毒感染238例、梅毒204例、肝炎149例。处理传染病自动预警9种347次。

【结核病项目防治】

2022年，原州区疾控中心以结核病人的转诊、确诊、治疗、登记、报告管理五项工作为抓手，特别是通过实施"三位一体"结核病防治工作模式和中盖结核病项目以来，结核病人的发现率和规范治疗率明显上升。全年共报告活动性肺结核患者85例，其中，病原学阳性44例，病原学阳性率51.77%。截至2022年年底，管理患者80例，5例为外县区，均规范服药。共发现耐药患者2例，均为单耐利福平，已转自治区第四人民医院治疗。非结核病防治机构网络报告可疑肺结核患者285例，追踪到位282例（其中3例为住院病例），追踪到位率100%，确诊为活动性肺结核患者71例。原州区人民医院肺结核门诊全年共检查肺结核可疑症状者630人次，均开展痰涂片检查，各基层医疗卫生单位共推介肺结核可疑症状872例，推介率1.85‰。对33018名65岁及以上老年人、5654名糖尿病患者、3617名大学及高中阶段入校新生及教师、255名肺结核学生密切接触者进行结核菌素试验，检出10例肺结核患者。

【艾滋病综合防治】

截至2022年年底，应管理134人，实际管理127人（其中，失访5人、查无此人2人、管理但不愿治疗4人），管理率94.78%。抗病毒治疗123人、治疗比例91.79%，当年报告病例按时限开展网报及首次流调，30日内开展治疗比例达100%，符合病载检测条件（110人）开展检测比例达100%，治疗成功率91.821%（101/110），随访率94.78%（127/134）。对已开展艾滋病抗病毒治疗者按照工作规范要求全部开展CD4检测117人、病载检测110人、结核病筛查123人、相关临床生化检查82人次，督导服药1383人次。发挥自愿咨询门诊便捷服务特点，3家VCT点开展自愿咨询检测1418人次（其中原州区上级下达任务800人，实际完成805人），发现艾滋病阳性5例。开展艾滋病母婴阻断项目工作，本年度辖区分娩产妇接受艾滋病、梅毒、丙肝三项检测产妇数5807人，为产妇提供咨询检测服务率100%，其中，孕早期HIV抗体检测率达95%以上，发现艾滋病阳性1例。

【免疫规划】

2022年，原州区疾控中心严格疫苗管理，强化督导检查，落实规范接种，中心每两月对乡（镇）、村、社区卫生服务中心（站）免疫规划工作进行1次督导检查，对发现问题及时给予纠正。提高疑似预防接种异常反应处置能力，全年共报告常规疫苗疑似预防接种异常反应24例，21例一般反应，1例偶合症，1例异常反应。应接种疫苗118312剂次，实接种110975剂次，接种率为98.90%。

【地方病防治】

布病防治：选取头营镇、彭堡镇、黄铎堡镇、三营镇、张易镇为固定监测点，炭山乡、寨科乡、官厅镇、中和乡、开城镇、河川乡为非固定监测乡镇，开展重点人群布病筛查，共筛查15282人，初筛阳性457人，管理布病病人444人，开展医务人员布病培训60余人。包虫病防治：对原州区8个乡镇10个村居民B超筛查8003人，8个学校学生B超筛查1503人，采集野犬粪1200份，家犬粪960份，管理病人120人，服药115人。鼠防监测：对动物间疫情从宿主调查、媒介昆虫、细菌学及血清学检测等方面进行全方位监测，调查样方1.04平方千米，踏查目测面积32平方千米，捕获黄鼠245只，黄鼠密度鼠密度每公顷0.24只。碘缺乏病监测：随机抽取5个乡镇，每个乡镇随机抽取1个村，在抽取村随机抽检40名8~10周岁儿童，抽检20名孕妇，检测合格，采食盐300份，尿样300份，碘含量测定均合格。饮水型氟中毒监测：对原州区饮水型氟中毒病区村内8~12岁儿童进行氟斑牙抽检3551人，查看317个病区村改水情况，进行水质监测，水氟含量均合格。茶型氟中毒监测：在5个监测村采集农户边销茶，测定砖茶含氟量，共采集边销茶4份，水样25份，测定砖茶及水氟含量均合格。

【公共卫生监测】

完成城乡生活饮用水176份水样采样，并送入实验室检测。全年食源性疾病监测哨点医院共报告食源性疾病240例，完成网上审核，对2起疑似食源性疾病事件进行流行病学调查并完成流调报告。全年职业病监测网上审核农药中毒19例，随访职业病病人22例。完成22所农村中、小学校义务教育学生营养改善计划营养健康状况监测评估项目的基本信息网络直报工作。完成辖区内120所学校学生视力健康档案系统维护。全年鼠类监测共布夹2200夹，有效夹数2179，捕获率0.2754%；蟑螂密度共监测房间718间，未发现阳性房间；蚊虫监测共布诱蚊灯26灯，捕获雌蚊数6只，蚊密度0.23只/(灯·夜)；蝇监测共布灯8灯，捕获蝇7只，密度为0.8750只/(灯·夜)；寄生脾共调查动物80只，未监测到脾。完成56家医疗机构消毒效果监测和公共场所卫生监测采样,共采集检测样655份。

【实验室检测】

通过国家级碘盐、尿碘、茶氟、水砷、水氟、水中六价铬、布病各2份盲样考核,省级鼠疫杆菌、梅毒HIV、布病盲样各5份考核。完成布病检测样1587份、包虫病监测的犬粪采样1960份、手足口采样2份、重症精神病人血样45份、禽流感环境监测采样145份、血清采样85份检测,食物中毒样本采集并检测3次。完成艾滋病门诊自愿检测300多份,哨点检测梅毒、HIV、丙肝各400份抗体水平检测。艾滋病病人、病毒载体检测血样采集121人。完成鼠疫监测的245份细菌学培养,蚤培养438份。完成枯水期、丰水期饮用水各88份和国家双随机抽出的饮用水28份水样的微生物及部分理化指标检测。完成医疗机构消毒效果监测检测样563份,公共场所卫生监测样92份。完成盐碘、尿碘检测各300份,水氟156份,茶氟6份。

【健康教育】

2022年,原州区疾控中心开展以《中华人民共和国传染病防治法》和《中华人民共和国职业病防治法》等卫生法律法规和传染病等疾病防治知识为主要内容的宣传活动。通过举办健康讲座、现场解答等方式,以进企业、进学校、进社区、进农户等形式加大防病知识和健康科普宣传的力度,提高广大群众健康防病意识。全年共开展各种宣传活动25次,制作宣传展板63块,宣传横幅93条,发放宣传单10万余份,编发手机短信100万条,利用公众微信号发布宣传健康宣教信息46期,发放宣传品5.3万余份。

人民医院

【公共服务】

2022年,原州区人民医院承担原州区核酸检测、疫苗接种医疗保障及高速公路、火车站等卡点的疫情防控任务。全年共检测核酸样本529.4万份,其中,大规模核酸检测489.2万人次,重点人群核酸检测19.8万人次。愿检尽检20.4万人次。完成基层医疗服务能力提升,开展"千名医师下基层"工作。接收原州区卫生人才能力提升培训人员24名。开展志愿者服务活动,组织"南丁格尔科技志愿服务"活动共10余次,承担高考学生体检6367人次,征兵体检802人次。共派出医疗保障队78批次,累计出动医护人员256人次,救护车辆132车次。参与无偿献血2次,献血量共计117100 ml。

【医疗质量控制管理】

落实医疗质量安全管理制度,实行院、科两级质量管理责任制,完善科室质量控制小组。定期召开医疗质量质控会议,对发现存在的问题进行现场反馈。开展疑难病例讨论和会诊,组织院内会诊11次,提高诊断正确率。开展多学科诊疗模式,限制类医疗技术有序开展,截至2022年年底,人工关节置换术共开展41例,心血管介入诊疗术共开展245例,脑血管介入诊疗技术共开展8例。提高住院患者抗菌药物治疗前病原学送检率,提高静脉血栓栓塞症规范预防率,提高感染性休克集束化治疗完成率:重症医学科共收治感染性休克12例,完成感染性休克集束化治疗9例,感染性休克集束化治疗完成率为75%。住院患者静脉输液使用率为98.34%,较同期相比下降了0.78%。

【"五大中心"建设】

加强胸痛中心、卒中中心、危重孕产妇救治中心、危重新生儿救治中心、创伤中心建设工作,危重孕产妇救治中心2022年门诊建档人数990人,共接诊危重孕产妇717人,住院部成功抢救13名危重症患者,均成功;危重新生儿救治中心共收治危重新生儿626例,全部治愈出院;创伤中心共收治病人621人,院前急救信息平台已建立;胸痛中心就诊急性胸痛患者148人;卒中中心就诊急性卒中患者195人，溶栓24人。

【用药监管】

加大对抗菌药物临床应用监管，全年住院抗菌药物使用强度为37.39DDD（目标值≤40DDD），住院抗菌药物使用率为46.49%（目标值≤60%），门诊抗菌药物使用率为12.11%（目标值≤20%），均在国家要求范围内。

【医疗人才支撑】

2022年，在中共中央组织部"组团式"帮扶国家乡村振兴重点帮扶县人民医院的惠民政策下，原州区人民医院成为福建医科大学附属第一医院、银川市第一人民医院协助帮扶对象，两家医院共派出10名业务骨干（含2名管理人才），于2022年6月1日开始驻点原州区人民医院开展"组团式"帮扶工作，开展超声引导下神经阻滞、下肢动脉腔内治疗术、单孔腹腔镜手术、内镜下止血术、气管镜、无创机械通气、规范化根管治疗术、下腔静脉滤器取出术、经脐单孔腹腔镜平台、超声引导髂筋膜阻滞、先天性下肢血管畸形微创治疗术、超声引导锁骨上臂丛神经阻滞等12个新技术；胃镜引导下空肠置管、全麻麻醉深度监测、6分钟步行实验等3项新项目，为医院发展注入强劲动能。选派32人赴福建医科大学附属第一医院、宁夏医科大总院、自治区人民医院、上海长海医院、西安红会医院、西安儿童医院等三甲医院进修学习。其中，学科带头人7名、技术骨干19名、护理骨干6人。外派护理、管理人员及护理骨干参加学术交流学习及专委会会议等33场次，共计84人次，其中护士长40人次。全年共举办各类培训班109场次，申报并举办各类医学教育培训，2022年共申请继续教育项目13项，已举办市级继教项目4项，参加人员共500余人。组织医护696人利用华西远程教育网等平台参加继续教育学习。

【学科建设】

2022年初拟定重点专科建设标准，制定固原市原州区人民医院临床重点（薄弱）专科建设实施方案。2022年按重点专科建设标准推进骨科重点专科建设方案的实施。2022年自治区技术创新引导计划科技惠民项目第二批立项21项，原州区人民医院老年科《动态血糖监测技术在基层糖尿病管理中推广应用》、手术麻醉科《以加速康复外科理论为向导的围手术期麻醉管理在宁南地区县级医院的应用与推广》、泌尿外科《软镜技术在固原地区基层医院治疗泌尿系结石的推广应用》3个项目被列入。继续开展提升中医药能力建设工作，申报张慎听和慕强两个中医专家传承工作室。

【临床科室支持】

做好设备的管理和维护，新购进核酸扩增仪、核酸提取仪、全自动移液工作站和ABS手动单摇病床150张，万元以上的为6台，10~49万元的为10台，采购资金为278.8万元。建立智慧医院信息系统，安装上线门诊自助机、自助报告打印机、病区壁挂自助终端、窗口统一支付等自助服务终端设备。全面启用智慧门诊，对接完成自治区信息建设平台。加快建设中医康复建设项目，总建筑面积9300平方米，概算总投资4799.24万元，资金来源为中央预算内投资3600万元，自治区统筹资助金900万元，原州区政府财政配套299.24万元，计划2023年投入使用。全年院内水暖维修2013次，电维修1965次，其他零星维修3624次；水暖电均实行24小时值班，保障各临床科室水暖电使用。

乡镇街道概览

头营镇

【概　况】

头营镇地处固原市原州区以北20千米处，全镇总面积294平方千米，辖24个行政村167个自然村15636户52497人，常住人口9693户34362人。建档立卡脱贫户3065户11470人。"三类"监测帮扶对象464户1670人（已消除风险点430户1552人，未消除风险点34户118人）。其中，脱贫不稳定户110户423人，已消除风险点104户412人，未消除风险点6户11人；边缘易致贫户336户1178人，已消除风险点327户1143人，未消除风险点9户35人；突发严重困难户26户100人，已消除风险点1户3人，未消除风险点25户97人。2022年农民人均可支配收入达到16905.17元。

【脱贫攻坚成果巩固】

2022年，头营镇持续推动防止返贫动态监测预警及"四查四补"工作，全年新纳入"三类"监测人员10户36人，其中，边缘易致贫户3户10人，突发严重困难户7户26人。"四查四补"发现问题10个，其中，安全饮水方面4个，环境卫生方面2个，安全住房方面1个，道路建设方面2个，卫生厕所改造方面1个，已全部整改完成。制定《百万移民致富提升行动实施方案》《移民致富提升示范村创建实施方案》和《移民致富提升行动项目清单》，成立移民致富提升工作专班，对接工程项目63项，已完成40项，开工18项。全年完成产业到户项目补栏牛5308头、基础母羊11436只、绒山羊746只、猪1108头、蜜蜂469箱、马铃薯730亩，蘑菇菌棒9000根，露地蔬菜2456.1亩。兑付资金2184.155万元，受益脱贫户及监测户2483户。截至2022年底，累计审核上报脱贫小额信贷830户4150万元，户均申请贷款5万元；审核上报富民贷65笔600万元；审核上报脱贫小额信贷2022年第二季度贴息1693户95.71万元；审核上报妇女创业贷款33户465万元。根据各村光伏公益性岗位人员人数，对光伏收益资金分配占比进行重新调整，全年全镇光伏资金累计收益14.7万元，受益群众122户。现有光伏公益性岗位122人。对脱贫家庭（含监测帮扶对象家庭）子女接受中等职业教育、高等职业教育，发放"雨露计划"扶贫助学补助307人46.05万元。全年全镇共计摸底清查扶贫项目资产904项10292.2798万元，其中到户类资产835项9236.096万元，公益类资产69项1056.1838万元。建立扶贫项目资产管理明细台账并同步录入全国防返贫监测信息系统中扶贫项目资产统计台账模块。产权证书已发放到各村。2022年全镇完成抗震宜居房改造49户。

【示范村创建】

移民示范村建设：2022年打造泉港、利民2个移民示范村。泉港村完成产业园区344栋温棚供水管网配套改造及安装架设变压器1台；完成破损墙面维修2319.75平方米，围墙维修459.8米，太阳能路灯23盏，公厕1座，大门及两侧立柱维修35户；修剪、涂白、清理死树等4092株，栽植经果林3710株，绿化带补植树木1875株，村部种植地被1496平方米，道路两侧种植地被4395穴，场地平整8250平方米；配置健身器材1套。利民村完成产业园区管道铺设；村内破损墙面维修5872平方米，围墙维修100米；发放垃圾桶400个；修剪、涂白、清理死树等10230株，栽植经果林4420株，补植树木3050

株,村部种植地被 1760 平方米,道路两侧种植地被 11430 穴。美丽宜居示范村建设:全年共有陶庄、马庄两个美丽宜居示范村。马庄村完成南窝子街道两侧污水排水管道铺设 7198 米,巷道路面硬化 285 平方米,人行道路面平整 8032 平方米。陶庄村完成主干道路两侧巷道硬化 1800 米,村部内外硬化 880 平米,休闲广场人行步道铺设 240 米;完成主道路及休闲广场绿化,栽植常青树 1 万余株,村民院外果园栽植果树 240 株;配备垃圾收集车 3 辆、垃圾转运车 3 辆、小型垃圾车 3 辆;完成休闲广场四角亭 2 座,设置村口指示牌,清理沟渠杂草 1099 米。乡村振兴示范村建设:巩固提升杨郎万亩瓜菜基地,2022 年新建高标准连栋拱棚 2000 亩,配套建设瓜菜分拣加工车间 4526 平方米、冷藏保鲜库 1318 平方米。截至 2022 年底,瓜菜基地种植瓜菜 10000 亩,其中拱棚种植 5000 亩(连栋拱棚 2000 亩、大拱棚 500 亩),以甜瓜、西瓜为主,亩均收入 1.8 万元以上;露地蔬菜以西蓝花、西芹等种植为主,亩均收入 0.85 万元以上。配套建设瓜菜分拣加工车间 4526 平方米、冷藏保鲜库 3118 平方米,促进全产业链发展,形成露地设施并举、瓜果蔬菜并重、外运内销相结合的瓜菜发展新格局。

【村容村貌】

2022 年,头营镇重点围绕"银平公路、固胡公路、福银高速、宝中铁路"沿线的"条",头营街道、杨郎小城镇、清水河流域、肉牛和瓜菜种植产业带、乡村振兴示范村的"块",以主干道路的"线"为重点,逐步推开到全镇的"面"。清理农村生产生活垃圾 5.03 万吨、清理农业生产废弃物 4355 吨,投入机械 4870 台次、出动劳动力 17000 人次,种植"三小园" 103 个(其中,小花园 63 个、小菜园 12 个、小果园 28 个),在道路交会处种植花草 10005 平方米。

【产业发展】

2022 年,头营镇抓好蔬菜产业带建设,以马园、徐河、蒋河、杨郎村为基础,配合原州区水务部门实施高效节水灌溉工程 2000 亩,总面积达到 2 万余亩,全镇形成集中连片冷凉蔬菜种植区 6.5 万亩(种植面积 5 万亩,复种面积 1.5 万亩)。主要种植西芹、西蓝花、包菜、菜心等,年产量达 23 万吨,可产生经济效益 5.85 亿元。肉牛产业提质增量,截至 2022 年底,头营镇牛存栏量已达到 3.6 万头(其中,各村合作社牛存栏 1.1 万头,散户牛存栏 2.5 万头),2 个肉牛养殖示范村,大北山村牛存栏 5018 头,石羊村牛存栏量 3100 头。抓好旱作节水农业,全年完成春覆膜共计 16500 亩,张崖村 1000 亩,坪乐村 2500 亩,冯洼村 2500 亩,杨河村 2500 亩,大北山村 3000 亩,大疙瘩 3500 亩,徐河村 500 亩,石羊村 1000 亩。旱作节水农业的发展使旱作区自然降水利用率提高 10%~15%,水分生产率由 0.3~0.45 提高到 0.45~0.60 以上。加强设施农业建设,做好日光温室、大中拱棚的种植管理和提质增效工作,突出抓好移民村设施农业技术指导和科技示范工作。新建杨郎高标准连栋拱棚 2000 亩,维修移民村三和、利民、泉港日光温室 66 栋,升级改造马园村日光温室 40 栋,配套保温被 37372 平方米。调整作物种植结构,稳定粮食作物种植面积,沿清水河谷川道扩大蔬菜种植面积,加大非粮化整治,完成玉米大豆带状复合种植面积 5973.58 亩,玉米大豆带状复合种植每亩补贴资金 200 元,共补贴资金 119.4716 万元;完成春小麦种植面积 2249.91 亩,其中马园村 300.15 亩,徐河村 737.72 亩,头营村 117.49 亩,二营村 112.36 亩,胡大堡村 181.37 亩,张崖村 800.82 亩。开展耕地地力保护工作,规范耕地地力保护补贴发放流程,保护种粮农民利益,全年完成耕地地力保护补贴发放 10198 户,补贴面积 162087.81 亩。其中,水地 92610.38 亩,旱地 69477.43 亩,水地每亩补贴 76 元,旱地每亩补贴 33 元,共补贴资金 9357090.3 元。全年完成实际种粮农业企业一次性补贴面积 118169.92 亩,共补贴资金 1772548.8 元。

【畜牧兽医】

按照草畜产业项目实施计划,实施"见犊补母"

2292户8563头，兑付奖补资金428.15万元；农牧民补助奖励政策项目3960户115244.1亩，兑付奖补资金864330.75元。做好动物防疫工作，全年共完成牛口蹄疫免疫6.7万头次；羊口蹄疫免疫10万只次；羊小反刍兽疫6.6万只次，羊布鲁氏菌病免疫4.6万只，免疫炭疽2万头（只），免疫新生母羔羊包虫病0.9万只，免疫猪口蹄疫12万头次，猪瘟12万头次，高致病禽流感免疫90万只次；常规疫病免疫羊痘2.8万只次，犬驱虫0.8万条，狂犬病免疫0.35万条次，新城疫90万羽。

【自然资源】

加大禁牧封育政策宣传，对辖区863户养殖户进行登记造册，涉及羊只17745只。建立防火值班制度，严格24小时值班，书写宣传标语80余条，发放、张贴森林防火令100份，签订森林防火责任书5000余份，使森林防火工作任务真正落实到了村、山头、地块和个人。强化森林资源增长，在大北山、张崖、坪乐、杨河村完成荒山造林退耕补植补造任务27546.54亩；在陶庄、马庄、蒋河等村完成道路绿化30千米，20760株；在马园村完成红梅杏修剪等抚育管理面积200亩。开展国土工作，2022年卫片执法下发图斑476个，已全部完成摸排处理；国家耕地监测下发图斑856个，已全部完成举证；2022年全镇设施农用地备案124宗。开展林木病虫鼠防治及古树名木普查工作，全年完成防治面积3.5万亩，人工捕打中华鼢鼠1300只。普查古树名木树龄30年以上600亩，50年以上的为18株，百年以上的为6株。

【水利水保】

做好水库安全度汛工作，重新编制、完善和落实杨庄水库防汛安全技术责任人和岗位责任人，编制防汛预案。做好农业用水权改革，完成农业用水权核定，对各村、各规模化养殖户发放用水权证书。完成镇辖区638眼机井计量设施安装工作，完成以水改电任务，为原州区农业用水权改革工作起到先行示范作用。完成农业用水权改革信息平台建设，向各村发放二维码，全面启动电子收费。完成32户返乡常住及新建院落自来水入户，对供水不稳定的行政村新建1000立方米蓄水池1座，解决供水不稳定问题；完成冯洼村蓄水池溢流管改道1.8千米；完成人饮工程水毁维修36处，完成投资37.9万元。

【村集体经济】

2022年，新增3个村扶持资金100万元，分别为大北山村、杨河村、冯洼村，其中杨河村、冯洼村通过联村发展模式将扶持发展壮大100万元项目资金入股到杨郎村股份经济合作社，用于建设瓜菜分拣包装车间4500平方米，项目已建成投入运营；大北山村100万元项目资金用于自主发展基础母羊养殖产业，项目正在实施中。截至2022年10月底，全镇村集体经济收入共计287.31万元，年底收益均能达到5万元以上，其中收益能够达到10万元以上的有10个村（二营村、杨郎村、马园村、蒋河村、马庄村、大疙瘩村、大北山村、陶庄村、石羊村及圆德村）。

【民生保障】

截至2022年年底，全镇领取高龄津贴老人共有578人（其中，80~89岁高龄老人532人，90岁以上高龄老人46人）；共有领取孤儿津贴儿童72人；共有特困供养68人；共有农村低保6237人，全年新增低保323人，新增高龄（B档低保）85人，正常取消低保1039人；全年共受理临时救助457人，共发放临时救助300人，发放临时救助金446500元。全年共办理城乡居民社会保险参保登记216人，参加养老保险人员定期领取待遇资格申报532人，参加社会保险人员办理丧葬费补贴127人，参加社会保险人员待遇资格认证4506人，养老保险核定缴费753人，全镇领取养老待遇人数为3249人。全年办理新生儿城乡居民医疗保险参保292人，特殊人员信息维护120人；2022年度医疗保险已缴费

44262人，零缴费1364人。截至2022年年底，共有持证残疾人2751人，享受重度残疾护理补贴1364人，新增56人；享受困难残疾人生活补贴1356人，新增142人；受理新办（含到期换证）残疾人证381人；发放各类残疾人辅助器具83件（套）；"国龙爱心助残"项目救助骨关节置换患者17人；为23名精神残疾人免费发放药物2次；无障碍设施改造48户。全年共有退役军人优抚对象161人，优抚对象抚恤和生活补助资金92021.4元/月，全年共发放补贴828192.60元；办理退役军人优待证283人，档案维护350人。全年共完成劳动力转移就业人员11468人，脱贫户及边缘易致贫户转移就业人员2796人，移民户转移就业3795人。组织开展农艺工、家畜饲养工等培训班，累计培训550人；申请灵活就业补贴107人，补贴金额384812.66元；申请稳岗就业补贴317人，补贴金额159000元。

【执法检查】

建立综合执法工作责任制，组建村级信息联络员应急信息报告机制。在全镇开展"普及应急常识、提高应急避险能力"为主题的应急知识宣传活动，让群众及时掌握预防、避险的基本技能和防护措施。开展长效化执法巡查，深入开展安全生产大检查、规范街道、商户管理秩序。对辖区内违规设立的户外广告牌、临时建筑物（构筑物）、脏乱差街道、占道经营路段、商户门前垃圾乱堆乱放等问题进行集中整治，对违章建筑依法进行拆除。开展安全生产涉及的危化品、燃气、自建房、非煤矿山、溺水、火灾等各个领域大排查大整治。

【无诈乡镇无诈村居创建】

2022年，头营镇发动银行、宾馆、超市、商铺、医院、学校、农贸市场、清真寺、沿街单位及交通主干道等有电子显示屏的点位，增加防范电信网络诈骗犯罪宣传内容循环播放频次，制作宣传广告牌、展板、横幅标语加强宣传。以村组为单元，发挥党群组织优势，组织镇村干部、网格员、司法员、片区民警、帮扶责任人、志愿者深入辖区住户开展全方位宣传，推广"国家反诈中心"App，累计悬挂横幅80余条，发放反诈宣传资料3000余份，召开"防反诈"知识宣讲24场次，受讲群众达1000余人。

【矛盾纠纷排查化解】

坚持和发展新时代"枫桥经验"，开展矛盾纠纷排查化解工作，及时解决群众合理诉求，做到"小事不出村、大事不出镇、矛盾不上交"，全年调解各类矛盾纠纷52起，调解成功46起，正在化解的6起。对重点信访人严格落实"一事一策、一人一专班"，对排查出尚未化解的矛盾纠纷，进行再分析、再研判、再落实、再化解。做好辖区吸毒、社区矫正人员帮扶管控，定期走访入户，逐一掌握其现实表现和行为动向，预防和减少重新犯罪，维护社会稳定。截至2022年年底，全镇共有吸毒人员151人。其中，社会面有吸毒史2人，戒断三年未复吸148人，服刑1人。社区矫正人员16人，安置帮教人员114人。

【铁路护路】

2022年，原州区会同原州区护路办、二营铁路护路联防队对镇辖区21.273千米铁路沿线两侧2.5千米范围内的屠宰场、养殖场存在的安全隐患进行拉网式、地毯式的排查和梳理，共排查养殖户8420户，"五残"人员12人（其中3人已送养老院），共签订安全双保协议187份。对沿线桥涵限高架状况、治安问题多发区段，以及沿线两侧塑料大棚、乱搭乱建彩钢瓦房等安全隐患排查，排查发现马店、大北山、二营、石羊子铁路沿线7处彩钢瓦棚存在大风刮入线路风险，立即进行整改。加大对铁路沿线中小学生、五残人员、幼儿老人、大牲畜养殖户主、大型机动车辆驾驶员等重点对象的宣传教育，宣传中共发放宣传材料5000余份，悬挂横幅15条，联合二营火车站护路联防的进校园活动，进行铁路护路安全知识专题讲座3次。

【基层治理】

全年受理"12345"市民热线投诉542起,办结率达99%。截至2022年年底,共接收社区矫正对象47人,其中23人正在接受矫正,无重新犯罪和脱管漏管现象发生。开展社会乱象集中整治,截至2022年年底,派出所共接处警1763起,行政拘留及罚款处罚共70起案件。做好国家和自治区转办的信访案件,全年共接国家转办信访案件及市信访局转办信访件22起,成功办理21起。全镇未发生一起有影响的集体越级上访。

官厅镇

【脱贫成果巩固】

2022年,共纳入监测对象13户43人,制定帮扶措施30条全部落实到位。开展"四查四补"摸排10轮次,结合2021年度巩固拓展脱贫攻坚成果同乡村振兴有效衔接考核评估反馈问题、自治区调研督导原州区巩固拓展脱贫攻坚成果同乡村振兴有效衔接工作情况反馈问题,集中对全镇2267户常住户开展集中排查5次,针对梳理的14类54个问题,全部整改完成。兑付产业扶持到户项目资金等各类涉农补贴581.14万元,兑付率100%;移民户产业扶持到户项目补贴34.17万元,惠及农户38户;2022年春季"雨露计划"补贴69人10.35万元;累计审核上报脱贫小额信贷135户675万元,兑付第一季度脱贫小额信贷贴息506户27.72万元,审核上报富民贷34户500.5万元。做好监测点群众收入情况记账统计,盘活农村资产,增加农民财产性收入,促进农民多环节增收。2022年农村居民人均可支配收入14603.4元,较2021年增长13%。

【产业发展】

2022年,官厅镇优化草畜产业,坚持"以草定畜,以畜促草"发展思路,围绕"种、加、收、贮、用"等关键环节,稳定青贮面积,提升优质牧草种植水平和面积,种植玉米3.2万亩(其中青贮玉米2万亩)、优质牧草1.2万亩;以肉牛养殖为特色优势主导产业,重点打造阳洼、官厅两个千头肉牛养殖示范村,肉牛存栏量达到7700头以上,饲养量达1.3万头,户均存栏肉牛10头以上,养殖户占常住户的90%以上,实现饲草产量和肉牛存栏量双提升。利用官厅村、刘店村、庙台村三个肉牛人工授精网点,加大黄牛冷配力度,推广西门塔尔牛品种改良和安格斯牛纯种选育,更新核心育种群,改良肉牛并繁育良种犊牛。截至2022年年底前,官厅镇肉牛存栏中西门塔尔牛达7000余头,安格斯牛200余头,实现肉牛数量质量双提升。建基扩量特色种植,因地制宜发展中药材、小杂粮、中蜂等特色种养业,官厅村、东峡村种植黄芩、红花、紫苏等六盘山道地药材800亩;推广张杂谷等优新品种,建成庙台村0.5万亩集中连片示范点1个,带动庙台、高庄、刘店、程儿山、后川、石庄6个行政村集中连片种植燕麦、糜子、谷子、苦荞等特色小杂粮1.5万亩,全镇种植小杂粮3万亩;利用蜜源充足这一独特优势,养殖中蜂1200箱,实现小杂粮和中蜂产业融合发展。扩规提标冷凉蔬菜,在乔洼村、薛庄村发展以草莓、葡萄等种植采摘为主的设施农业面积20亩和以西芹、辣椒等为主的冷凉蔬菜面积1000亩,带动乔洼、薛庄、沙窝等5个位于城乡接合部的村种植冷凉蔬菜面积3000亩,冷凉蔬菜集中连片种植示范基地初具规模。扩面提档劳务产业,精准开展农村劳动力素质提升培训200余人、技能培训150人次;稳定输出农村剩余劳动力4525人次,其中脱贫人口1492人;为外出务工人员103人发放稳岗补贴5.15万元;开发公益性岗位,新增安置脱贫劳动力和监测对象74人;依托后川村村集体合作社,就近建成加工服饰就业帮扶车间1个,吸纳30名劳动力家门口就业。

【环境保护】

2022年,官厅镇深入打好污染防治战,推进"四尘"同治、"五水"共治、"六废"联治,坚决整治环保各类突出问题。深化大气污染防治,强化秸秆禁烧、烟花禁燃管控及散煤使用监管，推进清洁取暖，梳理排查辖区内所有锅炉和炉窑；完成整改环保督察反馈问题2件，整改率100%；对3家历年整治"散乱污"企业定期"回头看"，推进农业投入品包装物、废旧农膜、秸秆等农业生产垃圾资源化利用，统一回收农用残膜，回收率达92.5%以上；采取发酵还田等多种模式，推进粪污资源合理化利用；开展大规模国土绿化行动，完成营造林2万亩，绿化村庄道路30千米。打造全域美丽样板区，在环境整治上狠下功夫，践行"绿水青山就是金山银山"生态理念，落实"门前三包"责任制、四级网格责任制和月度考核评比机制；以农村"三内三外"为重点，累计清理"六堆"2326处、"七边"1487处、"一顶"66处，投入机械540余台，清理垃圾6.1万吨、残膜110吨、粪污3.1万吨；完成189座问题厕所整改；评选"最美庭院"和"卫生光荣户"各78户；在乔洼、薛庄、沙窝3个乡村振兴示范村建成"两小园"488个；对村组主干道路两侧进行抚育管护、平整土地、清理杂草，种植海棠、红叶梅、牡丹、芍药等花卉4万余株，播种花籽210公斤，打造沿路彩色通道；在群众房前屋后、院内院外及公共区域等栽植红梅杏、梨树、李子树等果树1万余棵，做到见缝插绿、见缝植绿，全面提升村庄绿化覆盖率。

【民生保障】
2022年，官厅镇开展各类文体活动，成功举办各类赛事活动27场，组织送戏下乡文艺汇演28场、数字电影放映130场。开展爱国卫生运动，加强疾病预防控制，提升公共卫生服务水平。建设完成官厅村基础设施改造以工代赈项目，兑付资金391万，达到项目总额的75%；乔洼村大棚维修改造项目已完成工程量的27%，正在加紧工期建设。强化社会保障，新增保障对象29户35人，动态调整117户148人；新增高龄1人；新增申请办理残疾证16人次、生活补贴16人次、护理补贴15人次，发放残疾人护理补贴565人67万元，困难残疾人生活补贴697人76.67万元；发放临时救助资金43.83万元；新生儿医疗参保缴费56人；办理养老待遇121人、丧葬费领取75人，完成养老待遇资格认证1700余人；发放创业贷款及农村妇女小额担保贷款800万元，支持50户农村妇女创业。

【基层治理】
2022年，官厅镇构建"一个功能型党支部+一个综治中心+三张清单"的"1+1+3"基层治理工作机制，推进重点领域风险隐患排查化解和专项整治，推行"枫桥经验"，打造基层社会治理的"官厅名片"。自"1+1+3"工作机制运行以来，功能型党支部共召开分析研判会议16次，排查化解各类矛盾纠纷283件，稳控重点对象11人，建立问题清单、责任清单23条（均为绿色），成功化解23条，化解率100%。成功注册安装反诈App 4721人。铁路护路环境整治工作有序进行，开展常态化禁毒铲毒排查、禁种铲毒踏查活动6次，禁毒宣传40次，受众500余人次，对40名吸毒人员进行"四色网格化"管控，戒断三年未复吸率达到100%。丰富精神文明实践活动，以重大活动和重大节日为节点，"菜单"式服务辖区群众，全年开展理论宣讲活动60余场、清洁村庄活动50余次、文化活动20余次、反诈宣传活动40余次、技能科普活动10余次，参与群众5000余人，2789名志愿者累计积分22312分。开展"好儿媳""好婆婆""最美家庭""移风易俗模范户"等选树活动，累计评选"好儿媳""好婆婆"30名、"最美家庭"15户、"移风易俗光荣户"等16户、"身边好人"5人。创建民族团结示范乡镇，以新时代文明实践所（站）为载体，开展"铸牢中华民族共同体意识"、党的民族宗教政策大宣讲等活动17场，受众780人次。筑牢安全生产和森林草原防灭火"防护网"，同各村签订各类安全生产责任书13份，开展2022年官厅镇安全生产"百日攻坚"行动。排查住房、排洪渠、滑坡点等安全隐患险点27处，均在可控范围之内。全面排查水库、旱坝，未发现安全隐患。与相邻林场、乡镇、辖区企业等签订防火联防协议13份。在全镇重点林区树立宣传牌9个，国道、省道、村道两旁悬挂横幅200余条，发放防火宣传手册2000余份，张贴防火戒严令50份。成立镇村两级应急队伍14支225人，配备防火车1辆、各类灭火器29个、防火二号工具150把、防火铁锹30个、防护服215套、对讲机2个。

【法治政府建设】

2022年，官厅镇深入学习领会习近平法治思想，抓住领导干部"关键少数"，制定落实领导干部学法清单，带头做到尊法、学法、守法、用法。加强行政机关负责人出庭应诉机制，出庭应诉率保持100%。深入开展"八五"普法宣传，通过公众号转发、普法阵地宣传、法律法规讲座宣讲等方式，常态化进行群众普法宣传学习，全年发放法治宣传资料7000余份，悬挂横幅标语100余条，开展法治宣传26场、法治讲座12场，向各村提供法律意见37次，向群众提供法律咨询417人次。加强镇干部法律法规学习，推行会前半小时学法制度。整改中央依法治国办督查反馈问题，对标存在问题与整改工作要求，梳理认领问题15项，全部完成整改。推行"阳光政务"App，打造服务型阳光政府，接受群众和社会舆论监督，完善办事公开制度，规范便民服务管理，提高服务办事效率。

【党的建设】

2022年，官厅镇深入实施基层党建"六项行动"和农村党建"一抓两整"示范县乡创建行动。突出政治标准，按期转正党员12名，接收预备党员10名，培养入党积极分子31名；评选挂牌党员示范户63户，申请发放党内关怀资金2人0.4万元，慰问困难党员7人0.7万元；颁发"光荣在党50年"纪念章6人；18名导师结对57名帮带对象；开展抓党建促乡村振兴"一讲一评一培一考"活动15次。驻村工作队两个片区组织开展4次走村观摩、互学互评活动，跨片区开展两次观摩评比活动，开展片区交流座谈会两次。开展习近平总书记视察宁夏重要讲话和重要指示批示精神"大学习、大讨论、大宣传、大实践"活动，引导党员干部把稳思想之舵、厚植信心之基、凝聚团结之力。推进党风廉政建设，健全改进作风常态化、长效化制度。强化党内监督，全年共开展镇村干部集体廉政谈话会7次，通报批评违纪干部1人，诫勉谈话3人，党内严重警告1人。排查并防范辖区内意识形态风险点3条。做好原州区委第一轮巡察反馈问题整改，对巡察反馈3个方面16个问题照单全收，按期完成问题整改。

开城镇

【防返贫监测】

2022年，开城镇依托全镇1名一级网格员、9名二级网格员、231名三级网格员，开展"月排查、月报告、常态管、动态帮"防返贫动态监测和精准帮扶工作，推动农户自主申报、基层干部排查、部门筛查预警互为补充、相互协同的监测预警机制持续落实。紧盯"两不愁三保障"和饮水安全，深入开展摸底排查，加强监测预警，实行动态管理、动态清零，筑牢防返贫监测帮扶底线。全镇新识别纳入监测对象共13户49人，建立"一户一策""一户一档"精准帮扶工作台账，因户因人施策，开展精准帮扶。聚焦"一收入""两不愁三保障"和饮水安全主要指标，坚持常态化开展"四查四补"，全镇全年共采集完成1953户脱贫户和132户监测户（包括风险消除人员）收入，全镇5214户常住户的基本信息。排查饮水安全风险户23户，新识别农村低保对象43户51人。

【民生保障】

义务教育保障方面：全年落实"雨露计划"补助151人22.65万元，未发现辍学学生。基本医疗保障方面：全镇脱贫人口持续享受县域内住院"先诊疗后付费"政策，2022年医疗保险参保人数23786人，参保率达99.66%。住房、饮水安全保障方面：常态化开展住房安全、饮水安全大排查，动态掌握全镇农户住房、饮水安全情况，全镇脱贫户和"三类人

"群"住房、饮水均达到安全标准。就业保障方面：拓宽脱贫人口就业渠道，利用冯庄村和双泉村的两个就业帮扶车间，带动就业人数60人，其中脱贫劳动力（含监测对象）28人。公益性岗位安置就业112人；利用村级光伏电站收益，因人施策开发卫生保洁员、农家书屋管理员、乡风文明监督员等公益性岗位32个，全镇光伏公益性岗位达116个，较2021年增长28%。开展职业技能培训，全镇全年开展各类培训3次150人次。农村劳动力转移就业6551人，其中脱贫劳动力转移就业2428人，实现工资性收入0.478亿元，人均转移就业收入7175.06元。

【反馈问题整改】

开展2021年度巩固拓展脱贫攻坚成果同乡村振兴有效衔接各级考核检查反馈问题整改工作，针对国家反馈的14个方面56个问题、自治区反馈的12个方面46个问题、固原市农业农村领导小组反馈的10个方面39个问题，坚持"当下改"和"长久立"相结合，明确整改目标、整改措施、责任单位、责任人、整改时限，实行销号管理。

【脱贫攻坚成果巩固】

2022年，开城镇加快产业发展，全镇实施产业到户项目实现肉牛补栏2376头、基础母羊补栏5115只，蜜蜂773箱，猪补栏458头，绒山羊补栏108只，青贮池5栋，共计补助资金1024.19万元。实施金融帮扶，以"应贷尽贷"为目标，完成小额信贷发放671户3333.69万元，富民贷发放38户567万元，全年累计完成贴息3338户次175.46万元。加强驻村帮扶工作，选优配强第一书记和驻村工作队员，加强驻村工作队日常管理，开展驻村工作队培训，提升驻村工作队的工作技能。强化社会保障，全镇享受低保共1520户2657人；供养集中、分散特困人员93名；享受孤儿津贴23人；发放高龄补贴70.798万元；发放困难残疾人生活补贴66.91万元，重度残疾人护理补贴67.72万元；发放临时救助226人36.3万元；发放退役军人优抚金89人31.85万元。各行政村累计投入2635.98万元发展壮大村集体经济，其中，财政资金2176万元，帮扶资金203.27万元，自有资金256.71万元，实现村集体经济年收益140万元左右。

【产业结构优化】

2022年，开城镇制定《开城镇农业产业结构优化调整实施方案》，提高经济效益高的种植养殖扶持力度。引导农业经营主体科学选用优良品种和先进实用技术，推进农机农艺融合，开展新品种新技术试验示范展示。全年发放地膜23510卷，种植玉米5.8万亩、春小麦0.3万亩、大豆（含大豆玉米带状复合种植）569亩，种植小秋杂粮962亩、马铃薯1806亩。加大农作物病虫害防治，小麦"一喷三防"农药已发放到位，涉及双泉村700亩、寇庄村1000亩、小马庄1000亩、冯庄1200亩，共计3900亩。

【生态宜居乡村建设】

2022年，开城镇开展"百人大整治"行动，各村每月组织党员群众开展2~4次百人以上环境整治活动，全年全镇累计开展活动96次。抽调"五办四中心"12名骨干力量成立农村人居环境整治"清洁行动"综合执法大队，对辖区内的乱搭乱建、乱堆乱放、乱贴乱画、店外经营、违法建筑等违法行为进行巡回检查和行政执法。落实干部包抓农户卫生制度，开城镇345名镇、村干部及驻村工作队员包抓全镇4969户常住户，指导督促农户对自家院落进行清理整治。包抓责任人全员开展进户宣传，向农户发放《环境整治告知书》，动员广大群众参与农村人居环境整治，创建美丽庭院，全面提升村容村貌。加大日常整治力度，全年全镇共清理"六堆"（粪堆、草堆、柴堆、土堆、煤堆、垃圾堆）2498处、"七边"（房边、路边、地边、沟边、村边、田边、林边）1230处、屋顶4处；种植各类树木共12154棵，种植各类花卉共12984.2平方米，播种花籽375.5斤，共种植"两小园"259个；清理垃圾3万余吨，整治边沟水渠200余千米，投劳19000余次，投入机械1300余台次，整治秸秆、残膜、粪污等废弃物1000吨，微信宣传1500余次，发放宣传资料10000余份，广播宣传300余次。

【公共安全排查整治】

2022年，开城镇紧盯道路交通和溺水安全等公共安全领域风险，开展道路交通安全和防溺水专项整治，坚持源头治理与日常监管相结合，推进"两站两员"建设应用，集中开展农村道路交通安全排查整治5次，在各村主要路段设立16个农用车违法载人劝返点，累计劝返农用车300余辆次，教育引导1200余人。排查农村水毁道路20处6279米，治理水毁路段20处。发挥"雪亮工程"等视频监控作用，对重点区域、路段实行全方位监控，全面排查8个水库、1座小型淤地坝和62座漫水桥安全隐患，整改风险隐患3处，安装防护网6处，安装警示牌65个，填埋小水坑9处，做到隐患早发现、风险早防范、问题早处置。

【基层治理】

2022年，开城镇对治安隐患突出、案件多发的场所联合开城派出所加大管理力度，对可能发生信访、暴力倾向的苗头隐患，严格落实稳控措施。落实党建引领基层治理"1+1+3"工作机制，成立"1+1+3"工作机制功能型党支部，建立问题清单、责任清单、考核清单"三个清单"，将矛盾纠纷划分为绿、黄、红三个等级，建立矛盾纠纷预警升级制度，化解未果自动预警升级。截至2022年年底，开城镇问题清单矛盾纠纷共8个（其中，绿色6个，已办结；红色2个，办结1个；另1个正在协调处理）；责任清单矛盾纠纷8个（其中，绿色6个，已办结；红色2个，办结1个；另1个正在协调处理）。考核清单矛盾纠纷8个（其中，绿色6个，已完成；红色2个，完成1个；另1个正在协调处理）。开展矛盾排查化解"百日攻坚"专项行动及"回头看"工作，摸排问题36条，化解矛盾36条，矛盾化解率达100%。打击整治养老诈骗领域专项行动，对辖区16个村问题线索进行摸排，开展防范养老诈骗宣传活动7次，覆盖人群9000余人次。开展春季禁种铲毒行动，落实67个吸毒人员管控，对原州区吸毒人员从业和驾驶机动车人员开展全面排查，常态化开展禁毒宣传，及时总结经验做法，开城镇典型做法被宁夏禁毒网、中国禁毒网报道。

张易镇

【脱贫攻坚成果巩固】

2022年，张易镇健全三级网格化管理机制，监测农户6652户。落实"月排查、月确定"工作机制，结合行业部门反馈信息，做到即时预警。全年开展两轮大排查，纳入监测户21户81人。落实产业到户政策，完成2447户产业到户项目验收，兑付补贴资金1472.942万元。发放黑白覆膜2.2万余卷、原原种550万粒，兑付补贴资金60万余元。试点种植玉米套种大豆564亩，兑付补贴资金11万余元。通过网格员"大排查、大走访"，紧盯"三类"人群和农村低收入群体生产生活，社会保险应保尽保。实施危房改造21户，兑付补贴资金63万元。完成农村饮水安全隐患排查，加大供水工程维修养护力度，完成问题整改106处。开展扶贫项目资产管理"回头看"工作，清查各类扶贫项目资产663项1.12亿元。建立扶贫项目资产管理明细台账，落实衔接资金分配结果和项目安排。

【产业融合发展】

草畜产业：坚持"以草定畜、以牛为主、多畜并举"思路，沿葫芦河和旅游环线建设青贮玉米示范基地，种植青贮玉米面积5.2万亩，加工调制饲草23.4万吨；培育肉牛养殖大户68户、家庭农场19家、合作社56家，打造万头肉牛、千头肉牛养殖示范村各2个，肉牛饲养量达到3.5万头；牧园一、二期项目陆续完工投入运营。马铃薯产业：依托华尔晶、汉兵淀粉有限公司，带动毛庄、贺套等村通过村集体入资、农户入股，"企业+支部"村集体经济发展模式向"企业+支部+农户"产业发展模式拓展，连片种植马铃薯5.8万亩；探索马铃薯淀粉深加工，延长产业链，发挥联农带农机制作用，增加农民收入。全域旅游业：挖掘境内红色资源，打造"红色旅游"精品线路，争取退役军人事务局资金修缮莲花沟无名烈士墓3座，拼接六盘山红色旅游景区。发展宋洼藜麦、田堡红树莓特色种植，休闲采摘、民俗体验、红色旅游成为张易发展新业态。

【美丽乡村建设】

坚持"典型示范引领"思路，内外兼修打造农村宜居环境，健全"12345"工作机制，开展"村庄清洁"攻坚行动。全年打造示范村2个，种植"房前屋后十棵树"3.4万余株，新建"两小园"277个，清理"六堆七边一顶"8000余处，拆除私搭乱建96处，完成宋洼、张易移民点雨污分离改造工程。完成户厕整改489座，清运垃圾1200余吨。常态化开展环境整治考评，组织观摩评比4次，专项考核8次。开展卫生评比表彰活动，选树"卫生光荣户"360户、"美丽庭院"109户，互学互比互促引领民风向上向好，乡风文明积分卡模式在张易创出乡村治理新经验。严控农业面源污染，回收农业残膜480吨，处理作物秸秆、柴草345吨。完成镇机关锅炉煤改电项目，红庄、大店光伏发电基站成功并网，农户使用清洁能源大幅提升。统筹推进山水林田湖草沙系统治理，完成巡河2500余次，修复水毁道路3千米，抚育绿化带60余千米，清理枯树3800余棵。

【民生保障】

织牢民生兜底网，全年发放低保1800万余元、高龄补贴14万余元，特困供养56万余元，临时救助76.3万元。关爱"留守儿童"，发放孤儿津贴37万余元。关心弱势群体，兑付残疾人"两项"补贴208万余元，实施困难残疾人家庭无障碍改造7户。开展农村低保专项治理，做到动态管理，新增低保164户198人，特困供养人员14人，新申请残疾补贴80人。织密疫情防控网，设置疫情防控检查点15个，有序推进疫苗接种。织紧社会保障网，提供"两癌"检查服务1051人次，开展就业技能培训8期400人次，推荐16名"两后生"参加职业技能培训，转移农村劳动力就业8649人，实现劳务创收2亿元。发放小额信贷资金7854万元、妇女创业贷款1995万元、富民贷522万元，兑付贴息244.43万元，解决融资渠道单一问题。

【基层治理】

落实党建引领基层治理"1+1+3"工作机制，推进"八五"普法，开展扫黑除恶斗争，法治政府建设迈上新台阶。全年摸排矛盾纠纷219起，有效化解矛盾纠纷217起，引导诉讼2起，巩固和谐清朗张易。开展打击电信诈骗和养老诈骗违法犯罪集中宣传活动，举办宣传活动13次，悬挂横幅50条，推送资讯200余条，发放宣传彩页2.5万余份，张贴宣传海报1000余张。开展"敲门"行动，动员群众注册反诈App 1万余人，筑牢"反诈壁垒"。对标铸牢中华民族共同体意识示范区建设，开展"五进"活动15场。统筹发展与安全，突出抓好企业、森林草原防灭火及地质灾害险点治理，推进食品药品安全区全域创建。全年治理地质灾害险点22处，组建30人防火应急机动队，开展演练30次，排查安全隐患118条，整改隐患118条，实现安全隐患整改全闭环。坚持党管武装，深促军民融合，深化全国优秀退役军人服务站创建成果。

【党的建设】

深入开展基层党建"六项行动"，推进农村党建"一抓两整"。全年评选党员示范户119户，发放党内关怀资金6.75万元，颁发"光荣在党50年"纪念章34枚，慰问困难党员166人。导师帮带、片区交流制度激活党员干部干事创业"一池春水"，开展习近平总书记视察宁夏重要讲话和重要指示批示精神"大学习、大讨论、大宣传、大实践"活动，提高党员干部政治自觉。深入推进党风廉政建设，驰而不息纠治"四风"。认真开展工程建设政府采购等重点领域突出问题,全年开展镇村干部警示教育3次,集体谈心谈话4次,通报批评违纪干部13人,给予党纪处分8人。严格落实意识形态责任制,建立健全意识形态工作研判机制,签订意识形态责任书26份,推送宣传信息320余条,发布工作信息简报80余份,处理网络舆情4起,开展宣讲宣传活动30余场次。配合支持原州区委第一巡察组巡察工作,对巡察反馈3个方面18个问题照单全收,制定整改方案、清单,明确时限,采取立行立改与长期坚持等措施加以整改。

三营镇

【脱贫攻坚成果巩固】

2022年,三营镇持续用好防返贫监测预警和动态帮扶机制,做到应纳尽纳、应帮尽帮。精准制定"一户一策",及时消除返贫风险。全年全镇新增三类监测对象20户81人,对2021年已纳入监测的10户34人进行跟踪监测,针对出现的新问题新情况,逐户调整帮扶措施及发展计划,2022年7月稳定消除风险点1户4人。完成中央和自治区考核评估反馈的14个方面56个问题的整改。培育壮大特色优势产业,发挥安和村"出户入园"肉牛养殖模式优势,带动老三营村、鸦儿沟村、东源村打造肉牛养殖示范村。凝心聚力打造安和村、金轮村等4个乡村振兴示范村,引进宁夏拓明农业开发有限公司流转安和村土地795亩发展黄芪产业。改造提升团结村、广和村温棚719栋发展瓜菜产业。协调雪川农业、4个帮扶车间安排当地劳动力123名(其中脱贫劳动力77人),做好脱贫户稳岗就业。累计选聘公益性岗位422人,其中,人社公益性岗位225人、光伏公益性岗位75人、护林员122人。加大创业就业扶持力度,提升创业担保贷款质量,为创业脱贫户702户办理小额信贷4079万元,发放"富民贷"87户801.3万元。2022年,脱贫人口收入达到12984.63元,同比增长22.52%。

【集体经济发展】

2022年,三营镇探索"党支部+村集体经济+企业+农户"的联农带农富农利益联结机制,实现小农户同现代农业发展有机衔接,促进传统产业延链补链。因村制宜发展村集体经济,以联农带农、"一村一年一事"工作为亮点,先后投入资金1984.9万元,用于发展壮大村集体经济。通过跨村联营、自主经营、提供社会化服务等方式,培育壮大村集体产业。截至2022年年底,三营镇13个行政村发展壮大村集体经济项目实现全覆盖,村集体经济收益可达5万~10万元的村有2个,10万元以上的村11个。全年村集体经济经营性收入997.86万元,经营性收益292.22万元。

【民生保障】

2022年,三营镇完善社保体系,坚持低保动态管理,2022年新增低保对象180人,核查取消408人。发放临时救助资金64.3万元、高龄津贴8.19万元、残疾人两项补贴18.44万元。全镇领取养老补贴3185人,医保缴费30772人。全年农村劳动力转移就业6065人,实现工资性收入1.53亿元。做好零就业家庭动态清零和就业困难群体兜底保障,为437人发放稳岗补贴21.85万元,发放农村妇女小额担保贷款1440万元。发放克服疫情稳岗就业补贴200人、灵活就业社保补贴73人,安置公益性岗位232人,组织技能培训250人次。推进"健康三营"建设,创建安和村等健康村4个,健康家庭150个,加大重大疾病筛查救治,提升规范化健康管理、筛查、随访水平。保障食品安全,严把食品加工质量安全关,全镇400多家小餐饮服务单位量化分级评定达标率达100%,餐饮服务示范店98个。加强食品药品安全监管,群众的食品安全意识大幅提高。深入推进文化惠民供给,加强基层文化阵地建设,完善镇村综合文化站、农家书屋、宣传栏等文化阵地功能,组织开展"送戏下乡"文化惠民演出及各类群众文化活动9场,惠及群众1000余人。学校标准化建设步伐加快,教育教学水平明显提升,适龄儿童入学率100%，在校生巩固率100%，三营镇被评为"2018—2021年度全区群众体育先进单位"。硬化村组道路25.73千米，开展农村自建房安全隐患排查，改造农村低收入群体安全保障住房15户。

【人居环境整治】

2022年，三营镇牢固树立"绿水青山就是金山银山"理念，严格落实"河长制""林长制"，打好蓝天碧水净土保卫战，推进生态保护和治理修复，厚植生态底色，擦亮绿色名片。深入推进农村垃圾治理、污水治理、厕所改造"三大革命"，实施三营生活垃圾填埋场提升改造项目，整改问题厕所257座。中央生态环境督查"回头看"及群众反响强烈的环保问题全部整改到位。以村里村外、院里院外、屋里屋外干净整洁为目标，开展"六堆七边一顶"清理、环境整治清洁、植绿增彩、爱护管护行动。全年清理农村生活垃圾3万余吨、清除农业生产废弃物8.5万吨、清理村内沟渠80条、拆除废旧院落3568座、拆除私搭乱建3602平方米。推进"两小园"建设，种植果树2700余棵。开展"最美庭院""卫生光荣户"等评选活动，通过"星级管理+积分制"、亮黑红榜等方式，评出"最美庭院"39家、"卫生光荣户"39户，鼓励引导群众参与美丽乡村建设。开展镇容镇貌整治、街区流动摊点治理、车辆限时分流等专项行动，镇区管理精细化程度明显提升。通过开展"小手拉大手""人大代表助推环境整治行动"等活动，带动全域环境卫生整治，宣传动员沿街商户、居民严格落实"门前三包"责任制，镇区深度保洁模式逐步完善。

【基层治理】

2022年，三营镇夯实基层治理基础，落实党建引领基层治理"1+1+3"工作机制，拓展新时代"枫桥经验"，实现"小事不出村、大事不出镇、矛盾不上交"。安和村成功创建全国民主法治示范村。及时化解矛盾纠纷，自"1+1+3"工作机制运行以来，排查化解各类矛盾纠纷30起，已全部办结。开展矛盾纠纷排查化解"百日攻坚"行动，排查各类矛盾纠纷400余件，全部化解，化解率100%。加大电信网络新型违法犯罪防范治理力度，推广注册"国家反诈中心"App，举办宣传活动30次，推送资讯50余条，发放宣传彩页7000余份，维护人民群众合法权益。加强法治政府建设，修订普法责任制"四清单"，开展法治学习教育，"八五"普法有序推进，组织全体镇、村干部学习习近平法治思想35次，举办"法律明白人"专题讲座4期。常态化开展普法宣传教育，开展宣讲活动60余次，覆盖人群1.2万人次，安和村被评为全国民主法治示范村。强化安全生产责任制，开展农贸市场安全、食品安全、企业生产安全、消防安全、交通安全等排查检查。定期开展安全生产大排查行动，累计排查公共场所216次，排查安全隐患23处，已全部整改完成。设立交通安全管理站和交通安全劝导站，全年共劝返登记存在安全隐患车辆1000余车次。深化移风易俗，培育文明乡风、良好家风、淳朴民风。

【党的建设】

2022年，三营镇坚持把学习贯彻习近平新时代中国特色社会主义思想和党的二十大精神作为首要政治任务，开展习近平总书记视察宁夏重要讲话和重要指示批示精神"大学习、大讨论、大宣传、大实践"活动，推动党的二十大精神、习近平总书记视察宁夏重要讲话和重要指示批示精神、自治区第十三次党代会精神等一体学习、一体推进。把习近平总书记最新讲话、文章和作出的重要指示批示作为第一议题，讲党课65次、集中学习44次、交流研讨170余次，撰写心得体会150余篇，提高党员干部政治能力。按照"一村一亮点，村村有示范"的党建工作思路，严格执行组织生活会、"三会一课"等基本制度，研究部署党建工作12次，新发展党员10名，转正党员17名，确定入党积极分子28名，"评星定格"奖红星104人、亮黄星22人，开展检查5次、通报4次。深入开展"三大三强"行动和"两个带头人"工程，培育党组织带头人13名、致富带头人160

名、后备干部39名,学历提升23人。"导师帮带"实现18名帮带对象能力提升。探索"一帮一讲一评一培一考"三营模式,开展交流活动20余次、各类培训8次,解决村干部谋事缺想法、干事缺办法、成事缺方法等问题。2022年全镇三星级党支部占比85%,成功创建为党建示范镇。落实党风廉政建设责任制,健全教育、监督并重的惩治和预防腐败体系,认真落实中央八项规定精神,坚持做好党务、政务和村务公开,接受群众监督。落实落细原州区委巡察"回头看"反馈的24项突出问题整改工作。

彭堡镇

【脱贫攻坚成果巩固】

2022年,彭堡镇严格落实"四个不摘"要求,开展巩固拓展脱贫攻坚成果同乡村振兴有效衔接。做好防返贫动态监测管理,落实"115"领导干部包抓机制,设立2名一级网格员、10名二级网格员、201名三级网格员,对常住户进行防返贫动态监测、定期摸排。有动态监测19户66人,其中,脱贫不稳定户5户18人,边缘易致贫户6户22人,突发严重困难户8户26人。截至2022年12月,累计纳入动态监测6户22人,其中,边缘易致贫户1户5人,突发严重困难户5户17人,消除动态监测1户5人,其中突发严重困难户1户5人。全年共为1387户脱贫户及"三类"监测对象实施产业到户项目,兑付资金1183.9万元;共发放金融小额贷款272户1252.2万元;享受贴息930户101.7万元。推动百万移民致富提升行动,对接原州区农业农村局,对惠德村现有的89栋温棚进行改造提升。实施移民村帮扶车间建设项目,整合自治区发改委预算资金110万元,村集体经济资金40万元,原州区乡村振兴局社会帮扶资金239万,共计389万元。新建惠德村小杂粮加工帮扶车间,与宁夏昊正农业科技有限公司签订租赁合同,夯实移民村村集体经济发展基础。对接原州区住建交通局,对惠德村和9个移民安置点的道路、排水和排污管网、绿化等工程进行改造提升。推进移民村天然气入户项目,为惠德村和9个移民安置点铺设天然气主管网。

【产业发展】

冷凉蔬菜产业:以姚磨联合党总支为抓手,以农村"两个带头人"工程为引领,确立"产业相近、地域相邻、优势互补、种养互促"的现代循环农业发展思路,打造"河东—别庄—彭堡—蒋口—申庄"和"吴磨—姚磨—惠德—闫堡—撒门"两个冷凉蔬菜产业带,先后建成1个设施农业园区和3个万亩、4个千亩标准化露地蔬菜基地。实施"非粮化"整治0.57万亩,新流转土地0.9万亩,新增冷凉蔬菜种植面积1万亩,全镇冷凉蔬菜种植面积3.1万亩,复种面积5.8万亩。夯实联农带农机制,坚持产业发展作为减贫带贫根本之策,发挥致富带头人的"领头雁"作用和产业主体减贫带贫"主力军"作用,76户龙头企业、合作社、种植大户把带动农户精准受益作为经营主体扩规提质的前提条件,每种植50亩带动1户困难户,实现户均增收8000元左右(包括流转费、务工收入和年度分红),带动全镇4650户农户(其中脱贫户342户)共同参与冷凉蔬菜种植。肉牛产业:结合巩固拓展脱贫攻坚成果产业到户项目实施,全镇实现牛补栏1105头,羊补栏3785只,猪补栏1207头。发挥撒门、杨忠堡、石碑等养殖专业村优势,引进推广西门塔尔、安格斯肉牛等特色养殖产业。全镇现有牛存栏2.14万头,羊存栏5.11万只,猪存栏3.12万头,鸡18.46万羽。在鼓励脱贫户补栏的同时,动员养殖户出栏,并配套相关政策予以支持,实现牛出栏1.13万头、羊出栏4.52万只、猪出栏2.93万头、鸡出栏15.42万羽,推动"有进有出,动态发展",提高农村居民收入。马铃薯产业:以雪川农业流转基地为重点,新增马铃薯种植面积6240亩,促进农民增收,助力乡村振兴。劳务产业:围绕设施农业、舍饲养殖等,对农户进行就业指导和技能培训,持续推广宁夏飞毛腿技工学校,加大动员力度,开展各类职业技能培训和技能竞赛,促进劳动力由苦力型、数量型向技能型、质量型转变。

培养"村党组织带头人"14 人,"致富带头人"145 人。实施就业援助专项行动,新增公益性岗位 107 个;劳动力转移就业 7509 人次,实现劳务创收 1.78 亿元(其中组织福建马尾区相关企业输送转移就业人员 12 人)。

【人居环境整治】

环境整治行动以分片包干、互助协作为原则,实行镇领导包村、村干部包组、党员包户、村民包门口的工作机制,建立网格台账,构建"镇—村—组—农户"的全链条责任体系,实现人居环境整治工作全覆盖。全年全镇共投入运转车辆 5000 余次、人力 2500 人(次),清理垃圾 4.89 万吨,残膜 50 多吨,秸秆 30 多吨。完成"两小园"种植 3610 个,清理"三堆"2000 余处,植树 9594 棵。对重点道路沿线垃圾、村内沟渠垃圾、群众户内外卫生等集中清理,整治辖区内河道;拆除违章建筑和残垣断壁,消除破旧裸露墙体;整治乱搭乱建、乱贴乱画;整治车辆和农机具乱停乱放等,组织动员群众按标准清扫,规范庭院种植。完成道路绿化 19 千米,聘任生态护林员 85 名,严格培训管理,开展森林草原防火宣传;全面禁止焚烧秸秆、垃圾,防治大气污染;开展封山禁牧巡查,加强退耕还林地管护;利用闫堡、别庄、蒋口、曹洼、硝沟和杨忠堡村农户的房前屋后,发展以种植花椒树、桃树、梨树、山楂树、核桃树、红梅杏等树种为主的庭院经济林,种植面积达 1016.2 亩。通过宣传车(65 车次)转起来、大喇叭(14 个)响起来、横幅(200 条)挂起来、抖音快手拍起来、微信消息(4000 条)聊起来、倡议书(8000 份)发起来、志愿者(350 人)马甲穿起来等形式,宣传整治人居环境的重要意义。在全镇开展"星级文明户"环境卫生"红黑榜"评选等活动,激发群众参与人居环境整治的内生动力。

【民生保障】

持续推动卫生事业发展,开展爱国卫生运动。开展精神病防治工作,为 11 名贫困精神病人提供免费精神药物。全面落实惠民政策,全镇享受低保共 2335 户 4118 人;供养集中、分散特困人员 54 名;享受孤儿津贴 31 人;发放高龄补贴 35 人次 16300 元;发放困难残疾人生活补贴 760 人次 83600 元;发放重度残疾人护理补贴 679 人次 81480 元;发放临时救助 402 人次 688275 元;完成新生儿医疗保险登记 200 余人,办理养老金申领 400 余人,办理失地农民养老保险 9 人,办理丧葬费 100 余人。持续完善基础设施建设,新建连户路 29 千米,涉及石碑、杨忠堡、撒门、彭堡 4 个村。惠德村新建卫生室 1 所,优化提升基本医疗和公共卫生服务环境。在新建蔬菜基地协调解决配水工程;进行吴磨村美丽村庄建设,通过道路硬化、绿化,围墙大门改造,广场、人行道铺设,安装路灯等方式,改善村容村貌,打造美丽小村庄。做好退役军人服务工作,发放退役军人优抚金 121 人次 54328 元,办理 60 岁退役军人优抚人员 3 人。

【平安彭堡建设】

常态化做好疫情防控,动员群众参与疫苗接种,截至 2022 年年底,60 岁以上人群第一剂次接种 3353 人,接种率 97.4%;全程接种 3020 人,接种率 87.7%;加强免疫接种 2449 人,接种率 71.1%。以做好党的二十大安保维稳工作为主线,建立《党的二十大安保集中攻坚行动矛盾风险清单》《涉访重点人员稳控清单》,维护社会和谐稳定。坚持党建引领基层治理,落实基层治理"1+1+3"工作机制,加大矛盾纠纷排查化解力度,共排查化解各类矛盾纠纷 102 件,矛盾纠纷化解调解成功率为 95%。做好 19 批次信访人群的接待和答复,做到"小事不出村、大事不出镇、问题不扯皮、矛盾不上交"。组织开展全民反诈和打击整治养老诈骗专项行动,宣传防诈骗知识,提高群众防诈骗意识。开展普法宣传活动,共开展法治宣传 16 场次,组织法治讲座 22 场次,提高群众的法律素质。完成对 105 名刑满释放人员的登记、建档、逐人走访、谈话、排查、疏导和帮教工作。为 32 名困难群众协助提供法律援助,帮助困难弱势群体挽回经济损失。严格落实禁毒责任,开展禁毒宣传50场次,发放禁毒宣传品500余份、宣传彩页3500余张,张贴宣传海报200余份,撰写宣传简报45期,悬挂横幅20余条。落实安全生产责任,坚持安全生产月排查制度,不定期针对地质灾害点、山塘水库进行安全排查,开展住房领域安全隐患排查,持续加强对森林草原防灭火、防震、防汛、农村道路安全、食品安全等重点领域加强监管,全年没有发生任何安全生产责任事故。

【党的建设】

以"抓乡促村、整乡推进、整县提升"示范县乡创建行动为抓手,利用乡村治理经费对14个村级阵地予以维修和布设,抓好阵地建设。开展各村党组织提档升级创建,完成吴磨、申庄两个四星级党组织"六好"标准党建示范点建设,11个二、三星级村党组织晋级准备工作,1个软弱涣散村党组织整顿转化工作,通过补选配齐村"两委"班子、严格落实基本党建制度、选培优秀村级后备干部等方式,促进班子增强凝聚力、战斗力。开展党员冬季轮训、支部主题党日等,加强党员教育管理,提升党员模范带头能力。加强对驻村工作队、第一书记管理工作,开展规范驻村干部工作专项行动,按照"五档台账"管理考核,落实驻村干部"片区"交流机制,划定冷凉蔬菜种植、草畜林果产业两个片区,设立片长,每月召开一次驻村干部例会,督促驻村工作队在基层党建、疫情防控、巩固脱贫攻坚成果、促进乡村振兴等工作中发挥作用、贡献力量。严格落实意识形态责任制,建立健全意识形态工作研判机制,党委研究意识形态工作4次,并逐级签订意识形态责任书,每季度对意识形态风险点进行排查化解。以新时代文明实践站为载体开展宣教活动,共开展讲习活动168场次。引导弘扬文明新风,在全镇开展"好儿媳""好公婆""身边好人""百孝之星"评选活动。认真履行全面从严治党主体责任,全年共收到信访件、问题线索14件,已全部办结,其中,给予1人诫勉谈话问责处理,3人开除党籍处分。针对镇村干部在工作中不作为、慢作为等问题,对16名镇村干部进行约谈提醒教育。

黄铎堡镇

【防返贫监测】

开展防返贫动态监测,研究制定《黄铎堡镇防止返贫动态监测和帮扶机制管理办法》,执行动态监测标准和程序,全年共纳入监测帮扶对象11户38人(其中,突发严重困难户8户33人;边缘易致贫户2户3人;脱贫不稳定户1户2人)。根据监测对象致贫风险、发展需求等因素,从就业、产业、医疗、社会救助等方面落实帮扶措施。组织镇村干部、驻村工作队、村级网格员,对全镇常住户开展大摸排工作,以村为单位制定整改方案、明确整改措施、建立问题台账,完成问题整改。常态开展"四查四补",将"四查四补"20项指标细化成51项具体内容,精准查找问题,截至2022年年底,累计排查出各类问题16条,已整改14条,正在整改2条。邀请乡村振兴局业务骨干,组织镇级业务人员、驻村工作队、村"两委"成员160人,开展帮扶手册填写、资料整理等业务培训,深入各村进行业务指导。落实帮扶政策,开展小额信贷发放及风险管控工作,全年共推荐上报小额信贷十五批次546户,户均推荐4.8万元,共有小额信贷存量贷款1204户7046万元,2022年累计贴息三批次,共计贴息185.8万元。产业到户项目验收牛5265头、羊4414只、猪1032头、绒山羊66头,完成资金兑付1779.73万元。2022春季学期"雨露计划"助学补助252人。危房改造计划完成44户,已全部建成,完成验收。

【产业发展】

发挥区位优势,加快全镇农业产业结构调整和特色种植发展,引导群众科学种植、规范管理。全年露地蔬菜种植奖补资金200亩5万元,拱棚经济作物补贴35户8.4万元,春覆膜补贴163吨195.1万元,种植玉米65361亩、玉米套种大豆6800亩、小麦754.59亩、马铃薯3300亩、枸杞500亩,设施农业种植露地蔬菜200亩、设施温棚310栋,农户种植"两小园"2716.8亩。扩大草畜产业,发挥政策帮扶、项目带动作用,以特色肉牛养殖为抓手,因村制宜、探索养殖业发展模式,推动全镇养殖业规模化、标准化、产业化发展。全年"见犊补母"2917户11633头581.65万元。截至2022年年底,畜禽存栏量分别为牛31358头、羊34127只、猪8115头、鸡34920羽,出栏量分别为牛13217头、羊22054只、猪10119头、鸡51834羽,牛饲养量同期增长15.6%,羊饲养量同期增长18%,猪饲养量同期下降12%,鸡饲养量同期下降6.7%。全镇种植青贮玉米1164亩、禾草5000亩、苜蓿2000亩。

壮大劳务产业,完善务工信息台账,做到精准就业,建成和润村劳务信息站,免费为全镇劳动力提供政策咨询、就业信息、就业指导等就业服务。上报2022年克服疫情影响稳岗就业补贴人员300人;规范392名公益性岗位(保洁员185人、护林员118人、光伏131人)人员管理,2019年上岗到期取消32人,2020年上岗到期续签35人,新增脱贫户公益性岗位114人;上报创业担保贷款30户,已获贷4户70万元;完成1255人的移民就业信息台账;累计转移就业8177人;完成脱贫人口务工就业目标2955人。

【人居环境整治】

持续优化乡村环境,坚持以开展"村庄清洁"行动攻坚月活动为抓手,以主干道为线、常住户为点,分段分组分片,按月计划实施推进。2022年上半年共清理粪堆603处、草堆576处、柴堆775处、土堆307处、煤堆9处、垃圾堆1518处;房边548处、路边2512处、地边129处、沟边121处、田边43处、林边34处;整治道路18万米,农户2540户。"两小园"建设346个,种植各类树木3525棵,播种各类花卉8896平方米。完善环境整治长效机制,发挥政府主导作用,加大村庄清洁宣传力度,开展村"卫生光荣户""党员示范户"评选活动,引导村民出工出劳,自清自洁。组织"集中攻坚月""集中攻坚日"专项行动,共发动群众参与整治8520人次。对2021年打造的和润、丰泽两个移民村,黄湾、白河、何家沟三个环境整治示范村,三须路、西大路两条主干道,实行"镇级维护、村级管护、网格员看护、村民爱护"运行模式,对农户个体实行"前期整治、中期盯防、后期示范"机制。对2019年以来实施的卫生厕所进行大起底,实行边查边改与分类整改相结合,经多次摸排整改,正常使用850座,问题厕所700座。对宜适宜用的户厕,加大管护力度,与农户签订承诺书,提高使用率;对问题户厕,建立一户一档问题台账,镇级统筹,村级整改,倒排工期,逐个销号。2022年新建厕所900座,全部完成建设任务。

【民生保障】

按照农村最低生活保障对象实行动态管理原则,截至2022年年底,共受理查询、更换卡号、开具低保动态管理证明等窗口业务322起;新增低保48户64人,户中增人12户14人,低保提档20户34人,取消56户58人。共复审低保户2191户3613人,经核查举证,取消45户62人;民政局反馈国家审计违规享受社会救助资金预警数据206条,经核查举证,取消低保户21户30人,退回金额81195.94元。完成特困供养人员申报、取消、系统管理工作,特困供养28人,集中供养4人,受理新增特困供养2户2人,取消1户1人。受理临时救助申请485人次,完成系统录入454人次;向群众发放临时救助资金391人次56万元,其中,小额救助291人次26.19万元,大额救助100人次29.81万元。完成80岁高龄老人、孤儿摸底上报工作,共新增高龄40人,因死亡取消高龄待遇32人,受理孤儿1户2人。落实残疾人两项补贴,新增残疾人生活补贴41人,护理补贴24人,取消不再符合享受残疾人生活补贴125人,护理补贴5人。选举产生黄铎堡镇残联主席团和残疾人协会,专设各村残联专干15人。登记残疾人大学生就业情况1人,登记残疾人辅助器具需求共136人,发放25人,国龙爱心助残项目摸底17人,

2022年贫困重度肢体残疾人家庭无障碍改造项目摸底7人，原州区2022年精神障碍残疾人免费服药人员7人，听障残疾人摸排88人。推进全民健康水平提升，继续宣传、打造和润村、丰泽村、陈庄点三个健康村和健康家庭，稳步推进健康乡镇创建工作。组织食品药品安全宣传活动，在餐馆、商店、集贸市场等场所张贴宣传横幅，定期开展农村食品市场专项整治和检查，签订食品安全协议70余份。全年共受理养老保险到龄待遇领取268人，因死亡停发养老金68人，新生儿参保127人。做好退役军人来访、走访登记等日常工作，办理退役军人优待证122人。共处理"12345"咨询投诉件174件，已全部完成受理。共办理丧葬费162人。

【综合执法】

常态化开展综合执法工作，对镇辖区内的企业、商铺、市场进行排查，对重点区域进行大检查大整治，全年共出动执法人员300余次，出动执法车辆70余次，检查企业9家，商铺275家，查处各类违法案件107起，下发违建拆除通知单51份，综合执法下发整改通知书56份；签订疫情防控承诺书275份，门前环境"三包"责任书275份，查处并发文整改三轮车违法载人问题，按时上报安全生产台账。开展安全隐患排查行动，对企业、街道商铺、施工地、违章建筑等重点领域进行排查，全年集中开展安全生产大检查45次，重点对非煤矿山、危化品、消防及人员密集场所、食品等行业领域进行安全检查，发现各类隐患25条，下发整改通知书20份。对未及时整改隐患进行跟踪督办，对不能立即整改的隐患，要求限期整改。

【生态环境保护】

提升河流水系综合治理能力，建立镇、村两级河长责任体系，制定《原州区黄铎堡镇全面推行河长制工作方案》，完善《黄铎堡镇全面推行河长制会议制度》等6项制度，配备河道巡查员和河道保洁员。加大河长制工作宣传，在辖区8条河流安装河长公示牌19个，组织各村开展河长通、巡河通使用方法专题轮训。由镇村两级河长对辖区河道进行不定期巡查，共巡查河流1460次，镇级河长巡河率145.5%，村级河长及巡河员巡河率127.9%。强化河道保护，制定《清河行动实施方案》《河道采砂专项整治实施方案》，由分管领导牵头，组织13个涉河行政村开展"清河行动"，对全镇范围内河道两岸的排污口进行拉网式排查，共整治河道"四乱"12处，清理垃圾点17处，出动各种大中型车辆156多台，人员460人次，对辖区中河等20.5千米主要河流进行清理整治，清理垃圾1500余吨。加强防汛抗旱与用水权改革工作，同各村及辖区水库、蓄水池、学校、旅游景点、施工场所等单位签订防汛目标责任书，严格落实防汛24小时值班制度。成立黄铎堡镇镇级灌溉用水合作社，推进春夏灌溉合作社试点工作，建立全镇15个村39325亩水浇地台账，颁发用水权证。加强森林草原防灭火工作，划分生态管护与防火区域，与各村支书、镇辖区单位、护林员等签订生态管护协议及森林草原防火责任书，在铁沟村、穆滩村、陈庄村、北庄村、张家山、南城村等重点防火区域设立防火检查点，安排护林员24小时值班巡逻。在铁钩、穆滩、陈庄、何沟、北庄等村实施生态公益林和荒山造林6500亩，绿化道路4.5千米，栽植云杉3300棵。

【基层社会治理】

加强法治政府建设，落实执法全程记录制度，实现全程留痕和可回溯管理，逐步推进行政执法听证制度，推行重大执法决定法治审核。打造"阳光政府"形象，推行行政执法公示制度，按照"谁执法谁公示"的原则，通过微信公众号"须弥驿站"及办事大厅公示栏、服务窗口等平台向社会公开行政执法基本信息、结果信息。成立村务监督委员会，确保村级公共权力阳光规范运行，坚持"村财乡管"，完善农村集体"三资"管理制度。开展整治养老诈骗专项行动，联合派出所民警、司法所和综治中心工作人员、村级网格员入户开展摸排核查、反诈宣传和反诈App下载推广工作,构筑全民"反诈防线"。加大普法力度,开展法律进机关、进村、进学校、进企业、进单位活动,发放普法宣传材料9000余份。发挥乡村治理网格体系作用,各级网格员按照"边摸排、边化解"原则,将矛盾化解在萌芽状态。推进党建引领,基层治理"1+1+3"工作机制,成立功能性党支部,定期召开矛盾调处研判会,根据各村摸排矛盾分类分级,预判矛盾纠纷发生、发展、变化的特点及规律。全年累计排查调处各类矛盾纠纷169起。加大禁毒工作力度,常态化开展房前屋后、园内到三荒地毒品清查行动,累计发现自然生长大麻15处,现已全部整改。

【文化宣传工作】

依托新时代文明实践站平台,以组织引领,推动志愿服务先行。新时代文明实践所成立志愿者队伍8支,志愿者人数121人,15个新时代文明实践站共有志愿者572人。截至2022年年底,围绕疫情防控、环境整治、移风易俗、扶弱帮困、政策宣讲、培育和践行社会主义核心价值观等共组织开展志愿服务活动240余次,兑换积分1290分。围绕习近平新时代中国特色社会主义思想,常态化开展宣传宣讲活动,全年镇级党员领导干部入村宣讲25次,组建百姓宣讲团开展党的理论政策宣讲9场,向群众宣讲党的二十大、自治区第十三次党代会等精神。开展"文艺+宣讲"巡回演出,组织观看群众12450人次。举办"文化惠民"秦腔表演8场。依托农家书屋常态化开展读书活动,结合全民阅读,开展"'悦'读书香"活动15次。推进农村移风易俗工作,发挥"一约四会"作用,印发《黄铎堡镇关于遏制高价彩礼,弘扬文明新风的实施方案》,悬挂横幅70条,广告牌18面,"须弥驿站"发布信息12期。评选移风易俗先进人物8人,通过正面宣传引导和反面教育促进移风易俗常态化长效化开展。

【党建引领】

强化党建基本制度落实,组织全镇党员干部深入学习习近平新时代中国特色社会主义思想和习近平总书记系列重要讲话精神,全年开展党委理论学习中心组学习10次、干部理论学习33次,全镇16个党支部落实"三会一课"、主题党日、组织生活会等基本制度,各党支部共开展主题党日活动144次,邀请包片领导、第一书记讲党课48次。严格落实"双评双定"制度,对13名党员给予亮黄星警示,对17名党员给予奖红星表彰。选优配强村"两委"班子,补齐支部委员空缺2名,制定责任清单,督促党支部书记履行抓党建第一责任人职责。按照党员发展程序规范党员发展流程,全年确定入党积极分子7名,新发展预备党员6名,转正预备党员10名。在2021年全镇流动党员"四清"(个人情况清、流出时间清、流入地点清、从事工作清)档案基础上,更新流动党员信息数据,转入组织关系党员14名,对长期在外的17名流动党员转出组织关系,现有流动党员67名。以"七一"建党节为契机,召开"喜迎二十大·永远跟党走·奋进新时代"为主题的演讲比赛等活动,动员各支部党员结合"我为群众办实事"实践活动开展"靓丽乡村"行动,发挥党员模范带头作用。做好老党员关心关爱工作,颁发"光荣在党50年"纪念章3枚,慰问党龄60年以上党员12人。持续开展党员联系农户、承诺践诺、设岗定责等活动,每名党员固定联系2~3户群众,帮助群众解决生产生活中的困难。开展导师帮带制工作,选配12名导师帮带27名帮带对象,聚焦深化改革、移风易俗、网格化管理、人居环境整治、民族团结进步等基层治理重点任务开展帮带,传经验、教方法,解疑惑。制定《黄铎堡镇党委重点工作督查制度(试行)》,由镇纪委牵头,对基层党建、乡村振兴、环境整治、疫情防控等重点工作开展督查检查。截至2022年年底,开展专项督查6次,对督查中发现的问题及时整改,助推党委重点工作落实。

中河乡

【概　况】

中河乡位于固原市区西南5千米,总面积201.3

平方千米。全乡辖11个行政村56个自然村，户籍人口7429户27598人，其中回族22549人，占总人口的81.71%。乡域内福银高速、固西高速、309国道、银平公路、固将公路等7条国省干道贯乡而过，交通便利。全乡的主导产业为种植业、养殖业和劳务输出。2022年农民人均可支配收入12818.3元。

【产业发展】

2022年，中河乡发展高效节水农业，发挥招商引资项目雪川农业带动作用，在中河、丰堡、高坡、庙湾、黄沟等村实施土地高效节水灌溉项目，已建成投入使用1万余亩。坚持以产业结构调整稳定粮食产量，严格落实粮食安全主体责任，完成春小麦种植面积5867.4亩、青贮玉米面积59312.49亩，马铃薯种植面积11032.5亩，玉米大豆带状复合种植面积1520亩。巩固提升曹河千头肉牛养殖示范村和中河村益农育肥牛养殖示范基地示范带动作用，完善肉牛集约化养殖、规模化生产、专业化经营的现代化生产经营模式，全乡肉牛饲养量21076头，羊饲养量45610只，猪饲养量8382只，家禽2795500羽。

【脱贫攻坚成果巩固】

2022年，中河乡做好考核评估反馈问题整改，通过农户自主申报、网格员日常摸排、行业部门筛查预警等监测方式，对全乡一般农户、脱贫户及监测对象进行日常摸排，共纳入监测户10户42人。完成脱贫户和监测户信息录入工作，2021年10月至2022年9月脱贫户人均纯收入达13161.81元。鼓励组织外出务工人员6889人次，其中脱贫户和监测户人口劳动力外出务工3385人。坚持分类施策，针对致贫风险还未消除的28户因户施策，进行产业到户项目补助18户16.2万元，教育帮扶3人0.45万元，低保扶持44人，医保报销全覆盖；针对建档立卡享受政策户及监测户实施产业到户项目，兑付补贴资金1946.45万元；对全体农户补贴"见犊补母"资金250.15万元。强化金融帮扶，"贷"动乡村振兴，累计推荐金融贷款406户2030万元，贴息1651户181.46万元。推进乡村振兴健康保工作落实，脱贫户和监测户健康保收缴率达95.47%。聚焦住房和饮水安全，提升乡村振兴质量，深入开展自建房安全隐患排查整治工作，摸排有隐患自建房屋4户并整改，针对自建房专项整治归集平台系统下发的28471栋房屋，已排查18630户。自来水管道损坏等饮水安全问题随查随整改。完成固海扩灌扬水更新改造西吉供水工程、固原—原州联络管道工程等项目的征地、协调工作，保障项目在中河顺利实施。

【生态环境保护】

2022年，中河乡推进人居环境整治，对G309、固将路、西大路人居环境进行全面整治，创新建设"两小园"，将人居环境融入本土特色元素，夯实乡村旅游环境基础。建立人居环境网格化管理、评比奖惩及积分管理制度，通过定期开展"好差村""最美庭院""卫生光荣户"等评比，严格落实奖惩，倒逼后进村与后进群众参与，通过积分量化、"以奖代补"、爱心超市换购的方式，激励群众参与乡村环境整治积极性。紧盯畜禽养殖场、砖厂沙场石场、小散乱污企业不放，防止中央、自治区环保督察整治成果反弹；保持严防死守态势，抓好森林（草原）防灭火工作，严守生态保护红线。全面落实河长制，发挥乡、村两级河长及巡河员职能，每月至少20次对辖区5条河道、8处沟道排洪口进行常态化巡查，确保排洪口无污水直排污染河道的情况。

【粮食种植及耕地保护】

2022年，中河乡守牢粮食生产"底线"，利用微信、大喇叭、召开会议、入户走访等方式，宣传粮食种植的重要性和相关补贴政策，尽可能增加播种面积，保证播种质量。发挥各村属地管理职责，压实乡、村两级干部责任，牢牢守住耕地生命线，对破坏耕地行为零容忍，依法依规发现、制止和处置。开展全国土地日、国家宪法日等宣传活动，宣传耕地保护有关法律法规，营造保护耕地的良好宣传氛围。守好土地资源"界线"，严管农村宅基地及设施农用地审批，对不符合条件的申请，一律予以驳回，全年累计收到设施农业申请135宗，审批办理64宗；收到建房申请69宗，审批办理15宗。每周开展巡查，及时制止乱占土地、破坏耕地、私搭乱建等违法行为32起。

【民生保障】

2022年，中河乡开展医保、社保政策宣传，提升全民参保、续保积极性，60岁以上老人养老保险全覆盖，2023年建档立卡户及监测户医疗保险全覆盖。落实低保、高龄、特困供养对象动态管理政策，完成全乡低保、高龄、特困供养、孤儿年度审验，足额发放各类补助资金1552.44万元，发放临时救助资金521户69.63万元，结合结对帮扶制度，做好春节走访、慰问金发放等一系列民生保障工作。开展残疾人帮扶救助工作，为残疾群众申请护理补贴、生活困难补贴1466人次，发放补贴资金150.5万元，申请发放各类残疾辅助器具31个。

【平安中河建设】

2022年，中河乡常态化抓好疫情防控，坚持"外防输入、内防反弹"防控策略不动摇，严格落实"3+2"管控措施和中高风险地区返原人员"五包一"工作要求，根据情况动态调整排查内容，扎牢疫情防控"口袋"。通过开展"敲门行动"、接送服务、上门服务等方式，加快推进疫苗接种工作，截至2022年底，累计第一针接种18377人，第二针接种17042人，第三针加强针接种10438人。抓紧抓实安全生产领域排查整改，开展消防安全"敲门行动"，出动工作人员50余人次，发放宣传单500余份，开展安全生产大排查及烟花爆竹领域打非治违专项行动，每月定期开展安全生产大排查、大起底、大整治行动，定期巡查辖区企业、学校、交通要道、地质灾害险点等重点区域16次，发现22处隐患，已整改21处。增强综合执法力度，对辖区河道非法采砂盗砂等问题进行全面排查并给施工企业下发《关于在大营河施工过程中禁止买卖河沙及安全施工的告知书》，发现河道非法采砂盗砂问题7起，下发责令停止违法行为通知书4起，立案调查3起，罚款处理4520元。落实"两排查一分析"制度，每半月召开一次综治工作例会，对摸排出的矛盾纠纷、重点人群和不稳定因素进行综合研判，及时进行稳控化解，全年成功调解各类矛盾纠纷98起。开展养老领域诈骗打击整治专项工作，推广"国家反诈中心"App安装使用。对全乡登记在册的82名吸毒人员定期开展走访，严格落实管控措施，戒毒康复管控率、建档率达100%，就业安置率达100%。禁毒知识入户率达98%以上，辖区群众对毒品危害及禁毒常识知晓率为100%。

【党的建设】

2022年，中河乡坚持以习近平新时代中国特色社会主义思想为指导，聚焦重点工作任务，深化拓展农村党建"抓乡促村、整乡推进、整县提升"示范县乡创建活动，围绕党建基本制度落实、党员教育管理、村干部队伍管理等方面指导各党支部制定问题、任务、措施三个清单，逐项落实工作任务。开展导师帮带制工作，选配13名导师帮带35名帮带对象，在深化改革、移风易俗、网格化管理、人居环境整治、民族团结进步等基层治理重点任务方面开展帮带，解决乡村治理难点、堵点问题，提升党建引领基层治理水平。按照"六好"（阵地建设好、班子建设好、党员发展教育管理好、党建基本制度落实好、集体经济发展好、群众反映好）标准，打造中河村、丰堡村、油坊村为"六好"党建示范点。按照上店村实际，实施"六包一"包抓责任制，针对6个方面24项措施34个具体内容逐项盯着销号，上店村党组织的凝聚力、战斗力显著增强。

寨科乡

【概　况】

寨科乡位于原州区东部，距离固原市区53千米。全乡区域面积322.8平方千米，平均海拔1800米，年均降雨量350毫米，耕地面积14.07万亩，退耕还林面积6.2万亩，2022年年底全乡农民人均可支配收入11817.3元，较2021年增长9.7%。全乡辖10个行政村，总人口3677户12290人，其中回族人口2798户9705人，占78.9%。常住人口5780人。

【脱贫攻坚成果巩固】

聚焦脱贫户、边缘易致贫户、收入不稳定户、突发严重困难户和农村低收入群体，紧盯"两不愁三保障"目标，以"不发生规模性返贫"为底线，精准施策，完成"脱贫群众收入增速高于当地农民收入增速、脱贫地区农民收入增速高于全国农民收入增速"目标要求。完成全乡脱贫户和防返贫监测对象2021年第四季度、2022年1—10月份收入测算采集工作，共测算录入自治区防返贫监测系统脱贫户（含脱贫不享受政策）1365户，防返贫监测对象85户。其中，19户未消除风险、66户已消除风险；完成全乡农民收入监测预警户共3349户，已全部录入。常态化开展动态监测，每月对全乡所有户进行动态监测，尤其对脱贫不稳定户、边缘易致贫户，以及因病因灾因意外事故等刚性支出较大或收入大幅缩减导致基本生活出现严重困难户，开展定期检查、动态管理，重点监测其收入支出状况、"两不愁三保障"及饮水安全状况，建立健全易返贫致贫人口快速发现和响应机制，分层分类及时纳入帮扶政策范围，实行动态清零，建立农户主动申请、驻村工作队定期跟踪回访相结合的易返贫致贫人口发现和核查机制，实施帮扶对象动态管理。从严从实整改各类反馈问题，针对2021年巩固脱贫成果后评估发现问题，主动认领问题6条，已全部整改到位；针对2021年度巩固拓展脱贫攻坚成果同乡村振兴有效衔接考核评估发现问题，共认领问题46个，已全部完成整改。推进产业项目，2022年实施到户项目1224户4289人，兑付资金1086.261万元；年稳定转移劳动力3000人以上，创收6200万元以上，劳务收入占总收入的35%以上；种植红梅杏3500亩，年销售额70万元以上，种植小秋杂粮5.7万亩，特色种植占农民收入20%；建成10个村级光伏电站，总容量4.9兆瓦，累计收益547万余元，用于购买公益岗位、实施小型公益事业和困难群众救助。

【示范村建设】

2022年，为蔡川村制定乡村振兴计划，依托"蔡川模式"，实施特色优势产业提质增效工程。带动全村肉牛饲养量达到6000头，增长25%，培育50头以上养殖大户10户，种植青（黄）贮玉米3万亩，增长25%。举办寨科乡蔡川村第四届红梅杏采摘节，架设与八方商客合作交流的桥梁。村集体经济收入超过25万元。实施农村人居环境整治工程，健全常态化保洁机制，评选"最美庭院"40户；投运垃圾集中处理站；硬化村级道路20千米；美化亮化居民点墙面1000平方米；打造"两小园"60户；安装太阳能路灯40个。聚焦做强党建引领乡村治理促进全面振兴的"第一阵地"，深化拓展"一抓两整"行动，创建基层治理示范村，新培育3名致富带头人，3名后备干部，发展党员2名。提升乡村治理水平，发挥新时代文明实践站和"一约四会"作用，加强对高额彩礼、人情攀比、厚葬薄养、铺张浪费等不良风气治理。成立基层功能型党支部，健全乡村矛盾纠纷调处化解机制，推进"平安乡村""法治乡村"建设，及时排查化解矛盾纠纷。推进"积分制"管理，丰富文化活动。

【民生保障】

严格执行农村低保申请、入户调查、民主评议、审核审批程序，加强动态管理，做到公平施保，应保尽保，全乡现有低保对象1053户1961人，高龄老人118人，散居特困供养人员11户，孤儿14人，残疾人588人。落实"先诊疗后付费"服务和"一站式"即时结算，医疗保险参保率超过95%，寨科卫生院达到优质服务基层国家标准，确保贫困患者病有所医，住院实际报销比例超过90%，消除了因病返贫风险。2022年农村劳动力转移就业人员2345人，克服疫情影响稳岗就业补贴申领注册36人；自建房摸排7106间，危房改造14户，确保群众住房安全无问题；修复水毁道路56200米。

【基层社会治理】

推行"134"矛盾纠纷排查化解机制和"一村一警"网格化管理机制，建设"平安寨科"。推行"1+1+3"基层治理机制，发挥党建在基层治理中的政治领导、组织保障作用，组建功能性党支部，强化对基层治理的组织领导，依托综治中心采取集中受理分转协办的方式统筹各方力量，建立配合协作制度，有效防范化解各类矛盾纠纷和信访难题，优化基层网格治理体系，将疫情防控、安全生产、治安排查、矛盾纠纷化解等工作统筹纳入网格。全年召开专题会议19次，分析解决矛盾纠纷32起。深入开展"八五"普法工作，推进法律进机关、村组、学校、企业、单位、社会组织和宗教活动场所。健全完善司法所主管、全社会共同参与的普法联动机制。把法治教育纳入精神文明创建活动，开展群众性法治文化活动，累计发放各类宣传彩页、宣传海报、四折页等宣传资料1300余份，制作宣传横幅32条、宣传展板16个，现场解答法律咨询180余人次，安装注册"国家反诈中心"App 3000余人。开展矛盾问题排查化解专项行动，以矛盾纠纷"百日攻坚"为契机，坚持"两排查一分析"制度，定期研判分析制度，加强人民调解、行政调解、司法调解三调联动，化解群众各类矛盾纠纷。开展防范电信诈骗、防养老诈骗专项行动，举办各类防范电信诈骗宣传活动16次，通过"云雾寨科"微信公众号，发送21期简报，集中宣传5期。开展民族团结进步创建工作，蔡川村争取创建全区民族团结示范先进村，寨科乡争取创建固原市民族团结创建示范点。

【人居环境整治】

以农村垃圾治理、农村污水治理、农村改厕、村容村貌提升为主攻方向，整合资源，强化举措，重点打造蔡川村环境整治示范村。扩大农村污水处理覆盖面，增加污水处理率，实现资源化利用。调动发挥环境整治"先锋队""志愿军"的作用，坚持乡、村、组三方联动，瞄准群众房前屋后"三堆"清理、生产生活垃圾清运、乡村绿化美化、道路日常保洁、残垣断壁拆除等难题，累计清理"六堆"4010处、"七边"2041处，植树3800多棵，平均每月投劳933多人次，投入机械65余台，清理垃圾420多吨，粪污128多吨，秸秆7吨，残膜10吨，发放宣传资料300多份。全乡累计拆除土坯房1254间23431平方米，废弃院落989间18850平方米，残垣断壁（土围墙）84755米，私搭乱建155间4601平方米；"两小园"120个，评选"美丽庭院户"82户，清理主干线林带杂草23千米。环境整治示范点打造道路两边花园8处，共计2800平方米，并且为花园安置围栏700米；小广场2处400平方米；粉刷亮化1处，共计105平方米；建设景观文化墙围栏10处，共计1300米；铺设人行道2处800平方米；植树800棵；路面硬化1600平方米。深入推进"四权改革"，完成2022年城乡建设用地增减挂钩项目拆旧复垦目标任务。打造人居环境整治的"塑形"工程，见缝插绿、见地播绿。建立爱国卫生宣传引导工作机制以及"一月一督查一月一排名"的督查考核工作机制，以层级负责为基础，执行"乡督导、村为主、户联防"机制，突出集中整治与长效管理相结合。

【安全生产】

建立健全安全生产责任制及辖区企业主体责任，督促行政村、企事业单位落实安全生产目标管理责任，层层签订《安全生产责任书》。在两节、两会等时间节点对辖区内煤矿山、风电厂、银昆高速项目部等重点领域全面开展安全风险隐患大排查、大整治，建立整改问题清单和责任清单，实现安全隐患排查处置常态化、长效化。做好全年森林草原防灭火工作，加强防汛抗旱工作，对辖区地质灾害隐患点、河道堤防、水库、淤地坝、农村水窖等安全风险点安排专人定时巡查并做好巡查记录。加强应急队伍建设，成立乡、村两级应急救援队伍，形成协调联动、快速响应机制。加强应急物资储备,增强应对突发事件的应急处置能力。

【党的建设】

坚持把学习贯彻习近平新时代中国特色社会主义思想作为党员干部的必修课,认真贯彻落实党的二十大精神及自治区第十三次党代会精神。全年共召开乡党委会18次,基层党建工作例会4次,党委理论学习中心组12次,"一五"干部例会学习58次。夯实组织建设,坚持把开展"六项行动""一抓两整"示范乡村创建行动作为抓基层党建工作总抓手,推动基层党建提质增效。抓好党支部规范化建设,严格落实"三会一课"等制度,推进"三大三强"行动和"两个带头人"工程。全年各党支部考察培育发展对象5名,摸排上报"光荣在党50年"老党员7名,持续为15名村"两委"成员进行学历提升,及时调整村干部1名,为4名困难党员申请党内关怀。牢牢守住意识形态阵地,发挥新媒体阵地宣传效能,打造好"云雾寨科"品牌。开展习近平总书记视察宁夏重要讲话和重要指示批示精神"大学习、大讨论、大宣传、大实践"活动,全年共开展集中学习28次,讨论6次,撰写心得体会63篇,利用各类媒体进行宣传3次,围绕"六大提升行动""四个一机制"开展"我为群众办实事"实践活动120件。

炭山乡

【概　况】

炭山乡位于原州区东北部75千米处,区域面积253.5平方千米,全乡耕地面积10.8万亩,均为旱地,退耕地面积4.4万亩,荒山造林面积2.6万亩。全乡总户数2959户11651人,其中脱贫户928户3569人。现有低保户787户1326人,高龄5人,孤儿37人,特困供养16人。村民经济收入以养殖、种植和务工为主。2022年人均纯收入13394.40元。

【脱贫攻坚成果巩固】

常态化开展防返贫监测,建立防返贫监测预警网格化长效管理机制,共设网格长1名,一级网格员2名,二级网格员7名,三级网格员70名,按照岗位职责,推进防返贫监测工作。2018年以来累计纳入"三类人员"监测对象158户637人,其中,边缘易致贫户64户254人,脱贫不稳定户85户348人,突发严重困难户9户35人。截至2022年年底,已消除风险点142户580人,未消除风险点16户57人。实施到户项目,全年全乡670户群众补栏基础母牛1633头、基础母羊3014只、绒山羊384只,蜜蜂80箱,兑付补助资金601.92万元。全年全乡完成危房危窑改造任务9户;农村安全饮水改造工程全覆盖。完成"雨露计划"补贴80人12万元;完成小额信贷发放532户2116万元,贴息298520.51元;完成兑付草原生态补贴2662户155973亩1169797.5元;完成种粮农民一次性补贴1017户44079亩661187元;完成春小麦种植补贴744亩148800元。深化闽宁对口扶贫协作,与福建省福州市长乐区航城街道结对帮扶,落实社会帮扶资金22万元,全部用于产业发展和民生改善。认真应对旱情影响,发放救灾资金80余万元,开展黏虫统防统治2万亩,发放牧草种子85吨,组织群众抢墒播种牧草1.2万亩,减轻灾情带来的影响。完成2022年农业生产救灾(春覆膜)项目实施,涉及4个村7200卷地膜已全部铺设到位。完成农业生产救灾资金项目小麦病虫害药剂发放,涉及石湾村、新山村、张套村1200亩。

【产业发展】

立足炭山资源禀赋,调整产业结构,做大做强特色产业,全乡牛存栏0.5万头、羊存栏2.2万只,常住户户均存栏5头牛和20只羊;2022年种植面积82597亩,粮食作物面积38536亩,油料作物面积24774亩,饲草面积19692亩。粮食作物包括小麦1201亩,玉米21105亩,大豆玉米带状复合种植500亩,薯类5820亩,杂粮9910亩。建成炭山村小杂粮和颗粒饲料加工厂,阳洼村和古湾村肉牛养殖场,建设石湾村、南坪村、炭山村垃圾分类回收站,打造炭山乡万亩秋覆膜种植基地；南坪村光伏扶贫项目建成并正常运行，年均增加村集体收入20万元。

【生态建设保护】

加强自然资源管护，配合自然资源局对自治区自然资源厅反馈炭山乡新山村4家石料厂开采面过陡问题责令企业进行整改，严格按照作业规程开采，对破坏的山体进行生态修复。绿化抚育村道37千米，在2021年建成1.5万亩高标准梯田的基础上，2022年已完成修建4.5万亩，全乡高标准梯田面积占到耕地面积的70%。建立封山禁牧和耕地保护网格化管理制度，责任到人、区域到人，坚决制止偷牧溜牧现象和杜绝违法占用基本农田建房。加大人居环境整治，突出网络员作用，形成党政重要领导统筹，包村领导跟进，村"两委"落实，公益性岗位、保洁员包户的四级联动机制，将责任压实到人，措施落实到点。坚持日常保洁和集中整治相结合，对村组主干道路两侧、农户房前屋后进行全面清理整治，整治村组干道150千米，清运垃圾170余吨，清除农户房前屋后垃圾堆、杂物、粪堆260余处，完成道路绿化30千米，栽植树木1.8万余棵。发挥群众主体作用，坚持环境整治和乡村治理、移风易俗等相结合，落实门前"三包"责任制，开展"美丽庭院""卫生光荣户"等评选活动，调动群众参与，引导群众逐步养成良好卫生习惯。以"热爱家乡、建设家乡"主题活动为载体，组织300余人开展为期100天的大整治、大清扫活动，掀起环境整治新热潮。

【基层社会治理】

加强民主政治建设，坚持民主集中制原则，严格落实"三重一大"事项集体研究制度，党委会议研究重大工作部署12次。加强依法治理工作，抓实"八五"普法宣传教育，组织乡村干部开展法律"七进"活动，印发宣传资料3500余份，干部群众法律意识明显增强。加强民族宗教工作，深入开展民族团结创建工作，宣传党的民族宗教政策。坚持宗教中国化方向，依法加强宗教事务管理。加强信访维稳工作，落实党建引领基层治理"1+1+3"工作机制，通过建立一个功能型党支部，建强一个综治中心，制定"问题、责任、考核"三个清单方式，提高基层综治维稳、平安建设和社会治理的能力和水平。全年共梳理出问题15个，其中绿色问题13个、黄色问题2个，已全部化解，答复群众信访问题9件、"12345"网上反映问题220件。加强"平安建设"工作，印发交通道路安全、消防、用电常识等宣传单5000余份，组织人员对辖区1个煤矿山、6个非煤矿山开展安全生产大检查6次，下达整改通知书25份，提出整改意见30条，遏制重特大安全生产事故发生。

河川乡

【概　况】

河川乡地处固原城区东南24千米处，辖10个行政村，63个村民小组，区域面积206平方千米，耕地面积8.7万亩，退耕面积6.2万亩。309国道穿境而过，辖区内店河、母家沟河、黄家河径流流入茹河。2022年末全乡总人口3792户12085人，回族人口6995人，占总人口的58%；常住人口1889户6262人，脱贫户1502户5136人。草畜、劳务输出是全乡主导产业，草畜产业占全乡农民人均可支配收入的55%，2022年农民人均可支配收入12450元，较2021年增长11%。

【脱贫攻坚成果巩固】

围绕"两不愁三保障"等指标，开展网格化管理，组织网格员每月对全乡所有居民入户摸排，制定"一户一策"精准帮扶措施，其中，2020年19户60人监测户消除风险，全部实现稳定脱贫增收目标，仍在监测的14户49人，已制定帮扶措施。2022年兑付产业帮扶到户项目补贴资金1311户1164.32万元，已为112人补贴"雨露计划"资金16.8万元；已推荐贷款333户1665万元，完成贴息70.56万元。发挥明川村农光互补光伏电站项目作用，开发村级管水员、保洁员等扶贫公益性岗位325人，推动建档立卡脱贫户、边缘易致贫户稳岗就业，人均年工资收入1万元。依托瑞丹苑公司解决就业岗位40余人，为参与土地流转的45户脱贫户提供临时就业用工50多个，人均季节性务工收入6000元。利用香菇基地、环境整治道路维修、农家乐增加临时性就业岗位300多个，增加农民收入240余万元。

【产业发展】

在寨洼村、海坪村和上坪村实施高标准梯田改造7000亩，发挥村集体示范带动作用，打造完成黄河村玉米大豆带状复合种植2000亩示范基地。在巩固提升海坪、明川两个肉牛养殖示范村的基础上，坚持把产业发展与乡村振兴相结合，创建寨洼村、康沟村两个规模达1500头以上的肉牛养殖示范村。全乡肉牛存栏达到16000头，其中，200头以上1户，50头以上3户，20头以上220户，户均达到10头以上。采取稳岗、增岗等措施，引导劳动力就地就近就业，强化劳动力转移培训，增加群众收入，全年累计转移劳动力就业3025人，增加社保公益性岗位23个，向福建等劳务基地输出劳动力18人。通过"党支部+合作社+农户"经营模式，在发展壮大上黄村香菇产业的同时，辐射改造骆驼河村闲置日光温棚1200平方米，年种植香菇43200个，增加上黄村、骆驼河村村集体收入15万元。建设完成寨洼村食用菌栽培大棚5栋，正在建设母家沟村食用菌栽培大棚5栋，通过科研院所和高效技术支撑，培育更加符合市场需求的品种，优化质量，做强品牌，打造河川经济发展的"香菇传动轴"。争取项目资金100万元，提升寨洼村古龙寨休闲度假区基础设施水平，将寨洼村打造成集乡村旅游、民宿体验、感受乡愁于一体的休闲体验区，带动当地群众200多人务工就业。争取资金50万元建设完成寨洼村休闲广场1座。

【民生保障】

以居民基本养老保险、医疗保险为重点，抓好特殊人群社会救助工作，做好应保尽保、应救尽救。全年新增低保10户12人，统筹发放临时救助20户3.72万元，帮助4名残疾人申请残疾人灵活就业补贴8000元，帮助10名残疾人申请辅助器具，帮助两名患病贫困儿童申请"明天计划"和"中国移动爱心"项目。把人居环境整治作为重点工作常抓不懈，加大"三土"拆除遗留工作力度。按照原州区委、区政府关于"山区乡镇种好房前屋后10棵树"要求，全年栽植各类树种2.6万株。在国道沿线种植格桑花30千米，以新时代文明实践活动为抓手，评选"美丽庭院"95户，"卫生光荣户"60户。

【基层社会治理】

建立基层治理四级网格化管理制度，在全乡共划分10个大网格，63个小网格，每个网格员联系10~30户村民，通过网格内"民情搜集、即时响应、责任清单、督导检查"等工作运行，全面掌握村情民意，精准研判处置问题，及时办理诉求，形成"人在网格走、事在网格办"治理模式。做好矛盾纠纷排查化解工作，截至2022年年底，共排查矛盾纠纷126起，调解成功125起，走法律程序1起，接待信访群众36人次，依法依规答复信访诉求15件，处理上级转办信访件7件。加强宗教事务管理，开展"铸牢中华民族共同体意识"宣讲活动12次。打造新时代文明实践站10个，在寨洼村、骆驼河村和明川村3个村推行乡村文明实践"积分卡"制度，累计兑换积分45520分，兑换人次522人，兑换商品价值38220元，激励村民崇尚文明、勤劳致富。开展典型选树活动，全年共评选出"好公婆"6位，"好儿媳"7位、"美丽庭院"95户、"健康家庭"60户，党员示范户110户，移风易俗示范户3户，用身边人讲身边事、身边事教身边人。

北塬街道办事处

【示范区创建】

组织两名专职工作人员，对接开展自治区全域食品药品安全区创建工作，张贴宣传海报 1200 份、电子屏宣传 26 处、广场宣传 15 场次。开展宁夏全域旅游示范区创建工作，组织环境整治、古城墙遗址保护工作协调、旅游文化品牌打造等保障工作。开展自治区全民健康水平提升行动示范区和健康促进县（区）创建工作，落实 217 对夫妇孕前优生检查、220 名新生儿医疗保险缴费核定，60 岁以上老年人专项医疗保险 1846 人，开展"万人健步走"等创建活动。落实自治区基层党建"抓乡促村、整县提升"示范县（区）创建相关工作，落实符合条件的 1 个社区成立党委、7 个社区成立党总支，完成中山北街社区"红色堡垒"党建项目建设，组织 11 个社区开展各具特色的党建品牌创建工作。开展自治区乡村振兴示范县（区）创建，如期完成 1745.3 亩耕地日常监管，配合开展耕地非粮化专项治理，落实雪川农业流转土地 647.5 亩。

【脱贫攻坚成果巩固拓展】

发挥驻社区工作队、网格员和帮扶责任人作用，组织集中入户 12 次，开展业务培训 8 次，实时监测 1042 户移民（826 户建档立卡户）收入情况。通过 150 人劳动技能培训、15 人劳务输出、113 人公益性岗位、在移民社区搭建就业服务信息平台，提供就业创业服务，落实就业帮扶，拓展收入渠道。义务教育阶段适龄儿童 999 人全部在学校就读。组织驻社区工作队到中河乡、飞毛腿技工学校等开展实地见学活动，开拓驻社区工作队工作思路。协调解决 91 户移民"多人多代"住房困难问题，有序开展和煦家园、新天地小区、兴达小区 3 个移民安置示范点创建工作。

【民生保障】

推动帮扶助困事业规范运行，审核上报城市低保 56 户 95 人、户中增人 24 户 33 人、提标 16 户 27 人、低保动态管理核销 289 户 399 人，追缴违规资金 26420 元；新增 80 岁高龄老人补贴 24 人；新增孤儿养育津贴 1 人，核销孤儿养育津贴 1 人；临时救助 251 户 912 人，救助金额 432400 元，做到"应保尽保、应救尽救、应退尽退"。全年审核上报公租房补贴 17 户，保障人口 38 人；实物配租 82 户，保障人口 144；和煦家园移民实物配租 52 户。全年新增残疾人"两项补贴"368 人，退出 382 人，为残疾人更换第三代社保卡 402 人，新申请办理残疾证 359 人；做好残疾人康复工作，为残疾人发放辅助器具 57 套，为精神病人免费供药 18 人，精神患病医疗救助 5 人，灵活就业人员专项扶持残疾人 8 人。巩固社会保障和医疗保障事业发展成果，全年一卡通信息系统录入 1230 人，审核 2021 年度灵活就业人员补贴 409 人，培育创业实体 169 个，创造新岗位 313 人。安置移民户公益性岗位 87 人，建立脱贫劳动力务工信息花名册 2179 人，实现就业 29733 人。全年组织向外输出 15 人，组织劳动技能培训 615 人，调解劳动纠纷 5 起，申报稳岗补贴 170 人；办理 60 岁到龄领取养老金人员 208 人，失地农民到龄领取养老金人员 56 人，社保基金风险专项整治清理清查 78 人，追回养老金 3.8 万元，办理丧葬费 206 人。城乡居民医保参保率 100%，审核新生儿医保缴费 220 人，激活电子医保卡 14962 人。

【人居环境整治】

以打造最干净辖区为主线，以市容环境综合考评工作为抓手，持续推进人居环境整治工作，动用机械 500 多小时，大型车辆 214 次，小型车 467 次，人工 600 余人次，清理面累计达 10 万余平方米。妥善处理 38 起环保投诉，整顿垃圾收购站 6 处。开展人居环境整治宣传、评比、检查等活动共计 36 场次，人居环境明显改善。

【自然资源管理】

全年召开河长制推进会 4 次，累计巡河 830 次，摸排上报农村安全饮水问题自来水未入户 1321 户，涉农惠农"331"监管平台管理备案项目 4 个；拆除违法违建 8 处 1200 平方米；核实 262.16 亩符合中央森林生态效益补偿基金资金，涉及补偿资金

4194.56元；核实2839.226亩退耕地生态政策补助资金，兑现113569.04元；分别与各坟头坟主、护林员、养殖户等重点人群签订森林草原防灭火责任书600余份；对郭庄社区5户报废沼气设施进行填埋处理，自然资源管理规范有序。

【社区服务提升】

通过街道民生服务中心示范点、文化巷等5个社区建设示范点打造，规范中山北街党群活动服务中心建设，完成火车站社区阵地扩建，协调新建郭庄社区阵地和什里社区阵地搬迁，提升社区服务群众的能力和质量。通过主动发现适合政策人员、上门办理等措施确保惠民政策全覆盖。开展政策宣传活动24场次，提高群众知晓率，接受群众。

【基层社会治理】

开展马克思主义"五观"大宣讲24场，北环路社区成功创建自治区级民族团结进步示范社区，开展风险隐患排查和情报信息研判工作4次，通过邻里节等活动铸牢中华民族共同体意识。构建"1+1+3"工作机制，加快推进基层治理体系和治理能力现代化。街道党工委定期召开专题会议推动矛盾纠纷化解，建立社区两委、驻社区民警、调解员、热心居民为主体的矛盾调解队伍，推进矛盾排查化解，通过落实"一人一案一册"工作措施，矛盾调处完成率达100%，在社区调处化解矛盾纠纷106件，街道受理调处13件；"12345"便民热线482件、信访局12件、政府门户网站8件信访件均已办结。优化"1+11+97+N"网格化治理体系，以《北塬街道网格员管理办法》细化网格工作规范，集中组织网格员开展入户走访、排查、宣传等活动12次。落实扫黑除恶常态化运行机制，组织开展反诈宣传活动36次，发放宣传彩页2万余份，制作宣传横幅44条，张贴宣传公告300张，布设宣传栏26个，设置举报信箱12个，开展培训班两次12场，居民安装"国家反诈中心"App 49000余人。严格管理在册登记的293名吸毒人员，与各社区、网吧、娱乐场所签订《禁毒工作责任书》27份；与小区住户签订《家庭拒绝毒品承诺书》10000余份。落实24小时应急值班值守和领导带班制度，完善应急物资储备，落实重大险情和重大风险隐患及时转移疏散、避险逃生等生命第一防范措施。靠紧压实属地安全生产管理责任，对商超门店、油气运营场所常态检查，排查安全隐患19处、整改19处，开展防灾减灾宣传活动和应急演练18场次；对排查发现的22栋经营性自建房，100栋自建住宅及时采取封停、搬离措施，定期巡查、预防地质灾害和次生灾害造成人员伤亡。对4处森林草原火灾风险点、5处洪涝灾害风险点、3处水库及清水河沿线开展定期巡查宣传。

【文明及体育建设】

先后开展文明单位、文明小区、文明家庭、美丽小区、美丽楼栋等文明创建活动，每周五开展"文明交通""环境整治""广场宣传"等志愿服务活动，为创建文明城市做出贡献，东关社区成功创建自治区文明单位。依托"四点半课堂""七彩公益课堂""暑假公益托管"等公益项目，开展作业辅导、体育锻炼、个人兴趣培养等课后服务，补充教育空档期。实施全民健身器材进小区、进公园等项目，引导居民树立全民健身意识，被原州区委、区政府评为教育体育工作先进集体。

【共建共治】

各社区党组织与联合党委成员单位签订共建协议50份，与驻辖区单位依托"三个清单"签订《共治共建承诺书》26份，全年召开联席会44次，撬动共建共治合力。全年50个共建党组织，272名在职党员在社区报到，承诺践诺、服务群众，推进各社区党支部与驻区单位党组织开展共建共治活动30次、慰问党员群众43人，投入资金83400元，506名市、区干部和200余名志愿者活跃在疫情防控一线。指导52个功能性社团开展居民服务活动57场。现场协调物业服务矛盾138次，督促物业公司现场处理投诉261次，通过全覆盖检查督察推动物业服务企业规范化管理。完善《网格员管理办法》，开展两次网格员业务培训，常态化开展网格走访，及时化解矛盾纠纷、摸排处置安全隐患、完善网格信息，全社会共同参与的基层社会治理体系运行顺畅。

南关街道办事处

【综合治理】

2022年，南关街道办事处优化网格提升治理服务，按照入网收集信息需求—反馈列出《需求清单》—研究治理方案—落实治理服务流程，掌握需求，解决问题，形成以西湖路、宋家巷等社区具有特色的基层治理服务品牌，宋家巷社区治理模式申报为"自治区基层治理创新典型案例"。对城乡接合部散户区的居住环境予以改善，整治私搭乱建、摆摊设点和乱停乱放行为，拆除寇乔路、羊坊区域内3处违法建筑。统筹物业企业管理力量，引导11家有资质的物业管理企业进驻35个小区，提升小区管理能力。依托社工服务站开展活动28次，救助帮扶689人。借安全生产"百日攻坚"专项行动和生态环保问题排查整治行动，排查整改小区电动车飞线充电12起、生态环保问题30个。强化自治管理，组建业委会25个，对辖区62个无物业小区实行兜底管理。召开社区民主协商议事会议69次，解决涉及民生、矛盾等热点问题110件。指导完成南苑小区业主委员会换届和备案工作，落实清岳坊前期物业备案，加强对物业公司的培训与督查，排查化解物业与住户矛盾纠纷11件。

【民生保障】

2022年，南关街道办事处加强社会保障，全面落实惠民政策，培育创业实体125人，创造新岗位220个，全民创业带动就业人数380人。动员劳动力素质提升培训500人次，组织200余人参加原州区劳动就业局组织的企业招聘会，向福建等地有组织转移就业9人，向飞毛腿技校推荐生源9名。办理申请公益性岗位登记312人，办理"4050"人员灵活就业补贴600人，办理就失业登记500人，调解辖区企业职工间薪资纠纷5起。新增养老参保人员35人，完成养老认证932人，办理失地农民到龄领取养老待遇25人，居民到龄领取养老待遇111人。清理到龄未领取养老待遇人员47人，办理死亡人员丧葬费41人。催缴医疗保险35007人，暂停医疗保险14人，注销死亡人员医疗保险85人，变更医疗保险人员信息54人。做好社会救助工作，精准识别生活困难居民，加大对孤寡残等特殊群体管理与服务，全年新增城市低保申请76户111人，取消不符合享受低保196户386人。核查261户646人临时救助申请户，涉及资金61.63万元，退回不符合救助条件72人。全年上报公共租赁住房实物配租82户196人，公共租赁住房补贴30户56人。全年申报残疾人"两项补贴"86人，换证停发214人，取消不符合"两项补贴"214人。办理残疾鉴定申请186人（上门办理7人），注销23人，为66名残疾人申领各类辅助器具66个（其中，辅助器51人，助听器13人，假肢矫形1人，髋关节置换1人），追缴违规享受残疾人"两项补贴"资金71人47450元。巩固拓展脱贫攻坚成果同乡村振兴有效衔接，落实帮扶责任人职责，每月走访帮扶户两次以上，助力帮扶户致富增收。

【法治政府建设】

2022年，南关街道办事处提升基层行政执法、重大行政决策和行政复议规范化水平，组织5名干部参加原州区行政执法业务培训，12名干部参加行政执法人员线上培训。开展习近平法治思想宣传教育和"八五"普法学习，推行"会前学法半小时"制度，领导干部会前讲法3场次，开展法治宣传教育26场次，集中普法学习22场次。利用"宁夏公共法律服务"自主终端和"社区小律可视化桌面机"，打通公共法律服务"最后一公里"。按照"一街道一社区一法律顾问"要求，由法律顾问开展法治讲座13场，提供法律意见43次，解答群众法律咨询178人次，初审法律援助案件13件。

【平安建设】

2022年，南关街道办事处坚持党建引领，落实"1+1+3"基层治理工作机制。成立功能型党支部，发挥综治中心人民调解功能，对摸排出的20件涉及婚姻家庭、邻里纠纷、征地拆迁等的矛盾纠纷和10件信访转办件形成《问题清单》，按照绿、黄、红三色预警等级，启动"联调联动"工作模式，化解绿色矛盾20件，办理黄色矛盾2件、红色矛盾8件。集中开展矛盾纠纷"百日攻坚"专项行动，加强信息预警，精准掌握重点群体和人员信息动态，通过全面摸排起底，接待信访群众147人次，受理答复信访平台30件、"12345"便民服务热线295件，答复处理率达100%；发现矛盾纠纷97起，已集中力量成功化解88起，调解成功率达90.7%。以创建无诈街道、无诈社区为抓手，与社区签订《无诈创建责任书》10份，与干部居民签订《反诈承诺书》15000多份；印发《致广大居民一封信》20000多份，悬挂反诈宣传横幅146条，宣传指导群众下载安装"国家反诈中心"App，提高群众应对反诈骗能力。落实街道班子成员包案制，坚持网格预警、社区化解、街道兜底，对48名信访重点人员落实"一人一策""一人一专班"稳控措施，加强与辖区派出所、综合执法等单位形成合力，依法化解群众合理诉求，解决矛盾纠纷。

【安全生产管理】

2022年，南关街道办事处落实林长制，常态化开展森林草原防灭火巡查，在清明节等重点节点坚持24小时值班值守，与辖区企业单位签订《安全责任书》260份，与居民签订《森林草原防灭火承诺书》2650份，开展消防安全培训11次，消防安全演练1场，应急演练1场。狠抓安全隐患排查整改，结合"安全生产百日专项整治"行动，对5家加油加气站、2个大型商圈、326家人员密集场所和"三合一"场所、187个沼气池的安全隐患进行排查，共计排查出安全生产隐患62条（其中，公共消防隐患40条、道路安全隐患12条、汛期隐患3条、其他类隐患7条），已整改60条。集中对辖区8643栋房屋安全隐患进行排摸，涉及面积达119.98万平方米（其中，经营性质自建房337栋，其他自建房8306栋），对发现的4栋存在安全隐患房屋已停止营用和封控管理。对106处文化和旅游领域建筑物进行摸排，发现和上报安全隐患6处。加大防溺水宣传，在辖区河道、水库、小区喷泉等水域周边张贴警示标语与警戒线，对缺失破损护栏进行加固维修；做好清水河道、青石峡水库等区域安全防范，组建义务巡查队1支，劝阻水库垂钓和游泳人员，并处置整改防溺水隐患2起。

【禁毒工作】

2022年，南关街道办事处结合司法厅"调解九进、服务万家"专项行动和原州区开展的矛盾纠纷排查化解"百日攻坚"行动，排查受理矛盾纠纷40件，调解成功33件。对街道在册37名社区矫正对象、180名安置帮教人员，落实"一人一档"管理，开展监狱罪犯与家属远程视频会见业务。深化"十镇百村"毒品问题街道综合整治，以网格化确保禁毒工作纵包到底、横包到边，全年共召开禁毒工作会议11次，开展禁毒宣传42次，发放宣传单40000余份，宣传资料20000余份，悬挂横幅50余条，发布信息50期。强化涉毒人员管理跟踪和帮教，完善465名涉毒人员档案，针对性开展技能培训和慰问关怀。严厉打击毒品违法犯罪活动，常态化在废旧厂房、工棚、养殖场、废品收购站等隐蔽区域开展涉毒违法清理排查，对经营、使用易制毒化学品单位经营使用易制毒化学品种类和存储仓库等加强备案检查。

【人民武装工作】

2022年，南关街道办事处加强国防教育，做好兵役登记和春秋两季征兵登记报名439人，上站体检42人，筛选向部队输送优质兵源23名（大学16名，高校生3名，职高生4名）。加强新时期民兵预备役建设，组织30名民兵预备役人员参加宁夏军区民兵点验1次。推进退役军人服务管理,办理军人优待证1450份,维护信息1600人,专门安排资金为1642名退役军人采集相片,确保退役军人系统档案和优待证顺利办理。认证重点优抚对象149名,每月按时核实发放抚恤金和生活补助金。向144名优抚对象发放慰问金,对11名重点特困退役军人进行慰问,为13名生活困难退伍军人申报城市低保,申办公共租赁住房3户,为5名60岁以上退役军人申领退休生活补助,帮助24名退伍军人实现再就业。西湖路、宋家巷、政府巷3个社区先后成功创建成为"全国示范型退役军人服务站",并通过各级验收。

【生态环境保护】

2022年,南关街道办事处融合文明城市创建与人居环境整治,开展环境整治考核评比9场次。以网格为单位,发动党员干部、志愿者对楼道、院落和背街小巷开展集中整治清理。针对清水河河道、寇桥路两侧、高速公路两侧及羊坊居民点周边,清理漕运垃圾3800余吨,新建围挡260余米,铺设防尘网80余亩。落实河长制,做好河流前端管护与保洁,定期对清水河流域、青石峡排洪渠等河道进行日常巡查,综合巡河率达100%。协调解决旧城改造遗留问题,兑付过渡费739户580.8123万元,兑付东红菜园片区第五十批土地房屋征收费3户49.8382万元。保护耕地红线,对辖区粮食面积种植、耕地非农化、撂荒地情况全面摸底,为195户居民申报草原生态补贴6671.3亩,涉及资金50034.75元。工农巷社区所辖原州小区成功申报固原市园林小区。

【全民健康水平提升】

2022年,南关街道办事处常态化开展疫情防控,组织开展核酸检测应急演练2次。强化政治责任,加大政策宣传、人员管控、力量配置和物资服务保供等力度。定期组织开展爱国卫生活动108次,开展健康讲座12场,健康教育进社区进家庭活动34次,联合医疗机构、药店开展"我为群众办实事——健康义诊进社区"义诊活动9次。办理生育服务单266例、独生子女证8人,核查独生子女保健费69户。西湖路社区成功创建"全国老年友好型社区""固原市健康社区"。

【文化建设】

2022年,南关街道办事处结合文明城市和全域旅游示范区创建,加大宣传教育引导,发放《致市民朋友一封信》800多份,利用LED显示屏滚动播放创建宣传标语100余条,悬挂创建宣传横幅57条,发放宣传彩页5000份,街道社区微信公众号推送创建信息20条。以"奋进新征程,喜迎二十大"和"我们的节日"为切入点,组织开展群众文化活动和广场文化活动50多场。开展庆"七一"国旗下演讲,组织文体协会队员参加自治区、固原市、原州区组织的广场舞大赛,分别获得三等奖和优秀奖。深化学雷锋志愿服务实践活动,举办"走进科技,你我同行"主题党日,开展科普助老义诊活动,推广推进垃圾分类等送文化进社区活动87次。

古雁街道办事处

【代表联络工作】

截至2022年年底,街道有人大代表30人。其中,市级人大代表2人、原州区级人大代表28人;女性代表18人,占总代表数的60%;大专以上文化程度代表29人,占总代表数的96.7%。借助集中与自学、党课与宣讲方式,组织人大代表、党员干部、选民代表系统学习宪法、组织法、监督法、代表法,提升代表依法履职能力。开展代表"新老互助学"活动,形成新代表向老代表讨教履职经验、掌握技巧和老代表向新代表传授工作技能、开拓思路的良性"传帮带"机制。2022年,街道人大联络办协调推动代表建议落实,解决东海太阳城老年人活动场地,协调落实位于东海太阳城会所一楼社区办公阵地面积500平方米,用于打造"雁岭六盘、情暖之家"

"两代表一委员议事厅"、老年活动中心、新时代文明实践站、武装退役军人等阵地。主动发挥职能部门人大代表优势，争取城建、交通综合执法支持，清理、铺设明庄段2千米砂石路，沿线配置垃圾收集桶。推进"1+19+N"网格化治理模式，绘制19个社区114个居民小区"网格作战图"，推选出1187名楼栋长、3342名单元长。打造选民互动反馈平台，优化代表与选民联系网络，代表走百家听民声，入千户察民意，排万难解民忧，踏踏实实当好人民群众的"服务员"。推行代表联系选民制度，在走访中向选民汇报履行代表职责、开展问政情况，自觉接受选民监督。街道人大联络办依据职责、分类分项，结合"矛盾纠纷排查百日攻坚"化解各类矛盾98起，参与调处412起"12345"便民服务热线投诉反馈的物业与业主间管理收费、高空架线、墙体掉皮和摄像防护、小区照明、管道漏水等矛盾纠纷。

【民生保障】按照社会救助"一门受理、协同办理"工作机制，推进低保审核工作，通过设立定点民政救助窗口AB岗和入户上门服务方式，全年办理新增城市低保对象184户277人，户中增人72户81人，实施分类救助提标7户16人，新增特困供养6户6人，低保动态清退218人（其中死亡18人），高龄津贴65户68人。实现社会救助规范化，为辖区内55岁以上老年人购买老年人意外保险2519人（其中，民政对象626人，非民政对象1893人）。发放孤儿生活补贴1.792万元，结合原州区民政部门"善心宁夏"行动发放"三色暖心包"630份，折合人民币126000元。疫情期间对546户2229人进行临时慰问，发放救助金额357500元。实现扶残助残精准化，截至2022年年底，街道持证残疾人1840人（其中，一级残疾人142人，二级残疾人713人，三级残疾人415人，四级残疾人570人），享受残疾人生活补贴419人，重度残疾人护理补贴838人，全年发放残疾人生活补贴和重度残疾人护理补贴169.45万元。2022年，借助残联惠残项目，开展残疾大学生就业服务、无障碍设施改造等助残活动，对行动不便残疾人包干到人，开设残疾证"上门代办"业务，在街道民生服务大厅、海堡、大堡等社区设立残疾人爱心服务站，做实便"残"项目。实现住房保障制度化，2022年公租房补贴入户核实24户，符合申报条件17户，上报17户；公租房配租入户核实125户，符合申报条件100户，上报100户；收回安康路拆迁暂借公租房2套；协调处理公租房有关信访、举报案件3起。实现创业就业多元化，完成培育创业实体161个，完成任务的134%；实现全民创业带动就业388人，完成全年任务的194%；完成创造新岗位360人，完成全年任务的100%；开展美容师、形象设计、保育员、老年人护理、电工等各类职业技能培训600人，完成任务的100%；动员居民转移就业，向福建、浙江、上海、宁夏蓝田农业公司等地转移就业37人。

【脱贫攻坚成果巩固拓展】截至2022年年底，街道国网系统共有建档立卡脱贫户762户3473人，其中，"十三五"劳务移民脱贫户733户3397人（含脱贫不稳定户5户28人，突发严重困难户1户4人，脱贫不享受政策户18户79人）；长城、大堡、深沟3个村改居社区脱贫户29户76人。劳务移民脱贫户集中安置在西塬、小川子、海堡、康居、明庄5个社区的6个小区内。其中，西塬社区福馨园小区安置511户2342人（含脱贫不享受政策户11户53人），小川子社区金城阳光佳苑小区安置37户172人（含脱贫不享受政策户2户5人），海堡社区中博小区安置99户479人（含脱贫不享受政策户3户14人），康居社区38户181人，分别安置于明日星城南区33户155人、优山美地小区5户26人，明庄社区华祺公馆小区安置48户222人（含脱贫不享受政策户2户7人）。"三类人群"总计6户32人，其中，脱贫不稳定户5户28人，边缘易致贫户0户0人，突发严重困难户1户4人。登记自发移民447户1465人，对151户"八必访"实行动态监测，脱贫群众和监测户共有劳动力1561人，现有1174人实现就业，其中，自治区外179人，自治区内原州区外302人，原州区内693人，稳定就业6个月以上的人数为883人，就业率稳定在75%以上。2022年度脱贫群众人均纯收入为12086.07元，同比增长17.46%，其中，人均纯收入低于10000元的有58户，不增反降的有15户。建立完善巩固拓展脱贫攻坚成果同乡村振兴有效衔接"四查四补"排查整改台账，街道762户3473人脱贫人口（含监测人口）完成城乡居民基本医疗保险参保缴费，家庭医生签约服务达100%，"三类人群"医疗保险全部实现参保缴费。促进移民社会融入，街道"十三五"移民脱贫人口全部完成户籍、社保关系迁转，754户办理房屋产权登记。

【法治政府建设】

将法治政府建设工作纳入全年重点工作，将年度学法用法状况作为年终述职内容。健全完善行政执法公示制度、执法全过程记录制度、重大行政执法决定法制审核等制度，配备执法记录仪等设备，严格执行执法人员持证上岗、亮证执法等工作要求，提升执法规范化水平。健全领导干部学法用法制度，全年领导干部带头讲法3次，开展1期执法人员法治培训，开展"学习贯彻党的二十大精神，推动全面贯彻实施宪法"主题活动1场，组织开展线上旁听庭审活动1场。落实党政主要负责人为法治建设第一责任人职责，落实好《古雁街道法治政府建设实施方案（2021—2025年）》，推进多层次多领域依法治理，对关系街道发展、民生发展的重大课题，做到科学决策、民主监督。召开第八个五年法治宣传教育启动会，开展"法律进社区"活动及"法律明白人"培训等工作。发挥法律顾问作用，2022年度续聘宁夏则德律师事务所精通法律事务的1名律师担任街道法律顾问，为重要合同拟定提供法律审核意见，为行政复议、行政应诉案件提供专业服务。推进法治政府建设工作实地督察反馈问题整改落实，推进法治政府建设工作纵深向实。

【平安建设】

落实"平安原州"建设精神，开展"大走访"活动，宣传平安建设知识。与平安建设成员单位、社区分别签订目标管理责任书，推行目标管理责任制和岗位责任制。开展养老诈骗专项整治行动，成立打击整治养老诈骗专项行动工作领导小组，形成主要领导亲自抓，分管领导和工作人员具体抓的工作格局。开展矛盾纠纷排查化解活动，建立信访接待制度，落实领导包抓、主动下沉督导机制，全年摸排调处各类矛盾纠纷210起，成功调处209起，调处成功率99.52%。开展安全生产专项整治活动，组织辖区物业公司召开防溺水专项推进会，督促物业公司排查小区所属公共区域路灯、景观灯，尤其是水系景观电路系统、喷泉以及各配电室、电表箱等各个部位电路系统，第一时间检修漏电隐患。街道专项检查小组对辖区内有喷泉和带电水系的小区进行检查督察，排查小区28个、喷泉16个、带电水系8处、蓄水池7处，除西塬社区金尊府小区2处喷泉，西环路社区泰和A、B、C区和玩美乐园4处喷泉要求其降低水位可以使用以外（安防设施到位，并在喷泉旁设立安全警示牌，经检修可以安全使用），其余喷泉和带电水系全部断电，暂停使用。开展反电信诈骗行动，推广使用"国家反诈中心"App，组织现场宣传活动32场，宣传报道典型案例29个，发放宣传资料7200份，悬挂条幅168条，发送反诈手机短信6.3万条，通过各种宣传形式覆盖人群14.7万人次。

【安全生产】

落实安全生产责任制，健全街道、社区"两级"安全生产工作网格化管理体系，开展隐患排查治理，全年辖区未发生重特大安全事故。做好食品安全协管工作，成立街道食品安全协管员队伍，签订食品安全责任书，配合市场监督局等抓好辖区食品安全工作。开展辖区违章建筑巡查，完成明耀金等4户翻建房屋586.5平方米，配合综合执法局等部门拆除违法房屋院落5处1000多平方米。开展环境保护整治工作,通过街道、社区两级互动,利用爱国卫生日等活动,整治脏乱差等环境问题。全年动用机械750小时,大型渣土清运车辆450余次,小型垃圾车500余次,人工550余人次,清理垃圾5000余吨。展自建房安全隐患排查行动,集中对辖区自建房、经营性自建房以及村改居自建房进行拉网式排查,共排查自建房2350户,其中经营性自建房96户,个人居住自建房2254户,存在安全隐患自建房580户(已搬离并张贴封条270户,正在消除安全隐患310户)。其中,经营性自建房8户,个人居住自建房572户。

【生态文明建设】

加大购买清洁煤补贴力度,按照每户2吨800元标准补贴,591户居民补贴兑换清洁煤1162.11吨,补贴资金46.4844万元,发放清洁炉具801户。落实煤改电项目,深沟、海堡两个社区50户居民实施煤改电项目,每户补贴资金2.1万元,补贴资金105万元。制定防灭火处置预案,分别与19个社区临界乡镇、驻辖区单位签订防灭火责任书19份和联防联治责任书25份,签订坟头防灭火协议76份,进行大型防灭火宣传9次,悬挂横幅120余条,形成群防群治工作局面。对明堡路和"三无小区"卫生采取自建垃圾池和定期清扫清运等进行统一治理。加强林草管理,2022年度为大堡、饮河等5个社区兑现2000—2006年度退耕还林资金补贴884户4568.14亩182725.6元,补贴标准40元/亩;为长城社区两户兑现333.73亩中央森林生态效益补偿基金看护工资5339.68元,补贴标准16元/亩。加强水利防汛,对辖区内涝点及危房险点等进行摸排,排摸危房29处、危险边坡14处、涝点3处、危墙2处、地基下陷下沉5处,第一时间对危房内的人员进行安全转移并围拉警戒线,悬挂警示牌,组织所属社区及业务部门进行抢修。推进土地管理和地质灾害防治工作,排摸地质灾害隐患点1处(位于明庄四组、长城梁以东花卉中心200米处),对辖区范围内历年的81个旧非粮化图斑配合原州区自然资源局取证和复耕,2022年12月28日前全部举证完成,耕地恢复原状。对长城、大堡、祥瑞苑、明庄4个社区的7个图斑定期进行监测、回访,未发生违规变动。

【社会事务管理】

加强物业管理,召开辖区物业各项目安全隐患培训会和物业公司疫情防控工作推进会,加强物业管理,配合社区开展各项工作。选举成立QQ蜜城小区业委会,完成金城花园小区业委会换届工作,协调处理物业纠纷80余起,成立小区临时物业管理小组7个。推进老旧小区改造,13个居民小区被列入2022年度老旧小区改造范围,并完成改造。全年联合社区开展文化活动60余次,受益人群3万人,开展"送戏下乡"惠民文艺演出4场,戏剧演出10场,开展文化进军营、进学校、进企业等活动6场,举办文化培训班2期,组织文艺团队参加固原市、自治区广场舞大赛,荣获市级广场舞二等奖、自治区级三等奖。注册志愿者245名。完善基础文化设施,深沟、祥瑞苑两个社区小型综合体育场项目完工投入使用。

荣 誉

先 进 人 物

【全国"人民满意的公务员"】

刘志聪,男,汉族,1975年1月出生,中共党员,宁夏海原人。1997年9月参加工作,现任固原市原州区人民法院党组成员、副院长、四级高级法官。扎根基层法院25年,政治立场坚定,自觉把党对司法工作的绝对领导贯彻到法院各项工作中。主审公安部挂牌督办的"12·15"特大电信诈骗案,入选最高人民法院电信网络诈骗典型案例和"宁夏十大法治新闻"。在扫黑除恶专项斗争攻坚期,办理一批重大涉黑涉恶案件,在办理指控被告人马某系恶势力犯罪案中,依法认定马某系1人犯罪,不构成恶势力,得到中央扫黑除恶督导组肯定。对被告人进行"行为评价、提出要求、将来希望"三步式法庭教育,促使被告人认罪悔罪。获得全国法院刑事审判工作先进个人、全国法院先进个人、全国优秀法官等荣誉。2022年8月,被授予"全国人民满意的公务员"称号。

【全国农村集体产权制度改革工作先进个人】

宋建虎,男,汉族,1968年7月出生,中共党员,宁夏海原人,现为固原市原州区农村合作经济经营管理站职工。1988年7月,宁夏农学院农经系毕业后,一直从事农经工作。政治信仰坚定,作风扎实,2018—2020年,负责农村集体资产清产核资及农村集体产权制度改革工作。工作期间,亲自编写工作手册,起草文件,培训工作人员,深入村组指导"产改"工作。至2020年后半年,如期完成原州区148个行政村及3个社区农村集体产权制度改革工作,经第三方评估和自治区专家组验收成绩优异,达到改革预期目标,强化了村集体资产管理,推动了农村新型股份合作经营。至2020年8月底,原州区148个村集体经济累计收入达2600多万元。2022年12月21日,被农业农村部评为全国农村集体产权制度改革工作先进个人。

【2022年度全国水土保持工作先进个人】

郭常君,男,汉族,1975年8月出生,中共党员,大学学历,现任固原市原州区水务局副局长。1999年9月至2020年3月,在原州区水务局工作。自2020年4月,任原州区水土保持工作站站长以来,跑遍了原州区乡镇的各个角落,为水保工程勘测规划设计做了大量工作。先后组织技术骨干编制完成《原州区水土保持"十四五"规划》(2021—2035年),组织完成保家沟、吴家沟等8条小流域综合治理初步设计、张易镇马场(片区)等5个坡耕地水土流失综合治理项目初步设计、头营镇方家沟等10座新建淤地坝规划等,为推进原州区生态环境建设奠定坚实的基础。加强水保项目管理,组织每月定期召开两次工程例会,亲自检查项目每月不少于8次,亲自带领设计、技术人员现场踏勘,完善设计图纸、核算工程量,确保水保项目建设发挥最大效益。对所有淤地坝逐一排查,分析研判,及时修复,排除隐患,确保淤地坝度汛安全。组织实施黄铎堡镇保家沟等8条小流域综合治理项目、张易镇马场等6个坡耕地整治项目,完成新增治理水土流失面积122.81平方千米。完成吴家沟等14座淤地坝除险加固工程建设,新建头营镇王家沟、方家沟2座大型淤地坝工程,完成自治区下达原州区治理任务,得到上级业务部门及有关领导的肯定。完成41个水土保持方案报告表、30个项目水土保持方案报告书的行政许可。监督检查87个生产建设项目,完成96个遥感监管疑似违法违规图斑核查整改工作,收缴水土保持补偿费712万元。在"十三五"脱贫攻坚工作中,被原州区委、区政府评为脱贫攻坚先进个人。2023年1月,被水利部授予"2022年度全国水土保持工作先进个人"称号。

【全国优秀城乡社区工作者】

高冠茹,女,汉族,1981年10月出生,中共党员,大学学历,社会工作师,现任文化巷社区党总支书记、主任。2009年5月参加社区工作,先后在火车站社区、文化巷社区工作。高冠茹始终坚守理想信念、始终牢记初心使命,以高度的政治自觉、思想自觉和行动自觉,团结带领文化巷社区"两委"班子和党员干部常年扎根基层社区,为基层群众服务。作为一名社区工作者,高冠茹时时严格要求自己,对待社区工作兢兢业业、勤勤恳恳。为做好辖区4个商场和26个小区4000户居民疫情防控工作,把社区当成家,把辖区群众当成家人,把防控工作当作家事,把群众诉求当成家言,任劳任怨,始终坚持在抗击疫情第一线,用实际行动践行了一名共产党员的执着与担当。高冠茹从事社区工作10年来,在基层社区建设工作中勇于钻研,积累了较好的工作经验。为解决辖区18个"三无小区"居民的后顾之忧,通过深入走访小区和居民,探索出以社区党支部统一领导、居民委员会全力参与、业主委员会协助、物业公司服务和综合执法局联系指导的"4+1"小区物业管理运行模式。在多年的服务群众实践中,积极探索,2016年在固原市首先开设"儿童之家",开办"七彩阳光"公益活动和"四点半课堂",1800名困境儿童受益。组织成立文化巷社区服务队,发挥新时代文明实践站阵地效能。为更好地服务辖区居民群众,倡导建立居民微信群,及时宣传党和国家的各项惠民政策,针对特殊困难人员开展一对一帮扶。13年间,组织"联合党委"开展公益活动36次,为800名失业妇女和残疾人创办技能培训班18期,制作手工作品2000余件。13年来,高冠茹初心如磐、矢志不渝,始终用心坚守着共产党员的初心使命,始终用心诠释着共产党员的初心使命,用一颗赤胆忠心诠释一名共产党员的政治本色,用一片赤诚情怀服务和温暖了一方群众,以良好的作风赢得了老百姓的赞誉。2022年11月,被中华人民共和国民政部授予"全国优秀城乡社区工作者"称号。

【第六届全国119消防先进个人】

丁存琴,女,1987年出生,中共党员,先后担任古雁街道雁岭社区党委书记、主任,社区联合消防站站长,原州区法院人民陪审员,固原市行政执法监督员,原州区第四届人大代表。雁岭社区始终同人民同呼吸、共命运、心连心,解决人民群众急难愁盼问题,提升社区里的"一抹蓝"安全工作,增强人民群众获得感、幸福感、安全感。丁存琴始终以铸牢中华民族共同体意识为主线,在学习上下功夫、在目标上求实效;始终坚持铸牢安全发展观,提高居民群众综合防灾减灾意识,当好"宣传员、监督员、服务员",夯实各族群众交往基石。坚持以"创特色、建精品、出亮点"为服务理念,探索推行"微网格"治理,创新"一网格一品牌,一网格一特色"的"雁岭格格"。坚持中心不移位,重点工作不动摇,促进"三相"(相认、相知、相助)、"四百"(串百家门、知百家情、解百家难、暖百家心)工作落实,达到"重在平时、重在交心、重在行动、重在基层"服务目标。在社区工作中,丁存琴努力让自己成为信得过、靠得住、离不开的贴心人,把小我融入大我,坚持与时代同步伐,与人民同命运,在磨砺中见风雨、长才干、壮筋骨,在实践中提朝气、建锐气、树正气,坚定地与新时代同向同行,勇毅前进。工作期间,雁岭社区先后获得2021年全国首批示范性老年友好型社区、第十二批全区民族团结进步社区、固原市消防"五进"创建示范先进单位等荣誉。丁存琴也先后被评为固原市优秀社区消防志愿者、优秀社区消防先进个人、优秀社区消防宣传大使。2022年11月,被应急管理部评为第六届全国119消防先进个人。

【"少年法庭"工作先进个人】

王静,女,汉族,1967年7月出生,中共党员,原州区人民法院四级高级法官。2013年3月至2022年3月任原州区人民法院未成年人案件审判庭庭长。王静始终用党的思想和要求武装头脑,坚定理想信念,不忘初心使命,坚持公正司法、司法为民,始终走在营造呵护未成年人健康成长的法治蓝天道路上。面对山区孩子走向犯罪道路,紧紧围绕"教育、感化、挽救"工作方针,坚持"教育为主、惩罚为辅"原则,切实维护青少年合法权益,着力挽救和帮助犯罪青少年,维护被侵害未成年人的合法权益。未成年人案件审判庭多次荣获自治区高院、共青团中央、最高人民法院的荣誉与她的辛勤付出离不开。2022年6月,王静被最高人民法院评为"少年法庭工作"先进个人。

【好警嫂】

张慧萍,女,汉族,1976年6月出生,宁夏原州区人,现任杨郎中学教师。张慧萍是固原市看守所警察开有军的妻子。由于丈夫经常值班,短则一周长则半月,家里重担都落到她一人身上。她每天要到30千米外的农村学校教书,走之前还得安顿好年近80岁婆婆的基本生活。学校太远无法回家,只好将午饭做成半成品,一遍遍叮嘱好老人。小女儿出生后,奶奶年事已高无法带孩子,两人工作又在两地,张慧萍勇敢地挑起照顾孩子的重担。女儿3岁上幼儿园,为了不影响丈夫工作,她将女儿送到自己任教的农村幼儿园上学并抽空接送。张慧萍用刚毅和柔情编织起温暖的港湾,默默支持着身为人民警察的丈夫的工作,成为丈夫担当尽责的坚强后盾。2022年3月,张慧萍被公安部、全国妇联评为"好警嫂"。

【第十三届全国"五好家庭"】

高丽君,女,汉族,1970年9月出生,宁夏原州区人。现任固原五中高级语文教师,宁夏作家协会会员,固原市作家协会副主席。高丽君作为固原市巾帼讲师团成员,配合固原市、原州区妇联开展一系列扎实有效的工作,多次深入四县一区中小学进行"护航春蕾"宣讲活动;走村入镇、深入田间地头,进行"移风易俗树文明家风"及家庭教育宣讲活动,主动承担自治区非公有制经济服务局、六盘山干部学院、宁夏师范学院马克思主义学院、固原市直机关工委、固原市审批局、六盘山旅游公司、固原市水务局等单位"注重家庭、注重家教、注重家风"的宣讲活动,获得学生家长、干部群众的一致好评。在对家庭教育进行理论研究和具体实践的基础上,主动撰写家风家教研究论文,推动社会主义核心价值观在家庭中落细落小落实,先后获得自治区、固原市家庭教育先进个人等荣誉。2022年5月,被全国妇联表彰为第十三届全国"五好家庭"。

【全国"最美农机推广员"】

任俊林,男,汉族,1968年5月出生,中共党员,现任原州区农业机械推广服务中心党支部书记、主任。1989年宁夏农学院农业经济管理专业毕业,后在西北农林科技大学深造,取得农学本科学历。2010年3月,调入原州区农业机械推广服务中心担任中心党支部书记兼中心主任,从事农业机械推广服务工作。任俊林始终奋战在农业生产第一线,时时刻刻以一名共产党员的标准要求自己,勤奋敬业,尽职尽责,带领农机推广人员全身心地投入到原州区农业机械推广服务工作当中,抓示范、树标杆、强服务,创造性地完成上级下达的各项工作和推广项目,取得了出色的工作成绩。先后被自治区农牧厅、固原市农牧局授予"农机化工作先进个人"称号,获得农业农村部全国农牧渔业丰收一等奖、全国农牧渔业丰收三等奖,自走式马铃薯起垄施肥种植机等多项实用型技术获发明专利证书。2018年,被评为自治区农机监理岗位示范标兵;2020年,被评为全国农机监理岗位示范标兵;2022年9月,获得首届全国"最美农机推广员"荣誉称号。

【2019—2021年度全国森林草原防火工作先进个人】

罗占文,男,汉族,1979年7月出生,中共党员,大学学历。1996年9月参加工作,现任原州区林政执法大队副队长兼原州区森林消防大队队长。自2014年担任原州区森林消防大队队长,为探索建立专业化森林防火应急队伍管理蹚出了"新路子"。在强化人员管理上,罗占文借鉴社会用工方式,通过购买社会劳动力,与固原军威劳务派遣公司签订购买劳务合同协议,先后招聘年龄在24岁以下具有消防专业或相近专业的退伍军人30人,落实"五险"待遇,建立应急队伍合同制管理机制,盘活应急队伍战斗力。在强化队伍管理上,针对队员全部为退伍军人,纪律性强的特点,实行军事化管理模式,2014—2016年,与平凉武警森林支队建立共建单位,30名防火队员全部委派到平凉森林支队进行防火技能培训,建立半战术体系,取得良好实战效果。在提升火灾处突能力上,通过建立应急队伍处置管理规定,强化急难处置层级,弥补半专业队伍过于依靠应急队伍的短板。消防大队组建8年来,先后扑灭各类火情330余起,先后支援六盘山、南华山、西吉县森林火灾扑救10余次,成为新时代森林防火典范,在宁夏全区推广。罗占文先后获得2008年度林业系统先进工作者、2009年度林业系统优秀共产党员、2010年度林业系统优秀共产党员、2011年度林业系统先进工作者、2011年固原市原州区优秀共产党员、2018年度原州区森林草原防火先进个人等荣誉。2022年12月,被国家林业和草原局评为2019—2021年度全国森林草原防火工作先进个人。

【全区人力资源和社会保障工作先进个人】

张晓丽,女,汉族,1989年1月出生,中共党员,宁夏彭阳人,现任固原市原州区发展和改革局办公室主任。张晓丽工作踏实认真,思路清晰,敢于担当,任劳任怨,工作中从不提要求、讲条件,以高度的责任感、使命感和工作热情,积极负责地做好每一项工作,时刻保持严谨细致、求实苦干的作风,时刻牢记全心全意为人民服务的宗旨,在平凡的岗位上,展现了新时期干部的良好工作作风和奋发有为的精神面貌。2022年12月,被宁夏回族自治区人力资源和社会保障厅评为全区人力资源和社会保障工作先进个人。

【城乡建设绿色发展成绩突出个人】

齐瑞彬,男,汉族,1984年12月出生,中共党员。齐瑞彬理想信念坚定、忠诚可靠,敢挑最重的担子、敢攻最难的山头、敢啃最硬的骨头,善于用行动做出最好的表率,在平凡的岗位兢兢业业耕耘,在推动城乡建设绿色发展战线上默默挥洒着青春和年华,展示了"功成不必在我,功成必定有我"的奉献精神,用实际行动诠释"爱岗敬业、争创一流、勇于创新、艰苦奋斗、甘于奉献"的时代内涵,表现出一名优秀共产党员应有的政治觉悟和优秀品格,发挥了党员的先锋模范作用。2022年,被宁夏回族自治区推进新型城镇化工作领导小组办公室评为2022年度城乡建设绿色发展成绩突出个人。

【个人二等功】

张海峰,男,汉族,1987年1月出生,中共党员,大学本科。2011年6月毕业于中央司法警官学院,同年9月参加公安工作,先后服务于派出所、缉毒大队等一线单位。2013年,被评为优秀公务员。2017年,荣立个人三等功。共参与侦破毒品刑事案件26起,主办部级毒品目标案件1起、省级毒品目标案件2起、3人以上团伙案件6起,缴获毒品海洛因400余克、冰毒500余克、大麻60余公斤,抓获涉毒违法犯罪人员190余人,抓获公安部钉子逃犯2名。2018年以来,在主办2018-747部级毒品目标案件中发挥了至关重要的作用。2022年5月,被自治区公安厅授予个人二等功。

马生权,男,回族,1970年12月出生,中共党员,一级警督警衔。现任固原市公安局原州区分局副局长,四级高级警长,分管治安、出入境、户政、森林食药环大队及警卫安保等工作。从警28年来,以坚定的政治立场、过硬的作风素养，在不同岗位为公安工作做出了巨大贡献。2000年，被固原地区公安局授予三等功1次；2015年，政保专案侦查荣立三等功；2018年，政保专案侦查荣立三等功；2018年，被自治区政法委表彰为60周年大庆安保维稳先进个人；2022年11月，被自治区公安厅授予个人二等功。

【全区公安工作先进个人】

翟恩洲，男，汉族，1967年6月出生，中共党员，大专学历。1988年7月参加公安工作，现任固原市公安局原州区分局官厅派出所所长。自参加工作以来，翟恩洲始终战斗在公安第一线，从刑侦大队、交巡警到基层派出所，三十余载从警生涯中，他在不同岗位上发光发热，以出色的工作业绩书写为民情怀。从一个农村派出所到另一个农村派出所，扎根乡镇工作21年，他从青涩腼腆的新民警到担当稳重的"领头雁"，岁月为他添了白发、增了皱纹，却始终没有改变他与生俱来的质朴和从警路上的为民初心。2022年11月，被自治区公安厅评为全区公安工作先进个人。

虎凯，男，汉族，中共党员，大学本科学历，一级警司警衔，2011年9月参加公安工作，现任原州区公安分局办公室主任，三级警长。虎凯不忘共产党员的初心和使命，坚守工作岗位，用行动诠释了一名共产党员的责任与担当，时时刻刻用党员的标准严格衡量、约束自己的言行。作为公安分局办公室主任，在分局党委和领导班子的坚强领导下，积极探索工作新思路、新方法，始终以"严、细、实、高"的工作作风，全心全意服务于信息报送、上传下达、情报指挥、沟通协调、安保维稳、办文办会、文稿起草等工作。2022年11月，被自治区公安厅评为全区公安工作先进个人。

【自治区机关事务工作先进个人】

张文渊，男，汉族，1988年3月出生，中共党员，大学学历，固原市原州区头营镇人。担任固原市原州区机关事务服务中心办公室主任及中心副主任期间，始终贯彻习近平总书记关于制止餐饮浪费行为的重要指示精神，坚持"不忘初心，永葆忠诚"的政治本色和实事求是、勤俭节约的基本原则。在节约型机关创建工作中，通过推行绿色办公、实行垃圾分类、开展宣传教育等措施，成功将原州区70%以上的党政机关创建为节约型机关，提高了广大干部群众节约资源的意识，树立了"勤俭节约为荣、挥霍浪费可耻"的观念，养成了"厉行节约、勤俭自强"的作风。2017—2019年，连续三年被评为乡镇优秀工作者；2020年，被评为原州区脱贫攻坚先进个人；2021年，被评为原州区优秀工作者；2022年被评为自治区机关事务工作先进个人。

【先进个人】

李旺，男，汉族，中共党员。自参加工作以来，始终以共产党员和"懂农业、爱农村、爱农民"的"三农"工作者标准严格要求自己，忠诚担当，履职尽责，以高尚的人格魅力和敬业奉献精神践行着一名共产党员的初心和使命，也感染着身边的工作人员和干部群众。李旺经常深入田间地头，走访农企，与农企和农户交流谈心，了解发展现状，征求意见建议，积累了一些成熟的农村工作经验和现代农业发展新思路。先后撰写《原州区"三农"事业发展调研报告》《滴灌条件下马铃薯控释氮与常规氮比例试验研究》等专业调研报告。结合原州区"三农"工作实际，起草相关规划方案等，牵头制定《固原市原州区"十四五"农业农村高质量发展规划》和《关于做好原州区2022年全面推进乡村振兴重点工作实施方案》等，为全面完成农业农村各项工作提供保障。2019至2021年，连续三年被原州区委组织部、人社局评为优秀工作者；被原州区脱贫攻坚领导小组评选为2019年度脱贫攻坚先进个人；2022年，被自治区党委农办、人社厅、农业农村厅评为先进个人。

【2022年度全区优秀新闻工作者】

惠玉堂，男，汉族，1980年5月出生，大学本科学历,现任原州区融媒体中心副主任。分管原州区融媒体中心微信公众号"原州发布",坚持每天认真校对编发,年增加1万余人,日最高阅读量达50万人次。坚持经常性采写、编写原州区重点宣传报道稿件,创新形式,提高稿件质量,年独立撰写稿件百余篇,取得质量和传播量双提升。荣获2022年度"全区优秀新闻工作者"称号。

【第一届宁夏动物防疫和动物卫生风险评估专家委员会专家】

陈建银,男,汉族,1975年7月出生,宁夏固原人,高级兽医师,现任原州区动物疾病预防控制中心副主任。2000年9月,毕业于宁夏农学院动物科学系动物医学专业,长期从事重大动物疫病免疫、监测、检测工作。多次参与自治区动物疾控中心组织的乡镇兽医站、社会化合作组织行业技能培训等。2018年,被评为"固原市农业行业技术能手";2020年,被自治区农业农村厅、总工会、社会保障厅授予"全区农业行业技术能手"称号;2022年,被任命为全区动物实验室考核组专家成员;2022年12月,被自治区动物疾病预防控制中心聘为第一届宁夏动物防疫和动物卫生风险评估专家委员会专家。

【"平安宁夏"建设先进个人】

王福海,男,回族,中共党员,固原市原州区人民法院刑事审判庭副庭长。2018年扫黑除恶专项斗争开展以来,作为扫黑除恶专业合议庭成员,主动请缨承办疑难复杂案件。2019年2月,承办固原市原州区首例恶势力犯罪案件——刘某等10人寻衅滋事案,严把事实和证据关,提前介入案件办理,召集公安、检察机关对案件进行会商,请求上级法院进行业务指导。在案件审理过程中,认真查阅案卷、讯问被告人、征求辩护人意见及走访群众,协调原州区委政法委、固原市委政法委多次组织相关部门及业务专家对案件进行会商,后经公诉机关补强证据,案件如期开庭审理。2019年3月21日,固原市原州区首例恶势力犯罪案件如期开庭,由于庭前准备充分,提押押解保障到位,各个环节衔接紧凑,提前完成庭审任务,形成庭审笔录130页2.5万余字,整个庭审规范有序、优质高效。2019年8月,王福海又承办固原市原州区常某等7人寻衅滋事、妨害公务恶势力案件,参与审理村霸马某、赵某等4人暴力讨债等恶势力案件。2020年,参与审理固原市原州区首例马某兵等22人黑社会性质案。马某兵案被评为宁夏2018年度十大法治案件之一。2022年9月,王福海被自治区党委、人民政府授予"'平安宁夏'建设先进个人"称号。

宗岩,男,汉族,1979年3月出生,中共党员,大学学历。先后在固原市原州区人民检察院反贪污贿赂局、民行科、第三检察部工作。现任固原市原州区人民检察院检委会委员、第三检察部主任。宗岩坚守初心、践行检察使命,从事民行工作4年来,审查法院审理的民事、行政案件3000余件,办理各类民事行政诉讼监督案件229件,面对欠薪问题支持200余名农民工通过法律途径维护自身合法权益。发挥行政和公益诉讼检察职能促进"平安原州"建设,4年来办理行政和公益诉讼案件237件,其中督促原州区山林防火系列案、整治车身外悬挂装饰物影响行车安全案、清水河依法治理案等通过督促行政机关依法履行职责,取得良好社会效益。办理公益诉讼案件守护原州生态安全,4年来办理生态环境自然资源类公益诉讼案件116件。督促自然资源部门恢复或提请法院判令当事人恢复被损毁的林地7083.12亩,其中包括社会影响较大的张易"3·13"失火案、黄峁山失火案;督促自然资源部门或乡镇恢复被非法改变用途和占用的农用地359.67亩;督促水务部门清理污染和非法占用的河道29.34千米,拆除侵占河道违法建筑3处,恢复被侵占的河道13.9亩;督促环保部门整治未依法办理环评的企业13家,关停违法养殖场3家;督促相关行政机关治理城市垃圾顽疾,清理垃圾100余吨;督促乡镇规范治理垃圾转运处置点11处,以办案的效果守护原州生态安全。2019年8月,任原州区人民检察院第三检察部主任以来,第三检察部先后被固原市人民检察院党组评为2019年度民事行政和公益诉讼检察工作先进集体，被自治区人民检察院评为全区检察机关战"疫"先进集体。2020年，第三检查部被评为原州区检察院效能目标管理考核先进集体。2022年9月，宗岩被自治区党委、人民政府评为"平安宁夏"建设先进个人。

杨梅，女，回族，中共党员，现任固原市原州区小川子社区党支部书记、居委会主任。2019年4月，杨梅由警民路社区党支部书记转任小川子社区党支部书记、主任。杨梅立足辖区实际，聚焦居民所需，将"平安建设"作为首要任务，制定"任务书"，绘就"作战图"，各项工作迅速展开。社区党支部坚持以党建引领"平安建设"，邀请司法、公安、律师等专业人员深入社区，开展"平安建设"专题讲座，普及防火、防盗、防诈骗等各类与居民日常生活密切相关的治安防范知识。针对社区矛盾纠纷特点，杨梅认真学习借鉴"枫桥经验"，探索建立横向到边纵向到底的网格治理新格局，成立4个服务型网格党小组，推选楼栋长66名、单元长221名，构建起"社区党支部—网格党小组—楼栋长—单元长"四级组织链条，确保及时发现并调处化解矛盾纠纷。群众利益无小事，杨梅主导建立群众利益诉求表达机制，畅通诉求解决渠道，促进社区有序管理。社区聘请法律顾问1名，参与社区平安创建，为居民提供法律咨询和援助。在辖区内推选"法律明白人"，组建社区法律服务志愿者队伍，随时解答居民法律问题，引导居民合理合法表达诉求。担任小川子社区"大管家"来，杨梅以自己的热心、爱心和耐心温暖着社区居民的心，以涓涓滴滴的真情付出带转社风民风。在杨梅等社区工作者和全体居民的共同努力下，小川子社区已成为固原市治理有序、平安和谐的"明星社区"，2019年，被评为固原市民族团结进步模范集体；2020年荣膺固原市健康社区；连续四年被古雁街道党工委评为社会管理综合治理工作先进集体。2022年9月，杨梅被自治区党委、人民政府评为"平安宁夏"建设先进个人。

【全区"最美乡镇（街道）政法委员"】

申学庚，男，汉族，中共党员，现任头营镇党委副书记、政法委员。申学庚工作中能够坚持正确政治方向，时刻把为人民服务作为自觉行动，自2019年担任中河乡党委副书记、政法委员以来，始终以维护全乡平安稳定为己任，强化新时代做好政法工作的责任担当，注重统筹协调综治中心、派出所、司法所、人民法庭等基层政法部门，形成上下贯通、执行有力的基层政法工作新机制。结合实际，在中河乡制定出"七抓六防五整治"综治工作思路，得到自治区、固原市各级政法领导的肯定。高质量完成官厅镇、头营镇两个乡镇的综治中心阵地建设，发挥功能型党支部协同办理机制。在官厅镇排查化解矛盾纠纷167件，分流交办问题15件；在头营镇坚持周碰头、半月分析、月考核全面推进基层治理工作机制的贯彻落实，共排查化解矛盾纠纷76件，稳控重点人员5人，分流交办问题37件，促进各单位及工作人员积极履职，确保基层治理"1+1+3"工作机制有效落实。申学庚自觉加强自身建设，始终把廉政勤政贯穿于日常工作之中，用实际行动践行新时代政法委员的使命与担当。2022年12月，被宁夏区委政法委员会评为全区"最美乡镇（街道）政法委员"。

【自治区国家贫困地区重大专项普查先进个人】

马晓凤，女，回族，1992年2月出生，中共党员，研究生学历，现任原州区河川乡党委委员、政府副乡长。2020年，克服孩子年幼等实际困难，服从组织安排，被委派前往同心及西吉开展脱贫攻坚普查工作，担任脱贫普查指导员。带头刻苦学习普查业务知识，带头履职尽责，与同组成员同心协力，投身脱贫普查工作，对普查员在普查过程中针对26项普查指标存在的疑问及时做出解答，积极与被普查村对接，做好任务分解、普查联络等工作，对普查员提交的普查数据细致复核，确保脱贫攻坚普查数据质量，用实际行动诠释了一名普查指导员的执着与敬业，以高度的政治担当、责任担当、使命担当，推进脱贫攻坚普查各项任务完成。2022年1月,被授予"自治区国家贫困地区重大专项普查先进个人"称号。

【全区人力资源和社会保障工作先进个人】

李彦萍,女,汉族,1989年6月出生,中共预备党员,大学学历,现任固原市原州区头营镇人民政府民生服务中心主任。自2015年10月参加工作以来,始终坚持为人民服务,紧扣自治区、固原市、原州区人社部门关于社会保障中心工作的任务部署,强作风、重落实、强创新,实现服务零投诉,业务零差错,所在乡镇城乡居民养老、医疗参保率、缴费率始终居于全原州区前列。日常工作中,是业务精干的"多面手",基层经验丰富,业务娴熟,工作业绩突出。工作认真负责,从不让工作在手里延误,从未让群众遇冷,2022年对全镇24个行政村52269人的社保做到应纳尽纳、应保尽保;2021年,对5694人进行养老待遇资格认证,认证率达100%,激活医保电子凭证33040人,完成目标激活率的103.04%,超额完成任务,在原州区14个乡镇街道中位居第一。为全镇45319人进行医保参保缴费,缴费率达95%以上,其中孤儿、重点优抚、边缘易致贫户等特殊人群应保尽保,缴费人数15146人,缴费率达100%。自担任民生服务中心主任以来,每天热情接待来访群众上百人,实现零投诉。2022年,对因养老系统切换升级导致的养老参保地行政区划乱码问题,不嫌麻烦和琐碎,一遍遍耐心细致地为群众解答和解决问题,对全镇年满16周岁以上的人员重新进行参保。作为一名包村干部,一有时间便进村入户,了解村情民情,指导和帮助村上完成脱贫攻坚与乡村振兴有效衔接工作,亲力亲为,和村干部一起开展整治农村人居环境卫生、疫情防控、两保收缴等重难点工作。2022年12月,被宁夏回族自治区人力资源和社会保障厅评为全区人力资源和社会保障工作先进个人。

2022年度原州区获得市级以上表彰的先进个人

序号	姓名	所在单位	荣誉名称	颁奖机构	获奖时间
1	高勇	原州区退役军人事务局	2022年度全国退役军人服务中心(站)"百名优秀主任(站长)"	退役军人事务部	2023年1月
2	郝彦晖	原州区退役军人事务局	2022年度退役军人事务系统工作成绩突出个人	自治区退役军人事务厅	2023年2月
3	刘敏	原州区彭堡镇	2022年度退役军人事务系统工作成绩突出个人	自治区退役军人事务厅	2023年2月
4	徐少伟	服役于中国人民解放军某部队	二等功	中国人民解放军某部队政治工作部	2022年12月
5	罗占文	原州区森林消防大队	2019—2021年度全国森林草原防火工作先进个人	国家林业和草原局	2022年12月
6	宗岩	原州区人民检察院	"平安宁夏"建设先进个人	自治区委政法委	2022年9月
7	王福海	原州区人民法院	"平安宁夏"建设先进个人	自治区委政法委	2022年9月
8	杨梅	原州区小川子社区	"平安宁夏"建设先进个人	自治区委政法委	2022年9月
9	申学庚	原州区头营镇	全区"最美乡镇(街道)政法委员"	自治区委政法委	2022年12月
10	丁存琴	原州区古雁街道雁岭社区	第六届全国119消防先进个人	应急管理部	2022年11月
11	刘明珠 孙海荣(家庭)	原州区古雁街道景园社区	自治区健康家庭示范点	自治区健康水平提升行动领导小组办公室、自治区爱卫办	2022年9月
12	王月梅 海有俊(家庭)	原州区三营镇安和村	自治区健康家庭示范点	自治区健康水平提升行动领导小组办公室、自治区爱卫办	2022年9月
13	张霞 郭文斌(家庭)	原州区北塬街道和平门社区	自治区健康家庭示范点	自治区健康水平提升行动领导小组办公室、自治区爱卫办	2022年9月
14	杨佰有 田晓英(家庭)	原州区黄铎堡镇丰泽村	自治区健康家庭示范点	自治区健康水平提升行动领导小组办公室、自治区爱卫办	2022年9月
15	刘文龙	原州区教育体育局	自治区群众体育先进个人	自治区全民健身领导小组	2022年
16	谢永强	原州区体育活动中心	自治区群众体育先进个人	自治区全民健身领导小组	2022年
17	孙鑫平	原州区教育体育局	固原市教育工作先进个人	中共固原市委、固原市人民政府	2022年9月

续表

序号	姓名	所在单位	荣誉名称	颁奖机构	获奖时间
18	祁怀玉	原州区师资培训中心	固原市教育工作先进个人	中共固原市委、固原市人民政府	2022年9月
19	周敏	固原市第四中学	固原市教育工作先进个人	中共固原市委、固原市人民政府	2022年9月
20	吕志成	固原市第五中学	固原市教育工作先进个人	中共固原市委、固原市人民政府	2022年9月
21	马幸	原州区黄铎堡学校	固原市教育工作先进个人	中共固原市委、固原市人民政府	2022年9月
22	路倩斐	原州区第十小学	固原市教育工作先进个人	中共固原市委、固原市人民政府	2022年9月
23	曹钰福	原州区第五小学	固原市教育工作先进个人	中共固原市委、固原市人民政府	2022年9月
24	姚建国	原州区第十四小学	固原市教育工作先进个人	中共固原市委、固原市人民政府	2022年9月
25	谢文娟	原州区第十五小学	固原市教育工作先进个人	中共固原市委、固原市人民政府	2022年9月
26	张学军	原州区张易镇中心小学	固原市教育工作先进个人	中共固原市委、固原市人民政府	2022年9月
27	黄满平	原州区黄铎堡镇中心小学	固原市教育工作先进个人	中共固原市委、固原市人民政府	2022年9月
28	张发礼	原州区中河乡中心小学	固原市教育工作先进个人	中共固原市委、固原市人民政府	2022年9月
29	皮学珍	原州区第七幼儿园	固原市教育工作先进个人	中共固原市委、固原市人民政府	2022年9月
30	王淑娟	原州区第十幼儿园	固原市教育工作先进个人	中共固原市委、固原市人民政府	2022年9月
31	王红宁	原州区教育体育局	第36届宁夏青少年科技创新大赛优秀组织工作者	自治区科协、教育厅、团委、妇联	2022年2月
32	温小龙	固原市第三中学	固原市优秀教师	中共固原市委、固原市人民政府	2022年9月
33	张宏伟	原州区第十四小学	固原市优秀教师	中共固原市委、固原市人民政府	2022年9月
34	周秀珍	原州区第十五小学	固原市优秀教师	中共固原市委、固原市人民政府	2022年9月
35	金孝贵	固原市第四中学	固原市优秀教师	中共固原市委、固原市人民政府	2022年9月
36	路少鹏	固原市第六中学	固原市优秀教师	中共固原市委、固原市人民政府	2022年9月
37	陈慧珍	原州区开城镇中心小学	固原市优秀教师	中共固原市委、固原市人民政府	2022年9月

续表

序号	姓名	所在单位	荣誉名称	颁奖机构	获奖时间
38	王文娟	固原市第七中学	固原市优秀教师	中共固原市委、固原市人民政府	2022年9月
39	李智慧	原州区张易中学	固原市优秀教师	中共固原市委、固原市人民政府	2022年9月
40	杨 虎	原州区头营中学	固原市优秀教师	中共固原市委、固原市人民政府	2022年9月
41	刘燕蓉	固原市第五中学	固原市优秀教师	中共固原市委、固原市人民政府	2022年9月
42	海 龙	原州区杨郎中学	固原市优秀教师	中共固原市委、固原市人民政府	2022年9月
43	安小东	原州区三营中学	固原市优秀教师	中共固原市委、固原市人民政府	2022年9月
44	薛小燕	原州区彭堡学校	固原市优秀教师	中共固原市委、固原市人民政府	2022年9月
45	龙娅田	原州区第二小学	固原市优秀教师	中共固原市委、固原市人民政府	2022年9月
46	杨桂莲	原州区第三小学	固原市优秀教师	中共固原市委、固原市人民政府	2022年9月
47	马彩荣	原州区第四小学	固原市优秀教师	中共固原市委、固原市人民政府	2022年9月
48	贾会珍	原州区第五小学	固原市优秀教师	中共固原市委、固原市人民政府	2022年9月
49	李荣香	原州区第六小学	固原市优秀教师	中共固原市委、固原市人民政府	2022年9月
50	侯 谦	原州区第七小学	固原市优秀教师	中共固原市委、固原市人民政府	2022年9月
51	代晓应	原州区第十小学	固原市优秀教师	中共固原市委、固原市人民政府	2022年9月
52	周文娟	原州区第十一小学	固原市优秀教师	中共固原市委、固原市人民政府	2022年9月
53	刘宏玲	原州区第十二小学	固原市优秀教师	中共固原市委、固原市人民政府	2022年9月
54	郭 春	原州区第十三小学	固原市优秀教师	中共固原市委、固原市人民政府	2022年9月
55	马金雯	原州区第十七小学	固原市优秀教师	中共固原市委、固原市人民政府	2022年9月
56	杨世梅	原州区第十八小学	固原市优秀教师	中共固原市委、固原市人民政府	2022年9月
57	景永红	原州区第十九小学	固原市优秀教师	中共固原市委、固原市人民政府	2022年9月

续表

序号	姓名	所在单位	荣誉名称	颁奖机构	获奖时间
58	尹彩娣	原州区三营镇中心小学	固原市优秀教师	中共固原市委、固原市人民政府	2022年9月
59	李 学	原州区张易镇中心小学	固原市优秀教师	中共固原市委、固原市人民政府	2022年9月
60	段慧芳	原州区头营镇中心小学	固原市优秀教师	中共固原市委、固原市人民政府	2022年9月
61	李彦娥	原州区黄铎堡镇中心小学	固原市优秀教师	中共固原市委、固原市人民政府	2022年9月
62	吕景东	原州区彭堡镇中心小学	固原市优秀教师	中共固原市委、固原市人民政府	2022年9月
63	寇鑫鑫	原州区炭山乡中心小学	固原市优秀教师	中共固原市委、固原市人民政府	2022年9月
64	陈 蓉	原州区寨科乡中心小学	固原市优秀教师	中共固原市委、固原市人民政府	2022年9月
65	王文兵	原州区河川乡中心小学	固原市优秀教师	中共固原市委、固原市人民政府	2022年9月
66	巩德梅	原州区第一幼儿园	固原市优秀教师	中共固原市委、固原市人民政府	2022年9月
67	方淑红	原州区第二幼儿园	固原市优秀教师	中共固原市委、固原市人民政府	2022年9月
68	王雅宜	原州区第三幼儿园	固原市优秀教师	中共固原市委、固原市人民政府	2022年9月
69	邱庆红	原州区第四幼儿园	固原市优秀教师	中共固原市委、固原市人民政府	2022年9月
70	王金娥	原州区第七幼儿园	固原市优秀教师	中共固原市委、固原市人民政府	2022年9月
71	高丽君	固原市第五中学	第十三届全国"五好家庭"	全国妇联	2022年5月
72	高丽君	固原市第五中学	西海固文学后备力量培育项目	中国作协	2022年5月
73	金 兰	固原市第五中学	全区禁毒名师"一堂精品课"一等奖	自治区禁毒办、自治区教育厅	2022年9月
74	杨秀珍	固原市第五中学	全区教师信息素养提升实践活动——课件二等奖	宁夏电化教育中心	2022年9月
75	常利霞	原州区杨郎中学	全区教师信息素养提升实践活动——微课三等奖	宁夏电化教育中心	2022年9月
76	唐 旺	原州区杨郎中学	全区教师信息素养提升实践活动——课件二等奖	宁夏电化教育中心	2022年9月
77	王永喜	原州区第十一小学	全区教师信息素养提升实践活动——课件三等奖	宁夏电化教育中心	2022年9月

续表

序号	姓名	所在单位	荣誉名称	颁奖机构	获奖时间
78	海晓兰	原州区第十一小学	全区教师信息素养提升实践活动——微课二等奖	宁夏电化教育中心	2022年9月
79	张慧萍	原州区杨郎中学	好警嫂	公安部、全国妇联	2022年3月
80	樊希军	原州区杨郎中学	宁夏36届科技创新大赛辅导员二等奖	自治区科协、教育厅、团委、科技厅、环保厅	2022年
81	刘明慧	原州区三营中学	全区中小学思政课教师"学习新思想、做好接班人"《习近平新时代中国特色社会主义思想学生读本》课堂教学评选活动二等奖	自治区教育厅	2022年
82	王强	原州区三营中学	宁夏回族自治区学生三人制篮球锦标赛优秀教练员	自治区教育厅、自治区体育局	2022年
83	王强	原州区三营中学	宁夏回族自治区学生篮球锦标赛优秀教练员	自治区教育厅、自治区体育局	2022年
84	杨佰玺	原州区三营中学	宁夏回族自治区学生三人制篮球锦标赛优秀教练员	自治区教育厅、自治区体育局	2022年
85	赵志花	原州区三营中学	宁夏回族自治区篮球锦标赛优秀教练员	自治区教育厅、自治区体育局	2022年
86	王滢	原州区三营中学	全区义务教育阶段教材歌曲自弹自唱暨钢琴即兴伴奏编配评比二等奖	自治区教育厅	2022年
87	翟霞	原州区第三小学	全区教师信息素养提升实践活动——课件二等奖	宁夏电化教育中心	2022年
88	杨淑英	原州区第五小学	优秀少先队辅导员	共青团宁夏区委、自治区教育厅	
89	张洁	原州区第七小学	2021全国中小学优秀自制教具评选活动三等奖	教育部	2022年4月
90	程艳	原州区第七小学	宁夏第一届基础教育教学成果评选活动二等奖	自治区教育厅	2022年7月
91	白晓红	原州区第七小学	2022全区第四届中华经典诵读写讲大赛"诵读中国"经典诵读大赛优秀指导教师奖	自治区教育厅	2022年8月
92	苏秀霞	原州区第七小学	2022全区第四届中华经典诵读写讲大赛"诵读中国"经典诵读大赛优秀指导教师奖	自治区教育厅	2022年8月
93	马秀琴	原州区第七小学	2022全区第四届中华经典诵读写讲大赛"诵读中国"经典诵读大赛优秀指导教师奖	自治区教育厅	2022年8月

续表

序号	姓名	所在单位	荣誉名称	颁奖机构	获奖时间
94	李志宏	原州区第七小学	2022全区第四届中华经典诵读写讲大赛"诵读中国"经典诵读大赛优秀指导教师奖	自治区教育厅	2022年8月
95	高 敏	原州区第七小学	全区中小学思政课教师"学习新思想、做好接班人"《习近平新时代中国特色社会主义思想学生读本》课堂教学评选活动一等奖	自治区教育厅	2022年
96	吴 昊	原州区第十小学	全区中小学思政课教师"学习新思想、做好接班人"《习近平新时代中国特色社会主义思想学生读本》课堂教学评选活动一等奖	自治区教育厅	2022年
97	吴 涛	原州区第十一小学	全区2021年中小学教师和师范生"三字一话"基本功大赛二等奖	自治区教育厅	2022年1月
98	陈淑玲	原州区第十七小学	教育教学成果三等奖	自治区教育厅	2022年7月
99	马耀峰	原州区第十八小学	课件一等奖	自治区教育厅	2022年
100	张乐宁	原州区头营镇中心小学	全区第五届基层理论微宣讲大赛三等奖	自治区党委宣传部	2022年9月
101	张乐宁	原州区头营镇中心小学	"喜迎党代会·献礼二十大"全区女职工演讲比赛二等奖	自治区总工会、女职工委员会	2022年5月
102	陈建银	原州区动物疾病预防控制中心	第一届宁夏动物防疫和动物卫生风险评估专家委员会专家	自治区动物疾病预防控制中心	2022年12月
103	李 旺	原州区农业农村局	先进个人	自治区党委农办、自治区人社厅、自治区农业农村厅	2022年
104	任俊林	原州区农业机械推广服务中心	首届全国"最美农机推广员"	农业农村部农业机械化总站	2022年9月
105	宋建虎	原州区农村合作经济经营管理站	全国农村集体产权制度改革工作先进个人	农业农村部	2022年12月
106	惠玉堂	原州区融媒体中心	2022年度全区优秀新闻工作者	自治区党委宣传部、宁夏新闻工作者协会	2022年11月
107	郭常君	原州区水土保持工作站	2022年度全国水土保持工作先进个人	水利部	2022年12月
108	张文渊	原州区机关事务服务中心	自治区机关事务工作先进个人	自治区机关事务管理局	2023年1月

续表

序号	姓名	所在单位	荣誉名称	颁奖机构	获奖时间
109	刘志聪	原州区人民法院	全国人民满意的公务员	中共中央 国务院	2022年8月
110	王 静	原州区人民法院	"少年法庭"工作先进个人	最高人民法院	2022年6月
111	王 艳	原州区人民法院	全国法院办案标兵	最高人民法院	2022年12月
112	张海峰	固原市公安局原州区分局	个人二等功	自治区公安厅	2022年5月
113	马生权	固原市公安局原州区分局	个人二等功	自治区公安厅	2022年11月
114	翟恩洲	固原市公安局原州区分局	全区公安工作先进个人	自治区公安厅	2022年11月
115	虎 凯	固原市公安局原州区分局	全区公安工作先进个人	自治区公安厅	2022年11月
116	马晓凤	原州区河川乡	自治区国家贫困地区重大专项普查先进个人	自治区脱贫攻坚普查领导小组办公室	2022年1月
117	李彦萍	固原市原州区头营镇	全区人力资源和社会保障工作先进个人	自治区人力资源和社会保障厅	2022年12月
118	高冠茹	原州区北塬街道文化巷社区	全国优秀城乡社区工作者	民政部	2022年11月
119	丁存琴	古雁街道雁岭社区	第六届全国119消防先进个人	应急管理部	2022年11月
120	王宝清	原州区古雁街道办事处	自治区就业创业工作先进个人	自治区就业工作领导小组	2022年1月
121	杜赵阳	原州区南关街道宋家巷社区	自治区就业创业工作先进个人	自治区就业工作领导小组	2022年1月
122	张晓丽	原州区发展和改革局	全区人力资源和社会保障工作先进个人	自治区人力资源和社会保障厅	2022年12月
123	彭 琪	原州区人力资源和社会保障局	全区人力资源和社会保障工作先进个人	自治区人力资源和社会保障厅	2022年12月
124	黄贤明	原州区农业农村局	全区人力资源和社会保障工作先进个人	自治区人力资源和社会保障厅	2022年12月
125	田 苗	原州区乡村振兴局	全区人力资源和社会保障工作先进个人	自治区人力资源和社会保障厅	2022年12月
126	齐瑞彬	原州区发改局项目管理办公室	2022年度城乡建设绿色发展成绩突出个人	自治区推进新型城镇化工作领导小组办公室	2023年2月
127	张小荣	原州区人民政府	2022年度城乡建设绿色发展成绩突出个人	自治区推进新型城镇化工作领导小组办公室	2023年2月
128	罗向伟	原州区城乡住房建设和交通局村镇管理中心	2022年度城乡建设绿色发展成绩突出个人	自治区推进新型城镇化工作领导小组办公室	2023年2月

2022年度原州区获得市级以上表彰的先进集体

序号	获奖单位	奖项	颁奖单位	获奖时间
1	原州区	2021年全国村庄清洁行动先进县	农业农村部、国家乡村振兴局	2022年1月
2	原州区	2021年度实施乡村振兴战略先进集体二等奖	自治区党委农村工作领导小组	2022年1月
3	原州区	2021年度乡村振兴"一村一年一事"行动考评一等奖	自治区党委农村工作领导小组	2022年1月
4	原州区人民政府	2022年度城乡建设绿色发展成绩突出单位	自治区推进新型城镇化工作领导小组办公室	2023年2月
5	固原市第三中学	2021年度网络学习空间应用普及活动优秀区域和优秀学校	教育部	2022年9月
6	原州区彭堡镇	第十二批全国"一村一品"示范村镇	农业农村部	2022年11月
7	原州区彭堡镇姚磨村	第四批全国乡村旅游重点村	文化和旅游部	2022年11月
8	原州区张易镇宋洼村	全国美丽乡村	农业农村部	2022年3月
9	河川乡寨洼村	全国乡村旅游重点村	文化和旅游部	2020年7月
10	原州区众丰种植专业合作社	首批100个全国农作物病虫害绿色防控技术示范推广基地	农业农村部种植业管理司、全国农业技术推广服务中心	2022年7月
11	固原市原州区农业综合执法大队	全国农业综合行政执法示范窗口	农业农村部法规司	2022年6月
12	固原市原州区农业技术推广服务中心	2022年度全国五星基层农技推广机构	全国农技中心	2022年1月
13	原州区农业技术推广服务中心	2022年度《中国农技推广》全国通联工作先进集体	全国农技中心	2022年1月
14	原州区农业广播电视学校（农村实用技术培训中心）	100所高素质农民培育提质增效百佳校	中央农业广播电视学校、中国农民体育协会	2022年8月
15	宁夏好水川养殖有限公司	农业产业化国家重点龙头企业	农业农村部	2022年1月
16	原州区头营镇杨郎传统保护村落	全国第六批传统保护村落	住建部	2022年1月
17	原州区财政局	在国家贫困地区专项普查中被评为自治区级先进集体	国家脱贫攻坚普查领导小组、国家统计局	2022年1月
18	原州区众丰种植专业合作社	全国农作物病虫害绿色防控技术示范推广基地	全国农技中心	2022年7月
19	原州区南关街道西湖路社区	全国示范性老年友好型社区	国家卫生健康委、全国老龄办	2022年11月

续表

序号	获奖单位	奖项	颁奖单位	获奖时间
20	原州区古雁街道雁岭社区	全国示范性老年友好型社区	国家卫生健康委、全国老龄办	2022年11月
21	原州区三营中学	全国青少年校园足球特色学校	教育部	2022年2月
22	原州区第十一小学	国家级亚运足球梦想学校	教育部	2022年4月
23	原州区古雁街道东海园区社区	国家级充分就业社区	人力资源和社会保障部	2022年2月
24	原州区古雁街道景园社区	2021年度全国综合减灾示范社区	国家减灾委员会、应急管理部、中国气象局、中国地震局	2022年12月
25	固原市原州区妇联	全国家庭工作先进集体	全国妇联	2022年5月
26	原州区北塬街道文化巷社区妇联	全国妇联系统先进集体	人力资源社会保障部、全国妇联	2022年1月
27	固原市原州区农业综合执法大队	全国农业综合行政执法示范窗口名单(第四批)	农业农村部	2022年6月
28	原州区退役军人服务中心	2022年度退役军人事务系统工作成绩突出单位	自治区退役军人事务厅	2023年2月
29	原州区教育体育局	第36届宁夏青少年科技创新大赛优秀组织单位	自治区科协	2023年2月
30	原州区教育体育局	全区禁毒名师"一堂精品课"优秀组织奖	自治区禁毒办、教育厅	2022年9月
31	原州区委政法委	"平安宁夏"建设先进集体	自治区委政法委	2022年9月
32	原州区师资培训中心	宁夏第一届基础教育教学成果三等奖	自治区教育厅	2022年7月
33	原州区师资培训中心	全区中小学教师"三字一话"基本功大赛优秀组织奖	自治区教育厅	2022年1月
34	原州区体育活动中心	"中国体育彩票杯"宁夏第五届农民篮球争霸赛决赛三等奖	自治区体育局	2022年7月
35	原州区体育活动中心	宁夏第九届社会体育指导员交流展示大赛健身气功气舞项目三等奖	自治区体育局	2022年8月
36	原州区体育活动中心	"体总杯"中国城市篮球联赛宁夏选拔赛青少年U16(女子组)冠军	自治区体育总会	2022年4月
37	原州区体育活动中心	"体总杯"中国城市篮球赛宁夏选拔赛青少年U16(男子组)冠军	自治区体育总会	2022年4月
38	原州区体育活动中心	宁夏第九届社会体育指导员交流展示大赛柔力球项目一等奖	自治区体育局	2022年8月
39	固原市第三中学	第36届宁夏青少年科技创新大赛——青少年科技创新成果竞赛项目三等奖(项目编号:CH222005T、CH222007T)	自治区科协	2023年2月

续表

序号	获奖单位	奖 项	颁奖单位	获奖时间
40	固原市第三中学	自治区文明校园	自治区文明办	2022年3月
41	固原市第四中学	自治区文明校园	自治区文明办	2022年3月
42	原州区第二小学	自治区文明校园	自治区文明办	2022年3月
43	原州区第十一小学	自治区文明校园	自治区文明办	2022年3月
44	固原市第五中学	自治区级体育传统特色学校	自治区体育局、自治区教育厅	2022年11月
45	固原市第七中学	自治区级体育传统特色学校	自治区体育局、自治区教育厅	2022年11月
46	固原市原州区三营中学	自治区级体育传统特色学校	自治区体育局、自治区教育厅	2022年11月
47	固原市原州区第十一小学	自治区级体育传统特色学校	自治区体育局、自治区教育厅	2022年11月
48	固原市原州区第十二小学	自治区级体育传统特色学校	自治区体育局、自治区教育厅	2022年11月
49	固原市原州区第十七小学	自治区级体育传统特色学校	自治区体育局、自治区教育厅	2022年11月
50	固原市原州区三营镇第三小学	自治区级体育传统特色学校	自治区体育局、自治区教育厅	2022年11月
51	固原市原州区第十小学	自治区级体育传统特色学校	自治区体育局、自治区教育厅	2022年11月
52	原州区第七小学	自治区家庭教育指导服务示范校(园)	自治区教育厅	2022年11月
53	原州区第七小学	自治区家庭教育优秀家长学校	自治区教育厅	2022年11月
54	原州区第十一小学	自治区家庭教育优秀家长学校	自治区教育厅	2022年11月
55	原州区第十二小学	自治区家庭教育优秀家长学校	自治区教育厅	2022年11月
56	原州区第十小学	2022年第二批自治区家庭教育指导服务示范校(园)	自治区教育厅	2022年12月
57	原州区第十七小学	2022年第二批自治区家庭教育指导服务示范校(园)	自治区教育厅	2022年12月
58	固原市第五中学	2022年第二批自治区优秀家长学校	自治区教育厅	2022年12月
59	原州区第七小学	2022年表现突出少先队集体	共青团宁夏回族自治区委员会、自治区教育厅、自治区少工委	2022年11月
60	原州区第十一小学	亚运足球梦想学校	杭州第19届亚运会组委会、青少年足球成长公益基金	2022年12月
61	原州区第十一小学	第一批全区创新素养教育"领航学校"	自治区教育厅	2022年1月
62	原州区第一幼儿园	第一批全区创新素养教育"领航学校"	自治区教育厅	2022年1月

续表

序号	获奖单位	奖项	颁奖单位	获奖时间
63	原州区第三幼儿园	第一批全区创新素养教育"领航学校"	自治区教育厅	2022年1月
64	原州区第十一小学	第36届宁夏青少年科技创新大赛——青少年科技创新成果竞赛项目三等奖	自治区科协	2023年2月
65	原州区第十一小学	2022年表现突出少先队集体	共青团宁夏回族自治区委员会、自治区教育厅、自治区少工委	2022年11月
66	原州区第十一小学	自治区中小学德育示范校	自治区教育厅	2022年1月
67	原州区第十八小学	自治区中小学德育示范校	自治区教育厅	2022年1月
68	原州区第十七小学	自治区中小学德育示范校	自治区教育厅	2022年1月
69	原州区第十五小学	自治区中小学德育示范校	自治区教育厅	2022年1月
70	固原市第六中学	自治区中小学德育示范校	自治区教育厅	2022年1月
71	原州区古雁街道景园社区	自治区健康社区示范点	自治区健康水平提升行动领导小组办公室、自治区爱卫办	2022年9月
72	原州区南关街道西湖路社区	自治区健康社区示范点	自治区健康水平提升行动领导小组办公室、自治区爱卫办	2022年9月
73	原州区三营镇安和村	自治区健康村示范点	自治区健康水平提升行动领导小组办公室、自治区爱卫办	2022年9月
74	原州区人民法院	自治区健康机关（事业单位）示范点	自治区健康水平提升行动领导小组办公室、自治区爱卫办	2022年9月
75	原州区第一幼儿园	自治区健康机关（事业单位）示范点	自治区健康水平提升行动领导小组办公室、自治区爱卫办	2022年9月
76	国家税务总局原州区税务局	自治区健康机关（事业单位）示范点	自治区健康水平提升行动领导小组办公室、自治区爱卫办	2022年9月
77	固原市第四中学	自治区健康学校示范点	自治区健康水平提升行动领导小组办公室、自治区爱卫办	2022年9月
78	固原市第五中学	自治区健康学校示范点	自治区健康水平提升行动领导小组办公室、自治区爱卫办	2022年9月
79	固原市第六中学	自治区健康学校示范点	自治区健康水平提升行动领导小组办公室、自治区爱卫办	2022年9月
80	原州区第十七小学	自治区健康学校示范点	自治区健康水平提升行动领导小组办公室、自治区爱卫办	2022年9月
81	原州区第十九小学	自治区健康学校示范点	自治区健康水平提升行动领导小组办公室、自治区爱卫办	2022年9月
82	原州区彭堡镇曹洼小学	自治区健康学校示范点	自治区健康水平提升行动领导小组办公室、自治区爱卫办	2022年9月
83	宁夏荣味斋实业有限公司	自治区健康企业示范点	自治区健康水平提升行动领导小组办公室、自治区爱卫办	2022年9月

续表

序号	获奖单位	奖　项	颁奖单位	获奖时间
84	原州区退役军人服务中心	2022年度退役军人事务系统工作成绩突出单位	自治区退役军人事务厅	2023年2月
85	原州区农业农村局	自治区级先进集体	自治区脱贫攻坚普查领导小组	2022年
86	原州区农业技术推广服务中心（参与的西北地区马铃薯重大土传病害发病机理和综合治理技术研究与应用项目）	自治区科学技术进步奖二等奖	自治区人民政府	2022年8月
87	原州区农业技术推广服务中心（参与的设施蔬菜土传病害生防木霉制剂研发及高效防控技术应用项目）	自治区科学技术进步奖三等奖	自治区人民政府	2022年8月
88	固原市原州区荣华锦汇旅游休闲街区	自治区级旅游休闲街区	自治区文化和旅游厅	2022年11月
89	原州区开城镇小马庄村	宁夏特色旅游村镇	自治区文化和旅游厅	2022年7月
90	原州区官厅镇乔洼村	宁夏特色旅游村镇	自治区文化和旅游厅	2022年7月
91	宁夏明德中药饮片有限公司	2022年度自治区专精特新"小巨人"企业	自治区工信厅	2022年6月
92	固原鑫宇农农机具有限公司	2022年度自治区"专精特新"中小企业	自治区工信厅	2022年6月
93	宁夏六盘珍坊生态农业科技有限公司	自治区工业互联网试点示范项目	自治区工信厅	2022年6月
94	原州区三营镇	全区群众体育先进单位	自治区全民健身领导小组	2022年11月
95	固原市原州区就业创业和人才服务中心	自治区就业创业工作先进集体	自治区就业工作领导小组	2022年1月
96	原州区三营镇民生服务中心	自治区首批医疗保障服务示范点	自治区医保局	2022年
97	固原市原州区河川乡	第十一批全区民族团结进步示范单位	自治区民委	2022年4月
98	固原市原州区北环路社区	第十一批全区民族团结进步示范单位	自治区民委	2022年4月
99	固原市原州区卫生健康局	第十一批全区民族团结进步示范单位	自治区民委	2022年4月
100	原州区河川乡寨洼村	自治区文明村镇	自治区文明办	2022年3月
101	原州区委宣传部	自治区文明单位	自治区文明办	2022年3月
102	原州区审计局	自治区文明单位	自治区文明办	2022年3月
103	原州区北塬街道东关社区	自治区文明单位	自治区文明办	2022年3月

续表

序号	获奖单位	奖项	颁奖单位	获奖时间
104	固原市第四中学	自治区文明校园	自治区文明办	2022年3月
105	原州区总工会	全区人力资源和社会保障工作先进集体	自治区人力资源和社会保障厅	2022年12月
106	原州区官厅镇政府	全区人力资源和社会保障工作先进集体	自治区人力资源和社会保障厅	2022年12月
107	固原市第三中学	教育工作先进集体	固原市委、市人民政府	2022年9月
108	固原市第七中学	教育工作先进集体	固原市委、市人民政府	2022年9月
109	原州区三营中学	教育工作先进集体	固原市委、市人民政府	2022年9月
110	原州区彭堡学校	教育工作先进集体	固原市委、市人民政府	2022年9月
111	原州区第二小学	教育工作先进集体	固原市委、市人民政府	2022年9月
112	原州区第四小学	教育工作先进集体	固原市委、市人民政府	2022年9月
113	原州区第六小学	教育工作先进集体	固原市委、市人民政府	2022年9月
114	原州区第七小学	教育工作先进集体	固原市委、市人民政府	2022年9月
115	原州区第十一小学	教育工作先进集体	固原市委、市人民政府	2022年9月
116	原州区第十二小学	教育工作先进集体	固原市委、市人民政府	2022年9月
117	原州区第十五小学	教育工作先进集体	固原市委、市人民政府	2022年9月
118	原州区第十八小学	教育工作先进集体	固原市委、市人民政府	2022年9月
119	原州区三营镇中心小学	教育工作先进集体	固原市委、市人民政府	2022年9月
120	原州区开城镇中心小学	教育工作先进集体	固原市委、市人民政府	2022年9月
121	原州区头营镇中心小学	教育工作先进集体	固原市委、市人民政府	2022年9月
122	原州区彭堡镇中心小学	教育工作先进集体	固原市委、市人民政府	2022年9月
123	原州区第一幼儿园	教育工作先进集体	固原市委、市人民政府	2022年9月
124	原州区第八幼儿园	教育工作先进集体	固原市委、市人民政府	2022年9月

附 录

牢记嘱托 勇毅前行
奋力在建设先行区中走在前作表率

——在中共固原市原州区委四届二次全会上的讲话
（2022年2月20日）

固原市委常委、原州区委书记 何永吉

同志们：

今天，我们召开区委四届二次全会，主要任务是：深入学习贯彻党的十九届六中全会精神，中央、自治区党委经济工作会议、市第五次党代会议精神，深入分析经济发展形势、精准把握发展定位、科学确定发展目标，安排部署今年工作，动员全区上下统一思想、坚定信心、勇毅前行，奋力在建设先行区、继续建设美丽新宁夏中走在前作表率。下面，我讲三点意见。

一、吃透区情、分析形势，在认清自我中坚定原州自信

大盘谋局，首在度势。原州区是固原市辖区，固原市政治、经济和文化中心，宁南区域中心城市。作为中心，原州区在新征程新使命中定当排头兵。首先要吃透区情、认清自我、观清大势，从"长"与"短"的研判中看发展前景，从"形"与"势"的统一中看发展大局，从"危"与"机"的转换中看发展机遇，立足资源禀赋，发挥区位优势，坚定发展信心，谋取更大发展。

第一，区位优势鞭策我们担当作为、奋勇争先。经过改革开放以来40多年的艰苦努力，原州区从过去最不适宜人类居住的地区变为今天的生态美丽宜居之地。气候资源独特。地处"高原绿岛"六盘山脚下，气候冷凉、冬无严寒、夏无酷热，风效指数-400~-200，湿润指数60~65，穿衣指数0.7~1.3，这些都是人体感较为舒适指标，是全国少有的天然避暑胜地；空气清新、土壤干净，日照时间长、昼夜温差大，为发展绿色食品提供了得天独厚的条件。水土资源相对丰富。清水河纵贯6乡镇，河谷平原区占土地总面积的20.5%，集中连片开发利用空间大；是全市唯一引黄灌溉县（区），水浇地面积占全市的41.7%，何家沟水库投用后，黄河水配水量将增加到5270万立方米，为现代产业发展提供有力支撑。人力资源优势明显。常住人口47.13万人，仅次于兴庆区和金凤区，是全市唯一人口正增长县（区）；15~59岁人口占总人口的63.5%，劳动力高中以上文化程度人数居全市第一，可谓人丁兴旺，使高质量发展有了人力保障。历史文化积淀深厚。最早建制于西周，建制历史2300多年从未间断，古丝绸之路横跨全境，留下了丰富的历史文化资源。境内有战国秦长城、须弥山石窟、安西王府遗址等历史遗存364处，民间剪纸、刺绣、花儿等非遗文化23

种,还有青石嘴红军长征战斗遗址、张易毛庄红军长征小道、赫光故里等丰富的红色资源,发展文旅产业潜力巨大。这些资源禀赋,构成了原州区较为明显的区位优势。可以说,只要我们每一个原州人热爱这片沃土、用心用情奉献这片沃土,就一定能让这片土地焕发新的勃勃生机。

第二,产业基础激励我们干劲倍增、奋发有为。我区产业基础较为厚实,产业体系相对健全。一产发展势头好。立足资源禀赋,建立了清凉蔬菜、肉牛、生态鸡、马铃薯"4+X"特色农业产业体系,形成了北部川道区、南部阴湿区、东部丘陵区3个产业片区,区域化布局、标准化生产、规模化经营顺利推进,绿色食品种植面积达到36.4万亩,肉牛饲养量达到26万头,清凉蔬菜、肉牛等特色产业初见雏形。二产发展潜能大。工业企业达到396家,规上企业39家,分别占全市76%和56%,数量多、种类全、占比大;既有六盘山热电厂、金昱元等大型工业企业,又有围绕重点产业新引进的融侨肉牛屠宰加工、丰源纺织、宝发农牧、雪川农业等延链补链壮链龙头企业,为工业经济发展奠定了坚实基础。三产发展动力足。商业网点多,教育、医疗等公共服务相对聚集,批零住餐等传统服务业较为完备、发展稳定,有新华百货、新时代购物中心等大型商超,固原宾馆、华旗等星级酒店,福苑饭庄等大型餐饮企业,电子商务、信息咨询、中介服务、金融保险等现代服务业蓬勃兴起,"游在六盘大地,吃住在原州"成为共识。

第三,困难挑战倒逼我们克难前行、奋力追赶。面对困难挑战,需要我们迎难而上、奋力拼搏:一是外部环境复杂。百年变局和世纪疫情交织,疫情仍然是影响世界经济的最大不确定因素,美国等外部势力持续对我国进行遏制打压,国内需求收缩、供给冲击、预期减弱三重压力叠加,大的发展环境必将对我区经济社会发展带来新的挑战和许多不确定因素。二是经济基础薄弱。经济总量小,综合实力弱,财政自给率不足5%,经济总量仅为兴庆区的26.7%、利通区的73.5%、大武口区的75.2%、沙坡头区的75.6%;农村居民收入仅为兴庆区的68.4%,利通区的71.7%、大武口区的90.1%、沙坡头区的89%;比山区九县的盐池县还少1500元,居民收入差距在逐年拉大。三是转型发展任务艰巨。一产"大"而"弱",主要是占比相对大贡献相对弱,我区第一产业在经济总量中占12.4%,高于全区4.3个百分点;二产"小"而"低",主要是总量规模小结构占比低,我区第二产业在经济总量中占18.9%,低于全区25.8个百分点;三产"胖"而"虚",主要是"先天发育不良"、基础薄弱,我区第三产业在经济总量中占68.7%,高于全区21.6个百分点,但对财政贡献率低。绿色低碳转型任务繁重,新兴产业培育、传统产业升级还有许多难题亟待破解;金融服务业起步晚、底子薄,金融机构存贷量远低于其他市辖区,金融服务产业发展、居民生活的程度低。四是公共服务短板突出。基础教育"优质不均衡,均衡不优质""城市挤、农村弱",落实"五项管理""双减"任务艰巨。医疗资源不优,名医少、专家少,医院科室建设不足,服务群众能力弱,群众看大病难的问题依然突出。城乡建设欠账大,基层治理精细化程度不高,社区治理阵地弱、服务功能不健全。

第四,发展机遇鼓舞我们信心满怀、奋发图强。今年工作虽然面临诸多困难和挑战,但也拥有很多机遇和希望,机遇大于挑战、希望多于困难,只要我们有信心、有决心,抢抓机遇、克难前行,就一定能交出一份合格的发展答卷。一是中央政策精准有力,今年继续扩大内需、促进消费持续恢复,新增地方专项债券规模3.65万亿元,继续加大对地方转移支付力度,适度超前开展基础设施投资,支持小微企业和个体工商户的政策全部延期,并提高减免幅度、扩大适用范围,这些都是实打实的"真金白银"。只要我们在构建以国内大循环为主的"双循环"新格局中积极作为、主动融入,发挥好我区的气候、土地、文化等资源优势,积极做好产业转移承接、服务落地等工作,就一定能够实现更好更快发展。二是建设先行区蕴含机遇,自治区党委坚定担当建设黄河流域生态保护和高质量发展先行区时代使命,科学布局"9个重点产业",大力实施"10大工程",统筹推进"四大提升行动",出台《宁夏回族自治区国土空间规划(2021—2035年)》,构建"一主一副一带"城镇空间发展格局,规划打造固原市为宁夏副中心城市,强化对宁夏南部地区形成经济带动作用,必将给我们市辖区带来难得发展机遇。我们要抢抓机遇,对这些政策举措要逐项梳理,围绕"原州能干什么、干成什么"列出具体清单,积极对接自治区厅局,争取发展支持、谋求更好发展。三是市区一体化发展释放红利,今年市委加大市区一体化发展力度,提出"红色固原、绿色发展"战略定位,启动实施"5个国家级示范市"创建和"6个基地"建设,布局推进"5+4"产业发展体系,推动落实"10大基础设施工程",将对我区经济社会发展带来机遇。我们要牢固树立市区"一盘棋"思想,自觉站位全局、坚决服务大局,以更高的站位、更宽的视野、更大的胸怀,认清全局的"势",找准原州的"事",坚定发展信心、保持战略定力,坚定不移推动各项工作,勇当排头兵、善作先行者。

二、锚定目标、实干笃行,在奋楫争先中展现原州担当

今年我们党将召开二十大,自治区将召开第十三次党代会,固原市将迎来建市20周年,这是全区人民政治生活中的一件大事,必须保持平稳健康的经济环境、国泰民安的社会环境、风清气正的政治环境。今年经济工作的总体要求是:坚持以习近平新时代中国特色社会主义思想为指导,全面贯彻落实党的十九大和十九届历次全会精神,深入学习贯彻习近平总书记视察宁夏重要讲话和重要指示批示精神,坚定捍卫"两个确立"、坚决做到"两个维护",弘扬伟大建党精神,全面贯彻新发展理念,主动融入新发展格局,坚持稳中求进工作总基调,坚持统筹疫情防控和经济社会发展,全面贯彻党中央和自治区、固原市党委决策部署,坚决扛起建设先行区、守好生命线政治责任,加快推动高质量发展,加快实施"四大提升行动",保持经济平稳较快增长,保持社会大局和谐稳定,保持同心协力团结局面,以优异成绩迎接党的二十大和自治区第十三次党代会胜利召开。

根据自治区、固原市党委的决策部署和原州发展实际,在区第四次党代会、区两会已确定主要经济指标的基础上,中央、自治区党委经济工作会议召开后,我们又重新审视外部大环境、分析内部结构,充分考虑了主观努力和客观实际可能的情况下,调整提出今年经济发展的主要预期目标是:地区生产总值增长7%以上,固定资产投资增长10%左右,社会消费品零售总额增长8%左右,地方一般公共财政预算收入同比增长6.5%,城乡居民人均可支配收入分别增长8%和10%。区委认为,经过努力我们有信心实现上述目标。主要有三个方面的考虑:一是从发展的需求考虑。中央经济工作会议作出了"我国经济韧性强,长期向好的基本面不会改变"的重大判断,提出了"稳字当头、稳中求进"的总体要求,宏观政策、区域政策、社会政策保持稳定和持续落地,今年仍然是发展的重要机遇期。我区是国家乡村振兴重点帮扶县(区),发展欠账较大,必须保持一定的经济增速和经济增长,才能缩小发展差距。所以,在指标确定上个别指标相对适度超前,有利于引导全区上下积极作为、鼓劲加压、奋力追赶。二是从发展的可能考虑,近年来,围绕建设先行区,对标自治区"9个重点产业""四大提升行动"等重大部署,我区不断挖潜力、调结构、转方式、惠民生,相继引进了融侨丰霖、凤集高品蛋鸡、雪川农业等一批投资大、发展潜力好的重点产业项目,特色产业优势不断凸显,民生质量不断提升,为实现预期经济发展目标创造了有利条件。三是从保障改善民生的需要考虑。老百姓对过上更加美好的生活和实现共同富裕十分向往。我们只有保持较快经济增长,才能创造更多的就业岗位增加民生收入、扩大更多的财税发展民生事业,提供更多的公共服务增进民生福祉,不断增强群众的获得感幸福感。

围绕预期目标,我们要坚持以先行区建设为统领,以"四大提升行动"为载体,坚决守牢"一个底线"、全心抓好"三个重点"、全力夯实"四个基础",

全面落实"三个清单"，建立项目化管理、清单化推进、常态化督导工作机制，力促各项工作上层次、夺名次、进位次，推动我区高质量发展始终在全市走在前列、作出表率。

第一，要守牢"一个底线"，抓实"四大提升行动"，力促乡村振兴

自治区党委顺应人民群众对美好生活的新期待，立足宁夏实际，提出"四大提升行动"，既贯彻中央要求，又契合群众意愿，为我们如何巩固拓展脱贫攻坚成果同乡村振兴有效衔接提供了有效载体。各级党组织要充分认识落实"四大提升行动"的重大意义，全力抓好各项任务。

一是要抓好监测帮扶，着力巩固脱贫攻坚成果。坚决守住不发生规模性返贫这个底线，严格落实"四个不摘"要求，选强用好村干部、驻村第一书记和工作队、帮扶责任人"三支队伍"，围绕"两不愁三保障一收入""群众满意度"，盯紧脱贫不稳定户、边缘易致贫户、突发严重困难户"三类人群"，常态化、精细化开展"四查四补"，精准落实帮扶措施。要紧盯国家考核评估和自治区后评估反馈问题，细化制定整改方案和任务清单，落实整改措施、整改责任，限时高质量完成整改任务。县级领导牵头的督导组和纪委监委牵头的督查组，要履行工作职责，督促指导反馈问题整改，以整改的实际成效巩固拓展脱贫攻坚成果。

二是要突出"五件事情"，用心抓实移民致富提升行动。坚持以创建移民示范村为抓手，在提升去年5个示范村的基础上，今年再创建5个，落实落细产业发展、基础配套、公共服务、环境整治、基层组织"五项重点任务"，确保一年大变样、三年见成效、五年上台阶，利用3年时间实现19个重点移民村示范创建全覆盖。一要抓好产业这个根本。坚持建基地、引龙头、延链条、创品牌、建机制，加快支持引进一批龙头企业，培育壮大一批经营主体，鼓励发展一批特色产业，切实让产业成为移民群众的源头活水。二要抓好基础设施这个重点。坚持规划引领，一体规划、一体建设、一体管理，健全市场化、专业化、社会化运营机制，加快完善水、电、路、讯、污水管网、垃圾处理等基础设施，不断改善移民群众生产生活条件。三要抓好人居环境这个所需。以屋内屋外、院内院外、村内村外干净整洁为重点，因地制宜，在移民村院内建好、种好果园、菜园"两小园"，使移民村更加干净整洁，更有乡土气息。四要抓好社会融入这个基础。扎实开展"听党话、感党恩、跟党走"宣传教育，大张旗鼓开展"最美庭院""卫生光荣户""移风易俗带头人"等评选活动，实现从"我是移民"到"我是居民"深刻转变。五要抓好基层党建这个关键。配齐配强移民村党组织力量，认真落实基层治理"1+6"政策措施，健全扫黑除恶、"三化"治理、矛盾纠纷排查化解长效机制，不断增强基层党组织的凝聚力和战斗力。

三是要突出"四项收入"，用力抓好居民收入提升行动。收入是民生之源。要坚持补短板、强弱项，千方百计增加城乡居民收入，提升群众的获得感、幸福感。一要全力增加经营性收入。重点抓好3项措施：一是把产业作为群众增收的重要支撑，一方面要做好产业发展规划，结合实际制定肉牛、蔬菜等特色产业发展规划，引领产业发展；另一方面要优化产业布局，围绕"发展什么、在哪里发展"，进一步优化北部川道区、南部阴湿区、东部丘陵区3个产业片区布局，高效推动产业发展。二是持续引进龙头企业，培育合作社和家庭农场，延伸产业链条，建立紧密型企农利益联结机制，增加群众收入。三是高度重视城乡居民收入监测，全面监测、定期研判、应统尽统，全力以赴稳增收。二要有效增加工资性收入。重点抓好4项措施：一是不断增强产业吸附就业能力，使季节性务工更有保障；二是进一步摸清劳动力底数，支持项目单位多使用本地劳动力，以项目建设促工资性收入增长；三是优化营商环境，培育工商企业，吸收劳动力就地就业；四是加强劳动力技能培训，支持农民创业就业，增强就业带动收入。三要着力增加财产性收入。重点抓好3项措施：一是持续发展壮大村级集体经济，通过分红增加收入。二是着力推进"四权改革"，增加水权

交易收入和土地流转、入股分红、宅基地租赁收入，增加林下经济、林地流转、碳汇交易收入。三是积极开展建设用地跨省交易，在解决有钱办事、提升发展动能中增加群众收入。四要及时保障转移性收入。精准抓好政策落实，及时拨付低保、养老、失业补助等惠民资金，足额兑现特色产业、退耕还林等补贴，及时发放干部职工房补、文明奖等津补贴，让城乡居民增收有保障。

四是要突出优质均衡，用情抓牢基础教育质量提升行动。围绕推进教育更高质量、更加均衡发展，着力解决教育资源"优质不均衡、均衡不优质"问题，实现基础教育百花齐放。一要把准育人方向。落实好党组织领导下的校长负责制，办好思想政治理论课，解决好培养什么人、怎样培养人、为谁培养人这个根本问题。二要加强控辍保学。严格落实义务教育控辍保学"三包三保"和"双线"控辍责任制度，做好动态清零，确保不让一名学生掉队。三要优化学校布局。加快二十小、十一幼等8所学校建设步伐，深化"集团化""城乡共同体"办学，扩大优质教育资源覆盖面。四要提升管理水平。强化"五项管理"和"双减"行动，深化"互联网+教育"示范区建设，实施名师名校长培养计划，培养一大批懂教育、会管理的好校长和优秀骨干教师，切实提升学校管理水平和教育教学质量。

五是要突出补弱提优，用功抓强全民健康水平提升行动。坚持以深化医药卫生体制改革为动力，完善卫生健康服务体系，全方位保障人民健康。一要补齐短板抓防控。始终扛牢疫情防控政治责任、主体责任，有效补齐疫情防控暴露出的各项短板不足，持续健全疫情防控应急管理体系，切实抓好"防、控、治、保"各项措施，落实落细网格化管理，管住重点环节、重点场所、重点领域，确保不发生"输入性病例"。二要紧盯弱项抓提升。全面摸清全区医疗资源现状，精准定位区、乡、村医疗机构职能，切实发挥"互联网+医疗"作用，针对各级医护人员短板弱项精准开展技能培训，提高医疗服务能力，实现小病不出村、大病不出县（区）目标。三要破解难点抓关键。全面摸清全区疑难杂症基本情况，针对不同病种类型，加强同区内外大医院合作，采取购买签约重点科室、优质团队服务等方式，解决好人民群众看大病难、看重病贵的现实问题。

第二，要抓好"三个重点"，优化发展环境，推进高质量发展

一是要抓好产业带动。对标自治区"9个重点产业"、固原市"5+4"产业，立足区情实际和资源禀赋，重点发展肉牛、绿色食品、文化旅游、纺织服装4个重点产业和新材料、新能源、中药材、电子信息4个培育产业，构建"4+4"产业发展格局，走区域化布局、标准化生产、品牌化经营、融合化发展的路子。一要扩规模夯基础。立足区情实际和资源禀赋，科学布局产业基地，在北部清水河谷川道区打造清凉蔬菜产业带，建设蔬菜示范村33个，带动集中连片种植蔬菜10万亩，清凉蔬菜种植面积达到20万亩；在南部阴湿区打造马铃薯产业带，种植马铃薯20万亩；在东部丘陵区打造草畜产业带，发展千头肉牛养殖示范村24个，全区肉牛饲养量达到28万头。二要引龙头延链条。加快推进融侨丰霖、雪川农业等落地企业投产达效的同时，再积极引进一批农产品精深加工企业，不断延长产业链条，彻底改变过去卖原料、卖活牛的低附加值现状。三要创品牌拓市场。发挥龙头企业、专业合作社带动作用，完善科技服务、产品流通和生产组织体系，加大"三品一标"认证，着力培育六盘山牛肉、六盘山冷凉蔬菜、六盘山高品蛋鸡等区域品牌，不断增强特色农产品竞争力，把原州区建设成全国百万头高端肉牛生产加工基地、百万亩高产高品清凉蔬菜和马铃薯基地、绿色食品生产供应基地优势区，真正让好产品卖上好价格。四要建机制稳增收。推广放大普惠金融帮扶"蔡川模式"、姚磨清凉蔬菜"跨镇（村）联营"、蒋河村"小村联盟"等已形成的利益联结机制，探索建立"龙头企业+基地+合作社+农户""党支部+合作社+基地+农户"等利益联结机制，通过订单收购、要素入股、收益分红等，让企业与农户结成利益捆绑发展共同体，切实把农户嵌入产业链条，真正

让老百姓增收在希望的田野上。

二是要抓好项目拉动。项目是经济社会发展的"牛鼻子",是转方式调结构的"动力源"。要树牢"抓发展必须抓经济,抓经济必须抓项目"的理念,抓住重点、保持韧劲、全力推进。一要抓好项目谋划生成。抓好项目建设,首先要提高谋划项目的能力。要聚焦"谋"的重点,紧盯国家政策方向、投资导向、资金投向,围绕重点产业、基础设施、生态环保、民生保障,谋划一批重大项目、重点项目,丰富项目库、增加储备量,确保项目建设能接续、不断档,真正让项目库成为高质量发展的动力库。要提高"谋"的质量,重点算好"三本账":其一是算好政治效果账,看谋划的项目是不是符合中央、自治区要求,是不是符合国家政策,不符合的坚决不谋、不引、不落;其二是算好投入产出账,谋划项目不能简单论体量,更要注重质量,多引进一些投入少、产出高的好项目;其三是算好综合效益账,不仅要看项目产生的经济效益,还要综合考虑带来的生态效益、社会效益,决不能为了经济增长而破坏生态、忽视民生。二要抓好项目落地实施。项目只有落地实施,才能发挥作用、产生效益。要扎实做好前期准备,围绕项目"落得下""摆得好""上得快",深入细致做好项目规划,建立落地建设的时限、问题、责任"三张清单",特别是对已经列入今年重点建设清单的要盯住不放、跟踪落实,把项目从"纸面"落到"地面"、从"签约"变为"履约"。要加快建设进度,坚持项目建设专班推进制度,分层解决影响项目推进过程中的问题,打通项目建设堵点,只争朝夕、争分夺秒,确保计划实施的157个重点项目早实施、早建成、早投产、早收益,做到应开尽开、能开快开、真开实开,抓住"开工之春"、大干"建设之夏"、赢得"收获之秋"。要扩大有效投资,坚持领导带头招商、专业招商"双轨并行",实行一个招商项目明确一名县级领导、一个主管部门、组建一套工作专班的机制,落实"店小二""保姆式"服务,实现全年招商引资到位资金30亿元以上。扎实开展扩大有效投资年行动,锚定月度投资任务量,挂图作战、加快推进,确保完成全年投资目标任务。三要抓好项目要素保障。项目建设,保障先行。各有关部门(单位)要切实增强服务意识、提高服务效率、优化服务质量,集中力量打造优质的营商环境、融资环境、信用环境,积极为项目建设协调解决土地、用能、信贷问题。特别要针对项目审批中的突出问题,敢于担当、开动脑筋,需要自治区、固原市审批的要积极主动对接、争取早日获批,需要相关部门审批的要简化优化流程、提升评审效率,确保项目建设畅通无阻(比如,市委、市政府督导检查组2月7日至8日,对贯彻落实全市扩大有效投资狠抓项目建设动员大会精神,2022年建设项目推进、第一季度固投、"5+4"产业项目推进等情况进行了专项督查。督查通报全市285个计划开工新建项目,部分招投标手续办理滞后,原州区共80个项目40个未办理手续,占比50%;通报新建项目立项审批情况,原州区未办理比例达12.5%,高于全市未办理平均值3.7个百分点,除市直外原州区最高;通报多评合一办理情况,原州区未办理比例达18.8%,高于全市未办理平均值5.1个百分点。这些情况要引起相关部门高度重视,分管县级领导、相关部门要召开专题会议,弄清哪些项目存在问题,研判存在问题的原因,制定针对性保障措施,切实加快整改进度,确保项目进度迎头赶上)。

三是要抓好环境驱动。着力优化美丽宜居的生活环境、公平有序的营商环境、风清气正的政治环境,赋能高质量发展。一要优化生活环境。认真践行"绿水青山就是金山银山"理念,坚决守好改善生态环境的生命线。打好植绿增绿"持久战",开展大规模国土绿化行动,围绕三个生态功能区,打造生态建设示范点3个,打好春秋季义务植树大会战,整村整乡开展绿化行动,重点实施以庭院巷道、主次干道绿化为主的植绿增绿工程,完成营造林16万亩,森林覆盖率达26%。实施雁岭公园"疏林增色"提升暨市民休闲健身步道工程,使原州山川有色彩、居民休闲有去处、城市生活有品位。打好干净整洁"攻坚战",严格落实河湖长制,统筹推进"四尘同治""五水共治""六废联治",实施以河道沟渠净化为主的碧水长流工程,用力推进清水河流域水环境综合整治、河湖"四乱"整治、饮用水源地保护专项行动。巩固全国村庄清洁行动先进县成果,纵深推进农村人居环境整治五年提升行动,探索建立农村环境保洁长效机制,抓好"三治一改",川区建好院内院外"两小园",山区种好房前屋后10棵树,美化村子、院子、屋子"靓里子",实现原州全域从里到外形象重塑、乡村面貌焕然一新。打好美丽宜居"主动战",加快推进7个乡镇镇区控制性详细规划和96个"多规合一"实用性村庄规划编制,结合产业布局、乡村治理、环境整治,在自然条件、产业基础、资源禀赋、文化传承、乡村记忆等特色鲜明的村庄,发展田园综合体、文旅综合体和农业特色小镇等,打造美丽村庄30个,真正让乡村成为望得见青山、看得见碧水、能勾起乡愁的向往之地。二要优化营商环境。围绕市场主体面临的痛点、难点、堵点,我区已全面梳理明确了9个方面19项持续优化营商环境措施任务,各相关部门、各乡镇(街道)要紧紧盯住,一项一项抓好落实。深化"放管服"改革。以超常规力度抓好商事制度、项目审批等改革,最大限度减环节、优流程、压时限、提实效,年内企业开办时间压缩至1个工作日以内。要全面推行"一窗全办、一网通办、容缺先办、集成服务"审批服务模式,持续提升"我的宁夏"App应用水平,年底前用户数量占常住人口比例达到70%以上。加强政策宣传解读。有关部门要积极主动下沉,摸清企业需求,开展集中性政策宣传,有针对性地帮助企业学政策、用政策、享政策。支持民营企业发展。深入落实支持民营企业健康发展若干意见,全面清理各类差别化、歧视性规定和做法,加快构建有温度的亲清政商关系,对人为设障、吃拿卡要等影响营商环境行为,发现一起、处理一起、绝不手软,切实保护企业合法权益,提高民营经济发展活力。三要优化政治环境。努力营造风清气正、崇廉尚实、干事创业、遵纪守法的良好政治生态,持之以恒转作风正行风。强化政治监督。坚决落实全面从严治党"两个责任",充分发挥政治巡察"利剑"作用和派驻机构"探头"作用,精准运用监督执纪"四种形态",全面加强对重点领域、重要部门、关键岗位的党员干部特别是"一把手"监督,坚决整治群众身边的微腐败,一体推进不敢腐、不能腐、不想腐。强化问题整改。坚持问题导向,把各级巡视巡察反馈问题整改作为政治要求,举一反三、主动认领,深入剖析问题根源,深刻反思找准症结,建立问题、责任、落实"三个清单",对标对表抓好整改,把问题整改成果转化为推动各项事业高质量发展的实际效果。强化专项治理。持续开展工程建设政府采购、涉粮问题等重点领域专项治理,针对庸懒散拖、隐形变异的寻租设租等问题,以刮骨疗毒、壮士断腕的勇气,坚决纠治各种老问题和新表现,严肃查处不担当、不作为、慢作为、乱作为等问题,推动形成正气充盈、心齐劲足的干事创业环境。

第三,要夯实"四个基础",汇聚干事合力,保障高质量发展

一是要夯实改革开放基础。习近平总书记指出,改革开放是决定当代中国命运的关键一招。唯有坚定不移深化改革、扩大开放,才能奋力开创发展的新境界。深化重点领域改革。围绕完善先行区建设、健全实施"四大提升行动"制度机制等8个方面,今年我们初步确定了60项重点改革任务,各改革专项小组、相关部门(单位)一定要不折不扣抓好贯彻落实,特别要抓好第二轮土地承包到期后再延包30年试点、全国农业社会化服务创新试点县(区)创建等改革试点任务。狠抓"四权"改革。用水权改革要按照"全面深化、巩固提升"的要求,重点加强用水管控、水费收缴等工作,多部门联动严查涉水违法行为,推动各项制度性改革成果成熟稳定;土地权改革要按照"一年有突破、两年见成效、五年成系统"的要求,重点解决农村宅基地确权颁证中存在的历史遗留问题,稳妥推进农村集体经营性建设用地入市交易,积极开展土地指标跨省交易,力争整理土地3000亩,实现交易额9亿元;排污权改革要按照实现污染因子、市场区域、行业类型交易"三个全覆盖"要求,重点抓好简化登记管理

企业确权，指导督促重点排污企业进行环保设施建设和技术改造，加大污染排放监管力度，进一步促进降污减排；山林权改革要按照"植绿增绿"要求，重点在见缝插绿、"以地换林""以林养林"等方面再突破、见成效，全面完成林权类和草原类不动产确权登记，鼓励发展林下种养项目，达到以林养林、植绿增效目的。强化开放合作意识。主动融入"一带一路"和宁夏内陆开放型经济试验区建设，全面加强东西部协作对口帮扶城市的合作交流，引进更多的产业、项目、资金、人才，促进各类生产要素在区域内优化配置、合理流动，带动纺织服装、食品加工、电子信息等产业快速发展。

二是要夯实民族团结基础。原州区民族团结、宗教和顺的局面持续巩固，把铸牢中华民族共同体意识作为新时代党的民族工作的"纲"，持续深入开展"传承党的百年光辉史基因、铸牢中华民族共同体意识"教育，抓紧抓实民族宗教各项工作。强化思想政治引领。以宣传贯彻习近平总书记关于加强和改进民族工作的重要思想为首要任务，扎实开展马克思主义五观"百场万人"大宣讲和"民族团结月""脱贫小康感党恩、振兴共富跟党走"教育实践等活动，进一步强化社会主义核心价值观引领，引导社会各界坚决拥护共产党，始终与党同心同向、同心同行。持续加强示范创建。持续巩固"全国民族团结进步示范县（区）"创建成果，广泛开展国家和自治区级民族团结进步示范创建，争创铸牢中华民族共同体意识示范区，推动新时代民族工作高质量发展。

三是要夯实基层治理基础。基层安定有序，人民才能安居乐业。一要夯实"基础线"，全面推进6项基层专项治理，着力加强乡村和社区治理，充分发挥各类村级组织作用，推行"街道吹哨、部门报到"工作机制，做细做实网格化管理，扎实开展违法建筑、门头牌匾、非法广告、流动摊点等整治。深化综合执法改革，建立健全市、区两级城管执法联动机制，形成"共建共享共抓"城市管理新格局。巩固提升自治区文明城市创建成果，争创全国文明城市。二要筑牢"稳定线"，坚持和发展新时代"枫桥经验"，深入开展矛盾纠纷排查化解"百日攻坚"行动，严格落实县级领导包案制度，切实做到信访案件发现得早、化解得了、处置得好。深入推进平安原州建设，持续深化扫黑除恶专项斗争，巩固深化政法队伍教育整顿成果，扎实开展社会治安重点行业领域专项整治，加快推进立体化、智能化社会治安防控体系建设，严厉打击各类刑事犯罪、电信诈骗等违法犯罪活动，构建常治长效机制。三要坚守"安全线"，坚持总体国家安全观，坚决守好维护政治安全的生命线，落实党委（党组）国家安全责任制，制定维护全区政治安全工作落实方案，实施"十大专项行动"，实施意识形态安全托底工程，防范化解政治安全领域和金融领域重大风险；要进一步完善公共安全隐患排查和防控机制，持续强化气象灾害、道路交通、危化品、食药品等重点领域安全监管，健全公共应急管理体系，提高应急能力水平。

四是要夯实基层党建基础。事业发展，关键在党、关键在人。要全面贯彻新时代党的建设总要求，以党建高质量发展引领保障经济社会高质量发展。一要抓思想固根本。持之以恒强化理论武装，落实"第一议题"制度，坚持用习近平新时代中国特色社会主义思想武装头脑、指导实践、推动工作，持续推进习近平新时代中国特色社会主义思想、习近平总书记视察宁夏重要讲话和重要指示批示精神入脑入心、走深走实，真正学出忠诚、学出担当、学出本领、学出干劲，忠诚捍卫"两个确立"、坚决做到"两个维护"，始终在思想上政治上行动上同以习近平同志为核心的党中央保持高度一致，不折不扣把党中央和自治区、固原市党委的各项决策部署贯彻到位、执行到家、落实到底。二要抓基层强堡垒。持续深化"抓乡促村、整乡推进、整县提升"示范县（区）创建行动，年底前创建党建示范村120个、示范乡镇9个，成功创建"一抓两整"示范区。扎实推进"六项行动"，落实"三会一课"、主题党日、谈心谈话、民主评议党员等基本制度，深化拓展流动党员教育管理"12311"模式，推动各领域党建全面进步、全面过硬。三要抓班子带队伍。认真贯彻习近平总书记"四个特别"要求，强化重品德、重才干、重担当、重实绩、重公认的鲜明用人导向，坚持以事择人、人岗相适，通过"月观摩、季评比、半年小结、年终考核"等机制，在工作一线识别干部、使用干部，不断把德才兼备，有能力、人品好、想干事、会干事、能干事、干成事的优秀干部充实到各级领导班子。深入实施"两个带头人"工程，强化村党组织书记教育培训，新培育致富带头人300名，"二合一"带头人占比达到70%以上。配强用好驻村干部，落实落细"四大职责"，规范"五档"管理台账，推进乡村振兴各项政策措施贯彻到位、落实到位。四要抓村集体经济强保障。持续深化农村集体产权改革，健全集体资产管理运营机制，规范农村"三资"管理。争取奖补资金3500万元，推广蒋河村、中河村"小村联盟"模式，重点支持35个村发展壮大村集体经济，培育年收入20万元以上示范村60个、100万元以上经济强村3个，所有村集体经济收益达到5万元以上。五要抓民主聚合力。充分发挥区委总揽全局、协调各方的领导核心作用，支持和保证人大及其常委会依法行使职权，注重发挥人民政协政治协商、民主监督、参政议政职能作用。贯彻落实中共中央《关于新时代坚持和完善人民代表大会制度、加强和改进人大工作的意见》、中共中央办公厅《关于加强和改进新时代市县政协工作的意见》，制定我区实施方案，适时召开区委人大、政协工作会议。始终坚持党管武装，推进国防后备力量建设和双拥共建工作。巩固和发展最广泛的爱国统一战线，不断深化大统战工作格局，进一步健全群团工作体系，充分发挥工青妇、科协、残联、文联等人民团体和各类社会组织的桥梁纽带作用，汇聚各方力量，画好干事创业的"同心圆"。

三、只争朝夕、真抓实干，在狠抓落实中彰显原州作为

目标已经明确、任务已经明晰，关键要把"三个责任清单"作为全年工作的"纲"，管一年、管到底，引领各项事业高质量发展。全区各级党组织和广大党员干部要树立"不落实是政治问题，抓落实是政治要求"的意识，大力践行和弘扬"社会主义是干出来的"伟大号召，拿出"开局就是决战、起步就是冲刺"的状态，迅速收心归位，立刻行动起来，保持"牛"劲不减、再添"虎"劲，把实干的战鼓擂得更响、把落实的旗帜扬得更高，对这次全会确定的目标任务和责任清单逐级分工、逐项分解，细化量化到每一个阶段、每一个环节、每一个人头，确保各项工作有人抓、有人干、见实效。

一要以踏石留印、抓铁有痕的韧劲抓落实。习近平总书记指出：抓而不实等于白抓。要大力发扬钉钉子精神，一锤接着一锤敲，一个钉子接着一个钉子钉，保持力度、久久为功，善始善终、善作善成。要拿出真抓的实劲、严管的狠劲、常督的韧劲，过了一山再登一峰，跨过一沟再越一壑，咬住不放、勇往直前，一抓到底、一着不让，不达目的不罢休。要落实项目化管理、清单化推进、常态化督导机制，一项一项攻坚、一个一个突破，锲而不舍、坚持不懈，确保区委部署的事情件件有着落、事事有回音。要坚决力戒形式主义、官僚主义，防止和克服抓而不紧、落而不实的问题，杜绝说起来头头是道、干起来轻轻飘飘的现象，切实让坐而论道、评头论足的"君子"做派没有市场。

二要以担当作为、攻坚克难的狠劲抓落实。幸福不会从天而降，梦想不会自动成真。要坚持以实干为导向、以实绩论英雄，不图虚名、不务虚功，扑下身子、撸起袖子，埋头苦干、真抓实干，干出实绩让群众检验。要悟透以人民为中心的发展思想，始终把人民利益放在最高位置，坚决防止简单化、乱作为，尽力而为、量力而行，尽最大努力解决群众急难愁盼问题。要敢于直面问题，善于解决问题，志不求易、事不避难，不惧怕挑战、不推卸责任，矛盾面前不绕道、问题面前不回避、困难面前不退缩，不搞花拳绣腿、不做表面文章，真正走进基层、走进一线、走进矛盾，面对面做工作、实打实解难题。

三要以善做善为、雷厉风行的拼劲抓落实。抓落实既彰显领导干部的思想作风，也检验其能力素质。要坚持系统思维、注重把握规律，把目光聚焦在重点对象上，把力量凝聚在重点任务上，把精力倾注在关键环节上，做到打鼓打到重心处、工作抓到要害上，善于抓主要矛盾和矛盾的主要方面，敢于在关键问题上求突破、在短板问题上打局面，抓重点、攻难点、出亮点。要树牢"马上就办、办就办好"的理念，大力推行任务布置马上落实、工作部署马上行动、工作完成马上反馈"三个马上"，对区委部署的任务马上办、决定的事情立即干，不争论、不犹豫、不松劲，列出任务清单、明确责任要求、限定时间进度，高效率、高质量办理。要发挥"头雁效应"，各级党政组织主要负责同志要以身作则、率先垂范、勇挑重担，教方法、管过程、督进度、见成效，以"关键少数"带动"绝大多数"，切实以干部的"实干指数"和"辛苦指数"换取原州的"发展指数"和群众的"幸福指数"。

四是以严明纪律、严守规矩的刚劲抓落实。没有规矩不成方圆。领导干部必须要有纪律规矩意识，该请示的要请示、该报告的要报告，对经济社会发展的全局性问题和贯彻落实中的重大问题，必须及时如实向区委请示报告，确保上下信息畅通、协同高效。要紧盯纪律执行、制度建设、干部作风等薄弱环节，健全长效机制，严肃纪律规矩，坚决纠治不敬畏、不在乎、不担当、不作为等作风顽疾，坚决整治打折扣、搞变通，有令不行、有禁不止等突出问题，坚决查处自作主张、破规逾矩甚至违法乱纪的典型问题，以严明的纪律、严格的管理、严肃的问责、严实的作风，推动党中央和自治区、固原市党委以及原州区党委的各项决策部署落地见效。

同志们，大道至简，实干为要。新时代引领新征程，新征程更需新作为。新班子要有新班子的样子，更要有新班子的精气神。让我们更加紧密地团结在以习近平同志为核心的党中央周围，一条心、一个调、一股劲，努力干出发展加速度、群众满意度、事业新高度，以优异成绩迎接党的二十大和自治区第十三次党代会胜利召开！

感恩奋进　真抓实干
深入贯彻落实自治区第十三次党代会精神 奋力谱写全面建设社会主义现代化美丽新宁夏原州新篇章

——在中共固原市原州区委四届三次全会第一次全体会议上的讲话
（2022年8月19日）

固原市委常委、原州区委书记　何永吉

同志们：

这次全会的主要任务是：坚决学习贯彻习近平总书记视察宁夏重要讲话和重要指示批示精神，深入贯彻落实自治区第十三次党代会和市委五届五次全会精神，审议《以产业振兴引领乡村振兴样板区建设》《原州区"进一步解放思想、吃透区情、找准定位、创新发展大讨论"活动》《改革创新赋能计划》《五年项目倍增计划》和《创建铸牢中华民族共同体意识示范区》"五个实施方案"，动员全区广大干部牢记领袖嘱托，坚决扛起时代使命，进一步解放思想、真抓实干，大抓发展、抓大发展、抓高质量发展，实现"跨越式赶超"，奋力谱写全面建设社会主义现代化美丽新宁夏原州新篇章。

下面，我受区委常委会委托，讲六个方面意见。

一、深刻认识自治区第十三次党代会的重大意义，凝聚"跨越式赶超"的强大合力

自治区第十三次党代会是在全区上下喜迎党的二十大，宁夏与全国同步全面建成小康社会、满怀豪情踏上全面建设社会主义现代化新征程的关键时期召开的一次十分重要的大会，梁言顺同志所作的报告发出了"全面建设社会主义现代化美丽新宁夏"的总动员令，是指导全区未来5年工作的重要文件。党代会有三个显著特点。

自治区党代会是一次高举旗帜、维护核心的大会。大会高举中国特色社会主义伟大旗帜，坚持以习近平新时代中国特色社会主义思想为指导，自觉把总书记视察宁夏重要讲话和重要指示批示精神作为一条主线，贯穿党代会始终。旗帜鲜明讲政治、讲忠诚是党代会的主旋律，"总书记怎么说、我们就怎么做"是党代会的主基调，充分彰显了自治区党委坚定捍卫"两个确立"、做到"两个维护"的政治决心，必将引领全区人民沿着总书记指引的方向勇毅前行。

自治区党代会是一次顺应期待、为民谋利的大会。大会始终坚持以人民为中心的发展思想，既广泛汇集广大人民群众的意见建议，又积极回应全区人民对美好生活的新期盼，提出了一系列有温度的举措、暖民心的行动，饱含着强烈的为民情怀，必将汇聚起全面建设社会主义现代化美丽新宁夏的磅礴伟力。

自治区党代会是一次继往开来、绘就蓝图的大会。党代会聚焦总书记为宁夏擘画的宏伟蓝图、赋予宁夏建设先行区的时代使命,全面总结过去5年取得的重大成就,概括形成"95565"区情特点,统筹发展和安全,对"三区建设""四新任务""五大战略"和"九项重点工作"进行全面部署,科学描绘了社会主义现代化美丽新宁夏的宏伟蓝图,必将激励全区上下为美好生活而不懈奋斗。

习近平总书记强调:"学习要锲而不舍、持之以恒。"我们要继续扎实开展习近平总书记视察宁夏重要讲话和重要指示批示精神"大学习、大讨论、大宣传、大实践"活动,结合党的二十大精神学习宣传贯彻,以上率下、统筹推进、分类实施。一要以大学习把稳思想之舵。创新"学"的新视角。从历史与现实、国际与国内、理论与实际的宽广视角来理解和把握,切实做到学深悟透、学以致知、学以力行。下足"悟"的真功夫。坚持把勤学与善思统一起来,完整准确全面把握核心要义和精神实质,不断提高工作原则性、系统性、预见性和创造性。二要以大讨论厚植信心之基。区委计划从今天开始到9月18日结束,用1个月时间,通过看思想解放、比理念转作风,看资源禀赋、比优劣明形势,看思路谋划、比举措促落实,看担当作为、比创新谋发展"四看四比",在全区掀起一个解放思想、更新观念的热潮,以思想的大解放、区情的再认识、思路的再明确,引领全区大抓发展、抓大发展、抓高质量发展,努力实现"跨越式赶超"。三要以大宣传凝聚团结之力。把握宣讲重点,把总书记视察宁夏重要讲话和重要指示批示精神以及自治区第十三次党代会和市委五届五次全会精神的重点、亮点、创新点讲清楚讲明白,让广大党员干部群众听得懂、愿意听、记得住。要突出宣传要点,坚持外宣树形象,内宣鼓干劲,把原州干部群众落实党代会精神的典型示范和好经验、好做法展示出去,提升形象、提高知名度和吸引力;选出谋发展、抓落实的先进典型,用身边的人、身边的事感化教育人,凝聚真抓实干的强大合力。四要以大实践彰显实干之效。根据党代会报告分工落实方案、市委实施意见部署要求,制定"五个方案"的目标任务、落实措施、牵头领导、责任单位、时限要求

"五定责任清单",实干实干再实干、落实落实再落实,用改革发展的现实成果检验坚定捍卫"两个确立"、做到"两个维护"的实际成效。

二、找准原州发展定位,开创"跨越式赶超"新局面

自治区党代会科学分析宁夏区情实际,准确定位宁夏处于工业化中期提升、信息化起飞提速、城镇化集约提质、农业现代化增效提档、治理现代化扩域提能的"五个阶段",立足"欠发达地区、滞后于全国平均水平"的历史方位,提出大抓发展、抓大发展、抓高质量发展的发展方位。市委贯彻落实自治区党代会精神,坚决扛起自治区党委赋予的建设宁夏副中心城市、生态文旅特色市的历史使命,坚持"红色固原、绿色发展"的战略定位,明确建设宁夏副中心城市的区域定位和生态文旅特色市的特色定位,提出大抓发展、抓大发展、抓高质量发展,努力实现"赶超式"发展的发展定位。区委牢记总书记嘱托,贯彻落实自治区党代会和市委五届五次全会精神,坚决扛起市辖区使命责任,把握原州经济发展:领先于全市、落后于全区川区县的历史方位,提出大抓发展、抓大发展、抓高质量发展,奋力实现"跨越式赶超"的发展定位。之所以作出这样的判断,主要有三个理由。

第一,实现"跨越式赶超"发展是贯彻落实党代会精神的必然选择。总书记2016年7月视察宁夏时要求广大干部群众紧密团结,进一步解放思想、进一步真抓实干、进一步奋力追赶。梁言顺同志到宁夏工作后多次讲:"三十年河东、三十年河西,现在落后不意味着永远落后,现在欠发达并不代表着永远欠发达,只要我们紧紧抓住发展这个第一要务,大抓发展、抓大发展、抓高质量发展,就一定能够实现弯道超车、跨越发展。"冼国义同志在市委五届五次全会上讲:"要牢固树立越是欠发达地区越要抓发展理念,用好资源禀赋、发挥比较优势、积极主动作为,大抓发展、抓大发展、抓高质量发展,努力实现赶超式发展。"可以说,大抓发展、抓大发展、抓高质量发展,实现弯道超车、跨越赶超已成为全区上下的一致共

识。我们提出大抓发展、抓大发展、抓高质量发展,努力实现"跨越式赶超",是旗帜鲜明讲政治的具体体现,也是学习贯彻总书记殷殷嘱托,落实党代会和市委五届五次全会精神的战略举措。全区各级党组织要把"跨越式赶超"发展作为主题主线,一切工作向此聚焦,一切措施向此着力,一切资源向此倾斜,努力展现新作为、取得新成效、实现新跨越。

第二,实现"跨越式赶超"发展是全区经济总量进入自治区前十,成为山区九县领跑者,川区先进县并跑者的现实需要。自治区党代会着眼区域协调发展,提出把固原建成宁夏副中心城市和生态文旅特色市,为原州发展提供了难得重大机遇。一是建设宁夏副中心城市是增加经济总量的"加速器"。城镇化水平在30%以前属于初始阶段,30%~70%属于城镇化加速阶段,75%~80%将达到天花板。目前全国的城镇化率是64.7%,宁夏是66%,固原是44.4%,原州是57.8%。从以上数据可以看出,原州的城镇化率还有很大上升空间。据测算,每增加1个城镇人口,可以带动10万~20万的固定资产投资,拉动近2万元的消费支出,城镇化率每提高1个百分点,可以拉动地区生产总值增长3个百分点。根据2011年到2021年人口增长速度测算,到2026年,原州的城镇化率从57.8%增长到67.8%,城镇人口将增加6.5万,拉动固定资产投资增长130亿元以上,每年带动消费增加13亿元,平均每年为原州地区生产总值贡献高达6个百分点以上。因此,建设宁夏副中心城市,必将为原州"跨越式赶超"注入强大动力。二是建设生态文旅特色市为原州发展文旅产业迎来新的春天。自治区党代会提出把固原市建成生态文旅特色市,是基于固原厚重的历史文化、丰富的红色资源、优越的生态环境、良好的气候条件。原州作为市辖区,首先要找准在生态文旅特色市建设中的定位。区委认为,民宿经济是融合农村一、二、三产发展的切入点,是巩固拓展脱贫攻坚成果、实施乡村振兴战略的好产业。原州要把民宿经济作为文旅产业的突破口,着力打造西部重要的民宿经济示范区。北京市门头沟区的民宿经济发展在全国是最快最好的,近期我们到门头沟考察,达成了合作意向,我们要与北京市门头沟区签订民宿经济发展战略合作协议,借力"外脑"帮助我们发展。通过招强(引入中高端品牌企业经营,与知名民宿创意运营营销机构合作)、培优(走精品化、品质化、高端化路线)、造势(创新模式、丰富载体、讲好故事)、塑魂(文化,不争第一求唯一,打造特色、增强吸引力)、联合(扶持与民宿相关联的休闲农业、康养文化、商贸物流等产业,培育"民宿+"融合型经济新业态),打造独具原州特色的乡村振兴新引擎。

第三,实现"跨越式赶超"发展是实现共同富裕的战略举措。共同富裕是社会主义的本质要求,是中国式现代化的重要特征。新中国成立之初,毛主席就提出了我国发展富强的目标,指出:"这个富,是共同的富,这个强,是共同的强,大家都有份。"党的十八大以来,以习近平同志为核心的党中央把握我国阶段性变化,把实现全体人民共同富裕摆在重要位置来抓。经过改革开放40多年的积累,特别是扶贫开发的集中攻坚,我们彻底撕掉了贫困的标签,如期全面建成了小康社会,原州大地已经发生了脱胎换骨式的巨变,为"跨越式赶超"储备了巨大动能。站在新的历史起点上,我们要贯彻落实党代会"实施共同富裕战略"的部署要求,按照市委五届五次全会安排,继续发扬领导苦抓、干部苦帮、群众苦干的"三苦"精神,在做大"蛋糕"的同时分好"蛋糕",不断缩小山川差距、城乡差距、收入差距,不断缩小与全国全区平均水平的差距,朝着共同富裕目标扎实迈进。

为实现"跨越式赶超",今后全区工作的总体要求是:坚持以习近平新时代中国特色社会主义思想为指导,以习近平总书记视察宁夏重要讲话和重要指示批示精神为"纲"和"魂",全面贯彻落实党的二十大、自治区第十三次党代会和市委五届五次全会精神,坚持和加强党的全面领导,坚定不移全面从严治党,坚持稳中求进工作总基调,以黄河流域生态保护和高质量发展先行区建设为牵引,统筹发展和安全,紧扣"三区建设""四新任务""五大战略",

聚焦"红色固原、绿色发展"战略定位，实施产业扩规提质增效、项目五年倍增、改革创新赋能和城市更新行动"四个计划"，大抓发展、抓大发展、抓高质量发展、实现"跨越式赶超"，努力建设高质量发展先行区、乡村全面振兴样板区、铸牢中华民族共同体意识示范区、宁夏副中心城市、生态文旅特色市核心区，奋力谱写全面建设社会主义现代化美丽新宁夏原州新篇章。

努力实现以下奋斗目标：在开创经济繁荣新局面上实现新跨越。经济总量年均增长7.5%以上，人均GDP与全区水平差距进一步缩小，区域创新能力显著提高，新型工业化、信息化、城镇化、农业现代化、治理现代化加快推进，产业结构、用能结构、投资结构明显优化，经济增长的含金量、含新量、含绿量稳步提升。在续写民族团结新篇章上实现新跨越。中华民族共同体意识深入人心，民族关系团结和谐，创成铸牢中华民族共同体意识示范区。在绘就环境优美新画卷上实现新跨越。生态系统协调发展，高标准创成国家森林城市，争创全国文明城市，森林覆盖率达到30%；主要污染物排放控制在国家下达指标内，能耗"双控"实现"双降"，绿色发展的产业结构、能源结构、消费结构加快构建，空气质量优良天数、国控断面水质优良比例稳步提升，生态环境质量保持在全区前列。在创造人民富裕新生活上实现新跨越。"六大提升行动"取得重大进展，城乡居民人均可支配收入增速高于经济增长、高于全区平均增速，5年年均分别增长8%和10%。基层治理体系和治理能力现代化水平不断提高，群众的获得感、幸福感、安全感进一步提升。

上述目标，有的与自治区、固原市保持一致，有的高于自治区和固原市，这是区委经过慎重考量确定的，兼顾了需要和可能，经过努力我们有信心实现。全区上下要坚定信心、下定决心，感恩奋进、真抓实干，"跳起来摘桃子"，确保实现跨越式赶超。

三、聚焦担当使命任务，绘就"跨越式赶超"的蓝图

习近平总书记视察宁夏时赋予宁夏建设黄河流域生态保护和高质量发展先行区的时代使命。自治区党代会提出："坚持以先行区建设为牵引，推动高质量发展实现新突破。"市委五届五次全会对实施产业千亿倍增、项目千亿倍增、改革创新赋能"三个计划"和建设宁夏副中心城市、生态文旅特色市进行了详细部署。原州发展不足，质量效益偏低，产业链条短，根本原因在于产业布局不明晰、资源开发利用不足，创新能力弱、人才短缺、开放程度不高。这既是发展的不足和短板，也是加快发展的潜力所在。我们要牢记总书记嘱托，贯彻落实自治区党代会和市委五届五次全会部署，坚定担当时代使命，完整准确全面贯彻新发展理念，坚持不懈推动高质量发展，努力实施好"四个计划"，夯实"跨越式赶超"的基础。

一是实施产业扩规提质增效计划。自治区党代会围绕实施产业振兴战略，谋划了"六新六特六优"产业。市委五届五次全会提出用5年时间，实现"五特五新五优"产业全产业链产值1300亿元。我们对标落实区市产业规划布局，研究新发展理念引领、挖掘大自然赋予、提炼前辈人留存、总结当代人创造，谋划发展"五特五新五优"产业，制定《以产业振兴引领乡村振兴样板区建设实施方案》，推动建设现代产业体系。到2026年，构建以"3个百亿级，3个50亿级和9个10亿级全产业链产业"为引领的原州产业发展新格局，全产业链总产值达到640亿元以上，经济实力进入全区22个县区前十，经济总量占固原全市50%以上，成为山区9县的领跑者，川区先进县的并跑者。

"五特"产业要在结构调整、完善体系上有新提升。围绕冷凉蔬菜、肉牛、马铃薯、中药材、生态经济"五特"产业，加快构建现代农业产业体系、生产体系、经营体系，着力把原州打造成全国绿色食品生产供应基地。到2026年，实现全产业链产值235亿元。在发展路径上，肉牛产业：要走"千家万户自繁自育，合作社（家庭农场）标准化养殖，龙头企业精深加工，配套建设百万吨饲料加工、百万吨有机肥制造"的路子，稳步推进"八大"体系建设。到2026

年,肉牛饲养量达到40万头,实现全产业链产值115亿元。蔬菜产业:要走"跨村跨镇联营、标准化种植、规模化发展、品牌化营销,不断增加'净菜入超'占比,一、二、三产融合发展"的路子,打响"中国西部冷凉蔬菜之乡"金字招牌,建设全国绿色蔬菜产品生产基地和粤港澳大湾区蔬菜直供基地。到2026年,冷凉蔬菜面积达40万亩,总产量达到140万吨,净菜入超比例超过35%,实现综合产值50亿元以上。马铃薯产业:走"雪川等龙头企业为引领,布局区域化、种植标准化、产品品牌化、发展产业化"的路子,抓好种薯繁育、基地建设和精深加工"三项重点",着力打造全国优质马铃薯种薯繁育、绿色标准化商品薯生产"两大基地"。到2026年,年繁育原原种5000万粒以上,马铃薯种植面积稳定在20万亩,总产量达50万吨,实现综合产值50亿元。中药材产业:走"建基地、深加工、强流通、促创新"的路子。到2026年,中药材面积达10万亩,年加工量达7.5万吨,实现全产业链产值10亿元。生态经济产业:在统筹好山水林田湖草系统治理的基础上,走"种经果林,既卖碳排放权又卖高品质水果"的路子。到2026年,林果种植面积达10万亩,实现全产业链产值10亿元。

"五新"产业要在企业招引、链条延伸上有新进展。持续加大煤炭、岩盐、风、光、土地等资源开发利用力度,培育发展新型材料、清洁能源、服装纺织、电子信息、装备制造"五新"产业。一是立足风能、光能资源优势,加快开发、高效利用,实施抽水蓄能和蓄能电站项目,不断增加清洁能源装机容量。二是延伸40万吨树脂PVC下游产品,谋划50万吨工业盐的新出路。三是培育壮大现代纺纱、织布、植物印染、服装加工等产业链条,打造以经济开发区为核心,帮扶车间为配套补充的"雁阵形"服装纺织产业集群。四是突出清洁能源装备、农业机械制造、火车专用设备等领域,因地制宜发展现代装备制造业。五是承接东南沿海地区产业转移,规划建设闽宁电子信息产业园。到2026年实现"五新"产业产值245亿元,其中新材料达100亿元,清洁能源产业达70亿元,服装纺织达30亿元,电子信息产业实现产值20亿元,装备制造业实现产值25亿元。

"五优"产业在壮大规模、提高效益上有新突破。文化旅游定位,一定要突出原州特色,让人一听就想来原州。全委会前,我们组织一些同志讨论,提出了很多意见建议,其中"避暑胜地、锦绣原州"或者"避暑胜地、丝路重镇",区委认为这两个定位既契合原州实际,又独具原州特色。因为原州地处"高原绿岛"六盘山脚下,气候冷凉、冬无严寒、夏无酷暑,年平均气温6.8℃,年平均降水量300~550毫米,风效指数-400~-200,湿润指数60~65,穿衣指数0.7~1.3,这些都是人体感较为舒适的指标,是全国少有的天然避暑胜地。大家要在随后的讨论中集思广益、各抒己见,力争在本次全委会上把原州的文旅产业形象定位确定下来。文旅产业的目标定位是:以创建国家全域旅游示范区和国家历史文化名城为抓手,把原州建成全国避暑养生基地。具体到"五优"产业,还是要坚持走文旅产业引领现代服务业发展的路子,加快发展文旅、现代物流、健康养老、电子商务、特色餐饮产业。要坚持规划先行,对"五优"产业布局进行优化调整,完善提升文旅"六要素"服务功能,制定出台发展扶持政策,引进培育一批龙头企业,创建国家全域旅游示范区,打造"游在六盘大地,吃住娱购到原州"的综合服务基地。力争到2026年,实现"五优"产业全产业链产值160亿元,把原州打造成全国避暑养生胜地。(其中,现代物流业实现增加值100亿元,文化旅游、电子商务20亿元,特色餐饮、健康养老10亿元)。

二是实施项目争取落地建设计划。项目是加快高质量发展、实现"跨越式赶超"的"助推器"和"动力源"。自治区党代会安排了20个重大项目。市委五届五次全会提出:"力争五年累计完成项目投资1700亿元以上。"区委全委会前,政府制定了《五年项目倍增计划》,下功夫谋划了一个总投资676.45亿元的项目盘子,加上市直部门在原州区实施的项目,未来五年,原州区将落地1000亿元的项目。下一步全区上下要掀起大抓项目、抓大项目、抓高质量项目热潮，把重点放在项目争取落地建设上。第一，要建立项目动态调节机制。盯牢瞄准国家和自治区政策方向、投资导向、资金投向，一方面做好新增项目的纳入，另一方面要及时对接，根据具体情况把中远期项目调整成近期项目，确保谋划的项目能够及时得到上级政策和资金支持。第二，要落实好项目包抓责任。从项目谋划阶段就落实"领导包抓、专班推进、定期督查、定期通报"机制，实现一个项目、一套人马、一抓到底。同时，发改局要把项目招引争取任务分解到各部门单位、各乡镇街道和科级以上领导干部，形成人人谈项目、争项目、引项目、抓项目的浓厚氛围。第三，要抓紧精准对接。各包抓领导要争做项目建设的实干家、真把式，提前进入角色，会同责任部门提早谋划，制作2023年项目本子，主动到国家部委、自治区厅局争政策、跑项目、要资金，确保谋划的项目都能落地建设。第四，要优化营商环境。提供无事不扰、有事必应的"店小二"服务，落实落细各项优惠政策，特别是项目包抓领导要搞好协调服务，各项目单位、所在乡镇街道要主动作为、团结一致、密切配合，严格落实项目实施各个环节的时限要求，千方百计推动重大项目快落地、快建设、快投产。

三是实施改革创新赋能计划。总书记2016年7月视察宁夏时指出："越是欠发达地区，越需要实施创新驱动发展战略。"2020年6月视察时继续强调："要推动改革开放取得新突破，促进各项改革往深里走、往实里落。"党代会报告把实施创新驱动发展战略放在"五大战略"之首，在9项重点任务中分别对打造科技创新高地、改革开放热土进行了部署。党代会后自治区党委在梁言顺同志带领下，第一时间赴广东、福建等改革开放前沿取经学习，充分彰显自治区党委以改革创新为动力，推动高质量发展的决心。冼国义同志也在市委五届五次全会上提出："要蹚出一条欠发达地区依托改革创新实现高质量发展、赶超式发展的新路子。"创新能力弱、专业人才缺、改革举措少、科技投入低是原州"跨越式赶超"的最大瓶颈。我们要牢记总书记嘱托，贯彻落实自治区党代会和市委五届五次全会精神，用好改革"关键之招"，推动开放"必由之路"，驱动创新"第一动力"，敢于创新、勇于改革、大胆实践，切实抓好《改革创新赋能计划》八大工程40项改革任务，建立完善150项体制机制，创新35个亮点工作，以改革创新赋能"跨越式赶超"。一要抓好科技创新。不断深化科研机构与科技型企业合作，发挥好东西部科技合作作用，持续加大科研投入，实施好创新平台搭建、创新主体培育、关键技术攻关、科技成果转化、科技服务体系完善、科技体制机制改革"六项"行动，突出重点、攻克难点、创新亮点，努力培育一批科技型、创新型"专精特新"和"瞪羚"企业，让科技创新助推原州的产业在西部由跟跑向并跑乃至领跑转变。二要持续深化改革。围绕构建资源有价、使用有偿、交易有市、节约有效的市场化机制，扎实推进用水权、土地权、山林权、排污权、用能权、碳排放权"六权"改革。持续深化财政金融、社会事业、农业农村等领域改革，抓好9个国家和自治区级试点，让改革活力不断迸发。三要扩大对外开放。要立足原州、站位全区、着眼全国、放眼全球，以开放的胸怀、开阔的视野、开拓的精神谋发展、抓发展、促发展，善于借梯上楼、借船出海、借力发展，积极融入全国统一大市场。一是要积极融入"一带一路"、黄河流域生态保护和高质量发展、新时代推进西部大开发形成新格局等国家战略，建立对外交流合作机制，与周边地区建立合作关系。二是要落实好闽宁协作和央企帮扶对接协调机制，积极承接福建省产业转移，招引实施项目。

四是实施城市更新行动计划。突出建设宁夏副中心城市，围绕聚产业、聚资源、聚要素、聚人气，全力与市上一道实施"四大工程"，推动城市建设从以物为主向以人为本升级。一要实施"铁公机"提升工程。一是实现高铁梦。争取改造提升中宝铁路，实施甘肃定西经固原到庆阳高铁等项目，加快融入国家高铁网，使原州的农产品及时运出去，把全国的游客拉进来。二是建成连通点。建好高速路、升级等级路，打通"主动脉"、畅通"微循环"，打造市内县城1

小时通勤、区内城市2小时覆盖、周边定点城市3小时通达的"123交通出行圈"。三是增强辐射面。改扩建六盘山机场,优化航线,加密航班,畅联京津冀、互动长三角、链接粤港澳、续航"山海情",打造宁夏与发达省区交流的宁南"桥头堡"。二要实施公共服务能力保障工程。一是提升能力。完善提升现有教育医疗文化养老服务设施,合理布局新增公共服务,着力打造15分钟城市生活圈,使城市公共服务更有温度。二是更新里子。完成26个老旧小区改造提升,对133个已改造的老旧小区实施庭院植绿增色提升工程,使老旧小区的面貌焕然一新。三是丰富内涵。实施以古雁岭公园为重点的33个公园改造提升工程,新建1个湿地公园、4个生态文化园、14个城市公园、50个街头小微公园,新增以环境品质提升、慢行交通、健身康体为主的城市道路绿道54公里,使城市让人民生活更美好。三要实施县域经济壮大工程。把经济发展作为副中心城市建设的根本目标,聚焦发展"五特五新五优"产业,坚持挖潜增效、培优提升,持续落实刺激消费政策和稳岗惠企政策,规划建设特色商业街区,大力培育夜间经济、假日经济、共享经济等新业态,齐心协力打好消费"组合拳",升腾城市"烟火气"。四要实施乡镇功能升级工程。围绕提升农民服务能力,打造彭堡、三营两个中心镇,张易、开城、黄铎堡、寨科4个节点乡镇,加快推进市区服务功能向乡镇延伸,争取建设农产品加工园、农村电商物流园,完善农用物资配备、农产品流通、农业机械保障等方面的服务功能,不断提高农业综合效益,让农民增收在希望的田野上。

四、聚焦建设乡村全面振兴样板区,补齐"跨越式赶超"的短板

自治区党代会聚焦巩固拓展脱贫攻坚成果同乡村振兴有效衔接,提出加快建设乡村全面振兴样板区,从农业强、农村美、农民富三个层面进行安排部署。冼国义同志提出:"打造更高质量、效果更好、成色更足的乡村全面振兴样板市"。我们要贯彻落实自治区党代会和市委五届五次全会部署要求,在巩固拓展脱贫攻坚成果的基础上,有效衔接乡村"五大振兴",绘就六盘山下"富春山居图"。

一是巩固成果"守底"。不折不扣落实习近平总书记"三个转向"要求,坚持"四个不摘",落实"115"包抓机制,重点抓好两个方面。一要守牢底线。继续深入开展全覆盖式遍访农村常住户,穷尽问题抓整改,完善机制防返贫,应纳尽纳、应帮尽帮,坚决守牢不发生规模性返贫底线。二要补齐短板。以居民收入、移民致富、教育质量、健康水平、文明素养、城乡面貌"六大提升行动"为抓手,每年抓几件看得见、摸得着、群众反映强烈的民生实事,切实补齐乡村振兴短板弱项。

二是振兴产业"富民"。一要持续推进农村一、二、三产业融合发展。完善农业"三大体系",延伸五大特色产业链条,肉牛产业要发展牛骨、牛髓、牛皮深加工业,形成吃干榨尽的全产业链闭环;蔬菜产业要加快实施高效节水灌溉工程,2026年高效节水灌溉面积达40万亩,为蔬菜产业提供保障;马铃薯、中药材、生态产业要通过科技赋能,推动特色农业形成研发、种养、加工、营销、文化、生态一体化的现代产业全产业链,提升价值链、完善利益链。二要促进农民就地就近就业。制定落实蔬菜基地、项目工地解决当地劳动力就业支持政策,健全完善当地劳动力就地就业长效机制。大力开展适合农民工就业的技能培训和新职业新业态培训,继续加大飞毛腿技工学校招收"两后生"力度,让更多的孩子能够通过掌握一技之长改变命运。想方设法增加农民财产性收入,促进农民多环节增收,确保达到"两个高于"要求。

三是振兴人才"强农"。一要完善人才库。建立原州籍在外杰出人才信息库,健全完善常态化联系机制,让在外面的原州籍人才在项目引进、信息提供、企业招引等方面发挥应有作用。要抓紧联系对接,邀请一批原州籍在外人士来原考察,争取落地几个项目。二要搭建好平台。健全"人才+平台+产业+服务"机制,开展"政府出资、企业育人"计划试点,搭建各类人才发挥作用的"擂台",落实科研人员待遇以及科技成果转化奖励政策，让科研有平台支撑、有项目支持、有成果成效。三要柔性引人才。树立"不求所有、但求所用"理念，出台高技能人才引进政策，建设人才公寓，与西北农林科技大、福建农林大、宁夏农科院、宁夏大学等建立合作关系，让专家团队根据产业发展需求，定期驻扎原州提供科技服务。逐年加大人才引进投入，2023年投入300万元，随后逐年增加，到2026年达到500万元。四是培训育人才。实施乡村产业振兴"头雁"项目，创新"产业基地+田间学校+专家教授"农村实用人才培养模式，盘活"土专家""田秀才"，让有文化、懂技术、会经营、善管理的新型农民成为乡村振兴的主力军。

四是振兴文化"铸魂"。首先，打好阵地战。要发挥新时代文明实践中心（站、所）作用，深入开展文明素养提升行动，扎实推进"思想政治引领、文明风尚提升、优秀文化传承、文化服务惠农、文化产业富农"五项行动，引领群众革除陈规陋习、树立新风尚。其次，打好宣传战。我们移风易俗的做法得到中央农办肯定，原州区要在8月24日召开的全国乡村治理会议上作交流发言。下一步，我们要出台《原州区推动移风易俗革除陈规陋习助力乡村振兴暂行办法（试行）》，大量选树"零彩礼""低彩礼"典型并大张旗鼓宣传，让文明婚嫁在原州蔚然成风。最后，打好攻坚战。采取"四包一"（1名包村乡镇领导+1名驻村干部+1名村干部+若干村民小组长包抓一个行政村）的方式，挨家挨户开展"敲门行动"，面对面宣传，使高额彩礼、大操大办现象得到有效遏制。

五是振兴生态"塑形"。一要扎实推进乡村建设行动。以屋里屋外、院里院外、村里村外"三里三外"干净整洁为目标，川区村建好院内院外"两小园"，山区村种好房前屋后"10棵树"，完善落实乡村保洁长效机制，整村整乡改善人居环境，使原州的农村环境实现从点上干净到面上清洁的根本性转变。二要提升农村基本公共服务水平。不断改善农村出行、看病、上学、养老条件，让农村成为安居乐业的美丽家园。三要加强农村面源污染防治。加快推进农村改厕，及时解决生活污水垃圾、黑臭水体、农业废弃物、农用地土壤污染等方面的突出问题，不断提升农村环境治理成效。

六是振兴组织"壮骨"。一要建强基层党组织。扎实推进"一抓两整"示范县乡创建，把乡镇建成乡村治理中心、农村服务中心、乡村经济中心，切实加强村级党组织带头人建设，把农村基层党组织建成乡村振兴的领路人，让农村基层党组织成为"活力、善治、文明"乡村的"主心骨"。二要壮大村级集体经济。探索"龙头企业+村集体+农户"等模式，持续发展壮大村级集体经济，力争年底村集体经济年收入100万元以上的村达到5个，50万元以上的村达到20个，同时对遗留问题进行大起底大排查大整改，推动村级集体经济健康发展。

五、统筹发展和安全，打牢"跨越式赶超"的基础

国泰民安、社会和谐是社会主义现代化建设的内在要求，也是广大人民群众的共同愿望。自治区党代会全面践行习近平总书记关于总体国家安全观的重要论述，将社会和谐稳定与高质量发展、全面从严治党并列起来安排部署，充分体现了自治区党委统筹发展和安全的坚定政治担当。原州区各类矛盾和问题易发多发。我们要落实党代会"五个进一步"和市委"五场战役"的部署要求，坚持"两点论"和"重点论"辩证统一，聚力"五个强化"，为实现"跨越式转型"汇聚团结力量、营造安全环境、共谱和谐乐章。

一是强化政治安全。一要抓好"十大专项行动"。这是政治大年特殊重要的工作，务必要抓紧抓实。二要抓好经济领域安全，严密防范风险，严肃财经纪律，积极稳妥化解政府债务，依法打击非法金融活动，守牢不发生系统性金融风险底线。

二是强化法治建设。重点抓好两项工作。一要依法行政，统筹推进严格执法、公正司法、全民守法，落实好行政执法"三项制度"，抓紧整改全国法治政府建设督察反馈问题。二要宣传引导，抓好"八五"法治宣传教育，推动形成办事依法、遇事找法解决问题用法、化解矛盾靠法的良好法治环境。

三是强化民族团结。一要抓创建。积极构建"5585"创建模式,逐年制定具体目标任务,细化工作措施,落实工作责任,确保 2025 年成功创建铸牢中华民族共同体意识示范区。二要抓教育。深入开展感恩、认同、法治"三项教育",实施党员干部培元固本、青少年学生夯基育苗、各民族群众凝心聚魂、社科理论正本清源"四大工程"。三要抓管理。全力维护民族团结宗教和顺的大好局面。

四是强化社会治理。一要抓好矛盾纠纷排查化解。健全社会矛盾纠纷排查化解机制,近期再开展一次矛盾纠纷排查化解攻坚行动,把剩下的重点信访积案全部化解掉,把新增的矛盾纠纷遏制住。二要抓好安全生产。在全区开展安全生产隐患大排查大整治"百日攻坚"行动,全面落实"一竿子插到底"的督查检查机制,以"睁眼睡觉"的警觉确保人民安居乐业,坚决守好一方平安。三要抓好平安保障。常态化开展扫黑除恶斗争,巩固政法队伍教育整顿成果,依法严厉打击非法集资、"黄赌毒""食药环""盗抢骗"等违法犯罪,加大对电信网络诈骗等违法犯罪打击治理力度,严格落实命案防控问责机制,努力营造安全稳定的社会环境。

五是强化疫情防控。一要思想上再重视。强化抓"第一例"意识、严防"第一例"输入、严控"第一例"扩散,在保通保畅的前提下,严格落实政策要求。二要措施上再落实。坚持人、物、环境同防,落实好重点人群、重点区域、重点环节疫情防控要求。三要谋划上再细致。各工作专班要定期举行演练,做好防疫物资、食品供应等应急物资储备,一旦发生疫情要能够立即保证供应。

六、纵深推进全面从严治党,为"跨越式赶超"提供保障

我们要深入贯彻新时代党的建设总要求和新时代党的组织路线,大力弘扬伟大建党精神,按照自治区党代会和市委五届五次全会的安排部署,抓实党建"铸魂"工程,为"跨越式赶超"提供坚强组织保障。

一要持之以恒加强政治建设。一是要铸牢政治忠诚。坚持以政治建设统领党的全面建设,深刻领会"两个确立"的决定性意义,进一步增强"四个意识"、坚定"四个自信"、做到"两个维护",让忠诚核心、拥戴核心、跟随核心、捍卫核心成为原州最鲜明的政治底色。二是要增强政治能力。不断提高政治判断力、政治领悟力、政治执行力,确保总书记号令、党中央政令在原州畅通无阻、落地见效。三是要严守政治纪律。严格执行党章党规,严肃党内政治生活,始终牢记"五个必须",坚决防止"七个有之",严格执行民主集中制、重大事项请示报告等制度,坚决维护以习近平同志为核心的党中央,使原州各项事业始终沿着正确的方向前进。

二要持之以恒深化思想建设。坚持把学习贯彻习近平新时代中国特色社会主义思想作为首要的长期政治任务。一是要建立制度学。全面落实"第一议题"制度,始终怀着崇敬之情、感恩之心,及时学习党的创新理论。二是要融会贯通学。把学习宣传贯彻党的二十大精神与学习贯彻《习近平谈治国理政》和自治区第十三次党代会、市委五届五次全会精神结合起来学习领悟,不断提升理论素养。三是要联系实际学。把学理论找到的"答案"变成推动高质量发展、实现"跨越式赶超"的"答卷"。

三要持之以恒推动组织建设。一是全面抓。树立大抓基层的鲜明导向,统筹抓好各级各领域党的建设,实施基层党组织建设提质增效工程,使每个基层党组织都成为党旗高高飘扬的坚强战斗堡垒。二是重点整。常态化整顿软弱涣散基层党组织,抓好"1165"(1 村 1 套方案、1 张清单、"6 包 1"抓整顿、"摸、谈、教、激、惩"5 步骤抓党员教育)工作法,全面提高基层组织和基层政权建设水平。三是强队伍。健全完善发展党员工作机制,加强党员教育管理,引导广大党员在"跨越式赶超"中当先锋、打头阵。

四要持之以恒抓好干部人才队伍建设。一是深化选人用人制度改革。探索实施"领导干部专业化"改革,通过定向培养、公开招考、面向社会选聘等方式引进专业化领导干部，不断提高领导干部推动高质量发展能力。健全完善客观公平公正的选人用人机制，树立正确的选人用人导向，着力把想干事、能干事、干成事、不出事的干部用到关键岗位上。二是建立挂职锻炼机制。建立新提拔副科级领导干部到信访部门、乡村振兴局为期半年的挂职锻炼制度，不断提高新任职领导干部工作能力。三是建立公开承诺制。建立部门（单位）、乡镇（街道）党政"一把手"接受公开问政、表态承诺制度，倒逼领导干部落实发展责任。

五要持之以恒推进反腐败斗争。首先，要高压反腐。坚持有案必查、有腐必惩，以工程建设、政府采购、卫生健康、国有产权、土地矿业权交易、粮食购销以及统计等重点领域专项治理，违规收送红包礼金和不当收益及违规借转贷或高额放贷专项整治为契机，坚决整治群众身边腐败和不正之风，巩固拓展反腐败斗争压倒性胜利，一体推进不敢腐、不能腐、不想腐。其次，要加强管理。精准用好监督执纪"四种形态"，加强对权力运行的制约和监督，重点加强对"一把手"和领导班子的监督，应用好谈话提醒等方式，加强对年轻干部教育管理监督，用制度管出好干部。最后，要强化教育。持续加强新时代廉洁文化建设，扎实开展廉政警示教育，努力营造海晏河清的政治生态。

各位委员、同志们！新的使命催人奋进，新的征程任重道远。我们要深入学习贯彻习近平总书记视察宁夏重要讲话和重要指示批示精神，坚定信心、奋发有为，负重拼搏、锐意进取，大力弘扬"社会主义是干出来的"实干精神，把会上定的、文件上写的不折不扣落实落地，积小胜为大胜、积小好为大好，奋力谱写全面建设社会主义现代化美丽新宁夏原州新篇章！

真抓实干 团结奋斗
深入学习宣传贯彻落实党的二十大精神
奋力开创现代化原州建设新局面

——在中共固原市原州区委四届四次全会第一次全体会议上的讲话
（2022年11月8日）

固原市委常委、原州区委书记 何永吉

同志们：

这次全会的任务是：深入学习贯彻党的二十大精神，认真贯彻落实党中央决策部署，按照自治区十三届二次全会和市委五届六次全会统一安排，对党的二十大精神是什么、干什么、怎么干进行再学习、再部署、再推进，审议《区委关于学习宣传贯彻党的二十大精神的实施方案》，动员全区各级党组织和广大党员干部进一步统一思想，全面学习、全面把握、全面落实，迅速掀起学习宣传贯彻党的二十大精神热潮，奋力开创现代化原州建设新局面。

下面，我就全区深入学习宣传贯彻党的二十大精神讲四点意见。

一、充分认识党的二十大的重大意义

党的二十大是在全党全国各族人民迈上全面建设社会主义现代化国家新征程、向第二个百年奋斗目标进军的关键时刻召开的一次十分重要的大会，是一次高举旗帜、凝聚力量、团结奋进的大会，在党和国家事业发展进程中具有划时代的里程碑意义。主要从以下四个方面理解和把握。

一要深刻理解和领悟党的二十大的重大政治意义。党的二十大进一步指明了党和国家事业的前进方向，是承前启后、继往开来、不断夺取中国特色社会主义新胜利的政治宣言和行动纲领。大会选举产生了新一届中央委员会和中央纪律检查委员会。党的二十届一中全会选举产生了以习近平同志为核心的新一届中央领导集体。习近平同志再次全票当选中央委员会总书记，这是9600多万党员的共同意志，是14亿多中国人民的共同心声，充分彰显了"两个确立"的决定性意义和历史必然，必将使全党全国各族人民团结成"一块坚硬的钢铁"，形成"一心向红日、紧跟领路人"的磅礴力量。

二要深刻理解党的二十大的重大战略意义。大会主题开宗明义宣示了我们党在新征程上举什么旗、走什么路、以什么样的精神状态、朝着什么样的目标继续前进的重大问题，是统摄大会的"灵魂"。举什么旗，就是高举中国特色社会主义伟大旗帜，坚持以习近平新时代中国特色社会主义思想为指导，确保党和国家事业始终沿着正确方向前进。走什么路，就是坚定不移走中国特色社会主义道路，全心全意走好"五个必由之路"，把中国发展进步的命运牢牢掌握在自己手中。以什么样的精神状态，就是弘扬伟大建党精神，牢记"三个务必"，自信自强、守正创新,踔厉奋发、勇毅前行。实现什么奋斗目标,就是沿着总书记指引的中国式现代化方向,为实现全面建设社会主义现代化国家、全面推进中华民族伟大复兴而团结奋斗。这个主题充分彰显了新时代我们党道不变、志不改的决心定力,必将团结和激励全国各族人民为夺取中国特色社会主义新胜利而不懈奋斗。

三要深刻理解和领悟党的二十大的重大理论意义。大会作出了一系列原创性的重大理论概括,进行了一系列突破性的重大理论创新,取得了一系列开创性的重大理论成果。体现了习近平新时代中国特色社会主义思想的新发展,凝结着中华优秀传统文化的深厚底蕴和我国国家治理的独创经验,蕴藏着新时代"领航中国"的强大力量,必将引领全党全国各族人民踔厉奋发、笃行不息、勇毅前行。

四要深刻理解和领悟党的二十大的重大历史意义。大会既深刻总结了中国式现代化的宝贵经验,又科学确定了全面建设中国式现代化的任务书、时间表、路线图,不仅擘画了未来5年的宏伟蓝图,还承载到2035年基本实现现代化和到2050年全面建成社会主义现代化强国的战略谋划,引领第二个百年奋斗目标,为党和国家事业标定了新的历史方位、树起了新的时代坐标。必将极大地鼓舞和动员全党全国各族人民坚定信心、接续奋斗。

全区各级党组织和党员干部要全面学习和领悟党的二十大重大而深远的意义,更加自觉地把坚定捍卫"两个确立"、做到"两个维护"融入血脉、注入灵魂,增强"四个意识"、坚定"四个自信",牢记初心使命,牢记江山就是人民、人民就是江山,牢记"国之大者",切实把党的二十大精神转化为真抓实干、团结奋斗的强大动力,使原州的跨越式赶超实践有先导、行动有指南。

二、牢牢把握党的二十大的丰富内涵和精神实质

党的二十大精神集中体现在习近平总书记所作的政治报告中。报告集政治高度、变革深度、发展力度、民生温度于一体,为我们指明了前进方向,注入了不竭动力。我们要深入学习领会,把握精髓要义,真正学懂弄通悟透,让党的二十大精神在原州大地落地生根、开花结果。

一要牢牢把握过去5年工作和新时代10年伟大变革的重大意义。过去5年和新时代10年极不寻常、极不平凡。习近平总书记以巨大的政治勇气和强烈的使命担当,采取一系列战略性举措,推进一系列变革性实践,攻克了许多长期没有解决的难题,办成了许多事关长远的大事要事,党和国家事业发生了"当惊世界殊"的历史巨变。新时代十年,原州的经济总量翻了一番多,城乡居民人均可支配收入分别增长1.88倍和2.86倍,森林覆盖率提高了12.25个百分点,"苦瘠甲天下"的原州"换了人间"。原州区发生的脱胎巨变是我国新时代10年伟大变革的生动缩影。新时代党和国家历经千般磨难和挑战,依然取得了历史性成就、发生了历史性变革,充分印证了"万山磅礴必有主峰,船重千钧掌舵一人"的极端重要性。建设现代化原州,我们务必要深刻领悟"两个确立"的决定性意义,让"总书记怎么说、我们就怎么做"成为原州最鲜明的政治底色。

二要牢牢把握习近平新时代中国特色社会主义思想的世界观和方法论。党的十八大以来,我们党以全新的视野深化对共产党执政规律、社会主义建设规律、人类社会发展规律的认识,创立了习近平新时代中国特色社会主义思想。党的十九大、十九届六中全会提出的"十个明确""十四个坚持""十三个方面成就"概括了这一思想的主要内容。党的二十大又系统阐述了新思想"六个必须坚持"的世界观和方法论,为我们感悟这一伟大思想的真理伟力提供了"金钥匙"。建设现代化原州,我们务必要坚持用习近平新时代中国特色社会主义思想武装头脑、指导实践、推动工作,让这一伟大思想在原州大地展现出更加强大的真理力量和实践力量。

三要牢牢把握以中国式现代化全面推进中华民族伟大复兴的使命任务。习近平总书记在报告中鲜明提出新时代新征程中国共产党的使命任务,对什么是中国式现代化、怎样建设中国式现代化作出了科学回答,从11个方面作出战略部署,科学描绘了未来5年党和国家事业发展的新图景。建设现代化原州，我们务必要深刻领会中国式现代化的部署要求，自觉把推进现代化原州建设的"小小齿轮"镶嵌到中国式现代化的"巍巍巨轮"，逐步缩小与全区乃至全国的差距，在全面建设社会主义现代化新征程上跟得上、不掉队。

四是牢牢把握以伟大自我革命引领伟大社会革命的重要要求。报告深入分析新形势下党的建设面临的新情况新问题，从七个方面对坚定不移全面从严治党、深入推进新时代党的建设新的伟大工程作出重大部署。中纪委工作报告和新修订的党章也对全面从严治党提出了新要求。彰显了我们党誓将自我革命进行到底的信心和恒心。建设现代化原州，我们务必要突出"严"的基调，强化"管"的措施，加大"治"的力度，从近年来发生在原州的"四风"问题和腐败案件中吸取教训，把好用权"方向盘"，系好廉洁"安全带"，把各级党组织建设得更加坚强有力。

五要牢牢把握团结奋斗的时代要求。党的二十大报告把团结奋斗提到前所未有的战略高度，深刻指出："团结奋斗是中国人民创造历史伟业的必由之路。"号召全党"为全面建设社会主义现代化国家、全面推进中华民族伟大复兴而团结奋斗"，这是从新时代伟大实践中总结的重要经验，也是胜利实现第二个百年奋斗目标的重要保证。建设现代化原州，我们务必要把团结奋斗作为原州的鲜明特征，大力发扬"不到长城非好汉"的革命精神，心往一处想、劲往一处使，勠力同心答好现代化原州建设时代考题。

三、迅速掀起党的二十大精神学习宣传贯彻热潮

全区各级党组织要认真落实习近平总书记"学习宣传贯彻党的二十大精神是当前和今后一个时期的首要政治任务"的指示精神以及言顺书记"在入脑入心、走深走实、见行见效上持续用力"和国义书记"做到学深悟透、做到落地生根、做到家喻户晓"的要求，扎实开展党的二十大精神和习近平总书记视察宁夏重要讲话和重要指示批示精神"大学习、大讨论、大宣传、大实践"活动。在大学习上，办好科级领导干部、干部职工和村干部、群团组织、普通党员冬训四个轮训班，实现1.54万名党员全覆盖；在大讨论上，通过"会上+会下""自学+研讨""体会+座谈"等形式，持续深化"六对照六查看"专题大研讨，做到学深悟透、融会贯通。在大宣传上，推进党的二十大精神进机关、进乡村、进社区、进企业、进校园，做到家喻户晓、人人皆知。在大实践上，制定《以产业振兴引领乡村振兴样板区建设》《改革创新赋能计划》《五年项目倍增计划》和《创建铸牢中华民族共同体意识示范区》四个实施方案的年度任务清单，在一点一滴中使党的二十大精神在原州大地落地生根、开花结果。

四、以中国式现代化引领开创现代化原州建设新局面

党的十八大以来，习近平总书记两次视察宁夏，擘画了"建设美丽新宁夏"的宏伟蓝图，赋予了宁夏"建设先行区"的使命任务，深情嘱托宁夏干部群众"建设美丽新宁夏、共圆伟大中国梦"，这是现代化宁夏建设的战略方向和战略任务。我们立足领先于全市、落后于全区川区县的历史方位，把握大抓发展、抓大发展、抓高质量发展、奋力实现"跨越式赶超"的发展定位，提出现代化原州建设的战略举措。归纳起来就是"1245"战略，即坚持一个引领（以中国式现代化为引领）、统筹两件大事（发展和安全）、实施四个计划（产业扩规提质增效计划、项目倍增计划、改革创新赋能计划、城市更新计划）、加快"五区"建设（黄河流域生态保护和高质量发展先行区、乡村全面振兴样板区、铸牢中华民族共同体意识示范区、宁夏副中心城市核心区、生态文旅特色市集聚区）。这个战略定位既贯彻落实中国式现代化战略部署，又对标自治区"12345"总体思路和固原"三个计划""五个市"战略举措，与党的二十大精神高度契合。我们要立足新时代、担当新使命、奋进新征程，用现代化原州建设的一域实践为中国式现代化鼓劲加油、增砖加瓦。

一要聚焦现代化原州建设目标任务真抓实干。党的二十大明确了今后工作的主线。这次全会提交审议的实施方案，全面贯彻党的二十大精神，紧扣区市决策部署，根据现代化建设新形势新任务作出了新部署。我们要把中国式现代化"五个中国特色"与美丽新宁夏四个奋斗目标贯通起来,结合原州实际,在五个方面加快步伐。一是要在共同富裕上加快步伐。共同富裕是中国式现代化的本质要求。对原州来讲,我们的全面小康还是一种低水平的、发展不平衡的小康。我们要坚持先巩固、再往前走,紧紧围绕"两个同步""两个高于"目标,不断增进民生福祉,提高人民生活品质,确保在共同富裕道路上不落一人。二是要在人与自然和谐共生上加快步伐。加快实施国土绿化行动,持续推进生态保护和治理修复,创建国家森林城市、全国文明城市,厚植生态底色,擦亮绿色名片,使原州的森林覆盖率达30%。坚决整改中央环保督察反馈问题,打好"三大保卫战",让天蓝、地绿、水美的美丽原州成为美丽中国的"一张小卡片"。三是要在积极融入和服务新发展格局上加快步伐。找准融入新发展格局的支撑点、突破口,统筹城乡融合发展,促进县域经济壮大发展,稳步提升经济总量和人均水平,进一步缩小与全国全区发展差距。四是要在物质文明和精神文明"一起抓"上加快步伐。坚持既富"口袋"又富"脑袋",厚植现代化的物质基础,抓好社会主义核心价值观培育,实施重大文化产业项目带动战略,进一步叫响"诗歌之乡"文化品牌,着力打造宁南文化中心。五是要在持续深化对外开放上加快步伐。善于借梯上楼、借船出海、借力发展,用好闽宁协作、东西部协作等新时代对外开放大平台,变单向援助为双向促进,走好携手共赢的发展之路。

二要聚焦"五区"建设走在前作表率真抓实干。党的二十大指出:"高质量发展是全面建设社会主义现代化国家的首要任务,发展是党执政兴国的第一要务。"作为市辖区的原州,必须紧紧扭住"首要任务"和"第一要务"不放松,以"四个计划"为抓手,在加快"五区"建设上走在全市前列,真正成为固原发展的"火车头"。一是在建设先行区上走在前作表率。加快实施特色产业提质增效计划,发挥改革创新赋能作用,谋细抓实"五特五新五优"产业,到2026年,构建以"3个百亿级,3个50亿级和9个10亿级全产业链产业"为引领的原州产业发展新格局,全产业链总产值达640亿元以上,经济总量占到全市50%以上。为达到上述目标,必须把着力点放在三个下足功夫上。首先,在原州未来发展的动能上下足功夫。一方面要稳固农村,在农村发展上谋出路、求突破,在乡村环境整治上出实招、发实力,使农村成为农民幸福生活的美好家园。另一方面,要在城市经济发展上谋新路、求突破,主要是大力培育夜间经济、假日经济、共享经济等新业态,打好消费"组合拳",升腾城市"烟火气"。其次,在增加老百姓收入上下足功夫。通过建基地、扩规模、育品牌、引龙头、延链条、建机制,在肉牛全产业链发展壮大上有新突破,主要建好饲料厂和有机肥厂;在肉鸡扩规模、增效益上有新突破,扶持好水川做大做强,把肉鸡的加工能力从现在的200万只发展到1000万只,扩大工业化养鸡规模,从日产鸡蛋150万枚发展到日产500万枚;在净菜入超上有新突破,实现产地与大型商超直接连通。最后,在提升城市品质上下足功夫,谋划实施古雁岭改造二期、老旧小区植绿增色提升、小微公园建设、主次干道种花增色"四大工程",使城市让人民生活更美好。二是在创建乡村全面振兴样板区上走在前作表率。落实"四个不摘"要求,抓好"四个衔接",推动乡村"五大振兴",绘就六盘山下"富春山居图"。第一,要守住底线。不断强化"115"包抓机制,运行好防止返贫动态监测机制,坚决守牢不发生规模性返贫底线。第二,要巩固成果。以"六大提升行动"为抓手,聚焦重点群体,关注重点问题,补短板、强弱项,惠民生、暖民心,不断实现人民对美好生活的向往。第三,要有效衔接。以乡村"五大振兴"为动力,抓产业"富民"、抓人才"强农"、抓文化"铸魂"、抓生态"塑型"、抓组织"壮骨",让乡村成为宜居宜业的美好家园。第四,要重点突破。创新落实市委提出的"三统三分"改革,引进社会资本实施高效节水灌溉项目,到2026年高效节水灌溉面积达40万亩。统筹实施"出户入园",在改善农村人居环境中提高养殖效益。三是在创建铸牢中华民族共同体意识示范区上走在前作表率。落实《创建铸牢中华民族共同体意识示范区实施方案》，全面贯彻党的民族政策，让全区各族群众始终像石榴籽一样紧紧抱在一起，共建美丽家园、共创美好生活。2025年成功创建铸牢中华民族共同体意识示范区。四是在建设宁夏副中心城市核心区上走在前作表率。一方面，加快实施城市更新行动计划、项目倍增计划，全力与市上一道实施"铁公机"提升、公共服务能力保障、县域经济壮大、乡镇功能升级"四大工程"，推动城市建设从以物为主向以人为本升级。另一方面，统筹城乡一体化发展，加快城镇化步伐，打造彭堡、三营两个中心镇，张易、开城、黄铎堡、寨科4个节点乡镇，形成"一核、两中心、四节点"城镇化布局。到2026年，使原州的城镇化率从57.8%提高到67.8%，高于全市12.8个百分点，与全自治区的差距从2021年的8.2个百分点，缩小到2.2个百分点。五是在打造生态文旅特色市集聚区上走在前作表率。打响"避暑胜地·锦绣原州"文旅品牌，以创建国家全域旅游示范区和国家历史文化名城为抓手，走文旅产业引领现代服务业发展的路子，加快发展文旅、现代物流、健康养老、电子商务、特色餐饮产业，把原州建成全国避暑养生基地。把着力点放在两个方面。第一，与北京市门头沟区开展战略合作，依托沈家河湿地公园，规划建设集高档"民宿"、商品住宅、水上娱乐于一体的综合旅游基地，打造一个产值50亿元的综合经济体，实现文旅产业的新突破。第二，提升荣华锦汇旅游休闲街区承载力和知名度，引进国内知名企业建设大型商业综合体，把原州打造成"游在六盘大地，吃住娱购到原州"的综合服务基地，为建设生态文旅特色市注入新动能、增添新活力。

三要聚焦防风险保安全真抓实干。党的二十大提出："国家安全是民族复兴的根基，社会稳定是国家强盛的前提。"我们要加快推进社会治理体系和治理能力现代化，以"瞪大眼睛的警觉"防范和化解安全隐患，以新安全格局保障新发展格局、巩固社会稳定大局。要深入推进依法治区进程。坚决落实全面依法治国和法治中国建设各项部署，坚持法治原州、法治政府、法治社会一起抓，严格执法、公正司法、全民守法一体推，真正使法治成为人民心中最大的公约数、最小的"后遗症"。要深入推进平安原州建设。持续深化维护政治安全"十大行动"，全面落实"1+1+3"基层治理机制，深入排查化解矛盾纠纷，落实落细"四防"措施，常态化开展"一竿子插到底"的明察暗访督查抽查，努力穷尽各类安全问题，积极防范化解各类风险隐患，巩固政治安全、社会安定、人民安宁的大好局面。

四要聚焦全面从严治党真抓实干。党的二十大指出："全面建设社会主义现代化国家、全面推进中华民族伟大复兴，关键在党。"我们要深入贯彻落实新时代党的建设总要求，着力推进新时代党的建设新的伟大工程，重点抓好三个方面的工作。一是以提升组织力为重点建强战斗堡垒。坚持用习近平新时代中国特色社会主义思想凝心铸魂，牢固树立大抓基层的鲜明导向，持续推动"一抓两整"示范县乡创建、基层党建"六项行动"、"五型"模范机关建设，加强新经济组织、新社会组织、新就业群体党的建设，常态化整顿软弱涣散基层党组织。切实加强干部队伍建设，树立正确的选人用人导向，更好地激励党员发挥先锋模范作用。实施"两个带头人"工程，积极发展壮大村级集体经济，引领广大群众听党话、感党恩、跟党走。二是以严的主基调强化正风肃纪。始终把中央八项规定作为长期有效的铁规矩、硬杠杠，严格执行自治区"八条禁令"、市委"十项规定"以及区委"若干意见"，持续深化纠治"四风"，坚决匡正原州的风气。三是以零容忍态度反腐惩恶。坚持"三不"一体推进，同时发力、同向发力、综合发力，更加有力遏制增量，更加有效消除存量，彻底铲除滋生腐败问题的土壤和条件，严肃查处各类腐败问题，坚决打赢反腐败斗争攻坚战持久战。

同志们，新征程时不我待，新蓝图催人奋进。我们要更加紧密地团结在以习近平同志为核心的党中央周围，以党的二十大精神为引领，全面贯彻落实习近平新时代中国特色社会主义思想，真抓实干、团结奋斗、勇毅前行，一步一个脚印把党的二十大擘画的宏伟蓝图变为美好现实。

政府工作报告

——在固原市原州区第四届人民代表大会第二次会议上
（2023年1月3日）

原州区政府区长 马 波

各位代表：

现在，我代表区人民政府向大会报告工作，请予审议，并请政协委员和列席人员提出意见。

2022年工作回顾

2022年是党的二十大胜利召开之年，是全面建设社会主义现代化国家新征程的起步之年，这一年，我们遭遇新冠病毒疫情多轮冲击，经济社会发展面临多重压力。在原州区经济社会发展的道路上，这一年极具挑战、极为难忘、极不平凡、极富成效，在自治区、固原市党委、政府和原州区委的正确领导下，我们坚持以习近平新时代中国特色社会主义思想为指导，深入学习宣传贯彻党的二十大精神和习近平总书记视察宁夏重要讲话和重要指示批示精神，按照自治区第十三次党代会，自治区党委十三届二次、三次全会，市委五届五次、六次、七次全会和区委四届二次、三次、四次全会部署，紧盯全年目标任务，抓发展、促改革、惠民生、保安全，统筹疫情防控和经济社会发展，统筹发展和安全，在艰难中砥砺前行，在挑战中拼搏进取，在奋进中开拓创新，全区经济结构持续优化，发展动能明显增强，产业基础更加坚实，社会大局和谐稳定。全年实现地区生产总值171.50亿元，比2021年增长3.9%；全年全社会固定资产投资（不含农户）比2021年增长20.5%；实现社会消费品零售总额71.28亿元，比2021年增长0.6%；完成地方一般公共预算收入1.69亿元，同口径增长7.0%，完成一般公共预算支出51.79亿元，同比增长3.5%；全年城镇居民人均可支配收入36591元，增长5.5%；农村居民人均可支配收入14826元，增长8.1%。完成原州区四届人大一次会议确定的目标任务。

一、踔厉奋发，迈出了跨越赶超的"新步伐"。坚持产业引领，推动高质量发展。投资消费质效双升。把项目建设作为稳保促的"强引擎"和"硬支撑"，全力推进"扩大有效投资攻坚年"活动，全年开（复）工项目157个，完成投资94亿元，实现全社会固定资产投资75亿元。持续优化营商环境，强化服务实体企业，力促雪川农业、溢家大博、羽欣华耀等5家企业投产入规，天楹垃圾焚烧项目并网发电。多措并举挖掘消费潜力，出台支持扩大消费9条硬措施，投入资金3500余万元，开展各类促销活动20余场次，拉动消费3.2亿元以上，培育批零住餐15家企业上限入统，最大化对冲疫情不利影响，社会消费品零售总额增速领跑全区。"五特"产业提档升级。坚持跨村跨镇集中连片种植，冷凉蔬菜种植面积达21万亩，产量91万吨，实现产值18亿元，主产区彭堡镇上榜全国第十二批"一村一品"示范村镇，众丰种植专业合作社被授予全国农作物病虫害绿色防控技术示范推广基地。不断完善"龙头企业+合作社+农户"的联农带农机制,建成肉牛养殖示范片区3个,新培育寨科蔡川、中河曹河等肉牛养殖示范村24个,建成肉牛出户入园(场)10个,全区肉牛饲养量达到28万头,实现产值10.3亿元。建成马铃薯原种基地1500亩,一级种薯繁育基地8000亩,全区马铃薯种植面积达15万亩,实现产值3.96亿元。大力发展中药材和生态经济产业,种植道地中药材4万亩,发展生态经济林5000亩、林下养殖6万只,实现产值6.4亿元。宁夏好水川养殖有限公司被推荐为农业产业化国家重点龙头企业,"原洲源味"入围2022中国区域农业形象品牌名单。"五新"产业提速增量。以宁夏飞毛腿技工学校为依托,建成原州区公共实训基地,大力培训培养各类电子信息类产业工人,蓄积产业人才力量。积极引进宁夏飞毛腿电子科技有限公司落地,6条数据线和移动电池贴片生产线建成投产,注册"蓝梦"品牌,供货美团、三星等企业。中节能三营牧光互补项目试点成功,引领原州区分布式光伏发电稳步推进。明德中药获批自治区"专精特新"小巨人企业,鑫宇农农机具获批自治区"专精特新"中小企业,六盘珍坊获批自治区工业互联网试点示范项目。"五优"产业提质扩容。建成客货邮商融合发展线路7条,打通了农产品进城、工业产品下乡"最后一公里"。全力推进长城国家文化公园等生态旅游项目建设,成功举办第二届须弥山石窟艺术文化旅游节,成功创建自治区级全域旅游示范区,"避暑胜地·锦绣原州"旅游品牌影响力不断扩大,全年接待游客316万人次,旅游社会总收入突破16.5亿元,同比分别增长67.32%和61.39%。彭堡姚磨被评为第四批全国乡村旅游重点村镇,头营杨郎成功入选全国第六批传统村落名录,荣华锦汇街区被确定为自治区级旅游休闲街区。

二、精准发力,谱写了乡村振兴的"新篇章"。 坚持巩固拓展脱贫攻坚成果,加快乡村全面振兴样板区建设。精准帮扶卓有成效。持续用好"115"领导干部包抓、督导检查和动态监测帮扶"三项机制",对新纳入的105户404名监测对象落实473项具体帮扶措施。全面实施"六大提升行动",脱贫人口人均纯收入增长16.3%,稳定实现了"两个高于"的目标,牢牢守住了不发生规模性返贫的底线。持续深化东西部协作和中央定点帮扶,投入帮扶资金9300万元,实施帮扶项目48个,打造三营金轮、头营泉港两个闽宁乡村振兴示范村。发放小额信贷和富民贷4.8亿元,为脱贫人口购买健康保10万余人次,完成消费扶贫2.39亿元,惠及农户7735户,有力助推了脱贫户和监测户增收致富。中央和自治区考核评估反馈的56条问题全部整改到位。脱贫成果持续巩固。义务教育阶段辍学学生动态清零,特殊困难群体医疗保障应保尽保,农村危房即增即改,自来水入户率达98%,供水保证率达95%,水质达标率达100%。大力实施移民致富提升行动,投入2.74亿元实施基础设施、产业发展等6个领域167个项目,打造三营安和、黄铎堡和润等移民示范村5个,改造提升温棚735栋,兑付产业到户项目资金2235万元。全区移民村劳务工作站实现全覆盖,为2.26万移民劳动力提供"点对点"就业服务,移民村就业、教育等公共服务水平得到显著提升。乡村动能不断增强。实施乡村赋能行动,大力推进"三统三分"农业经营体制改革,新培育合作社和家庭农场56家,新增流转土地3.6万亩,实施高效节水灌溉工程9.47万亩,旱作高标准农田建设8.8万亩,有力夯实了农业现代化基础。创新"产业基地+田间学校+专家教授"农村实用人才培养模式,培育了一批有文化、懂技术、会经营、善管理的新型农民,充分发挥村党组织和村集体经济组织作用,多措并举,有效解决了土地"撂荒化"、农村"空心化"、农业"边缘化"等问题。着力培育文明乡风,"原州区移风易俗赋能乡村振兴"典型做法被中央农办《乡村治理动态》刊发,向全国推广。

三、植绿添彩,绘就了山川秀丽的"新画卷"。 坚持生态优先,统筹协调发展。生态环境持续向好。高标准划定"三区三线",加快六盘山和清水河生态功能区修复治理,投入资金7000余万元,修复废弃矿山4处,治理大营河25公里。建成原州区森林草原防火智慧平台，火情预警监测能力得到显著提升。完成营造林16.35万亩，绿化乡村道路253公里，全区森林覆盖率、草原植被盖度和水土保持率分别达到26%、84.6%和69.2%。持续巩固"四尘同治""五水共治""六废联治"成果，全区空气优良天数达334天。清水河三营国控断面水质平均达到Ⅳ类、二十里铺国控断面水质稳定达到Ⅱ类，冬至河入清水河区控断面水质平均达到Ⅳ类。化肥、农药利用率超过45%，使用量保持零增长，土壤环境保持零污染。中央、自治区环保督察反馈问题全面整改到位。城市涵养内外兼修。持续巩固自治区文明城市成果，坚持城市环境卫生保洁"以克论净"，全面推行市区环卫网格化管理制度，有效提升城市精细化管理水平。投入1.6亿元改造老旧小区26个，实施古雁岭森林公园生态修复及功能提升工程，城市绿化美化面积不断扩大，市民休闲健身有了好去处，人民群众的幸福感和获得感不断增强。和美乡村宜居宜业。完成"多规合一"实用性村庄建设规划107个，建成头营马庄、陶庄和彭堡硝沟高质量美丽宜居村庄3个，河川寨洼、开城冯庄等乡村振兴示范村30个，硬化农村道路248公里，维修水毁道路78处，群众生产生活出行更加便利通畅安全。以屋里屋外、院里院外、村里村外"三里三外"干净整洁为目标，持续开展农村人居环境整治提升五年行动，川区村建成果园、菜园"两小园"5363个，山区村种好房前屋后"10棵树"5.2万株，村庄绿化率达32.3%。健全生活垃圾收运处置体系，配备垃圾桶3.6万个，新建农村生活垃圾分拣中心41个，实施生活垃圾填埋场提升改造项目6个，建成农村生活污水处理厂(站)15个，完成农村改厕1.1万座，不断满足农民群众对建设美丽家园的期盼和愿望，原州区被评为全国村庄清洁行动先进县(区)。

四、用情服务，增进了人民群众的"新福祉"。坚持民生改善，促进共享发展。教育资源更加均衡。持续深化"互联网+教育"，全力推进智能研修中心项目建设。深入推广"集团化""城乡共同体"办学模式，固原五中与福州连江一中、银川二中等名校缔结组团式帮扶关系，十八小与首都师范大学附属朝阳实验小学实现对口帮扶。六幼、二十小等5所学校投入使用，城市基础教育不均衡问题进一步得到缓解。全面推进"县管校聘""3+1+2"新高考改革，494名城乡教师交流轮岗，城乡优质教育资源配置更加均衡。有序发放各类资助金2320万元，学生资助体系不断完善。持续优化课后服务，巩固"双减"成果，基础教育质量不断提升，13名原州籍学子圆梦清华北大。积极推动职业教育提质增效，宁夏飞毛腿技工学校累计招生突破1200人，培养产业工人206人，全部实现稳定就业，"产教融合、校企合作"的办学模式被国家人社部作为典型经验向全国推广。牢固树立大思政、大教育观念，全国"大思政"教育教学研讨培训会在原州召开，"区域教育中心"的影响力不断增强。公共卫生更加普惠。深入推进"互联网+医疗健康"和县域医共体建设，县域内分级诊疗就诊率达到90%以上，村级公共卫生委员会实现全覆盖，区人民医院成功建成三级乙等综合医院。文化街卫生服务中心、三营中心卫生院达到"优质服务基层行"国家推荐标准，头营、开城卫生院成功创建国家基本标准卫生院。扎实开展人均寿命提升工程，适龄妇女"两癌"、新生儿多项遗传代谢疾病筛查率分别达到100%、99.13%。区人民医院中医康复大楼、深沟社区日间照料中心、11个乡镇卫生院和3个社区卫生服务中心中医馆全部建成并投入运行。南关西湖路社区入选"全国示范性老年友好型社区"。文体活动更加丰富。开展"送戏下乡""戏曲进乡村"演出110场，参与群众10万余人次。成功举办第三届六盘山诗歌节，"中国诗歌之乡""文艺原州"品牌更加响亮。举办第六届六盘山登山节等体育赛事活动8场次，参与群众2.5万余人次。原州区青少年篮球U16组获全国城市篮球联赛宁夏男女组双冠，原州十一小被评为国家级亚运足球梦想学校，三营中学被评为全国青少年校园足球特色最佳学校，三营镇被评为自治区群众体育先进集体。社会保障更加有力。持续完善更加全面更多层次的社保体系，坚持最低生活保障动态管理，新增最低生活保障对象1766户2533人，发放临时救助资金997.5万元，发放残疾人"两项补贴"2564.57万元。基本养老、医疗保险参保率分别达到96.8%和98.7%，居民住院实际报销比例提高到75.2%。就业服务更加充分。出台稳岗位促就业政策措施20条，发放各类创业担保贷款2.8亿元，培育创业实体914个，3.06万劳动力实现了家门口就业，新增城镇就业3589人，城镇调查失业率为5.4%。公益性岗位安置就业困难人员1538人，农村劳动力转移就业6.8万人，人均工资性收入同比增长2.5%。东海园区社区被评为国家级充分就业社区，原州区就业创业和人才服务中心被评为自治区就业创业先进集体。

五、守正创新，激活了改革开放的"新动能"。 坚持创新驱动，推进开放发展。营商环境全面优化。深入拓展"163"政务服务模式，999项政务服务事项全部纳入清单管理，失业登记、户口迁移等35项全国高频政务服务事项纳入"跨省通办"范围，办理跨省通办事项6000余件。新增市场主体3879户，存量市场主体达到3.7万户，同比增长9.4%。深入推进工程建设项目审批制度改革，审批时限大幅压缩，为企业提供更加优质、更加便利的政务服务。加大财税金融支持实体经济力度，进一步为企业纾困解难，全年为辖区568户(次)纳税人办理全口径增值税留抵退税9840万元。常态化开展政银企对接，企业融资难问题得到有效解决。"六权"改革有力推进。完成39万亩耕地、58家工业企业和313家规模化养殖户用水量确权，颁发用水权证446本，交易节水指标1300万立方米，自治区"用水权"改革中南部现场观摩会在原州召开。加强用地规划管控，扎实推进土地确权，完成农村土地承包经营权确权登记6.3万户123.43万亩，腾退闲置农村宅基地及其他集体建设用地2000亩，土地资源有效盘活。对52家排污单位初始权、36个项目政府储备排污权应确尽确，出售二氧化硫、氮氧化物排放指标22吨，实现了排污权第一笔交易。完成山林资源权籍调查103万亩，颁发林权类不动产证书9本，流转山林地经营权2.1万亩，建立完善顺畅的山林经营权交易流转机制。有力推进节能降耗，单位GDP能耗1.15吨标煤/万元，下降3.01%。创新成效显著增强。不断加大科技创新投入，全社会R&D投入1.44亿元，同比增长0.22%，投入强度达0.91%。加快创新主体培育，新认定国家高新技术企业3家、自治区农业高新技术企业1家，备案自治区科技型企业15家。国企改革三年行动33项重点改革任务全面完成。

六、强化治理，构建了安全发展的"新格局"。 坚持以人民为中心，推动社会和谐稳定。严格落实安全生产十五条硬措施，扎实开展自建房、防溺水等14个领域安全专项整治，排查隐患1268条，完成整改1264条，整改率达99.7%，全区安全生产形势平稳向好。景园社区被命名为"全国综合减灾示范社区"。全面开展地质灾害风险普查，对157处地质灾害险点实施动态监测、工程治理、避险搬迁等措施，群众生活环境更加安全。深入践行新时代"枫桥经验"，全面启动"八五"普法，深入落实"1+1+3"工作机制，扎实开展矛盾纠纷排查化解百日攻坚行动和命案防控工作，常态化开展扫黑除恶、信访事项化解，严厉打击电信网络诈骗和黄赌毒等违法犯罪行为，刑事案件、八类案件、侵财类案件分别下降14.4%、51.2%和15.3%，基层治理能力不断提升，"法治原州""平安原州"建设迈向更高水平。坚决守好民族团结生命线，铸牢中华民族共同体意识示范区建设更加有力。大力开展"食品药品安全区"暨国家食品安全示范城市创建工作，进一步守护人民群众"舌尖上的安全"。

七、担当作为，交出了效能提升的"新答卷"。 坚持政治引领，强化责任担当。深入学习宣传贯彻习近平新时代中国特色社会主义思想和党的二十大精神，扎实开展习近平总书记视察宁夏重要讲话和重要指示批示精神"大学习、大讨论、大宣传、大实践"活动，坚决捍卫"两个确立"，"四个意识"更加牢固、"四个自信"更加坚定、"两个维护"更加自觉。严格落实"三重一大"事项向区委请示报告制度，自觉接受人大、政协和社会各界监督，人大代表议案和意见建议、政协委员提案办复率均达100%。推行政府常务会会前学法制度，坚持政务公开常态化运行，规范重大行政决策，行政机关负责人出庭应诉率提高到95%以上，政府依法行政水平不断提升。坚决贯彻落实中央八项规定及其实施细则精神，驰而不息改进作风、纠治"四风"，切实减轻基层负担。扎实开展工程建设政府采购等重点领域专项整治，标本兼治长效机制更加完善，政府行政效能持续增强。

各位代表！一年来，面对新冠病毒疫情多轮冲击，我们大力弘扬伟大抗疫精神，始终坚持人民至上、生命至上，在区委坚强领导、科学决策下，全区人民众志成城、共克时艰，以最短时间、最小代价取得最佳防控效果。在这场没有硝烟的战争中，广大党员干部闻令而动、冲锋在前，用担当践行了初心使命；广大医护人员白衣执甲、逆行出征，用行动诠释了仁心本色；广大公安干警坚守岗位、向险而行，用忠诚筑牢了抗疫堡垒；广大社区工作者及志愿者挺身而出、奋勇当先，用责任守护了万家安康；47万原州儿女同舟共济、守望相助，共同构建了群防群控坚强的"钢铁长城"。

各位代表！奋斗充满艰辛，成绩来之不易。一年来，我们在建设高质量发展先行区上奋勇争先，在打造乡村振兴样板区上担当作为，在铸牢中华民族共同体意识示范区上凝心聚力。这是习近平新时代中国特色社会主义思想科学引领的结果！是自治区、固原市党委、政府正确领导，区委统揽全局、科学决策的结果！是人大、政协积极支持、有效监督的结果！是各级各部门和社会各界密切配合、鼎力相助，全区各族人民团结奋斗、拼搏进取的结果！在此，我谨代表区人民政府，向辛勤奋战在各条战线的广大干部群众，向给予政府工作大力支持的人大代表、政协委员、各民主党派、工商联和各界人士，向驻原单位、驻原部队和武警官兵、公安民警，以及所有为原州建设和发展做出贡献的同志们、朋友们，表示崇高的敬意和衷心的感谢！

各位代表！一年的成就，收获满满、鼓舞人心、催人奋进，但我们也清醒地认识到，我区经济社会发展中还存在着一些问题和不足，主要表现在：农业的链条还不够长、工业的基础还不够坚实、现代服务业的机制还不够活、城乡群众增收的路子还不够宽，部分干部工作的激情还不够高，谋事缺想法、干事缺办法、成事缺方法等等问题还比较突出。对此，我们要牢记"三个务必"，直面问题，找准症结，切实加以解决。

2023年重点工作

2023年，是全面贯彻党的二十大精神的开局之年，是全面开启原州现代化建设的起步之年，做好2023年的工作至关重要，意义深远。按照区委四届四次全会部署，政府工作的总体要求是：坚持以习近平新时代中国特色社会主义思想为指导，全面学习宣传贯彻党的二十大精神，深入开展习近平总书记视察宁夏重要讲话和重要指示批示精神"大学习、大讨论、大宣传、大实践"活动，坚决贯彻落实中央经济工作会议，自治区第十三次党代会，自治区党委十三届二次、三次全会，市委五届五次、六次、七次全会和区委四届二次、三次、四次全会部署要求，坚持稳中求进工作总基调，完整准确全面贯彻新发展理念，加快融入新发展格局，以先行区建设为引领，以高质量发展为主题，更好统筹疫情防控和经济社会发展，更好统筹发展和安全，实施产业提质增效、项目倍增、改革创新赋能"三个计划"，加快黄河流域生态保护和高质量发展先行区、乡村全面振兴样板区、铸牢中华民族共同体意识示范区、宁夏副中心城市核心区、生态文旅特色市集聚区"五区"建设，持续用力大抓发展、抓大发展、抓高质量发展，全面深化改革开放，突出做好稳增长、稳就业、稳物价工作，努力实现经济稳中向好、风险有效管控、社会大局稳定的战略目标，为现代化原州建设开好局、起好步。

2023年全区经济社会发展主要预期目标是：地区生产总值增长7%，固定资产投资增长12%，社会消费品零售总额增长6%，地方一般公共预算收入增长6.5%，城乡居民人均可支配收入分别增长8%和10%，居民消费价格涨幅控制在3%以内，城镇调查失业率控制在5.5%以内，万元生产总值能耗减排和主要污染物减排完成自治区下达任务。

上述预期目标，充分考虑了我区发展面临的新机遇，认真衔接了过去两年平均经济增速和"十四五"规划目标，总体上高于或相当于自治区和固原市目标。这样的目标，是我们经过慎重考量确定的。一是符合中央和自治区、固原市的政策导向。党的二十大对中国式现代化建设进行了全面部署，2023年中央经济工作会议在财政、产业、就业等方面提出一套宏观政策，自治区第十三次党代会提出"12345"发展战略，相继出台了一系列政策措施，市委五届五次全会"三个计划""五个市"的战略部署，为我们提振市场信心、补齐短板弱项、放大特色优势提供了难得的政策机遇和发展平台。二是切合原州的发展实际。随着融侨、雪川等龙头企业的相继建成投产，我们的主导产业更加清晰，产业链条更加健全，区域优势更加凸显。经过脱贫攻坚成果巩固提升，城乡基础设施进一步完善，公共服务保障能力进一步提高，我们发展的动能越来越强劲。三是契合我们的责任担当。原州作为固原市的首善之区，经济总量近几年均占全市的43%，在学习宣传贯彻党的二十大精神开局之年，我们更要主动加压，充分放大自身优势和潜力，以"跳起来摘桃子"的劲头，厚积"跨越式"赶超势能。相信在区委的正确领导下，全区上下共同努力，一定能够实现上述目标。

2023年，重点做好以下工作：

一、坚持巩固拓展脱贫攻坚成果第一使命，有效衔接乡村全面振兴。 把解决好"三农"问题作为重中之重，统筹"五大振兴"，抓实"六项重点任务"，加快建设乡村全面振兴样板区。

推进农业高质高效。坚决守住125.03万亩耕地红线，大力推行"高效节水灌溉+农业经营体制改革+一、二、三产融合发展"机制，新建高标准农田10万亩，加大马铃薯、玉米、大豆等新品种选育，确保粮食播种面积稳定在76万亩。新认证"三品一标"绿色食品12个、有机农产品2个。加快培育新型经营主体，新培育合作社8家、家庭农场15个、自治区级农业产业化龙头企业3家，农产品加工转化率达58%，农业综合机械化水平提高到77%。力争村集体经济年收入100万元以上的村达到10个，50万元以上的村达到20个，10万元以上的村超过70%。

推进农村宜居宜业。瞄准"农村基本具备现代生活条件"的目标，组织实施好乡村建设行动。全面完成县乡国土空间规划和"多规合一"村庄规划的编制，新改建农村公路21.65公里，不断排查农村危房危窑，做到即增即改、动态清零。实施城市公交线路向乡村延伸和农村客运班线公交化改造，建设"一点多能"的农村客货邮服务站点体系，推动城乡客运与乡村旅游融合发展。持续开展农村人居环境整治提升五年行动，牢牢把握"三里三外"整治标准和内涵，积极保护传统村落。新改造卫生厕所2300座，打造农村人居环境整治示范村22个，保留原州乡景乡味、乡风乡韵。

推进农民富裕富足。牢牢盯住"两个高于"目标，严格落实"四个不摘"要求，持续巩固拓展脱贫攻坚成果同乡村振兴有效衔接，确保收入9000元以下脱贫户动态清零和60%监测对象动态消除风险，脱贫人口人均纯收入增长15%以上，坚决不发生规模性返贫。稳步推进农村宅基地、集体经营性建设用地入市、集体产权制度等改革。用足用好用活国家乡村振兴重点帮扶县支持政策，深化闽宁协作和中央定点帮扶，深入推进移民致富提升行动，围绕解决好产业、就业、社会融入三件事情，整合实施涉农项目110个7.8亿元，中央衔接资金用于产业比例达60%，支持就近就业和劳务输出，实施联农带农产业项目20个，打造乡村振兴示范村11个，争创"百乡千村"乡村振兴示范县，让群众生活更上一层楼。

二、坚持经济高质量发展第一要务，加快构建现代产业体系。 大力实施产业提质增效计划，围绕"五特五新五优"产业布局，全力以赴调结构促升级、补短板扬优势、延链条壮集群,加快形成多点支撑、多业并举、多元发展的现代化产业体系。

特色产业提质提效。持续加大"三统三分"农业经营体制改革力度,继续构建优良的联农带农富农机制。不断做强冷凉蔬菜产业,在集中连片规模化种植、"净菜入超"和预制菜加工上精准发力,巩固5个万亩、16个千亩露地蔬菜基地,提升彭堡姚磨、头营杨郎等7个设施蔬菜园区种植管理水平,形成马园、姚磨、杨郎3个蔬菜全产业链发展示范基地,全区冷凉蔬菜种植面积达到25万亩左右,产量突破95万吨,产值超过20亿元。不断做大肉牛产业,建立"固原黄牛"保种选育群500头,改良能繁母牛6.5万头,实施"见犊补母"8.5万头。巩固肉牛养殖示范片区3个,新培育万头肉牛养殖示范乡镇两个,千头肉牛养殖示范村6个,建设出户入园(场)14个。推动丰霖盛肉制品投产达效,精深加工肉制品2万吨以上,肉牛饲养量突破30万头,产值达到18亿元以上。不断做优马铃薯产业,以雪川农业为引领,巩固提升马铃薯淀粉加工及主食化开发企业10家,配套标准化储藏气调库3万平方米,年加工鲜薯70万吨,生产马铃薯制品20万吨,马铃薯种植面积突破20万亩,产值超过15亿元。不断做深中药材产业,走"建基地、深加工、强流通、促创新"的路子,种植道地中药材5万亩,年加工中药饮片5300吨,积极争取招引中药提取物及中药制剂加工企业落地,力争全产业链产值达3.5亿元。不断做精生态经济产业,在统筹好山水林田湖草系统治理的基础上,走"种经果林,既卖碳排放权又卖高品质水果"的路子,发展经果林面积13万亩以上,力争全产业链产值超过6亿元。

传统工业扩容升级。立足资源禀赋,稳妥推进煤炭、岩盐、风、光等资源开发,大力发展环境友好型工业,力争年内新培育规上企业3家以上。深入挖潜50万吨工业盐资源,积极招引盐化工下游延链状链项目落地。全力配合六盘山热电厂2×1000兆瓦机组扩建项目建设,加快实施青石峡抽水蓄能、运瓴储能电站、集中式分布式光伏发电等项目,力争新能源装机总量超过4000兆瓦,全力打造新能源示范县。支持鑫诚工贸等企业做大做强,争取国铁集团引进铁路专用器材装备制造项目,招引旋耕机、收割机、饲料混合机等制造企业,推动农业机械装备制造业发展壮大。规划建设闽宁电子信息产业园,加快推进宁夏飞毛腿电子科技有限公司9条数据线及移动电池贴片生产线投产,招引飞毛腿上下游企业6~12家,形成工业新的增长极。

现代服务业培强培优。提档升级生活性服务业,全力构建现代化县域商业体系和服务业集聚区。新建和改造乡镇商贸中心、物流配送中心两个,扩大新能源汽车、智能家电等大宗商品消费,促进健康养老服务业融合发展。作响"寻味原州"系列活动,深入挖掘福苑餐饮、老张家烧鸡等地方美食,培树一批"老字号""原字号"餐饮品牌。全面启动生态文旅特色市集聚区建设,提升须弥山、固原博物馆两个4A级景区服务水平,分别依托长城博物馆、六盘玩美乐园、牡丹山庄等重点旅游资源打造原州文化游、都市游、乡村游3条精品旅游线路。创新乡村旅游业态,与北京市门头沟区开展好文旅合作,引进两家以上企业,以沈家河国家湿地公园为基础,大力发展民宿经济。持续擦亮"避暑胜地·锦绣原州"文化旅游品牌,积极创建国家全域旅游示范县(区)和国家级"避暑旅游目的地",力争吸引游客达到350万人次,旅游社会总收入突破18亿元。

三、坚持项目建设第一支撑,精心铸造跨越发展引擎。大力实施项目倍增计划,坚持把项目作为稳经济保增长促发展的压舱石和主抓手,为原州经济社会发展增势赋能。

持续扩大有效投资。抢抓建设黄河流域生态保护和高质量发展先行区的历史机遇,围绕产业发展、乡村振兴、社会民生等六个领域,着力推动优势产业项目落地,持续扩大有效投资。力促高品肉蛋鸡全产业链、宁夏厚土农业集团有机肥等延链壮链项目落地,统筹推进农产品冷链物流集配中心等现代服务业项目转型升级,加快产业融合发展步伐。全力保障154个重点项目建设,力争完成年度投资

99亿元，一季度开复工率超过60%，二季度全部开复工。

聚焦产业链精准招商。加强与福州马尾、鼓楼、长乐等市区交流合作，主动承接东部产业梯度转移，突出调一产结构、延二产链条、促三产提升，围绕"五特五新五优"产业链精准招商，下足力气引进福建圣农科技、江西煌上煌、汇仁药业等企业，推动上海孙桥溢佳、雪川马铃薯全产业链（二期）等项目签约落地，力争年内引进亿元项目5个以上，新签约招商合作项目资金35亿元，招商引资项目落地率、资金到位率分别增长15%和10%以上。

强化要素供给保障。坚持优化"六个一"项目包抓和"专班+专项"工作机制，全力保障项目建设用水、用地、用能，千方百计推动重大项目落地投产，切实做到无事不扰、有事必应，加大项目金融支持力度，围绕重点项目资金需求，积极组织开展银企对接活动，发挥财政"四两拨千斤"的作用，有效撬动社会资本、金融资本，形成多渠道融资格局。

四、坚持改革创新第一动能，充分释放区域发展活力。大力实施改革创新赋能计划，以改革促发展，以创新求突破，不断激发市场活力和社会创造力。

抓好科技创新赋能。持续加大科研投入，实施"六项"行动，充分发挥产业技术创新研究院作用，建设马铃薯种植加工、预制菜研发平台两个。培育壮大创新主体，新认定国家高新技术企业1家，自治区农业高新技术企业1家、科技小巨人企业1家，备案自治区科技型企业10家以上、"专精特新"小巨人企业1家，实施自治区重大科技成果转化项目3项。科技财政支出力度持续加大，全社会R&D投入强度超过0.92%。

深化重点领域改革。全面深化"六权"改革，健全用水权二级交易市场平台，最大限度挖掘土地供给潜力，实现降污增益，推进山林地"三权分置"，规范土地流转、规模化经营面积5000亩以上。开展电力、化工等重点行业碳排放核查，稳妥推进用能权指标交易。巩固拓展国企改革三年行动成果，通过兼并重组、资产转让、引入社会资本等方式盘活国有企业低效资产，做强做优国有资本和国有企业。深化农村综合改革，推动承包地"三权分置"和村集体产权制度改革，稳慎推进农村宅基地改革。

持续优化营商环境。全面落实减税降费、助企纾困等政策举措，进一步减轻中小微企业负担。坚持"两个毫不动摇"，依法保护民营企业产权和企业家权益，促进民营经济发展壮大，新增市场主体4000家以上。全面落实普惠小微贷款支持政策，有效解决企业融资难、融资贵问题。

五、坚持宜居宜业第一形象，不断改善城乡建设面貌。全力加快宁夏副中心城市核心区建设，着力构建优势互补、融合发展的区域发展新格局。

不断提升城市管理水平。持续巩固国家卫生城市、自治区文明城市创建成果，积极争创国家级文明城市。大力推动古雁岭森林公园生态修复改造提升工程（二期）等项目建设，持续推进生活垃圾分类，建成生活垃圾分类示范小区10个。完善老旧小区基础设施，改造老旧小区5个，不断提升居民生活品质。加快推进青年发展型县域试点建设，打造宜居宜业青年理想城，着力提升城市对青年的吸引力和凝聚力。

全面推进美丽乡村建设。新建官厅乔洼、开城双泉等美丽宜居村庄3个，争取建设三营高标准重点镇、姚磨冷凉蔬菜特色小镇，续建彭堡美丽小城镇。持续擦亮全国村庄清洁行动先进县名片，建好"两小园"，种好"10棵树"。实施北方冬季清洁取暖项目，农村建筑节能改造42万平方米，清洁取暖改造1.5万户，力争农村燃煤替代走在自治区前列。实施三营污水处理厂扩建及污水管网建设项目，建设开城上青石等垃圾分类示范村6个，实现行政村垃圾无害化处理全覆盖。

加快补齐基础设施短板。持续巩固"四好农村路"全国示范县（区）和农村公路管理养护体制改革全国示范县成果，修建头营石羊至张崖公路、固将公路明庄村段等村组道路5条，联户巷道160公里，实施农村公路养护工程3个。治理张易等10个乡镇地质灾害险点36处5.2万平方米。建设水网调控网络，实施固西引水节点工程和清水河流域防洪治理等项目，除险加固水库、淤地坝3座，争取实施沈家河水库至黑洞沟水库联蓄联调工程。治理小流域4条，治理水土流失面积43平方公里，水土保持率达到71%。

六、坚持绿色生态第一优势，大力塑造锦绣原州格局。把"绿色"作为最厚重的底色和最宝贵的财富，推进生态优先、节约集约、绿色低碳发展。

强化生态保护治理。坚持山水林田湖草一体化保护和系统治理，开展古树名木保护，建立古树名木信息档案，全面推行林长制，深化森林草原防火信息化建设，修建防火隔离带70公里。开展大规模国土绿化行动，实施道路绿化及绿化带抚育工程，打造生态建设示范点两个，完成营造林12万亩，森林覆盖率达27.25%，林草综合植被盖度达84.7%，创建全国林草信息化示范区。

加大污染防治力度。打好蓝天保卫战，持续落实建筑工地"6个100%"抑尘措施，持续加大"散乱污"企业排查整治力度，全区空气质量优良天数比率保持在91.4%以上。打好碧水保卫战，实施饮用水水源保护、工业废水治理、马铃薯淀粉加工废水汁水还田、城镇污水处理提标等工程，确保清水河三营、二十里铺国控断面和冬至河入清水河区控断面水质稳定达标。打好净土保卫战，严厉打击危险废物非法跨界转移、倾倒等行为。加强农村面源污染防治，持续推进化肥农药减量、秸秆多元化利用、畜禽粪污资源化利用和农用残膜回收加工转化，粪污资源化利用率提高到85%以上。

拓宽生态富民渠道。持续优化种苗产业结构，全区种苗产业稳定在1万亩以上。加快发展方式绿色转型，实施全面节约战略，构建废弃物循环利用体系，推动形成绿色低碳的生产方式和生活方式。大力推进能源"双控"向碳排放"双控"转变，严格"两高"项目准入和落后产能有序退出，促进经济社会绿色低碳发展，让蓝天白云、绿水青山永驻原州。

七、坚持人民至上第一任务，奋力打造人民生活福地。坚持以人民为中心，把有限的财力优先向保障和改善民生倾斜，办好10件民生实事，着力解决好人民群众急难愁盼问题，让老百姓的好日子芝麻开花节节高。

提供更全基础教育资源。深化"3+1+2"新高考、教育评价、"县管校聘"等改革，巩固"集团化""城乡共同体"办学模式。加强教师队伍建设，落实师德第一标准，健全教师流动管理机制，实施乡村"走教"计划，城乡交流教师不低于10%。着力推动教育数字化建设，加快推进"互联网+教育"示范区建设，打造五小、十四小数字化转型试点校。全面提升教育教学质量，新建十三幼等学校3所，提升改造固原四中、炭山南坪小学等学校8所，把宁夏飞毛腿技工学校打造成自治区优质中职学校。

提供更优卫生健康服务。大力实施全民健康水平提升行动，全面完成自治区健康县（区）创建。加大医护人员培训和关怀关爱，保持医疗队伍稳定性和战斗力。持续开展"优质服务基层行"活动，力争一家乡镇卫生院达到国家推荐标准，两家乡镇卫生院达到国家基本标准。深入推进"互联网+医疗健康"、区域医共体建设，加快区域医疗分中心建设，积极对接区内外三级综合医院建立专科联盟。充分利用人工智能辅助诊断系统，全面提升区乡村三级医疗机构综合服务能力，让广大群众及时就近享受高效便捷的卫生健康服务。

提供更多公共文体服务。着力提升公共文化服务水平，支持民间文艺团队、农村文化大院健康发展，举办好第三届须弥山石窟艺术文化旅游节、第四届六盘山诗歌节等活动，深入实施文化惠民工程，组织开展"送戏下乡""戏曲进乡村"等各类群众文化活动300场以上。与福州市长乐区、鼓楼区、马尾区联合举办首届"四地"文化交流活动，相互借鉴，创作更多优秀的、可推介的文艺作品，大力吸引"两地四区"游客往来，促进文化旅游高质量发展。继续办好"六盘山登山节"等全民健身赛事活动，持续完善"十分钟"健身圈，不断满足群众就近健身运动需求。

提供更好社会保障服务。继续优化助企纾困稳岗政策，发放稳岗补贴 600 余万元，新增城镇就业 3300 余人，离校未就业高校毕业生就业率为 90% 以上，转移农村劳动力就业 7 万余人。落实税费减免、创业担保贷款等政策，发放创业担保贷款 4300 余万元，支持原州区返乡创业孵化园创建自治区级示范园区。不断完善调节机制，继续提高城乡居民养老保险基础养老金标准。持续强化农民工等群体劳动权益保障，确保劳动关系和谐稳定。落实好低保扩面工作，兜牢民生底线。积极申报增设长城街道办事处，实施城区敬老院、杨郎中心敬老院改造提升项目，新(改)建寇桥路和东海园社区活动阵地。

八、坚持安全稳定第一前提，全力提升社会治理效能。全面推进社会治理体系和治理能力现代化，加快建设铸牢中华民族共同体意识示范区，着力创造和谐稳定的政治社会环境。

统筹推进基层治理。坚定不移贯彻总体国家安全观，推进社会治理体系和治理能力现代化，以新安全格局保障新发展格局。坚持和发展新时代"枫桥经验"，全面落实"1+1+3"基层治理机制，健全社会矛盾纠纷排查化解机制，强化社区服务功能，广泛推进红色业委会建设，加强和改进人民信访工作，畅通规范群众诉求表达、利益协调、权益保障渠道，及时把矛盾纠纷化解在基层和萌芽。发展壮大群防群治力量，建立人人有责、人人尽责、人人享有的社会治理共同体。

防范化解风险隐患。扎实开展安全生产大检查，全面落实"一竿子插到底"的督察检查机制，以"睁眼睡觉"的警觉确保人民安居乐业，坚决守好一方平安。深化金融领域风险排查化解，严厉打击各类非法集资、网络诈骗、金融诈骗等行为，确保不发生系统性、区域性金融风险。切实防范化解政府债务风险，确保政府债务率保持在"绿色"等级。

持续优化法治环境。纵深推进"八五"法治宣传教育，深化"法律八进"，争创自治区级法治政府建设示范区。深化"平安原州"建设，常态化开展扫黑除恶斗争，依法严厉打击黄赌毒、食药环、盗抢骗等违法犯罪行为，营造安全稳定的社会环境。促进军民融合发展，优化退役军人服务保障机制，深化双拥共建、国防动员，谱写鱼水情深的时代篇章。

全面加强自身建设

各位代表，立足新起点，迈向新征程，责任无比重大，使命无上光荣。我们要牢记初心使命，接续拼搏奋斗，努力建设人民满意的服务型政府。

一是坚定不移建设责任政府。坚持把政治建设摆在首位，坚持不懈用习近平新时代中国特色社会主义思想凝心铸魂，深刻领悟"两个确立"的决定性意义，不断提高政治判断力、政治领悟力、政治执行力，增强"四个意识"、坚定"四个自信"、做到"两个维护"，以"总书记怎么说，我们就怎么干"的高度觉悟，不折不扣落实中央、区市和区委各项决策部署，确保政府工作始终沿着正确方向前进。

二是坚定不移建设法治政府。深入学习贯彻习近平法治思想，忠实履行宪法法律赋予的职责，健全完善法律顾问、合法性审查、重大事项集体讨论决策等制度，确保政府工作始终在法治轨道上运行。深化行政执法体制改革，完善行政执法程序，创新行政执法方式，确保公正文明执法。自觉接受人大法律监督、政协民主监督和社会舆论监督，广泛听取民主党派、工商联、无党派人士和人民团体意见建议。大力推进政务公开，主动回应社会关切，不断提升政府公信力。

三是坚定不移建设实干政府。全面落实"三个务必"要求，始终保持与人民群众血肉联系，认真践行人民政府为人民职责使命，以拼搏奋进的姿态激情创业、以干成干好的实效履职尽责。突出实干实效实绩导向，认真落实"干部作风建设年"活动，继续发扬"严细深实勤俭廉+快"的工作作风，奋力落实每一项工作，实现每一个目标。

四是坚定不移建设廉洁政府。坚决扛起全面从严治党主体责任，持续深化政府系统党风廉政建设。严格执行中央八项规定精神、自治区"八条禁令"、市委"十项规定"和区委"若干意见"，持之以恒纠正"四风"问题。牢固树立"过紧日子"思想,切实提高财政资金使用效益,确保每一分钱都用在刀刃上。加强财政、审计、统计监督,深入推进工程建设政府采购等重点领域突出问题专项治理,从严惩治各类腐败行为,永葆为民务实清廉政治本色。

各位代表！路虽远,行则将至;事虽难,做则必成。让我们更加紧密地团结在以习近平同志为核心的党中央周围,在自治区、固原市党委和政府的坚强领导下,紧紧依靠全区人民,坚定信心、同心同德,脚踏实地,埋头苦干,奋力走好新时代赶考之路,为描绘全面建设社会主义现代化美丽新宁夏原州新画卷而团结奋斗！

名词解释

1."五特""五新""五优"产业:"五特"产业,即肉牛、冷凉蔬菜、马铃薯、中药材、生态经济产业;"五新"产业,即新型材料、清洁能源、轻工纺织、数字信息、装备制造产业;"五优"产业,即文化旅游、现代物流、健康养老、电子商务、特色餐饮产业。

2."专精特新"小巨人企业:"专精特新"中小企业中的佼佼者,是专注于细分市场、创新能力强、市场占有率高、掌握关键核心技术、质量效益优的排头兵企业。

3."专精特新"企业:具有"专业化、精细化、特色化、新颖化"特征的企业。

4."115"领导干部包抓机制:第一个"1"是每个乡镇由1名区委常委固定包抓;第二个"1"是30名副处级领导干部、12名涉农部门主要负责人、106名乡镇班子成员每人包抓1个行政村;组织发动5072名区、市、县三级了解农村、会抓农业、热爱农民的精兵强将,每人包抓5户农村常住户,做到包抓农村常住户全覆盖。

5."六大提升行动":居民收入、移民致富、教育质量、健康水平、文明素养、城乡面貌提升行动。

6."两个高于"目标:脱贫群众收入增速高于当地农民收入增速、脱贫地区农民收入增速高于全国农民收入增速。

7."三统三分"农业经营体制:农村土地统一经营与农民分项获利、高效节灌设施统一建设与分业配套、农业经营主体改革统一组织与分工协作。

8."三区三线":农业空间、生态空间、城镇空间三种类型的国土空间,以及分别对应划定的耕地和永久基本农田、生态保护红线、城镇开发边界三条控制线。

9."四尘同治":煤尘、烟尘、汽尘、扬尘"四尘"同治。

10."五水共治":饮用水源、黑臭水体、工业废水、农田退水、城市污水"五水"共治。

11."六废联治":建筑垃圾、生活垃圾、危险废物、畜禽粪污、工业固废、电子废弃物"六废"联治。

12."以克论净":环卫作业人员对城市道路进行清扫作业完毕后,对该道路随机划出1平方米区域,并将该区域内尘土收集称重的行为。

13."县管校聘":全体公办义务教育学校教师和校长全部实行县级政府统一管理,特别是统一定期强制流动到县域内的义务教育学校,从而将教师和校长从过去的某学校的"学校人"改变为县义务教育系统的"系统人"。

14."3+1+2"新高考改革:"3"即语文、数学、外语3门统一高考科目,不再分文理科,试卷为全国统一命题,每门满分均为150分。"1"指考生在物理或者历史科目中选择其中1门作为首选科目,每门满分均为100分,以卷面原始分计入高考文化课总成绩。"2"指考生在思想政治、地理、化学、生物学4门科目中选择2门作为再选科目,每门满分均为100分,按等级转换分数计入高考文化课总成绩。

15."双减":有效减轻义务教育阶段学生过重作业负担和校外培训负担。

16."大思政"教育:以构建全员、全程、全课程育人格局的形式将各类课程与思想政治理论课同向同行,形成协同效应,把"立德树人"作为教育的根本任务的一种综合教育理念。

17."163"政务服务模式:"1"是实行"一门、一窗、一网"通办,实现申请办理便民化;"6"是实行多环一体、多站一统、多评一表、多图一审、多勘一踏、多验一联"六多合一"审批机制,实现审批流程高效化;"3"是实行便民服务、模拟审批、监督评价三项保障机制,实现审批服务人性化。

18."六权"改革:用水权、土地权、排污权、山林权、用能权、碳排放权改革。

19. R&D:即"research and development",指科学研究与实验发展。

20.新时代"枫桥经验":发源于浙江省诸暨市枫桥镇,其基本内涵是"发动和依靠群众,坚持矛盾不上交,就地解决"。新时代"枫桥经验"主要内容是在开展社会治理中实行"五个坚持",即坚持党建引领,坚持人民主体,坚持自治、法治、德治"三治融合",坚持人防、物防、技防、心防"四防并举",坚持共建共享。

21."1+1+3"机制:一个功能型党支部+一个综治中心+三张清单(问题清单、责任清单、考核清单)。

22."三个务必":全党同志务必不忘初心、牢记使命,务必谦虚谨慎、艰苦奋斗,务必敢于斗争、善于斗争,坚定历史自信,增强历史主动,谱写新时代中国特色社会主义更加绚丽的华章。

23."12345"发展战略:"1"是"一个指导",即坚持以习近平新时代中国特色社会主义思想为指导;"2"是"两件大事",即统筹发展和安全;"3"是"三区建设",即加快建设黄河流域生态保护和高质量发展先行区、加快建设乡村全面振兴样板区、加快建设铸牢中华民族共同体意识示范区;"4"是"四新任务",即开创经济繁荣新局面、续写民族团结新篇章、绘就环境优美新画卷、创造人民富裕新生活;"5"是"五大战略",即实施创新驱动发展战略、产业振兴战略、生态优先战略、依法治区战略、共同富裕战略。

24.实施"三个计划":实施产业千亿倍增计划、投资千亿倍增计划、改革创新驱动计划。

25.建设"五个市":建设宁夏副中心城市、生态文旅特色市、高质量发展先行市、乡村全面振兴样板市、铸牢中华民族共同体意识示范市。

26."五大振兴":乡村产业、人才、文化、生态、组织振兴。

27."六项重点任务":坚持不懈推动高质量发展、推动改革开放取得新突破、坚决打赢脱贫攻坚战、抓好生态环境保护、加强民生保障和社会治理、激发广大党员干部奋斗精神。

28."三品一标":无公害农产品、绿色食品、有机农产品和农产品地理标志。

29."四个不摘":摘帽不摘责任、摘帽不摘政策、摘帽不摘帮扶、摘帽不摘监管。

30.文化旅游线路:须弥山石窟—战国秦长城—西北农耕博物馆—固原古城遗址—固原博物馆—开城元代安西王府遗址旅游线路。

31.都市游旅游路线:古雁岭公园—闽宁街区—六盘玩美乐园—荣华锦汇街区—东岳山旅游线路。

32.乡村游旅游线路:牡丹庄园—开城双泉村—柳林庄园—头营杨郎旅游线路。

33."六个一":"六个一"工作机制(一个项目、一个包抓领导、一个责任单位、一名责任人、一套工作方案、一抓到底)。

34."六项"行动:创新平台搭建、创新主体培育、关键技术攻关、科技成果转化、科技服务体系完善、科技体制机制改革。

35."三权分置":对农村土地的所有权、承包权、经营权的分置。

36."两个毫不动摇":毫不动摇巩固和发展公有制经济,毫不动摇鼓励、支持、引导非公有制经济发展。

37."六个100%":工地现场封闭管理、厂区道路硬化渣土物料堆放、覆盖洒水清扫保洁、物料密封运输、出入车辆冲洗达100%。

组织机构及负责人名单

（2022年1月1日至12月31日）

中国共产党固原市原州区第四届委员会

固原市委常委、原州区委书记
  何永吉
原州区委副书记、政府区长
  马　波（回族）
原州区委副书记　马小路
原州区委副书记　单　亮（回族，挂职，3月任）
原州区委常委、人武部部长
  郭兆江（9月任人武部部长，
   11月任常委）
  刘文平（11月免常委）
原州区委常委、政府副区长
  吴铁军（11月任）
原州区委常委、政府副区长
  王统一（11月免）
原州区委常委、统战部部长
  马耀军（回族）
原州区委常委、组织部部长
  陈　启（回族）
原州区委常委、政法委书记
  张守忠
原州区委常委、纪委书记、监委主任
  张雯萍（女，11月任）
原州区委常委、纪委书记、监委主任
  牛治忠（11月免）
原州区委常委、宣传部部长
  樊　勇（11月任）
原州区委常委、宣传部部长
  薛　霞（女，11月免）
原州区委常委、政府副区长
  宋兆璐（8月任）
原州区委常委、政府副区长、寨科乡党委书记
  李树荣（回族，2月任副区长，5月
   免常委、政府副区长，6月
   免寨科乡党委书记）

固原市原州区第四届人民代表大会常务委员会

原州区人大常委会党组书记、主任
  李佐田
原州区人大常委会党组副书记、副主任
  白　莉（女，回族）
原州区人大常委会党组成员、副主任
  王正奇
  罗永耀
原州区人大常委会副主任
  丁　洁（女，回族）

固原市原州区第四届人民政府

原州区政府党组书记、区长
  马　波（回族）
原州区政府党组副书记、副区长
  吴铁军（11月任）
  王统一（11月免）

原州区政府副区长	宋兆璐(8月任)		牛治忠(11月免)
	潘振强(挂职)		张启源(满族,2月免)
	何冬华(6月任)		
	曾新富(6月免)	**监察委员会**	
	张小荣	主　任	张雯萍(女,11月任)
	曹国祥(挂职)		牛治忠(11月免)
	陈雪霞(女)	副主任	王小军
	马文东(回族)		樊耀军
	慕　凤	委　员	戴铭毅
	李树荣(2月任,5月免)		别万红(女)
			樊亚兵
			穆小东(回族,6月任)

中国人民政治协商会议
固原市原州区第四届委员会

室主任

原州区政协党组书记、主席		办公室(宣教政研室)主任	
	马仲尧(回族)		别万红(女,2月任)
原州区政协党组副书记、副主席		党风政风监督室主任	戴铭毅
	金占海(回族)	案件审理室主任	王玮祥(2月任)
原州区政协党组成员、副主席		信访室主任	雷　英(女)
	张世林	案件监督管理室主任	顾荣伟
	赵向辉	第一纪检监察室主任	穆小东(回族,6月任)
原州区政协副主席	何秀霞(女)	第二纪检监察室主任	樊亚兵
		第三纪检监察室主任	熊银伟

中国共产党固原市原州区
第四届纪律检查委员会

派驻纪检组

书　记	张雯萍(女,11月任)	派驻第一纪检监察组组长	
	牛治忠(11月免)		刘孝斌
副书记	王小军	派驻第二纪检监察组组长、发展和改革局党组成员	
	樊耀军		陶玉红(女)
常　委	张雯萍(女,11月任)	派驻第三纪检监察组组长、教育体育局党组成员	
	王小军		李菊霞(女)
	樊耀军	派驻第四纪检监察组组长、自然资源局党组成员	
	周晓凤(女,2月任)		李庆炜(女)
	戴铭毅	派驻第五纪检监察组组长、综合执法局党组成员	
	别万红(女)		马　斌(回族)
	樊亚兵	派驻第六纪检监察组组长、人社局党组成员	
			魏　生

派驻第七纪检监察组组长、区人民法院党组成员
　　　　　　　　　　高冬梅(女,回族,2月任)
　　　　　　　　　　别万红(女,2月免)
派驻第八纪检监察组组长、区人民检察院党组成员
　　　　　　　　　　李晓萍(女)
派驻第九纪检监察组组长
　　　　　　　　　　杜茂林

中国人民解放军固原市原州区人民武装部
原州区人武部部长　　郭兆江(9月任)
原州区人武部政委　　王继亮

固原市原州区人民法院
党组书记、院长　　　李全德(回族)
党组成员、副院长　　杨春荣(回族)
　　　　　　　　　　韩鹏飞
　　　　　　　　　　刘志聪
党组成员、派驻第七纪检监察组组长
　　　　　　　　　　高冬梅(女,回族,2月任)
综合办公室主任　　　王耀军(2月免)
审判委员会委员、民事审判第二庭庭长
　　　　　　　　　　哈永祥(回族,2月免)
党组成员　　　　　　王保杰
　　　　　　　　　　王　宁(女,回族,9月任)
审判委员会专职委员　哈永祥(回族,2月任)
　　　　　　　　　　郑国宁(2月任)
　　　　　　　　　　吴建新(2月免)
政治部主任　　　　　王　宁(女,回族,2月免)
司法警察大队大队长　马晓强(回族,2月任)
　　　　　　　　　　年　峰(2月免)
司法警察大队教导员　徐建荣
司法警察大队副教导员　马晓强(回族)
审判委员会委员、立案庭(诉讼服务中心)庭长
　　　　　　　　　　王艳秀(女,2月任)
　　　　　　　　　　贺维功(2月免)
审判委员会委员、民事审判第一庭庭长
　　　　　　　　　　王　艳(女,2月任)

　　　　　　　　　　马秉柱(2月免)
审判委员会委员、民事审判第二庭庭长
　　　　　　　　　　王克权(2月任)
审判委员会委员、刑事审判庭庭长
　　　　　　　　　　王保杰
审判委员会委员、行政审判庭(综合审判庭)庭长
　　　　　　　　　　周　勇(回族)
审判委员会委员、执行局局长
　　　　　　　　　　黑学贵(回族,2月任)
　　　　　　　　　　张立强(2月免)
审判管理办公室(研究室)主任
　　　　　　　　　　王　宁(女,回族,2月任)
　　　　　　　　　　郑国宁(2月免)
审判委员会委员、未成年人案件审判庭庭长
　　　　　　　　　　张金凤(女,2月任)
　　　　　　　　　　王　静(女,2月免)
城郊法庭庭长　　　　蔡　非(回族,2月任)
　　　　　　　　　　王克权(2月免)
三营法庭庭长　　　　马利克(回族,2月任)
　　　　　　　　　　黑学贵(回族,2月免)
寨科法庭庭长　　　　张清伟(2月任)
　　　　　　　　　　邵芳萍(女,2月免)
开城法庭庭长　　　　苟向辉(2月任)
　　　　　　　　　　张金凤(女,2月免)

固原市原州区人民检察院
党组书记、检察长　　黄　浩
党组成员、副检察长　马福贵(回族)
　　　　　　　　　　胡德炳
　　　　　　　　　　张　震(3月任)
　　　　　　　　　　毛忠林(3月免)
党组成员　　　　　　海　智(回族)
　　　　　　　　　　李晓萍(女)
党组成员、办公室主任　马夫山(回族,2月任党组成员)
第一检察部主任　　　安娟霞(女)
第二检察部主任　　　崔晓军

第三检察部主任	宗　岩	**区委组织部**	
第四检察部主任	张淑霞(女,回族)	部　长	陈　启(回族)
第五检察部主任	侯宝华	副部长	李宗虎(2月任,9月免)
综合业务部主任	李　鹏	副部长、老干部局局长	白卫华(女,9月任)
政治部主任	景　晶(女)		刘喜荣(女,回族,8月免)
法警大队教导员	韩长军	副部长	何忠孝(9月任)
			毛亚民
		副部长(兼)	张启源(满族,6月任)

原州区委工作部门

区委办公室
主　任　　　　　陈　璋
副主任　　　　　余　颖(女,2月任)
　　　　　　　　靳　通(9月任)
　　　　　　　　李　寅(回族,6月任)
　　　　　　　　周晓凤(女,2月免)
　　　　　　　　陈建雷(6月免)
副主任(兼)　　　杨建军(回族)
　　　　　　　　徐鹏升(6月任)

督察室
主　任　　　　　王文刚(9月任)
　　　　　　　　白　扬(回族,8月免)

保密办(保密局)
主任(保密局局长)陈　璋

国安办
主任(兼)　　　　马小路(6月任)
专职副主任　　　徐鹏升(6月任)

外事工作委员会办公室
主任(兼)　　　　陈　璋(6月任)

档案局
局长(兼)　　　　余　颖(女,6月任)

区直机关工委
书　记(兼)　　　陈　启(回族)
常务副书记　　　李宗虎(2月任,9月免)

公务员局
局长(兼)　　　　李宗虎(6月任,9月免)

非公经济组织和社会组织工委
书　记(兼)　　　毛亚民(6月任)
专职副书记　　　朱维平(2月任)
　　　　　　　　魏　申(2月免)

离退休干部党工委
书　记　　　　　白卫华(女,9月任)
　　　　　　　　刘喜荣(女,回族,8月免)
专职副书记　　　杨　帆(女,2月任)
　　　　　　　　丁成章(回族,2月免)

党员电教中心
主　任　　　　　赵春瑞(女)

区委宣传部
部　长　　　　　樊　勇(11月任)
　　　　　　　　薛　霞(女,11月免)
副部长、精神文明办主任
　　　　　　　　李成祺(回族,2月任)

副部长、新闻出版局局长(兼)
　　　　　　　　　　母广玲(女,回族)
精神文明办专职副主任　毕文婧(女,回族)

区委统战部
部　长　　　　　　　马耀军(回族)
副部长　　　　　　　田小利(回族)
　　　　　　　　　　马彦东(回族,6月免)
　　　　　　　　　　穆晓成(回族,6月任)
　　　　　　　　　　马光斌(回族,6月免)

民族宗教事务局
局长(兼)　　　　　　马彦东(回族,6月免)

港澳台事务办公室
主任(兼)　　　　　　田小利(回族,6月任)

区委政法委
书　记　　　　　　　张守忠
副书记　　　　　　　何生虎(回族,6月任)
　　　　　　　　　　王　禧
　　　　　　　　　　陈昌平
　　　　　　　　　　蔡东学(6月免)
副书记(兼)　　　　　马彦东(回族,6月免)

区委政策研究室
主　任　　　　　　　杨建军(回族,6月任)
副主任　　　　　　　李翔宇
改革办专职副主任　　刘文清(女,6月任)
　　　　　　　　　　李　寅(回族,6月免)

区委网络安全和信息化委员会办公室
主　任　　　　　　　张　福
副主任　　　　　　　张文华(女)

互联网信息办公室
主任(兼)　　　　　　张　福(6月任)

互联网信息中心
主　任　　　　　　　张青晖

区委机构编制委员会办公室
主　任　　　　　　　张启源(满族,2月任)
副主任　　　　　　　马林巧(女,回族)
　　　　　　　　　　汤逸昀(女,11月任)

事业单位管理局
局长(兼)　　　　　　张启源(满族,6月任)

巡察办
主　任　　　　　　　周晓凤(女,2月任)
　　　　　　　　　　张启源(满族,2月免)
副主任　　　　　　　安必顶
巡察一组副组长　　　王　娟(女)
巡察二组副组长　　　薛　香(女,6月任)
　　　　　　　　　　薛晓明(2月免)

原州区委直属事业单位

档案馆
馆　长　　　　　　　张久园
副馆长　　　　　　　孔学伟
　　　　　　　　　　桑瑞云

区委党史和地方志研究室
主　任　　　　　　　刘万恩
副主任　　　　　　　邢学富(回族)
　　　　　　　　　　杜晓晖(女)

融媒体中心
主　任　　　　　　　李雪宁(女)
副主任　　　　　　　惠玉堂
　　　　　　　　　　褚碧波(女)

机关事务服务中心
主　任　　　　　　　张鹏君(7月任)

	杨利军(7月免)		林健怡(挂职)
副主任	王　军(回族,6月任)	人民政府督察室	
	张文渊(9月任)	主任(兼)	杨海峰(6月任)

原州区人大常委会工作部门

人大常委会办公室

人大常委会党组成员、人大常委会机关党组书记、人大办

主任　　　　　王　钊
副主任　　　　李启杰(2月任)
　　　　　　　戴培勋(2月免)

法制工作委员会

主　任　　　　李　润(女)

财经工作委员会

主　任　　　　马静乾(回族)

科教文卫工作委员会

主　任　　　　马登斌(回族,9月任)
　　　　　　　韩　莉(女,9月免)

选举工作委员会

主　任　　　　毛俊林

原州区人民政府工作部门

政府办公室

政府党组成员、办公室主任
　　　　　　　连廷仓
党组成员、副主任、信访局局长(兼)
　　　　　　　王　森(2月任)
　　　　　　　王晓杰(2月免)
党组成员、副主任、政府公开办公室主任(兼)
　　　　　　　密　兰(女,回族,6月任)
党组成员、副主任　杨海峰
　　　　　　　马成龙(回族,2月免)

发展和改革局

党组书记、局长　邓彦峰(6月任)
　　　　　　　马永春(回族,6月免)
党组副书记、副局长　张天明
党组成员、副局长　金玉河(回族)
　　　　　　　陈　雯(女,11月任)

教育体育局

教育工委书记、教体局党组书记、局长
　　　　　　　贾旭林
党组成员、副局长　陈　鑫
　　　　　　　徐海玲(女)
党组成员、副局长、教育督导室主任(兼)
　　　　　　　杨晓勇(回族,6月任主任)
党组成员、纪委监委派驻第三纪检监察组组长
　　　　　　　李菊霞(女)
党组成员、教育工委专职副书记
　　　　　　　胡学海
党组成员、师资教育培训中心主任、电大工作站站长、教研室主任　吕耀奎
固原市第三中学校长　吴正儒
固原市第四中学校长　柴继宽
固原市第五中学校长　林　相(9月任)
　　　　　　　夏启明(9月免)
固原市第六中学校长　邓明星
固原市第七中学校长　吴进军
原州区三营中学校长　马彦刚(回族)
原州区彭堡九年制学校校长
　　　　　　　常宗有
原州区头营中学校长　任克选(回族)
原州区张易中学校长　杨秀花(女,回族)
原州区头营镇杨郎中学校长
　　　　　　　张旭斌

原州区黄铎堡学校校长　　马　幸(回族)
原州区第二小学校长　　　苏晓勇(回族)
原州区第三小学校长　　　马国栋(回族)
原州区第四小学校长　　　常英杰(8月任)
　　　　　　　　　　　　韩向宏(8月免)
原州区第五小学校长　　　曹钰福
原州区第六小学校长　　　李晓娟(女)
原州区第七小学校长　　　高　龙
原州区第九小学校长　　　高　龙
原州区第十小学校长　　　张　震
原州区第十一小学校长　　南　燕(女)
原州区第十二小学校长　　郭　璧
原州区第十三小学校长　　胡煜帮
原州区第十四小学校长　　张　迪(8月任)
　　　　　　　　　　　　赵金虎(8月免)
原州区第十五小学校长　　马　辉(回族)
原州区第十八小学校长　　吕耀奎
原州区第二十小学校长　　丁小萍(女,回族,8月任)
原州区第二十一小学校长
　　　　　　　　　　　　唐富华(8月任)
原州区第二十二小学校长
　　　　　　　　　　　　邓树滢(8月任)
原州区第二十三小学副校长(常务)
　　　　　　　　　　　　樊立武(8月任)
原州区官厅镇中心小学校长
　　　　　　　　　　　　纳学仁(回族)
原州区开城镇中心小学校长
　　　　　　　　　　　　李宝成
原州区头营镇中心小学校长
　　　　　　　　　　　　栾志平
原州区三营镇中心小学校长
　　　　　　　　　　　　何万里(回族)
原州区张易镇中心小学校长
　　　　　　　　　　　　黄满平
原州区彭堡镇中心小学校长
　　　　　　　　　　　　邓树滢

原州区黄铎堡镇中心小学校长
　　　　　　　　　　　　陈汉宏
原州区中河乡中心小学校长
　　　　　　　　　　　　马文书(回族)
原州区河川乡中心小学校长
　　　　　　　　　　　　曹　鑫
原州区炭山乡中心小学校长
　　　　　　　　　　　　黄玉耿
原州区第一幼儿园园长　　郭小改(女)
原州区第二幼儿园园长　　方淑红(女)
原州区第三幼儿园园长　　王凤花(女)
原州区第四幼儿园园长　　李彩霞(女)
原州区第七幼儿园园长　　皮学珍(女)
原州区第八幼儿园园长　　李义红(女)

科学技术局

党组书记、局长　　　　　金创明
党组成员、副局长　　　　张学琴
党组成员　　　　　　　　马　莉(女,回族)

工业信息化和商务局

党组书记、局长、招商局局长(兼)
　　　　　　　　　　　　马彦东(回族,6月任)
党组书记、局长　　　　　邓彦峰(6月免)
党组成员、副局长　　　　马　炜(回族)
　　　　　　　　　　　　罗军林

民政局

党组书记、局长　　　　　郭志贵
党组成员、副局长　　　　罗玉明(女)
　　　　　　　　　　　　田　雯(女,回族)

司法局

党组书记、局长　　　　　戴培义
党组副书记、副局长　　　刘荣贵(回族)
党组成员、副局长　　　　戴玉文
官厅镇司法所所长　　　　海玉新(回族)

开城镇司法所所长	张志有		
头营镇司法所所长	王富成(回族)		
张易镇司法所所长	胡　军		
三营镇司法所所长	何尚军(回族)		
彭堡镇司法所所长	李　红(女,回族)		
黄铎堡镇司法所所长	李玉贵		
中河乡司法所所长	杜学勤		
寨科乡司法所所长	张　斌		
炭山乡司法所所长	冯　龙(回族,6月任)		
河川乡司法所所长	方淑芸(女)		

北塬街道办事处司法所所长
　　　　　　　　海玉鸿(回族)

南关街道办事处司法所所长
　　　　　　　　张　勇

古雁街道办事处司法所所长
　　　　　　　　魏晓琴(女)

财政局

党组书记、局长	罗小宁
党组成员、副局长	马成武(回族,8月任)
	褚桂芳(女,6月任)
	安　云(6月免)
	强贵成(回族,8月免)
党组成员	韩映峰(8月任)
会计核算中心主任	罗亚平

人力资源和社会保障局

党组书记、局长	薛国虎
党组成员、副局长	庞　智
	臧丽娜(女,回族,11月任)
	白雪梅(女,回族,9月免)

就业创业和人才服务中心
主　任	杜鹏飞

劳动保障监察执法大队
大队长	张　银

自然资源局

党组书记、局长	马文军(回族)
党组成员、副局长	王永名
	崔丁香(女)
	李学玮(6月任)
	柳志勇(6月免)

林业和草原局

局长(兼)	马文军(回族,6月任)
党组成员、纪委监委派驻第四纪检监察组组长	
	李庆炜(女)

林业技术推广服务中心
局党组成员、党支部书记、主任	
	赵　骥

林业总场
局党组成员、党总支书记、场长	
	李　卓

住房城乡建设和交通局

党组书记、局长	李宗虎(9月任)
	祁志雄(8月免)
党组成员、副局长	马志忠
	马喜宏
	李学锋(挂职,回族,6月任)
副局长	张志升(6月免)

地震局

局长(兼)	马志忠(6月任)

交通战备办公室

主任(兼)	马喜宏(6月任)

公路管理段
局党组成员、党支部书记	
	李德鹏

段　　长	张少栋	农业机械化推广服务中心	
		局党组成员、主任	任俊林

水务局

党组书记、局长	郭　辉	农村合作经济经营管理站	
党组成员、副局长	孙志旺	局党组成员、党支部书记	刘　卉(女,2月任)
	杨兴旺(8月任)	站　　长	赵　翔
	赵海军(6月免)		
	李学玮(6月免)	畜牧技术推广服务中心	
副局长	郭常君(8月任)	局党组成员、主任	郜军荣

水保站

局党组成员、党支部书记		农业综合开发服务中心	
	何万库	主　　任	王晓煜
站　　长	杨利军(8月任)	农业综合执法大队	
	郭常君(8月免)	局党组成员、队长	罗军科

扬黄灌溉管理站

局党组成员、党支部书记		**文化旅游广电局**	
	唐福荣	党组书记、局长	祁应亨
站　　长	赵德亮(回族)	党组成员、副局长	罗晓娟(女)
			李　蓉(女)

农业农村局

党组书记、局长	冯晓明	**文物局**	
党组副书记、副局长	陈锡龙	局长(兼)	祁应亨(6月任)
党组成员、副局长	王晓玲(女)	须弥山文管所	
	张玉龙(8月任)	所　　长	王　玺
	李春琴(女,6月免)		
党组成员	白雪梅(女,回族,9月任)	文管所	
	马登斌(回族,6月任,9月免)	所　　长	殷同东(9月任)
			王金铎(8月免)

农业技术推广服务中心

局党组成员、党支部书记		文化馆	
	张宏熹	局党组成员、党支部书记	何　蓉(女)
主　　任	白永强(回族,11月任)	馆　　长	刘静财(9月任)
	张玉龙(8月免)		殷同东(9月免)

卫生健康局
党组书记、局长	黄会堂
党组副书记、副局长	何　刚(2月免)
党组成员、副局长	丁玉明(回族,2月任)
	胡明明(8月任)
	杨　波(6月免)

区人民医院
党支部书记	张继国
院　长	高小平
副院长	侯晓伟

卫生监督所
局党组成员、党支部书记	刘　卉(女,2月免)
所　长	柯玉满(回族)

疾控中心
党支部书记	黄玉鑫(8月任)
	胡明明(8月免)
局党组成员、主任	张廷锐

退役军人事务局
党组书记、局长	马少龙(回族)
党组成员、副局长	郝彦晖
党组成员、副局长(兼)	刘　伟(2月任)

退役军人服务中心
局党组成员、主任	高　勇

应急管理局
党委书记、局长	马建国(回族)
党委委员、副局长	孙淑红(女)
	张万忠
副局长	孙　平

审计局
党组书记	皮学智

局　长	毛巧玲(女)
党组成员、副局长	路克智
	马成武(回族,8月免)
党组成员	罗瑞娟(女,11月任)

统计局
党组书记、局长	陈　雯(女,11月免)
党组成员、副局长	薛晓明(2月任)
	雷富仓(回族,9月任)
党组成员	殷亚卓(女,8月任)
	吴少仙(女,8月免)

乡村振兴局
党组书记、局长	白雪梅(女,回族,9月任)
	马登斌(回族,9月免)
党组成员、副局长	褚万峰
	尚利民(6月任)
	张　璐(女,9月任)
	马红元(1月免)
	白卫华(女,9月免)

综合执法局
党组书记、局长	梁龙祥(9月任)
	陈学伟(9月免)
党组副书记、副局长	马志清(回族)
党组成员、副局长	张家传

环境卫生服务中心
局党组成员、主任	白万恩
副主任	张世清
	海凌云(回族)

审批服务管理局
党组书记、局长	刘万平
副局长	张志升(6月任)

政务服务中心
局党组成员、主任　　　王　强(6月任主任,8月任党组成员)
主　任　　　　　　　　王　森(2月免)

医疗保障局
党组书记、局长　　　　张旭明
党组成员、副局长　　　杨文霞(女)
党组成员　　　　　　　吕爱红(女,8月免)

医疗保险服务中心
局党组成员、主任　　　高　仁

原州区政府直属事业单位

供销社
主　任(兼)　　　　　陈锡龙(8月任)
主　任　　　　　　　　康　杰(8月免)

商业总公司
党支部书记　　　　　　马德林(回族)
党支部副书记、经理　　王国权

原州区政协工作部门

办公室
原州区政协党组成员、机关党组书记、主任
　　　　　　　　　　　王晓杰(2月任)
　　　　　　　　　　　张东亮(2月免)
政协机关党组成员、副主任
　　　　　　　　　　　马娅琴(女,回族)

提案和委员联络委员会
政协机关党组成员、主任　张东亮(2月任)
政协机关党组成员、副主任
　　　　　　　　　　　海云霞(女,回族,2月免)

经济委员会
政协机关党组成员、主任
　　　　　　　　　　　刘喜荣(女,回族,8月任)
　　　　　　　　　　　董　斌(满族,8月免)

科教文卫委员会
政协机关党组成员、主任
　　　　　　　　　　　徐巧荣(女)

社会治理委员会
政协机关党组成员、主任

原州区民主党派　工商联

民盟原州区总支委员会
主　委　　　　　　　　雪翠红(女)

民进原州区支部
主　委　　　　　　　　崔丁香(女)

工商联
党组书记、副主席(常务)
　　　　　　　　　　　穆晓成(回族,6月任)
　　　　　　　　　　　马光斌(回族,6月免)
主　席　　　　　　　　马　强(回族,不驻会)
党组副书记、副主席　　田　华(女)
党组成员、副主席　　　雷丽娟(女,8月任)
副主席　　　　　　　　马玉芳(女,回族,不驻会)
　　　　　　　　　　　王厚吉(不驻会)
　　　　　　　　　　　刘　伟(不驻会)
　　　　　　　　　　　段军章(不驻会)
　　　　　　　　　　　杨国智(回族,不驻会)
　　　　　　　　　　　张　斌(回族,不驻会)
　　　　　　　　　　　陆　斌(不驻会)
　　　　　　　　　　　陈景新(不驻会)
　　　　　　　　　　　林振华(不驻会)
　　　　　　　　　　　林锦云(不驻会)

	段文韬(不驻会)
	候洪明(不驻会)
	谢志强(不驻会)
秘书长	雷丽娟(女)

原州区群众团体

总工会

党组书记、主席	王正奇(2月任)
党组副书记、常务副主席	
	张宏羽
党组成员、副主席	施小红(女)
经审委主任	常玉玲(女)

团 委

| 书 记 | 张晨雯(女) |
| 副书记 | 唐瑜伯 |

妇 联

党组书记、主席	黄丽萍(女)
党组成员、副主席	张珍珠(女)
党组成员	牛 丽(女)

科 协

党组书记、主席	李果仁(回族)
党组成员、副主席	胡晓霞(女)
党组成员	张 力

文 联

| 党组书记、主席 | 周丽莉(女,回族) |
| 党组成员、副主席 | 海 平(回族) |

残 联

党组书记、理事长	武 铎
党组成员、副理事长	杨 波(6月任副理事长,8月任党组成员)
党组成员	马 越(回族)

伊 协

党组书记、常务副会长	王 旭(回族)
会 长	周德科(回族)
党组成员、副会长	汤爱国(回族)
党组成员	张克虎(回族)

原州区红十字会

会 长	吴铁军
常务副会长	马 宏(回族)
副会长、秘书长(兼)	郭新民

固原市直属机构

固原市公安局原州分局

党委书记、局长	何冬华(6月任)
	曾新富(6月免)
副书记、政委	王继祖
党委委员、副局长	王成龙(6月任)
	罗永和(6月免)
党委委员、纪委副书记	杜茂林(6月任)
	张 宁(6月免)
党委委员、副局长	马生权
党委委员、副局长	魏向东
党委委员、副局长	黄晓明
党委委员、政工科科长	孙连荣(6月任)
	鲜进平(6月免)

固原市生态环境局原州分局

| 局 长 | 王 刚 |
| 副局长 | 张 丽(女,回族) |

原州区税务局

党委书记、局长	张万金
党委委员、副局长	王庆芳
党委委员、副局长	万红旗
党委委员、副局长	程海东
党委委员、副局长	朱明坤

党委委员、纪检组长　　王继虎

乡、镇、街道办事处

官厅镇

党委书记	于金红(女,回族)
党委副书记、镇长	杨鹏程(6月任)
	段文君(女,6月免)
党委委员、人大主席	汤永博(6月任)
	杨鹏程(6月免)
党委副书记、政法委员(兼)	
	皮学亮(6月任)
	申学庚(6月免)
党委委员、纪委书记、监察办主任	
	马志荣(回族)
副镇长	王永祥
党委委员、副镇长、统战委员(兼)	
	杜新丽(女,11月任)
	沙金萍(女,回族,11月免)
党委委员、副镇长	海云霞(女,回族,2月任)
	李启杰(2月免)
党委委员、组织委员、宣传委员(兼)	
	杨丽萍(女)
党委委员、武装部长	马　军

开城镇

党委书记	李永安(2月任)
	李成祺(回族,2月免)
党委副书记、镇长	何秉龙(回族,2月任)
党委委员、人大主席	姚虎福(回族)
党委副书记、政法委员(兼)	
	白　扬(回族,8月任)
	王志怀(6月免)
党委委员、副书记	张志儒(挂职,5月免)
党委委员、纪委书记、监察办主任	
	雷福林(回族)
党委委员、副镇长	王昭伟(6月任)
	贾小明(6月免)
	马志鸿(回族,8月免)
党委委员、副镇长、统战委员(兼)	
	杨汉林(9月任党委委员)
党委委员、武装部长	李　林
副镇长	王　博(9月任)
党委委员、组织委员、宣传委员(兼)	
	李雅洁(女,11月任)
	刘春阳(11月免)

头营镇

党委书记	马治强(回族,2月任)
党委副书记、镇长	郭伟旺(2月任)
	马治强(回族,2月免)
党委委员、人大主席	李春琴(女,6月任)
	郭伟旺(2月免)
党委副书记、政法委员(兼)	
	申学庚(6月任)
	皮学亮(6月免)
党委委员、副书记	张英伟(挂职,5月任)
	任立宁(挂职,5月免)
党委委员、纪委书记、监察办主任	
	张　静(女)
党委委员、副镇长	沙金萍(女,回族,11月任)
	杜新丽(女,11月免)
党委委员、副镇长、统战委员(兼)	
	马　翔(回族)
副镇长	李伟伟
党委委员、武装部长	何晓勇
党委委员、组织委员、宣传委员(兼)	
	黑金虎(回族,11月任)
	杨　丹(女,11月免)

三营镇

党委书记	顾正军
党委副书记、镇长	马成龙(回族,2月任)

	马俊仁(回族,2月免)
党委委员、人大主席	陈建雷(6月任)
	郭　明(2月免)
党委副书记、政法委员(兼)	
	王　亮(6月任)
	汤永博(6月免)
党委委员、副书记	李　荣(挂职,女,5月任)
党委委员、纪委书记、监察办主任	
	白春龙(回族)
党委委员、副镇长	马耀珍(回族)
	党青卓(女)
副镇长、统战委员(兼)	马　宁(回族)
党委委员、组织委员、宣传委员(兼)	
	曹彩霞(女,9月任)
	马珊珊(女,回族,9月免)
党委委员、武装部长	党明敏(11月任)
	柳佳伟(11月免)

张易镇

党委书记	张进茂
党委副书记、镇长	尚丽娜(女,回族)
党委委员、人大主席	王志怀(6月任)
	李永安(2月免)
党委副书记、政法委员(兼)	
	赵　军(11月任)
	雷富仓(回族,9月免)
党委委员、副书记	马　欢(挂职,回族,5月任)
	孙　辉(挂职,5月免)
党委委员、纪委书记、监察办主任	
	邓树聪
党委委员、副镇长	
	海　兵(回族,11月任)
	柏小燕(女,11月免)
	赵　军(11月免)
副镇长、统战委员(兼)	哈富军(回族)
党委委员、组织委员、宣传委员(兼)	
	刘洋洋(女)

副镇长	马志花(女,回族,11月任)
党委委员、武装部长	邓开阳(11月任)
	海　兵(回族,11月免)

彭堡镇

党委书记	王　霆
党委副书记、镇长	冯小云(回族,11月任)
	臧丽娜(女,回族,11月免)
党委委员、人大主席	吕维兵
党委副书记、政法委员(兼)	
	李春燕(女,回族)
党委委员、纪委书记、监察办主任	
	潘　海(6月任)
	苟秉祥(6月免)
党委委员、副镇长	张　磊(女,11月任党委委员)
	姚　选(11月免)
党委委员、副镇长、统战委员(兼)	
	张学林(回族,11月任)
	丁玉明(回族,2月免)
	马　波(回族,6月任,9月免)
副镇长	南景耀(11月任)
党委委员、组织委员、宣传委员(兼)	
	施　楠(女,9月任)
	王文刚(9月免)
党委委员、武装部长	邵旭明(9月任)
	马　波(回族,6月免)

黄铎堡镇

党委书记	刘会宁
党委副书记、镇长	杨志武(回族)
党委委员、人大主席	杨启木(回族)
党委副书记、政法委员(兼)	
	张兴龙
党委委员、副书记	马天成(挂职,回族,5月免)
党委委员、纪委书记、监察办主任	
	吴永强

党委委员、副镇长、统战委员(兼)
　　　　　　　　　冯广华(9月任)
　　　　　　　　　张鹏君(7月免)
党委委员、副镇长　撒　萍(女,回族,11月任)
　　　　　　　　　任小蓉(女,回族,11月免)
副镇长　　　　　　郭　平
党委委员、武装部长　马玉海(回族,9月任)
　　　　　　　　　冯广华(9月免)
党委委员、组织委员、宣传委员(兼)
　　　　　　　　　刘　娟(女,11月任)
　　　　　　　　　撒　萍(女,回族,11月免)

中河乡

党委书记　　　　　马玉富(回族,6月任)
　　　　　　　　　何生虎(回族,6月免)
党委副书记、乡长　范亚宁
党委委员、人大主席、统战委员(兼)
　　　　　　　　　柯秀斌(回族)
党委副书记、政法委员(兼)
　　　　　　　　　纳　洁(女,回族,8月任)
　　　　　　　　　雍彦平(8月免)
党委委员、纪委书记、监察办主任
　　　　　　　　　苟秉祥(6月任)
　　　　　　　　　潘　海(6月免)
党委委员、副乡长　马珊珊(女,回族,9月任)
　　　　　　　　　杨　娜(女,9月免)
　　　　　　　　　冯小云(回族,11月免)
副乡长　　　　　　马　波(回族)
　　　　　　　　　马　翔(挂职,回族,5月任)
　　　　　　　　　祁鹏飞(11月任)
党委委员、武装部长　沈　霄
党委委员、组织委员、宣传委员(兼)
　　　　　　　　　孙　露(女,8月任)
　　　　　　　　　支雁欣(女,维吾尔族,2月免)

河川乡

党委书记　　　　　刘　娜(女,2月任)

党委副书记、乡长　何　刚(2月任)
　　　　　　　　　刘　娜(女,2月免)
党委委员、人大主席　雍彦平(8月任)
　　　　　　　　　苏克仁(回族,8月免)
党委副书记、政法委员(兼)
　　　　　　　　　李雁斌(8月任)
　　　　　　　　　纳　洁(女,回族,8月免)
党委委员、纪委书记、监察办主任
　　　　　　　　　贾小明(9月任)
　　　　　　　　　李雁斌(8月免)
党委委员、副乡长、统战委员(兼)
　　　　　　　　　杨皓东(回族)
党委委员、副乡长　马晓凤(女,回族,2月任副乡长,11月任党委委员)
　　　　　　　　　王昭伟(6月免)
　　　　　　　　　贾小明(6月任,9月免)
　　　　　　　　　罗　云(回族,9月任,11月免)
副乡长　　　　　　李虎宏(回族,11月任)
　　　　　　　　　余　颖(女,2月免)
党委委员、武装部长　李　浩
党委委员、组织委员、宣传委员(兼)
　　　　　　　　　何　倩(女,回族)

寨科乡

党委书记　　　　　武继柏(6月任)
　　　　　　　　　李树荣(回族,6月免)
党委副书记、乡长　苏克仁(回族,8月任)
　　　　　　　　　杨兴旺(8月免)
党委委员、人大主席　洪永明
党委副书记、政法委员(兼)
　　　　　　　　　宁兴成
党委委员、纪委书记、监察办主任
　　　　　　　　　杨文兵
党委委员、副乡长、统战委员(兼)
　　　　　　　　　马金国(回族)
党委委员、副乡长　何　平(回族,8月任)
　　　　　　　　　马进虎(回族,2月免)

| 副乡长 | 马存宝(回族) |

党委委员、武装部长　　　王　军

党委委员、组织委员、宣传委员(兼)

　　　　　　　　　　　　罗　安(女,回族)

炭山乡

党委书记　　　　　　　马俊仁(回族,2月任)

　　　　　　　　　　　李宗虎(2月免)

党委副书记、乡长　　　张立园(6月任)

　　　　　　　　　　　穆晓成(回族,6月免)

党委委员、人大主席　　夏全军

党委副书记、政法委员(兼)　马志鸿(回族,8月任)

　　　　　　　　　　　王　亮(6月免)

党委委员、纪委书记、监察办主任

　　　　　　　　　　　何义君(回族)

党委委员、副乡长　　　黄金鹏

党委委员、副乡长、统战委员(兼)

　　　　　　　　　　　罗　云(回族,9月免)

副乡长、统战委员(兼)　曹　隆(11月任)

党委委员、组织委员、宣传委员(兼)

　　　　　　　　　　　赵　晶(女)

武装部长　　　　　　　丁成龙(回族,9月任)

党委委员、武装部长　　石新龙(9月免)

北塬街道办事处

党工委书记、人大联络办主任

　　　　　　　　　　　白卫明(回族)

党工委副书记、办事处主任　赵海军(6月任)

　　　　　　　　　　　张立园(6月免)

党工委副书记、纪工委书记、监察办主任、政法委员(兼)

　　　　　　　　　　　祁永慧(女)

党工委委员、办事处副主任、统战委员(兼)

　　　　　　　　　　　马晓虎(回族)

党工委委员、组织委员、宣传委员(兼)

　　　　　　　　　　　庞花莲(女,11月任组织委员)

党工委委员、武装部长

　　　　　　　　　　　范少华

古雁街道办事处

党工委书记、人大联络办主任

　　　　　　　　　　　柳志勇(6月任)

　　　　　　　　　　　马玉富(回族,6月免)

党工委副书记、办事处主任

　　　　　　　　　　　马光斌(回族,6月任)

　　　　　　　　　　　武继柏(6月免)

党工委副书记、纪工委书记、监察办主任、政法委员(兼)

　　　　　　　　　　　郭雪琴(女)

党工委委员、组织委员、宣传委员(兼)

　　　　　　　　　　　王　立(11月任组织委员)

副主任　　　　　　　　安秀荣(女)

党工委委员、武装部长、统战委员(兼)

　　　　　　　　　　　马　冬(回族,11月任统战委员)

南关街道办事处

党工委书记、人大联络办主任

　　　　　　　　　　　刘静书

党工委副书记、办事处主任

　　　　　　　　　　　郭　明(2月任)

　　　　　　　　　　　何秉龙(回族,2月免)

党工委副书记、纪工委书记、监察办主任、政法委员(兼)

　　　　　　　　　　　杨　娜(女,9月任)

　　　　　　　　　　　何忠孝(9月免)

党工委委员、组织委员、宣传委员(兼)

　　　　　　　　　　　鲁双秀(女,11月任组织委员)

党工委委员、办事处副主任、统战委员(兼)

　　　　　　　　　　　李　鸿

党工委委员、武装部长

　　　　　　　　　　　谭文军(回族)

固原市原州区 2022 年国民经济和社会发展统计公报

固原市原州区统计局

2023 年 5 月

2022 年,在原州区委、区政府的坚强领导下,全区上下坚持以习近平新时代中国特色社会主义思想为指导,全面学习贯彻党的二十大精神,深入贯彻落实习近平总书记视察宁夏重要讲话和重要指示批示精神,高效统筹疫情防控和经济社会发展,咬定目标精准发力,总体经济稳中有进,社消总额领跑全区、投资较快增长、财政金融稳健运行、居民生活持续改善,实现"十四五"良好开局。

一、综合

初步核算,全年实现地区生产总值171.50亿元,按不变价格计算,比上年增长3.9%。其中,第一产业增加值23.96亿元,增长7.6%;第二产业增加值30.48亿元,下降6.1%;第三产业增加值117.06亿元,增长5.6%。第一产业增加值占地区生产总值的比重为14.0%,第二产业增加值的比重为17.8%,第三产业增加值的比重为68.2%。

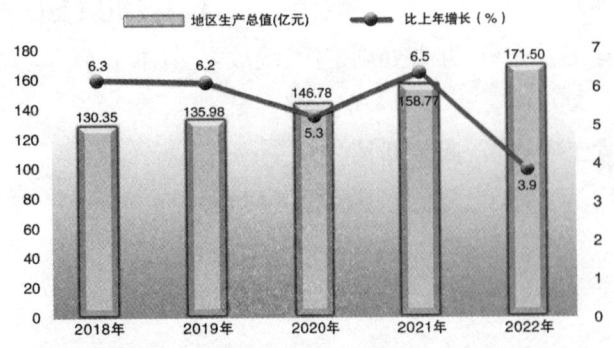

图 1　2018—2022 年原州区生产总值及其增长速度

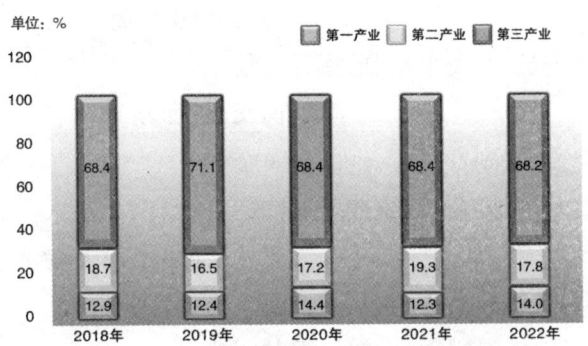

图 2　2018—2022 年原州区三次产业增加值占地区生产总值比重

年末全区常住人口47.67万人,比上年末增加0.27万人。其中,城镇常住人口27.75万人,占常住人口比重(常住人口城镇化率)为58.21%,比上年末提高0.4个百分点。全年全区出生人口0.56万人,出生率为11.78‰;死亡人口0.28万人,死亡率为5.89‰;自然增长率为5.89‰。

表 1　2022 年年末原州区常住人口数及其构成

指　　标	年末数/万人	比重/%
年末常住人口	47.67	100.00
其中:城镇	27.75	58.21
农村	19.92	41.79
其中:汉族	24.05	50.45
回族	23.53	49.36
其中:男性	24.50	51.40
女性	23.17	48.60

全年全区居民消费价格累计上涨1.5%,调查的八大类呈"六升二降"态势,其中食品烟酒、生活用品及服务、交通通信、教育文化娱乐、医疗保健、其他用品及服务分别上涨1.2%、1.3%、6.3%、1.2%、1.2%、1.6%;衣着、居住分别下降1.4%、0.5%。

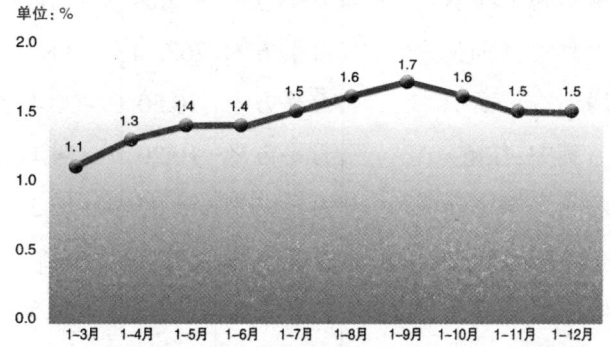

图3　2022年原州区居民消费价格走势

二、农业

全年全区粮食播种面积76.02万亩,比上年增加1.67万亩。其中,小麦播种面积8.34万亩,减少3.86万亩;玉米播种面积44.0万亩,增加0.59万亩;马铃薯播种面积15.0万亩,增加1.5万亩;油料播种面积4.5万亩,增加0.02万亩;蔬菜播种面积20.8万亩,减少0.13万亩;瓜果播种面积0.62万亩,增加0.05万亩;园林水果面积3.71万亩,增加0.03万亩。粮食总产量21.23万吨,比上年增产2.07万吨,增长10.8%。其中,夏粮产量1.68万吨,下降29.6%;秋粮产量19.56万吨,增长16.5%。全年全区小麦产量1.44万吨,下降35.5%;玉米产量14.56万吨,增长11.8%;马铃薯产量4.35万吨,增长25.9%。蔬菜产量91.0万吨,比上年增长1.7%;油料产量0.52万吨,增长34.6%。

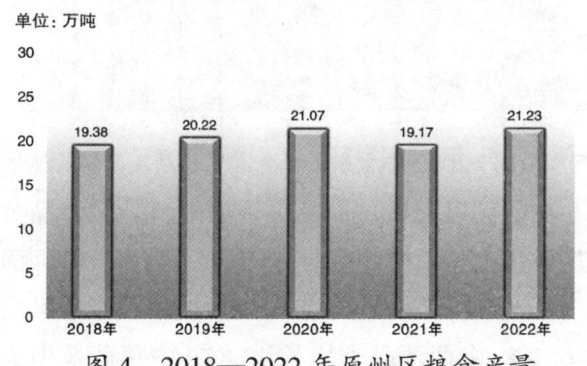

图4　2018—2022年原州区粮食产量

年末全区牛存栏15.22万头,同比增长5.6%,出栏6.88万头,同比增长15.7%;生猪存栏4.82万头,同比下降28.6%,出栏8.87万头,同比下降12.8%;羊存栏31.49万只,同比增长12.2%;出栏25.79万只,同比增长22.4%;家禽存栏215.61万只,同比增长34.7%,出栏138.05万只,同比增长61.5%;禽蛋产量2.78万吨,同比增长79.4%;肉类总产量2.55万吨,同比增长8.0%。

三、工业和建筑业

全年全部工业实现增加值17.98亿元,同比下降15.0%,其中,规模以上工业增加值同比下降8.5%。在规模以上工业中,分门类看:采矿业增加值同比下降5.1%,制造业增加值同比下降9.0%,电力、热力、燃气及水生产和供应业增加值同比下降7.4%。分轻重工业看:轻工业增加值同比增长15.7%,重工业增加值同比下降10.6%。

分行业大类看,3增9降。全区重点监测的12个行业大类中,3个行业增加值实现增长:食品制造业同比增长100%;医药制造业同比增长33.3%;农副食品加工业同比增长3.8%。9个行业增加值呈现下降:非金属矿物制品业同比下降0.9%;电力、热力生产和供应业同比下降3.9%;非金属矿采选业同比下降5.1%;纺织业同比下降10.7%;燃气生产和供应业同比下降12.0%;化学原料和化学制品制造业同比下降12.5%;水的生产和供应业同比下降30.7%;橡胶和塑料制品业同比下降31.5%;电气机械和器材制造业同比下降46.4%。

分产品产量看,8增8降。全区重点监测的16个产品中8个产品产量保持增长:饲料同比增长30.9%,水泥同比增长25.9%,中空玻璃同比增长21.0%,原盐同比增长12.4%,自来水生产量同比增长8.9%,初级形态塑料同比增长4.7%,烧碱同比增长3.7%,碳化钙同比增长2.5%。8个产品产量增速下降:硅酸盐水泥熟料同比下降85.4%,钢化玻璃同比下降42.0%,塑料薄膜同比下降22.9%,商品混凝土同比下降15.9%,夹层玻璃同比下降14.0%,精制食用植物油同比下降10.2%,鲜、冷藏肉同比下降 5.8%，纱同比下降 4.4%。

表2　2022年原州区主要工业产品产量及其增长速度

指　　标	单位	产量	比上年增长/%
钢化玻璃	平方米	67527	-42.0
夹层玻璃	平方米	17114	-14.0
中空玻璃	平方米	137340	21.0
商品混凝土	立方米	270499	-15.9
烧碱	吨	294701	3.7
初级形态塑料	吨	449473	4.7
自来水生产量	万立方米	3710	8.9
精制食用植物油	吨	2103	-10.2
鲜、冷藏肉	吨	2881	-5.8
饲料	吨	17238	30.9
原盐	吨	1080866	12.4
塑料薄膜	吨	2549	-22.9
水泥	吨	1437768	25.9
硅酸盐水泥熟料	吨	15174	-85.4
碳化钙（电石,折300升/千克）	吨	339802	2.5
纱	吨	2074	-4.4

全区具有资质等级的总承包和专业承包建筑业企业60家，全年完成建筑业总产值24.81亿元，比上年增长6.6%。

四、固定资产投资

全年全区全社会固定资产投资（不含农户）比上年增长20.5%。在地方固定资产投资中，第一产业投资下降16.7%，第二产业投资增长42.1%，第三产业投资增长8.6%；基础设施投资同比增长9.6%，占固定资产投资（不含农户）的比重为44.0%；民间固定资产投资同比增长27.0%，占固定资产投资（不含农户）的比重为36.6%。全年全区房地产开发投资16.13亿元，比上年下降1.9%。其中，住宅投资13.91亿元，增长6.9%；商业营业用房投资0.96亿元，下降43.2%。

表3　2022年原州区房地产开发和销售主要指标及其增长速度

指　　标	单位	绝对值	同比增减/%
房地产开发投资	亿元	16.31	-1.9
房屋施工面积	万平方米	247.64	-1.1
其中：住宅	万平方米	202.84	3.8
房屋竣工面积	万平方米	10.50	-70.4
其中：住宅	万平方米	10.20	-54.1
商品房销售面积	万平方米	55.07	-17.3
其中：住宅	万平方米	52.82	10.5
商品房待售面积	万平方米	17.33	-21.5
其中：住宅	万平方米	0.77	-37.6
本年实际到位资金	亿元	25.29	-25.6
其中：国内贷款	亿元	2.61	65.2
自筹资金	亿元	2.42	-10.9
其他资金来源	亿元	20.26	-31.7

五、国内贸易

全年全区实现社会消费品零售总额71.28亿元，比上年增长0.6%。按经营地统计，城镇消费品零售额60.88亿元，增长0.7%；乡村消费品零售额10.4亿元，下降0.3%。按消费类型统计，商品零售额59.96亿元，增长0.2%；餐饮收入额11.32亿元，增长2.5%。

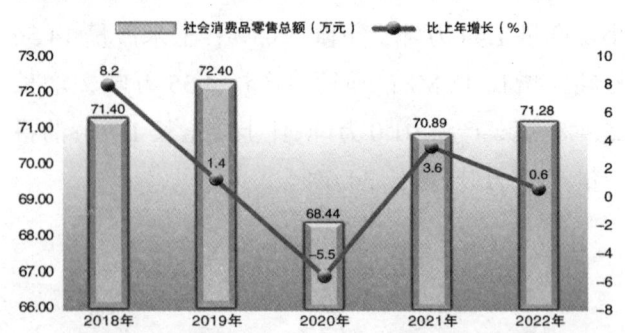

图5　2018—2022年原州区社会零售总额及其增长速度

在限额以上单位商品零售额中，粮油、食品类零售额比上年下降13.2%，饮料类下降6.7%，烟酒类增长8.3%，日用品类增长31.1%，书报杂志类增长14.0%，中西药品类增长13.8%，中草药及中成药类增长8.8%,石油及制品类增长6.9%,汽车类下降4.8%。

六、财政、金融和保险

全年全区完成地方一般公共预算收入1.69亿元,同口径增长7.0%;完成一般公共预算支出51.79亿元,同比增长3.5%。

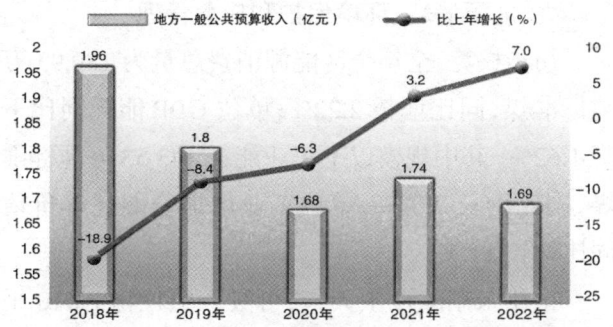

图6 2018—2022年原州区地方一般公共预算收入及其增长速度

年末全区金融机构人民币各项存款余额280.18亿元,比上年增长9.1%;金融机构人民币各项贷款余额294.42亿元,同比增长12.8%。

表4 2022年年末原州区金融机构存贷款余额及其增长速度

指　标	年末数/亿元	比上年增长/%
人民币存款余额	280.18	9.1
其中:住户存款	187.79	11.9
非金融企业存款	23.99	-5.2
机关团体存款	65.46	11.6
财政性存款	2.91	-42.7
人民币贷款余额	294.42	12.8
其中:住户贷款	152.01	14.6
企(事)业单位贷款	142.41	10.9

全年全区各类保险保费收入7.42亿元,其中,财产险保费收入3.87亿元,人身险保费收入3.55亿元。保险赔付支出3.93亿元,其中,财产险赔付支出2.37亿元,人身险赔付支出1.56亿元。保险赔付率为52.93%,其中,财产险赔付率61.08%,人身险赔付率44.03%。

七、居民收入和消费

全年全区全体居民人均可支配收入23776元,比上年增长6.5%。按常住地分,城镇居民人均可支配收入36591元,增长5.5%;农村居民人均可支配收入14826元,增长8.1%。

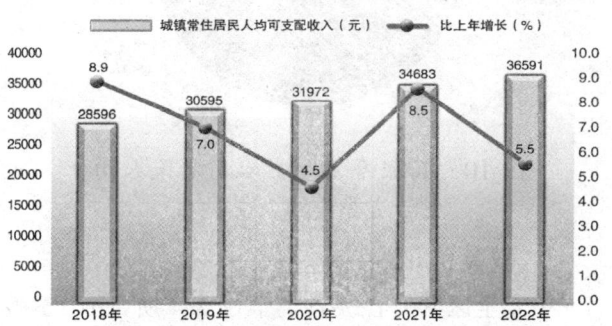

图7 2018—2022年原州区城镇居民人均可支配收入及其增长速度

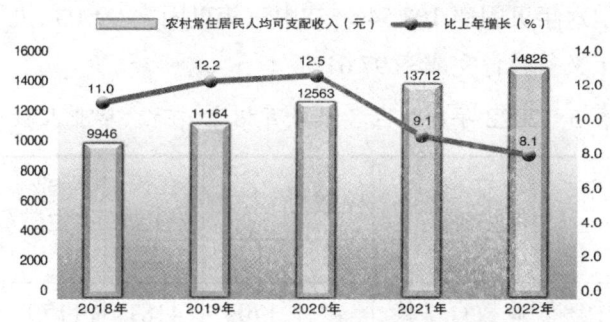

图8 2018—2022年原州区农村居民人均可支配收入及其增长速度

全年全区全体居民人均消费支出16819.0元,比上年下降7.1%。按常住地分,城镇居民人均消费支出25304元,下降9.1%;农村居民人均消费支出10892元,下降3.5%。全区全体居民恩格尔系数为30.5%,其中城镇为29.7%,农村为31.7%。

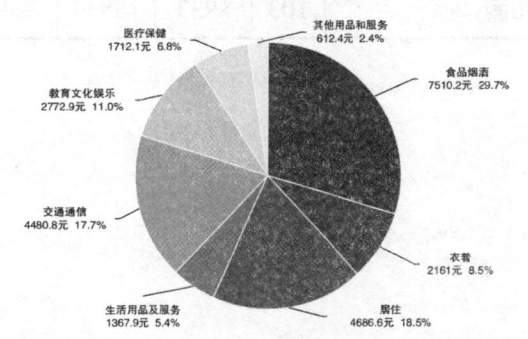

图9 2022年原州区城镇居民人均生活消费支出及其构成

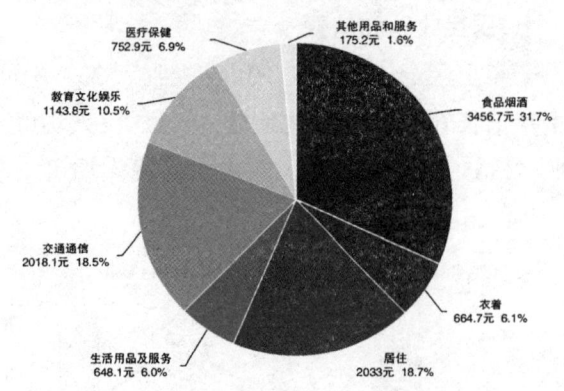

图10　2022年原州区农村居民人均生活消费支出及其构成

八、教育和卫生

年末全区共有各级各类学校284所，中小学教职工5317人，学前教育毛入园率95.68%，小学学龄人口入学率100%，初中生毛入学率108.54%，小学六年巩固率103.54%，初中三年巩固率99.1%，九年义务教育完成率97.61%。

表5　2022年原州区各级教育招生、在校、毕业人数

类别	校数/所	招生数/人	在校学生数/人	毕业学生数/人
中等职业教育学校	–	1704	4181	1179
普通中学	17	13964	39654	12286
高中	5	5090	14493	4182
初中	12	8874	25161	8104
普通小学	162	7767	50436	8375
特殊教育学校	1	63	174	23
幼儿园	103	8933	18834	8396

年末全区共有医疗卫生机构302个（含村卫生室），卫生技术人员4617人，其中执业医师1553人，执业助理医师304人，注册护士2062人，技师262人，药师157人，其他卫生技术人员279人。全区医疗卫生机构实有床位3338张，其中医院3179张，基层医疗卫生机构159张。

九、能源消耗、环境保护和应急管理

初步核算，全年全区能源消费总量为189.93万吨标准煤，同比增长2.22%；单位GDP能耗同比下降1.62%。其中规模以上工业能耗143.53万吨标准煤，同比增长2.07%，单位工业增加值能耗等价值同比增长11.5%。

全年未剔除沙尘天气，可吸入颗粒物PM10平均浓度为63微克每立方米；细微颗粒物PM2.5平均浓度为26微克每立方米；优良天数334天，优良天数比率达91.5%。

全年全区共发生生产安全事故5起，死亡4人，受伤4人，直接经济损失388.8万元，事故起数、死亡人数、受伤人数、直接经济损失同比分别下降28.6%、33.3%、20%和51.1%，未发生较大及以上生产安全事故和自然灾害事件。

资料来源：本公报中环境数据来自固原市生态环境局原州分局，财政数据来自原州区财政局，金融数据来自中国人民银行固原支行，保险业数据来自固原银保监分局，教育数据来自原州区教育局，医疗数据来自原州区卫健局，安全生产数据来自原州区应急管理局，人民生活数据来自国家统计局固原调查队，其余数据均来自原州区统计局。